D1666827

A. Hofer

Textil- und
Mode-Lexikon

Schriftenreihe der Textil-Wirtschaft

Alfons Hofer

Textil- und Mode-Lexikon

4. Auflage

Deutscher Fachverlag GmbH
Frankfurt/Main

Vorwort zur 4. Auflage

Das „Textil- und Mode-Lexikon" setzt in der 4. Auflage die Tradition des „Illustrierten Textil- und Modelexikon" fort. Aber, die Änderung des Titels macht bereits deutlich, daß das Buch in seiner vorliegenden Form neu ist. Die Erweiterung des Buchumfangs um die Hälfte zeigt, daß die 4. Auflage der Entwicklung des Modegeschehens angepaßt, die Auswahl der Stichworte überarbeitet, ergänzt und auf den neuesten Stand gebracht wurde. Eine Fülle technischer Zeichnungen und Abbildungen aus dem Reich der Mode dient der anschaulichen Erläuterung des Textes. Ziel der Ausweitung von Text und Bebilderung war es, möglichst alle Zweige der so vielfältigen textilen Konsumgüter und ihrer Vorprodukte angemessen und gleichberechtigt zu berücksichtigen. Dabei hat sich der Verfasser bemüht, das erfolgreiche Konzept der früheren Auflagen beizubehalten: Technische Erklärungen bleiben auf das Grundprinzip beschränkt, Neuheiten werden dann aufgenommen, wenn ihre Durchsetzung im Markt zu erhoffen ist, wenn sie zukunfträchtige Wege weisen oder im Ausland bereits überregional vertreten sind. Bei Stichworten, deren Begriffsinhalt noch umstritten oder deren Gebrauch uneinheitlich ist, wurde dies eigens erwähnt oder es wurden in verstärktem Umfang mehrere Definitionen einander gegenübergestellt. Die Kennzeichnung der Beziehung verschiedener Stichworte zueinander wurde durch ihre Nennung mit Verweisungszeichen → erheblich ausgebaut und verfeinert.

Das Lexikon entspricht in besonderem Maße den hohen Anforderungen des Textilkaufmanns, der Textilfachschulen und der Berufsschulen an ein täglich benutztes Nachschlagewerk. Der Verfasser bedankt sich auch auf diesem Wege herzlich für die vielen Zuschriften mit Anregungen, Hinweisen und Verbesserungsvorschlägen aus dem Leserkreis, die ihm bei der Überarbeitung eine große Hilfe waren.

Dr. Alfons Hofer

CIP-Kurztitelaufnahme der Deutschen Bibliothek

Hofer, Alfons:
Textil- und Mode-Lexikon / Alfons Hofer. — 4. Aufl.
— Frankfurt/Main: Deutscher Fachverlag, 1979.
(Schriftenreihe der Textilwirtschaft)
3. Aufl. u. d. T.: Hofer, Alfons: Illustriertes Textil- und Mode-Lexikon.
ISBN 3-87150-133-6

ISBN 3-87150-133-6

Gesamtherstellung: Brönners Druckerei

A

Abaca-Faser, → TKG: → Manila, Faser aus der Blattscheide der „Faserbanane", reißfest, widerstandsfähig gegen Feuchtigkeit, gut färbbar. Für die Seilerei, Teppiche, Matten und Packstoffe.

Abdeckung, Polstermaterial, das bei → Matratzen und → Steppdecken unmittelbar unter den Bezugstoff gelegt wird und das Durchscheinen oder das Durchstechen des Hauptpolstermaterials verhindert.

Abendanzug, Mehrzweckanzug für festliche Gelegenheiten, aus dunklen, wertvoll wirkenden Stoffen, meist mit ansteigendem Fasson. - Heute weitgehend verdrängt durch den → Partyanzug.

Abendkleid, festliches Kleid aus wertvollem Stoff. Ob lang oder kurz, ist mehr eine Frage der Mode als des gesellschaftlichen Rahmens. Das große Abendkleid, zum Frack (notfalls auch zum → Smoking) passend, ist ärmellos und tief ausgeschnitten; das kleine Abendkleid weniger tief dekolletiert und dem → Cocktailkleid ähnlich.

Abendmantel, eleganter Mantel oder Umhang, für die Dame meistens kleidlang gearbeitet. Für die Herren gibt es drei Formen: → Havelock, → Chesterfield und Frackmantel, letzterer ohne Knöpfe und meist im Raglanschnitt und mit Ringkragen, kleinen Seidenrevers, seidenen Ärmelaufschlägen und Eingrifftaschen. Hat viel an Bedeutung verloren.

Abfallgarn, wenig wertvolles, sehr fülliges Garn aus Baumwollabfällen. - Vgl. → Fancy-Garn, → Imitatgarn, → Vigogne-Garn.

Abgeleitete Bindung, Bindeweise, die zwar die wesentlichen Merkmale der Grundbindungen (→ Tuchbindung, → Köperbindung, → Atlasbindung) aufweist, aber durch Hinzufügen oder Wegnehmen von Bindungspunkten oder durch andersartige Anordnung der Fäden ein selbständiges Gewebebild schafft.

Abkochen, Vorgang der Textilveredlung: Entfernung von Ölen, Wachsen, Proteinen und Samenschalen aus baumwollenen Rohgeweben, wird meist mit Entschlichten und Bleichen in kontinuierlichem Arbeitsprozeß durchgeführt.

Abendkleider: von links: zwei Plissee-Kleider, ein kurzes Abendkleid mit Spitzen-Volant, eins im Hemdblusenstil, drei lange Kleider im Folklore-Stil.

Abnäher, keilförmig abgenähte Falte zur Ausarbeitung der Körperform bei Kleidungsstücken, in der Herrenschneiderei auch → Cisson genannt.

Abperleffekt, durch wasserabweisende → Imprägniermittel erzielte Eigenschaft wetterfester Bekleidungsstücke. Die Wassertropfen werden am Eindringen in die Poren (Kapillaren) des Textilmaterials gehindert; Prüfung durch den → Tropfversuch oder den → Sprühversuch.

Abquetschen, Entwässerung von Stoffen während des Produktions- und Veredelungsvorgangs, entweder unter hohem Druck auf dem → Foulard oder mit dem „Aeroflex"- Quetschwerk, das mit einer aufblasbaren Gummiwalze arbeitet und auch das Abquetschen in Strangform oder von empfindlichen Geweben zuläßt.

Abrißflammen, → Einspeisflammen, → Effektgarne, bei denen das effektgebende Vorgarn beim Zwirnungsvorgang „eingespeist", das heißt von zwei feinen Garnen erfaßt, stückweise abgerissen und dann umzwirnt wird.

Abrißflammen

Abseitenstoffe, Kleider- und Mantelstoffe, deren rechte und linke Warenseite verschieden aussehen, aber beidseitig verwendbar sind. Die Verschiedenheit des Warenbildes wird webtechnisch erzielt (Gegensatz: → Bonding). Die Abseite eignet sich als Garnierung oder dient als Futter. Bei Abseitengeweben aus Wolle muß das Garn für Decke und Abseite in Walke und Ausrüstung gleich reagieren, damit sich weder sofort noch später im Gebrauch (beim Naßwerden) Decke und Abseite gegeneinander verziehen. - Beispiele für Abseitenstoffe: → Soielaine, → Charmelaine, → Reversible, → Ulsterstoffe.

Abstich, Schneiderausdruck für den Verlauf der beiden Vorderkanten eines Herrensakkos oder Damenkostüms. - Der → Kragenabstich heißt → Crochet.

Accessoires (sprich: aksessoahrs), zu deutsch: „Beiwerk" oder „Zubehör", das der Kleidung der Frau und des Herrn erst die letzte modische Vollendung gibt: Schirm, Handschuhe, Gürtel, Schal, Modeschmuck und der Hut fallen unter diesen Sammelbegriff.

Acetat, in dieser Schreibweise Bezeichnung der in Deutschland hergestellten 2½ - Acetat-Fasern endlos. - Acetat generell: Chemiefaser aus acetonlöslichem Zelluloseacetat; im Gegensatz zu den zellulosischen Chemiefasern nach dem → Viskose- und → Kupferverfahren keine Regenerate, sondern Zelluloseverbindungen. Acetat (und Triacetat) können deswegen auch durch → Texturieren → modifiziert werden. In Griff und Glanz naturseidenähnlich, elastisch, knitterunempfindlich, schmiegsam, quellfest, läuft nicht ein, trocknet schnell. Zweifarbige Stückfärbung in Mischung mit anderen zellulosischen Fasern ist möglich.

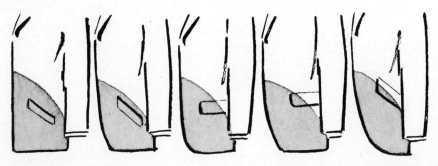

Variationen im Abstich

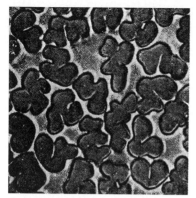

Querschnitt durch Acetat endlos

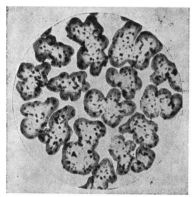

Querschnitt durch Acetat-Stapelfaser, mattiert

Unempfindlich gegen Mottenfraß und Pilzbefall, geringe elektrische Leitfähigkeit, thermoplastisch ab 170°C. Lauwarm (30°C) mit Feinwaschmitteln waschen, nicht wringen oder stark ausdrücken, vorsichtig mit Einstellung 1 Punkt bügeln. - Vgl. → Triacetat, → Amcel, → Celafibre, → Celanese, → Dicel, → Flesalba, → Fortanese, → Forton, → Rhodia, → Rhodiafil, → Silene, → Diacetat.

Acetylierung, Schutz von zellulosischen Fasern vor Bakterienbefall; die Fasern werden für die Mikroorganismen ungenießbar. - Nicht ohne weiteres hautverträglich. - Acetylierung von Wolle: Durch Be-

handlung mit Essigsäureanhydrid und Schwefelsäure verliert die Wolle ihr Aufnahmevermögen für bestimmte Säurefarbstoffe.

Acramin-Verfahren, (Bayer), Pigmentdruckverfahren.

Acribel, belgische Acryl-Spinnfaser.

Acrilan, Modacrylfaser aus 85 % Acrylnitril und 15 % Vinylpiridin. - Vgl. → Leacril, → Zefran, → Velicren.

Acrylfaser, Kurzbezeichnung für Polyacrylnitrilfaser, → Polyacryl.

Actifresh, Schutzmarke für ein → antimykotisches Präparat (Courtaulds), mit langanhaltender Wirkung; verhindert die Zersetzung des aufgesaugten Schweißes und verhütet Gewebezerstörung, Schimmel, Verrottung und Geruchsbildung.

Action back, Gewebe aus → Polypropylen-Flachgarn in der Kette und Polyprophylen-Spinnfaser im Schuß zur Verstärkung der Dimensionsstabbilität von → Teppichbrücken für → Tuftingteppiche (Amoco).

Action-Coat, besonders sportlich und funktionell ausgestattete, kurze Herrenmäntel, meist mit Reißverschluß und vielen Taschen.

Action-Coat

Action-Jacket, siehe unter → Wanderjakke.

Activwear, im Gegensatz zu → Legerbekleidung und → Sportswear die funktionelle, zur tatsächlichen Ausübung der Sportarten geeignete Sportbekleidung.

Additionsfärbung, Überfärbung im Stück bei Stoffen aus vorgefärbten Garnen. - Vgl. → Differential dyeing.

Adriabindung, verstärkte Kettatlasbindung für Abseitengewebe, z.B. → Charmelaine oder → Covercoat; auch für → Drapé verwendet man Adriabindungen. Gewebe, die als „Adria" bezeichnet werden, haben meist Zwirn in Kette und Schuß und wirken ripsartig.

Kettadria aus Atlas 7. Im Rapport (eingerahmt) kennzeichnen Kreuzchen die Grundbindung Atlas 7, ausgefüllte Kästchen die hinzugefügten Bindungspunkte

Aeré, Streichgarngewebe mit tweedartigem Charakter und gehäkelt wirkenden, deutlichen Durchbruchmustern.

Aerolen, Schaumstoff-Faden mit rechteckigem oder quadratischem Querschnitt, zur Erhöhung der Festigkeit und zur Reduzierung der Dehnfähigkeit durch lockere Kreuzumspinnung oder Umflechtung mit einem feinen, aber zugfesten Garn verstärkt, für rutschfeste Bundverarbeitung oder Trägerbänder. - Vgl. → Ceolon, → Schaumstoffschnittfaden.

Affinität, Ausmaß und Form, in der ein Farbstoff von einem bestimmten Textilrohstoff aufgenommen wird. - **Affinitätsgrenze:** Bei Überschreiten der Möglichkeit des Faserstoffs zur Farbaufnahme lagert sich der Farbstoff auf der Faser als Körper ab, wird also nicht mehr aufgesogen. Dies führt später zum „Ausbluten", wenn der Farbstoff bei der Wäsche abgeschwemmt wird. Wegen der Affinitätsgrenze können viele Fasern, besonders die zellulosischen, nicht beliebig dunkel gefärbt werden. - Bei → Küpen-, → Reaktiv- und → Entwicklungsfarbstoffen führt das Ausbluten nicht ohne weiteres zum Anfärben anderer Wäschestücke. - Vgl. → Immunisierung.

Afghalaine, weicher und durch die Bindung poröser, und fließender Wollstoff für Damenkleider; von perligem Aussehen, aus wechselweise S- und Z-gedrehten Garnen.

Afghan, zur Gruppe der → Turkmenen-Teppiche zählender zentralasiatischer → Orientteppich mit einem größeren Achteck mit Kleeblattmusterung als vorherrschendem Element, meist in Rottönen; etwas grober mit zottiger, rauher Rückseite.

 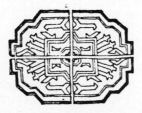 

Beispiele verschiedener Achtecke (stilisierte Rosenmuster) von Afghan- und Buchara-Teppichen.

After-Six-Anzug, Anzugart zwischen Straßenanzug und Gesellschaftsanzug, formenmäßig vom Straßenanzug kaum abweichend, wenn auch manchmal ansteigendes Fasson angewandt wird. Wesentliches Kennzeichen sind die wertvollen, meist dunklen Stoffe mit Multicolor- oder feinen Streifendessinierungen. In Italien als „terzo abito" - „Dritter Anzug" bezeichnet.

Agilon, nach dem → Klingentexturier- oder → Kantenziehverfahren texturierter Synthesefaden. Ein erwärmter endloser synthetischer Faden wird einseitig unter hoher Spannung über eine heiße Kante gezogen; die nachfolgende Entlastung und Abkühlung bewirkt eine gestörte Orientierung der Moleküle und eine Deformation der Kapillarfadenquerschnitte. Es entsteht eine voluminöse Kräuselung. Verwendung für Unterwäsche, vor allem in den USA. Wegen hoher Herstellungskosten, ungleichmäßigem Warenausfall und Begrenzung auf feine Titer kaum mehr hergestellt.

Aida, Stickereigrundstoff, bei dem nach jedem vierten längs- oder querlaufenden Faden durch → Gegenbindung und entsprechenden Rieteinzug eine kleine Lücke entsteht. Damit Aida sich leichter besticken läßt, wird er schon in der Fabrik gestärkt. Fertige Handarbeiten vor dem Kochen daher stets mit einem stärkelösenden Mittel einweichen (sonst bluten beim Kochen auch die echtesten Farben aus)! Die Aidabindung ist als Scheindreherbindung auch für feinfädige, poröse Hemden- und Blusenstoffe beliebt. - Vgl. → Canova, → Natté.

Aircoat, belgisches (Seyntex) Baumwollgewebe mit lederartig wirkender Kunststoffbeschichtung; reißfest, abwaschbar, chemisch zu reinigen, ungewöhnlich luftdurchlässig. Das Material soll bei Kälte weich und geschmeidig bleiben. - Vgl. → Fun-skin.

Air-Jet-Verfahren, siehe unter → Düsenblasverfahren.

Airon, → HWM-Faser von Châtillon, ergibt gleichmäßige, reißfeste Garne für Bekleidungs- und Heimtextilien. Lt. TKG: Modal.

Airo-tron, mikroporös beschichtetes Gewebe aus 65% Polyester und 35% Baumwolle für Regen- und Sportbekleidung. Leicht, knitterarm, reinigungsbeständig, waschbar, wasser- und winddicht, mäßig atmungsaktiv.

Airvel, nach einem Eigenverfahren texturiertes Acrylgarn (DuPont) mit voller Bauschkraft und hoher Elastizität für Handstrickgarne.

Ajour, Sammelausdruck für Gewebe und Gewirke mit feinen, stickereiähnlichen Durchbrüchen, der Hohlsaumstickerei nachgebildet. Ajourmusterungen bei Geweben entstehen durch besondere Bindeweisen wie → Dreher- und → Scheindreherbindungen; bei Maschenwaren dadurch, daß eine Masche von ihrer Nadel abgenommen und auf eine Nachbarnadel umgehängt wird (→ Petinet-Gewirke). Ajour-Bilder ergeben sich auch durch Änderung des Warenbildes unter Zuhilfenahme von chemischen Mitteln (→ Dévorant, → Luftspitze). - Vgl. → Ajouré, → Aeré, → Panama, → Natté.

Ajouré, durchbrochene Modegewebe, bei denen sich die Durchbrüche nicht über die ganze Warenfläche hin gleichmäßig verteilen, sondern lediglich eine Musterung bilden.

Ajour-Stickerei, Verbindung von zarter Weiß- und Durchbruchstickerei auf feinfädigem Leinen, wobei die zarten, feinen Druchbrüche durch scharfes Anziehen des stickenden Fadens erzielt werden.

Akulon, Polyamidfäden und Fasern der holländischen AKU.

Alaungerbung, → Mineralisches → Gerbeverfahren mit Doppelsalzen aus Aluminium- und Kaliumsulfat; die Schnittkanten des Leders werden weiß. Wichtigstes Erzeugnis: → Glacé. - Vgl. → Chromgerbung, → Weißgerbung.

Alcantara, hochwertiges japanisches Veloursleder-Imitat, für Europa in Italien hergestellt (Viganto), auch bedruckt und bestickt. - Kunstharzvernetztes Trägermaterial, Wirrfaservlies aus Polyester-Microfaser (→ Bicomponentenfaser M/F) von 0,01 bis 0,1 dtex; doppelseitige Beschichtung mit Polyurethan (40% Gewichtsanteil des Fertigprodukts). Das zwischen den Polyurethanschichten liegende Vlies wird getrennt, die Schnittfläche bildet die veloursartige Oberfläche.

Aléoutienne, steifer und leuchtender Seidenstoff für festliche Kleider.

Alfa-Faser, lt. TKG „Blattfaser aus den Blättern der Stipa tenacissima", für Bekleidung und Haushaltstextilien kaum verwendbare → Hartfaser.

Alginatfaser, lt. TKG „Fasern aus den Metallsalzen der Alginsäure", als Stützfaden für durchbruchartige Effektmusterungen und als Grundmusterung für Ätzspitzen verwendete englische, zelluloseähnliche Faser, die aus Seetang gewonnen wird und sich bei Zimmertemperatur in alkalischen Lösungen auflöst.

A-Linie, Abwandlung der Zeltlinie bei jugendlichen Damenmänteln mit schmaler Schulter, meist Raglanarm und nach unten ausgestellter Weite. Im Gegensatz zur Trapezlinie ohne Passen an der Brustpartie. - Vgl. → Zeltmantel.

Alizarin, → Beizenfarbstoff; vor Erfindung der synthetischen Farbstoffe war das aus der Krappwurzel gewonnene Türkisch-Rot einer der wertvollsten und wichtigsten Farbstoffe.

Alkaliechtheit, Widerstandsfähigkeit einer Färbung oder des Stoffdrucks auf Textilien jeder Art gegen Einwirkung verdünnter Laugen. - Vgl. DIN 54 030.

Allovers, international gebräuchlicher Ausdruck für Gewebemusterungen, die nicht für sich allein stehen, also keine abgegrenzten Gruppen bilden, sondern über die ganze Fläche verteilt ineinander und

Y-Linie   *T und X*   *A-Linie*

Beispiele für Modelinien: von links: Y-Linie, T- und X-Linie, A-Linie.

durcheinander verlaufen. Gegensatz: → Medaillon-, Mosaikmuster, Streifen, Karo usw.

Allyn 707, endlose, „schmutzverbergende" (soil hiding) Nylonfaser für Teppiche; dauerhaft, leicht zu reinigen, mottensicher, nicht brennbar. Permanent antistatisch; Druckstellen sollen sich sofort erholen (Allied Chemical).

Aloefaser, der Sisalagave verwandte und ähnliche Faserpflanze; schmiegsamer, aber weniger reißfest als Sisal, für Sackgewebe und die Seilerei. - Im TKG nicht erwähnt.

Alpaka, Wolle des südamerikanischen Schafkamels (Lama, Vikunja); fein, weich, glänzend, wenig gelockt, haltbar, für Lüster, Herrensakkos und Ordenskleidung, sowie für ganz hochwertige Streichgarne der Kamelhaarart, sowie für → Steppdeckenfüllungen und → Schlafdecken.

Alpakka, → Extraktwolle, durch Reißen und Karbonisieren gewonnene, stark geschädigte → Regeneratwolle.

Alpha-Zellulose, für Textilrohstoffe allein geeignete Zellulose mit einem Polymerisationsgrad von 600-1300. - Vgl. → Beta-Zellulose.

Alta Moda, italienische → Haute Couture (Florenz und Rom).

Alter ease, Chemikalien, die die Wirkung von → Permanent Press (→ Formstabilität durch → Post-curing) wieder aufheben, um die Kleidungsstücke abändern zu können. Der Spray erlaubt das Glätten der Falten. Danach ist die Wirkung von Postcuring durch Pressen in der Bügelpresse wieder herstellbar.

Amara, japanisches, hochwertiges → Mikrofaser-Kunstleder, vor allem für Herrenbekleidung.

American-Cleeks, siehe unter → Bügelklebegewebe.

Amerikanische Fütterung, Halbfütterung von Sakkos und Mänteln bis zur Kollerhöhe und mit breitem → Besetzen aus Futterseide. Während früher jede Art, einen Mantel oder ein Sakko nicht ganz zu füttern, als „amerikanische Fütterung" bezeichnet wurde, nennt man heute die Halbfütterung mit Oberstoff: → Französische Fütterung.

American graffiti, moderne Form von Kritzeldessins.

Amoco-PP3, Polypropylen-Stapelfaser für → Outdoor und → Indoor-Teppiche mit besonders guten färberischen Eigenschaften.

Ames-Test, von den Litton-Laboratorien (USA) durchgeführter und bescheinigter Test zur Feststellung mutations- oder krebserzeugenden Verhaltens von Chemikalien.

Amunsen, schwerer, dichter → Crêpe de Chine auf Basis texturierter Synthetics; der Ausdruck wird vor allem bei japanischen Erzeugnissen angewandt.

Analysenrichtlinie, vom EG-Ministerrat über Methoden der quantitativen Analyse von bestimmten binären Textilfasergemischen festgelegte Richtlinie, die bei der Nachprüfung kennzeichnungspflichtiger Textilien angewendet werden muß. Wenngleich in der Richtlinie empfohlen wird, nach Möglichkeit Verfahren der manuellen Trennung anzuwenden, werden für manuell nicht trennbare Mischungen aus zwei verschiedenen Fasern dreizehn Verfahren vorgeschrieben. Weitere Verfahren für komplizierte Mischungen sollen folgen.

Tabelle, S. 12

Anaphe-Seide, afrikanische → Naturseide („Nesterseide") aus kleinen Kokons, nur in der Schappespinnerei verarbeitbare → Wildseide, meist nur als Effektfaden in der Tuchweberei verwendet.

Anfärbbarkeit, Fähigkeit eines Textilmaterials, Farbstoffe aufzunehmen. - Vgl. → Farbaffinität, → Ausbluten, → Affinität.

Angora-Feingarn, modifiziertes → Corespun-Garn mit einer Seele aus Trevira-Fi-

Verfahren für Mischungen aus:		Chemisches Reagenz:
Acetat	Bestimmte andere Fasern	Azeton
Bestimmte Eiweißfasern	Bestimmte andere Fasern	Natriumhypochlorit
Viskose, Cupro und gewisse Typen von Modal	Baumwolle	Ameisensäure — Zinkchlorid
Polyamid 6 oder Polyamid 6.6	Bestimmte andere Fasern	80 %ige Ameisensäure
Acetat	Triacetat	Benzylalkohol
Triacetat	Bestimmte andere Fasern	Dichlormethan
Bestimmte Zellulosefasern	Polyester	75%ige Schwefelsäure
Polyacrylfasern, bestimmte Modacrylfasern, oder bestimmte Polychloridfasern	Bestimmte andere Fasern	Dimethylformamid
Bestimmte Polychloridfasern	Bestimmte andere Fasern	Schwefelkohlenstoff / Azeton (55,5 / 44,5)
Acetat	Bestimmte Polychloridfasern	Essigsäure
Seide	Wolle oder Tierhaare	75%ige Schwefelsäure
Bestimmte Zellulosefasern	Wolle oder Tierhaare	70%ige Schwefelsäure
Jute	Bestimmte Fasern tierischen Ursprungs	Stickstoffbestimmungs- verfahren

Analysenrichtlinie

lament 12,5 dtex und 50 % Angora-Wolle. Sehr elastisch, reißfest, gute Abrieb- und Pill-Werte, gut zu färben und zu bedrucken. Gute Temperaturregelung, hohe Feuchtigkeitsaufnahme (bis 62 % des Eigengewichts der Angora-Wolle) geringes Gewicht, formfest und filzfrei, waschmaschinenfest bis 60°C.

Angora-Kaninchen, Kunstzüchtung und deswegen gegen Krankheiten sehr anfällig; Lieferant der → Angora-Wolle. Die Wolle wird zweimal im Jahr durch Auskämmen oder Auszupfen, dazwischen durch Scheren gewonnen. Die Wolle ist wegen der charakteristischen Markkammern, die Luft enthalten, ein besonders schlechter Wärmeleiter. Eine auf deutsche Initiative zurückgehende Neuzüchtung (→ Ceres-Kaninchen) mit einem Anteil von nur 2-3 % Grannenhaaren (normal: etwa 17%) liefert bei fünfmaliger Schur im Jahr

zwischen 900 und 1100 g je Tier an hochwertiger Wolle bei nur 12% Auskämmabfall (normal: etwa 30%).

Angora-Wolle, vom Angora-Kaninchen und nicht von der Angora-Ziege, dem Lieferanten der Mohair-Wolle, gewonnen. Angora-Wolle ist sehr glatt, sehr fein und sehr leicht, wasserabstoßend, rheumalindernd und geschmeidiger als Naturseide, hervorragend wärmehaltend, aber auch sehr anfällig gegen Mottenfraß. Gewebe aus Angora-Wolle werden für Damenkleider, Gewirke für Gesundheitswäsche verwendet. Sie sind an ihrem feinen, seidigen und flaumigen Stichelhaareffekt leicht zu erkennen. Verspinnung zu Kammgarnen ist nicht mehr nur in Mischung mit Schafwolle oder Viskosespinnfaser möglich, Verspinnung zu Streichgarn auch rein; als → Core-spun-Garn mit der 38 mm langen pillarmen Trevira-Stapelfasertype 350 ist

Angorawolle mit mehrreihigem Markstrang

seit 1977 auch Ausspinnung von Feingarnen Nm 50 - 150 möglich (→ Angora-Feingarn). Als → Flocke für Steppdeckenfüllungen verwendbar. - Lt. TKG: Angora oder Angora-Wolle.

Angora-Ziege, Lieferant der Mohair-Wolle, in Kleinasien, Südrußland, Südafrika und Nordamerika heimisch.

Anhangeisen, Metallstück an den Litzen der Jacquardmaschine, das durch sein Gewicht diese straff hält und den Faden bei der Abwärtsbewegung führen hilft.

Animalisieren, Wollähnlich-machen von Zellulosefasern durch Zusatz von natürlichen Eiweißkörpern, stickstoffhaltigen Substanzen, Kunstharzen zur Spinnlösung (Spinnanimalisierung) oder durch Nachbehandlung der Fasern mit stickstoffhaltigen Chemikalien, um sie für Wollfarbstoffe aufnahmefähig werden zu lassen. - Das Verfahren hat bei Viskosespinnfasern stark an Bedeutung verloren mit der Entwicklung von Halbwollfarbstoffen, die sowohl die Wolle als auch Viskose im gleichen Bad anfärben.

Anorak, norwegischer Ausdruck für eine Windbluse mit fest angearbeiteter Kapuze, zum Skilaufen und als wetterfeste Alltagskleidung, von der Mode mannigfach abgewandelt. - Vgl. → Pistenbluse, → Rennbluse, → Steppanorak, → Skibekleidung.

Anso, → Polyamid- → Hohlfaser für Teppiche, ähnlich → Antron.

Antibakterielle Ausrüstung, (→ „fungizide Ausrüstung"), vgl. → antimykotische Ausrüstung.

Antifilzausrüstung, Antifilzkrumpfausrüstung, Verfahren zur Vermeidung des Einlaufens von Wollartikeln (besonders Strickwaren) beim Waschen in Trommelwaschmaschinen, deren Anwendung meist durch Patent- und Lizenzgebühren verteuert wird. Alle Verfahren beeinflussen die Schuppenstruktur der Wolle entweder durch chemische Modifikation der Schuppen bis zu deren Entfernung (z.B. durch Behandlung mit schwachen Chlorlösun-gen zum Abätzen der Schuppen und anschließender Neutralisierung) oder Maskierung der Schuppen durch Umhüllung mit einem Film (z.b. durch Kunstharzlösungen (→ Zwischenflächen-Polymerisation), die sich wie ein Netz um die Schuppen herumlegen und das Aufspreizen der Schuppen beim Filzvorgang verhindern), oder durch punktförmiges Verschweißen der Schuppen. Manche Verfahren kombinieren Modifikation und Maskierung. Verschiedene Verfahren eignen sich zur Behandlung von Kammzügen und Garnen, bei manchen empfiehlt sich die Behandlung des fertigen Gewebes. Problematisch ist die schwer zu verhindernde Beeinträchtigung des Warengriffs und die Gefahr der Vergilbung, die manchmal erst nach dem Färben eintritt. Ätzverfahren durch Oxydation (z.B. Kaliumpermanganat): → Dylan, → Stevenson-Prozeß; Chlorierung: → Melafix, → Basolan; Maskierung: → Lana-Set, → Wurlan, → Bancora; Kombination Chlorierung/Maskierung: → Sironized, → Superwash.

Antiflammausrüstung, Behandlung von Fasern oder Stoffen mit Flammschutzmitteln, die entweder durch Bildung einer Schutzschicht den Sauerstoffzutritt zur Faser verhindern und das Nachglimmen verhüten, so daß es nur zu einer Verkohlung ohne Flammenbildung kommt, oder aber unbrennbare Gase entwickeln. Die Tendenz geht zu Präparaten, die wasch- oder chemischreinigungsfest sind und die Gewebe auf Lebensdauer schützen, dabei aber Eigenschaften und Griff nicht wesentlich verändern. Die Probleme sind (1979) noch nicht gelöst. Wenngleich die zellulosischen Fasern mit ihrer leichten Brennbarkeit am meisten gefährdet sind, hat man für Wolle Antiflammausrüstungen durch Behandlung mit Titan- und Zirkonverbindungen entwickelt. Die Titanbehandlung ist lichtecht und scheuerfest; sie eignet sich für mittlere und tiefere Farbtöne. Die Zirkonausrüstung wird für helle und pastellige Farbtöne empfohlen, weil sie keinen Vergilbungsprozeß auf der Wollfaser einleitet. Bei Chemiefasern wird die an sich schwere Entflammbarkeit gefördert durch Einbringen von geeigneten Substanzen in die Spinnmasse (→ Avisco) oder durch Änderung des faserbildenden Körpers: (auf PVC-Basis: → Asca-Vinyl, → Leavil, → Clevyl, → Fire-stop; → Multipolymerisat: → Teklan; → Aromatische → Polyamide: → Kevlar, Nomex; selbstverlöschendes → Dolan, → Trevira und → Wistel). - Vgl. → Flammensichere Textilien, → Glasfasern, → Delicron, → Hartuft, → Zirpro-Ausrüstung.

Antikleder, Blankleder, dem tiefe Rillen durch Pressen eingeprägt werden. Die Vertiefungen und Erhöhungen sind in verschiedenen Schattierungen gefärbt; manchmal werden die erhöhten Stellen auch geschliffen.

Antik-Velours, Möbelbezugsstoffähnliche Velours aus Wolle oder Synthetics für Hosen, Jacken oder Mäntel.

Antilopenfell, wegen des fehlenden Unterhaars nicht sehr strapazierfähiges Fell der afrikanischen und südwestasiatischen Antilope, kurzes, glattes, anliegendes und glänzendes Haar, einfarbig und dem Reh ähnlich, meist mit Leder oder Stoff kombiniert.

Antimikrobielle Ausrüstung, vor Mikrobenbefall schützende Ausrüstung (Bakterien, Schimmelpilze). - Vgl. → Antimykotische Ausrüstung.

Anti-Mode, Schlagwort der siebziger Jahre für einen nostalgischen Bekleidungsstil junger Avantgardisten, unter Anlehnung an gebrauchte Bekleidungsstücke aus „Omas Mottenkiste".

Antimykotische Ausrüstung, antimikrobielle, antibakterielle, fungizide Ausrüstung, Sammelbegriff für alle Ausrüstungsarten, die Fasern gegen Mikroorganismen aller Art schützen („Fäulnisfest"), deren Weiterentwicklung auf den Textilien oder auf der menschlichen Haut hemmen („bakteriostatisch") oder die Mikroorganismen abtöten sollen („fungizid"). Um Textilien insbesondere aus zellulosischen Fasern

schimmel-, fäulnis- und verrottungsfest zu machen, muß der Befall durch Pilze und Bakterien durch Gifte, die die Mikroben abtöten oder die Faser für diese ungenießbar machen („passiver Schutz") verhindert werden. Bakteriostatische und fungizide Ausrüstungen gewähren aktiven Schutz. Sie wirken gleichzeitig desodorierend. - Vgl. → Lurotex, → Hygitex, → Sanitized, → Eulan asept, → Acetylierung, → Actifresh, → Freso.

Antipilling-Ausrüstung, nachträgliche Behandlung von Stoffen aus Synthetics zur Verhinderung des Abschabens kleiner Faserknötchen durch Aufbringen filmbildender Substanzen, die eine rauhere Faseroberfläche hervorrufen und somit die Gleitfähigkeit der Fasern verringern oder durch Besprühen mit einem oberflächlich wirkenden Lösungsmittel, mit Hilfe dessen die Faserenden sich haarnadelförmig umbiegen und auf der Gewebeoberfläche ein feines Netzwerk bilden. - Vgl. → Sanding-Behandlung. - Grundsätzlich ist die Pillingneigung auf lange Sicht nur durch Änderung der Faserzusammensetzung von Synthetics zu verringern, was aber zwangsläufig eine Verringerung der Festigkeit der Synthetics mit sich bringt.

Antisnag-Ausrüstung, Sammelbegriff für alle Ausrüstungsmaßnahmen, die die Gefahr der Laufmaschenbildung bei Feinstrümpfen durch Verklebungen herabsetzen sollen. Diese Ausrüstung hat nichts zu tun mit den „am Bein laufmaschensicheren Strümpfen", da deren besondere Eigenschaften durch eine andere Fadenverschlingung im Gewirk hervorgerufen werden.

Anti-soiling-Ausrüstung, Ausrüstung von Geweben mit dem Ziel, sie abweisend gegen trockenen Schmutz zu machen oder das Auswaschen von Anschmutzungen in der Wäsche oder chemischen Reinigung zu erleichtern (soil-release). Abweisung von nassem Schmutz durch trockene Textilien: → Hydrophobierung. → Fleckschutzausrüstung, → Schmutzabweisende Ausrüstung, → Fluoridized, → Zepel,

→ Scotchgard, → Permalose, → Easy-wash, → Wash-quick, → Cassapret SR.

Antistatische Ausrüstung, nachträgliche Behandlung von Geweben, Gewirken oder Teppichen mit Chemikalien, die dazu dienen, die elektrische Leitfähigkeit der Oberfläche zu erhöhen und dadurch eine störende, insbesondere bei einer relativen Luftfeuchtigkeit von weniger als 30-40% auftretende statische Aufladung zu verhindern. Die hydrophoben Gruppen dieser (grenzflächenaktiven) Textilhilfsmittel wirken zum Faserinneren hin, die hydrophilen Gruppen sind nach außen hin orientiert. Wesentlich ist die Anwesenheit beweglicher Ionen. Nachträglich aufzubringen: → Duron-Antischock, → Conter-Antistatikum. Permanent-Ausrüstung: → Arkostat, → Nonax, → Permalose, → no-static, → Endo-Stat, → Tinorex, → Zepel; speziell für Strumpfhosen: → Vanilon. Bei den meisten Präparaten dieser Art wird durch verbesserte Feuchtigkeitsbindung eine bessere hygienische Wirkung erzielt.

Antistatische Fasern, Chemiefasern, deren Neigung zur elektrostatischen Aufladung durch Einlagerung von Chemikalien während des Spinnprozesses verringert oder beseitigt wird. Diese Einlagerung ist teuer, aber absolut haltbar und waschecht, hingegen nicht ganz unproblematisch wegen der möglichen Veränderung der Glanzwirkung („Wasserflecken" auf Teppichen bei Einlagerung von Kohlenstoff in die Faser). Sie soll die Feuchtigkeitsabsorption verbessern. - Vgl. → Antron static-control, → Carfil, → Celon-Anti-stat, → Counterstat, → Permalon, → Perlon antistatic, → Lilion antistatic, → Ultron. Aussichtsreich ist die Einlagerung winziger leitfähiger Kerne aus Kohlestoffteilchen in Polyäthylen in die feinen Polyamid-Filamente (DuPont); vgl. → Epitropic, → Zefstat. Die Verbesserung der elektrischen Leitfähigkeit von Polyamiden kann auch durch Aufdampfen von Metallverbindungen auf die Faser erreicht werden (Rhône-Poulenc). Diese Fasern sind wegen der veränderten Farbaffinität nur in Mischung mit unbehandelten Fasern einsetzbar. Antistatische Fasern verhindern bei den auf der Haut getragenen Textilien das Kleben und Rutschen, machen sie weniger schmutzempfindlich, reduzieren die Knitterneigung und sorgen für besseren Schweißtransport. - Die → Polypropylen-Teppichfasern → Meraklon und → Neofil sind zwar gering, aber im Gegensatz zu den Polyamiden negativ aufladbar, so daß eine Mischung von 50 - 70 % Polypropylen mit 50 - 30 % Polyamid ebenfalls Teppiche mit geringerer statischer Aufladbarkeit ergibt. - Vgl. → Brunsmet, → No shock, → No static. - Die Spürbarkeitsgrenze bei Personenaufladung aus Teppichen liegt bei 3000 Volt; zur Zuerkennung des Antistatic-Symbols beim Teppichsiegel muß die Aufladbarkeit auf 2000 Volt begrenzt sein. Durch Zumischung antistatischer Fasern von unter 1 % sind bereits Werte von unter 1000 Volt erreicht worden. Die Zumischung von extrem antistatischen Fasern mit eingelagertem Kohlenstoff oder aufgedampften Metallsalzen (→ Kupfersulfid) erfolgt meist durch → Verwirbelung nach dem → Taslan-Verfahren.

Antron, Nylon mit → trilobalem Querschnitt. Der abweichende Querschnitt vermittelt einen den texturierten Synthetics ähnlichen, symphatischen Griff. Die Faser hat deutlichen Glanz und wird auch mit eingebauter Antistatic hergestellt. - Antron III: → BFC-Garn, bei dem eine Spezialfaser des → C/C-Typs mit einem Kohlenstoffkern und einem Polyamidmantel im Verhältnis 1:8 in Antron einverwirbelt wird. Vgl. → Taslan.

Anzug, aus einheitlichem Oberstoff und im harmonischen Gesamtschnitt gestaltetes, zweiteiliges oder dreiteiliges (mit → Weste) Herren-Oberbekleidungsstück. - Vgl. → Einreiher, → Zweireiher, → City-Anzug, → Leichtanzug, → Sakko, → Hose, → Party-Anzug, → Formelle Kleidung, → Informelle Kleidung, → Legerbekleidung, → Shirtanzug, → Hemdanzug, → Abendanzug, → After-Six-Anzug, → Konferenzanzug, → Gesellschaftskleidung.

Anzug: links: Zweireiher, rechts: Einreiher

Applikation, Stoffveränderung, die durch Aufkleben oder Aufnähen bunter Leder-, Filz- oder Stoffstückchen entsteht. Meist werden die Schnittkanten durch Ziernähte verdeckt. - Vgl. → Inkrustation.

Appretur, im engeren Sinne: alle nicht waschfesten Maßnahmen der Textilveredlung, wie: → Kalandern, → Mangeln, → Moirieren, → Gaufrieren, → Füllappreturen, → Optische Aufheller. In der Literatur werden aber auch all diejenigen Veredelungsmaßnahmen als Appretur bezeichnet, die den Geweben und Maschenwaren nach der Bleicherei, Färberei und dem Stoffdruck ein anderes Warenbild, einen anderen Griff, neue Eigenschaften verleihen und sie in den verkaufsfähigen Zustand versetzen. - Vgl. → Ausrüstung, → Veredelung, → Finish.

Après-Kleidung, aus bestimmter Sportbekleidung entwickelter zwanglos-jugendlicher Bekleidungsstil, der insbesondere an Ferienorten am Nachmittag und sogar am Abend getragen werden kann. Sportliche Elemente werden häufig ins Elegante abgewandelt. - Après-Ski: entsprechende Kleidung an Wintersportorten; Après-Plage: „Nach dem Strand".

Arachne, Maschine und Erzeugnis der Nähwirktechnik auf Basis eines Faservlieses, ähnlich → Maliwatt.

Arabeva-Technik, → Nadelvlies-Technik zur Herstellung von → Vliesgewirken ohne Nähfaden. Auf → Maliwatt-Maschinen mit modifizierten Schiebernadeln werden Vliese mit überwiegend querorientierten Fasern und mit einem hohen Anteil an Langfasern dadurch in Längsrichtung verfestigt, daß Langfasern maschenförmig durch das Vlies gezogen werden. Es entstehen bauschige Vliese mit geringer Festigkeit.

Araigné, sogenannter „Spinnweb-Crêpe", durch Kombination unregelmäßiger Bindungen und wechselweise S- und Z-gedrehter Garne entstandene Feingewebe der echten Krepprichtung mit verschlungen wirkendem Oberflächenbild; für Kleider geeignet.

Aramid-Fasern, im TKG nicht erwähnter Gattungsbegriff für → aromatische Polyamide. Vgl. → Nomes, → Kevlar.

Aramidimid-Fasern, im TKG nicht erwähnte Gruppe hochtemperaturbeständiger Synthesefasern aus Polyacrylamidimiden. → Vgl. → Kermel.

Architektentüll, durchbrochene Gardinenstoffe vom Raschelstuhl mit groben, phantasievollen modernen Musterungen.

Argyle, sprich: Ärgail, exclusive Verarbeitung gemusterter Strickstrumpfwaren; die jacquardartigen Musterbilder werden nicht eingestrickt, sondern mustermäßig aneinandergekettet. Das Muster verzieht sich auch am Bein nicht entsprechend der Beinform.

Arkalaine, gütezeichenartige Bezeichnung von Stoffen, die mindestens 70% Schurwolle enthalten, aus der DDR.

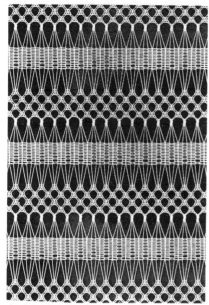

Architektentüll (Kettenwirkware)

Pullover-Blouson mit „Strumpfkaro" in Argyle-Technik

Arkostat, wasch- und reinigungsbeständiges Antistatikum der Farbwerke Hoechst für synthetische Faserstoffe.

Armblatt, Schutz von Kleidern vor den Einwirkungen des Achselschweißes, bei Naturseidenkleidern stets, bei Wollkleidern nach Möglichkeit einzunähen. Meist sind zwischen die oberen und unteren Gewebeblätter beider Armblattflügel feuchtigkeitsundurchlässige Folien aus dünnem Gummi oder synthetischem Material eingenäht. Diese Folieneinlage verhindert zwar das Übergreifen der Transpiration auf die Bekleidung, vermindert aber gleichzeitig die natürliche Belüftung der schweißabsondernden Achselhöhle. Deshalb sollten die Folien mit einer erprobten Perforation versehen sein. Vgl. → Filtrosan.

Ärmel, den Arm teilweise oder ganz bedeckender Teil von Kleidungsstücken,

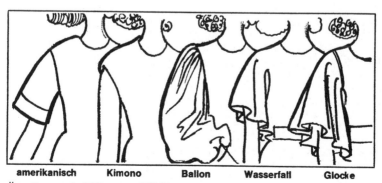

| amerikanisch | Kimono | Ballon | Wasserfall | Glocke |

Ärmelformen bei Blusen und Kleidern

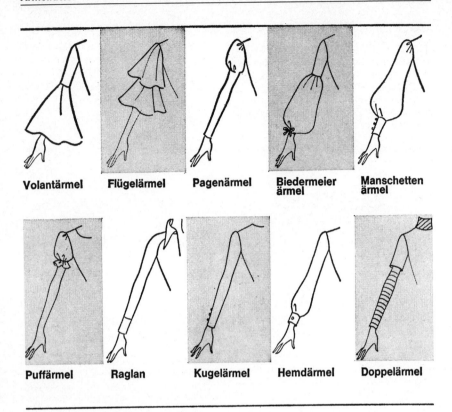

Volantärmel | Flügelärmel | Pagenärmel | Biedermeier ärmel | Manschetten ärmel

Puffärmel | Raglan | Kugelärmel | Hemdärmel | Doppelärmel

Ärmelformen bei Blusen und Kleidern

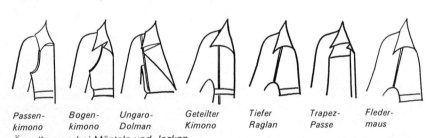

Passen-kimono | *Bogen-kimono* | *Ungaro-Dolman* | *Geteilter Kimono* | *Tiefer Raglan* | *Trapez-Passe* | *Fleder-maus*

Ärmelformen bei Mänteln und Jacken

dessen Ausformung und Länge mehr und mehr zum modischen Attribut geworden ist. - Vgl. → Raglan, → Dolman, → Kugel-ärmel, → Kimono; → Fledermausärmel, → Ballonärmel, → Mancheron, → Flügel-ärmel, → Keulenärmel, → Schinkenärmel, → Laternenärmel, → Tellerärmel, → Man-

schettenärmel, → Bündchenärmel, → Bo-genkimono, → Pelerinenärmel.

Ärmelfutter, scheuerfeste, schweißecht gefärbte Futterstoffe von hoher Glätte, die das Hineinschlüpfen in den Ärmel des Kleidungsstückes erleichtern und den Oberstoff schonen. - Spezielle Ärmelfutter werden durch Verwendung des Leibfutters auch für Ärmel mehr und mehr verdrängt.

Armure, fast strukturlose, weichgriffige Gewebe in kleinfigurierter Schaftmusterung für Cocktail- und Abendkleid sowie für Krawatten. Hochwertige Qualitäten für Meßgewänder katholischer Priester. Im Gegensatz zum ähnlichen → Royal zeigt die Armurebindung köperartigen Versatz, die Bindungsmusterung diagonale Anordnung.

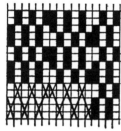

Beispiel für eine Armure-Bindung. Rapport ist durch Kreuzchen gekennzeichnet

Armuré, in Frankreich übliche Allgemeinbezeichnung für feine Schaftmuster aller Art bei Seidengeweben.

Arnel, Triacetat der amerikanischen Celanese-Gruppe. Gewebe hieraus, insbesondere als Grundware für Druckstoffe, sind meist feintitriger und feingarniger und darum auch hochwertiger als zum Beispiel solche aus → Tricel. - Eigenschaften, vgl. → Triacetat.

Aromatische Chemikalien, Chemikalien, die einen Benzolring enthalten. - Aromatische Polyamide: schwer entflammbare Polyamide, vgl. → Kevlar, → Nomex.

Arraché, ziemlich dicker, gut gewalkter, und gut gerauhter → Flausch oder gerissener → Loop, der nicht im Strich liegt, sondern seine wirre Oberfläche behält.

Art-déco, Begriff aus dem Jahre 1925 für bestimmte klare graphische Muster in müden Gobelinfarben.

Asbest, einzige anorganische Naturfaser, die versponnen werden kann und textil-

technische Bedeutung hat; Sammelbegriff für verschiene faserig kristallisierte, silikatische Mineralien (Verwitterungs- und Zerfallsprodukte) von hoher Hitzebeständigkeit (bis 650° C haltbar) für Theatervorhänge und -dekorationen, Schutzbekleidung und technische Zwecke. - LT. TKG: „Asbest".

Asca-Vinylfaser, lt. TKG: Polychlorid; Gruppe von PVC-Fasern mit hoher Säure- und Verrottungsfähigkeit, absolut unbrennbar. - Vgl. → Fire-Stop, → Leavil.

Ashmouni, oberägyptische (Mako-) Baumwolle mit 30-34 mm-Stapel.

Assemblée, doublierte und gezwirnte → Schappeseide.

Astrachan, 1. Pelzimitation mit Eisblumencharakter, kurzhaariger → Wirbelplüsch auf Baumwollgrund, meist mit Mohairpolkette.
2. Moirèartig geflammte, also nicht gelockte Abart des → Persianers.

Astrachin, auch: Astrakin, geklebter Cloqué, billige Nachahmung des echten, ge webten Cloqué. - Mit der → Bonding-Technik gewinnen die fast vom Markt verschwunden Cloqué-Imitate erneute Bedeutung.

Astrafur, Tierfellimitation mit Rhodia- (also Acetat-) Pol auf einem Acetat- oder Baumwollfond.

Astralik, nicht durch eine Polkette, sondern durch eine Abart des Beflockens gebildete → Pelzimitation mit Viskosefilament als Flor auf Baumwollgrundgewebe.

Astro-dyeing, sog. Teilfärbungs- (→ Space-dyeing)-Verfahren; örtliches Anfärben von Garnen durch Injektionsapparate; es können bis zu vier verschiedene Farblösungen injiziert werden. Die mehrfarbige, → partienweise Einfärbung von Garnen hat besondere Bedeutung in der Herstellung von → Tufting-Teppichen.

Astroturf, Sportrasen aus Chemiefasern von Monsanto.

ATF 1017, poröse Bayer → Acrylfaser mit guten hygienischen Eigenschaften. - Vgl. → Hohlfaser.

Athletic-Linie, Silhouette der Herrenmode mit verbreiterten, gerade gestellten, erhöhten und wattierten Schultern, kaum geformter oder gerade fallender Taille, bei tiefer gelegter Knopfpartie und schmalen Hüften. - Vgl. → V-Form, → Triangle-Look, → Zwiebelform.

Atlas, Grundbindungsart, die mit Hilfe von Fortschreitungszahl und Steigungszahl konstruiert werden muß. Bei weitflottenden Fäden berühren sich niemals zwei Bindungspunkte, weder über Eck noch seitlich. Die verstreute Anordnung der Bindungspunkte gestattet es, ein wertvolles Material auf die Schauseite und ein weniger wertvolles auf die Abseite zu bringen. Rechte und linke Warenseite zeigen nie das gleiche Bindungsbild; unregelmäßige Atlasbindungen lassen keinen Rapport erkennen. - Vgl. → Kettatlas, → Schußatlas, → Satin, → Abgeleitete Atlasbindungen: Vgl. → Adria, → Covercoat, → Panamaatlas, → Soleil.

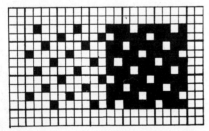

linke Hälfte: Schußatlas, rechte Hälfte: Kettatlas

Atmungsaktive Beschichtung, Maßnahmen, um wasserundurchlässig beschichtete Gewebe oder Maschenwaren luft- und wasserdampfdurchlässig zu machen, ohne die Wasserdichtigkeit zu verringern. Die Beschichtungschemikalien werden porös durch Einarbeitung wasserlöslicher Salze in die Beschichtungsmasse und Herauslösen derselben nach Verfestigung der Schicht oder durch Einarbeitung von Substanzen, die nach Erwärmung Gas abspalten. - Vgl. → Wasserabstoßende Ausrüstung, → Wasserdichte Ausrüstung.

Ätzdruck, vergleichsweise aufwendige und nur für hochwertige Erzeugnisse und Nouveautés einsetzbare Drucktechnik, bei der das Muster durch Aufdrucken von Pasten entsteht, die die Färbung gefärbter Gewebe zerstören (meist durch Reduktion, seltener durch Oxydation). Setzt man der Paste ätzbeständige (Küpen-) Farbstoffe zu, erhält man Buntätze. - Vgl. → Druckart.

Ätzspitze, Stickereispitze, siehe unter → Luftspitze.

Aufbaueigenschaften von Textilrohstoffen, sind für die Verarbeitung eines Rohstoffs zum Gespinst von Bedeutung und müssen stets im Zusammenhang gesehen werden: → Stapellänge, → Feinheit der Einzelfaser (→ Einzeltiter), → Struktur, → Schmiegsamkeit oder → Steifheit, → Oberflächenreibung, → Wärmeleitvermögen und → Feuchtigkeitsaufnahme.

Aufbügelmotive, waschbare Motive, die durch → Transferstickerei (auch mit → Straß) oder durch Buntdruck oder → Flockdruck auf textilem Grund entstehen, dessen Rückseite mit einem thermoplastischen Fixiermaterial versehen ist. Die Motive können problemlos mit dem Bügeleisen auf fertige oder zugeschnittene Bekleidungsstücke waschfest und zum Teil kochfest aufgebügelt werden.

Aufheller, optische, siehe unter → Optische Aufheller.

Aufladung, elektrostatische, siehe unter Elektrostatische Aufladung. - Vgl. → Antistatische Ausrüstung, → Antistatische Fasern.

Aufmachung von Garnen, Art der Aufwindung, in der das betreffende Garn in den Handel kommt: → Stränge, Spulkränze, → Kreuzspulen, Docken, Wickel, Knäuel,

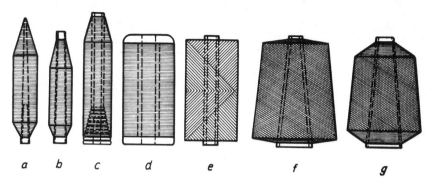

a b c d e f g

a = Kötzer (Kops, Cop) für Baumwollgarne auf kurzen Papierhülsen
b = Kötzer für Baumwoll-, Chemiespinnfaser- und Kammgarne auf langen
   konischen Papphülsen (Durchhülsen)
c = Flaschenspule aus Holz für Strickerei und Wirkerei
d = zylindrische Scheibenspule für Bastfasergarne in Parallelwicklung
e = zylindrische Kreuzspule (Abzug durch Abrollen)
f = konische Kreuzspule (Abzug „über Kopf", Spule feststehend)
g = bikonische Kreuzspule (Pineapple-Spule)

Garnaufmachung: die wichtigsten Spulenformen

Spinnkuchen, Holzrollen, → Bobinen, → Conen.

Ausbeute, Verhältnis des Halb- und Fertigproduktes zu dem dafür eingesetzten Rohmaterial. Bei Leinen ist das Verhältnis der gewonnenen Faser zum Gewicht des lufttrockenen Flachsstrohs zur Beurteilung der Güteklassen des Flachses einzelner Ursprungsländer von besonderer Bedeutung.

Ausbluten, Auslaufen einer meist dunkleren Farbe in hellere Töne. Ursache: Überfärbung (→ Affinitätsgrenze), unechte Färbung, ungeeignete Waschbehandlung.

Ausbrenner, Sammelbezeichnung für Gewebe aus verschiedenen, chemisch voneinander abweichenden Faserstoffen; eine der Faserarten wird figürlich chemisch zerstört, wodurch eine durchscheinende, spitzenartige Musterung erzielt wird. Die Zerstörung kann durch mustermäßiges Aufdrucken von Ätzflüssigkeiten, die sofort nach der Behandlung wieder ausgewaschen werden müssen, oder durch Aufdruck von Reservierungschemikalien und nachfolgender Behandlung des gesamten Gewebes mit ätzenden Chemikalien erfol-

gen. Besondere Bedeutung haben Ausbrenner aus Mischgeweben Polyester/ oder Polyamid/Baumwolle erlangt, wobei der Zelluloseanteil durch Aluminiumsulfat zerstört wird, dic Synthetics aber nicht angegriffen werden. - Vgl. → Dévorant, → Dentelle, → Jersey figuré, → Imbetweens.

Ausfahrganitur, gewirkte oder gestrickte (seltener gehäkelte) Oberbekleidung für Babys, aus Wolle, Acrylfasern oder Baumwolle.

Auslegekragen, modische Hemdenkragenform, die am Hals nicht geknöpft werden kann oder geknöpft zu werden braucht (vgl. → Lidokragen, → Englischer Kragen).

Ausschlagkragen

Auslegeware, breite Teppichmeterware, mit der der ganze Raum ausgelegt wird. Sie wird am Boden aufgeklebt oder auf andere Weise dauerhaft befestigt.

Ausrecken von Leder, „Ausstoßen" von Tierhäuten, Beseitigung der dem Tierkörper folgenden Wölbungen der Haut bei der → Zurichtung des Leders.

Ausrüstung, Sammelbegriff für alle Verfahren der Textilveredelung, die nach dem Weben oder Wirken den Gebrauchswert einer Ware erhöhen, seinen Charakter oder seine Oberfläche oder sein Erscheinungsbild verändern und die Ware verkaufsfähig machen. Ausrüstung im engeren Sinn: Waschfeste Veredlung im Gegensatz zur nicht waschfesten → Appretur. Vorgänge, die nicht mehr rückgängig gemacht werden können, bezeichnet man auch als → Permanent-Ausrüstung. Mechanische Verfahren: → Scheren, → Rauhen, → Ratinieren, → Plissieren; Chemische Verfahren: → Färben, → Drucken, → Scheuerfestausrüstung, → Fleckschutz-, → Knitterfrei-, → Flammenfest-Ausrüstung, → Antistatische, → Antipilling-, → Antisnag-, → Antifilz-, → Antimykotische Ausrüstung. - Vgl. → Permanent Press, → Gewebetexturierung, → Imprägnieren, → Ausziehverfahren.

Ausschlagen, Vergrößerung der Maschenzahl einer Reihe. Gegensatz: → Mindern oder → Eindecken.

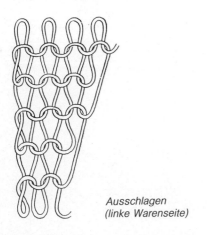

*Ausschlagen
(linke Warenseite)*

Ausschnitt, kragenloser Halsabschluß bei Damenoberbekleidungsstücken, variationsreiches modisches Detail. Abbildungen siehe unter → Dekolleté; vgl. → Neckholder, → Kragenformen, → Bateau-Ausschnitt, → V-Ausschnitt, → Rundbundausschnitt, → Sari-Ausschnitt.

Ausspinnbarkeit, Ausspinnbereich, Ausspinngrenze, von der Qualität des eingesetzten Fasermaterials (Feinheit, Länge, Festigkeit) abhängige größte Garnfeinheit. - Vgl. → Aufbaueigenschaften.

Ausziehverfahren, diskontinuierliches Verfahren zum Aufbringen von Farben und Appreturmassen auf Stoffen, wobei im Gegensatz zu den kontinuierlichen Verfahren (→ Foulard, → Klotzen, → Pad-Verfahren) das zu behandelnde Gut in eine Flotte gebracht wird und so lange aus dem Bad Farbstoffe oder Appreturmittel aufnimmt, bis ein Gleichgewicht zwischen dem Farbstoff auf der Faser und dem Farbstoff im Bad erreicht ist. Die Aufziehgeschwindigkeit hängt von der Faser selbst, der Diffusionsgeschwindigkeit des Farbstoffs und den Bedingungen (z.B. Bewegung der Flotte, Temperatur, Verhältnis der Faseroberfläche zur Fasermasse) ab und läßt sich durch Hilfsmittel steigern.

Autocoat, hat als kurzer sportlich-eleganter Herrenmantel den Dufflecoat modisch verdrängt. Er reicht nur knapp ans Knie, bildet daher keine Sitzfalten und kann mit Raglan- oder eingesetztem Arm gearbeitet sein. Für Damen: modischer, bequemer Kurzmantel sportlichen Stils. - Vgl. → Riding-Coat.

Autofahrerbund, Bundverarbeitung an Herrenhosen, die entweder durch Einzug dehnfähiger Gürtel oder Gummieinsätze im Bund elastisch geworden ist oder seitlich an keilförmigen Einschnitten durch Schnalle und Schließe verstellbar gemacht wurde. - Abb. siehe → Jeans.

Automatenwebstuhl, Webstuhl klassischer Bauart, bei dem durch technische

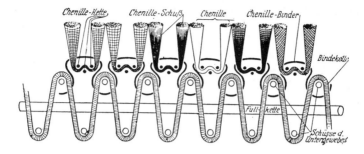

Axminster-Teppich (Schlußschnitt)

Einrichtungen (Fadenwächter, automatischer Spulenwechsel) Vorsorge getroffen wurde, daß sich die Bedienung auf nur wenige Tätigkeiten wie die Beseitigung von Fadenbrüchen und Webfehlern beschränkt. - Vgl. → Webmaschine, → Webautomat.

Autoschlitz, 1. nach links offener Rückenschlitz an Mänteln und Sportsakkos im Gegensatz zum üblichen, nach rechts geöffneten Rückenschlitz; beim Einsteigen von der linken Seite ins Auto wird der Autoschlitz nicht zurückgeschlagen.
2. Hoher Seitenschlitz bei Mänteln, der das Zurückschlagen des rückwärtigen unteren Mantelteils erlaubt. Der Autofahrer sitzt nicht mehr auf seinem Mantel; störende Faltenbildung wird vermieden. Oft sind die hohen Autoschlitze durch Reißverschlüsse zu schließen.

Avisco, Substanz, die der Spinnmasse von Viskosefasern zur Erhöhung der Flammenfestigkeit zugesetzt wird. - Vgl. → Antiflamm-Ausrüstung.

Avivage, Weichmachen von Garnen und Geweben durch Nachbehandlung mit Seifen und Ölen.

Avril, amerikanische HWM-Faser.

Axminster, Chenille-Teppich, oft kaum vom echten Orientteppich zu unterscheiden, aber viel billiger. Man erkennt ihn leicht an seiner Kante, wo das wollige Mustermaterial wie bei einem Gewebe umkehrt. Neuerdings wird die Bezeichnung

Axminster auch für verschiedene Greiferteppiche mit praktisch unbegrenzter farblicher Musterungsmöglichkeit (vom „Royal-Axminster-Webstuhl") angewandt.

Herstellung eines Axminster-Teppichs in Greifer-Technik

Auf der gesamten Breite des Teppichs ist für jede Flornoppe ein Greifer angeordnet. (Bis zu 27 Greifer auf 10 cm Breite.) Diese ziehen aus jacquardmaschinengesteuerten Fadenzuführungen kurze Polfadenstücke verschiedener Farbe heraus.

Die Greifer schwenken um nahezu 180° herum und legen die Polfadenstücke an den zuletzt eingetragenen Doppelschuß. In dieser Stellung verharren sie, bis der nächste Doppelschuß eingetragen ist.

Durch eine Aufwärtsbewegung legen die Greifer die Polfadenstücke an den letzten Doppelschuß, lösen sich dann und schwenken wieder zur Fadenzuführung zurück.

1 Füllkette
2 Bindekette
3 Oberschuß
4 Unterschuß
5 Polfaden

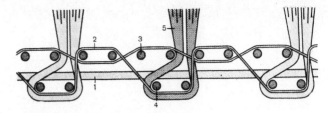

Kettschnitt durch einen Greifer-Axminster-Teppich

Azelon, japanische Polyamidfaser ähnlich → Pelargon, sog. „Nylon 9".

Azo-Farbstoffe, Naphthole, ergeben Färbungen von guter Echtheit; ihre Unlöslichkeit (Kochwaschechtheit, seltener Wetterechtheit) ist eine Folge des Färbevorgangs: Die Farbe wird durch Vereinigung eines Naphtols mit einem Färbesalz auf der Faser gebildet. Besonders bekannt sind Naphtholrot und Variaminblau.

B

Babycord, hochfeiner und leichter → Cord mit 51 und mehr Rippen auf 10 cm Warenbreite, vgl. → Millrayé, → Bedford-Cord.

Baby Doll

Baby-Doll, Modelinie, ein Beispiel, wie die Mode durch einen Film inspiriert werden kann. Der Pariser Modeschöpfer Jacques Griffe brachte 1957 unter diesem Namen eine kindlich-naive Modesilhouette mit weiten Hängekleidern aus taillenlos zusammengefügten, nur auf der Schulter aufliegenden und lose fallenden Stoffbahnen, die mit weiten Ärmeln ergänzt und oft sehr verspielt ausgeputzt waren. Die Baby-Doll-Linie hat sich nur für Nachtwäsche, von der sie sich herleitet, erhalten.

Back-stripe, modischer Akzent an jugendlichen Herrenhosen. Am Rücken befinden sich unterhalb des Bundes links und rechts seitlich angebrachte Stofflaschen, in der Mitte durch Metallschnalle zusammengehalten. - Vgl. → Side-strip.

Badge, Modebrosche mit kurzem, meist humorigem Text.

Bafa-Fadengelege, → Fadenverbundstoff mit zwangsläufiger, geordneter Fadenlegung, wobei sich die Fäden nicht nur kreuzförmig überschneiden, sondern auch in verschiedenen Ebenen liegen, ohne sich aber ähnlich einem Gewebe gegenseitig zu verschlingen. Die Verfestigung erfolgt adhäsiv mit Hilfe von Bindemitteln. - Vgl. → Fadengelege, → Uvutan, → Textil-Verbundstoff, → Non woven fabrics.

Bagdad-Moiré, besonders schöne, dem → Breitschwanz in der Zeichnung ähnliche Felle des Bagdad-Lammes, gut zu färben.

Bagging, lose geschlagenes, grobfädiges Jutegewebe in Leinwandbindung für

Wandbespannungen, Polster- und Verpakkungszwecke.

Bahnenrock, macht mollige Figuren schlanker: Mehrere schräg geschnittene Bahnen bilden nach unten weiter ausschwingende Röcke, die auf der Hüfte glatt aufliegen und durch den sichtbaren Nahtverlauf die Figur strecken.

Bahnenrock

Bajaderenstreifen, bordürenbreit rapportierende, aus vollen Farben zusammengefügte Traversstreifen, farblich meist ungleich abgestuft.

Bakelit, erstes Kunstharzerzeugnis überhaupt, heute schon zum Gattungsbegriff für alle Kunstharzprodukte verallgemeinert. Es wird durch Kondensation von Formaldehyd und Phenolen hergestellt (Phenolharz-Kaltpreßmasse) und sieht zunächst bernsteinartig aus, kann aber mit Asbest oder Graphit gefüllt werden. Im Gegensatz zu echten Knöpfen aus Horn oder Steinnuß, die sehr voll klingen, tönen Bakelitknöpfe metallisch oder hohl, wenn man sie auf einen harten Boden fallen läßt. - Vgl. → Galalith.

Bakteriostatische Ausrüstung, vgl. → Antimykotische Ausrüstung.

Ballenöffner, Maschine zur Spinnvorbereitung für Baumwolle, die den Baumwollballen aufbricht, die gepreßte Baumwolle in kleine Stücke zerkleinert und dabei Verunreinigungen absaugt.

Ballonärmel, von Nina Ricci, Paris, kreierter ballonförmiger Ärmel, der in Ellenbogenhöhe eng anschließt.

Bancare, kunstharzfreie Pflegeleichtausrüstung; die Kunstharze werden durch ein in Amerika als → Crosslinking-Prozess bekanntes Verfahren durch eine chemische Verbindung des Ausrüstungsmittels mit den Fasermolekülen ersetzt. Die Struktur der Baumwollfaser wird verändert, nicht ein Fremdprodukt eingelagert. Beeinträchtigt die Scheuerfestigkeit, nicht aber die Luftdurchlässigkeit und die hygienischen Eigenschaften des Stoffes. Tropfnaß aufgehängte Kleidungsstücke trocknen schnell und glatt; nach Maschinenschleudern ist leichtes Bügeln nötig. Ähnlich: → Cottonova, → Sulfone, → Supercotton, → Ravissa, → Melloform, → Quikoton.

Bancora, Antifilzausrüstung durch netzartige Umhüllung der Schuppen („Maskierung") mit dem Ziel, das Aufspreizen der Schuppen beim Filzvorgang der Wolle zu verhindern. - Vgl. → Antifilzausrüstung, → Wurlan.

Band, 1. drehungsloses, verzugfähiges, aus mehr oder weniger in Längsrichtung orientierten Fasern bestehendes Vorgespinst (z.B. Kardenband).
2. Sammelbegriff für alle Schmalgewebe mit beidseitig festen Kanten vom Bandwebstuhl. - → Schrägband ist ein geschnittenes Gewebe.

Bändchen, → monofile Chemiefäden mit gleichmäßigem, flachem Querschnitt (→ Flachfäden), die aus Schlitzdüsen gesponnen werden; z.B. Effekt-Viskosespinnfasern, die Glanz geben sollen (vgl. → Moussbryl, → Kristallgarn, → Polital). → Chemieschnittbändchen werden aus Folien in schmalen Breiten geschnitten (auch: Kunstbast; vgl. → Raphia).- Abb. siehe → Flachfäden.

Bande, über die ganze Warenbreite von Geweben auftretende, durch den Schuß verursachte Fehler, z.B. Glanz- oder Farbveränderungen.

Bandeaux-BH., trägerloser BH. Für (stark dekolletierte) flach und abnäherlos gearbeitete Kleider.

Trägerloser Bandeau-BH (links), verschlußloser Nackenträger-BH (rechts).

Bandmesser, maschinell getriebenes, aber fest verankertes Messer in der Zu-schneiderei von Konfektionsbetrieben, an dem der Stoff vorbeigeführt wird und das den Zuschnitt beliebig vieler Lagen erlaubt. Der Zuschnitt ist wegen der Gefahr des Verschiebens der Lagen nicht sehr genau, aber rationell.

Bandura, → Stofftexturierung (im Gegensatz zur Garn-, Faser- und Spinnkabeltexturierung; vgl. → Texturierung) nach einem Verfahren von Bancroft; die meist preiswerten Stoffe und Gewirke (Kettenwirkwaren) werden auf einer komplizierten Maschine, dem „Micrex-Microcreper", unter Einwirkung von Hitze und Stauchdruck texturiert; sie erhalten strukturierte Warenbilder, mehr Stabilität, Dichte und dauerhafte Elastizität. Das Verfahren ist nicht an einen bestimmten Rohstoff gebunden.

Bani-lon, im Ausland: Ban-lon, Schutzmarke von Bancrofts für Acrylfasern, die nach dem „Textralized"-Verfahren einzeln im → Stauchkammerverfahren texturiert und bis zum Endprodukt in der Qualität überwacht werden. Die Marke schützt auch stauchkammertexturierte Garne aus Nylon, Perlon, Rilsan und Polyester. Die Zick-Zack-Kräuselung ist variabel und kann für Unterwäsche und Strümpfe zur Erzielung weicher Garne intensiv und gleichmäßig erfolgen, für Oberbekleidung

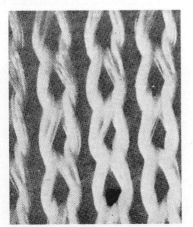

Gewirk vor (links) und nach der Bandura-Texturierung (rechts)

aus Maschenwaren mit der Wirkung geringerer Bauschung, geringerer Längs- und verstärkter Breitenelastizität kreppartig ausfallen und schließlich bei deutlich geringerer Bauschkraft Glanzeffekte hervorrufen, oft unterstützt durch Fasern mit → trilobalem oder → multilobalem Querschnitt. Feuchtigkeits- und Farbaufnahmefähigkeit werden verbessert. - Zur Verbesserung der hygienischen Eigenschaften von Unterwäsche aus Bani-Ion kann die Körperseite der Gewirke mit Baumwolle plattiert werden.

Banyai-Teppich, Knüpfteppich mit maschinell nachgeahmtem Smyrna- oder Perserknoten. Ohne wirtschaftliche Bedeutung. - Vgl. → Boyer-Teppich.

Baratte, Sulfidiertrommel zur Herstellung von Viskosefasern.

Barchent, historischer Ausdruck; in Süddeutschland: schwere Köpergewebe, die als Einfüllstoff für kräftige Federn dienten und als → Unterbett verwendet wurden. Früher allgemein benutzt für schwere und kräftig geraute Baumwollgewebe für winterliche Bettücher und Arbeitskleider.

Barège, gazeartiger feiner Kleiderstoff aus Naturseide oder Halbseide; auch im Woll-Seiden-Charakter, in Tuchbindung, auch mit Drehermusterung.

Bariumchlorid, wasserlösliche Chemikalie zum Mattieren von Viskose und zum Erschweren von Naturseide.

Barmer Bogen, Baumwollbänder mit webtechnisch hervorgerufenen, gebogten Kanten, die nicht ausfransen, als Ausputz für Unterwäsche, Schürzen und Bettwäsche. Vgl. → Feston.

Barré, unauffällige, feine Traversstreifen, dem Rayé bei Längsstreifen entsprechen. Auch: Webfehler durch Fadenspanner im Schuß.

Bartuft-Verfahren, auch als → Radcliffe-Verfahren bekanntes Herstellungsverfahren für gepreßte Teppiche im Gegensatz zum → Tuftingteppich. Das Polmaterial wird einem endlosen Band mit Stahl-La-

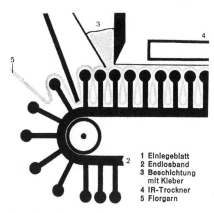

1 Einlegeblatt
2 Endlosband
3 Beschichtung mit Kleber
4 IR-Trockner
5 Florgarn

Das Bartuft- oder Radcliffe-Verfahren

mellen zugeführt, durch eine auf- und abgehende Federplatte über den Köpfen und in den Schlitzen des Lamellenbandes zu Polschlingen geformt, mit Kleber bestrichen und rückseitig ein Jutegewebe aufgeklebt. - Vgl. → Couquet-Verfahren.

Basische Farbstoffe, Farbstoffgruppe mit sehr lebhaften, leuchtenden Tönen, aber mit sehr niedrigen Echtheitswerten (Lichtechtheit) bei Färbung auf Wolle, Baumwolle, zellulosischen Chemiefasern und Naturseide. Auf Acrylfaser ergeben sich gute Echtheitswerte. - Verwendung dort, wo es auf Reinheit und Leuchtkraft der Farben wesentlich mehr ankommt als auf die Dauerhaftigkeit der Farbe.

Baskenmütze, rundgewebte, randlose Wollfilzmütze mit kleinem Schwänzchen, als → Béret Nationalkennzeichen des französischen Bürgers; seit etwa 1928 auch in anderen Ländern verbreitet.

Basolan, → Antifilzausrüstung der BASF, das die Schuppenstruktur der Wolle durch chemische Modifikation mit Hilfe von organischen Chlorverbindungen stark verändert. Das Verfahren bewirkt ähnlich → Sironized gleichzeitig eine gewisse Flächenfixierung und erleichtert die Formgebung der Kleidungsstücke in der Endbügelei.

Bast, 1. der Naturseide anhaftender Seidenleim (Serecin, Dextrin). Entfernung durch Entbasten (Degummieren).
2. Zwischen Rinde und Holzkern liegende Gewebeschicht der Bastfasern, aus der Fasern gewonnen werden können.
3. Kunstbast (Viscabast, → Raphia), aus Folien geschnittene endlose Bändchen oder aus Düsen mit schlitzartigem Querschnitt gesponnene Zellulose- oder Acetat-Bändchen mit strohartigem Charakter für die Damenhut-, Posamenten- und Gürtelindustrie.

Bastardleder, Leder von Schafen, die in größeren Höhenlagen leben und kein Wollkleid, sondern Haare wie die Ziegen tragen; die Narbenstruktur ähnelt mehr dem Ziegenleder als der Schafledernarbung. Bei geringem Gewicht sehr widerstandsfähig, weich und geschmeidig, für strapazierfähige Straßenkleidung. Bekannt ist vor allem Bastard-Nappa.

Bastfasern, im Gegensatz zu den → Blattfasern Stengelfasern aus den Stielen von → Flachs, → Hanf, → Jute und → Ramie; charakterisiert durch hohe Festigkeit, geringe Dehnung, unterschiedliche Länge der → Bündelfasern (vgl. → Elementarfasern), uneinheitlicher → Stapel, glatte Oberfläche mit zugespitzten Enden. Der Bast liegt zwischen Rinde und Holzkern. - Vgl. → Kenaf, → Ginster, → Leinen.

Bateau-Ausschnitt, kragenloser ovaler Halsabschluß bei Damen- (und Herren-) Strickwaren; halsnah, der Schlüsselbeinlinie folgend.

Batik, Technik, Stoffe zu bedrucken, die von den Einwohnern der Insel Java zu höchster Vollendung entwickelt wurde. Die Muster wurden durch Auftragen einer Wachsschicht beim Einfärben des ganzen Stoffballens ausgespart. Durch rissiges Wachs entstanden feine Farbadern, die mit modernen Druckverfahren nachgeahmt werden. Technisch fortentwickelt zum Reservedruck. Unechte Batiks, die durch Gravieren echter Batikmuster auf Walzen entstehen, sind leicht daran zu erkennen, daß sich das Muster entsprechend dem Rapport wiederholt. - Vgl. → Tie-dyeing.

Batist, veralteter Name: Kammertuch, Sammelname für feinste Grundgewebe aus Baumwolle, Dralon, Orlon, auch aus Halbleinen und Reinleinen, gefärbt und bedruckt, in Tuchbindung. Feinste Mako-Batiste bezeichnet man auch als „Schweizer Batist", buntgewebte Batiste heißen → Zefir. → „Seidenbatiste" sind ebenfalls hochfeine Mako-Batiste, Feingewebe ähnlicher Art aus endlosen Fasern bezeichnet man als → Toile. Verwendung für Blusen, Kleider, Taschentücher, besonders aber für Nachtwäsche („Wäschebatist"), sowie als Druckgrundware für Leichtbettwäsche, auch in Mischung mit 50 % Polyester.

Battle-jacket, in der jugendlichen Sportmode beliebt gewordene Jacke im Stil des kurzen Militär-Blouson mit Bund nach Art der → Hipster- oder → Pilotenjacke, doch geräumiger und bequemer im Schnitt.

Bauernbluse, aus dem Folklorestil übernommene, aus weichfließenden Stoffen in elegante, auch für den Abend geeignete

Bauernblusen: links: mit Straß-Applikation; rechts: Kittelform mit Bändchen am Schlitzausschnitt.

Bauernblusen: von links: abendlich mit Spitzeneinsatz, aus Voile mit gerüschtem Ausschnitt, mit buntem Folklore-Druck.

Modelle übersetzte Blusenformen, oft mit ausgeschnittenem Dekolleté (→ Carmen-Dekolleté, → Grelot) und mit Verzierungen.

Bauernjacke, auch Metzgerjacke, leichte Damenjacke mit breiter Schulterpasse und angekraustem Rücken darunter, weite, blusige Hemdärmel.

Bauernleinen, ganz grobes, nicht vollgebleichtes Leinen nach Art des handgesponnenen Leinens, für Bettücher und Tischdecken.

Bauernrock, dem → Folklorestil entsprechende, meist wadenlange, fast geradefallende bauschige Röcke mit ungebügelten Falten, die oberhalb der Hüfte an ein glatt bis zur Taille anliegendes Stoffteil angesetzt sind. - Vgl. → Stufenrock (Abb. siehe dort), → Torsoglocke.

Baumwolle, Samenhaare einer malvenähnlichen, subtropischen Staudenpflanze (→ „Gossypium"); mengenmäßig immer noch der mit weitem Abstand wichtigste Textilrohstoff. Stapellänge 20 bis 42 mm. Hauptanbaugebiete: Vorderindien, Ägypten, USA, Sudan, Turkestan (UdSSR), Brasilien, Peru, Mittelamerika, neuerdings Westafrika. - Baumwolle besteht zu 90 % aus reiner → Zellulose, die Einzelfaser hat

eine Feinheit von 0,01-0,04 mm und besteht aus einer Unzahl winzigster Fäserchen (→ Fibrillen), die spiralförmig in Schichten übereinander liegen. Die Einzelfaser ist bandförmig und mit korkenzieherartigen Drehungen versehen; diese Verwindungen greifen beim Verspinnen wie Scharniere ineinander und bewirken die gute Haftung der Fasern im Garn. Verunreinigungen (Schalenreste, → Nissen) müssen vor dem Spinnen entfernt werden (vgl. → Ballenöffner, → Krempel, → Schlagmaschine, → Spinnen). Zum Wachstum benötigt die Pflanze gleichmäßige feuchte Wärme (18-28° C.) mit reichlich Wasserzufuhr während der 4 - 6 Monate langen Wachstumsperiode, nach Möglichkeit aber Trockenheit während der Reife und Ernte (daher vielfach künstlich bewässert). Die aufgesprungenen reifen Samenkapseln werden von Hand oder mit Pflückmaschinen meist dreimal je Saison geerntet und die Samenhaare durch → Egrenieren von den Samen getrennt. → Unreife Baumwolle von zu früh gepflückten Kapseln hat eine zu dünne Zellwand, tote Baumwolle (vorzeitig abgestorbene) hat keine Windungen und ist durchsichtig; beide sind nicht verspinnbar. Erzeugnisse aus Baumwolle sind im Verhält-

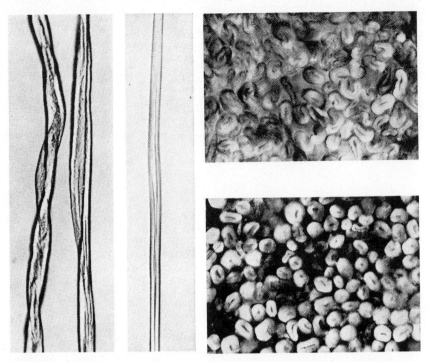

Rohe und mercerisierte Baumwolle: links Rohbaumwolle mit Windungen, daneben mercerisierte Baumwolle im Längsschnitt. Oben rechts: Rohbaumwolle im Querschnitt; unten rechts: mercerisierte Baumwolle.

nis zu ihrer Haltbarkeit preiswert, aber wenig elastisch, filzfrei, gut zu bleichen und zu färben, neigen zum Knittern, werden leicht flusig, sind aber trocken und naß gleich reißfest und deswegen gut zu waschen und zu kochen. - Vgl. → Gasieren, → Sengen, → Mercerisieren, → Pograde, → Linters, → Zweizylindergarn, → Dreizylindergarn, → Klassierung, → Imitatgarn, → Vigognegarn, → Kardiertes Garn, → Peigniertes Garn, → Beuchen, → Sanfor, → Sea Island, → Sakellaridis, → Karnak, → Mako, → Ashmouni, → Tanguis, → Effiloché, → Mediogarn, → Mulegarn, → Reißbaumwolle.

Baumwoll-Grundgewebe, mengenmäßig sehr bedeutende Gruppe tuchbindiger Rohgewebe aus Baumwolle, die sich durch ihre Feinheit und ihr Gewicht unterscheiden in → Kretonne, → Renforcé, → Kattun und → Batist. Abwandlungen vgl. → Linon, → Sailcloth, → Beach-cotton, → Eighty square, → Madapolam, → Mull, → Musselin; buntgewebt: → Oxford und → Zefir.

Bauschgarn, Gruppe → texturierter Synthetics; gebauschte, sehr voluminöse Kräuselgarne mit normaler Elastizität und einer nach Verfahren unterschiedlichen Kräuseldehnung ohne Verdrehungstendenz; meist im → Stauchkammer- oder → Düsenblasverfahren, selten im → Zahnrad- oder → Strickfixier-Texturierverfahren hergestellt. - Vgl. → HE-Garn, → Set-Garn, → Chemietexturierung, → Differential-Schrumpfverfahren, → Hochbauschgarn, → High-bulk-Garn.

Bautex, klassisch gewebter, rollstuhlfester Veloursteppich (Schaeffler) aus Bayer-Perlon mit → Brunsmet-Stahlfaserbeimischung. Die Stahlfaser macht den Teppich dauerhaft und unabhängig von der Luftfeuchtigkeit antistatisch, so daß Schocks bei Berührung mit nicht geerdeten Gegenständen vermieden werden.

Bayer-Textilfaser, Sammelname für alle von der Farbenfabrik Bayer hergestellten Chemiefasern gleich welcher chemischen Konstitution. Bisherige Marken mit Ausnahme der Acrylfaser Dralon, wie → Vestan, → Dorix, → Vestamid werden werblich nicht mehr gefördert, können von den Verarbeitern aber weiter verwendet werden.

BCF-Garn, „bulked continoous filament yarn", kontinuierlich gebauschtes Endlos-Garn, Sammelbegriff für Garne aus endlosen texturierten Synthetics, Gegensatz zu fixierten und texturierten Spinnfaser-Garnen (→ Heat-set-Garne); vor allem gebraucht bei → Teppichgarnen. Auch für → Intermingled-Garn und andere durch → Verwirbelung entstandene → differential-dyeing-färbbare oder → antistatische, aus verschiedenen Fasertypen bestehende Textur-Filament-Garne. - Rund 60 % der für → Tufting-Teppiche verarbeiteten Garne sind BCF-Garne.

Beach-cotton (sprich: bietsch kotton), Po-peline mit grober Rippe, der das Leinenbild glatter und flacher fortführt.

Bedampfen, → Metallisieren von textilen Flächengebilden im Hochvakuum.

Bedford-Cord, englische Bezeichnung für → Cotelé; etwas grober als → Baby-Cord.

Bedor, metallische Effektbändchen (→ Metallfolie) aus einer silberglänzenden Aluminiumfolie, die mit Gold oder anderen Farben überfärbt wird, durch zwei Hostaphanbänder geschützt. Die Farbe liegt nicht im Klebstoff, sondern wird auf die Aluminiumfolie direkt aufgetragen und ist deswegen nicht so haltbar wie bei Effektmaterialien mit Farbstoff im Klebstoff, aber preiswerter.

Beflocken, Aufbringen von kurzen Faserflocken auf textiles Trägermaterial, meist Imitation von → Kettsamten oder → Wildleder; auf feine Gewebe im Taftcharakter werden Klebemassen aufgetragen, die das aufgestaubte kurzfaserige Flockmaterial (vor allem Polyamide, aber auch kurzgeschnittene Viskose) festhält. Die Klebstoffe sind normalerweise reinigungsbeständig; der Flock kann elektrisch aufgerichtet werden. Erfolgt das Beflocken im elektrischen Feld (siehe Abbildung), ergeben sich plüschartige Effekte, weil das Beflockungsmaterial senkrecht in den Kleber fällt. - Vgl. → Flockprint.

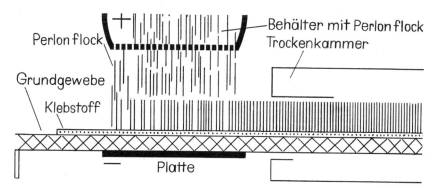

Beflockungsanlage für Perlon-Flock. Oben der Behälter, positiv elektrisch geladen, unten die negativ elektrisch geladene Platte

Beiderwand, historischer Begriff für buntgewebte Wollgewebe, später auch Baumwoll- und Zellwollgewebe mit einer auf beiden Warenseiten gleichartigen Karo- und Streifenmusterung für Kleidung, Vorhänge und Schürzen.

Beifeder, kleines Federchen, am unteren Teil des Kiels einer Hühnerfeder angewachsen.

Beinknöpfe, aus den Knochen der Pferde oder des Rindes hergestellte Knöpfe; das Bein wird erweicht, aufgeschnitten und zu Platten gepreßt. Auch die Hirschhornknöpfe aus dem Geweih des Hirsches sind Beinknöpfe und keine Hornknöpfe. Denn Hirschhorn ist im Gegensatz zum Horn nicht hohl und wird auch beim Erwärmen nicht biegsam. Die Hirschhornknöpfe werden aus dem Geweih gesägt, so daß die schöngenarbte Außenseite erhalten bleibt. Vor allem für Trachtenkleidung verwendet. Imitationen aus Porzellan oder porzellanähnlichen Massen.

Beize, Chemikalien, vor allem Schwermetall- und ander Salze, zur Vorbehandung von Stoffen und Garnen (→ Vigoureuxdruckerei), die die Farbstoffaufnahme und die Echtheit der Farbstoffe erhöht. - Beizen (Carrotieren) von Tierhaaren (Kanin- und Hasenhaare) erhöht die Filzfähigkeit bei der Herstellung von Filzen für Hutstumpen.

Bekleidungshygiene, Teilgebiet der Bekleidungsmedizin, mit dem Ziel, durch Forschung und Lehre Gesundheitsschäden durch Kleidung vorbeugend zu verhüten sowie das menschliche Wohlbefinden und das Leistungsvermögen durch Wahl und Konstruktion der Bekleidungsstücke zu fördern.

Bekleidungsphysiologie, im Gegensatz zu der mehr auf die Anwendungstechnik ausgerichteten Bekleidungshygiene der mehr theoretische Teil der Bekleidungsmedizin, erforscht die Zusammenhänge zwischen Bekleidung und Lebensfunktionen; besonders wichtig sind die Physiologie des Wärmehaushaltes sowie die physikalischen Bedingungen der Wärmeisolation, sodann die Anpassung der Kleidung an die Umwelteinflüsse einschließlich der Spezialfragen der Schutzbekleidung.

Bell Bottom, „Glockenfuß", knieenge, klassische → Jeans-Form mit ausgestellter Fußweite. - Vgl. → Flared Leg, → Strait Leg, → Tube.

Belleseime, japanisches (Kanebo) → Veloursleder-Imitat mit Polyurethan-Beschichtung (Anteil 15 %) auf einem Trägermaterial aus 65 % Polyester- und 20 % Nylonfilament in einer Garnfeinheit von 2 den (13/0,15 den).

Beludschistan, Beludsch, zur Gruppe der → Turkmenen-Teppiche zählender zentralasiatischer → Orient-Teppich, nur kleine Formate und oft Gebets-Teppich, mit reicher geometrischer Musterung und bevorzugt in dunklen Farben.

Beluna, mit Vestan-Endlosvlies gefüllte → Flachbetten und andere Bettwaren.

Bengaline, einfarbige, feinfädige, seidige Kleiderstoffe mit leicht rippigem Charakter. Gröber als → Taft und → Faille, feiner als → Ottomane.

Berberstreifen, schmale, unregelmäßige Streifen auf Kleiderstoffen mit wolligem Charakter in verhaltenen Kolorits mit Handwebeffekt.

Berberteppich, handgeknüpfter Teppich aus Nordafrika mit sehr hohem Flor aus naturfarbener, weicher, fast dochtiger Wolle mit einer gegenüber den Orient-Teppich wesentlich gröberen Wolle und geringer Knotenzahl. Die Qualitäten werden durch die Knotenzahl in Kette und Schuß auf je 10 cm und die Art der Knüpfung angegeben (S = simple = einfach; d = double, dd = demi double = abwechselnd einfach und doppelt). Die Bezeichnung 15/15 s sagt, daß in Kette und Schuß je 15 Knoten einfach geknüpft sind = 225 Knoten je 10 qcm = 22.500 Knoten/qm. - Marokkanische und Algerische Berber sind hochwertiger als Tunesische.

Berbertweed, grober Tweed in → Naturmelangen oder einer Kunstfärbung in Na-

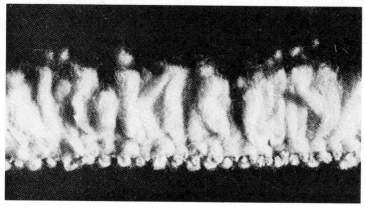

Querschnitt durch einen Berber-Teppich

*Hemdjacke
und Bermuda-Short*

turtönung im Charakter der Berberteppiche.

Béret, → Basken- oder „Pullman"-Mütze.

Beriebenheit, Lagerschaden bei Pelzen: Verletzte Grannenhaare bei intakter Unterwolle.

Bermuda-Short, aus Amerika stammender Ausdruck für enggeschnittene Damenhosen, die genau bis zum Knie reichen, das Knie aber nicht bedecken.

Berstfestigkeit, im „Berstversuch" mit Hilfe des Berstdruckprüfers festgestellter Festigkeitswert, der das Zusammenwirken der Festigkeit von Kette und Schuß innerhalb der jeweiligen Gewebekonstruktion ausdrückt.

Berstdruckprüfer, Gerät, das mit Hilfe einer durch Druckluft halbkugelförmig aufgewölbten Gummimembran die Festigkeit und Dehnung von Geweben und Maschenwaren prüft.

Berufsbekleidung, Spezialbekleidung in Anpassung an die Gegebenheiten von Berufen mit schmutzender Tätigkeit; auch Spezial-Schutzbekleidung.

Berwicete, im Falschdrahtverfahren texturiertes 2 ½-Acetatgarn für sommerliche Strickwaren mit naturseidenähnlichem Griff und Aussehen.

Beschichtung, einseitiger Aufstrich von filmbildenden Substanzen auf ein hierfür konstruiertes Gewebe oder Gewirk zur Erzielung einer Oberfläche mit bestimmten Gebrauchseigenschaften (z.B. Wasserundurchlässigkeit) oder eines neuen Warenbildes (z.B. Kunstleder). → Fun-Skin, → PUR-Beschichtung, → Knautschlack, → Gemel, → Cottonskin, → Floran, → Vistram, → Vistramin, → Aircoat, → PVC-Beschichtung, → Vylapren, → Wachstuch.

→ Foam-backs, → Schaumstoffbeschichtung, → Jerseypren, → Laminette, → Poropren, → Med proof.

Beschweren, 1. Appreturmaßnahmen, die ein schweres und dichteres Gewebe vortäuschen sollen: Füllen des Gewebes mit organischen Kolloiden, organischen Pigmenten, Leim und Stärkepräparaten. 2. Auffüllen des durch Entbasten von Naturseide entstandenen Gewichtsverlustes durch Metallsalze, → Erschweren.

Besetzen, in der Herrenbekleidung: Oberstoffstreifen, die dazu dienen, den Stellen am Kleidungsstück ein gutes Bild zu geben, die beim geschlossen getragenen Kleidungsstück nicht sichtbar sind, aber beim Öffnen leicht sichtbar werden können. Besetzen sind üblich an der Sakkovorderkante, an der Innenseite von Schlitzen sowie an den Taschen und am Ärmelende.

Bespo, Kurzbezeichnung der Berufs- und Sportbekleidungssparte.

Besuchsanzug, ungebräuchliche, aber korrekte Bezeichnung für den Stresemann.

Beta-Zellulose, Zellulose mit einem niedrigeren Polymerisationsgrad als 300, deren viel zu kurze Molekülketten eine Faserherstellung verhindern. Die Fasern wären nicht waschbeständig.

Bettbezug, Überzug für → Oberbetten: → Deckbetten (→ Plumeau), → Einziehdecken, → Flachbetten, → Steppdecken. Aus → Damast, → Streifsatin, (→ Stangenleinen), oder aus bedruckten Baumwoll- (/Polyester-) geweben in der Dichte des → Renforcé oder → Batist, → Madapolam. Früher vielfach übliche Materialien, wie → Linon, → Bettzeug, → Couverture (→ Pers) sowie → Rauhcouverture (→ Biberbettzeug) sind vom Markt fast völlig verschwunden oder durch leichtere Köperflanelle (im Gegensatz zu dem auf der unbedruckten Seite gerauhten Rauhcouverture auf der bedruckten Außenseite gerauht) ersetzt worden. Zusammen mit einem gleichartig gemusterten, oft abgepaßt bedruckten Kopfkissen als → Bettwäsche-Garnitur, auch um ein passend eingefärbtes Bettuch ergänzt als → Triset, verpackt und angeboten. - Moderne → Leichtbettwäsche kann auch aus gewirktem Perlon (→ CaraDomo), Nylon-Helanca mit Polynosics (→ Labanny, Erbanny), Trevira/Polynosic-Kette und Trevira-Texturé im Schuß oder aus Diolen/Baumwolle (→ Silbermond) bestehen; sie hat sich vor allem wegen der darauf möglichen modischen Druckmusterung durchgesetzt, da die in der Werbung häufig gerühmte Pflegeleichtigkeit umstritten und in der Praxis der Hausfrau nicht erwiesen ist.

Bett-Bikini, verspielte, jugendliche und sexy wirkende Nachtbekleidung, Kombination von oft rüschenbesetztem Oberteil und Höschen. Wird oft durch hüftlange Überjäckchen ergänzt.

Bett-Bikini

Bettfeder, zur Füllung von → Oberbetten (→ Plumeaus), Kissen und Unterbetten geeignete Vogelfedern, vor allem → Gänsefedern und → Entenfedern; → Hühnerfedern sind weniger gut geeignet. - Vgl. → Beifeder, → Schleißfeder, → Hühnerflaum, → Daune, → Eiderdaune, → Rupf, → Unreife Feder.

Bettpers, grober, bedruckter Bettbezug- stoff, siehe unter → Pers.

Bettrost, Unterlage für Federkernmatrat- zen, bestehend aus Holzrahmen und un- tereinander verspannten Sprungfedern. Bettroste für die modernen „Polsterbetten" bestehen aus in sich federnden Querlat- ten, die von Hand oder elektromotorisch im Fuß- und Kopfteil höhenverstellbar sind.

Bettuch, auch → Laken, auf die Größe → einteiliger oder → mehrteiliger → Ma- tratzen, → Polsterbetten oder → Französi- scher Betten abgepaßte Tücher, deren Größe so bemessen sein muß, daß auch nach vielen Wäschen ein faltenfreies Be- ziehen durch Unterschlagen an den Sei- ten, Kopf- und Fußenden noch möglich ist. Wegen der zum Teil auch landsmann- schaftlich verschiedenen Bettengrößen umfaßt eine moderne Bettuchkollektion bis zu 12 verschiedene Größen. Die früher all- gemein üblichen vergleichsweise grobfä- digen Baumwoll-, Leinen- und Halbleinen- Gewebe (→ Hausmacherleinen), Gewebe mit durch wechselnde Kett- und Schuß- dichte verstärkter Mitte, → Haustuch, → Dowlas, → Creas und → Stuhltuch ha- ben stark an Bedeutung eingebüßt oder sind aufgrund veränderter Verbraucherge- wohnheiten (Möglichkeit des Waschens, Trocknens und Bügelns auch im Groß- stadt-Haushalt, Inkaufnahme geringerer Gebrauchsdauer zugunsten modischer Färbung) vom Markt verschwunden und haben Feingeweben mit der Dichte etwa des → Renforcé Platz gemacht. Im Vor- dringen ist das → Spannbettuch, das un- ter der Matratze durch einen elastischen Zug gehalten wird. - Vgl. → Bettwäsche, → Bettwäsche-Garnitur, → Leichtbettwä- sche, → Frottierbettwäsche, → Wirkfrottier.

Bettuchbiber, schwere Baumwollgewebe, die beiderseitig durch Rauhen einen dich- ten und weichen Faserflor erhalten. Biber- bettücher darf man auch dann kochen, wenn sie bunt sind oder bunte Kanten ha- ben.

Bettumrandung, meist dreiteilige Teppi- che, die in ihren Maßen so bemessen

sind, daß sie U-förmig um ein Doppelbett herumgelegt werden können.

Bettwäsche, Sammelbegriff für die zur Ausstattung des Betts benötigten, im Re- gelfall abgepaßt oder fertig genäht zu kau- fenden Textilien, wie → Bettbezug, → Bet- tuch, → Kissenbezug. → Einschlagtuch, (→ Überschlaglaken) und → Couvert-Dek- ken haben ebenso wie die Ausschmük- kung der (weißen) Bettwäsche mit → Fe- stons und → Barmer Bogen sowie mit → Spitzen und → Stickereien zugunsten feinerer Qualitäten (→ Leichtbettwäsche) mit Druck- und Farbmusterung stark an Bedeutung verloren. - Vgl. → Einwegbett- wäsche, → Frottierbettwäsche, → Ober- leintuch, → Bettwäsche-Garnitur, → Wen- debettwäsche.

Bettwäsche-Garnitur, Zusammenstellung gleich oder zusammenpassend gemuster- ter oder ausgestatteter Teile der → Bett- wäsche, meist → Bettbezug und → Kis- senbezug, seltener → Einschlagtuch und → Kissenbezug; bei modischer Musterung und Farbgebung manchmal durch → Bet- tuch zum → Triset ergänzt. - Vgl. → Dou- ble face-Garnitur, → Wendebettwäsche.

Bettzeug, alte Bezeichnung für kochbare Deckbett- und Kopfkissenbezugsstoffe aus Baumwolle mit buntgewebter Karo- oder Druckmusterung (→ Couverture). - Gegensatz: → Leichtbettwäsche.

Beuchen, Auskochen von Baumwollgewe- ben unter Druck in Laugen zur Reinigung, Entfernung der natürlichen Fette, eine Art Vorbleiche.

Beuteltasche, vor allem für weiche Stoffe geeignete, beutelähnlich gezogene Ta- sche.

Bevan, englischer Chemiker, dem 1892 zusammen mit → Cross die Erfindung des → Viskoseverfahrens gelang.

Biber, bis zu 1 m großes, nordamerikani- sches, auch in Skandinavien vorkommen- des, zur Pelzgewinnung in wesentlichen gezüchtetes Nagetier; Fellgröße 60-100 cm, ziemlich dicht, dick und schwer, stra- pazierfähig. Feines, weiches Unterhaar, auf dem Rücken dunkelbraun, zu den Seiten blaugrau. Grannenhaar: kräftig, lang, grob, rötlichbraun. Phantombiber: graustichig. Die sehr langen Grannenhaare werden entweder ausgerupft („tiefgeschoren") oder bis zur Höhe der Unterwolle weggenommen („hochgeschoren"). Wegen der guten Wärmewirkung bevorzugt als Futterpelz für → Paletots; nur besonders leichte und weiche Felle werden zu Mänteln verarbeitet. - Vgl. → Biberlamm, → Biber-Waschbär, → Hamster.

Biberbettzeug, → Rauhcouverture, linksseitig (innen) angerauhter, köperbindiger → Pers.

Biberlamm, auf Biber zugerichtetes und gefärbtes Fell preiswerter → Lämmer, oft von echtem Biber kaum zu unterscheiden.

Biber-Waschbär, auf → Biber zugerichtete → Waschbär-Felle.

Bibi, kesses Hütchen oder Käppchen, das tief in die Stirn gesetzt wird.

Bicycle-Jeans, am Knöchel geschnürte, zum Fahrradfahren besonders geeignete modische → Jeans.

Bidim, als Tufting-Trägermaterial geeignetes Vlies auf Polyesterbasis (Rhodiaceta) für in- und out-door-Qualitäten. Bedruckt oder beschichtet auch als Wandbehang geeignet. - Vgl. → Colbond, → Lutradur.

Biegeelastizität, Fähigkeit eines textilen Fasermaterials, Garns oder Stoffes zum Zurückfedern nach Biegebeanspruchung. Wichtig im Hinblick auf die Knitterneigung.

Bielastisch, → Zweizug-Ware, in Kette und Schuß elastische → Stretch-Stoffe mit mindestens 25 % rücksprungkräftiger Dehnfähigkeit in beiden Richtungen bei einem Anteil von 2 - 4 % → Helanca oder → Elasthan.

Biese, 1. Besatzmaterial mit einer dicken Seele aus geringwertigem Textilmaterial, die von einem hochwertigen, meist endlosen Material so fest umwunden ist, daß die Seele nicht sichtbar ist.

2. In der Damenschneiderei: Stoffnaht mit Schnureinlage.

Biesenrock, Bahnenrock mit vier bis acht Bahnen, dessen Nähte als Biesen nach außen gesteppt sind; vereinfachte Form des Kastenrocks.

Bikini, nach einer Insel im Indischen Ozean benannter knapp geschnittener, zweiteiliger Damenbade„anzug".

Bikini

Bikomponentenfaser, → „Zweikomponentenfaser", sogenannte → Mehrschichtenfasern. Ergebnis der → Chemietexturierung: Zwei in ihren Eigenschaften unterschiedliche Polymere werden gemeinsam aus einer Düse ersponnen. - S/S (side-by-side)-Typen: Beide Komponenten liegen nebeneinander (regelmäßige bilaterale Schichtung). - → Heterofil-Fasern: C/C-Typen: (centric-cover-core): Mantel-Kern-Typen, aus einer Ringdüse mit getrennter Zuführung der Polymere gesponnen, so daß

S/S Typen = Seite an Seite
conjugiert
bilaterale Struktur
(side – by – side)

C/C – Typen = Mantel – Kern
umeinander eingesponnen
(centric cover – core)

M/F – Typen = Matrix / Fibrillen – Typen
Bikonstituentenfasern

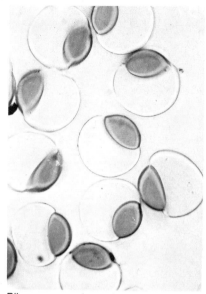

Bikomponentenfasern aus zwei artverschiedenen Polymeren oder aus Homopolymer und Copolymer.

Bikomponentenfaser S/S-Typ (Mourelle), 300fach vergrößert

die eine Komponente einen Kern aus der anderen Komponente umhüllt. Vgl. → Dipolyon-Fasern. - → Heterofasern, → Bikonstituentenfasern: - M/F (Matrix/Fibrillen)-Type: Zwei unverträgliche, artverschiedene Polymere werden vor dem Ausspinnen in der Spinnmasse vereinigt und gemeinsam ausgesponnen, wobei die Trägerschicht (Matrix) fibrilläre Einschlüsse der zweiten Komponente erhält. Unregelmäßig-Bilaterale Schichtung ergibt sich beim Mischstromverfahren („mixed-stream-spinning"), bei dem die beiden Komponenten partienweise den Düsen zugeführt werden, woraus sich eine ungleichmäßige, aber schichtweise Verteilung der Komponenten auf die Einzelfaser ergibt. - Bekannte Erzeugnisse: Aus Acrylfasern: → Orlon-Sayelle; aus Polyamid: → Cantrece, S/S-Type: Kanebo, X 403. - M/F-Type: → Chinon. - Vgl. → Chemietexturierung, → Heterofasern, → Heterofil-Fasern, → Mischstromverfahren. - Abb. siehe auch → Cantrece.

Bikonstituentenfaser, siehe unter → Heterofaser; → Bikomponentenfaser.

Bilacetta, nach dem Falschdrahtverfahren texturiertes Garn aus 2½-Acetat.

Bilateralstruktur der Wollfaser, ungleichförmige Anordnung der spindelförmigen Zellen im Wollinneren zu zwei verschieden reagierenden Halbzylindern, die sich gleichlaufend mit der Kräuselung winden (die bei Feuchtigkeitsaufnahme stärker quellende → Orthocortex und die → Paracortex). Diese strukturelle Asymmetrie kann dazu benutzt werden, durch Ausrüstungsmaßnahmen (vgl. → Sitralaine) die Kräuselschlingen zu vergrößern und die → Farbaffinität zu verbessern.

Billettasche, kleine Tasche oberhalb der rechten Seitentasche am Herrensakko, fast immer mit Patte. Oft wird die Billettasche durch eine blinde Patte vorgetäuscht.

Bindegurt, einfachste Gürtelform ohne Schnalle und Schließe.

Bindefadenfutter, neue Bezeichnung nach DIN 62 151: „Rechts/Links-plattiert-

Schematische Darstellung der bilateralen Struktur der Wollfaser (Orthocortex und Paracortex). Die eine Hälfte der gleichlaufend mit der Kräuselung verwundenen Spindelzellenstränge quillt bei Feuchtigkeitsaufnahme etwas stärker als die andere.

Futter"; der auf der linken Warenseite flottierende Futterfaden wird so an bestimmte Maschen als Henkel gebunden, daß er zwischen den Plattierfaden und den Grundfaden der Decke zu liegen kommt. Er ist auf der rechten Warenseite nicht sichtbar und gegen Scheuern geschützt. Für Trainingsanzüge, aber auch für wärmende Unterwäsche.

Bindekette, auf beiden Gewebeseiten unsichtbare Kette, die zum Verbinden von Ober- und Untergewebe bei → Doppelgeweben dient (zum Beispiel bei Ulsterstoffen mit angewebtem Futter). - Bei Teppichen zur festen Abbindung freiliegender Fäden eingesetzt. Meist aus dünnem, farblich neutralem Garn. - Vgl. → Steg.

Bindemittel, bei der Herstellung von Faservliesen benötigte Chemikalien, die die Fasern des Vlieses dauerhaft miteinander verbinden sollen, und zwar nur an den Kreuzungspunkten, um die Poren und Zwischenräume zu erhalten. Meist verbessern die Bindemittel Sprungelastizität, Knitterarmut oder Steifheit des Vlieses und erhöhen die Beständigkeit in der Wäsche oder Chemischreinigung. - Vgl. → Textil-Verbundstoffe.

Bindung, Art der Fadenverkreuzung in Geweben oder Gesetzmäßigkeit der Fadenverschlingung bei Maschenwaren, bei Filzen der Grad der Verfestigung. Unterscheidung der Gewebebindungen in → Grundbindungen (→ Tuch-, → Köper-, → Atlasbindungen) und → Abgeleitete Bindungen, → Schaftbindungen und → Jacquardbindungen, sowie die → Doppelstoffbindungen und die → Durchbrochenen Bindungen. Die beiden Hauptgruppen der Bindungen bei Maschenwaren sind die → einflächigen bzw. → doppelflächigeen → Kulierwaren und die → Kettenwaren. Abbildungen finden sich jeweils bei den Stichworten der Bindungsarten.

Bi-Pol-Färbeverfahren, bei Polyamid- und Polypropylenfasern für Tuftingteppiche angewandte Stückfärbung, bei dem die Polspitzen anders eingefärbt werden als der Polgrund. - Vgl. → Maifoss-Verfahren.

Bisam, Fell der amerikanischen Bisamratte, einer Wühlmaus, ca. 25-30 cm groß, dichtes und seidiges, 2 cm hohes Unterhaar, meist Rücken und Wammen getrennt für Besätze oder ganze Mäntel verarbeitet. Weniger schön gefärbte Felle mit besonders dichter Unterwolle werden geschoren, von den Grannenhaaren befreit und auf → Skunks, → Nerz, → Zobel oder → Seal („Seal-Bisam") gefärbt. Felle aus den USA-Nordstaaten und Kanada haben weißes Unterhaar und dunkelbraunes Oberhaar, die kurzhaarigeren, glänzenderen Felle aus den Südstaaten, die sich nicht zur Seal-Bisamfärbung eignen, haben blaugraues Unterhaar und dunkelbraune, nur 2½ cm lange Grannenhaare. Sehr strapazierfähig.

Black-watch, Originalschottenmuster in blau-grüner Farbstellung.

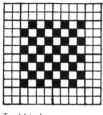

Tuchbindung

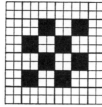

Panama-Bindung

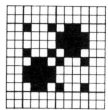

Aida- oder Natté-Bindung

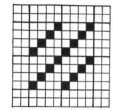

Köper-Bindung: Schußköper 3/1

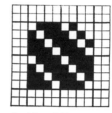

Kettköper 3/1

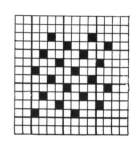

Schußatlas 5

Verschiedene Bindungsarten

Blanchieren, Vorgang bei der → Zurichtung des → Leders zur Herstellung gleichmäßiger Dicke. Gegensatz: Spalten; vgl. → Spaltleder.

Blando, modisches, leichtes und geschmeidiges, hochwertiges Rind-Nappa-Leder.

Blasebalgtasche, aufgenähte Taschen an Uniformen und sportlichen Bekleidungsstücken, deren Vorderblatt mit dem Oberstoff durch einen zur Taschenmitte zu faltbaren Rahmen befestigt ist, mit besonders großem Fassungsvermögen.

Blasenkrepp, anderer Ausdruck für → Kräuselkrepp, manchmal auch an Stelle von → Cloqué verwendet.

Blatt, Teil des → Webstuhls, das in die → Lade eingefügt ist und aus Rietstäben besteht, durch die die Kette eingezogen wird.

Blattfasern, aus Blättern von Pflanzen gewonnene Fasern: → Manilahanf, → Sisal, → Alfa-Faser; vgl. → Bastfasern.

Blaudruck, nur mehr selten verwandte Bezeichnung für farbechte Drucke auf Baumwoll-Kretonne für Schürzen; meist → Ätzoder → Reservedrucke.

Blaufuchs, Farbform des Polarfuchses, vom Festland und den Inseln des hohen Nordens, Fellgröße 60-80 cm, Schweif 30-35 cm, Unterhaar dicht und wollig, spärliche Grannenhaare; Alaska-Felle sind größer, aber auch gröber. Unterwolle bläulichgrau, Deckhaare rötliches bis bläubliches Braun, auch Schiefergrau, für Besätze und jugendliche Mäntel und Jacken. - Vgl. → Fuchs.

Bläuen, Zusatz bestimmter blauer Farbstoffe bei der letzten Naßbehandlung baumwollener Weißwaren zur Erzielung eines „blütenweiß" wirkenden Weißtons. Das Verfahren genügt häufig den modernen Anforderungen nicht mehr und wird mehr und mehr durch die Anwendung von → optischen Aufhellern ersetzt.

Blaumasse, entsteht bei der Herstellung von Chemiefasern nach dem Kupferverfahren durch die innige Vermengung von Baumwoll-Linters (oder Edelzellstoff) mit Kupferhydroxyd; die so entstandene Blaumasse wird in Ammoniak aufgelöst.

Blautuch, wird ebenso wie Blauköper langsam bei Berufskleidung durch „modische" Farben wie Khaki oder Olive verdrängt. Die jahrhundertelange Beliebtheit der Farbe Blau für Strapazierkleidung aus Baumwolle kommt daher, daß vor der Erfindung der synthetischen Farbstoffe nur der von der Indigopflanze gelieferte blaue Farbstoff den Echtheitsansprüchen entsprach.

Blazer, kommt vom französischen Wort „blason", das heißt „Wappenschild". Jakken für Damen, Herren oder Kinder mit eingeschnittenen oder großen aufgesetzten Taschen, die hinsichtlich des Schnittes keine festen Regeln mehr kennen. Sie sind häufig ungefüttert und mit auffälligen Knöpfen verziert. Der Stil des Blazers als klassische englische Clubjacke wird modisch auch auf andere Kleidungsstücke (→ Ensembles im sportlich-strengen Stil) übertragen.

Blazerstreifen, farbige, markante „Club"-Streifen nach Vorbildern der Zwanziger und Dreißiger Jahre.

Bleichen, Beseitigung farbiger, auf andere Weise nicht zu entfernender Begleitsubstanzen aller Faserstoffe durch Oxydation oder Reduktion mit Hilfe der verschiedensten Chemikalien. Besonders wichtig ist die Bleiche bei natürlichen Zellulosefarben; das Entbasten der Naturseide hat die Wirkung einer Bleiche. Insbesondere bei Wolle ist eine gewisse Faserschädigung, bei Leinen ein hoher Gewichtsverlust bei Vollbleiche nicht zu verhindern. Moderne Chemikalien haben die Gefahr der Faserschädigung bei zellulosischen Rohstoffen („Überbleiche") stark verringert. Der Bleicheffekt ist nicht absolut beständig; je nach Faser, am stärksten bei Wolle, tritt beim Gebrauch und besonders nach starker Lichteinwirkung ein mehr oder weniger starkes Vergilben ein, selbst dann, wenn

Verschiedene Arten und Kombinationsmöglichkeiten des Blazer, rechts mit U-Shirt.

Blazer und Blazer-Kostüme: von links: mit Rock aus gleichem Stoff, rund abgestochenes Revers mit Kontrastpaspeln, tailliertes Blazer-Kostüm.

wie bei Chemiefasern üblich, → Optische Aufheller verwendet worden sind. Chemiefasern bedürfen vor allem dann, wenn die Bleiche nur zur Aufhellung vor Überfärbung mit Pastellfarben dienen würde, wegen ihres natürlichen hohen Weißgehaltes nur selten einer Bleiche.

Blend, englischer Ausdruck für Mischungen verschiedener Fasern im Garn.

Blende, Phantasiebesatz durch abstechende, aufgesteppte Stoffstücke und -streifen.

Blendenkragen

Blende an einer Bluse: der Stoff wiederholt sich an Kragen und Manschetten.

Sportliche Blousons: die beiden rechten in der langen Lumberjack-ähnlichen Form („Long-Blouson").

Blindstich, beim Pikieren angewandter Stich, der den Faden des Ober- oder Unterstoffes etwa in der Mitte erfaßt, das heißt, daß die Stofflage nicht völlig durchstochen wird und die Naht auf einer Seite keine Stiche sehen läßt.

Blindstich-Nähmaschinen, Nähmaschinen mit bogenförmigen Nadeln, die nur die Außenseiten des Nähgutes, nicht aber den ganzen Stoff durchstechen, um mit einem dem Kettenstich nachgebildeten Stich eine einseitig unsichtbare Naht zu bilden. Häufig näht man mit farblosen Monofilgarnen. Vgl. → Staffieren.

Blockdruck, mit dem Handmodel hergestellte, sehr seltene Stoffdrucke.

„Blockierte" Maschenstoffe, Maschenstoffe, die zugeschnitten und genäht werden können und bei denen auf Grund ihrer Konstruktion bei sachgemäßem Gebrauch keine Laufmaschen entstehen. Vor allem mehrschienige → Kettenwaren (z.B. → Charmeuse); → Challenger-Waren.

Blockierungseffekt, Erscheinung bei Kombinationsfärbung mit mehreren Farbstoffen, wobei die Farbstoffe mit höherer Affinität die mit geringerer Affinität verdrängen.

Blockpolymerisat, → Multipolymerisate, bei denen Ketten von verschiedenen in sich harmonischen Polymerisaten miteinander verknüpft sind. - Gegensatz: → Copolymerisat, → Pfropfpolymerisat. - Vgl. → Segmentiertes Polyurethan, → Elasthan.

Blouson-Kleider, links mit Hosenrock

Damen-Blousons, die beiden rechten in der langen Lumberjack-ähnlichen Form („Long-Blouson")

Bloomer, Pumphöschen mit kurzen Kittelchen, die das Höschen nicht ganz bedecken, für Kleinkinder.

Blöße, sogenannte Lederhaut, durch Abziehen der Ober- und Unterhaut freigelegte, für die Behandlung mit Gerbstoffen geeignete und das → Leder ergebende Hautschicht tierischer Häute und Felle.

Blouson, seit 1958 erfolgreicher modischer Schnitt für Oberbekleidungsstücke, die über Rock oder Hose getragen werden und deren bequeme Oberweite durch Spangen, Riegel oder einen Bund in der Höhe der Taille, der Hüfte oder noch tiefer aufgefangen wird. Im Gegensatz zum Lumber schoppt das Oberteil blusig. Vgl. → Luberjack.

Blousonfalte, seitliche Falte am Rücken von Sakkos, die unten beginnt und nach oben ausläuft. Gegensatz: → Golffalte.

Blueback, das Fell des jungen, höchstens zweijährigen Haar-Seehundes mit glattem, härterem und silbergrauem bis blaugrauem Haar. - Vgl. → Seehund, → Seal, → Whitecoat.

Blue-C-Nylon, Polyamid von Monsanto; meist als texturiertes Endlosmaterial in verschiedenen Elastizitätsgraden auf Kettstühlen, Raschel- oder Rundwirkstühlen für Bekleidung und Gardinen verarbeitet.

Blue Denim, kräftige Baumwollware in Kettköperbindung, dunkle Kette und heller Schuß, klassische Ware für Jeans. - Vgl. → Brush-Denim, → Délavé, → Chambray.

Blue jeans, siehe unter Jeans.

Blumentopftasche, eingesetzte, fast waagerechte, konisch geschnittene und reich umsteppte Leistentasche an sportlichen Herrenmänteln.

Bluse, locker gearbeitetes, selbständiges Oberteil in der Damenkleidung von erheblichem modischem Variationsreichtum, zu Röcken oder Hosen getragen. - Blusenarten siehe → Cardigan-Bluse, → Krawattenbluse, → Matrosenbluse, → Kasack, → St.-Tropez-Hemd, → T-shirt, → Poloshirt, → Overblouse, → Schleifenbluse, → Marinière, → U-shirt, → Bowling-Bluse, → College-Bluse.

Hemdbluse   Kasack   Sporthemd   Roll-Ärmel   Schleifchen   Raff-Schultern

Beispiele für modische Details an Tagesblusen

Neue sportliche Blusen mit betonter Schulter: von links: junge, vorn gebundene Bluse mit Untershirt; Shirttyp mit tiefem V-Ausschnitt; Hemdbluse mit Golffalte; lässiges Hawaihemd mit dekorativem Dessin; Hemdbluse mit seitlichen Fältchen unter der Passe, Button-down-Kragen.

Elegante Blusen: von links: neue Wickelblusen mit Fledermausärmeln oder ärmellos; Bluse mit tiefem Reverskragen und Langetten; Schalkragenbluse mit Schlupp; junge Reversblusen mit überschnittenen Schultern und Aufschlag.

Boarding, Fixieren von Strümpfen und Socken zur Stabilisierung des Maschenbildes und des ganzen Strumpfes. - Vgl. → Thermofixieren.

Bobine, Garnkörper von der Ringspinnmaschine auf zylindrischer Spule. Gegensatz: → Cone. - Vgl. → Aufmachung.

Bobinet, besondere Art der Stoffherstellung, sog. „Klöppelnetz", mit mindestens zwei (Schuß = Bindefaden und Kette = Stengelfaden), meistens aber drei Fadensystemen (zusätzlicher Musterfaden). Der Name kommt von den Schußspulen (Bobinets), von denen die Bindefäden schräg abgezogen werden und die Kettfäden dann umschlingen. - Tülle in der Bobinettechnik waren früher auch als → Englisch-Tüll bekannt, absolut schiebefest und unbegrenzt vielfältig zu mustern. - Vgl. → Erbstüll, → Gittertüll, → Wabentüll.

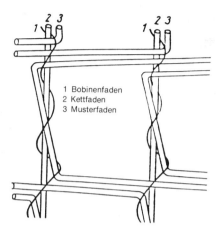

tungsformen des oder der Musterfäden zur Erzielung von jacquardähnlichen Musterungsbildern.

> 1 Bobinenfaden
> 2 Kettfaden
> 3 Musterfaden

Konstruktionsprinzip der Bobinet-Gardinen

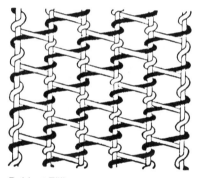

Bobinet-Tüll

Bobinet-Gardine, auf dem Herstellungsprinzip des Bobinet-Tülls aufbauende Technik zur Erzeugung gemusterter durchbrochener Gardinenstoffe mit gerade in Längsrichtung verlaufenden, unabgelenkten Kettfäden und entsprechend der Mustervorlage seitlich abgelenkten Musterfäden, die durch (meist feinere) Bobinetfäden umschlungen werden. → Single-tie, → Double-tie, → Double-action, → Everlasting und → Swissnet sind Bezeichnungen für die unterschiedlichen Einarbei-

Bobinet-Spitze, aus dem Bobinet-Tüll heraus entwickelte, jacquardähnliche Musterungstechnik zur Erzielung kleinrapportiger dichter Mustereffekte in ungezählter Vielfalt der Abschattierungsmöglichkeiten der Relief- oder Konturenfäden mit spitzenartiger Wirkung. - Vgl. → Valanciennes-Spitzen, → Chantilly-Spitzen.

Bobtex-Verfahren, neue kanadische Technologie der Herstellung von Mehrkomponentengarnen. Ein Trägerfaden aus preisgünstigem Textilmaterial wird von einem Mantel aus thermoplastischem Kunstharz umhüllt, in dessen Außenschicht Stapelfasern eingelagert werden, deren Anteil 20 bis 40 % am Garn beträgt. Vorteile: Niedrige Rohmaterialkosten, mit 300-600 m/min hohe Produktionsgeschwindigkeit, geringe Lohnkosten, Variationsmöglichkeiten nach Wahl. Nachteil: Beschränkung auf den groben Garnbereich (Nm 3-34), hohe Lizenz- und Maschinenkosten, ungeklärte Weiterverarbeitung.

Bodanyl, schweizerische Polyamidfasern (PA6).

Bodenfeine, Meßzahl für Gewebekon-

Kleider mit Bolero

struktion und Dichte, bestehend aus vier Zahlenangaben: Zahl der Fäden auf eine bestimmte Fläche in Kette und Schuß, Garnstärke in Kette und Schuß. Beispiel: Musterstellung für Baumwollrenforcé: metrisch 27/27 - 50/50 (englisch: 18/18 - 30/30) bedeutet 27 Kettfäden und 27 Schußfäden auf einen qcm; beide Fadensysteme Nm 50.

Bodysuit, auch Bodydress, Bodyshirt oder → Holiday-Shirt genannt, Oberteile in Blusen- oder Pulliform mit angeschnittenem oder angesetztem Slip in einem Teil. Sie bestehen entweder ganz aus elastischem Material, oder aber das beim Tragen sichtbare Oberteil besteht aus Stoff, der Slip ist vollelastisch. Die Kombination mit dem Slip sorgt für einen stets tadelfreien Sitz des Oberteils; der Slip wird in der Regel im Schritt mit Druckknöpfen oder Knöpfen geschlossen. - Nicht zu verwechseln mit → Jumpsuits und → Bodystokkings.

Bodystocking, der „Strumpf bis zum Hals", Damenfeinstrumpfhose mit angewirktem Oberteil. - Hat sich nicht durchsetzen können. - Vgl. Disco-Bodystocking.

Bogenkimono, mit einer zum Brustteil hin geschwungenen Naht eingesetzter → Kimono-Arm.

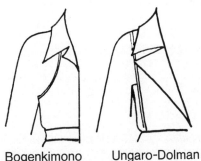

Bogenkimono   Ungaro-Dolman

Bogenkimono im Vergleich zum Ungaro-Dolman

Bohr-Spitze, Lochstickereien, im Gegensatz zur Madeirastickerei kombiniert mit nicht umstickten Ätzmotiven, vor allem in Bordürenmusterungen. - Vgl. → Broderie anglaise.

Bolero, kurzes, vorne offenes, knopfloses Jäckchen für Damen. Der Name „Bolero" wird auch für rundum aufgeschlagene Hüte, die wie die Jäckchen der Kampfbekleidung der spanischen Stierkämpfer entlehnt sind, verwendet.

Bolta, monofiles Polypropylen, in Drahtform und als Borste.

Bombage, Schwergewebe, die als elastische Unterlage zur Schonung der Gewebe beim Bedrucken als Umhüllung der Druck- und Führungswalzen bei Druckmaschinen verwendet werden. Die früher auch bei Ausrüstungsmaschinen üblichen Bombagen werden mehr und mehr durch dicke Gummiüberzüge ersetzt.

Bombax-Wolle, siehe unter → Kapok.

Bomber-Jacke, → Steppjacke im → Military-Look ähnlich der → Pilotenjacke; für Herren: Jugendlich-sportliche → Leger-Bekleidung, geeignet als Schutzbekleidung zum Leichtmotorrad. Oberstoff schwere, glatte und gechintzte Gewebe aus Polyamid-Filamenten, Füllung → Daunen oder → Fiberfill. - Für Damen: Kurzer Blouson mit sichtbarem geradem oder asymmetrischem Reißverschluß, meist wattiert oder partiell gesteppt.

Bombyx mori, echter Seidenspinner oder Maulbeerspinner. → Naturseide, → Maulbeerseide.

Bonafill, als Füllfaser abgewandeltes, waschmaschinenfestes → Terylene-Filament mit erhöhter Druckstabilität und dauerhafter Bauschkraft; filzfrei und atmungsaktiv, für Kissenfüllungen. - Vgl. → Centa Star.

Bonding, bonded fabrics, sog. → Multitextilien, → textile Verbundstoffe. Sie entstehen durch die nachträgliche Verbindung zweier textiler Flächengebilde ohne einen web- oder wirktechnischen Vorgang (Ge-

gensatz: → Nähwirktechnik) mit Hilfe von Klebern durch dauerhaftes, wasch- und reinigungsbeständiges → Kaschieren. Zweck kann sein die Erzielung eines volleren Griffs, preiswerte Herstellung offener Gewebebilder, Verbesserung des Tragegefühls sowie Kosteneinsparung bei der Verarbeitung (Wegfall des Abfütterns). Zweifellos ist die Bondingtechnologie ein zukunftsreiches Herstellungsprinzip, dessen Möglichkeiten erst in vielen Jahren ausgeschöpft sein dürften. - Vgl. → Rediculierter Schaum, → Laminate, → Delaminierung, → Coin, → Eurobond, → Gemel, → Spibon, → Loftine, → Schaumstoffbeschichtung, → Foamback, → Sandwich-Kaschierung, → Furnier-Effekt, → Sperrholz-Effekt.

Bonner Anzug, anderer Ausdruck für Stresemann.

Boots-Dekolleté, auch: → U-Boot-Ausschnitt, schulterfreie, halb-elliptisch verlaufende, relativ flache Ausschnittform.

Boots-Dekolleté

Bord-à-Bord-Jacke, offene Kostümjacke nach Vorschlägen von Pierre Cardin und Nina Ricci (1962), kragenlos oder mit Kragen, deren Vorderteil im Taillenpunkt durch breite Stofflaschen so gehalten wird, daß die beiden Vorderkanten lose schliessend gegeneinanderstoßen. Der Unter-

Jacken mit Bord-à-Bord-Verschlüssen

men. Westen, Boleros und Mäntel Bord-à-Bord wurden modisch immer wieder erneuert durch verschiedenartige Verschlüsse wie Posamentriegel, Haken und Ösen, Lederschnüre.

Bordsteinkante, siehe Trottoir-Spiegel.

Bordüre, Musterung, die dem Kantenverlauf von Röcken oder Tüchern genau folgt, das heißt, sich nicht über die ganze Fläche hinzieht, sondern einen Abschluß bildet. Die Bezeichnung wird neuerdings auch angewandt für travers- oder long verlaufende Streifenmusterungen, bei denen eine Streifengruppe das übrige Muster deutlich durch seine Breite, seine Musterung oder seine Farbgebung überragend die Stofffläche beherrscht.

schied zur Passe-partout-Jacke liegt darin, daß die Bord-à-Bord-Jacke die beiden Vorderkanten durch einen Verschluß (auch Doppelknopf oder Chanel-Nadel) dicht aneinander bringt, während bei der Passe-partout-Jacke die Kanten klaffen, die Bluse sehen lassen oder den Jumper umrah-

Boregos, tiefgeschorene Felle südamerikanischer Lämmer für preiswerte modische Mäntel; braun, schwarz, grau-weiß. Vielfach eingefärbt oder zusammen mit Leder verarbeitet.

Bordürenkleider: die beiden linken im Ombré-Charakter.

Bordsteinkante (Trottoir-Spiegel)

Borg-Futter, Hochflor-Wirkfutter mit Acrylfaserflor, in der Technik der → Kammzugwirkerei (→ Sliver-knit) hergestellt. - Vgl. → Wildman-Maschine.

Borgosil, im Falschdrahtverfahren texturiertes 2½-Acetat.

Borgosilon, mit einem Polyamidfaden verzwirntes Borgosil.

Borkenchiffon, durchsichtiges, feines Kreppgewebe mit 1/S-1/Z-wechselndem Kreppschuß, das durch eine besondere Art der Gaufrage eine baumrindenartige Oberflächenstruktur erhalten hat. Schwere Gewebe gleicher Art: **Borkenkrepp.**

Borsalino, nach einem berühmten italienischen Hutmacher benannter weicher und eleganter Herrenfilzhut.

Borsten, nicht verspinnbare Tierhaare, zum Beispiel vom Schwein, die kurz, steif und stark glänzend sind; für Bürsten, Besen und als Nähmaterial in der Sattlerei zu verwenden. Kunstborsten: Grob geschnittene Chemie-Monofile, steif und entsprechend kurz geschnitten, vor allem aus Polyamiden, Polyurethan oder Polyvinylchlorid; erheblich fester als Naturborsten, fäulnis- und chemikalienbeständig. - Gegensatz: → Fasern.

Bouclargent, rundes, nichtoxydierendes Metalleffektgarn (→ Metallfolie) mit einer

Seele aus Chemiekupferseide aus Frankreich (Sildorex), zur gemeinsamen Verarbeitung mit Wolle, Polyester- und Acrylgarnen für weiche Strickwaren.

Boubou, aus einer umgelegten Stoffbahn lose geschlungenes afrikanisches Gewand.

Bouclé, 1. Woll- (Spinnfaser-) Kleider- und Mantelstoffe mit höckeriger Oberfläche, die durch Verwendung von Effektzwirnen mit unregelmäßigen, schlingenförmigen Verdickungen erzielt wird. - Vgl. → Loop, → Naked wools.
2. Haargarn-Brüssel, Teppich aus Haargarnen mit unaufgeschnittenen Polschlingen.
3. Tufting-Teppiche aus den verschiedensten (Chemie-) Fasern mit unaufgeschnittenen, manchmal auch verschieden langen Schlingen.

Bouclette, körnig-griffiges Modegewebe, dessen Oberflächenbild und Griff durch ein feines Noppen-Effektgarn erzielt wird.

Bouclé-écrasé, körnig-griffiger und doch weicher Wollstoff mit Kreppbild, aber ohne die Verarbeitungsschwierigkeiten des Wollgeorgette. Der Effekt wird durch ein dem Frisé-Garn ähnliches, feingarnig-knotiges Effektgarn erzielt und manchmal durch kleinrapportige Fantasiebindung unterstützt.

Boudoir-Pyama, mehr für den Abend zuhause als für die Bettruhe bestimmter Pyama, auch aus winterlichen Stoffen; zu → Loungewear zu zählen (Abb. siehe dort). Oft mit → tunika-artigen Oberteilen.

Bouffon-Ärmel, Ärmel in Anzügen, die an der Schulter beim Ärmelansatz eine deutliche Rolle zeigen. Aus der französischen Herrenmode („Mandarin-Linie") international übernommen.

Bougram, ganz lose eingestelltes, steif geleimtes Baumwollgewebe, das als Zwischenfutter dient und auch vom Buchbinder benützt wird.

Boul-mich, nach dem „Boulevard St. Michel" in Paris benannte, der Biedermeierzeit nachempfundene Halsbinde, die sich nach Plastronart, als Schleife und mit Krawattenring unter Vortäuschung eines Knotens tragen läßt.

Bourdon-Umrandung, markante Umrandung der Konturen bei Relief-Spitzen.

Bourette, 1. Aus den beim Kämmprozeß der → Florettspinnerei abgefallenen Kurzfasern (→ Stumba) in einem Grobspinnverfahren gewonnene mittelfeine bis grobe Naturseidengarne, meist unregelmäßig und noppig, stumpfer und fülliger als → Schappe.
2. Aus Bourette-Garnen hergestellte noppige sehr preiswerte Naturseidengewebe; billige Nachahmungen aus Viskosespinnfasern oder Polynosics.

Boutique, ursprünglich eine aus Italien stammende, in der Schnittführung beschwingte sportlich-jugendliche und detailarme Damenmode. - Heute Sammelbegriff für jugendlich-flotte, vom allgemeinen Modetrend abweichende sehr individuelle Stilrichtungen und deren Vertriebsform in hierfür besonders gestalteten kleineren Fachgeschäften.

Boutonné, als Fortentwicklung des Frisé zu kennzeichnende Gewebe mit gleichfarbigen oder farblich abgesetzten harten Noppen, die über das einfarbige Gewebe unregelmäßig verstreut sind. Boutonné gehört zur Gruppe der „belebten" Unis.

Bowling-Bluse, Revers-Bluse mit weiten, halblangen Ärmeln und seitlichen Rückenfalten, die volle Beweglichkeit vermitteln; Falten oft kontrastfarbig unterlegt.

Boxkalb, chromgegerbtes, meist schwarzes, manchmal auch buntes Kalbleder; weich, voller, milder Griff, jedoch mit Stand.

Boyer, mechanisches Teppichknüpfverfahren mit einem dem Smyrna ähnlichen Knotenbild. - Vgl. → Banyai.

Bozner Loden, schwere Tuchloden ohne Strich für Mäntel, Trachtenjacken, Berghosen und Jagdbekleidung; stets imprägniert.

Brassière, neue, miederartige Form des Oberteils zweiteiliger Badeanzüge mit verhältnismäßig breiten, angeschnittenen Trägern, rundem Ausschnitt und gerade geschnittenem unterem Rand. Dieses leibchenförmige Oberteil, das auch kleine Ärmelchen haben kann, unterscheidet sich stark vom Bikini und eignet sich auch für Größen bis 48 (Vgl. → Camisol).

Brautkleid, als weißes Hochzeitskleid noch keine 200 Jahre alt. Typisch ist heute nur mehr die weiße Farbe und die Ergänzung durch den Schleier. Ob lang mit Schleppe oder kurz ist eine Frage des Geschmacks und der Mode.

Brautkleider

Brechen, Teil der mechanischen Tätigkeiten zur Gewinnung der Bastfasern, Zerkleinern der Holzkerne durch maschinelles Knicken der Stengel.

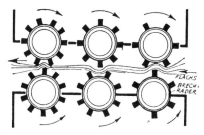

Flachsbrechmaschine

Breeches-Hose, Sporthose mit engem Wadenteil und einem sogenannten Ballon oberhalb des Knies.

Breitcord, andere Bezeichnung für → Trenkercord oder → Kabelcord.

Breithalter, meist mit Nadeln besetzte Walze am Webstuhl, die das fertige Gewebe in der Breite spannt, damit es faltenfrei auf den Warenbaum aufgewickelt werden kann.

Breitschwanz, nur das Fell des sofort nach der Geburt getöteten Karakul-Lammes, das sich durch sein feines Leder und durch die moiréartige Zcichnung seines Pelzes vom gelockten Persianerfell unterscheidet. Fellgröße 20-40 cm, kurzes Haar, dünnes und empfindliches Leder, naturgrau, oft gefärbt, für Mäntel, Jacken und Kostüme. - Die häufiggehörte Ansicht, man schlachtet Muttertiere, um das Fell ungeborener Lämmer zu bekommen, ist absolut falsch.

Brennprobe, Methode der Rohstoffprüfung im Handversuch zur Unterscheidung der großen Rohstoffgruppen und der Synthetics untereinander. Sie ist ungeeignet zur Feststellung der Zusammensetzung von Fasermischungen. Feststellungen über die Erscheinungsform der Flamme, des Geruchs und der Rußbildung, auch des Aschenrückstands sind wegen des vielfachen Einflusses moderner Textilhilfsmittel mit Zurückhaltung zu bewerten. Horngeruch: Proteinfasern (Wolle); Papiergeruch: Zellulosefasern; Zusammenschmelzen der Faserprobe beim Annähern an die Flamme vor Entzündung: Acetat oder Synthetics.

Bretelles, modische Hosenträger für Damen aus Leder oder aus Borten, besonders zu modischen Röcken zu tragen. Oft wird der Gummizug im Rücken durch das Trägermaterial ganz überdeckt.

Breton, kleiner (Damen-)Hut mit rund hochgerollter Krempe.

Bretonne-Spitze, französische → Klöppelspitze für Damenwäsche mit einer schnurartigen Kontinuierung der Musterformen.

Bridé, umgeschlagene und durchgenähte Kante an der Krempe von Herrenhüten an Stelle des Einfaßbandes.

Brillantcolor, Multicolor-Farbgebung mit deutlichem Glanz, der durch Mohair, Moussbryl oder andere Glanz-Effektfasern, durch Acetat und durch glanzreiche endlose Ketten erzielt wird. Gewebeoberfläche meist schußbetont.

Brillantine, popelineartiger Façonné in Windmühlenbindung, die mit ihren langen Fadenflottungen in Kette und Schuß ein rautenförmiges schachbrettartiges Bindungsmuster und der Ware einen sehr weichen Griff gibt. Nicht sehr strapazierfähig.

Bri-Nylon, Polyamid von ICI, glatt endlos, texturiert und mit rundem oder trilobalem Querschnitt mit Qualitätsüberwachung bis zum Endprodukt. Spezialitäten: → Counterstat (antistastisch), → Pavanne (spinntexturiertes Nylon), → Timbrelle (Teppichfaser).

Brisé, Organdykrepp, Voile mit organdyähnlicher Ausrüstung.

Briwasan, geschütztes (Brinkhaus) Verfahren zur kochfesten Ausrüstung von Federn und Daunen.

Broché, durch die Bindungstechnik hervorgerufene spitzenartige Musterung von Geweben mit Hilfe eines „Broschierschusses", der zusätzlich zum Grundgewebe eingetragen, aber nur innerhalb der Musterung eingebunden wird; eine eigene „Bro-

Echtes Brochégewebe auf Tuchbindung

schierlade" am Webstuhl ist erforderlich. Die auf der Rückseite von Muster zu Muster flottenden Fäden werden abgeschoren. Echte Brochés sind stets wegen der aufwendigen Technik aus hochwertigem Material. Falscher Broché: → Lancé découpé. - Vgl. → Scherli.

Brodélacé, stickereiähnliche Motive auf Wirkspitzen.

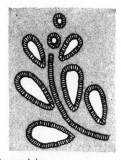

Broderie anglaise

Broderie anglaise, Sammelbegriff für → Bohr-Stickereien. Arten: → Madeira-Stickerei, für die Streifenanordnung der umstickten Löcher oder die flachen Blütenmotive typisch sind, und die Teneriffa-Stickerei, die feiner ist und keine floralen Motive verwendet.

Brodésette, → Kettenwirkwaren mit → Fallblechmusterung im Stickereicharakter.

Brodésette

Brokat, glanzreiche, großzügig webgemusterte Seidenjacquards mit wertvollem Warenbild, häufig mit Glanzmaterial durchsetzt. Der Name stammt aus dem italienischen und bedeutet soviel wie bestickt.

Broken-lapels, engl. „gebrochenes Revers", kurze schalartige Fassons, die durch einen kleinen, schmalen Einschnitt unterbrochen sind, also Verbindung von sehr spitzwinkligem Crocheteck und gebrochener Spiegelnaht = gebrochenes, geschlossenes C-Fasson.

Broken twill, „gebrochener Twill", Kleiderstoffe aus Chemieseiden in Mehrgratköperbindungen mit einem etwas nervigeren nicht so „kahlen" Griff, sowie Jeans-Stoffe in gebrochener Körperbindung.

Brossé, kurzgeschorene Mantelstoffe aus Streichgarn, oft mit Mohair, zibelineartig, mit leicht hochgestelltem, also nicht flachliegendem Strich.

Bruchdehnung, Bruchfestigkeit, die Bruchfestigkeit wird in Gramm je 100 Denier gemessen und gibt an, wie stark ein Faden belastet werden kann, bis er bricht (abreißt). Die Bruchdehnung wird in Prozenten der Ausgangslänge gemessen und gibt an, wie stark der Faden bis zum Augenblick des Abreißens gedehnt worden ist. - Die beiden Begriffe werden mehr und mehr durch → Zugfestigkeit ersetzt.

Brücke, kleinerer, abgepaßter Teppich, meist mit orientalischem Muster. Auch Gebetsteppiche sind meist Brücken.

Brunsmet-Stahlfaser, Beimischung zu Polyamidfasern für (Tufting-) Teppiche zur Erhöhung der elektrischen Leitfähigkeit des Flors und somit zur Beseitigung der elektrostatischen Aufladbarkeit. Der lebenslange Effekt ist unabhängig von der Luftfeuchtigkeit, aber nicht billig. Die Stahlfaser ist fünfmal feiner als ein Menschenhaar (8 Mikron). - Vgl. → Bautex.

Brush-Denim, brushed Denim, velvetartig geschmirgelte Köperware aus Baumwolle mit leicht flusiger Oberfläche und weichem Griff für modische Jeans und Jeansanzüge; nicht nur blau, sondern auch farbig und rohweiß.

Brüssel, Maschinenteppich, in Kettsamttechnik hergestellter unaufgeschnittener Rutenteppich aus Wolle. Haargarnbrüssel heißen Bouclé.

Brüssel oder Bouclé (Schußschnitt)

B-Type der Viskosespinnfasern, der Struktur und Stapellänge der Baumwolle entsprechendeSorten; glänzend oder matt, rohweiß oder spinngefärbt. Auch Polynosics und HWM-Fasern werden in B-Typen hergestellt und gewinnen an Bedeutung.

Bucaroni, nach amerikanischen Patenten in der Schweiz hergestelltes Garn mit Strick-Fixier-Texturierung und nachfolgender Heißfixierung aus Polyamid-, Acryl- und Polyesterfasern.

Buchara, bekannter Nomadenteppich (Turkmene) mit einer Musterung aus abgezählten, gleichmäßig hintereinanderliegenden achteckigen Formen und Bordüren aus Sternen, Dreiecken und geometrischen Ranken. Grundfarbe Rot in verschiedenen Schattierungen, aus glänzender Wolle dicht geknüpft und anschließend kurz geschoren - vgl. → Orient-Teppich.

Buckskin, preiswerter, stark gewalkter und schwerer Wollstoff für strapazierfähige Männerkleidung (Streichgarnmelton).

Bucswade, holländisches Gewebe aus 42% Polyester und 10% Reyon mit wildlederartigem Aussehen. Leicht, wasserdicht, abwaschbar, geringe Schrumpfneigung.

Buenos-Breitschwanz, südamerikanischer → Breitschwanz, Fellgröße 35 bis 55 cm, weiß gelockt, aber in der Regel gefärbt; der Charakter des asiatischen Breitschwanz wird durch Tiefscheren imitiert. Für Mäntel und Jacken.

Bügelarm, Textilien mit einem hohen Naturfaseranteil, die durch Einlagerung von → Kunstharzen oder → kunstharzfreie Pflegeleichtausrüstung nach dem Waschen zwar ohne gebügelt zu werden verwendungsfähig sind, bei denen aber leichtes Bügeln den Glätteeffekt noch erhöht. - vgl. → Bügelfrei.

Bügelechtheit, Widerstandsfähigkeit von Färbungen auf Textilien aller Art und in allen Verarbeitungsstufen gegen Bügeln, Bügelpressen und die Behandlung auf beheizten Trockenzylindern in der Fabrikation. Prüfung nach DIN 54022 trocken, naß und dampffeucht.

Bügelfalte, eingeführt vom englischen König Eduard VII; heute ein Kennzeichen gepflegter Herrenbekleidung. Bei reinwollenen Hosen kann die Bügelfalte durch Siroset-Verfahren dauerhaft gemacht werden.

Bügelfrei, Effekt von → Pflegeleicht-Ausrüstungen auf Stoffen aus und mit zellulosischen Fasern unter Einsatz von zellulosevernetzenden → Kunstharzen mit der Folge einer dauerhaften und einlauffesten

→ Dimensionsstabilität. Die gewaschenen Stoffe werden ohne Bügeln wieder völlig glatt. - Vgl. → Permanent Press, → Bügelarm.

Bügelklebegewebe, Stoffe oder schmalgeschnittene Bänder, die mit Guttapercha oder Kunstharzen beschichtet sind und bei Erwärmung durch das Bügeleisen hohe Klebekraft gegenüber Textilien entwickeln. Die in der Regel wasch- und reinigungsbeständigen Bügelklebegewebe verwendet man als Versteifung in Taschenpatten, Kanten, Gürteln, am Bund usw. Fortentwicklungen werden zur Erzielung einer dauerhaften Paßform bei vielen Oberbekleidungsstücken (Sakkos und Jacken, auch bei Mänteln) anstelle der klassischen Schneider- → Wattierung oder Teilen davon eingesetzt. Das Kleben als formerhaltende Verarbeitungstechnik hat längst den Charakter des Billigen verloren und wird technisch beherrscht. - vgl. → Frontfixierung.

Bügeln, Glätten von Falten in Kleidungsstücken und Stoffen unter Entwicklung von Feuchtigkeit, Wärme und Druck. Seit der Durchsetzung der nach Punktsymbolen einstellbaren Regulierbügeleisen, (ein Punkt (Perlon) 80° C, ein Punkt (Kunstseide/Seide) 105-120° C, zwei Punkte (Seide/Wolle) 130-160° C, drei Punkte (Baumwolle/Leinen) 180-210° C, bis zum Anschlag: bis 220° C - Bügeleisen durchkreuzt: darf nicht gebügelt werden) und der entsprechenden → Pflegekennzeichnung ist die zulässige Bügeltemperatur der einzelnen Stoffarten für die Hausfrau kein Problem mehr.

Bulky (englisch: „grob gestrickt"), Moderichtung bei grobmaschigen Wirk- und Strickwaren für Oberbekleidung: sehr salopp und herrenmäßig geschnittene, grobe Strickwaren werden von zierlichen Damen getragen, die in den viel zu großen Kleidungsstücken fast verschwinden.

Bullcord, besonders schwerer → Feincord mit 12 (statt 10) oz. Gewicht, vor allem für Jeans.

Bulky

Bulle-Linie, kindlich wirkende Moderichtung insbesondere bei Nachtwäsche mit einer unter der hohen Büste entehenden Weite, die sich zum unteren Saum hin stark bauscht.

Bund, Taillenabschluß an Damen- und Herrenhosen sowie an Damenröcken. Der Bund kann angesetzt, angeschnitten, verstärkt und rutschfest ausgestattet sein. - vgl. → Rundbund-, → Spitzbund-, → Gürtelhose, → Bundfutter, → Bundverlängerung.

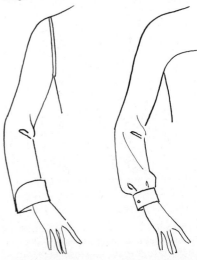

Bündchenärmel im Vergleich zum Manschettenärmel

Bündchenärmel, im Gegensatz zum → Manschettenärmel angesetzter Ärmelabschluß mit Knopfverschluß, der die Ärmelweite bauschig faßt.

Bundfaltenhose, bequemer, aber optisch schlankmachender jugendlicher Hosentyp mit zwei bis sechs teilweise ein Stück abgesteppten Falten am Hosenbund; schnittechnisch schwierig.

Bundfaltenhosen für Herren haben zwei bis sechs Falten, zum Teil abgesteppt.

Verbindungsmasse, dann erhält man bei Leinen (und bestimmten Hanfsorten) die Einzelfasern (Flockenbast).

Bundfaltenhosen in gemäßigter Weite

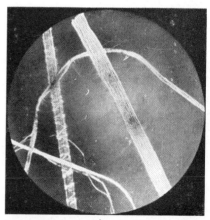

Bündelfaser und Elementarfasern

Bündelfaser, eigentliche Flachsfaser, bestehend aus Elementarfasern, die durch eine leimartige Interzellularsubstanz miteinander verbunden sind. Entfernt man die

Bündelsystem, Abart des Leistunslohnsystems bei der Fertigung von Bekleidung, die die individuelle Leistungsfähigkeit jedes Mitarbeiters voll wirksam werden läßt. Nachtel: Große Warenmengen in der Bearbeitung, längere Kapitalbindungsdauer und längere Durchlaufzeit. Vorteil: Langsamere Arbeitsgeschwindigkeit eines Mitarbeiters führt nicht ohne weiteres zu einer Produktionshemmung.

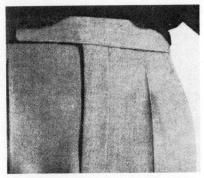

Bundverlängerung an der Rundbundhose

Bundfutter, Futter im Hosenbund: → Pokketing, → Moleskin oder Futtersatin aus Baumwolle oder Viskose. - Teilweise ersetzt durch rutschfeste Bundverarbeitung mit Gummi oder Schaumgummiauflage. Vgl. → Aerolen, → Schaumstoff-Schnittfäden.

Bundverlängerung, äußerlich sichtbare Verlängerung des Hosenbundes mit Oberstoff, die mit Haken und Öse zu schließen ist und einen sauberen Abschluß ermöglicht.

Buntätze, Abart des Ätzdrucks, bei der durch Beimischung ätzbeständiger Farben zur Ätzchemikalie der Ätzvorgang mit dem Aufdruck einer anderen Farbe verbunden ist.

Buntgewebe, Gewebe, die durch wechselfarbige Kettfäden (Zettelbrief), wechselnd farbige Schußfäden (Schußfolge) oder Kombination aus beiden gemustert werden. Vgl. → Fil à Fil, → Oxford, → Zefir, → Bettzeug, → Pepita, → Hahnentritt, → Glencheck, → Schotten, → Barré, → Cotelé, → Vichy, → Madraskaros.

Buntreserve, Abart des Reservedrucks, bei der den reservierenden Substanzen Farben zugesetzt werden, die überfärbeecht fixiert werden, so daß nach dem Färben ein Buntdruck ohne weiteren Arbeitsgang zustande gekommen ist. - Vgl. → Buntätze, → Druckart.

Bure (sprich: Bühr), derber, rauher Wollstoff mit Meltonausrüstung, ursprünglich für Kutten (Ordenskleidung) verarbeitet. - Vgl. → Kutschertuch.

Burberry. geschützter Name eines englischen Bekleidungsherstellers gleichen Namens für ganz hochwertige Kammgarnstoffe aus reiner Schurwolle, die imprägniert und für vornehme Regen- und Wettermäntel verwendet werden.

Buschhemd, hemdartige Jacke mit kurzem Arm aus sommerlichen Stoffen, ungefüttert, mit Ausschlagkragen, Gürtel und aufgesetzten Taschen.

Buschhemd

Buschkostüm, sportliches Kostüm mit vier aufgesetzten Taschen und breitem Rundgurt mit Schnalle.

Bustier (sprich: büstijee), anliegendes leibchenartiges Oberteil, das nur knapp bis zur Taille reicht; vor allem bei Strandbekleidung anzutreffen.

Buttonkragen (sprich: battn), Hemdkragen, dessen Kragenspitzen geknöpft werden können. Button down: Die Kragenspitzen werden auf das Hemdenvorderteil geknöpft. Button side: Die Kragenspitzen werden auf den Unterkragen (Kragensteg) geknöpft.

Buttendown-Kragen

Byssus, → Drehergewebe, grober, poröser, mit Tuchbindeeffekten gemusterter Hemdenstoff.

Byssus-Seide, Muschel- oder Seeseide, Faserbast der im Mittelmeer verbreiteten Steckmuschel, schwer zu gewinnen; fein, weich, glänzend, olivbraun, auf Sizilien zu Posamenten und Schals verarbeitet. - Im TKG nicht erwähnt.

C

Körpernah taillierter Caban, leicht ausgestellt, mit tellerförmigem Kragen

Caban, 1. Für Damen: Nach dem französischen Ausdruck für die Jacke der Teerarbeiter benannte, modische, jugendlich-sportliche Einzel- und Kostümjacken, etwa hüftlang und stets zweireihig, meist mit herrenmäßigem Revers (oder hohem Ekkenkragen), schrägen oder geraden Mufftaschen, eingesetztem Arm oder Raglan, körpernah antailliert.
2. Für Herren: zweireihiger Modestutzer (Herrenkurzmantel) mit paspelierten Steck- oder Schubtaschen, jugendlich geschnitten, mit Anklängen an den Marinestil. Körpernah antailliert. - Vgl. Walking-Jacket.

Caban-Anzug, winterlicher → Leger-Anzug mit langem Sakko, aufgesetzten Taschen und oft mit Gürtel.

Caban-Anzug

Cabretta-Leder, modisches, geschmeidiges Leichtleder.

Cachenez, Vierecktücher für den Herrn, im Gegensatz zum Langschal quadratisch. Der früher allgemein übliche Ausdruck wird heute vor allem für die zum Gesellschaftsanzug getragenen, weißen Tücher verwendet.

Caddyhose, modische Kniebundhose mit

leichtem Überfall, eine knappe Handbreit unter dem Knie endend. Schmaler als der Knickerbocker; die nach dem Golfjungen benannte Hose wurde in leichtem, sogar sommerlichen Stoffen auch von der Damenmode übernommen.

Caddyhose

Cadon, Profilfaser auf Polyamidbasis (Chemstrand) mit trilobalem Querschnitt und zusätzlichem Schutzdrall; Fertigerzeugnisse erhalten durch die Veränderung der Lichtbrechung einen seidigen Schimmer. Stoffe daraus: → Turinyl.

Calayos, sehr strapazierfähiges, federleichtes und gut zu färbendes, preiswertes Fell eines spanischen Berglammes. - Vgl. → Lamm.

Calmuc, siehe unter Kalmuck.

Camaieux (sprich: kamajö), frz. „Grau in Grau", abschattierende Farbgebung aus gleichen, aber verschieden hellen Farbtönen. Gegensatz: Ton in Ton; hier hebt sich das Muster von einem farbähnlichen Fond durch die veränderte Farbe ab, während bei Camaieux das Muster durch die Abschattierung gebildet wird. - Die Färbereitechnik bezeichnet als Camaieux auch Zweiton-Färbe-Verfahren für Wolle mit dem Ziel, die Spitzen der Wollfasern anders als die Haarwurzeln anzufärben. - Vgl. → Bi-Pol-Färbeverfahren.

Camber, eleganter Herrenhut mit eingefaßtem und leicht rouliertem (hochgebogenem) Rand.

Cambrelle, Nadelfilz aus einer → Bikomponentenfaser aus zwei Polyamidtypen mit verschiedenem Schmelzpunkt; die Komponente mit dem niedrigeren Schmelzpunkt bildet den Mantel und verschmilzt an den Berührungspunkten. - Vgl. → Dipolyonfasern, → Terram.

Cambric, sehr dicht gewebter Batist, für Wäsche und als Grundmaterial für Schweizer Stickereien verwendet. Daunencambrics aus feinen Makogarnen dienen als Steppdecken-Einfüllstoff.

Caméléon, Abseitengewebe mit zwei- oder mehrfarbigen Garnen von besonderer Leuchtkraft im Schuß, wobei die verschiedenen Garne in ein Fach eingeschossen werden, sich wahllos gegenseitig umschlingen und eine unregelmäßige Musterung ergeben. Stets auf Unikette. Im Charakter ähnlich wie → Brillantcolor, nur ausgeprägter und unregelmäßiger gemustert.

Camelon, nach dem Falschdrahtverfahren texturiertes 2½-Acetat.

Camelot, feiner, tuchbindiger Kammgarnstoff mit Moulinézwirnen in der Kette und einer dritten Farbe im Schuß.

Wäsche-Set mit Camisol als Oberteil

Camisol, ausgeschnittenes, sehr kurzes, gerade die Brust bedeckendes Oberteil mit Trägern zu Strandensembles für Damen, vor allem zur nabelfreien St.-Trôpez-Hose oder zu Shorts passend. Im Gegensatz zum Bolero stets geschlossen (Vorder- oder Rückenschluß).

Campus-Stil, Herren-Freizeitmode mit insgesamt athletischer Wirkung, inspiriert von den amerikanischen Sportarten Baseball, Football und Jogging (Dauerlauf). - Vgl. → Leger-Kleidung.

Canadian, Jacke für Damen und Herren, meist aus winddichtem oder imprägniertem Stoff, sportlich geschnitten und mit einem Gürtel gefaßt. Der Name stammt von einem Kleidungsstück, das die amerikanische Truppen im Zweiten Weltkrieg als Winterjacke trugen.

Canadienne, ähnlich Canadian, meist pelzgefütterte Windjacke mit Gürtel.

Canevas, früher vielfach gebrauchter Ausdruck für leicht durchbrochene, steif gestärkte Handarbeitsstoffe (→ Stramin); neuerdings auch in der Schreibweise Canvas für leichte, panama- oder segeltuchartige Gewebe im Baumwollcharakter für → Legerbekleidung verwendet.

Cannélé, ripsartige Gewebe mit verschieden breiter Rippenmusterung.

Canotier, einstmals (1900) ein steifer ovaler Strohhut für den Herrn, wurde von Filmstars, wie Maurice Chevalier, für den Herrn populär gemacht und von der französischen Couture als Damenhut wieder übernommen.

Canova, dreifädiger Aidastoff mit besonders großen Löchern. Handarbeitsstoff.

Cantrece, → Bikomponentenfaser s/s aus Nylon 6 und Nylon 6,6 (DuPont) mit spiraliger Kräuselung und hoher Formelastizität, vor allem für Strümpfe.

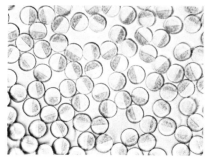

Bikomponentenfaser S/S-Typ (Cantrece), 300fach vergrößert

Cape, ärmelloser Umhang für Damen und Herren im Gegensatz zum Mantel.

Cape mit Fuchskragen

Capemantel mit Kapuze und Plaidfutter

Caprihose, auch: → Piratenhose, enge dreiviertellange Hose mit kleinen Seitenschlitzen. - Vgl. → Korsarenhose.

Caprina, hochwertiges → Velourslederimitat auf Basis Cuprofilament mit bis zu 20% Nylon, → PUR-beschichtet.

Caprolactam, Vorprodukt von Polyamid 6 (Perlon), weißer, kristalliger, in reiner Form geruchloser Stoff (Monomer).

Capuchon, drapierter Einsatz an Kragen oder Ausschnitt.

CaraDomo, Leichtbettwäsche, Wirkware aus Perlon Hoechst, mit 120 g/qm vergleichsweise schwer; weich und schmiegsam ausgerüstet.

Carbonisieren, siehe → Karbonisieren.

Cardé, in der Werbung der Farbwerke Hoechst verwendeter Ausdruck für streichgarnartige Artikel aus Trevira-Sondertypen mit 45% Schurwolle mit rauhem, sportlichem Griff und handwebeartig fülliger Struktur.

Cardieren, Carde, siehe unter Kardieren, Karde.

Cardigan, sportlicher kragenloser Jacken- oder Blusentyp, stets hüftlang, meist mit Gürtel. Bluse auch mit kurzem Arm, Jacke häufig mit aufgesetzten Taschen, manchmal mit breitem Bund in der Taille.

Cardigan-Jacken

Cargill, weiches Garn aus reiner Schurwolle oder aus Mischungen mit Schurwolle für Strickwaren.

Cargotasche, modische Tasche an Jeans mit gerundetem Eingriff und einer zweiten kleineren Tasche, die zur Hälfte sichtbar ist.

Caribic-Stil, Kleider und Röcke mit flacher Hüfte und üppiger Weite aus leichtem, weichem Material, oft recht bunt, mit Rüschen und Volants verziert oder als → Stufenrock ausgebildet. Häufig durch Petticoat gestützt mit trägerlosem Oberteil. - Vgl. → Carmen-Stil, → Folklore.

Kurz-Cardigan   Long-Cardigan

Carfil, Nylon-Teppichfaser mit einer in das Polymer eingebauten → Antistatik (Allied Chemical).

Carmen-Dekolleté

Carmen-Dekolleté, schulterfreies Dekolleté mit geradem, waagrechtem Abschluß an Blusen und Kleidern aus weich fallenden Stoffen mit Rüschen- oder Smok-Abschluß und weich in Falten fallendem Oberteil einschließlich der weitgeschnittenen Oberärmel.

Carmen-Stil, Kleider im Folklore-Charakter mit tief angesetzten weitschwingenden Röcken, hüftbetonend, schulterfrei, oft mit Volants verziert. - Vgl. → Caribic-Stil.

Carmen-Kleider

Carré, kleine unauffällige Kariermusterung, häufig Ton in Ton oder durch Bindungseffekte bei Unis angewandt.

Carrier, Färbebeschleuniger, die das Aufziehen von Farben (insbesondere von Dispersionsfarbstoffen) auf Synthetics und Triacetat, als wenig quellende Faserstoffe, erleichtern. Es handelt sich zum Teil um Substanzen, die als Quellmittel wirken, zum anderen die Affinität fördern. Zum Teil belasten Carrier die Abwässer toxisch und tragen durch Geruchsteilchen zur Luftverschmutzung bei. Polyesterfasern, die als → Blockpolymerisate Polyäthylenoxid enthalten, können ohne Carrier gefärbt werden.

Carrotieren, Behandlung von Tierhaaren zur Verbesserung der Filzfähigkeit. - Vgl. → Beize.

Cashmere-Wolle, auch: „Cachemire" geschrieben, siehe unter Kaschmir-Wolle.

Cashmilon, Acrylspinnfaser (Asahi) aus Japan.

Casaque, siehe unter Kasack.

Casaquin, kleines Jäckchen mit Schößchen.

Cassapret, → Fleckschutzausrüstungsmittel; → Soil release; auch für → Permanent-Press und Polyester-/Baumwollgewebe geeignet.

Cassur, süddeutscher Ausdruck für Spiegelnaht.

Casualcoat (sprich: käschuäl cout), unkonventionell geschnittener Kurzmantel im Stil der Freizeitkleidung, nur 84 bis 90 cm lang. Der Ausdruck stammt aus Amerika.

Casualcoat

C/C-Type, → Bikomponentenfaser: → Heterofilfaser.

Celafibre, englische Bezeichnung für Acetatfäden und -Spinnfasern.

Celanese, → Diacetat (2½-Acetat).

Cellophan, Transparentfolie auf Viskose-basis.

Cellulose, siehe unter Zellulose.

Celon, endloses Polyamid aus Caprolac-tam (Courtaulds), auch als „Celon Antistat" mit verbesserter Feuchtigkeitsabsorption durch Einlagerung entsprechender Chemi-kalien in die Spinnmasse, besonders für Unterwäsche geeignet.

C-Fasson, Fassonform bei Anzügen mit spitzwinkligem Crocheteck, das zu gera-der oder gebrochener Spiegelnaht kombi-niert werden kann.

Celta, schweizer. Hohlraumfaser (Viskose-chemieseide; Emmenbrücke), z. T. mit bändchenartigem Querschnitt sowie glatt oder gefaltet. - Vgl. → Luftfaser.

Centa Star, Bettwaren (→ Flachbetten und Kissen) mit einer Füllung aus Terylene endlos oder Dacron fiberfill, waschbar, Fül-lung nicht filzend und nicht klumpend. - Vgl. → Bonafil.

Centric-cover-core-Typen, gleichbedeu-tend mit C/C-Typen, → Bikomponentenfa-ser: → Heterofilfaser.

Ceolon, Schaumstoff-Faden auf Polyure-thanbasis (Moltopren), geschnitten und umsponnen, für rutschfesten Bund, Auto-decken usw. - Vgl. → Schaumstoff-Schnitt-fäden, → Aerolen.

Ceres-Kaninchen, in Deutschland, Irland, Afghanistan und Chile gedeihende Neu-züchtung eines → Angora-Kaninchens mit besonders hoher Wolleistung (zwischen 900 und 1100 g je Jahr und Tier bei fünf-maliger Schur) und sehr guter Faserquali-tät (nur 2-3 % Anteil an Grannenhaaren ge-genüber normal bis 17 % und einem Kämm-Abfall bei Verspinnung zu Feinst-garnen von nur 12 % gegenüber normal bis zu 30 %). - Vgl. → Angorawolle.

Cetryl, Polypropylen von Rhodiaceta, für Wirkwaren und Berufskleidung.

Chaineusse, einfache → Futterware mit di-rekter Verbindung von Deckfaden und Fut-terfaden, wobei der Futterfaden auf die Warenoberseite durchschlägt und einen Teil der Decke bildet. Vgl. → Bindefaden-futter.

Chairleder, sehr weiches Handschuhleder von Gazellenhäuten oder von Schaffellen mit abgezogenen Narben. Es zeigt mit der Fleischseite nach außen. Auch als → Dä-nischleder oder → Suèdeleder bezeich-net.

Challenger-Ware, maschensichere Wirk-ware für Damenunterwäsche vom Rund-stuhl (unergänztes köperartiges Hinterleg-muster).

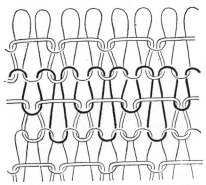

Challenger-Ware (köperartiges Hinterleg-muster)

Chaly, feiner, musseline-ähnlicher Damen-kleiderstoff mit Naturseide oder Reyon in der Kette und gekämmtem Woll- (oder Vis-kose-) garn im Schuß.

Chambray, Baumwollgewebe in Grobkre-tonne-Einstellung mit einer Flammengarn-Musterung, auch Farbschuß auf Weißkette mit dem Charakter eines Faux uni; modi-scher Nachfolger des Blue-Denim. Vgl. → Denim.

Champalex, geschütztes Verfahren der Verspinnung und Ausrüstung bei elasti-schen Web- und Wirkwaren aus sehr fei-nen → Elasthanfäden (Lycra), die mit Ny-lon, Orlon, Naturseide, Baumwolle oder Reyon umzwirnt werden. - Vgl. → Core-spun.

Chanel-Stil, von der gleichnamigen Pari-

Chanelkostüme

ser Couture-Firma: Kennzeichen sind Einfassungen mit kontrastierenden Bändern oder Samt an Kanten, Taschen und Kragen der Kleidungsstücke; Kostümchen und Kleider dieser Art sind nicht nur bei Teenagern beliebt. Chanel-Bluse: Bluse mit Schlingkragen.

Changeant (sprich: schanschan), je nach Lichteinfall oder Blickwinkel in zwei oder auch mehreren Farben schillernder Stoff mit verschiedenfarbigen Garnen in Kette und Schuß. Der Ausdruck changeant wird nur für klassische Bindungen (Tuch-, Köper-, Gabardine- und Atlasbindung) benutzt. Die gleiche Wirkung bei Fantasiebindungen heißt → Glacé.

Chantelaine, filzfreie, formbeständige Strickwolle (reine Schurwolle).

Chantilly-Spitze, schwarze Klöppelspitze auf Tüllgrund; natürliche Pflanzendarstellungen mit Barock- und Rokoko-Ornamenten.

Chapeau claque (sprich: schapo klack), Zylinder, die durch einen Mechanismus zusammengeklappt werden können und mit Seide überzogen sind; sie wurden bis 1914 im Ballsaal zusammengeklappt unter dem Arm getragen.

Chargieren, → Erschweren (Beschweren) von Naturseide.

Charleston-Stil, Modestil der zwanziger Jahre, charakterisiert durch röhrenförmige Kleider mit tiefangesetzten Saumvolants.

Charleston-Stil

Charmelaine (sprich: Scharmelähn), wollener Abseitenstoff, weicher Kleiderstoff aus Kammgarn in einem 5bindigen verstärkten Atlas, der eine gekörnte Oberfläche und eine feine Diagonale (Scheinköpergrat) verleiht.

Charmeuse, Kettenwirkware aus zwei Fadensystemen in gegenlegiger Tuchtrikotbindung gewirkt, demnach „mehrschienige → Kettenware", maschenfest, elastisch, formbeständig, aus endlosen Synthetics (Polyamid), seltener endlose Viskose.

Charmeuse

Ursprüngliche Form des Chasuble: seitlich offene, hüftlange Überweste.

Chasuble, 1. ärmellose Blusenweste, neuerdings fast knielang und zu Hosen getragen. Der Name stammt vom Meßgewand katholischer Priester.
2. frz. Ausdruck für Kleiderrock; in der Modesprache: kittelartige Kleiderröcke aus Jersey, Leder oder Tweed, mit Blusen oder Rollkragenpullis kombiniert.

Mäntel mit Chasuble-Effekten: links mit Chasuble-Schultern, rechts mit Chasuble-Blende.

Chasuble-Falte, über die Schulter gezogene Hohlfalte bei Mänteln, Kleidern und Blusen, durch die ein Westeneffekt entsteht.

Chauffe-coeur, frz. Seelenwärmer, Turnhemd ohne Arm (→ T-Shirt mit Arm), das knapp oberhalb der Taille endet. - Vgl. → Pullunder (taillenlang), → Westover (hüftlang), → Chamisol (mit Knopfverschluß und Trägern), → Bolero (offen).

Chauffe-coeur

Chavacete, nach dem Falschdrahtverfahren texturiertes 2½-Acetat.

Chavalor, stauchkammertexturiertes Hochbauschgarn aus Acrylfasern.

Chavasol, nach dem Falschdrahtverfahren texturiertes 2½-Acetat mit Polyamid endlos verzwirnt (Polyamidanteil ca. 25%).

Check, kleine, meist viereckige oder rechteckige Musterungselemente, die durch verschiedene Farbgebung zu größeren Mustern zusammengestellt werden.

Cheesecloth (sprich: Tschiesklous), engl.: Käseleinen; handgewebtes indisches Scheindrehergewebe aus hartgedrehten Baumwollgarnen, meist rohfarbig, sehr grober → Voile.

Chemiefasern, → Man made fibres, Gattungsbegriff für alle in der Natur nicht vorkommenden Faserstoffe, die auf chemischem Weg erzeugt werden. Sie werden eingeteilt in → **Filamente** = Chemieendlosfäden und **Chemiespinnfasern** = Stapelfasern. Nach ihrer chemischen Konstruktion unterscheidet man Chemiefasern aus **natürlichen** → **Polymeren**: → Zellulosefasern nach dem → Viskose- und nach dem → Kupferverfahren (Chemiekupfersei-

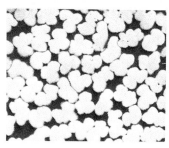

Acetatfasern mit gelappten Querschnitten.

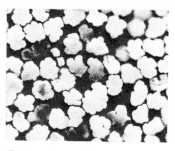

Prelana (= Wolpryla) (Acryl) mit grobgezähnelten Querschnitten.

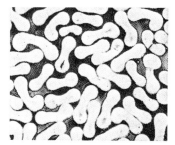

Redon (Acryl). Querschnitte gestreckt hantelförmig.

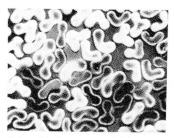

Orlon 81 (Acryl). Querschnitte hantel-, V- und Y-förmig; Fasern teils transparent, teils porig.

Mikroaufnahmen verschiedener Querschnittsformen von Chemiefasern

de und Chemiekupferspinnfaser; lt. TKG: Cupro, in Deutschland nicht mehr hergestellt), Zelluloseverbindungen (Acetat und → Triacetat); aus **anorganischen Stoffen**: → Glasseide, → Glasfaser, → Asbest, → Metallfäden; **Synthesefasern** = vollsynthetische Faserstoffe: → Polyamide, → Polyester-, → Polyacrylnitril- (Acryl-), → Polyolefin- (→ Polyäthylen-, → Polypropylen-) Fasern, → Polyurethanfasern. Sonderformen sind → Heterofasern, → Bikomponentenfasern und → Multipolymerisate (früher: Mischpolymerisate). Bei den → Heterofasern findet eine getrennte Polymerisation artverschiedener Polymere, bei der Chemietexturierung die Zusammenführung getrennt polymerisierter, aber chemisch gleichartiger, in ihren Eigenschaften varianter Polymere, bei den → Multipolymerisaten gemeinsame Polymerisierung verschiedener Chemikalien statt. - Die Zuweisung zu den Begriffen des TKG ist bei den chemietexturierten → Bi-

komponentenfasern unproblematisch, da sie aus der gleichen Grundchemikalie bestehen. Bei den → Multipolymerisaten ist der prozentuale Anteil entscheidend (entweder → „Modacryl" oder → „Trivinyl"), die Heterofasern sind der Gruppe des überwiegenden chemikalischen Anteils zuzuweisen. Nach der Art der Bildung der Kettenmoleküle unterscheidet man → Polykondensationsprodukte, Polymerisationsprodukte und → Polyadditionsprodukte. - Zu den Chemiefasern aus natürlichen Polymeren pflanzlicher Herkunft zählen neben den Zellulosefasern auch → Gummifäden (aus → Latex), → Alginatfasern, sowie → Eiweißfasern aus Pflanzen. Natürliche Polymere tierischer Herkunft weisen nur die → Proteinfasern auf. - Vorzüge der Chemiefasern gegenüber den natürlichen Fasern: Völlige Gleichmäßigkeit des Produkts, Anpassungsfähigkeit an bestimmte Verwendungszwecke, ohne Zwischenverarbeitung verwendbar, Färbung durch Einlagerung von Farbpigmenten in die Spinnsubstanz möglich. Als Chemiefasern der **zweiten Generation** faßt man solche zusammen, die durch physikalische und/oder chemische Eingriffe im Vergleich zu den Standard-Typen nicht unerheblich in ihren Eigenschaften verändert werden (→ substanzmodifizierte Fasern): → Multipolymerisate, → Mehrkomponentensysteme. - Vgl. → Polynosics, → Texturieren.

Chemieschnittbändchen, aus → Folien in schmalen Breiten herausgeschnittene Bändchen, die einachsig stark gestreckt werden. Es ergeben sich gestreckte Folienfilamente, die durch geringe mechanische Einwirkung in Längsfibrillen aufgespalten werden können (spleißfähige Folienfilamente); sodann auch nicht spaltbare Folienfilamente. - Vgl. → Polital, → Flachfäden.

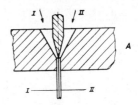

A: Die beiden Polymeren I und II werden wenig über der Düsenbohrung zusammengeführt und extrudiert (= durch eine Düse gedrückt und daher kontinuierlich in eine bestimmte Form gebracht).

B: Querschnitt des unverstreckten Fadens

C: Querschnitt des verstreckten Fadens

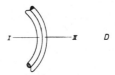

D: Komponente I schrumpft stärker als Komponente II.

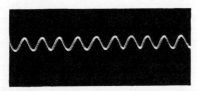

Dreidimensionale Kräuselung einer Bikomponentenfaser

Schematische Darstellung der Bikomponenten-Fadenbildung.

Chemietexturierung, Zusammenführung verschiedener Polymerisate mit dem Ziel bilateraler Schichtung (→ side by side-Typen) oder nach dem → Mischstromverfahren vor dem Spinnprozeß (→ Bikomponentenfasern), die sich nicht im Grundtyp, sondern in bestimmten Eigenschaften unterscheiden. Nicht zum Begriff der Chemietexturierung gehören die → Multipolymerisate, die → Heterofasern und die → Heterofilfasern. - Vgl. → Kanebo, → Orlon Sayelle, → Acrilan, → Cantrece, → X 403, → S/S-Typen.

Chemische Reinigung, vollständige maschinelle Behandlung der in flüchtigen Lösungsmitteln schwimmende Textilien zum Herauslösen des fettgebundenen Schmutzes und Herausspülen fester Schmutzteilchen. Es findet kein Quellvorgang und da-

mit keine Formveränderung statt; empfindliche Farben werden geschont. Neben dieser Grundbehandlung gehört zur Chemischen Reinigung begriffsgemäß die Nachbehandlung, wie Entfernung einzelner Flecken (→ Detachur, detachieren), Beseitigung farbloser Stellen (→ Retuschieren) sowie die Fertigarbeiten wie Dämpfen und Bügeln. - Die exakte Begriffsbestimmung ist in RAL 990 A festgehalten. → Pflegekennzeichnung, → Einfachreinigung, → Benzinbad, → Perchloräthylen (Perawinbad).

Chemise-Stil, Chemise-Kleid, → Hemdblusenkleider; die Kennzeichen: aufgesetzte Taschen, gesteppte Knopfleiste wurden modisch auch auf andere Oberbe-

Variationen im Chemise-Stil

kleidungsstücke übertragen (z. B. Mäntel und Jacken).

Chemisette, gestärkte Hemdenbrust an Frack- und Smokinghemden, auch weiße Einsätze an Damenkleidern.

Chenille, vorgewebtes Polmaterial mit U-förmig hochgebogenen, abstehenden Faserenden für → Axminster-Teppiche und Tagesdecken; Baumwoll-Chenille wird als Flormaterial in Frottier-Velours-Geweben eingesetzt.

Chenille, Kettschnitt nach dem Biegen

Chesterfield, im Gegensatz zum sportlichen Coat ein streng geschnittener Herren-, Stadt- und Besuchsmantel, der über das Knie reicht; meist mittel- oder hellgrau, einreihig und mit verdeckter Knopfleiste.

Chevellieren, Methode des Färbens von endlosen Fasern, wobei diese von Hand oder auf Maschinen zusammengedreht, gestreckt und wieder aufgedreht und dadurch aufgelockert und weich gemacht werden.

Cheviot, im Griff harte und rauhe, aber meist sehr strapazierfähige Wollstoffe für Sportsakkos und Herrenmäntel, meist in Köperbindung und kahl ausgerüstet. Leichtere Gewebe gleichen Charakters auch für Kostüme und Hosenanzüge.

Cheviotbindung, anderer Ausdruck für → Croisébindung, insbesondere bei Geweben aus kräftigen Wollgarnen.

Cheviotmantel, Übergangsmantel für Herren bis zu einem Stoffgewicht von etwa 600 g, aus rauhen, gewalkten Streichgarngeweben. Sehr strapazierfähig, vielfach zu mustern.

Cheviot-Wolle, ursprünglich ein Sammelbegriff für längere, gröbere, wenig gekräuselte Wollen verschiedener kleiner englischer und schottischer Bergschafe; der steigende Bedarf nach diesen Wollen führte zu Kunstzüchtungen mit hoher Ergiebigkeit (→ Crossbred, → Corriedale, → Comeback). Kräftige, dickere, aber weiche Wollsorten von weißer Farbe in den Klassen B/C bis D mit einer Durchschnittslänge von ca. 150-170 mm.

Chevreau-Leder, frz.: Ziegenleder, eine der edelsten Ledersorten für Handschuhe und feines Schuhwerk; weich, schmiegsam, von geringem Gewicht, guter Reißfestigkeit und Zähigkeit sowie hoher Formbeständigkeit.

Chevron, Wollstoffe in abgeleiteter Köperbindung mit wechselnder Gratrichtung (Fischgrat); Abb. siehe unter → Fischgrat.

Fadenfolge (2-S/2-Z in Kette u. Schuß) bei Kreppon, Chiffon und Georgette. Selbst in der Zeichnung kommt die krause Oberflächenwirkung deutlich zum Ausdruck.

Chiffon, feines Gewebe für → Flou-Kleider, Schals und Tücher, durchsichtig, aus abwechselnd rechts und links gedrehten Naturseiden- oder texturierten Chemiefaser-endlos-Kreppgarnen, mit feinem, unregelmäßigem Oberflächenbild und sandigem Griff; Tuchbindung. Chiffon ist feiner als → Georgette und etwas grober als → Kreppon. - Die Bezeichnung Chiffon ist zeitweise auch für hochfeine Makobatiste für Nachtwäsche verwandt worden.

Chiffonelles, feinfädige Gewebe aus Synthetics, mit einem dem Chiffon ähnlichen durchschimmernden Charakter, oft durch Sparkling-Nylon oder Perlon glänzend, aber ohne die Verarbeitungsschwierigkeiten des klassischen Chiffons. Auch bedruckt und mit Jacquardmusterung.

Chiffonsamt, weicher Kettsamt, häufig mit Querrippung (in Schußrichtung) oder in versetzter Bindung ohne diese Querrippung, immer aber mit einer Spezialausrüstung, die den Flor in Kettrichtung leicht legt. Chiffonsamt hat somit stets „Strich".

Chinagras, siehe unter → Ramie.

Chinakrepp, siehe unter → Crêpe de Chine.

Chinaseiden, Sammelbegriff für alle Naturseidengewebe aus → Wildseiden, wie → Honan, → Shantung, gekennzeichnet durch Garnunregelmäßigkeiten, schwerer als → Japanseiden, aus Fäden vom → Maulbeerspinner (→ Habutai, → Pongé).

Chinchilla, bläulichgraues, seidenweiches, glänzendes, sehr wertvolles Fell einer südamerikanischen Kaninchenart.

Chiné, Kettdruck, recht hochwertige Gewebemusterung, schwer billig nachzuahmen. Bedruckt man nur die Kette, also nicht das fertige Gewebe, so wird das Druckmuster beim Weben durch verschiedene Ketteinbindung leicht verzogen und erscheint ausgefranst. Der Kettdruck wird bei Dekorationsstoffen und bei hochwertigen Kleiderstoffen vornehmlich aus Naturseide angewandt. Chiné wird häufig durch entsprechende Zeichnung im Druckmuster auf Geweben imitiert und neuerdings fälschlicherweise als Name für Maschenwaren mit unregelmäßiger Strickmusterung verwendet.

Chinette, → Halbkrepp aus Naturseide oder Chemiefaserfilamenten, bei dem im Gegensatz zu Crêpe de Chine das scharf gedrehte Kreppgarn nicht im Schuß, sondern in der Kette liegt. - Vgl. → Lavabel, → Amunsen.

Chiné-Tweed, Tweedmusterungen, die in Schußrichtung in sanftem Farbablauf verlaufen und durch die Web- und Bindungstechnik wie ausgefranst wirken, ähnlich Möbelstoffen, aus dochtigen oder Bouclé-Garnen.

Chinon, japanisches → Pfropfpolymer aus Polyacryl, dem Kasein eingelagert ist. (M/F-Type mit fibrillärem Einschuß, → Bikomponentenfaser)

Chintz, früher waschechte, nunmehr im

Regelfall nicht mehr waschechte Appretur von Baumwollgeweben, uni und bedruckt, auf dem beheizten Friktionskalander, mit dem Ziel einer geschlossenen Warendecke und einem wie gewachst wirkenden Hochglanzcharakter. - Waschfester Chintzcharakter entsteht durch Imprägnieren des Gewebes mit nachhärtbarem Kunstharzvorkondensat, meist auf Melamin-Basis vor dem Kalandern. Durch Bedrucken mit verdickten Präparaten ist auch örtliches chintzen möglich. Die spiegelglatte Ausrüstung eignet sich für Kleider-, Vorhang- und Steppdecken- bzw. Flachbettbezugsstoffe, sowie für leichte, aber Wind und Regen abweisende Damen- und Herren- (Staub- und Regen-) Mäntel.

Chlorbadewasserechtheit, Widerstandsfähigkeit von Färbungen und Drucken gegenüber der Einwirkung von aktivem Chlor in Konzentrationen, wie sie zur Desinfektion von Wasser aus der Leitung, aber auch in Hallenbädern Anwendung finden. - Wichtig für Badekleidung, Handtücher. Vgl. DIN 54019.

Chlorretention, Chlorrückhaltevermögen, Chlor-Aufnahmefähigkeit von Textilien insbesondere aus zellulosischen Rohstoffen, die mit Kunstharzen ausgerüstet und einer Chlorwäsche unterzogen worden sind; auch als Folge einer Chlorbleiche. Folge: Abnahme der Reißfestigkeit, späteres Vergilben beim Bügeln.

Chor, Gruppe gleichfarbiger Polkettfäden bei buntgewebten, mehrfarbigen Teppichen; die zur Musterung jeweils nicht benötigten Kettfaden-Farbgruppen (= Chöre) flotten im Innern des Teppichs. Beim Weben wird je Chor ein Faden in jede Rietlücke eingezogen. Bei dreichoriger Musterung liegen demnach in jeder Rietlücke drei Fäden. Chor-Polfäden können auch bunt sein, wodurch sich eine abwechslungsreichere Musterung ergibt.

Chrombeizenfarbstoffe, sehr echte Farbstoffe, die mit Hilfe von Metallsalzen auf der Faser in einen wasserunlöslichen Lack übergeführt werden und sich für Wolle ebensogut eignen wie für die meisten Syn-

thetics, so daß auch Mischgewebe gefärbt werden können. Auch gedeckte Töne sind einfärbbar. Diese Farben leiden auch nicht in der Walke. Nicht alle Farben sind reibecht. Es ist schwierig, vorgeschriebene Farbtöne genau zu treffen.

Chromeflex (auch Chromoflex genannt), amerikanisches metallisches Effektbändchen (Metallfolie), das in Italien in Lizenz hergestellt wird, mit einem transparenten, metallisierten Mylarfilm als Seele und einem beiderseitig umhüllenden Schutzlack, der gleichzeitig die Farbe enthält. Die theoretisch vorhandene chemische Wasch- und Reinigungsbeständigkeit setzt in der Praxis voraus, daß der Lack im Web- und Wirkvorgang nicht beschädigt wurde.

Chromleder, im Gegensatz zu vegetabilisch gegerbten Leder (mit Auskochextrakten aus Rinden, Blättern und Hölzern) mineralisch gegerbtes Leder, kenntlich an der blau-grünen Schnittkante. Chromleder ist weich und dehnbar, jedoch zäh und sehr gut hitzebeständig, leicht zu färben, gut waschbar. - Vgl. das alaungegerbte → Glacéleder, → Gerbeverfahren.

Chromostyldruck, siehe unter → Mosaikdruck.

Cifraline, leichtes → Velourslederimitat.

Cigogne (frz.: Storch), kurzgehaltener, wasserabweisender Strichvelours mit lodenähnlicher Ausrüstung.

Cimbria-Serge, Futter für Damenkleidung in einer sehr weit flottenden Köperbindung.

Ciré, Erzielung einer lackartig harten Glanzschicht auf Seidenstoffen durch einseitige heiße Behandlung mit Gummi oder Wachs; auch mustermäßig durch Bedrucken möglich. Lackdrucke, vor allem auf Geweben aus endlosen Viskose- und Acetatfäden, werden z. T. generell als Ciré bezeichnet. - Vgl. → Lackdruck, → Chintz, → Pigmentdruck.

Ciselé, körnige, knirschende, gut drapierfähige Seidenkreppgewebe in Uni, einem Mooskrepp nicht unähnlich, durch die

Ausrüstung schrumpfecht, knitterfest und wasserabstoßend.

Cisson, in der Herrenoberbekleidung Bezeichnung für Abnäher, besonders an Brust und Taille.

City-Anzug, City-Mantel, im Zuge der Belebung der Herrenmode im Stil der → Leger-Bekleidung für solche Bekleidungsstücke verwendete Kennzeichnung, die neben dem klassischen Straßenanzug und dem Stadtmantel als geeignet empfunden werden, im täglichen Berufsleben getragen zu werden. Hierzu zählen vor allem gemilderte sportliche Bekleidungsstücke wie z. B. der → Norfolk-Anzug oder → Blazer-Anzug.

Damenmäntel im City-Stil

Claudine-Kragen (sprich: Klodihn), flacher, aufliegender runder Bubikragen.

Clean Look, Sammelbegriff für eine nüchterne, klare Mode mit zwar neuen, aber nicht aufdringlichen Details.

Clear Mylar, siehe unter → Mylar.

Clevyl, französische Polyvinylchloridfaser mit erhöhter Hitzebeständigkeit und guter Anfärbbarkeit durch Dispersionsfarbstoffe (kochend) ohne Zusatz eines Carriers. Bedrucken mit Dispersionsfarbstoffen ist möglich; die Farbstoffe müssen durch Dämpfe fixiert werden.

Clip-dyeing, → partienweise Garnfärbung durch Eintauchen von stellenweise abgebundenen Garnsträngen in das Färbebad. - Vgl. → Dip-dyeing, → Space-dyeing.

Cloqué, „Blasenkrepp" aus zwei webtechnisch miteinander verbundenen Gewebelagen. In der Ausrüstung kreppt das georgetteartige Untergewebe und zieht sich zusammen, so daß das meist taftartige Obergewebe reliefartige, hohle Blasen bildet, die praktisch nicht mehr zu beseitigen sind. Man soll Cloque nicht bügeln, und es ist auch nicht notwendig - wenn, dann nur von links und ein Frottiertuch als Unterlage benutzen. Ähnliche Effekte werden neuerdings auch durch Schrumpfen der Untergewebe aus Synthetics erzielt. Vgl. → Schrumpfeffekte, → Seersucker, → Kräuselkrepp, → Craquelé, → Astrachin.

Cloth, Baumwoll-Futtersatin, mercerisiert und rechtsseitig glanzappretiert, mit scharfgedrehten Kett- und weichgedrehten Schußfäden. Auch für Steppdeckenbezüge verwendet. Auch: wenig gebräuchliche Bezeichnung für atlasbindige Futterstoffe mit Baumwollkette und Wollkammgarnschuß.

Clubfarben, klare, leuchtende, wechselweise miteinander kombinierbare Farben und die Zwei- und Dreifarb-Kombinationen, die früher den Clubs vorbehalten waren, heute aber Eingang in die Mode gefunden haben.

Club-Stil, Bekleidungsstil mit strenger

Note, Kombination von →Blazer, blazerartigen Mänteln zu Hosen oder karierten Röcken.

Blazerkombinationen im Clubstil

Coat, sportliche, kurze Mantelform für Damen und Herren.

Coating, tuchartiger, mittelschwerer Kammgarnanzug in Köperbindung.

Cocktailanzug, früher: jugendlich wirkender kleiner Gesellschaftsanzug, fast völlig verdrängt durch den → Partyanzug.

Cocktailkleid, erst nach dem Zweiten Weltkrieg entstande Kleiderform, die gesellschaftlich zwischen dem eleganten Nachmittagskleid und dem kleinen Abendkleid einzuordnen ist. Seine wichtigsten Kennzeichen: höchstens wadenlang, aus festlichem Material, kleines Dekolleté; beschwingter und nicht so streng wie ein Dinnerkleid.

Codur, → Umspinnungszwirn (→ Corespun-zwirn) mit Polyesterkern und einem Überzug aus Baumwollfäden, speziell zum Nähen von → Permanent Press-Stoffen. Der Faden kann ohne Veränderung der Maschineneinstellung wie ein Baumwollfaden verarbeitet werden; der Baumwollüberzug schützt den Faden vor Überhitzung und zu starker Dehnung. Vgl. → Polyfil.

Coin-Verfahren, → Bonding; verbesserte Kaschierung unter Vermeidung des → Sperrholzeffektes zur Erzielung weichfließender Gewebe. Die Klebeschicht („Micro-Meld") hängt nicht mehr zusammen, sondern wird punktartig oder mit Hilfe einer Rillenwalze in feinster Streifenform aufgetragen. Das bis zum Endprodukt qualitätsüberwachte Verfahren ergibt Bondings mit textilem Griff, guter Elastizität und Luftdurchlässigkeit. - Coin-Therm ist die Bezeichnung für die Kaschierung eines Nadelfilzes mit dem Oberstoff als wärmendes Futter. - Vgl. → Kaschieren, → Minting-Verfahren.

Beispiele für moderne Cocktailkleider

Colbond, → bikomponentes Vlies mit Polyamid als Mantel und Polyester als Kern; Trägermaterial für → Tufting-Teppiche (Enka Glanzstoff). - Vgl. → Cambrelle, → Bidim, → Lutradur, → Typar.

Collant, körperenges Trikotshirt, auch mit Rollkragen, zur Kombination mit Trägerröcken (Courrèges). Im französischen Sprachraum: Damenfeinstrumpfhose.

College-Bluse, → Hemdbluse mit kleinem, rundem Kragen.

College-Bluse

College-Shirt, lockeres amerikanisches → T-Shirt mit langen Ärmeln, überschnittener Schulter, lose liegendem Rundausschnitt.

College-Stil, streng geschnittene Schulkleider, wie sie in den angelsächsischen Colleges getragen werden.

College-Kleid

Colvera Modal, Polynosische Faser von Glanzstoff, auch als flammfeste Spezialtype.

Combed, englische Bezeichnung für Garne aus gekämmter Baumwolle.

Combicolored, gemeinsame Verarbeitung eines gemusterten Stoffes mit einem farblich passenden, aber hart abstechenden Uni. Gegensatz: → Composé.

Combinable, → Partnerstoffe, Kombinationsmöglichkeit zweier Stoffe gleichen Grundcharakters und gleichen Aussehens, aber von verschiedenem Gewicht. Aus dem einen Stoff wird beispielsweise das Kleid, aus dem anderen der Mantel gearbeitet. - Gegensatz: → Mustermix.

Combiné, → Partnerstoffe, Kombinationsmöglichkeit zweier verschiedener, aber nach Materialauffassung, Farbe und Modestil in sich gleichartiger Stoffe: → Twin-Prints, → Sister-Prints. - Gegensatz: → Composé.

Beispiele für Combidress: Rock/Blusenkombinationen mit Westen in sportlichem Stil und in harmonisch abgestimmter Farbkombination

Combidress, Kombinationsmode bei Kleidern mit farblich genau abgestimmten Blusen, Oberblusen und Pullovern. - Vgl. → Overdress.

Combi-Wollsiegel, Güezeichen für Mischgewebe und Maschenwaren aus Wolle mit anderen Textilfasern, wobei der Wollanteil stets über 50 % liegen muß und die Verarbeitung von Reißwolle ausgeschlossen ist. Bei Unterbekleidung darf der Schurwollanteil 80 %, bei Socken, Strümpfen, Möbelstoffen und Decken 70 % und bei Jerseystoffen, Kammgarngeweben sowie bei Kinderbekleidung, Hemden, Blusen und Nachtbekleidung 60 % nicht unterschreiten. Teilweise werden die Mischungen auch werblich gefördert. - Vgl. → Wollsiegel.

Comfort-Teppichsiegel

Combe-Wollsiegel

Comebackschaf, Rückkreuzung von → Crossbred-Schafen mit gröberer und schlichter Wolle zu Schafen mit feineren, stärker gekräuselten merino-artigen Wollen; der „kurze Zuchtweg" ergibt Wollen mit B-Feinheit, der lange Zuchtweg unter Einbeziehung von Lincoln-, Merino- und Crossbred-Schafen C1-Feinheiten.

Comfort-Teppich, Gütesiegel der Europäischen Teppichgemeinschaft für Teppiche mit vorgeschriebenem Polgewicht und Noppenzahl, die den Prüfnormen des Deutschen Teppichprüfinstituts entsprechen. Mit Hilfe ausgeklügelter Formeln wurden nach mathematischen Regeln Zahlenwerte geschaffen, die eine Kennzahl, den „Comfort-Faktor", ergeben und somit die den „Teppich-Komfort" ausmachenden Eigenschaften meßbar machen

Commander-Parka, oft winterlich ausgestatteter, in den graugrünen und Oliv-Farben gehaltener wetterfester Kurzmantel im Stil der Wehrmachts-Dienstkleidung. - Vgl. →Military-Look, →Field-Jacket, →Fighting-Suit.

Compak, Verpackungsgewebe und in Rascheltechnik hergestellte Säcke aus mo-

*Complet
mit Compo*

noaxial gereckten Polyolefin-Bändchen (→ Polital). - Vgl. → Polituft.

Complet, Zusammenstellung von Rock oder Kleid mit einem Mantel oder einer hüftlangen Jacke zu einem geschlossen und einheitlich wirkenden, aber auch einzeln zu tragenden Oberbekleidungsstück, wobei Material und Farbe zwar gut harmonieren müssen, aber nicht gleich zu sein brauchen. Auf die Abstimmung des Modellcharakters beider Teile ist besonders zu achten. - Vgl. → Ensemble, → Trois pièce.

Complet-Mantel, meist nur ⁷⁄₈ langer, zu Kostüm oder Rock passender, stets offen zu tragender Mantel.

Composé, 1. Bei Stoffen: zusammengehörige Stoffe, deren Musterung auf dem gleichen Grundgedanken und auf der gleichen Farbkombination aufbaut und daher zusammen verarbeitet werden können; Beispiel: Fil à Fil und Glencheck auf Fil à Fil. - Gegensatz: → Combiné, → Combicolored. - Vgl. → Partnerstoffe.
2. In der DOB: Ensembles oder Complets aus verschiedenen, farblich genau aufeinander abgestimmten Stoffen, wobei sich der eine Stoff auf dem anderen Kleidungsstück zur Betonung der Zusammengehörigkeit als Ausschmücker wiederfinden kann.

Composé-Kostüm *Composé-Kleid*

Compound, Gesamtheit der (bodenseitigen) Rückenkonstruktion von → Tufting-

Teppichen, bestehend aus Untergewebe, Verstärkung und Beschichtung.

Computergradierung, Vergrößerung und Verkleinerung der für ein Modell in einer Basisgröße erarbeiteten Grundschablone mit Computerhilfe. Die vom Computer hergestellten Schablonen sind exakt; der Computer kann Tag und Nacht arbeiten, der Modellmacher wird von zeitraubender Routinearbeit entlastet. Nur die feuersichere Aufbewahrung der Lochkarten (nicht der Reserveschablonen) ist nötig. - Vgl. → Pegase, → Gradieren. - Auch im Lohn durchführbar.

Computa-Knit, Übertragung eines handgezeichneten Musterentwurfs auf die Maschenbildungswerkzeuge durch Computersteuerung. Das Muster wird von einem lupenartigen Gerät optisch abgetastet und erscheint gleichzeitig auf dem Monitor; die für die Übertragung auf den Stoff notwendigen Werte werden durch den Computer abgefragt und auf einem Magnetband gespeichert, das die Musterstrickmaschine elektronisch steuert. Der Vorgang dauert nur Minuten; während des Strickens kann das Design korrigiert und die Farbgebung variiert werden.

Computermuster, Computer-design, graphische Strichmotive in einer symmetrisch wirkenden Anordnung oder entsprechende Kleinmuster, die mit Hilfe von Computern entwickelt werden.- Vgl. → Cymatic.

Comtal, Spezialgewebe aus 75 % Tergal und 25 % Baumwolle für Regenmäntel, das von einer Gruppe französischer Baumwollweber hergestellt wird.

Cone, Art der → Aufmachung von Garnen und Zwirnen; die trapezförmige Spule als Garnträger gestattet es, den Faden „über Kopf" abzuziehen. - Gegensatz: → Bobine.

Conforty-Polyester, → Pfropfpolymer auf Basis Polyester (Milliken) mit höherer Feuchtigkeitsaufnahme, besserer Farbstoffaufnahme, höherer Unempfindlichkeit gegen Anschmutzen und verbesserter Antistatic. Amerikanische Markenbezeichnung: „Visa".

Conger-Aal, bis zu 50 kg schwerer und über 3 m langer Aal, der in der Tiefe des Atlantischen Ozeans lebt. Seine Haut wird zu einem weichen, eleganten und sehr haltbaren Leder für luxuriöse Lederwaren zugerichtet. - Vgl. → Fischleder, → Reptilleder, → Glattleder.

Consecutiv-Verfahren, Verfahren der Strecktexturierung, andere Bezeichnung für → Sequentialverfahren.

Conter-Antistatikum, antistatisches Ausrüstungsmittel, das von der Hausfrau nachträglich aufgebracht werden kann. - Vgl. → Duron-Antischock, → Antistatische Ausrüstung.

Continue-Spinnverfahren, rationelles Verfahren bei der Herstellung von Chemiefasern (vor allem zellulosischer), wobei das Spinnen, Nachbehandeln, das Trocknen und gegebenenfalls auch das Zwirnen in einem ununterbrochenen Arbeitsgang erfolgt. Den Transport übernehmen Gummibänder oder Rinnen mit strömender Flüssigkeit.

Converter, Maschine zur Herstellung von Chemiespinnfaser direkt aus dem Spinnkabel unter Umgehung des Zustandes flockenförmiger Wirrfasern wie bei den natürlichen Rohstoffen durch Reißen oder Schneiden; man erhält ein Spinnband mit spinnfähigem Stapeldiagramm unter Erhaltung der Parallel-Lage der Fasern wie im Spinnkabel und der inneren Fasereigenschaften. Das Ordnen und Vorspinnen wird erspart.

Coordinates, Coordonnés, 1. In der Damenmode: englische bzw. französische Bezeichnung der → Partnerstoffe (ital.: Coordinati). Im Charakter gleiche Stoffe, die aber nicht genau gleich sind. Thema-Variationen können sein: Groß/Klein, drei-

farbig/zweifarbig, Jacquard zu Druck, Web zu Strick, wollig zu seidig, gerippt zu glatt usw., stets aber so ähnlich gemustert, daß die gemeinsame Verarbeitung zu einer geschmacklichen Einheit führt. Manchmal wird der Begriff für fertige Bekleidungsstücke synonym wie → Complet verwendet. - Vgl. → Partnerstoffe, → Combiné, → Twin-Prints, → Sister-Prints, → Coordonnés désaccordés; Gegensatz: → Composés, → Combicolored, → Combinable.
2. In der Herrenbekleidung: Kombination aus Sakko/Weste/Hose, wobei mindestens eines der drei Teile aus passendem, aber nicht gleichem Stoff gearbeitet ist, z. B. kontrastfarbige Weste, Kombination von → Check und → Glencheck, aber auch Cordhose zu Wollstoffen.

Coordonnés désaccordés, Stoffe in Mustern und Farben, die zusammen getragen werden sollen, aber auf den ersten Blick nicht zusammengehörig erscheinen. - Auch → Désordonnés genannt.

Copolymerisatfasern, → Multipolymerisatfasern, deren Kettenmoleküle aus verschiedenen → Monomeren in statistischer Verteilung aufgebaut sind.

Cora, Zwirn aus Orlon und Ramie, auch mit Spinnflammen, für Strickwaren.

Cord, Sammelbezeichnung für Gewebe mit erhabenen Längsrippen, die alle sehr haltbar, elastisch und gegen Verschmutzung sehr unempfindlich sind. Die Längswölbungen können samtartig aufgeschnitten (Cordsamt) oder unaufgeschnitten (Reitcord) sein. - Vgl. → Cotton-Cord, → Fancy-Cord, ↪ Garantie-Cord, → Babycord.

Cordela, → Pfropfpolymerisat aus (hydrophobem) → Polychlorid und (hydrophilem) → Vinylal. - Vgl. → Chinon, → Graflon.

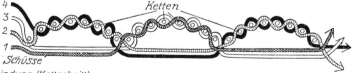

Cordbindung (Kettschnitt)

Cordonnet, Zwirn aus meist drei zweifädigen Vorzwirnen, wobei der Vorzwirn der Garndrehung entgegengesetzt, der Endzwirn dem Vorzwirn entgegengesetzt gedreht wird, so daß der Endzwirn sehr hart herauskommt.

Cordsamt, Sammelbegriff für alle → Schußsamte mit Rippe (→ Rippensamte): → Millrayé oder → Babycord (→ Mikrocord): mehr als 50 Rippen/10 cm Warenbreite; → Feincord: 44-50 Rippen; → Genuacord oder → Manchester: 24-43 Rippen; → Kabelcord oder → Trenkercord. (→ Breitcord): bis 23 Rippen; → Fancycord oder → Phantasiecord: mit Wechselrippe. - Vgl. → Cottoncord.

Core-spun, Spinnverfahren für (unelastische) → Kombinationsgarne oder (elastische) → Umspinnungszwirne. Ein „Kern" aus unausgeschrumpften, thermisch verformbaren Chemieendlosgarnen oder aus → Elastomeren („Seele", „Stehfaden") wird in gestrecktem Zustand mit Naturfasergarnen, aber auch mit Garnen aus Polyamid, Polyester und Polyacryl so umsponnen, daß sich die verschiedensten Effekte und Verwendungsmöglichkeiten ergeben. Man kann auf diese Weise die Elastizität der Elatomere mit den Eigenschaften der den Mantel bildenden Fasern kombinieren, die Scheuerfestigkeit erhöhen, unelastische Polyesterkerne vor Nadelhitze und zu hoher Dehnung schützen, oder bei Kombination zweier unelastischer Chemiefäden beide Materialeffekte zur Wirkung kommen lassen. Die hygienischen Eigenschaften werden durch Umspinnung mit Wolle oder Baumwolle verbessert (→ „Kernelastisch"). Das Färben von Core-spun-Garnen ist außerordentlich schwierig; Stückfärbungen werden bevorzugt. - Gegensatz: → Umwindungsgarne (→ Aerolen, → Ceolon), → Rotofilgarne (→ Nandel). - Vgl. → Champalex, → Lascor, → Chorlastic, → Hecospan, → Spanbil, → Polyfil, → Codur, → Stellanyl, → Lismeran, → Cotton-in, → Covered yarn, → Helanca-Blend.

Core-Taslan, chenilleartiges Effektgarn, durch gleichzeitiges Zuführen von zwei Fäden mit unterschiedlicher Geschwindigkeit im → Düsenblasverfahren hergestellt.

Corkscrew, Wollstoff in abgeleiteter, flachverlaufender Schrägripsbindung mit Drapé-Charakter. Synthetic/Schurwollmischungen ergeben besonders knotenfreie, saubere Bindungsbilder. - Die Bezeichnung Corkscrew wird neuerdings auch für korkenzieherartige, mit wechselnder Garnstärke gesponne Effektgarne verwendet.

Corkscrew-Bindung

Corlastic, Core-spun-Garn mit Lycra für die Strumpfindustrie; uni, meliert und roh für Stückfärbung. Der Umspinnungsfaden kann Einfachgarn aus Baumwolle oder veredelter Florzwirn sein. Verarbeitungsmöglichkeiten rein oder mit Makoflor plattiert.

Cornat, glänzend graues, veredeltes → Waschbärenfell. Vgl. → Silbercornat.

Corriedale, südamerikanische, durch Kreuzen gezüchtete, dem → Crossbred-Schaf ähnliche Schafrasse. - Vgl. → La Plata-Wolle, → Montevideo-Wolle, → Punta-Wolle.

Corsage, miederwarenähnliche, stützende und formende Ausarbeitung von Oberteilen vor allem festlicher Kleider.

Corselett, siehe unter → Korselett.

Cotelé, französische Bezeichnung für Cord, wird aber in der Fachsprache nicht für Baumwoll- oder Wollcorde verwendet, sondern für feinfädige Damenkleider- und Blusenstoffe mit feinen, meistens nur kordelartig, angedeuteten Längsrippen, oft in Hohlstofftechnik gewebt. - Vgl. → Doppelgewebe, → Rayé, → Bedford-Cord.

Cotgal, pillingfreies Mischgarn aus 67%

Kleider mit Corsage

Cottonmaschine, nach seinem Erfinder Cotton benannte → Flachkulierwirkmaschine zur Herstellung von paßformgerechten (→ „fully-fashioned") Strümpfen und Strickwaren; seit 1963 sind auch doppelflächige Maschenwaren auf der Cottonmaschine herstellbar. Das Mindern und Erweitern (→ Eindecken und → Ausschlagen) an allen Arbeitsstellen ist voll mechanisiert.

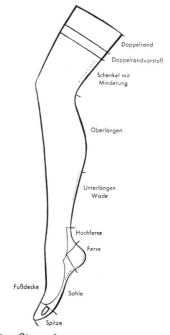

Cotton-Strumpf

Tergal Non-Pilling und 33 % Modalfaser für Strickwaren mit baumwollartigem Griff und Aussehen.

Cotton-Cord, Bezeichnung, die nur für baumwollene Qualitätscorde angewandt werden darf, die nach den Richtlinien der Gütezeichengemeinschaft Cord hergestellt sind. - Vgl. → Garantie-Cord.

Cotton-in, Schutzmarke für qualitätsüberwachte Unterwäsche aus einem → Corespun-Garn mit einem Kern aus spezialtexturiertem Polyamid (15%) und einem Baumwoll-Umspinnungszwirn (85%) (Rhône-Poulenc). Hervorragende Elastizität bei guten Haltbarkeits- und Formbeständigkeits-Eigenschaften; auch nach der Wäsche weich.

Cottonisieren, Zerlegen der Bastbündel von Flachs oder Hanf mit Hilfe von Laugen oder Säuren in baumwollähnliche Einzelfasern; auch kürzere Abfallfasern können damit brauchbarer Verwendung zugeführt werden. Ergebnis: Flockenbast. Wichtigstes Erzeugnis daraus: Gminder Halblinnen. - Wegen der schwer zu beherrschenden Verhinderung der Umweltverschmutzung wird das Verfahren in der BRD nicht mehr angewandt. - Vgl. → Flockenbast, → Gminder Halblinnen.

Cottonova, Marke für eine → kunstharzfreie Pflegeleicht-Ausrüstung von Baumwollgeweben, die die Struktur der Faser verändert und deshalb auch durch viele Wäschen in ihrem Wirkungsgrad nicht beeinflußt wird. Kochbeständig, ruft keine Allergien hervor und beeinträchtigt nicht die hygienischen Eigenschaften der Baumwollgewebe. Reiß- und Scheuerfestigkeit werden nur wenig reduziert. Die Qualität der Erzeugnisse wird bis zur Konfektion streng überwacht.

Cottonskin, Marke für kunstlederartige Stoffe mit → PUR-Beschichtung, genarbt und lackglänzend. - Vgl. → Fun-Skin.

Cotton-Strumpf, Strümpfe, die formgerecht von der Fußspitze bis zum oberen Rand, aber flach (nicht rund) gewirkt werden und nachträglich zusammengenäht werden müssen. Der Name kommt von dem nach dem Erfinder W. Cotton benannten Flachwirkstuhl, der zur Herstellung dieser abgepaßten Strümpfe verwendet wird. Der Gegensatz zum Cottonstrumpf ist der nahtlose Strumpf. Der Ausdruck hat also nichts mit „Cotton" = Baumwolle zu tun.

Cotton-Ware, paßformgerecht hergestellte, also nicht geschnittene und genähte Maschenware. - Gebräuchlicher: → Fullyfashioned.

Courbond, Schutzmarke für → Multitextilien auf Basis von → Dicel-Ketten-Gewirken, die nach bestimmten Verfahrensvorschriften (Courtaulds) hergestellt und bis zum Endprodukt überwacht werden. Sowohl die → Sandwichkaschierung als auch das → Coinverfahren können zur Herstellung der wasch- und chemischreinigungsbeständigen Erzeugnisse angewandt werden. → Bonding.

Couché, gesammelte und wieder aufbereitete Altfedern, ein billiges Füllmaterial für Deckbetten und Kopfkissen.

Counterstat, durch Einbau → hydrophiler Gruppen in die Spinnlösung permanent antistatisches Polyamid 6,6 (Nylon) von ICI als Endlosseide mit verbesserten hygienischen Eigenschaften für kettgewirkte Nachtwäsche, Unterwäsche und Miederwaren; texturiert auch für Strickwaren. Timbrelle Counterstat: antistatisches Teppichgarn aus Polyamid endlos und Polyamid Spinnfaser. - Vgl. → Antistatische Fasern.

Country-Look (sprich: Kantri luhk), Stilrichtung der englischen Sportmode, gekennzeichnet durch die Verwendung rustikaler, klassischer Streichgarnstoffe auch mit Stichel- und Noppeneffekten, Tweeds, Schottenkaros für Damen- und Herrenmäntel, Röcke und Complets oft mit den Gebrauchsvorzügen imprägnierten Lodens.

Courlene, Markenbezeichnung von Courtaulds für Fasern aus Polyäthylen und Polypropylen für Markisen-, Polsterstoffe und Decken; als Spezialtype auch als Schrumpfmaterial in Kleiderstoffen.

Couquet-Verfahren, Herstellungsverfahren für gepreßte Teppiche im Gegensatz zum → Tuftingverfahren: zwei mit Kleber beschichtete Grundgewebe werden in einen Kanal eingeführt und das Polmaterial zickzackförmig durch zwei sich abwechselnde Stößel in die beidseitigen Klebeschichten eingepreßt. Nach Trocknung des Klebers in einem Heizkanal wird das die beiden Grundwaren verbindende Polmaterial wie bei → Doppelsamt aufgeschnitten. Im Gegensatz zum → Bartuft-

1 Stößel
2 Messer
3 Unterlage
4 Kleber
5 Florgarn

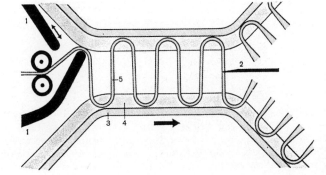

Conquet-Verfahren

Verfahren, das Teppiche mit unaufge-schnittenen Schlingen ergibt, entsteht stets eine → Veloursware.

Courtelle, Spinnfaser und Kabel aus Poly-acryl von Courtaulds. - Courtelle Neospun: faserfarbiges, d. h. nach einem Spezialver-fahren während des Spinnprozesses ge-färbtes Acryl.

Coutil, Kettköperbindung 3/1.

Couture, „hohe Schneiderkunst", Gruppe französischer Modeschöpfer, deren Stil von Saison zu Saison die Damenmode der ganzen Welt inspiriert; mit dem Wegfall der Privatkundschaft und dem verstärkten Einfluß der ihr nachgeordneten Stufe des → Prêt à Porter insbesondere auf die selb-ständiggewordene junge Mode hat die Couture als Ganzes stark an Bedeutung verloren, wenngleich besonders einfalls-reiche Couturiers immer wieder modische Anstöße aufgrund der hervorragenden Pu-blizität ihrer Schauen ins Gespräch brin-gen. In Italien: → Alta Moda (Florenz).

Couvert-Decke, Steppdeckenbezug, der auf der Oberfläche rautenförmig oder oval ausgeschnitten und häufig mit Barmer Bo-gen oder Spitzen verziert ist; hat mit dem Vordringen der (ungemusterten) → Flach-betten und → Einziehdecken und auf Grund veränderter Verbrauchereinstellung zur modischen → Leichtbettwäsche stark an Bedeutung verloren.

Couverture, bedrucktes Bettzeug auf gro-bem Kretonne. - Modisch abgelöst durch → Leichtbettwäsche. - Vgl. → Pers, → Rauhcouverture.

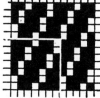

Für Covercoat geeignete Adriabindung (Rapport eingerahmt)

Covercoat, hochwertige und strapazierfä-hige, aus → Moulinézwirnen in einer → Adriabindung mit wenig ausgeprägter Steilköperrippe (Gegensatz zum → Gabar-dine!) hergestellte wetterfeste Wollstoffe. Der Name wurde übernommen für die dar-aus hergestellten imprägnierten sportli-chen Wettermäntel (in klassischer Form: dreiviertellanger Sport- → Paletot).

Covered yarn, → Umspinnungszwirn; Um-hüllung des Kerns mit einem Faserflor. Ge-gensatz: → Core-spun-Garn (Umzwirnung einer Seele mit einem fertigen Garn).

Coxlan, französisches Effektmaterial aus Schurwolle im Charakter von Wolle mit Seide, insbesondere für Strickwaren.

Craquant, „Seidenschrei", knirschender Griff der Naturseiden, die mit schwachen Säuren aviviert worden sind.

Craquelé, Damenkleiderstoff aus Baum-wolle, Viskose- bzw. Acetat-Filament oder Perlon, mit blasig aufgeworfener Oberflä-chenstruktur, die durch Prägeeffekte oder Hohlschußbindung hervorgerufen wird. Vgl. → Cloqué, → Seersucker, → Kräusel-krepp.

Creas, strapazierfähiger, wenn auch nicht reinweiß gebleichter, kräftiger Baumwoll-stoff für Bettücher, gröber als → Kretonne. Wird kaum mehr hergestellt.

Crêpe, Sammelbegriff für alle Gewebe mit knirschendem Griff und körnigem Waren-bild. Der Charakter kann durch Bindung, durch wechselnde Garndrehung und Hochzwirnung oder durch die Ausrüstung erzielt werden. Die verdeutschte Bezeich-nung → Krepp wird in Lehrbüchern und in der Praxis häufig ausschließlich für die „unechten" Crêpes, also die ohne gezwirn-te Garne über die Bindung oder Nachbe-handlung geschaffenen Kreppbilder ange-wendet: - Vgl. → Kreppbindung, → Krepp-garn, → Cheesecloth, → Voile, → Double-Crêpe, → Triple-Crêpe.

Crêpe Bab, schwerer, tuchartiger Woll-krepp aus Wolle und Triacetat, für drapier-te Kleider. Unschwer zuzuschneiden und zu nähern.

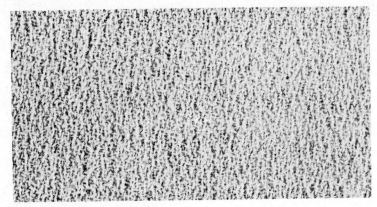

Dichter Georgette (zweifach vergrößert)

Crêpe caid, rippiger, tuchbindiger Kammgarnstoff mit unruhiger Oberfläche, die durch wechselnd S- und Z-gedrehtes Schußmaterial entsteht.

Crêpe de Chine, hauchfeiner, durchsichtiger Kleiderstoff, aus Naturseide: → Organsin-Kette (wenig gedrehtes Material), Grenadine im Schuß (scharfgedrehtes Material), wechselweise 2S-2Z gedreht. Naturseiden-Crêpe de Chine darf nur in geringem Maß erschwert sein, da sonst Wasch- und Lichtechtheit leiden und die Ware leicht bricht. Guter Naturseiden-Cr. läßt sich mit einiger Vorsicht handwarm mit Seifenflocken waschen und in feuchtem Zustand in ein feuchtes Tuch eingeschlagen, von links bügeln. Crêpe de Chine und → Lavabel sind Halb-Crêpes und glatter, also nicht so körnig wie die Voll-Crêpes mit scharf gedrehtem Material in Kette und Schuß. Moderne Cr. sind wie Naturseiden-Cr. aufgebaut, verwenden aber Acetat, Triacetat und Polyester Texturé; manchmal nennt man sie auch „Chinakrepp". - Vgl. → Crêpe mongole, → Amunsen, → Chinette.

Crêpe Georgette, Vollcrêpe mit Kreppzwirn 2S-2Z in Kette und Schuß. Schweres, gerade noch durchsichtiges, häufig aus Acetat und texturierten Chemiefaserfilamenten hergestelltes Gewebe mit körnig-sandigem Griff. - Behandlung wie Crêpe de Chine.

Crêpe granulé, locker aufgebauter körniger Crêpe mit trikotartigem Warenbild in Tuchbindung. Sowohl in Kette als auch im Schuß werden wechselweise Crêpe-Zwirne und wenig gedrehte Garne in wechselnder Drehrichtung nach einem bestimmten Rhythmus verarbeitet.

Crêpe Grenadine, moderner Fantasiename für schwere Seidengewebe mit Stand, voll im Griff, dennoch aber schmiegsam; auch mit Wollkammgarn im Schuß, das Fülligkeit und Weichheit erzielen soll, bleibt der Griff seidig. - Vgl. → Crêpe Turc.

Crêpe marocain, wie Crêpe de Chine aufgebauter schwerer Crêpe, aber mit verringerter Kettdichte, so daß sich stets eine deutliche Schußrippigkeit ergibt. Im Gegensatz zu → Mattkrepp und → Flamisol (mit matter Kette) mit glänzender Kette; → Flamenga hat Glanzkette, ist aber schwerer als Marocain. Im Gegensatz zu Mattkrepp (Punktgaufrage) hat Marocain „Würmchengaufrage" und ist somit deutlicher gekerbt.

Crêpe mongole, andere Bezeichnung für Crêpe de Chine.

Crêpe romain, schwerer Krepp mit hochgezwirnten 2S/2Z-gedrehten Kett- und

Schußgarnen in Panama- oder Tuchbindung.

Crêpe sablé, neuer Ausdruck für → Sandkrepp, feinfädiger Bindungskrepp. Seinen körnig-sandigen Charakter erhält er nicht durch bestimmte Garne, sondern durch die Bindungsart; vielfach bedruckt, aber ebenfalls leicht und weich.

Crêpe-Satin, anderer Ausdruck für → Reversible; → Flamenga mit Satin-Abseite.

Crêpe stabilisé, den echten, durch überdrehte Garne gestalteten Kreppgeweben nachgebildete Qualitäten, deren Zuschnittfestigkeit entweder durch besondere Effektzwirne und Fantasiebindungen, durch Einsatz von Chemiefasern (Triacetat) oder durch die Ausrüstung erzielt wird.

Crêpe Turc, andere Bezeichnung für → Crêpe Grenadine.

Crêpon-Garn, Naturseidengarn und entsprechende Imitationen aus Chemiefasern mit gleichem Aufbau: → Poilegrège (2-8 Grègefäden), aber mit 2000-3800 Drehungen/m in S- oder Z-Richtung: - Vgl. → Kreppgarn, → Voile-Garn, → Grenadine.

Creslan, Spinnfaser und Filament, Modacrylfasern aus 85% Acryl und 15% Vinylacetat.

Cretonne, siehe unter → Kretonne.

Crewel, Kräuselzwirn, aus zwei hart gedrehten Kammgarnzwirnen, die unter geringer Drehung in Gegenrichtung bei verschieden straffer Spannung der beiden Zwirne nochmals verzwirnt werden, mit perligem, wellenförmigen Aussehen. - Der Name ist übergegangen auf Kleiderstoffe aus diesen Effektzwirnen mit perlig-noppigem, an → Bouclé erinnerndem Aussehen.

Crigalle, sogenanntes → Clear Mylar, bis zu vierfacher Länge dehnbare Glanzfolie ohne Metalleinlagerung auf Polyesterbasis, einfaches Mylar-Bändchen, sieht aus wie Cellophan, wie Polyester zu bügeln,

nur als Schußmaterial zu verwenden. - Vgl. → Metallfolie.

Crimplene, → stabilisiertes Falschdrahtgarn aus endlosen Polyesterfasern mit rundem oder → trilobalem Querschnitt. - Vgl. → Trevira 2000, → Diolen loft.

Crimps, Baumwollgewebe mit plissee-artigen Längsstreifen, die durch gleichzeitiges Verweben von wechselweise eingezogenen straff und lose gespannten Kettfäden von zwei Kettbäumen erzielt wird. - Vgl. → Seersucker.

Crin d'Afrique, vegetabilisches Roßhaar, von einer niedrigwachsenden Zwergdattelpalme gewonnen, leicht gekräuselt, für Polsterzwecke.

Crinkle, Stoffe mit Knautschausrüstung zum Zwecke der Vortäuschung von Längs- oder Querknittern. - Vgl. → Crumble, → Froissé.

Crinkled-Krepp, für den Doppelrand bei Feinstrümpfen vorgebogtes und damit besonders elastisches Garn aus endlosen Polyamiden. Normales synthetisches Garn wird zunächst auf kostspieligen Maschinen zu Schläuchen verstrickt. Die Schläuche werden thermofixiert, um die beim Stricken entstandene Schlingenform des Garnes dauerhaft zu erhalten. Dann wird der Schlauch auf Spezialmaschinen wieder aufgezogen. - Vgl. Strick-Fixier-Texturierung, → Trevira-frisée, → Softalon-Bouclé, → Knit-de-knit.

Crinol, glänzendes oder mattes → Kunstroßhaar, monofile Viskosedrähte.

Cristallon-Veredlung, Ausrüstung von Wirkwaren aus synthetischen Faserstoffen zur Verminderung starken Glanzes durch → Gaufrage (Prägung mit einem sehr feinen Riffelmuster).

Crochet, in der Herrenoberbekleidung „Kragenabstich", also die Schnittform, nach der der Oberkragen mit dem Revers zusammengefügt ist.

Crocheteck, Crochetwinkel, der Winkel am Anzugsfasson, der durch Kragenabstich und Reversoberkante (in Verlängerung der Spiegelnaht) gebildet wird.

Crochet-Handschuh, Häkelhandschuh aus Baumwolle oder Chemiefasern. Manchmal ist auch nur die Oberhand gehäkelt. - Crochet-Aufnaht beim Handschuh: → Tambouraufnaht, auf dem Tambourrahmen gestickte, sehr dekorative und wertvollwirkende Verzierung der Oberhand von Lederhandschuhen.

Crochet-Stricktechnik, frz. „Häkeln", Strikkart in Häkeltechnik für Herren- und Damenpullover und Pulloverkleider, vielfach mit Durchbruchmusterungen.

Croisé, gleichseitiger und somit effektloser Köper 2/2 (→ Doppelköper). Der Name ist übergegangen auf Futterstoffe aus Baumwolle in dieser Bindung für Westenrücken und Hosenbund. Einseitig gerauhte Stoffe aus Baumwolle für Nachtwäsche: → Croisé finette.

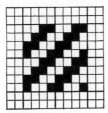

Croisé-Bindung

Croisé finette, einseitig gerauhte Baumwollgewebe in Croisé-Bindung mit dichter Ketteneinstellung und etwas Ketteffekt aus feinfädigen und haltbaren, fest gedrehten Kettgarnen und weichen, gut rauhfähigen Schußgarnen. Meist bedruckt.

Croisé glacé, einseitig stark glänzender, feinfädiger Baumwoll- oder Zellwollköper 2/2, Jacken- und Westentaschenfutter.

Crossbred-Wolle, Crossbred-Schaf, weitaus am meisten verarbeitete Wollsorte, in Feinheit, Stärke, Glanz und Kräuselung zwischen den → Merinowollen und den → Cheviotwollen gelegen. Die Schafe sind eine Kreuzung von Feinwoll- (→ Merino-)

Schafen mit den grobwolligen, sehr geburtenfreudigen → Lincoln-Zuchtschafen; Crossbred-Schafe ergeben kräftige Wollen bei hohem Schurgewicht, in Feinheiten zwischen B und C. Ähnliche südamerikanische Rasse: → Corriedale, → La Plata-Wolle.

Cross dyeing (sprich: Kroß deiing), engl.: Kreuzfärbung; Erzielung von Mehrfarbeffekten bei Geweben und Maschenwaren in der Stückfärbung durch gleichzeitige Verarbeitung von Chemiefasern mit verschiedenartiger → Farbaffinität. Man verarbeitet z. B. zwei Acrylfasertypen, von denen die eine sauer, die andere basisch anfärbt. Im Farbbad sind saure und basische Farbstoffe enthalten, die selektiv auf die beiden Fasertypen aufziehen und so eine Kontrastfärbung ermöglichen. - Vgl. → Differential-Dyeing, → Bikomponentenfasern, → Partienweise Garnfärbung.

Crosslinking, 1. Verfahren der kunstharzfreien Pflegeleichtausrüstung bei Baumwolle, wobei durch eine chemische Verbindung des Ausrüstungsmittels mit der Faser die Struktur der Baumwollfaser selbst durch Schaffung neuer Querverbindungen zwischen den Molekülketten der Faser verändert wird (Cross-link = engl. „Querbrücke"), nicht aber ein Fremdprodukt eingelagert wird. Die Ausrüstung ist kochfest; die Scheuerfestigkeit leidet. - Vgl. → Cottonova, → Bancare, → Supercotton, → Sulfone, → Ravissa, → Melloform, → Quikoton.
2. Verfahren zur Erhöhung der Widerstandsfähigkeit der Wolle gegen biologische Schädigung und Herabsetzung der Neigung zum Schrumpfen und Verfilzen durch Schaffung neuer Querverbindungen zwischen den Molekulketten der Wolle. - Vgl. → Antifilzausrüstung.

Crosta, → Veloursleder mit aufkaschiertem Plüsch in der Optik von gewachsenem → Pelzvelours.

Crotched-Tweed, glatte → Tweeds, ohne Noppen- oder Loopeffekte mit der Wirkung von Maschenstoffen für Kleider und Kostüme.

Croupon, Rückenpartie und somit dickster Teil des Tierfelles. Um das Leder gleich dick zu machen, muß es → blanchiert oder gespalten werden. - Vgl. → Spaltleder.

Crumble, sprich: „Kramble", Knautschausrüstung auf Kleiderstoffen mit unregelmäßigem Bild. - Vgl. → Crinkle, → Froissé.

Crumpskin, hochwertiges → Velourslederimitat mit PUR-Beschichtung auf 100 % Nylon.

Crush-Lack, siehe unter → Knautschlack.

Crylor, Filament, Spinnfaser und Spinnkabel aus Polyacryl von Rhône-Poulenc.

Cuite-Seide, „Glanzseide", sehr weiche, vollständig entbastete, glänzende Seide mit einem Gewichtsverlust von ca. 20 % bei Japan- und Chinaseiden, von fast 30 % bei den europäischen Seiden; dem Gewichtsverlust entspricht ein Festigkeitsverlust von ca. 20 %. - Vgl. → Chevellierte Seide, → Souple-Seide, → Ecru-Seide, → Degummieren.

Cumuloft, antistatische 6,6-Polyamid-Teppich-Spezialtype, texturiertes Endlosmaterial mit trilobalem Querschnitt; voluminös und druckelastisch. - Vgl. → Allyn, → Antistatische Ausrüstung.

Cup, Büstenschale am Büstenhalter und → Korselett.

Cupro, Cuprama, Cupresa, Zellulosefasern und Fäden nach dem Kupferverfahren werden in der BRD nicht mehr hergestellt. - Cupro ist auch die Bezeichnung lt. TKG für regenerierte Zellulosefasern nach dem Kupfer-Ammoniak-Verfahren.

Curlen, Verdrehen von → Hühnerfedern zwischen zwei schnell gegeneinander rotierenden Metallscheiben, wobei die Kiele deformiert werden und brechen können, Kiel und Feder aber zusammenbleiben. Dadurch wird die Füllkraft von Hühnerfedern erhöht und diese zur Verwendung im Bettenbereich geeignet gemacht. - Vgl. → Wonderfill, → Schleißen.

Cut, Abkürzung für Cutaway, wird als „Frack des Tages" vor allem von Diploma-

Cut

ten getragen. Die Schöße des schwarzen Sakkos setzen nicht wie beim Frack seitlich an der Hüfte an, sondern sind vom Schließknopf an bogenförmig nach rückwärts geschnitten. Eine umschlaglose Hose mit Streifenmuster oder in Grau gehört dazu. Ganz korrekt wird der Cut ergänzt durch Frackhemd mit Eckenkragen und Plastron. - Vgl. → Gehrock.

Cuticula, dünne Außenschicht der Haare (Wolle) und auch der Baumwollfaser, auch „Epicuticula", „Epidermis", „Epithelschicht" und auch „Oberhäutchen" genannt. - Die Cuticula ist das charakteristische Kennzeichen in der Mikroskopie zur Unterscheidung der Tierhaare gegenüber allen anderen natürlichen oder Chemiefasern.

Cut-loop-Verfahren, Verfahren zur Herstellung hochwertiger → Tufting-Teppiche mit hohem Polmaterialverbrauch, mit tiefliegenden Schlingen und hochstehendem Velours. - Vgl. → Velv-a-loop, → Needlepoint.

Cymatic-Technik, von dem Schweizer Arzt Dr. Hans Jenny entwickelte Technik der Übertragung von Tonschwingungen in optisch sichtbare Musterungen von praktisch unbegrenzter Vielfalt und Kolorierungsmöglichkeiten, für die KBC geschützt. Die Tonschwingungen werden auf verschiedene Trägermassen durch Schwingkristalle übertragen; die bildhaften Veränderungen durch den Wechsel der Musik werden in Fotoserien festgehalten. Es entstehen flächige Figuren, Linien oder Spiralen, geometrische Figuren sowie asymmetrische Motive der verschiedensten Charakteristik.

2 D, Mischgewebe aus Dralon und Diolen in der Mischung 50/50; wegen der guten Wascheigenschaften werden die Stoffe als Wash,n-wear-Artikel für Freizeitkleidung propagiert.

Dachkragen, modische Kragenform, wie ein Dach über Schulter und Vorderteil liegend, hinten rund verlaufend.

Dacron, amerikanische Polyesterfaser; endlos, Spinnfaser und Spinnkabel sowie → Fiberfil (aus Äthylenglykol wie → Trevira, → Diolen) von DuPont, Sondertypen

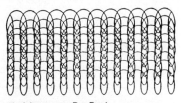

Verfahren von Du Pont
„angeborene Spiralkräuselung"

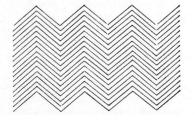

Herkömmliche mechanische Kräuselung
Kräuselung von Polyester-fiberfill

können auch → Multipolymerisate mit kleinen Mengen einer zweiten Dicarbonsäure (Isophthalsäure) zur Verbesserung der Anfärbbarkeit, verminderter Pillneigung und Erzielung eines variierbaren Schrumpfvermögens sein. - Dacron-fiberfill als Füllmaterial für Bettwaren und wärmender Winterkleidung (Anorak) verbindet geringes Gewicht mit hohem Volumen; die große Füllkraft kommt von der dreidimensionalen Spiralkräuselung. - Dacron 2-4-2: Filament mit achteckigem Querschnitt für → Demitexturés; hohes Volumen bei geringem Gewicht, kein Speckglanz, gut dunkel zu färben; auch → copolymer (basisch und dispers anfärbbar) als Dacron 801. - Vgl. → Filamentgarne mit Faseroptik.

Damassé, jacquardgemusterter Seidenstoff für Steppdeckenbezüge, festliche Kleider und als Futter.

Damast, Stoffe jeder Art, besonders aber aus Baumwolle und Mischungen mit Chemiefasern für Bettbezüge und Tischwäsche, mit großflächiger, bildhafter Jacquardmusterung, die durch figurenmäßigen Wechsel von Kett- und Schußatlas entsteht. Gebleicht und, mercerisiert und bunt gewebt. - Vgl. → Effekt, → Stangenleinen, → Streifsatin, → Leichtbettwäsche, → Brokat, → Jacquardbindung, → Bettwäsche, → Bettbezug.

Damier, sogenanntes, „falsches Uni": kleine Vierecke, kleiner Hahnentritt und ähnlich gemusterte Stoffe, die aber durch ihr Kolorit fast wie Unis herauskommen. Auch kleine → Schaftmuster, durch → Effektwechsel gebildet, in uni (z. B. Schachbrettmuster mit Matt/Glanz-Wirkung).

Dämpfechtheit, Widerstandsfähigkeit von Färbungen und Drucken gegen die Einwirkung von Dampf mit oder ohne Druck. Wichtig für die Maßnahmen in der Ausrüstung und Appretur sowie in der Endbügelei der Konfektion.

Dämpfen, Behandlung einer Ware mit Dampf ohne Druckeinwirkung, meist zum Zweck des Nadelfertigmachens bei Wollstoffen und bei Maschenwaren aus Wolle angewandt. Der Dampf dient zum einen zur Erwärmung der Ware, zum anderen feuchtet er die Wolle an und bringt sie zum Quellen.

Dänischleder, auch → Suèdeleder, ähnlich → Chairleder, weiches, mattes Leder vor allem für Handschuhe; nach der Gerbung wird die Fleischseite des Leders abgeschliffen, gefärbt und nach außen verwendet.

Dandy-Look, Moderichtung, nach der Damenkostüme oder Hosenanzüge durch Westen, breite Krawatten oder Künstlerschleifen verziert werden; z. T. aus Samt und mit → Jabots oder Rüschenblusen kombiniert.

Daune, das zarteste kielfreie Gefieder, das einen Daunenkern aufweist. Für Daunendecken und Deckbettfüllungen sind Entendaunen genau so gut geeignet wie Gänsedaunen; die Farbe spielt qualitativ nicht die geringste Rolle. Weiße Daunen sind teurer als graue oder mischfarbige Daunen, weil der Käufer der begehrteren weißen Daunen die Kosten des Sortierens bezahlen muß. Daunen in Kopfkissen zu füllen ist nicht empfehlenswert. - Vgl. → Eiderdaune.

Daunenbatist, auch „Daunencambric" genannt, dient ebenso wie der schwerere **Daunenköper** als Einfüllstoff für Daunen. Bei einer Breite von 160 cm muß für Daunenbatist und Daunenköper feinstes Garn und hochwertigste Baumwolle verwendet werden. Nicht wachsen! Im Gegensatz zum wesentlich schwereren → Inlett nicht in Köperbindung, sondern in Tuchbindung gewebt. - Vgl. → Einschütte.

Daunenperkal, bedruckter Daunenbatist zum Überziehen von Daunendecken, erspart eine eigene → Einschütte.

DD-Garn, vgl. 2D-Garn.

Débardeur, Pullover ohne Arm, meist über einem Pulli oder einer Bluse getragen, oft kastenförmig geschnitten, manchmal seitlich offen. - **Débardeur-gilet**: Weste ohne Arm.

Debordieren (frz. déborder = ausweiten),

Kleider mit Débardeur-gilet

Fachausdruck der Handschuhfertigung; Ausarbeitung und Ausrecken der Lederkante beim Zuschnitt mit einem schneidelosen Messer, der sogen. Piquette.

Decitex, Begriff der Garnsortierung nach dem → Tex-System; 1/10 tex. Das Dezimalteil von „tex" wird bei Chemie-Endlosgarnen und -Spinnfasern angewandt und bezeichnet das Gewicht in Gramm von 10000 m Faser; es entspricht somit der früheren → „Grex"-Titrierung. - Abkürzung: dtex.

Deckbett, wärmende Zudecke, bestehend aus einer Hülle aus feder- oder daunendichtem Material (→ Inlett, → Einschütte, auch → Daunenperkal) und einer Füllung aus Gänse- oder Entenfedern (mit Kiel) oder (kiellosen) → Daunen, neuerdings auch kochfest ausgerüstet (→ Briwasan). - Vgl. → Oberbett, → Steppdecke, → Flachbett, → Bettbezug, → Bettwäsche, → Einziehdecke, → Rheuma-Steppdecke, → Rheuma-Einziehdecke, → Schlafdecke, → Wolldecke.

Deckelputz, minderwertiger Spinnereiabfall vom Deckel der Karde, mit geringem Anteil von Langfasern; stark mit → Nissen oder Schalenresten durchsetzt.

Deckfähigkeit, Eigenschaft von Garnen, in einer bestimmten Einstellung im Gewebe oder Gewirk die Oberfläche ganz zu bedecken, die Waren undurchsichtig zu machen.

Decoupé, Gewebe mit Schaft- oder Jacquardmusterung in → Lancé-Technik, wobei die mustermäßig einbindenden Fäden zunächst auf der Warenrückseite flotten und anschließend abgeschnitten werden. - Vgl. → Broché, → Lancé, → Scherli, → Satin decoupé, → Velours sabre.

Dederon, Polyamid 6 und 6,6 aus der DDR, letzteres auch als Glitzertype „-brillant" und „-flirret".

Deferred-curing, → Permanent Press-Verfahren mit verzögerter Kondensation, auch → Delayed-curing genannt. - Vgl. → Postcuring.

Dégradé, Gegensatz zu → Ombré, Farbgebung schattierender Musterungen, bei der das Kolorit von ganz Hell bis Dunkel abgestuft, abbricht und dann wieder hell einsetzt; vgl. → Chamieux, → Ton in Ton.

Degradé

Degummiern, Entbasten der rauhen, glanzlosen Rohseide; das Entfernen der im Bast enthaltenen Farbstoffe hat gleichzeitig die Wirkung einer Bleiche. Führt zu Gewichtsverlusten von rund 25 %, die durch Erschweren ausgeglichen werden. Degummieren bei Ramie: Zerlegen des Bastes in einzelne Spinnfasern.

Dehnung, Bruchdehnung, Substanzeigenschaft von Textilrohstoffen, feststellbar durch Zugversuche mit gleichzeitiger Messung der → Zug- und Bruchfestigkeit in nassem und in trockenem Zustand. Die „elastische Dehnung" ist vorübergehend; nach Entlastung nimmt die Faser ihre alte Form wieder ein. Bei „bleibender Dehnung" ändert sich die Länge der Faser für immer.

Dekatieren, Ausrüstungsmaßnahme bei Wollstoffen; durch die Einwirkung von Dampf (Feuchtigkeit und Wärme) sowie Druck wird die Wollfaser in fester Lage zum Quellen gebracht, um bestehenden speckigen Glanz zu entfernen und einen seidigen, tropfechten Glanz zu erzeugen; um den vorhandenen Ausrüstungscharak-

Verschiedene Dekolleté- und Ausschnitt-Formen: 1. Viereck-Ausschnitt, 2. U-Dekolleté, 3. Wickelform, 4. und 5. Vamp-Dekolleté, 6. Rücken-Dekolleté

| U-Dekolleté | Kuttenkragen | T-Shirt-Dekolleté | Ovales T | Schnür verschluß |

| Schlitz-Dekolleté | Zippverschluß | Passe mit Krause | Stegkragen | Schluppen u. Schleifen |

Beispiele für modisches Dekolleté

ter (z. B. Rauh-, Bürst-, Scher-Effekte) zu fixieren und Griff und Tragfähigkeit zu verbessern, schließlich um Dimensionsstabilität und Krumpfechtheit des Gewebes zu erhöhen. - Vgl. → Dämpfen, → Flächenfixierung, → Shrinken, → London-Shrunk.

Dekolleté, Ausschnittsform von Strickwaren, Kleidern und Blusen an Hals, Schultern und am Rücken; im Zusammenhang mit dem → Kragen sehr variables Kennzeichen der jeweiligen Moderichtung. - Vgl. → Ausschnitt, → Sarong-Dekolleté, → Schlitz-Dekolleté, → Carmen-Dekolleté, → Nadelöhr-Dekolleté, → Boots-Dekolleté.

Dekoplus, Gütezeichen für pflegeleichte, bedruckte Vorhangstoffe aus allen Textilfasern, ausgenommen Synthetics. Dekoplus-Dekodrucks laufen nicht ein, lassen sich in der Waschmaschine waschen, brauchen nicht gebügelt zu werden und besitzen hohe Farbechtheit.

Dekorationsstoff, im weiteren Sinne alle Stoffe, die der Raumgestaltung dienen, also Vorhänge und Wandbespannungen. Häufig wird aber zwischen den undichten → Gardinenstoffen (→ Stores) und den dichten, bedruckten oder buntgewebten → Vorhangstoffen unterschieden. Eine

| Karrée | Boot | Bauern-D. | trägerlos | Herz |

Beispiele für modisches Dekolleté

Kombination aus beidem sind die → Inbetweens.

Delaminierung, vollständige oder teilweise Lösung kaschierter Stoffe, meist verursacht durch fehlerhaftes Kaschieren. - Vgl. → Bonding, → Foam-back, → Schaumstoffbeschichtung, → Kaschierung.

Délavé, frz. „verwaschen", engl.: „washed out", Kennzeichen von Stoffen der Jeansrichtung, bei denen durch die Technik des Einfärbens oder Bedruckens der Charakter einer nach vielfacher Waschbeanspruchung recht ausgeblutet wirkenden Färbung künstlich erzielt wird.

Delayed-curing, auch → Deferred-curing, → Post-curing-Verfahren für → Permanent Press mit verzögerter Kondensation; erst nach der letzten Behandlung des Kleidungstücks in der Bügelpresse unter hohem Druck und hoher Temperatur erhält das fertig genähte Kleidungsstück seine endgültige und dauerhafte dreidimensionale Formstabilität. Die Zutaten zu den Kleidungsstücken müssen bügelfrei und vollwaschbar sein. - Bei den verschiedenen Verfahren ist ein eigener Härteofen zur Auskondensation erforderlich. - Vgl. → Koratron, → Fixaform, → Post-curing, → Half and Half, → Hot head-Pressen.

Delfion, italienisches Polyamid 6.

Delhi, dünnledriges, kleines → Indisch-Lamm.

Delicron, flammhemmend ausgerüsteter Dekorationsstoff auf Baumwoll-Satin-Basis mit Sanfor-plus-Standard. - Vgl. → Antiflamm-Ausrüstung.

Delpage, → Leder-Imitat für Kleider, Rökke, Sakkos, Blazer und Blousons; Kombination von textilem Gewebe und → Mikro-Faser-Oberfläche (95 % Polyester, 5 % Polyurethan). - Bis 30° C behutsam mit neutralem → Feinwaschmittel waschbar. Ähnlich → ALacantara, aber weicher, geschmeidiger und feiner als dieses, feiner Seidenglanz.

Demi-Texturé, Stoffe mit einem Anteil von etwa 20 % Wollkammgarn und texturierten

Synthetics als Hauptmaterial, deren Aufgabe aber nicht die Erzielung von Elastizität, sondern eines besonders weichen und schmiegsamen Griffes ist. - Vgl. → Texturé, → Diaphan-Helanca.

Denier, Meßeinheit zur Bestimmung des Titers von Natur- und Chemiesieden: Gewicht in Gramm je 9000 Fadenmeter. Seit Einführung des → tex-Systems zwar noch gebraucht, aber von rückläufiger Bedeutung. - Vgl. → Internationaler Seidentiter, → Gewichtssystem, → Titrierung.

Denim, meist blau-weiß gestreifter Baumwollstoff in Tuchbindung, für modische Strand- und Gartenkleidung. Der zu den klassischen Gewebebezeichnungen zählende Ausdruck ist zum Modebegriff in Zusammenhang mit dem Jeansstil moderner Freizeitkleidung wieder aufgelebt. Denim mit weniger als 12 Unzen gilt für Jeans als Sparqualität und wird nur mehr in geringem Umfang hergestellt. Bis 14 Unzen gilt Denim als leicht bis mittelschwer, 14,5 - 15 oz. sind Normalgewichte. - Vgl. → Blue-Denim, → Chambray, → Délavé, → Brush-Denim.

Dentelle, → Ausbrenner auf Basis → Romain-Seide mit atlasbindiger Kette aus Acetat und Viskose für den Romain, der mustermäßig entfernt werden kann.

Depsieren, Ausdruck aus der Handschuhfertigung: Zuschneiden des ausgemessenen Leders, wobei die Fehler im Leder weggeschnitten werden sollen und der Handschuh seine richtigen Maße in Weite und Länge erhält.

Déshabilé, eleganter Morgenrock.

Désordonné, siehe unter → Coordonné desaccordé.

Dessin, gezeichnetes Muster mit seinen Farbflächen, Umrissen und Konturen, den Farbabstufungen und Überläufen. - Vgl. → Kolorit.

Dessin placé, Druckdessinierung, die auf bereits für die Konfektionierung zugeschnittene Stoffteile aufgedruckt wird. - Vgl. → Engineering Print, → Programmierter Druck, → Eingepaßter Druck.

Deux-Pièces: von links: mit Bordürendruck an Jacke und Rock; mit biesenartiger Kontraststepperei; im Hemdblusenstil mit abstechenden Besätzen; mit Polo-Jumper zum Plissee-Rock; kostümähnlich mit Tressen-Besatz.

Dessous, Bezeichnung für alles Zarte, das die Dame „unter dem Kleid" trägt.

Detachur, Detachieren, „Entflecken", örtlich begrenzte Chemischreinigung nach der maschinellen Grundbehandlung von Hand oder mit Hilfe spezieller Geräte.

Deutsch-Leder, schwerer, baumwollener Hosenstoff, auf der Rückseite geraucht, häufig mit dunklen Druckmustern versehen; kaum mehr auf dem Markt.

Deux-Pièce, zweiteiliges Kleid oder Kostüm, bestehend aus Rock und jackenartigem Oberteil aus einheitlichem oder abgestimmtem Material und Schnitt, ungefüttert oder gefüttert, Oberteil mit weicher Innenverarbeitung, aber stets so geschnitten, daß das Oberteil ohne Bluse oder Pulli getragen werden kann. - Kleider mit Jacke werden richtiger als → Ensemble bezeichnet. - Vgl. → Zweiteiler, → Faux Deux-Pièces.

Devinadruck, → Mosaikdruckverfahren. - Vgl. → Orbisdruck, → Englanderdruck, → Chromostyldruck.

Dévorant, anderer Ausdruck für → Ausbrenner.

Dezitex, Abk. „dtex", andere Schreibweise für → Decitex.

Diacetat, seit Einführung des TKG nur mehr selten angewandte Bezeichnung für das (normale) 2½-Acetat im Gegensatz zu → Triacetat.

Diagonal, Kleider-, Mantel- und Futterstoff in Breitgrad-Köperbindung, oft durch Farbe betont.

Diagonaltasche, mit Leiste versehene Eingrifftasche an sportlichen Sakkos und Mänteln, mit einem Winkel zur Waagrechten von etwa 45 Grad.

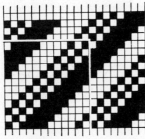

Einfacher Mehrgratköper aus Schußköper 2/1 und 3/1 entwickelt. Die beiden Gewebeseiten zeigen verschiedenes Bindungsbild. Rapport eingerahmt

Diagonaltrikot, querelastisches Gewebe in einer besonderen Bindung (Hohlschußbindung) mit einem dem Köper ähnlichen Bildungsbild für Uniformen und Sportbekleidung. - Vgl. → Trikot-Bindung.

Diamantbindung, Fantasieköperbindung, bei der der Köpergrat sowohl in der Längsrichtung als auch in der Querrichtung wechselt. - Vgl. → Flechtköper.

Diamin-Farbstoffe, besonders lichtechte Gruppe der → Substantiv-Farbstoffe. - Vgl. → Sirius-Farbstoffe, → Diazo-Farbstoffe.

Diaphan-Helanca, Feingewebe aus oder mit Helancazwirnen, deren Elastizität so stark reduziert ist, daß die fertigen Gewebe völlig unelastisch wirken. Das Helancamaterial verleiht den Feingeweben einen besonders weichen, schmiegsamen Griff.

Diazo-Farbstoffe, besonders naßechte, aber nur mäßig lichtechte Gruppe der → Substantiv-Farbstoffe, vor allem zur Vorfärbung von Ätzdrucken benötigt.

Dicel (sprich-Deißl), endloses 1½-Acetat der British Celanese.

Dichte, eines Gewebes, Geschlossenheit des Fadenverbandes (bei Maschenwaren: des Maschenbildes); abhängig von der → Einstellung, dem Verhältnis zwischen Fadenzahl je Flächeneinheit und der Garnstärke.

Djellabah-Kleid, ähnlich dem Kaftankleid in der Schulter schmal geschnittenen, nach unten ausgestelltes Kleid mit stickereiumrandetem Schlitzausschnitt und Trompetenärmeln. - Abb. siehe → Homedress.

Differential-dyeing, Verfahren der Mehrfarbmusterung (Ton-in-Ton-Effekte oder → Additionsfärbungen) insbesondere bei Teppichen durch Einsatz von Fasermaterial mit verschiedener Farbaffinität. Vor allem bei Polyamiden ist die Variationsbreite der Farbaffinität oder Verhinderung des Ziehvermögens für Säurefarbstoffe durch Beifügung stark saurer → Copolymere (→ Multipolymerisate) sehr groß. Bei Wolle wird ein Teil des Fasermaterials durch Vorbeizen in seiner Farbaufnahmefähigkeit verändert. - Teppiche aus Garnen, die aus drei oder mehr affinitätsverschiedenen Komponenten bestehen, werden mit Säurefarben gefärbt, wobei die Farbe auf eine der Komponenten eine Nuance dunkler aufzieht als auf die andere. Die dritte Faser bleibt entweder weiß oder wird mit einem basischen Farbstoff in einem anderen Farbton gefärbt. - Vgl. → Cross dyeing, → Donil-, → Partienweise Färbung, → Intermingled-Garn, → Spectral-Färbung, → Immunisierung.

Differential-Schrumpfverfahren, bei Acrylfasern mögliches Verfahren zur Erzielung von Hochbauschgarnen. Vor dem Verspinnen werden bereits fixierte Fasern mit einem Restschrumpfwert von nur 1% mit unfixierten Sondertypen (z. B. → Dralon S) gemischt und das Garn sodann gekocht oder unter genügend hohem Druck gedämpft. Die Garne mit entsprechendem Anteil an Spezialtype schrumpfen um etwa 20-22%; die nicht schrumpfende Faser wird in Form gekräuselter Bogen aus dem Garn herausgedrückt. - Vgl. → Hochbauschgarn, → Bikomponentenfasern, → Chemietexturierung.

Di-loop-Verfahren, bei Polypropylen-Fasern (→ Meraklon) angewandtes Spezial-→ Texturierungsverfahren für → Nadelfilz-Veloursqualitäten.

Dimensionsstabilität, im Gegensatz zur

Beispiele für Dinnerkleider

dreidimensionalen → Formstabilität von Bekleidungsstücken die zweidimensionale Stabilität von Geweben und Maschenwaren; Länge und Breite des Stoffes verändern sich nicht mehr, was auch immer mit dem Stoff bei den nachfolgenden Bearbeitungs- und Gebrauchsvorgängen geschieht. - Vgl. → Thermofixierung, → Flächenfixierung, → Antifilzkrumpf-Ausrüstung, → Permanent Press, → Pre-curing, → Dekatieren.

Dinner-Jacket, englische Bezeichnung für → Smoking. Allgemein üblich ist die Bezeichnung Dinner-Jacket für den weißen zwanglosen Sommer-Tropensmoking, den die Amerikaner → Tuxedo nennen.

Dinner-Kleid, elegantes Kleid für die Festlichkeiten des Tages, zu denen der Herr den → Stresemann oder → Konferenzanzug trägt. Wie der Konferenzanzug ist auch das Dinnerkleid für das kleine Abendessen korrekt. Es ist eleganter und strenger als das Cocktailkleid und hat im Gegensatz zu diesem mindestens ellenbogenlange, meist aber dreiviertel oder ganz lange Ärmel.

Diolen, eingetragenes Warenzeichen für die Polyesterfasern und -Endlosgarne von Glanzstoff. - Diolen-fill: Fülltype; Diolen FL: pillingresistent; Diolen FL b: zur gemeinsamen Verspinnung mit Baumwolle geeignet; Diolen V 75: hochfeste, schrumpfarme und gummifreundlich vorpräparierte Spezialtype für Reifencord; Diolen-GV: luftdüsengebauschtes Diolen-Filament, gibt wollähnlichen Griff; vgl. → Filamentgarn mit Faser-Optik; Diolen XF: → Filamentgarn mit besonders feinem Einzeltiter; Diolen 33: Hochschrumpffaser für voluminöse und flanellige Stoffe; Diolen GS: → Filamentgarn mit Faseroptik für Maschenwaren; Diolen WL: Spezialgarn mit → Faseroptik; Diolen 700: pillarme Spezialfaser für weiche, flanellige Gewebe. Diolen 703: Stretchfaser, die unabhängig von der Gewebebindung einen Stretch-Effekt von 15-25% ermöglicht; → Bikomponentenfaser S/S-Type mit starker Kräuselung. Auch in Mischung mit 45% Schurwolle verspinnbar. Warenzeichen für Fertigfabrikate: Diolen/Cotton für Mischungen mit Baumwolle 50/50% und 67/33%; Diolen Texturé für texturiertes Diolen; Diolen-Star: Hemdenstoff aus 50% Diolen und 50% modifizierter Baumwolle mit Permanent Press-Ausrüstung (bis 60 °C waschbar; bei Verwendung spezieller Nähgarne keine Gefahr des Nahtkräuselns wie bei anderen bügelfreien Geweben).

Diolen-Crêpe, texturiertes Spezialgarn (hochgedrehtes feintitriges Filamentgarn dtex 66 f 27/1) aus glänzenden und runden Filamenten, für → Single- und → Double-Jersey; ergibt kreppähnliche leichte Maschenstoffe in uni oder bedruckt, sehr preiswert. Auch glatte Bindungen sind bei ausreichendem Kreppeffekt möglich. Einsatz in der Weberei ist möglich.

Diolen-loft, stabilisiertes Polyester-Falschdrahtgarn; voluminöses, besonders leichtes, dehnungsarmes Bauschgarn, nicht pillend und farbecht; Erzeugnisse daraus von hoher Formstabilität, in der Waschmaschine mit gebräuchlichen Waschmitteln waschbar, einlaufsicher und schnelltrocknend, keine Nachbehandlung erforderlich. Weich, schmiegsam, klares Maschenbild, nicht modellierend. - Vgl. → Falschdrahtverfahren, → Trevira 2000, → Schapira, → Vestan-Peggy, → Crimplene.

Diolen tipico, taftähnlicher Futterstoff für den → Leger-Bereich, etwa 70 g/qm schwer mit glattem, mattem, rundem, ungedrehtem Diolen in der Kette und Diolen-→ Profilfaser texturiert im Schuß; leicht verarbeitbar mit guten Pflegeeigenschaften, aber geringem Feuchtigkeitstransport. - Vgl. → Trevira d'accord.

Dior-Falte, mit Stoff unterlegter, aufspringender Gehschlitz an Röcken.

Dip-dyeing, → partienweise Garnfärbung durch stufenweises Eintauchen von Garnsträngen ins Färbebad; vgl. → Clip-dyeing, → Space-dyeing.

Dipolyon-Faser, → Heterofilfaser, → Bikomponentenfaser des → C/C-Typs mit einer niedriger schmelzenden Aussenhaut und einem höher schmelzenden Kern, vor allem für → Nadelfilze. - Vgl. → Cambrelle.

Direktdruck, Drucktechnik, bei der die Farbe auf ein vorgebleichtes oder vorgefärbtes Gewebe unmittelbar aufgedruckt wird, mit dem Buntdruck vergleichbar. Direktdrucke sind leicht daran zu erkennen, daß das Druckmuster auf die linke Warenseite nur undeutlich durchschlägt. - Vgl. → Schleifdruck, → Pflatschdruck.

Direktspinnverfahren, → Kurzspinnverfahren für Chemiespinnfasern, bei dem das fertige Gespinst aus dem Spinnkabel in einem einzigen Arbeitsgang durch Zerreißen, Verstrecken, Drahtgeben und Aufwinden unter Fortfall von → Karde, → Streckwerk und → Vorspinnmaschine erfolgt. Mischungen mit anderen Faserarten sind nicht möglich. - Vgl. → Konverter-Verfahren.

Dirndl, Volkstracht der Alpenländer aus buntgewebten oder buntbedruckten kräftigen Baumwollstoffen, echte Salzburger Dirndltracht auch aus ganz hochwertigem Damassé. Charakteristisch für das Dirndl ist die geschmückte, meist miederartig ausgearbeitete Ausschnittspartie und die Kombination mit der Dirndlschürze.

Dirndl

Kleider und Ensembles im Disco-Look. Das Material dieser Modelle zeigt deutlichen Glanz und leuchtende Farben.

Dirndlette, dem Dirndlkleid im Gesamtcharakter ähnliche Sommerkleider, vor allem für heranwachsende Mädchen.

Disciplined fabrics, amerikanische Sammelbezeichnung für knitterarm ausgerüstete Baumwollgewebe. - Vgl. → Non iron.

Disco-Bodystocking, → Bodystocking aus geeigneten Elastics auch in lebhaften Modefarben, die durch die Oberbekleidung durchschimmern, aber selbst „blickdicht" sind.

Disco-Look, sehr wandlungsreicher und vielfach kombinierbarer Modestil mit Vorliebe für transparente und schillernd glitzernde Stoffe.

Disco-Mode, jugendliche Richtung der → Party- und Tageskleidung in meist unkonventioneller Modellgestaltung, stets aus glänzenden Stoffen, oft mit Metalleffektgarnen durchwebt, mit Pailletten verziert oder bestickt. Stark gefördert von Filmen, wie „Saturday Night Feaver" mit John Travolta.

Disco-Tasche, kleine, variabel gestaltete Damentasche, die an schmalem Riemen um den Hals und unter dem Arm in Taillenhöhe oder gerade hängend getragen wird.

Disco-Shirts und Blusen, links mit applizierten Glitzersternen, rechts aus Tupfen-Chiffon.

Dispersionsfarbstoffe, im Farbbad nicht gelöste, sondern nur ganz fein verteilte (dispergierte) Farbstoffe, die sich vor allem für Acetat und Synthetics eignen, da auch Fasern mit dicht aneinandergelagerten Molekülgruppen, die kaum quellen und fast keine Feuchtigkeit aufnehmen, mit diesen Farben gefärbt werden können.

DOB, Abkürzung für Damenoberbekleidung.

Dochtgarn, ganz lose gedrehte, weiche und offene Garne; für Maschenwaren und Rauhwaren.

Doeskin, Halbwoll- oder Wollgewebe in fünfbindigem Atlas mit Strichfaserdecke; strapazierfähig, für Herrenhosen; praktisch nicht mehr hergestellt.

Dolan, eingetragenes Warenzeichen für die Acrylfaser der Hoechst-Gruppe (Kelheim); Spinnfaser, auch mit fixierter oder stabilisierter Kräuselung für HB-Garne; in Mischung mit 45 % → Danufil; → Syntric; Dolan B: zur Mischung mit Baumwolle geeignet; Grobtitertypen für Teppichgarne.

Dolcetta, nach dem Falschdrahtverfahren texturiertes Acetatfilamentgarn.

Dollieren, Arbeitsgang der Zubereitung von Handschuhleder mit dem Ziel, das Leder dünn und gleichmäßig in seiner Dicke zu bekommen und die Struktur des Leders gründlich auszurecken. Mit Hilfe eines besonderen spachtelartigen Messers wird das Leder auf einer staubfreien, geschliffenen Marmorplatte auf der unter Spannung stehenden Fleischseite gleichsam abgehobelt.

Dolman-Ärmel, breiter, in das Oberteil eingeschobener Ärmel, der oben kugelig, unten aber oval oder eckenförmig geschnitten ist. Nähte zur Betonung häufig gesteppt. - Vgl. → Raglan, → Kimono.

Donegal, poröses und handwebartiges Streichgarngewebe, stark mit Noppen durchsetzt, mit deutlichem Unterschied im Farbwert von Kette und Schuß. Meist ist die feinere und gleichmäßiger gesponne-

Dolman-Ärmel links: Bogen-Dolman rechts: Ungaro-Dolman

ne Kette hell, der füllige, noppige und ungleichmäßig gesponnene Schuß dunkel.

Dongery, Köperpilot mit blaugefärbter Kette mit hellem, rohweißem Schuß, stets garnfarbig. - Vgl. → Denim.

Donil, Moulinézwirn aus drei verschieden vorbehandelten Garnen aus reiner Schurwolle; in Stückfärbung ergeben sich Herrenstoffe mit dreifacher Mouliné-Wirkung. - Vgl. → Differential-dyeing.

Doppeldruck, Druckmuster, die in gleicher Weise auf die linke und die rechte Warenseite aufgedruckt werden, zur Vortäuschung durchgewebter Ware.

Doppelflächige Kulierwaren, auch → Double-Knit, Maschenwaren, bei denen die Vorderseite und Rückseite von verschiedenen Nadelreihen gearbeitet wird und auf beiden Seiten rechte Maschen erhält. Diese Waren können links und rechts gleich oder verschieden sein. Symmetrische doppelflächige Waren: Ränder-Waren (→ Ripp-Waren, → Doppelripp, → Rechts-Rechts-Waren), → Patent-Waren (2/2-Ränder- oder 2/2-Ripp-Waren), → Interlock-Waren, → Italienisch

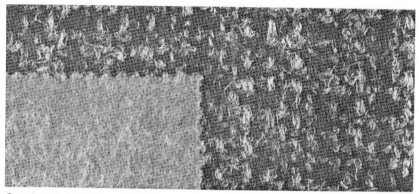

Gewebe mit 3 Ketten und 2 Schüssen. Obergewebe und Abseite sind für sich selbständig und werden durch eine auf beiden Warenseiten unsichtbare Bindekette „zusammengenäht" - Links unten die Abseite

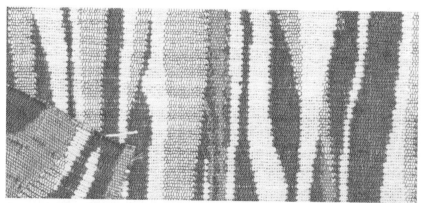

Jacquard mit zwei Schüssen (hell und dunkel). Der auf der Oberseite nicht zur Musterung benötigte Schußfaden bildet ein entgegengesetztes Farbmuster auf der Rückseite, wobei die mustermäßig weiß und schwarz gezettelte Kette auf beiden Warenseiten zur Musterung beiträgt

Schlauch, → Milano-Rib, → Fang-Waren, → Links-Links-Waren; → Asymmetrische doppelflächige Waren: → Perlfang- oder Halbfang-Waren, → Noppenmuster, doppelflächige → Jacquard-Strickwaren.

Doppelfutterware, Wirkware, bei der ein Futterfaden nur eingelegt wird und keine Masche bildet (je Maschenreihe 2 Futterfäden). Die vor allem für Trainingsanzüge verwendeten Qualitäten sind kaum elastisch; der Futterfaden ist auf der Warenoberseite nicht sichtbar. Meist → Bindefadenfutterware; vgl. → Chaineusse, → Futterware.

Doppelgewebe, komplizierte Gewebe in Spezialbindungen mit mehreren Kett- und Schußsystemen und einer Technik, durch die zwei übereinanderliegende Gewebe durch verbindende Fäden (Bindeketten, → Warenwechsel, Bindeschuß) zusammengehalten werden. Gegensatz: → Multitextilien, → Bonding, → Schaumstoffkaschierung. - Bindungstechniken mit mehreren Kett- und Schußsystemen werden angewandt, um Gewebe dicker zu machen (→ Triplure), wobei ein feines Oberflächenbild erhalten bleiben soll (→ Rauhgewebe mit → Abseite, z. B. Mantelvelours); um plastische Musterungen hervorzurufen (→ Pikee- und → Steppgewebe, → Matelassé, → Cloqué); um verschiedene Garnsorten auf der Oberfläche mustermäßig auszutauschen (→ Eccossais Baguettes, → Schrumpfcloqué); um Stoffe nur teilweise, also nicht über die gesamte Warenbreite hinweg zu mustern (→ Lancé, → Broché, → Lancé decoupé, → Scherli); um → Hohlgewebe und bindungstechnisch dehnfähige Stoffe herstellen zu können (→ Trikotgewebe, → Cord). - Vgl. auch Abb. bei → Pikee.

Doppelköper, effektloser Köper mit gleich viel Kette und Schuß auf jeder Warenseite. - Vgl. → Croisé, → Gleichseitiger Köper, → Cheviotbindung.

Doppelrand, → doppelgewirkter Rand am oberen Rand von Damenfeinstrümpfen; zur Vermeidung von Wülsten, die durch Nähte entstehen würden, durch Umhängen der Anfangsreihe gebildet.

Doppelripp, doppelflächige Kulierware mit mindestens 2 linken Maschenstäbchen zwischen den rippenbildenden rechten Maschenstäbchen. Das Bild ist gröber als bei Feinripp, ebenso die Dehnfähigkeit. - Vgl. → Rechts-Rechts-Ware, → Rippware.

Doppelsamt, Kettensamttechnik, bei der zwei Gewebeschichten übereinander gewebt und später durch Schneidemesser voneinander getrennt werden. Die Ober- und Unterware sind nur durch die Polkette miteinander verbunden. - Vgl. → Samt, → Schußsamt, → Kettsamt → Doppelgewebe.

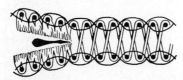

Doppelsamt

Doppeltuch, 1. beste Art baumwollener → Zwischenfutter; leicht bis mittelschwer eingestellte → Kretonne-Gewebe werden in den üblichen Farben eingefärbt und stark appretiert.
2. Klassischer Kammgarnanzugsstoff mit Ober- und Unterkette. Ein kettverstärktes Gewebe in einer → Reformbindung, mit feinen, elastischen, kordelartigen Effekten; manchmal S- und Z-Draht in der Kette. Sehr haltbar.

Doppi, 1. Garne aus → Maulbeerseiden mit leichten Titerschwankungen oder von doppelten, mißgestalteten oder kranken Kokkons.
2. Ander Bezeichnung für → Doupion.

Dor-coat, papillon- und gabardineähnliche Stoffqualität aus schappeartig versponnenen Garnen aus Dralon mit Schurwolle, wasserabstoßend ausgerüstet, mit gutem Knittererholungsvermögen für leichte, wollige Damenmäntel.

Dor-color, Polyamidfaser (Bayer) mit Spinnfärbung.

Dorix, Spezial-Grobtiterfaser aus Perlon (Bayer).

Dorlastan, lt. TKG: Elasthan, multifiles, elastisches → Elastomergarn auf → Polyurethanbasis (Bayer) mit amorphen und niedrigschmelzenden Kettenabschnitten aus → Polyester. - → Core-spun-Garn Dorlastan mit Helanca: → Hecospan. - Abb. siehe → Elasthan.

Dorlon, den Polyamiden ähnliche, reine Polyurethanfaser (→ Monofil) für Siebgewebe, Bürsten und Pinsel von hoher elastischer Biegesteifheit.

Dorvelours, Wirkware aus Perlon mit beliebig breiten Cordrippen, auch moltoprenkaschiert, für Freizeitkleidung.

Dorvivan, lichtgeschütztes Polyamid (Bayer) für weiße Gardinen.

Dosenspinnmaschine, zur Herstellung grober → Abfallgarne geeignete Maschine, die ohne Verstreckung dem vom → Krempel gelieferten → Vorgarn durch einen umlaufenden Spinntopf Drehung erteilt. Der mit Drehung versehene Faden wird aus dieser „Dose" einem ortsfesten Trichter zugeführt, in dem eine Spindel rotiert. - Vgl. → Spinnereimaschinen.

Double action, Einarbeitungsform von zwei Musterfäden in → Bobinet-Gardinenstoffen; es entstehen sehr dichte und weniger dichte Musterflächen, die ein reliefartiges Bild ergeben.

lung von → Dimensionsstabilität und gutem → Trockenknitterwinkel), in der zweiten die Vernetzung des Harzes mit der Faserzellulose (Formstabilität und Verbesserung des → Naßknitterwinkels). - Die zweite Stufe kann nach der Konfektionierung erfolgen. - Vgl. → Post-curing, → Half and Half (doppelte Kondensation), Gegensatz: Post-curing mit verzögerter Kondensation (→ Delayed-curing) und → Pre-curing.

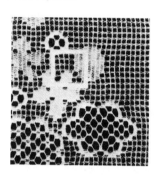

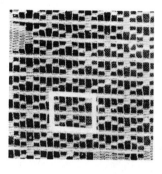

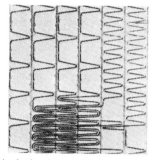

Double-Action

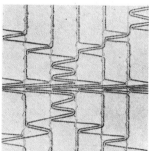

Double-Tie

Double-Crêpe, Sammelbezeichnung für schwere, weichfließende Modegewebe, deren Crêpecharakter auf der Oberfläche und im Warenbild kaum mehr zum Ausdruck kommt. - Vgl. → Triple-Crêpe.

Double-curing, Zweistufenverfahren, um → Wash-and-Wear- und Permanent Press-Effekte unter größtmöglicher Schonung der Baumwolle zu erzielen. In der ersten Stufe erfolgt die Harzbildung (Erzie-

Double-face, Gewebe aus endlosen Chemiefasern oder Naturseide, deren Musterung auf beiden Warenseiten konträr durch → Warenwechsel erfolgt. Die beidseitig verwendbaren Stoffe sind Doppelgewebe, also keine → Multitextilien.

Double-face-Garnitur, siehe unter → Wendebettwäsche, → Bettwäsche-Garnitur.

Double-face-Jersey, → kettengewirkte Oberbekleidungsstoffe mit texturiertem Polyester für die Warenoberfläche und Baumwolle für die (hautsympatische, hygienische) Abseite, für → Home-wear, → Hausmäntel und → Hausanzüge.

Double-knit, andere Bezeichnung für → Doppelflächige Kulierwaren.

Double-tie, Einarbeitungsform des Musterfadens bei → Bobinet-Gardinen, wobei im Gegensatz zu → Single-tie der Musterfaden nach beiden Richtungen (über 2 bzw. 3 Kettfäden) abgelenkt werden kann.

Doublieren, 1. (in der Spinnerei): mehrere Faserbänder gleicher Art und Stärke werden in einem Streckwerk zusammengeführt, die Einzelfaser gegeneinander verzogen und in Längsrichtung geordnet.
2. Arbeitsgang der Gewebeaufmachung: Falten breiter Stoffbahnen zum Zwecke erleichterten Transports und Lagerung. - Die Konfektion wünscht meist undoublierte Stoffe, da diese zuschnittfähig sind. - Gewebe, die mit kondensierbaren Kunstharzen irgendwelcher Art ausgerüstet sind, dürfen nicht doubliert, oder zumindest in doubliertem Zustand nicht lange gelagert werden. Bei warmer Lagerung kann eine Nachkondensation erfolgen, wodurch die Doublierfalte dauerhaft fixiert wird. - Vgl. → Permanent Press, → Wash-and-wear-Ausrüstung, → Texylon, → No iron.

Doupion, Douppion, ursprünglich Bezeichnung für Gewebe aus Maulbeerseide von Doppelkokons mit leichtem Titerunregelmäßigkeiten; frz. Ausdruck für → Shantung. Heute Allgemeinbezeichnung für Gewebe mit feiner Kette aus Endlosgarn und feinem, flammartigem Schuß.

Dowlas, kräftige Baumwollware in Tuchbindung, meist gebleicht, für → Bettücher. - Vgl. → Creas. - Wird kaum mehr hergestellt.

Dralon, eingetragenes Warenzeichen für die Acrylfaser von Bayer, endlos und Spinnfaser; auch nach Einführung der Allgemeinbezeichnung → Bayer-Textilfaser

wird für Dralon weiterhin geworben. - Dralon-HB: Hochbauschgarn aus 60 % Dralon N (nicht mehr schrumpfende Dralonfaser) und 40 % Dralon S (Schrumpffaser mit ca. 20 % Restschrumpf); Dralon HB de Lustre: Hochbauschkammgarn mit feinem Glanz; Dralon-velours: Möbelstoff mit Flor aus Dralon-Kammgarnen mit Titermischungen; Spezialtypen für Trikotagen zur gemeinsamen Verarbeitung mit Baumwolle, Teppich-Grobfasern, sowie Dralon T für technische Gewebe (Filter, Filze, Säureschutzbekleidung). - Dralon-Ultrapan siehe unter → Ultrapan. Dralon- → Hohlfasern haben den natürlichen (zellulosischen) Fasern ähnliche → hygienische Eigenschaften, vgl. → ATF 1017. - Dralon K: mit besonders dauerhafter, dreidimensionaler Kräuselung, zur Mischung mit Wolle besonders gut geeignet. - Dralon U: mit hoher Aufziehgeschwindigkeit und hoher Farbaufnahmefähigkeit als Folge einer hohen Anzahl farbstoffbindender Gruppen stückgefärbte Zwei-Ton-Färbungen bei gemeinsamer Verarbeitung mit Dralon X.

Drap, 1. Abwandlung von → Drapé; ähnliche aber leichtere Gewebe für schmiegsame Damenkleider.
2. frz. „Tuch"; Drap de bain = Badetuch, Drap housse = → Spannbettuch.

Drap de soie, andere Bezeichnung für → Liberty.

Drap de laine, weiches, feinfädiges und hochwertiges Kammgarntuch, manchmal mit feinem Streichgarnschuß, in einer köperbindigen Köperbindung oder in einer Atlasbindung mit der Wirkung eines Scheinköpers, d. h. mit flachem Köpergrat.

Drapé, eleganter Wollstoff für Gesellschaftsanzüge, meist mit Kammgarnkette und feinem Streichgarnzuschuß, mit flach verlaufender Köperdiagonale und tuchähnlicher Ausrüstung.

Draper, schützenlose → Webmaschine mit geringer Geräuschentwicklung; der

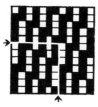

Für Drapé typische Bindungsart (Pfeile und weißer Strich: Rapport)

Schußeintrag erfolgt durch einen „Bringer", der den von einer Kreuzspule ablaufenden Schußfaden unzerschnitten erfaßt und in Webstuhlmitte in Schlaufenform einem Haken übergibt; Bringer und Haken sind biegsame Stahlbänder und an beidseitigen Trommeln untergebracht. Auf der Seite des Bringers entsteht eine Webkante mit Schußumkehr, auf der Hakenseite werden die Schußfäden durch Zwirndreher gehalten. - Vgl. → Greifer-Webmaschinen.

Drapierung, Kennzeichen eines damenhaft eleganten und dabei sehr weiblichen Bekleidungsstils im Gegensatz zur sportlichen Note. Mit dem Drapieren begann in der Antike die Bekleidungskultur überhaupt. Man kann das Wort etwa mit „malerischer Faltenwurf" oder „weiche Faltenraffung" erklären.

Draw-Verfahren, → Strecktexturierverfahren, andere Bezeichnung für → Simultanverfahren.

Drehergewebe, poröse Gewebe, bei denen eine Grund- oder Steherkette von einer Dreherkette umschlungen wird und die Schüsse dadurch schiebefest eingebunden werden. Die Drehertechnik erfordert eine eigene Vorrichtung am Webstuhl, die auch an modernen schützenlosen → Webmaschinen zur Verfestigung der Kanten anzutreffen ist. Webtechnisch unterscheidet man glatte (ungemusterte), Schaft- oder Jacquard-Dreher, nach der Drehertechnik → Leinwanddreher (nur jeder zweite Schußfaden wird umschlungen), → Halbdreher sowie → Volldreher (= polnische Dreher). - Vgl. → Marquisette, → Etamine. - Vgl. Abb. → „Eingepaßter Druck".

Drehung, auch Drall, Draht, Torsion genannt, Verwindung, die jedem Garn oder

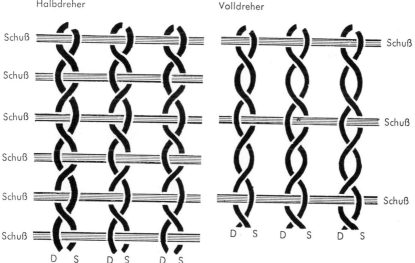

Gewebedraufsicht auf Drehergewebe. Links Halbdreher, rechts Volldreher. Die Dreherkette D umschlingt die Stehkette S

Zwirn bei seiner Herstellung mitgegeben wird. Die Stärke der Drehung (Zahl der Drehungen auf ein bestimmtes Längenmaß) beeinflußt die technologischen Eigenschaften des Gespinstes. - Vgl. → S-Draht, → Z-Draht, → Kreppgarn, → Watergarn, → Mediogarn, → Mulegarn, → Genappe, → Fil d,Ecosse, → Voilegarn, → Grenadine, → Crêpon-Garn.

Dreizylinder-Garn, im Gegensatz zu den → Zweizylinder-Garnen durch Streckwerksverzug, → Krempeln und → Kardieren hergestellte normale bis feine Baumwollgarne von Nm. 20-300. Die Dreizylinder-Garne haben zwischen Kardieren und → Feinspinnen noch verschiedene Streckwerkspassagen durchzumachen. Innerhalb der Dreizylinder-Garne unterscheidet man die normalen Garne, Krempelgarne Nm. 20-50 (→ Kardierte Garne); feine gekämmte Garne (gekämmte Baumwollgaren, peignierte Baumwollgarne bis Nm. 80); hochfeine Baumwollgarne (ebenfalls gekämmt bis Nm. 300). - Vgl. → Kämmen, → Ringspinnmaschine, → Selfaktor.

Drell, Sammelbegriff für alle Schwergewebe in Köper- und besonders in Fischgratbindung aus Leinen, Halbleinen oder Baumwolle für Tischdecken, Handtücher, Berufskleidung und Matratzenbezüge. Stets dicht, fest und strpazierfähig. - Drellbindung: fischgratartige Ableitung des Kettköpers 3/1. - Andere Bezeichnungen für Drell: Drill, Drillich, Zwillich.

Dress, eine aus dem Englischen übernommene Bezeichnung für (sportliche) Kleidung.

Dressed cotton, → Wash-and-Wear-Ausrüstung auf Kunstharzbasis.

Dressieren, das Formgeben der Bekleidungsstücke in der Schneiderei durch feuchtes Bügeln unter gleichzeitigem Strecken der entsprechenden Stoffpartie. In der Handschuhfertigung: Zurechtformen nach dem Nähen der in ein feuchtes Tuch eingeschlagenen oder auf eine elektrisch beheizte Metallhand aufgezogenen Handschuhe durch Drücken, Ziehen und Walzen des Leders.

Dressing-gown, langer, dem Schlafrock ähnlicher Morgenrock für Herren (und Damen) aus Flanell oder Foulardseide mit Schal- oder Reverskragen ohne Knöpfe; wird mit Gürtel aus gleichem Stoff geschlossen. - Vgl. → Hausmantel, → Morgenrock.

Drill, Kettköperbindung 2/1. Vgl. → Drell.

Druckart, die Art und Weise, in der die Farbe beim Stoffdruck auf den Stoff aufgebracht und das Muster erzielt wird: → Direktdruck, → Ätzdruck, → Reservedruck (→ Batikdruck).

Druckelastizität, Fähigkeit zur Erholung, zur Wiederaufrichtung textiler Flächengebilde und Fasermassen nach wiederholter Druckbelastung.

Drucken, örtlich begrenztes, mustermäßiges Färben. Druckverfahren nach dem Druckvorgang: → Handdruck, → Maschinendruck; nach dem zu bedruckenden Material: → Vigoureux (Vorgespinst), → Garndruck (→ Strangdruck, → Kettdruck, → Chiné, → Perldruck), → Stoffdruck; nach der Druckart: → Direktdruck, → Ätzdruck, → Reservedruck; nach der Drucktechnik: → Hochdruck, → Perrotinendruck, → Tiefdruck, → Rouleauxdruck, → Schablonendruck (→ Filmdruck, → Siebdruck), → Transfer- oder → Umdruck (→ Stardruck, → Thermo-Druck, → Sublistaticdruck), → Mosaikdruck (→ Devinadruck, → Orbisdruck). - Vgl. Lackdruck, → Flockdruck, → Pigmentdruck, → Kettdruck, → Chiné, → Stoffdruck, → Prägedruck, → Engineering Print, → Partienweise Garnfärbung, → Kantendruckmaschine, → Konversionsdruck, → Planche-Druck.

Druckfeste Ausrüstung, vgl. → Druckelastizität, vor allem bei Samten übliche Ausrüstungsart; die einzelnen aufrechtstehenden Florfäserchen werden durch Kunstharzeinlagerung elastischer gemacht, damit sie nach der Belastung in ihre senkrechte Stellung zurückkehren und das unerwünschte „Bildern" an den Druckstellen verschwindet.

Links: Dufflecoat mit den typischen Stilelementen Lederknebel und Kapuze; rechts: Sportlicher Autocoat, der mit Knopflasche, Kragenform und Kapuze die Idee des Dufflecoat aufnimmt und modisch weiterführt.

Druckstoffe, siehe → Stoffdruck.

Drucktechnik, siehe → Drucken; Unterscheidung durch das Werkzeug, das Muster und Farbe auf den Stoff überträgt.

Druckverfahren, Methoden der Übertragung von Mustern auf den Stoff: → Druckvorgang, → Druckart, → Drucktechnik, vgl. → Drucken.

Druckvorgang, Technisierungsgrad des Druckens; Unterscheidung in → Handdruck und → Maschinendruck. - Vgl. → Drucken.

Drumdyeing, → Tunkfärbeverfahren der → Lederzurichtung mit Anilinfarben in großen Trommeln. Das Leder wird durch und durch eingefärbt und gleichzeitig weicher; bei helleren Farben außer Schwarz werden

Oberflächenbeschädigungen des Leders sichtbar. - Gegensatz: → Sprühverfahren.

Dtex, Abkürzung für → Decitex (Vgl. Dezitex).

Dual action, Verbindung von → Antisoiling und → Soil-release bei → Fleckenschutzausrüstungen.

Duchesse, hochwertiger → Satin aus Naturseide, Viskose- oder Acetat-Filament, mit reichlichem Glanz, für festliche Kleider und als Futter. Besonders hochwertig: nicht stück-, sondern stranggefärbt. Bindung: 12bindiger Atlas mit hoher Kettdichte.

Duckbindung, zweifädige → Tuchbindung, im Gegensatz zu → Panamabindung dicht und nicht porös.

Düffel, auch Doppelbarchent, Baumwoll-Doppel-Lama genannt, warmes schweres Baumwollgewebe, stark angerauht, für Futterzwecke. Rockdüffel: jacquardgemustertes dickes Baumwollgewebe mit langem Faserflor. - Wird kaum mehr hergestellt.

Dufflecoat, sportlich kurzer Herren- (oder Damen-) Mantel, häufig mit Kapuze und oft mit Lederbesätzen und Knebelverschlüssen. - Vgl. → Parka. Abb.S.101

Düsenblasverfahren. → Luftdrucktexturierung, einzige Texturierungsmethode, die sich auch für thermoplastisch nicht verformbare Spinnstoffe eignet und eine deutliche, stabile Bauschung hervorruft, aber überhaupt keine über die Substanzeigenschaft der Faser hinausgehende Elastizität bewirkt. Ein aus vielen Einzelfasern (Kapillaren) bestehender multifiler Faden wird mechanisch durch Preßluft (3-5 atü = Airjet-Methode) oder überhitzten Wasserdampf (= Steam-Jet-Methode, ausschließlich für Polyamide) verwirbelt und verschlungen und erhält dadurch Kräuselung und Schlingen. Neuerdings ist es möglich, mit hohen Geschwindigkeiten zu produzieren und den Garncharakter so zu beeinflussen, daß ein Teil der Kapillarschlingen nicht mehr endlos ist (vgl. → Filamentgarne mit Faseroptik). Variationen in der Zufuhrgeschwindigkeit und im Abzug gestatten Garne verschiedenen Aussehens (→ bouclé- oder → chenille-artig; vgl. → Core-Taslan). - Vgl. → Taslan, → Rhodelia, → Nydelia, → Luftdüsenbauschung, → Diolen GV, → BFC-Garn, → Verwirbelung.

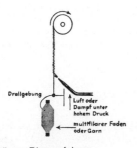

Drallgebung

Luft oder Dampf unter hohem Druck

multifilarer Faden oder Garn

Düsen-Blasverfahren

Düsendruck, Drucktechnik, bei der ein direkter Farbauftrag mittels Düsen erfolgt, an denen der Stoff vorbeistreift; nur für Streifen, Bordüren und Karos.

Düsenfärbung, → Spinnfärbung, bei Chemiefasern und Synthetics mögliche Färbung durch Einlagerung von Farbpigmenten in die Spinnmasse. Düsenfärbung gilt als unübertroffen echt (→ „Ultraecht"). Spinngefärbte Fasern lassen sich besser verspinnen als in der Flocke gefärbtes Spinngut und ergeben ein im Farbton absolut gleichmäßiges Garn. - Vgl. → Massdyeing.

Düsenwebmaschinen, → Webmaschinen, bei denen der Schußeintrag durch Luftzug oder Sog, somit völlig ohne ein mechanisches Hilfsmittel anstelle des Schützen erfolgt. (Vgl. → Elitex, → Maxbo). Der Schußfaden wird mit Luft oder Wasser in das geöffnete Fach eingeblasen und während des Anschlagens der Lade durch Saugen von der anderen Seite gestrafft. Wesentliches Problem ist die Bereitstellung der Luft für den Webvorgang; die entsprechende Anlage (Kosten ca. 1 Mio. DM) kann bis zu 100 Webmaschinen versorgen. Die bislang am weitesten verbreitete → Rüti-Strake-Luftdüsenwebmaschine ist bei 455 Touren/min. mit 190 m/Tag Produktion den → Greifermaschinen (240 Touren/min. - 100 m) deutlich überlegen, geräuschärmer und ergibt dank außerordentlich schonendem Schußeintrag besonders bei Einsatz texturierter Filamente verbesserte Gewebequalität, verlangt aber den Einsatz hervorragenden Kett- und Schußmaterials.

Duplex, wenig schmiegsamer Stoff für Handschuhe, der aus zwei baumwollenen Kettenwaren bestand, deren linke Seiten mit Guttapercha zusammenkaschiert waren. Heute praktisch völlig durch → Simplex ersetzt. Um ein wildlederartiges Oberflächenbild zu erzielen, wurde Duplex zur Verengung der Maschenstruktur laugiert und anschließend durch → Schleifen, ggf. auch → Rauhen und → Scheren mit pfirsichhautartigem Flor versehen.

Durable Press, → Permanent Press-Verfahren (van Heusen) für Gewebe aus Baumwolle und mit Polyester; nur Pre-curing.

Duraflox, hochnaßfeste Viskose-Spezialfaser der Spinnfaser AG., Kassel.

Dureta-Verfahren, Spinnverfahren für Cuprofilamente mit gemeinsamer Nachbehandlung vieler über Walzen durch mehrere Waschtröge laufender Fadenscharen.

Durchbrochene Bindung, Bindungstechniken der Weberei und Wirkerei, bei denen mustermäßige Durchbrüche und mehr oder weniger große Öffnungen im Stoffbild entstehen. Bei Geweben werden echte → Dreher nachgeahmt. - Vgl. → Ajour, → Ajouré, → Panama, → Natté, → Aida, → Stramin, → Gaze, → Mull, → Voile, → Scheindreherbindung, → Petinet.

Durchbrüche, durch die Anordnung der Bindungspunkte bei Geweben oder den Fadenverlauf bei Maschenwaren bewußt hervorgerufene kleine Löcher. - Vgl. → Ajour.

Durchgrifftasche, ohne Taschenbeutel gearbeitete Manteltasche; man kann durch das äußere Kleidungsstück durch die Tasche in die Jacken- oder Hosentasche durchgreifen. Im Regelfall Einschnitt mit → Untertritt, häufig mit gleichem Material eingefaßt.

Durchzug, feinste (Naturseiden-) Musterfäden in wesentlich gröberen Geweben, vielfach bei Herrentuchen anzutreffen.

Duron, englisches Endlosgarn aus Polyäthylen.

Duron-Antischock, Ausrüstungsmittel, das die elektrostatische Aufladung verhindern soll und auch noch nachträglich aufgebracht werden kann (Hansa). - Vgl. → Antistatische Ausrüstung, → Conter-Antistatikum.

Duvetine, → Pfirsichhaut, → Aprikosenhaut, sogen. → falscher Samt, Gewebe in verstärkten Schußatlas-Bindungen aus Baumwolle oder zellulosischen Chemiefasern, die nach dem Färben gerauht und

geschmirgelt werden und eine wildlederartige, stumpfe Oberfläche erhalten. - Vgl. → Velveton.

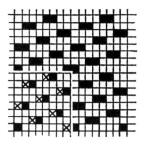

Verstärkter Schußatlas 8, eine Bindung, die z.B. für falsche Samte (Duvetine) verwendet wird. Innerhalb des Rapports (eingerahmt) sind die hinzugefügten Bindungspunkte durch Kreuzchen gekennzeichnet

Dylan, → Antifilzausrüstung für Wolle; Dylan XB und XC ist ein Verfahren zur chemischen Modifikation (Oxydation) der Schuppen auf Basis Kaliumpermanganat bzw. Permonoschwefelsäure; Dylan GRC ist ein Verfahren zur Maskierung der Schuppen mit einem hauchdünnen, porösen Kunstharzfilm. - Vgl. → Hercosett, → Superwash.

Dynel, lt. TKG: Polychlorid; Multipolymerisat aus 60 % Vinylchlorid und 40 % Acryl; die Vinylchloridkomponente bringt die Unentflammbarkeit, die Acrylkomponente die Erhöhung des Erweichungspunktes in die Faser ein. - Stark bauschig, leicht waschbar, chemikalienbeständig; in Mischung mit Baumwolle wird die Knitterechtheit erhöht und die Schrumpffähigkeit verringert. - Verwendung zu Strickwaren, Möbelstoffen, Rauhgeweben, Wandbespannungen sowie für technische Zwecke. - Vgl. → Modacryl.

Easy of care, Easy care, im englischen Sprachraum Sammelbegriff für → Pflegeausrüstungen auf Kunstharzbasis; umfaßt

→ Wash'n-wear-, schmutzabstoßende und fleckenabweisende Eigenschaften ebenso wie → Pillingfreiheit und Widerstandsfähigkeit gegen Insektenbefall, sowie gute Knittererholung und faltenfreies Trocknen nach Waschbehandlung. - Vgl. → Disciplined fabrics.

Easy wash, Gleichwort für → Soil release; Sammelbegriff für Ausrüstungsmaßnahmen, die das Auswaschen von Anschmutzungen erleichtern, nicht aber zwangsläufig das Anschmutzen im Gebrauch verhindern. - Vgl. → Schmutzabweisende Ausrüstung, → Fleckschutzausrüstung, → Permalose, → Cassapret.

Echarpe, franz.: „Schärpe", Schal, meist mit Karo- oder figürlicher Musterung.

Echtdraht-Garne, vor allem als Gegensatz zu dem viel gebrauchten Begriff → Falschdrahtgarne verwendeter Ausdruck; → texturierte Garne nach dem „klassischen" Verfahren, das die Vorgänge Hochdrehen auf 2000 bis 3500 Touren je m, Fixieren unter Dampfeinwirkung und Rückdrehen über den ursprünglichen Nullpunkt hinaus in einzelnen Arbeitsgängen hintereinander abwickelt und daran das Zusammenzwirnen eines S- und Z-gedrehten Garnes zum Ausgleich der Verdrehungstendenzen anschließt. - Vgl. → Torsionsbauschung, → Helanca.

Echtheit, Widerstandsfähigkeit von Färbungen und Drucken auf Geweben und Maschenwaren gegen die verschiedensten mechanischen und chemischen Einflüsse, national und international in Echtheitsnormen geregelt. - Die für den Handel wichtigen Normen enthalten Vorschriften über Tages- und Kunstlicht-, Wasserechtheit bei leichter und schwerer Beanspruchung, Meerwasserechtheit, Wassertropfenechtheit und Waschechtheit hinsichtlich Waschtemperaturen und mechanischer Beanspruchung während der Wäsche. Schweißechtheit verlangt Widerstandsfähigkeit gegen Sprays und Deodorants, Bügelechtheit und Heißwasserechtheit sind von Belang in der Bekleidungsindustrie im Hinblick auf die Bügelautomaten, Lösungsmittelechtheiten sowie die Peroxydechtheit sind wichtig für die richtige Pflegekennzeichnung. Eine absolute Echtheit eines bestimmten Farbstoffes gibt es nicht, da die Kombination mit dem gefärbten Textilgut, die Farbhöhe und Farbtiefe und das Färbeverfahren maßgeblichen Einfluß auf die Echtheit haben. - Vgl. → Chlorbadewasserechtheit, → Dämpfechtheit, → Farbechtheit, → Lichtechtheit, → Meerwasserechtheit, → Reibechtheit, → Säure-, → Schweiß-, → Sodakochechtheit, → Waschechtheit, → Wetterechtheit, → Überfärbeechtheit.

Eckenkragen, Kragen des Frackhemdes mit steifer Brust im Gegensatz zum Umlegekragen des normalen Oberhemdes.

Ecossais, durch ineinander geschobene Quadrate und Rechtecke farbig gemusterte Kleider- und Blusenstoffe (Schotten).

Ecossais Baguettes, Ton-in-Ton-Struktur auf Grundgeweben in der Art von Whipcord oder Gabardine aus Wolle oder Mischungen mit Chemiefasern mit Karo- oder Streifenzeichnungen.

Ecru-Seide, auch „Hartseide" oder „Bastseide" genannt, nicht abgekochte, glanzlose Rohseide, deren Bast gelblich, grünlich oder weiß sein kann. - Vgl. → Souple-Seide, → Cuite-Seide, → Chevellierte Seide, → Entbasten, → Erschweren.

Edelhaar, nur bei Steppdeckenfüllungen gebräuchliche Sammelbezeichnung für → Alpaka, → Angora-Wolle, → Kamelhaar, → Kaschmirwolle, → Lama, machmal auch einschließlich → Naturseide.

Effekt, Veränderung der Struktur der Gewebeoberfläche, durch das Überwiegen eines der beiden Gewebesysteme (Kette und Schuß) oder den Wechsel der beiden Gewebesysteme hervorgerufen. Effektwechsel, d.h. der mustermäßige Wechsel von Ketteffekt und Schußeffekt insbesondere bei atlasbindigen Schaft- oder Jacquardbindungen ergibt eine durch den Lichteinfall verursachte Insich-Musterung.

Effektzwirn, Effektgarn, Sammelbegriff für

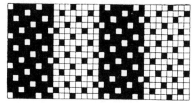

Effekt-Wechsel bei fünfer-Atlas

alle Zwirne und Garne, die durch ungleiches Spinnen oder Zwirnen (Titerschwankungen), Schwankungen im Drall oder in der Spannung oder stoßweises Zuliefern von Fremdfasern (→ Flammengarn, → Einspeis- oder → Abrißflammen, → Knotenzwirn) schließlich durch Schlingenbildung (→ Bouclé, → Loop, → Frisé, → Frottézwirn) oder Umspinnen (→ Crewel, → Ondé) einen eigenartigen und typischen Charakter erhalten. Diese Eigenart kann auch durch die Färbung hervorgerufen werden (→ Astro-dyeing, → Melange, → Vigoureux, → Mouliné, → Jaspé, → Naturmelange, → Sortierungsfarbe, → Marengo). Im weitesten Sinne Effektgarne und -Zwirne sind auch die → Corespun-Garne.

Effiloché, → Reißbaumwolle.

Egrenieren, Entkörnen der Baumwolle. Abtrennen der Samenhaare von den Körnern. Abfall: → Linters, ergrenierte Baumwolle: → Lint-Baumwolle.

Eichenspinner, Seidenraupe, die sich von Eichenblättern ernährt, in Indien und China beheimatet ist und nicht gezüchtet wird. Kokons chinesischer Eichenspinner lassen sich wie Maulbeerseide abhaspeln; die Kokons der indischen Arten sind größer und härter und lasse sich nicht abhaspeln. Die Seide vom Eichenspinner ist als Wildseide bekannt. Vgl. → Wildseide, → Tussahseide.

Eiderdaune, zartester Brustflaum einer isländischen, besonders kräftigen Entenart. Die → Daune ist von außerordentlich geringem Gewicht; mit Widerhaken versehen. Diese Widerhaken lassen die Daunen zu regelrechten Trauben zusammenketten.

Mengenmäßig ohne Bedeutung; der Seltenheit wegen angemessen hohe Preise.

Eighty-square, (sprich: eiti skwär = „80 im Quadrat"), Feinkotton als Druckgrundqualität, ähnlich Renforcé, englische Stellung 21/21-30/30; somit dichter und feiner als dieser.

Eindecken, auch → Mindern genannt, Verringerung der Maschenzahl einer Reihe durch Übertragen der äußeren Maschen auf die innen danebenliegenden Nadeln. - Gegensatz: → Ausschlagen. Vgl. → Regulär-Waren, → Fully-fashioned.

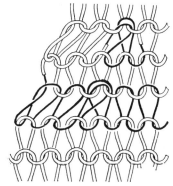

Eindecken (linke Warenseite)

Einfachreinigung, sogen. → Benzinbad oder → Kleiderbad, Grundbehandlung der → Chemischreinigung; umfaßt nicht die Durchsicht auf verbliebene Verunreinigungen und Flecke und nicht die → Detachur. Preisgünstig, aber nur für allgemein und gleichmäßig verschmutzte Kleidungsstücke, nicht aber für stark verfleckte geeignet. Kein abschließender Bügelvorgang. - Vgl. → Perchloräthylen.

Einfaden-Umkehrschuß-System, Methode des Einarbeitens nicht abgebundener Schüsse in Kettenwirkwaren, wobei ein über die ganze Warenbreite („Vollschuß") oder nur über eine Teilbreite („Teilschuß") laufender Fadenführer den von einer hinter der → Raschelmaschine stehenden Spule abgezogenen Faden verlegt. Bis zu 6 verschiedenartige oder verschiedenfarbige

Schüsse können abwechseln; Schußlegung und damit Einbindung mit Hilfe eines eigenen Legebarrens ist möglich. - Vgl. → Mehrfaden-Magazinschuß-Verfahren, → MS-Verfahren.

Einfädige Maschenwaren, → Maschenwaren (besonders Unterwäsche), bei denen die Maschen aus nur einem Faden (nicht: Zwirn) gebildet werden. Die Ware ist billiger, leichter und vor allem wolkiger als die hochwertigere → zweifädige Maschenware, bei der die Masche erst nach Bruch beider Fäden laufen kann.

Einflächige Kulierwaren, → Maschenwaren, die von einer Nadelreihe gebildet werden können und deswegen nur auf einer Warenseite rechte Maschen, auf der anderen Warenseite nur linke Maschen zeigen. Vergleiche: → Doppelflächige Kulierwaren. Beispiele für einflächige Kulierwaren: → Glatte Kulierwaren, → Preßmuster, → Hinterlegmuster, → Knüpftrikot, → Futterwaren, → Plüschtrikot, → Chaineusse, → Challengerware. Es müssen also nicht alle Maschen voll ausgearbeitet sein; Musterung durch besondere Techniken ist möglich. - Vgl. → Single Jersey.

Eingepaßter Druck, Druckmuster, das genau in die Zwischenräume eines Webmusters, z.B. eines Streifens, eingefügt ist. - Vgl. → Dessin placé.

Einlagenstoff, Spezialgewebe, die das „Gerüst" der Kleidung bilden. Unter diesen Begriff fallen die kaum mehr hergestellten Versteifungsgewebe, vor allem für die → Frontfixierung geeignetes Material, sowie sprungkräftige Einlagen, wie → Roßhaar, → Wollwattierung und Wollelastik. Sie dienen zur Formgebung und Formerhaltung und werden zwischen Oberstoff und Futter eingearbeitet. Zu den Einlagenstoffen rechnet man in jüngster Zeit auch die Faservliese und Bügelklebegewebe. - Vgl. → Mehrbereichseinlagen, → Stufeneinlagen, → Futterstoff.

Einlaufen, → Krumpfen, Eigenschaft von Geweben und Maschenwaren aus zellulosischen Fasern; in der Wäsche quellen die Fasern und vergrößern dadurch ihren Umfang. Dadurch wird der Weg, den die Fäden bei ihrer gegenseitigen Umschlingung machen müssen, größer; die Spannungen, die der Stoff in der Färberei, Druckerei und Appretur erhalten hat, werden gelöst. → Krumpfechtausrüstungen nehmen das Einlaufen vorweg. - Vgl. → Sanfor, → Progressive Schrumpfung.

Einnadelköper, auch Einnadelpikee genannt, früher viel verwendete Art der Preßmuster für Polohemden. Eine 1/1 Preßreihe wechselt, um eine Nadel versetzt, mit einer glatten Reihe.

Eingepaßter Druck zwischen Dreherstreifen

Einreiher, Sakko, der auf eine Knopfreihe schließt. Gegensatz: → Zweireiher.

Einschlagtuch, auch → Überschlaglaken oder → Oberleintuch genannt, dient zum Überziehen von Daunen- und Steppdecken. Man knöpft es unter die Steppdecke und schlägt dann ein etwa 50 cm langes Stück über die obere Kante der Steppdecke. Zusammen mit Kopfkissen bilden passend bestickte Einschlagtücher eine Bettwäsche-Garnitur. Mit dem Vordringen der → Flachbetten haben die Einschlagtücher an Bedeutung verloren.

Einschütte, daunendichte, sehr feine Steppdecken-Einfüllstoffe, auch bedruckt, aus Baumwolle (oder Naturseide); vgl. → Inlett, → Daunenbatist.

Einspeisflammen, siehe unter → Abrißflammen.

Einstellung von Geweben: Art, in der Kette und Schuß miteinander kombiniert sind, vor allem bestimmt durch das Verhältnis der Garnstärke von Kette und Schuß und die Zahl der Fäden auf einer bestimmten Fläche. Vgl.: → Bodenfeine, → Dichte von Geweben.

Einteilige Matratze, Matratzen, die ohne Kopfpolster in einem Stück gearbeitet sind, aus Schaumstoff oder mit Federkern, ventiliert sich durch die Bewegung des Schlafenden selbst, im Ausland weiter verbreitet als in Deutschland. Übliche Größen 90 x 190 cm oder 100 x 200 cm. Moderne Polsterbetten und die sogen. Französischen Betten haben einteilige Matratzen sogar in den Größen 150, 160, 180 und 200 cm x 200 cm.

Einverwirbelung, → Texturieren ohne Verdrehungstendenz, siehe unter → Verwirbelung.

Einwebung, Verkürzung der Kett- und Schußlängen, die dadurch entsteht, daß die Fäden sich beim Webvorgang gegenseitig umschlingen müssen. Deshalb müssen auch alle Schuß- und Kettfäden innerhalb des Bindungsrapports gleich oft einbinden. Würde ein Faden wegen häufigerer Einbindung stärker einweben als die übrigen, würde er reißen oder als Spannfaden sichtbar werden.

Einwegbettwäsche, Bettwäsche, die nur einmal verwendet und dann weggeworfen, also nicht mehr gewaschen wird. Bis heute (1979) nur in Krankenhäusern üblich.

Einzelfaseruntersuchung, Prüfungsverfahren zur Feststellung der Zusammensetzung von Garnen und Geweben. Man entnimmt dem Gewebe mindestens eine Kett- und einen Schußfaden, dreht die Garne oder Zwirne auf und prüft die einzelnen Fasern nach ihrem Rohstoff. Methoden: → Stapelprobe, → Netzprobe und → Schuppenprobe. - Vgl. → Analysen-Richtlinie nach → TKG.

Einzeltiter, Feinheit der Einzelfaser (Kapillare) im Garnverband. Ein Garn gleicher Stärke kann aus wenigen Chemiefasern mit grobem Einzeltiter oder vielen mit feinem Einzeltiter hergestellt werden, wobei sich Griff, Schmiegsamkeit und das Warenbild des fertigen Stoffes stark verändern können. Deshalb werden bei Garnen aus endlosen Filamenten meist zwei Zahlen genannt, wobei die erste den Titer des Garnes, die zweite die Anzahl der Elementarfasern (meist gleich der Düsenzahl) angibt, z.B. 120/24 dtex = ein Garn mit 120 dtex besteht aus 24 Kapillarfäden mit je 5 dtex.

Einzeltiter. Der gleiche Garnquerschnitt wird links von vielen Fasern mit feinem Einzeltiter, rechts von wenigen Fasern mit grobem Einzeltiter gebildet

Einziehdecke, zur vollkommenen Umhüllung mit einem → Bettbezug bestimmtes, durch Steppen oder eingearbeitete Stege im Gegensatz zum → Deckbett flach gehaltenes → Oberbett. - Füllung mit → Fe-

dern, → Daunen, → Fiberfill, → Schurwolle (→ Rheuma-Einziehdecke). - Vgl.
→ Flachbetten.

Einzonen-Verfahren, → Strecktexturierverfahren, andere Bezeichnung für → Sequentialverfahren.

Eisengarn, steifes, glänzendes Baumwollgarn, nach Behandlung mit Wachs und Paraffin auf einer besonderen Ausrüstungsmaschine („Lüstrieren") geglättet. - Verwendung für Strapazierlitzen, Futterstoffe
und technische Zwecke. Durch den Einsatz von Synthetics verdrängt.

Eiskrepp, Bindungskrepp, weißer
→ Sandkrepp (→ Crêpe Sablé).

Eiweißfasern, im weitesten Sinne alle natürlichen und Chemiefasern aus Eiweiß
(Wolle, Tierhaare, Naturseide); im engeren
Sinne nur die Fasern aus regeneriertem
Eiweiß (lt. TKG: „Regenerierte Proteinfasern"). Pflanzlicher Ursprung: → Ardil aus
Erdnußeiweiß, → Zein, → Vicara aus Mais-
pflanzen, sowie Fibrolane und Sikool aus
Sojabohnen. Aus regeneriertem tierischen
Eiweiß hergestellte Fasern haben mangels
genügender Rohstoffbasis keinen langfri-
stigen Erfolg gehabt (Wikilana aus Fischei-
weiß und Kosei aus Naturseidenfibroin);
lediglich Lanital und Merinova aus Milchei-
weiß waren längere Zeit auf dem Markt. Ob
sich die 1971 in Italien neu auf den Markt
gekommene Faser → Opervillic durchsetzen wird, sei dahingestellt. - Vgl. → Proteinfasern.

Elaskin, längs- und querelastische Raschelwaren von Spezialmaschinen (Gold-
Zack), in Warenbild und Dessinierung
wandlungsfähig, mit der Möglichkeit partieller Formungseffekte, für Badewäsche
und Miederwaren.

Elasthan, lt. TKG: „Fasern, die aus mindestens 85 Gewichtsprozent von segmentiertem Polyurethan bestehen, und die, unter Einwirkung einer Zugkraft um die dreifache ursprüngliche Länge gedehnt, nach
Entlastung sofort wieder nahezu in ihre
Ausgangslage zurückkehren". Ohne Nachbehandlung wie Gummi elastische, syn-

Elasthan-Filament (Dorlastan)

thetische Fasergruppe; rücksprungkräftig
dehnfähig, mäßige Scheuer-, aber gute
Zugfestigkeit, alterungs- und chemisch beständig (auch gegen Öle und Fette, Par-
füm, Seewasser und Sonnenstrahlen), vergleichsweise fein ausspinnbar. → Segmentiertes Polyurethan (s. Abb. dort) ist
ein → Blockpolymerisat, in dem kristalline
Hartsegmente und amorphe Weichsegmente ein makromolekulares Netzwerk mit
starken zwischenmolekularen Kräften bilden; die in ungeordneter Knäuelform vorliegenden Weichsegmente gestatten die
Dehnung und sorgen für die Erholung aus
dem Dehnungszustand. Naß gesponnenes Elasthan ruft einen (leichter verletzli-
chen) kompakten Querschnitt hervor
(→ Vyrene), trocken gesponnenes bildet
ein Gefüge von zum Teil verklebten oder
verschmolzenen Einzelfilamentbündeln mit
Lufteinschlüssen und recht „textiler" Struktur (→ Lycra). Da theoretisch kochfest,
richtet sich die Behandlung von Textilien
mit Elasthanbestandteilen nach den anderen Materialien; Wasch- und Pflegeanlei-
tung der Hersteller beachten! - Verwendung für → Elastische Stoffe, und Maschenwaren; gegenüber → Gummifäden

höherer Gebrauchswert, gegenüber → Elastics mit texturierten Synthetics (→ Falschdrahtgarnen) angenehmere Trageeigenschaften durch geringere Spannung, aber höherer Preis. - Vgl. → Dorlastan, → Lycra, → Vyrene, → Spanzelle, → Rhodastic, → Core-spun-Garn, → Polyurethan, → Newaswing, → Sympa-look, → Stretch.

Elastic, Gewebe, die durch Garne und Zwirne aus elastischen, meist nach dem Falschdrahtverfahren texturierten Polyamid- oder Polyesterfasern, oder aber durch → Elasthane in Kett- oder Schußrichtung oder in beiden Richtungen rücksprungkräftige, dauerhafte Elastizität erhalten haben. Bei der Herstellung querelastischer Stoffe müssen die Webstühle 15-20% breiter als normal eingestellt werden; texturiertes Material ist in Preis und Produktion billiger, Stoffe werden 6-10% teurer als gleichartige unelastische Gewebe. Einsatz von Elastomeren oder Falschdrahtzwirnen ist nicht mehr auf Stoffe mit kammgarnartigem Charakter beschränkt; auch → Cordsamt, → Tweed, → Cotelé, → Diagonal, › Madraskaros aus Baumwolle oder → Denim können elastisch hergestellt werden. Bei zu geringer Schußdichte besteht die Gefahr verstärkter Pillingbildung. Elasthane bringen ein besseres Tragegefühl durch weniger straffen Zug und erhöhte Schmiegsamkeit. - Gewebe mit Gummi- (Lastex-) Fäden, nur mehr vereinzelt bei Badewäsche üblich, gehören nicht zu den „Elastics". Mit Hilfe neu entwickelter Spezialfasern (vor allem Bikomponentenfasern wie → X 403-Tergal oder → Diolen 703) ist es möglich, elastische Stoffe ohne Verwendung texturierten Materials oder von Elasthan mit unterschiedlichem Rücksprung und einer Dehnung von 20-25% herzustellen. - Warenzeichen für Elastics aus Glanzstoff-Elasthan: → Sympa-look. Vgl. → Zweizug-Elastic.

Elastizität, Fähigkeit eines Materials, die Folgen einer durch äußere Einwirkung hervorgerufenen Verformung wieder rückgängig zu machen. Vgl. → Dehnung.

Elastizitätsmodul, Kennziffer, die das Ausmaß des Bestrebens eines Textilmaterials darstellt, eine durch Einwirkung von Zug, Druck, Verdrehung oder Krümmung erfolgte Formänderung nach Beendigung der Einwirkung dieser Kraft wieder rückgängig zu machen; Verhältnis aus angreifender Kraft und erzeugter Dehnung, in Kp gemessen. Je höher der angegebene E.-Modul, desto elastischer ist ein Textilerzeugnis. - Vgl. → Naßmodul.

Elastodien, lt. TKG „elastische Fasern, die aus natürlichem oder synthetischem Polyisopren bestehen, entweder aus einem oder mehreren polymerisierten Dienen, mit oder ohne einem oder mehreren Vinylmonomeren, und die, unter Einwirkung einer Zugkraft um die dreifache Länge gedehnt, nach Entlastung sofort wieder in ihre Ausgangslage zurückkehren". Da Kautschuk ein Polyisopren ist, sind unter die Elastodien moderne Gummifäden zu zählen.

Elastolan, stark bauschiges Schurwollkammgarn mit geringem Synthetics-Anteil; reißfest, füllig, weich (Hardt Pocorny).

Elastomere, vor Einführung des Begriffs → Elasthan durch das TKG nach DIN 60001 → segmentiertes Polyurethan; nach Einführung des TKG als Sammelbegriff für alle rücksprungkräftig dehnfähige Textilfasern, also → Elasthan und → Elastodien (Gummi) verwendet. Der gleichlautend in Amerika verwendete Ausdruck → Spandex wird in Deutschland wegen der Verwechslungsgefahr mit dem Warenzeichen Spantex nicht mehr verwendet.

Elektrostatische Aufladung, Aufladung von Textilien mit faserbedingt schlechter elektrischer Leitfähigkeit durch statische Elektrizität, gefördert durch starke Reibung und geringe relative Luftfeuchtigkeit. Die Aufladung, die bei Synthetics, aber auch bei Wolle, Naturseide und Angorawolle auftritt, begünstigt das Anschmutzen und führt bei Teppichböden und Möbelbezügen unter Umständen bei Berührung zu schlagartiger Entladung; sie ist nicht gefährlich, aber oft recht lästig. Positiv wirkt die Linderung rheumatischer Leiden.

Dauerhafte → Antistatische Ausrüstung ist möglich. - Vgl. → Antistatische Fasern.

Elementarfasern, einzellige, an ihren Enden spitz zulaufende Einzelfasern aus Zellulose, die bei Bast- und Blattfasern durch Pflanzenleime zu Bündelfasern verklebt sind. - Vgl. → Cottonisieren, → Flockenbast

Elementenspinnverfahren, Oberbegriff für moderne → Feinspinnverfahren, bei denen durch fortwährendes Aneinanderfügen möglichst vollständig aufgelöster Faserbüschel an den offenen Fadenenden ohne Ring und Läufer eine Fadenbildung herbeigeführt wird. Die Auflösung der Vorgespinste in Elemente kann mechanisch, elektrostatisch, pneumatisch und hydraulisch erfolgen. - Vgl. → Offen-end-Spinnverfahren, → Rotofil-Verfahren, → Bobtex-Verfahren.

Elena, polnische Polyesterfaser.

Elitex, 1. Webmaschine mit Schußeintrag durch Luftzug; vgl. → Düsenwebmaschine, → Maxbo.
2. → Offen-end-Spinnmaschine mit → Spinnturbinen. - Vgl. → Rotospin-Maschine.

Elura, → Elastomerfaser von Chemstrand, lt. TKG: → Elasthan. - Vgl. → Polyurethan.

Embros, relativ preiswertes, sehr haltbares Fell des italienischen Merinolammes, ergibt gut wärmende und nicht auftragende Bekleidungsstücke. - Vgl. → Lamm, → Gotland-Lamm, → Calayos, → Toscana-Lamm, → Indisch-Lamm.

Empire, (sprich. Ampihr, nicht Empeier), der Stilepoche aus der Zeit Napoleons nachempfundene Moderichtung mit hochgeschobener Taille und deutlich betonter Büstenpartie; kurzes Oberteil, häufig tiefer Ausschnitt, breite Gürtel, gerundete Hüften, nach unten schmaler werdender Rock.

Enant, russische Polyamidfaser, Polyamid 7 aus Aminoönanthsäure. - Vgl. → Pelargon.

End, in End,, deutliche → Fil à Fil-Dessinierung.

Endelnaht, auch → Überwendlingnaht genannt, zwei Stoffe (oder Wirkwaren) werden aneinander gelegt und so zusammengenäht, daß die Stiche die Kanten umschlingen.

Endlos-Fasern, nach DIN 60 000 „linienförmige Gebilde von praktisch unbegrenzter Länge, die sich textil verarbeiten lassen". Das TKG unterscheidet nicht zwischen → Stapelfasern (→ Spinnfasern) und Endlosfasern. Vgl. → Filament.

Endo-Stat, → Antistatische Ausrüstung für Socken und Strumpfwaren (Burlington) mit dem Ziel, das Haften und Kleben von Socken aus synthetischem Material an den Beinkleidern zu verhindern, das Ansetzen von Staubringen am Bein zu vermeiden und der Haut Atmungsfreiheit zu geben. Der Effekt ist waschfest und dauerhaft.

Engineering Print, Druckdessins, besonders → Panneaux- und → Tücherdrucke, die in Rapport und Anlage des Musters bereits auf den Zuschnitt in der Konfektion abgestimmt sind, so daß sie ohne viel Verschnitt verarbeitet werden können. Teilweise werden auch → Composé-Drucks für Ärmel mit angeboten. - Vgl. → Programmierter Druck, → Dessin placé.

Englanderdruck, siehe unter → Mosaikdruck.

Englische Baumwollnummer, in der Baumwollweberei übliche Garnnumerierung: Garnlänge in hanks (768,1 m) je 1 englisches Pfund (1b = 453,59g). Abkürzung: NeB oder Ne). - Allgemein üblich für handelsüblich aufgemachte Garne und Zwirne, z.B. Nähfäden und Stickgarne.

Englisch Leder, ungerautes Deutsch-Leder. Schwerer baumwollener Hosenstoff mit dunkler Druckmusterung für Arbeitshosen. - Wird kaum noch hergestellt.

Englisch Tüll, anderer Ausdruck für → Bobinet-Gardinen.

Enka, geschützte Bezeichnung für Chemiefasern und Erzeugnissen daraus (Aku). - Enka, crêpe: spinntexturiertes Perlon;

Beispiele für Ensembles: von links: Uni-Mantel mit einem zum Kleid passenden Schal; zwei Abend-Ensembles mit Cardigan bzw. Bolero, letzteres mit abgepaßtem Dessin; zwei Dreiteiler mit Weste aus dem Stoff des Rocks.

Enkaloft: Polyamid-Teppichspezialtype; Enkalon: Polyamid-Teppichspezialtype; Enkalure: Perlon mit trilobalem Querschnitt und Glitzerwirkung; Enka-silklike: Glitzer-Nylon mit trilobalem Querschnitt; Enkastat: texturiertes Endlosgarn aus Perlon, Spezialfaser für Teppiche für den Objektbereich; Enka-swing: Elastomerfaser = Elasthan (Polyurethan), Enkatron: trilobales Nylon glitzernd.

Ensemble, Kombination eines kompletten Kleidungsstückes mit einem zweiten in gleichem Modestil und passendem Stoff. Beispiel: Kleid mit Jacke, Kleid mit Mantel. - Vgl. → Complet, → Set, → Separate, → Deux-Pièce, → Trois-Pièce, → Zweiteiler, → Trousseau, → Mustermix.

Ensemble-Look, elegante Version der (sportlichen) Kombinationsmode (vgl. → Combidress), die den → Accessoires verstärkte Bedeutung beimißt.

Entbasten, siehe unter → Degummieren. - Vgl. → Sericin, → Ecru-Seide, → Cuite-Seide, → Erschweren, → Chargieren, → Souple-Seide, → Seidenschrei.

Entenfeder, kleiner als → Gänsefeder, läuft nach oben entweder spitz oder strahlenförmig aus. Gegenüber den Gänsefedern sind auf einem bestimmten Rauminhalt mehr einzelne Federn enthalten; somit wirkt sich das Brechen eines Kiels kaum aus. Mit Entenfedern gefüllte → Deckbetten müssen länger und kräftiger aufgeschüttelt werden.

Entrefinos-Pelzvelours, → Pelzvelours von einer spanischen, merinoähnlichen Schafrasse.

Entschlichten, Beseitigung der im Gewebe befindlichen Schlichte, die zur Erhöhung der Haltbarkeit und zur Glättung der Kettfäden für den Webvorgang notwendig ist. Zurückgebliebene Schlichte kann zum Beispiel die Farbaufnahmefähigkeit verändern. Jacquards aus Filamentgarnen beispielsweise werden nicht entschlichtet; die Schlichte bildet einen Teil der Ausrüstung. Nicht entschlichtete Stoffe dürfen nicht gewaschen, sondern nur chemisch gereinigt werden. Das Entschlichten kann durch Oxydation, Säurebehandlung und mit Hilfe von Enzymen erfolgen; die letztere Methode ist zwar teurer, schont aber die Faser.

Entwicklungsfarbstoffe, aus zwei verschiedenen Chemikalien gebildete Farbstoffe, die nacheinander auf das Gewebe aufgebracht und auf der Faser zum Farbstoff vereinigt werden. Besonders bekannte Marken: → Naphtol AS, → Indrarot. Auch Polyesterfasern können gefärbt werden.

En vogue, (sprich: an wohg), frz.; so viel wie „sehr beliebt", „in Mode".

Eolienne, zart quergerippte Gewebe mit „Rauhreif-Effekt". Früher mit Naturseidenkette und feinem, hartem Kammgarnschuß, nunmehr aus Viskose mit Endloskette und Spinnfaserschuß. Ähnlich dem → Rips givré.

Epauletten, harte Schulterstücke, bei Uniformen meistens mit → Leonischen Gespinsten verziert. - Abb. siehe → Jacken.

Epinglé, 1. Gezogener Samt (Velours frisé), Möbelstoffe in Kettsamttechnik mit unaufgeschnittenen Florschlingen.
2. Glatter Damenkleiderstoff mit mustermäßig wechselnden, zarten und kräftigen Querrippen.

Epitropic, Polyamidfaser mit dauerhafter → Antistatic durch Einlagerung von Kohlenstoff. - Vgl. → Antistatische Faser, → Zefstat.

Erbstüll, grober → Bobinet-Tüll mit geringer Kettdichte.

Erdnußfaser, → Protein- (→ Eiweiß-) Faser, lt. TKG: Regeneriertes Protein; → Ardil, → Sarelon. - Gelbliche, weiche, gekräuselte und warmhaltende Flocke mit geringer Trockenfestigkeit und hohem Naßfestigkeitsverlust. Wird kaum mehr hergestellt.

Erschwerung, Erschweren, → Beschweren oder auch → Chargieren genannt, Arbeitsvorgang der Naturseiden-Strang- und Stückveredlung; Auffüllung des durch den → Entbastungsvorgang eingetretenen Gewichtsverlustes durch Metallsalze und eine Schlußbehandlung mit Wasserglas. Erschwerung unter Pari bringt kaum eine Qualitätsverschlechterung, wohl aber Über-Parierschwerung.

Erstlingswolle, Wolle von der ersten Schur eines Schafes nach etwa einem Jahr („ → Jährlingswolle") oder erste Schur nach der Lammwollschur (des halbjährigen) Lammes (→ Lambswool) zum gleichen Zeitpunkt. Länger als Lambswool, aber weich, nicht gleichmäßig dick, vor allem für Steppdeckenfüllungen. Englische Bezeichnung: → Hogget.

Escher-Dessin, nach dem Namen des holländischen Grafikers Maurits Cornelius Escher, dem ersten Gestalter sogenannter Verwandlungsmuster, bezeichnete → Evolutive Muster.

Eskimo, schweres, dichtes und stark gewalktes Doppelgewebe mit leicht glänzendem, durch Pressen dicht anliegendem Strich und flauschig gerauhter Abseite für billige Herrenmmäntel. Wird kaum mehr verwendet.

Esterházy, österreichischer Ausdruck für Glencheck.

Estremadura, sechsfach gezwirntes, sehr weiches Baumwollgarn zum Handstricken.

Etagenlook, Etagenmode, Bekleidungsstil, bei dem kürzere und längere Oberteile übereinander getragen werden; Beispiel: Kurze ärmellose Weste über langärmeligen Kleidern oder hüftlangem Sweater. - Vgl. → Overblouse, → Overdress.

Etamine, gitterartig druchbrochene → Drehergewebe, mit Tuchbindeflächen gemustert, für Scheibengardinen; ähnlich auch für Blusen. - Vgl. → Marly-Etamine.

Etui-Kleid, Schnittkleid, das sich figurzeichnend wie ein „Futteral" eng um den Körper schmiegt, ohne zu beengen; verlangt eine gute Figur der Trägerin.

Eulan, Chemikalien verschiedener Zusammensetzung, die die Keratinsubstanz der Wolle für Motten und andere Textilschädlinge dauerhaft ungenießbar und unverdaubar macht und die behandelten Textilien, für den Menschen unschädlich, vor Mottenfraß schützt (Bayer, BASF). Die Ausrüstung kann nicht nachträglich aufgebracht werden.

Eulan-asept, → antimikrobielle Ausrüstung, besonders für Strümpfe, Matratzen, Federbetten und Decken.

Euroacryl, italienische Acrylfaser.

Eurobond, Warenzeichen für → Verbundstoffe (ICI, Amcel) mit Oberstoffen aus BriNylon, → Terylene, → Crimplene und → Arnel sowie Amcel-Acetat-Trikot-Futter. - Vgl. → Bonding.

Everglaze, geschützte Bezeichnung (Bancroft) für eine waschfeste und dauerhafte Prägeausrüstung auf zellulosischen Fasern. Die Gewebe werden mit Kunstharzen, die auch eine verbesserte Knittererholung herbeiführen, imprägniert, sodann geprägt und durch eine Hitzebehandlung fixiert. Gleichzeitig mit der Prägung kann die Ware auch bedruckt werden. Die Kunstharze werden nur aufgelagert, nicht aber quervernetzt.

Everlasting, auch als → Strichnet bezeichnete Bindungstechnik von → Bobi-

net-Gardinen mit verhältnismäßig dichtem Grund und schiebefester Musterung, wobei eine relativ feine Zusatzkette über die gesamte Warenbreite die Querverbindung zwischen den unabgelenkten Ketten herstellt. - Vgl. → Swissnet.

Everprest, → Permanent Press-Verfahren für Mischgewebe Polyester/Baumwolle zur Erzielung von → Dimensionsstabilität (→ Pre-curing).

Evlan, Modifizierte Viskose-Spezial-Teppichfaser von Courtaulds.

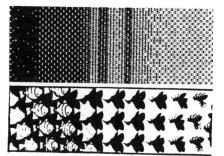

Evolutives Muster im Charakter einer Degradé-Bordüre, unten vergrößert. Aus Fischen werden zuerst Vögel und dann Bienen.

Evolutives Muster, sogenanntes Verwandlungsmuster, das auf Vorbilder des zu Beginn dieses Jahrhunderts tätigen holländischen Graveurs M.C. Escher zurückgeht (→ Escher-Dessin); bei oft bordürenartiger Anordnung wird bei insgesamt zusammenhängender Musterzeichnung ein Musterungsmotiv nach und nach in ein anderes verwandelt, z.B. Fische in Vögel, diese in Bienen usw. Gut für → Faux unis, aber auch für Saumbordüren und → Panneaux, auch → Dégradé, zu verwenden.

Exlan, japanische Spinnfaser aus Polyacryl.

Extraktwolle, aus Wollmischgeweben durch → Karbonisieren gewonnene (pflanzliche Bestandteile werden zerstört)

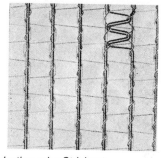

Everlasting oder Strichnet

113

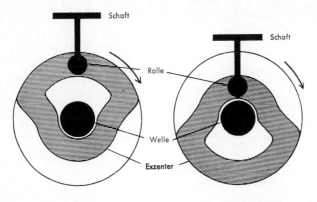

Schaft

Schaft

Rolle

Welle

Exzenter

*Schematische
Darstellung
der Wirkungsweise
eines Exzenters*

→ Reißwolle von geringem Wert, auch als
→ Alpakka-Wolle bezeichnet. Faserlänge
meist über 20 mm.

Extrudieren, Verarbeitung thermoplastischer Kunststoffe und Spinnlösungen in
Extrudern, d.h. durch kontinuierliches Zuführen und Auspressen durch Düsen, wodurch die Masse in eine bestimmte Form,
z.B. Rohr, Folie, Platte oder Fadenform, gebracht wird. Eine schraubenartige Spindel
heizt die Spinnmasse auf eine vorgegebene Temperatur auf, macht sie gleichmäßig
und fördert sie unter Druck.

Exzenter, kreisförmig bewegte Vorrichtung am mechanischen Webstuhl, die
durch besonders geformte Kehlung das
Heben und Senken der Schäfte bewirkt.

Fabrikwäsche, maschinelles Waschen der
Wolle. Die Kosten werden normalerweise
durch die Verwertung des herausgewa-
schenen Schweißes, des Wollfettes (Lanolin) für kosmetische Zwecke gedeckt.

Fach, → im Webstuhl durch Heben und
Senken der Kettfäden gebildeter Raum vor
dem Riet, durch den der Schußfaden eingeschossen wird.

Fachen, 1. Bildung eines Wirrfaservlieses
bei der Herstellung von → Filzen;
2. Zusammenführen von zwei oder mehreren parallellaufenden Fäden auf einer Spule (Vorbereitungsarbeit in der Zwirnerei).

Fächerfalte, Faltengruppe an Röcken, die
von einem Punkt aus fächerförmig auf-
springen, vor allem als Gehfalte an engen
Röcken. - Abb. siehe → Faltenrock.

Façonné, schaftgemusterte Gewebe, also
Stoffe, die in sich oder farbig durch die
Bindung gemustert sind. Durch geschickte
Anlage der verschieden einbindenden
Kettfäden lassen sich auch größere Rapporte mit der → Schaftmaschine herstellen, jedoch bleibt der Ausdruck Façonné
den kleinen Figuren vorbehalten. - Gleichwertige Schaftmuster sind, da technisch
einfacher und schneller herzustellen, billiger als → Jacquardgewebe Vgl. → Figurierte Gewebe, → Jacquard. In französich-
sprachigen Ländern: → Jacquardmusterung.

Faden, nach DIN 60900 ein die Erscheinungsform, nicht aber den Verwendungszweck kennzeichnender Begriff für „linienförmige textile Gebilde" wie → Vorgarn,
→ Garn, → Zwirn, → Schnur. Für die aus
endlosen Rohstoffen durch Zusammendrehen mehrerer Einzelfasern gewonnenen Gespinste wird nunmehr korrekt der
Begriff → „Endlos-Garn" verwendet. Nähfäden sind Zwirne. Endlose Chemiefasern
heißen → Filamente.

Fadendichte, auf einer bestimmten Fläche
festgestellte Zahl der Kett- oder Schußfäden, eines der Qualitätsmerkmale von Textilien, das die Geschlossenheit eines Gewebes charakterisiert. - Vgl. → Einstellung,
→ Bodenfeine.

Fadengelege, textile Flächengebilde mit mehr oder weniger großen Durchbrüchen, wobei nicht endlose (→ Wirrfaservlies) oder Stapelfasern (→ Faserverbundstoffe), sondern Fäden aus Filamenten oder Stapelfasern so verlegt werden, daß sie mit Hilfe von Bindemitteln oder thermisch zu einem porösen und flexiblen Stoff verfestigt werden können. Man unterscheidet zwangsläufig geordnete Fadenverlegung (→ Bafa) und zufällige Fadenlegung (→ Uvutan). - Vgl. → Fadenverbundstoffe, → Textil-Verbundstoffe, → Näh-Wirktechnik, → Non woven fabrics..

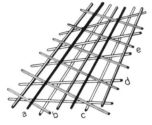

Draufsicht auf ein zwangsläufig gelegtes Fadengelege (Bafa). Die Kettfäden sind durch a, b und c, die Querfäden durch d und e gekennzeichnet.

Fadengerade geteilt werden sämtliche Stoffe mit Ausnahme bedruckter Vorhangstoffe, die man nach dem Muster schneidet, wenn das Muster ungewollt nicht exakt, sondern schräg zum Fadenverlauf gedruckt ist, was sich nicht immer vermeiden läßt. Um Stoffe fadengerade zu teilen, werden sie entweder nach der Fadenlücke eines herausgezogenen Fadens geschnitten oder gerissen (alle dichten tuchbindigen Stoffe, aber auch feinste Damaste und Inlette - das Reißen muß gelernt sein) oder nach einem abgehobenen Faden geschnitten.

Fadenkaro, leicht erhabenes, meist kleinfiguriertes Muster, das durch entsprechende Anordnung dickerer Fäden in Kette und Schuß oder durch eine entsprechende Bindeweise entsteht. Als → Ton-in-Ton-Dessin erlaubt es das Überfärben.

Fadenverbundstoffe, → Textil-Verbundstoffe, die durch mechanische (→ Nähwirktechnik, → Malimo) oder adhäsive (→ Fadengelege) Verfestigung von Garnlagen entstehen. - Gegensatz: → Faserverbundstoffe.

Fadenzugmuster, Musterungsart bei Rechts-Rechts- (oder Ränder-) Waren; mustermäßig werden auf einer Seite Nadeln abgezogen, so daß dort die rechte Masche ausfällt und eine längsverlaufende Rinne entsteht.

Fahnentuch, meist stückgefärbter, kräftiger Baumwollkretonne oder Renforcé in Indanthrenfärbung, für Fahnen und Besatzzwecke.

Faille, taftähnliches Seidengewebe mit deutlichen Querrippen. - Vgl. → Bengaline, → Pault de Soil.

Falbel, verschieden breit abgenähte Falten zur Verzierung für Kleider und Blusen.

Fallblechmuster, aufgelegte und daher plastisch wirkende Musterungen mit oft stickereiähnlichem Charakter auf durchbrochenen Gardinenstoffen, die ihren Namen von dem Steuerungsmechanismus der Raschelmaschine erhalten haben. In einem Arbeitsgang kann eine Grundware aus einem feintitrigen und eine Musterung aus einem grobtitrigen Garn hergestellt werden.

Falschdrahtverfahren, einstufiges, d.h. kontinuierliches → Torsionsverfahren nach dem Prinzip: „Hochdrehen - Fixierung des Dralls - Aufdrehen" in ununterbrochenem Arbeitsgang. Das endlose Material wird z.B. mit S-Draht hart hochgedreht und durchläuft gleichzeitig das beheizte Fixieraggregat. Mit Hilfe des „Drehröhrchens" wird das weiterlaufende Garn an der Stelle der Drehungsumkehr festgehalten und sodann in Gegenrichtung, also hier: Z-Draht, gedreht. Das Drehröhrchen, die „Falschdrahtspindel", rotiert sehr schnell in entge-

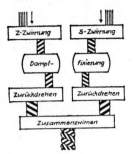

Prinzip des Falschdrahtverfahrens zur Torsion. Um den Vorgang Hochdrehen-Fixieren-Rückdrehen kontinuierlich (fortlaufend) durchführen zu können, wird bei hohen Durchlaufgeschwindigkeiten das Garn an dem mit Pfeil bezeichneten Punkt festgehalten. Später heben sich dann die beiden Drehungsrichtungen auf

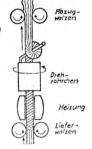

Das Falschdraht-Verfahren, eine Zusammenstellung der einzelnen Phasen.

Detailzeichnung der Garnbehandlung beim Falschdrahtverfahren. Das Drehröhrchen als Falschdrahtspindel bewirkt die Drehungsumkehr.

gengesetzter Drehrichtung. Die Zuführungswalzen müssen wesentlich schneller laufen als die Abzugswalzen, damit auch eine Stauchung eintritt. Durch die → Torsionsbauschung entsteht ein spiraliger Elastizitäts- und Kräuseleffekt. Das Doublieren der zwei texturierten Einzelfäden erfolgt im Gegensatz zum Helanca-Verfahren gleichzeitig in einem Arbeitsgang mit dem Texturieren. Das Falschdrahtverfahren eignet sich auch für nicht thermoplastische Chemiefasern, z.B. Acetat. Die Reduzierung der Dehnfähigkeit zur Erzeugung

sogen. → Set-Garne erfolgt entweder auf der Falschzwirnmaschine mit niedriger Temperatur bei gleichzeitig geringerer Drehung oder nachträglich - Vgl. → Helanca, → Helanca-set, → Texturierung, → Stretch, → Elastic, → Echtdrahtverfahren.

Falsches Broché, anderer Ausdruck für → Lancé Decoupé.

Falsches Uni, im Ganzen uni wirkende

Faltenröcke: von links: unterhalb des Sattels eingelegte Falten; mit Tascheneingriffen unter der Rockfalte; Gehfalte mit der Wirkung eines Hosenrocks (bogenförmige Paspeltaschen); kiltartiger Rock mit hüfthoch abgesteppten Falten.

Gewebe, deren Farbwirkung jedoch durch das Zusammenspiel mehrerer Einzelfarben entsteht. Vgl. → Faux uni, → Changeant, → Glacé, → Brillantcolor, → Caméléon.

Faltenrock, Rockform, bei der Falten den Übergang von engen zu weiten Partien vermitteln und eine erhöhte Bewegungsfreiheit gestatten. Auch um eine besondere Stoffülle im Rock unterzubringen, kann man Falten legen. Vgl. → Fächerfalte, → Diorfalte, → Plissee, → Kellerfalte, → Scherenfalte, → Prevofalte, → Golffalte.

Faltentasche, für Sportkleidung typische Tasche mit eingefalteten Seitenstreifen, die für ein vergrößertes Fassungsvermögen sorgen. - Vgl. → Blasbalgtasche.

Fancy, 1. beiderseitig gerauhter, dichter Flanell bei dem die Kette durch den Rauhflor des Schusses ganz verdeckt wird, meist meliert.
2. Musterungsart bei Stoffdrucken und Buntgeweben mit kleinen ineinander verschränkten, zum Unibild hin tendierenden Motiven.

Fancy-Cord, → Cord oder → Cordsamt mit Wechselrippe, entweder mit verschiedenen Rippenformen (zum Beispiel unaufgeschnittene und aufgeschnittene im Wechsel) oder mit verschieden breiten Rippen. Auch schachbrettartig versetzte Rippen sind möglich. - Vgl. → Epinglé, → Phantasie-Cord.

Fancy-Garn, wenig wertvolles, fülliges Garn aus Baumwollabfällen. - Vgl. → Vigogne-Garn, → Abfallgarn, → Imitatgarn.

Fancynet-Tüll, durchbrochener Gardinentüll, dessen Kettfäden durch mustermäßig zwischen den Kettfäden pendelnde Musterfäden verbunden sind. Eine Bindekette hält Musterfäden und Kettfäden zusammen und sorgt für Schiebefestigkeit. - Vgl. → Tüll, → Bobinet.

Fang, Stricktechnik, die man allgemein als „Patent" bezeichnet, ergibt sehr füllige Maschenwaren bei relativ hohem Materialverbrauch, da sie aus lauter Doppelmaschen besteht. Beide Warenseiten sind gleich, die Ware schließt sich in der Breite nicht zusammen und behält annähernd die Breite des Nadelraumes auf der Strickmaschine. Bildlich sieht Fang der 1/1 Rechts-Rechts-Ware ähnlich; ein rechtes Stäbchen wechselt mit einem linken. In der Gasse sind aber die nicht zu Maschen geformten Henkel fischgratartig sichtbar. Vgl. → Perlfang, → Micromesh, → Fangversatz.

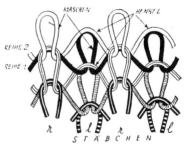

Fang (Maschenverlauf der rechten Warenseite)

Fangversatz, von → Fang abgeleitete Stricktechnik, wobei durch seitliche Verschiebung einer der beiden Nadelreihen die Maschen seitlich vorzogen eingebunden werden und ein chevronartiges, einseitig oder beidseitig sichtbares Muster ergeben.

Fantasie, siehe auch unter → Phantasie.

Fantasiebindung, → abgeleitete Bindungen in ideenreicher Ausgestaltung.

Fantasieweste, modische Belebung des Anzugs; Weste aus andersartigem und vor allem andersfarbigem Stoff als der Anzug, meist mit aufgelockerter Anordnung der Zierknöpfe.

Fantasy-fashion, anderer Ausdruck für Fun-fashion.

Farbaffinität, siehe Affinitätsgrenze.

Farbechtheit, siehe unter → Echtheit; bezieht sich auf den jeweiligen Verwendungszweck einer Textilware. So genügt bei Gardinen Lichtechtheit, bei Markisendrell Wetterechtheit, bei Futterstoffen die

Schweißechtheit. Herrenhemden, Schürzen, Arbeitskleidung, Bettwäsche müssen kochecht sein.

Farbfamilie, verschiedene Farben einer Saison, die harmonisch zu Sets zusammenzustellen sind. Kombination von Web- und Maschenwaren aus verschiedenen Rohstoffen ist möglich, da die Farben nicht haarscharf gleich zu sein brauchen. - Beispiel: → Monochromfarben.

Farbstoffe, Chemische Verbindungen, die die Lichtbrechung so verändern, daß sie dem menschlichen Auge farbig erscheinen, und auf Textilien „aufziehen", d.h. diese durchdringen, oder die Fasern überziehen (→ Pigmentfarbstoffe). Farbstoffe können auch der Spinnflüssigkeit von Chemiefasern beigemischt werden (→ Düsenfärbung). Die Farbstoffe werden nach ihrer chemischen Konstitution, der Art der Aufbringung oder nach der Art des zu färbenden Gutes klassifiziert. - Vgl. → Stoffdruck, → Färben, → Affinitätsgrenze, → Astro-dyeing, → Differential-dyeing, → Space-dyeing, → Indanthren, → Felisol, → Substantiv-Farbstoffe, → Schwefelfarbstoffe, → Basische Farbstoffe, → Säurefarbstoffe, → Metallkomplexfarbstoffe, → Chrombeizenfarbstoffe, → Küpenfarbstoffe, → Reaktivfarbstoffe, → Pigmentfarbstoffe, → Dispersionsfarbstoffe, → Diaminfarbstoffe, → Diazofarbstoffe, → Echtheit, → Indigo, → Indigosole, → Indocarbon-F., → Indrarot, → Kondensations-F., → Naphtol-F., → Sirius-F., Telogen-Farbstoffe.

Färben, Maßnahme der Textilveredlung zur Farbgebung von Textilien aller Art und in jedem Verarbeitungszustand. Früher wurden ausschließlich natürliche Farbstoffe (Purpurschnecke, Indigo- oder Safranpflanze, Krappflanze) oder Mineralien zum Färben verwendet, heute die → Farbstoffe der chemischen Industrie. Gefärbt werden kann die Spinnmasse (→ Düsenfärbung), die Einzelfaser (→ Flockefärbung), das Vorgespinst (→ Vigoureux), das Garn (→ Garnfärbung) und schließlich der fertige Stoff (→ Stückfärbung) oder das fertige Kleidungsstück (Strumpf!). Je früher im

Verarbeitungsgang gefärbt wird, desto gleichmäßiger und echter ist die Färbung. Der → Stoffdruck ist eine partienweise Färbung. Unter → Space-dyeing werden die neuen Musterungsmöglichkeiten durch → partienweises Färben von Garnen zusammengefaßt (Astro-dyeing, → Spektralfärbung); bei → Differential-dyeing (Choss-dyeing) wird die verschiedene Farbaffinität chemisch verwandter Synthetics zur mehrfarbigen Garn-oder Stückfärbung ausgenutzt. - Vgl. → Ausbluten, → Optische Aufheller, → Bleichen, → Stoffdruck, → Ausziehverfahren, → Jigger, → Foulard, → Pad-roll-Verfahren, → Faserkerntiefe Färbung, → Metamere Farben.

Faserband-Spinnverfahren, Verspinnen von Baumwolle oder Viskosespinnfasern auf der → Ringspinnmaschine unter Umgehung des → Flyers direkt aus dem Streckenband ohne Bildung eines Vorgarns; allerdings muß das Streckenband sehr fein bearbeitet sein.

Faser-Engineering, zielgerichtete Konstruktion neuer Garne, Zwirne und Effektmaterialien, vor allem unter Einsatz → texturierter → Synthetics.

Faserkerntiefe Färbung, nicht allgemein durchgesetzte Bezeichnung für → Flockfärbung von Synthetics mit → Pigmenten, die nicht nur die Faseroberfläche erfaßt, sondern das ganze Faserinnere ausfüllt, mit höchsten Echtheitsansprüchen. Es ergibt sich eine Veränderung der Lichtbrechung mit der Folge einer wesentlich verbesserten Reflexion von UV-Strahlen. - Vgl. → Secu-flex.

Fasern, im Gegensatz zu den → Fäden und → Endlosgarnen längenbegrenzte textile, schmiegsame Gebilde von Pflanzen, Tieren oder Mineralien (→ Naturfasern) sowie technologisch erzeugte Textilfäden (Chemiefasern).

Faseroptik, Fasergarnoptik, Ergebnis der Modifizierung endloser → Chemiefasern (vor allem Polyester); bei Erhaltung des feinen Titers und der leichten Verarbeitbarkeit der Filamenten werden Griff, Waren-

Anzugfasson, von links nach rechts: zwei Arten des fallenden Fassons mit verschieden steiler Spiegelnaht; zwei Arten des gebrochenen C-Fassons mit verschieden weit geöffnetem Crochet-Eck, Haifischkragen; Camping-Kragen

bild, Struktur und Volumen von Fasergarnen imitiert und die Anfärbbarkeit verbessert. Dies kann durch Texturieren von → Profilfasern (→ Dacron 2-4-2, Trevira 6-6-0) oder durch → Luftdüsenbauschung (→ Diolen GV) geschehen. - Vgl. → Strecktexturieren, → Trevira woven tex, → Filamentgarn mit Faseroptik.

Faserverbundstoffe, textile Flächengebilde, die unter Umgehung eines Spinn- oder Webprozesses bzw. ohne Bildung von Maschen entstehen, wobei die Verfestigung mechanisch durch Nadeln (→ Nadelfilz, → Nadelvlies) bzw. durch → Filzen (→ Walken; → Filz) oder aber adhäsiv durch Verkleben mit Hilfe eines Bindemittels, durch Anlösen oder thermisch durch Verschweißen erfolgen kann Gegensatz:

→ Fadenverbundstoffe, - Vgl. → Textil-Verbundstoffe, → Non woven fabrics.

Fashion, (sprich: fäschn), englischer Ausdruck für Mode.

Fasson, 1. die Fasson, allgemeiner Schnitt eines Kleidungsstückes.
2. das Fasson, Vorderfront des Sakkos (oder Mantels) in der Herrenoberbekleidung, aus Kragen und → Revers gebildet. - Vgl. → C-Fasson, → Spitzfasson, → Kleeblattfasson, → Revers, → Crochet, → Haifischkragen, → Kingscoatkragen, → Sliponkragen, → Abstich, → Schalkragen.

Fasson-Matratze, jede Matratze, bei der die Form durch das von Hand aufgetrage-

Mantelfasson; von links nach rechts: Slipon-Kragen geschlossen, Slipon-Kragen offen, Sport-Kragen, anzugähnliches Mantelfasson, Ulster-Fasson, Trenchcoat-Kragen

ne Polstermaterial entsteht. → Vollpolster-matratzen sind immer Fassonmatratzen, → Federkernmatratzen nur dann, wenn sie von Hand garniert sind.

Faux bouclés, Gewebe mit Schlingen- oder Knotenzwirnen, die aber im Gegensatz zu den echten → Bouclés nicht die Oberfläche strukturiert zeichnen, sondern nur im Griff wahrnehmbar sind.

Faux camaieux, Farbabstufung kalter und warmer Töne einer Farbe. - Vgl. → Camaieux.

Faux Deux-pièce, einteilige Kleider, deren Schnitt ein → Deux-pièce vortäuscht.

Faux Deux-pièces (einteilige Kleider mit der Wirkung von zweiteiligen)

Faux gilet, vorgetäuschter Westeneffekt; durch steppereibetonte Nahtführung, Kontrastfarben oder eingearbeitete oder aufgesetzte Stoffstücke wird bei einteiligen Kleidungsstücken die Wirkung einer Zierweste hervorgerufen.

Faux unis, „falsche Unis", Stoffe, die durch die Bindung oder durch die Farbe ganz klein, kontrastlos und unausgepägt gemustert sind und im Gesamtbild wie ein Uni herauskommen. - Vgl. → Falsches Uni, → Changeant, → Glacé, → Brillantcolor, → Caméléon.

Feder, siehe unter → Bettfeder.

Federkernmatratze, Matratzen, die in ihrem Innern einen Federkern enthalten, der von Polstermaterial umhüllt wird. Eine der

bekanntesten Marken von Federkernmatratzen ist Schlaraffia. - Die Anzahl der Federn im Federkern, die oft als Werbeargument herausgestellt wird, ist kein sicheres Qualitätskennzeichen. Viele Federkerne sind zur Sicherung der Rostfreiheit feuerverzinkt.

Federn von Pelzen, siehe unter → gefederte Pelzverarbeitung.

Feh, hochwertiges Fell einer sibirischen Eichhörnchenart; in Farbschattierungen von zartem Hellgrau bis tiefschwarz reichend; zart, seidig und langhaarig.

Feincord, Cordsamt mit ganz feiner Rippe, für modische Damen- und Herrenkleidung, auch bedruckt. Trotz der niedrigen Florhöhe ist Feincord in der Regel dicht und haltbar, da hochwertiges Baumwollgarn verwendet werden muß. Feincord hat mindestens 50 Rippen auf 10 cm Warenbreite. - Vgl. → Millrayé, → Cordsamt.

Feincotton, als Druckgrundware verwendbare Baumwollgrundgewebe in Tuchbindung, feiner als → Renforcé, vor allem → Madapolam, → Batist, aber auch → Finnen-Baumwolle und → Eighty-square. Verschiedentlich wird auch → TC (Baumwolle/Polyester) zu den Feincottons gerechnet.

Feinfilamenttypen, Polyesterfasern mit extrem niedrigem → Einzeltiter, z.B. → Diolen SM und → Diolen XF.

Feinheit, 1. bei Natur- und Chemiefasern der → Einzeltiter des Spinnstoffes von grobfaserig bis feinstfaserig, ausgedrückt durch → dtex.
2. Bei Wirk- und Strickmaschinen: Maß für die Anordnungsdichte der Nadeln oder der andersartigen maschenbildenden Werkzeuge.

Feinleder, Sammelbegriff für edle Ledersorten; zum Feinleder gehören → Chairleder, → Dänischleder, → Lackleder, → Reptilleder, → Fischleder, → Saffianleder.

Feinripp, → Rechts-Rechts- oder → Ränderware in feiner Maschenteilung und aus feinen, meist gekämmten und → zweifädig verarbeiteten Garnen für Damen-, Herren- und Kinderunterwäsche. Elastisch, liegt gut an, trägt nicht auf. - Vgl. → Grobripp, → Rippware.

Feinspinnerei, letzte Behandlungsstufe in der → Dreizylinderspinnerei zur endgültigen Herstellung von Feingarnen. Fertigspinnerei im Gegensatz zur → Vorspinnerei. - Auch generell synonym zu → Dreizylinderspinnerei gebraucht: Erzeugung glatter, feiner und haltbarer Garne durch mehrmaliges Verstrecken und Doppeln auf der → Ringspinnmaschine (Gegensatz: → Selfaktor, → Open-end-Spinnerei). Hochwertige Dreizylindergarne werden auch als → kardierte Garne bezeichnet. - Vgl. → Zweizylinderspinnerei.

Feintwist, vierfache, weiche Baumwollzwirne für Handarbeiten, etwas feiner als Spaltgarn. Verwendung an Stelle von Spaltgarn, besonders aber zum Ausschmücken von Monogrammen. Feintwiste sind billiger als Spaltgarn, wenn auch nur vierfach teilbar, da der 5-g-Knäuel 32 m enthält. - Vgl. → Flachstickgarn.

Feinvelours, → Tufting-Teppich mit aufgeschnittenen Florschlingen und einem Nadelabstand von mindestens 1/10 Zoll = 2,54 mm; dem gewebten Teppichvelours sehr ähnliches Oberflächenbild, feine Garnausspinnung, niedrige Florhöhe, mit 230 000 Polnoppen sehr dicht, gute Farbwirkung, elegant-seidiger Gesamtcharakter. - Seit 1978 sind auch Teilungen von $1/16$ und $1/20$ Zoll möglich geworden.

Feinwaschmittel, → Waschmittel für Feinwäsche (Gegensatz: → Vollwaschmittel, → Hilfswaschmittel) ohne → Optische Aufheller und Bleichmittel, mit neutraler bis schwach alkalischer Reaktion, auch für Pastellfarben und für Wolle zu verwenden.

Felisol, sogen. Echtheitsmarke eines schweizerischen Verbandes, das bezüglich seiner Echtheitsanforderungen dem deutschen → Indanthren entspricht.

Fell, zur → Gerbung geeignete Oberhaut von Kalb, Ziege und Schaf; Oberhäute von Roß, Rind und Schwein sowie von Fischen, Schlangen und Krokodilen werden in der Gerberei traditionell als → Haut bezeichnet.

Feltine, geschützte Bezeichnung für Wollfilz aus reiner Schurwolle, der der straffen Qualitätsüberwachung durch eine Gütezeichengemeinschaft unterliegt. Feltine zählt zu den „non woven fabrics" und ist leicht, knitterresistent, wärmeisolierend, krumpfecht, wasserabstoßend imprägniert und echt gefärbt. Nähte brauchen nicht versäubert zu werden.

Females, Allgemeinbezeichnung für die (leichteren) Felle weiblicher Pelztiere. Gegensatz: → Males.

Fente, Schlitz zwischen den Fingern beim Handschuh.

Fertigspinnen, Teil der → Spinnerei; umfaßt Endverzug des → Vorgarns, Drehung und Aufwinden.

Fesselsocke, kurze Herrensocke mit Gummisaum, bis knapp über den Knöchel reichend, erübrigt einen Sockenhalter.

Feston, Abschlußband mit Bogenkante oder rankenförmiger Verzierung. - Vgl. → Barmer Bogen.

Feuchtigkeitsaufnahme von Fasern wird in % des Trockengewichts bei 20°C und einer relativen Luftfeuchtigkeit von 65% gemessen. Fasern, die viel Feuchtigkeit aufnehmen und die aus diesem Grunde gute → hygienische Eigenschaften haben, nennt man → „hydrophil", Fasern oder Ausrüstungsmaßnahmen, die die Feuchtigkeit abstoßen, → „hydrophob". Von dem Ausmaß der Feuchtigkeitsaufnahme hängt auch das → Quellvermögen ab. Die Fähigkeit einer Faser, dampfförmige Feuchtigkeit aus der sie umgebenden Atmosphäre aufzunehmen, nennt man → Hygroskopizität. Der höchstzulässige Feuchtigkeitsgehalt von Fasern im internationalen Handel (→ Konditionierung) ist festgelegt (Feuchtigkeitsprozentziffer = frz. → Reprise). Bei fast allen pflanzlichen Faserstoffen erhöht sich mit steigender Feuchtigkeit die Festigkeit, bei den tierischen fällt sie tendenziell. - Vgl. → Krumpfen.

Feuerhemmende Appreturen, vgl. → Antiflammausrüstung.

Fiber, Pflanzenfaser der mexikanischen Agave, zum Polstern preiswerter Matratzen verwendet. - Im TKG nicht erwähnt.

Fiberfill (sprich: faiberfill), Allgemeinbezeichnung für Chemiefaserspezialtypen, die sich für Steppartikel, zur Füllung von → Flachbetten, → Einziehdecken, Morgenmänteln, Schlafsäcken und für Polsterzwecke eignen. Normalfasern, die auf gute Laufeigenschaften der Garne bei der Weiterverarbeitung sowie auf gute färberische Eigenschaften konstruiert sind und ihren hohen Anfangsbausch bald verlieren, sind zwar bis 30% billiger, aber nicht so gut geeignet wie die auf geringen Bauschverlust und gute Wiedererholung, hohe Schmiegsamkeit und dauerhafte Luftdurchlässigkeit konstruierten Spezialfasern. - Vgl. → Trevira (720), Dacron-, Vestan-fiberfill, Diolen-fill. - Abb. siehe → Dacron.

Fibranne, vor allem in der Schweiz verwendeter Ausdruck für hochwertige Viskosespinnfasern. Ebenso wie der Begriff „Zellwolle" ist der französische Ausdruck „Fibranne" nach dem deutschen TKG nicht zulässig. Italienisch: → Fiocco.

Fibrid, spezielles Bindemittel zur Herstellung von → Non woven-Fabrics nach dem Schwemmverfahren auf der Papiermaschine aus Polyamid-, Acryl- und Polyesterfasern. - Fertigerzeugnis: → Textryl.

Fibrillen, 1. Feinste Aufbauelemente der pflanzlichen Zellwand, spiralförmig in

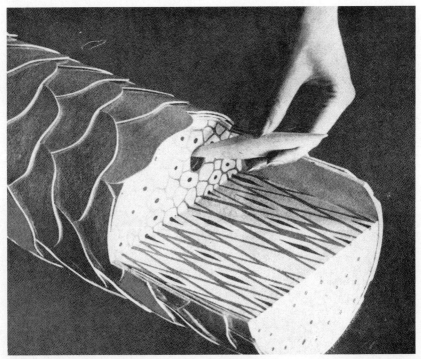

Schematische Darstellung des Aufbaues einer Wollfaser. Die spindelförmigen Zellen und Schuppen sind gut sichtbar

Schichten übereinanderliegende Molekülendgruppen, die eine Faser bilden.
2. Spindelförmige Zelle der Hauptschicht (Cortex) tierischer Haare.
3. In der Schweiz: Elementarfaser einer endlosen Chemiefaser.

Fibroin, aus Aminosäuren bestehender Eiweißkörper (Protein), hornartiger, wasserunlöslicher Hauptbestandteil der → Naturseide.

Fibrolane, englische Proteinfaser, aus dem Eiweiß der Erdnuß.

Fichu, großes Brusttuch oder Busentuch, dessen Enden vorne gekreuzt und im Rücken verknüpft werden. Wird häufig mit dem Jabot verwechselt. Abb. siehe → Frou-Frou.

Fidion, italienische Polyesterfaser (Anic).

Field-Jacket, originalgetreue Nachbildung der Kampfjacken des Heeres als Freizeitkleidung, aus kräftigem Popeline oder Gabardine in den graugrünen oder olivfarbigen Tönen des Vorbilds. - Vgl. → Fighting-Suit, → Commander-Parka, → Military-Look.

Fighting-Suit, gleichbedeutend mit → Field-Jacket.

Figuré, großflächige Schaft- oder Jacquardmuster mit Figurenschüssen, die eine → Gobelin-ähnliche, leicht erhabene Zeichnung hervorrufen.

Figurierte Gewebe, allgemein als Gegensatz zu kleingemusterten Bindungen (→ Façonné) gebrauchter Ausdruck für großflächige Schaft- oder Jacquard-Bindungsmuster. Vgl. → Brokat, → Damassé.

Fil à Fil, treppchenförmige Kleinmusterung bei Kleider-, Kostüm- und Anzugstoffen, hervorgerufen durch 1/1-Wechsel heller und dunkler Kettfäden bei Doppelköper 2/2. - Unterschied zu → Pfeffer und Salz (vgl. Abb. dort): Starke Kontrastwirkung der Garnfarben. - Vgl. → Hahnentritt, → Pepita.

Filament, im englischen und französischen Sprachgebrauch: Einzelfasern bei Garnen aus endlosen Chemiefasern (in der Schweiz: → Fibrille). Der Ausdruck soll auch in Deutschland für endlose Chemiefasern eingebürgert werden, da lt. TKG die Bezeichnung „Seide" und auch „Reyon" nicht mehr zulässig sind.

Filamentgarne mit Faseroptik, Garne aus endlosen Synthetics, vor allem aus Polyester, mit dem Ziel der Konstruktion von Geweben, die bei geringen Flächengewichten mit ausgezeichneter → Formstabilität auch ein relativ hohes Gewebevolumen verbinden, wobei die guten Trageeigenschaften erhalten bleiben. Dank besserer Laufeigenschaften und Vermeidung von Faserflug besser verarbeitbar als Spinnfasergarne. - Vgl. → Trevira woven tex, → Trevira 6-6-0, → Dacron 2-4-2, → Diolen GV, Faseroptik.

Fil d'Ecosse, hochwertiger, feiner, gasierter, meist mercerisierter Baumwollzwirn, dem früheren Flor vergleichbar, aus langstapeliger Baumwolle; bei Trikotagen zu erkennen an dem trotz der Feinheit des Gewirks deutlich sichtbaren Maschenbild.

Filet, aus dem Bereich der Handarbeit stammender Ausdruck, vielfach angewandt für Gardinen, Decken und Wäschegarnierungen, bei denen auf einem quadratischen Netzgrund eine Musterung durch Stopfen, Steppen oder Sticken entsteht.

Filetarbeit, Handarbeit, die mit Hilfe einer Filetnadel und verschieden breiter Holzstäbchen durch Knüpfen entsteht. Die Technik wird angewandt für Deckchen oder Handschuhe aus weißen oder naturfarbigen, harten Leinen- oder Baumwollzwirnen.

Filethäkelgarn, leinenähnlicher, hartgedrehter Zwirn aus Baumwolle oder Ramie, in weiß und ecrue für Spitzen, Deckchen, Bettwäscheeinsätze, gefärbt auch für Netze und Handschuhe verwendet.

Filetseide (→ Flocheseide), geringwertiges Organsin aus zwei Z-gedrehten → Grègefäden, die in S-Richtung gezwirnt (= filiert) wurden.

Filieren, erstes Verzwirnen mehrerer Grè- gefäden. Der aus der Naturseidenaufberei- tung stammende Ausdruck wurde auch für Chemiefaserfilamente übernommen. Vgl. → Grège, → Organsin, → Fachen.

Fil-Lumière, französisches Spezialgarn für Maschenwaren aus Polyamid mit Spezial- texturierung und anschließendem beson- deren Veredlungsverfahren: Fertigwaren daraus werden nochmals thermofixiert, um hohe Naturseidenähnlichkeit nach Glanz, Fluß und Warengriff bei Waschbarkeit, Pflegeleichtigkeit und Knitterarmut zu er- halten.

Filmbildung bei der Ausrüstung: Gegen- satz zur → Vernetzung; das Ausrüstungs- mittel dringt nicht in die Faser ein und bil- det auch keine chemische Verbindung mit ihr, sondern lagert sich auf der Faser ab und hüllt sie ein.

Filmdruck, moderne Fortsetzung des Handdrucks, Drucktechnik, bei der die Druckfarbe auf Schablonengitter aufgetra- gen wird, auch maschinell möglich. Film- druck wird angewandt bei vielfarbigen Mu- stern mit vielen Farbüberläufen, großen Rapporten, plastischer Durchzeichnung der Kolorits und kleinen Druckauflagen.

Für jede Farbe des Musters wird eine eigene Schablone (beim maschinellen Walzenfilmdruck: Schablonenwalze) benö- tigt. - Vgl. → Rotationsfilmdruck.

Filmtex-Verfahren, Verfahren, um aus spleißfähigen → Folien → Bändchenfa- sern herzustellen. Die → Chemieschnitt- bändchen werden über rotierende Nadel- walzen geführt, die durch ihre Einstiche die Folienbändchen spalten.

Filtrosan, Markenbezeichnung für ein Armblatt, das durch asymmetrisch versetz- te Perforierung der Gewebe- und Einla- genschichten luftdurchlässig und dabei schweißundurchlässig ist. Zur Vermeidung von Hautreizungen sind die Achselhöhlen- nähte nach innen verarbeitet.

Filz, nicht gewebte Textilie (→ Non woven Fabric) aus zusammenhängenden, unter Einfluß von Wärme, Feuchtigkeit, Druck und Bewegung oder durch Walken mit walkfördernden Zusätzen verfestigten Wol- len und Tierhaaren. Der feste Stoff entsteht ohne ein Binde- oder Klebemittel und ohne daß die Fasern miteinander ver- knüpft, verknotet oder vernadelt werden. Die dem jeweiligen Verwendungszweck angepaßten Eigenschaften sind eine Folge

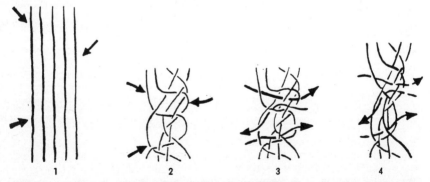

Theorie des Filzvorganges nach Martin. Werden viele Wollfasern zusammengedrückt, so werden die Fasern im Garn zu Schlingen gebogen. Lose Fasern (Pfeile) wandern mit dem Wurzelende voran und dringen bei wiederholtem Zusammendrücken allmählich in diese Schlingen ein. Schließlich bilden sich Knoten oder Verschlingungen, und das Garn kann nicht mehr zu seiner ursprünglichen Länge zurückkehren. 1: Fasern im ursprünglichen Zustand; 2. Zusammengepreßte, verschlungene Fasern; 3. Fasern in Richtung ihrer Wur- zelenden wandernd; 4. Verschlungene Fasern fest verknotet (verfilzt)

der Mischung verschiedener Wollsorten und Tierhaare, wie Kamel-, Ziegen-, Kanin- und Hasenhaare, die sich in Feinheit, Kräuselung und Schuppenbildung unterscheiden. Festigkeit, Druckelastizität und Dichte können sehr hoch sein. - Vgl. → Feltine, → Textil-Verbundstoffe.

Filzen, Eigenschaft tierischer Faserstoffe, sich unter Einfluß von Wärme, Feuchtigkeit, Druck und Reibung wirr miteinander zu einem regellosen Drucheinander von Fasern zu verschlingen. Nach der Theorie von Martin ist die Ursache der Verfilzung der sogenannte „gerichtete Reibungseffekt"; infolge des unterschiedlichen Reibungskoeffizienten in Schuppenrichtung und gegen die Schuppenrichtung wandert das Wollhaar nur in Richtung des Wurzelendes („Regenwurmtheorie"). Seife und alkalische Laugen fördern den Filzvorgang, geringe Beimischungen von Polyamiden zu Handstrickgarnen heben ihn weitgehend auf. - Vgl. → Antifilzausrüstung.

Finette, links gerauhter Baumwoll-Doppelköper (Croisé), meist auf der glatten rechten Warenseite bedruckt, für winterliche Damen- und Kinderwäsche. Auch mit Permanent-Hochveredlung oder Minicare möglich, wobei ein dauerhafter Glanz entsteht oder eine Prägung aufgebracht werden kann, die zumindest einige Wäschen übersteht. Für hochveredelte oder geprägte Wäschefinette muß eine hochwertige Grundqualität verwendet werden, da die Kunstharzemulsionen, die für die Ausrüstung verwendet werden, die Haltbarkeit um etwa 30% verringern.

Finish, letzte Verschönerungsmaßnahme in der Textilveredlung, „Verkaufsfertig-Machen". Sozusagen das Make up der Textilien, das ihnen das „Gesicht" gibt, aber das Wasser scheut und in der Regel auch nicht länger vorhält, als ein Make up. Unnütz? Nein - die Hausfrau bügelt ja auch!

Finnenbaumwolle, in Finnland gewebte und bedruckte Kretonne und Renforcé für Kleider und Home-wear, in der Zusammensetzung 85% Baumwolle und 15% Viskose-Filament.

Finnenkleider, von der Pariser Couture übernommener Kleiderstil; Hängekleid, das bei weit geschnittenem Oberteil mit Passe an der Passe gereiht wird oder in Falten gelegt wird und abnäherlos gerade fällt. Knie- oder bodenlang, werden diese in Finnland (und Skandinavien) generell am Abend auf der Straße, zu Hause und nach der Sauna getragen. - Vgl. → Shift-Linie.

Fiocco, italienischer Ausdruck für Viskosespinnfasern

Fioraceta, nach dem Falschdrahtverfahren texturiertes 2½-Acetat.

Fire-Stop, nicht brennbares Gewebe (SWA) aus → Leavil, einer Qualitätsbezeichnung (Châtillon) für die in geprüften Produkten verarbeitete → Asca-Vinylfaser (PVC). - Nicht brennbar, säure- und verrottungsbeständig, lichtecht, weicher Griff, gute Pflegeeigenschaften. Mit Dispersionsfarben färbbar. - Lt. TKG: Polychlorid.

Fischerhose, eng anliegende, modische Hose mit Schlitzen unter dem Knie. - Vgl. → Korsarenhose.

Fischerman-Jacke, rustikale, als Oberbekleidungsstück verwendbare, sehr sportliche Jacken und Pullis aus dochtigen, handgesponnen wirkenden, groben Garnen gestrickt oder gehäkelt.

Fischerman-Jacken

Fischertuch, stark gewalkter, meltonierter, derber Wollstoff. - Vgl. → Kabik, → Kutschertuch.

Fischgrat, durch verschiedenfarbige Garne unterstützte Gewebemusterung in einer abgesetzten Köperbindung mit wechselnder Gratrichtung. Nicht zu verwechseln mit → Spitzköper. - Vgl. → Chevron, → Herringbone.

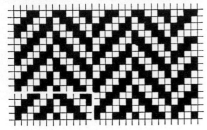

Chevron- oder Fischgratbindung

Fischleder, zu den → Feinledersorten zählende, gegerbte und zugerichtete Häute größerer Fische mit einer für die jeweilige Tierart typischen Oberflächenzeichnung, die durch Färbung im Ausdruck stark verändert werden kann. Die für Schuhwerk und feine Täschnerwaren verwendeten, meist recht hochwertigen Erzeugnisse sind sehr strapazierfähig. - Vgl. → Reptilleder, → Leder, → Conger-Aal.

Fixaform, → Permanent Press-Verfahren (→ Post-curing) für Gewebe aus Baumwolle und Mischungen mit Chemiefasern. Behandlung fertiger Bekleidungsstücke in üblichen Bügelpressen ist möglich, der letzte Ausrüstungsgang bedarf einer Spezialapparatur.

Fixapret, Chemikalie der BASF zur kochwaschbeständigen Hochveredlung, die gleichzeitig die Knitterneigung herabsetzt und die Gewebe quellfest macht. Wegen der hohen Chlorbeständigkeit vor allem bei weißen Oberhemdenstoffen angewandt.

Fixbettuch, → Formbettuch, → Spannbettuch, → Bettuch mit nähtechnischer Gestaltung, die das Tuch auf der Matratze verankert.

Fixieren, Stabilisieren von Fasern, Garnen oder Stoffen zur Vermeidung späterer Formveränderung meist durch Einwirkung von Wärme und Feuchtigkeit.
1. Fixieren von Wolle: Siehe unter → Flächenfixierung, → Vorsensibilisierung, → Dekatieren.
2. Fixieren von Synthetics: → Thermofixieren; Aufhebung der innermolekularen Spannungen, die durch die Streckspinnverfahren entstanden sind, durch Hitzebehandlung im Erweichungsbereich unterhalb des Schmelzpunktes der Faser mit Heißwasser, Heißluft, Dampf, Kontakt- oder Strahlungswärme; die in der Wärme beweglich gewordenen Moleküle treten beim Abkühlen in veränderter Lage wieder zusammen. Es findet eine Strukturveränderung statt, wobei die geordneten Molekülbereiche zunehmen. Die Fixiertemperatur muß auf jeden Fall höher liegen als die Erwärmung der Faser oder des Stoffes bei den nachfolgenden Verarbeitungsvorgängen; zur Vermeidung ungleicher Farbaffinität muß die Erwärmung sehr gleichmäßig vorgenommen werden. Alle formstabilisierenden Ausrüstungsvorgänge bei Chemiefasern beruhen auf dem Thermofixier-Prozeß: → Texturieren, → Plissieren, → Permanent Press. Der Umfang des Restschrumpfs einer synthetischen Faser hängt von der Spannung im erwärmten Zustand ab. → Plastifizieren.

Fixtal, Gewebe aus Terital und anderen Fasern, die eine → Permanent Press-Ausrüstung erfahren haben.

Flachbett, fertig konfektioniertes Deckbett mit Stegen, durch die der mit Federn zu füllende Hohlraum in Zellen unterteilt wird; die Füllung kann nicht verrutschen und ein Drittel der Füllmenge wird eingespart. Das flache, leichte → Oberbett paßt sich modernen, flachen Bettmöbeln besser an. Die Füllung ist von einer Öffnung her möglich. Moderne Flachbetten können auch mit Synthetics-fiberfill gefüllt sein: „Silbermond" mit Diolen-Fill-Kabel, „Paradies" mit Tergal fiberfill, „beluna" mit Vestan-fiberfill, „Centa Star" mit Terylene endlos und Dacron-fiberfill. Ursprünglich überwogen die

Stapelfaser-Füllungen; im Vordringen sind Vliesfüllungen aus endlosen Chemiefasern. Die Vliesfüllungen machen Flachbetten vollwaschbar; die Füllung ist dauerhaft locker, klumpt nicht und ist sehr leicht (→ Einziehdecke etwa 1300g). - Vgl. → Deckbett.

Flächenfixierung, nicht nachträglich durchführbarer Ausrüstungsprozeß mit Hilfe verschiedener Chemikalien für Wollstoffe mit dem Ziel erhöhter Pflegeleichtigkeit zur permanenten Fixierung der Warenoberfläche. Warengriff, Mattglanz und Unempfindlichkeit gegen Knittern im nassen Zustand werden verbessert; die Verarbeitung in der Schneiderei wird erleichtert. Die Anfälligkeit eines Gewebes gegen Knittern in völlig trockenem Zustand wird nicht beeinflußt. Der Unterschied zur → Vorsensibilisierung liegt darin, daß der Stoff bei der Ausrüstung (also unverarbeitet) seine endgültige Form erhält. - Vgl. → Antifilz-Ausrüstung, → Vorsensibilisierung. - Technisch handelt es sich bei der Flächenfixierung um eine Hochtemperatur-Dekatur unter zusätzlicher Verwendung von Basen und Reduktionsmitteln. - Vgl. → Formfestbehandlung, → Dauerbügelfalte.

Flächengewicht, genormte Maßeinheit, Gewicht eines textilen Flächengebildes je qm, macht unterschiedliche Warenbreiten vergleichbar. - Vgl. → Quadratmetergewicht.

Flachfäden, sogenannte „Bändchen", einachsig orientierte (= „monoaxial gereckte") schmale Flachfolien aus Polyäthylen und Polypropylen-Thermoplasten (z.B. Hostalen von Hoechst, Lupolen von BASF, Vestolen von Hüls). Sie werden entweder aus Breitschlitzdüsen als ca. 60 cm breite Folie oder durch Ringdüsen gesponnen; letztere zu einer Schlauchfolie aufgeblasen und dann flachgelegt; die Folie wird anschließend in Streifen von 6-20mm Breite geschnitten und im Heißluftkanal verstreckt und fixiert. Durch das Längsrecken wird die Festigkeit in axialer Richtung stark erhöht, im Extrem so stark, daß die Bänd-

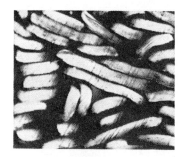

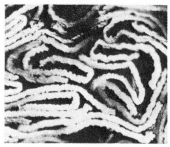

Bändchenfasern (Viskose): oben: geschnitten, unten: gesponnen

chen spleißen und in feine Längsfibrillen aufsplittern, die lose zu Grobgarnen zusammengedreht werden können (Verwendung zu bastfaserähnlichen Bindfäden). - Bekanntester Fabrikatname für Flachfäden sowie Erzeugnisse daraus: → Polital (Adolff). Vgl. → Polydress (VKW), → Polyclassic (Polyunion), → Chemieschnittbändchen, → Folienfilamente.

Flachfixierung, übliche Form der → Frontfixierung; Ausbildung der Frontteile von Oberbekleidungsstücken in der Bügelpresse mit gleichzeitiger Fixierung der Innenausstattung bei offenem Brustcisson.

Flachs, auch „Lein" genannt, Pflanze, aus deren Stengelbast das Leinen gewonnen wird. - Vgl. → Leinen, → Flockenbast.

Flachsgarn, qualitativ hochwertiges, mittelstarkes, festgedrehtes Leinengarn, vor allem für Bettücher. - Gegensatz: → Kettgarn, → Werggarn.

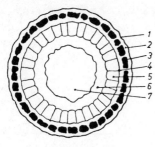

1 = Oberhaut (Cuticula)
2 = Rindenschicht
3 = Bastfaserbündel (schwarz)
4 = Kambium
5 = Holzschicht
6 = Markschicht
7 = Hohlraum

Querschnitt durch einen Flachsstengel

Flachstickgarn, Sticktwist für die Weißstickerei, ähnlich dem Vierfachstickgarn. - Vgl. → Feintwist, → Spaltgarn.

Flachstrick-, Flachwirkmaschine, im Gegensatz zum → Rundstuhl, Wirk- oder Strickmaschinen mit linear angeordneten Nadelreihen; Maschenbildung durch Hin- und Hergehen des „Schlittens". Flachstrickmaschinen können „einbettig" sein, d.h. alle Maschenbildungswerkzeuge stehen parallel in einer Reihe (für links-rechts-Gestricke); zweibettige Fl. für rechts-rechts-Gestricke haben dachförmig angeordnete, einander gegenüberliegende Maschenbildungswerkzeuge oder aber - für Links-Links-Gestricke - zwei in einer Ebene einander gegenüberliegende Nadelbetten. - Zu Flachwirkmaschinen vgl. → Cottonmaschine, → Rundwirk-, → Rundstrickmaschine.

Flamenga, schwerer Kleidercrêpe mit deutlicher Querrippung, im Gegensatz zum → Flamisol mit glänzender Kette.

Flamisol, schwerer Kleidercrêpe mit deutlicher Querrippung, häufig mit Woll- oder Viskoseschuß, im Gegensatz zum Flamenga mit matter Kette.

Flammé, Kleiderstoffe mit Effektzwirnen, die verdickte Stellen aufweisen.

Flammengarn, 1. Effektgarn mit unregelmäßigen Verdickungen. Diese können durch periodisch veränderten Verzug des Streckwerks beim Feinspinnen, durch Aufbringen von Noppen auf das Krempelband oder durch Einspeisen von dochtigen Garnen beim Zwirnungsvorgang (→ Einspeisflammen, → Abrißflammen) entstehen. 2. Effektgarn mit unregelmäßiger Farbmusterung durch stellenweises Abbinden vor dem Färben. - Vgl. → Space-dyeing: Clipdyeing, → Partienweise Garnfärbung. 3. Teppichgarne, die durch eine Spezialtexturierung Flammeneffekte erhalten („Delden-Lustralan T 100 flammé"), für Feintufting.

Flammenschutzausrüstung, im Gegensatz zu flammensicheren Textilien (→ Asbest- und → Glasgewebe) Behandlung von Fasern, Garnen und Stoffen mit konzentrierten Lösungen anorganischer Salze, um sie schwer entflammbar zu machen. Siehe unter → Antiflammausrüstung.

Flammensichere Textilien, d.h. Textilien, die dem Feuer widerstehen, unbrennbar und unentflammbar sind, können entstehen durch nachträgliche Behandlung von Stoffen oder Fertigtextilien mit Flammschutzmitteln (Vgl. → Antiflamm-Ausrüstung), oder durch Verwendung von Fasern, die Unbrennbarkeit und Unentflammbarkeit als → Substanzeigenschaft aufweisen. Diese Eigenschaft kann durch die chemische Zusammensetzung der Faser (→ Glasfasern, → Asbest, sowie die wegen ihres hohen Chlorgehalts unbrennbaren → Polychloridfasern) oder durch Besonderheiten in der Herstellung hervorgerufen sein (durch Inkorporation = Einlagerung feinstgemahlener Flammschutzmittel-Pigmente in die Viskose unmittelbar vor dem Verspinnen (z.B. Lenzing Viscose FR), durch Copolymerisation von Acryl- oder Polyesterfasern mit entsprechenden Monomeren vor allem der Vinylgruppe (z.B. → Teklan) oder durch Änderung des faserbildenden Körpers (z.B. → aromatische Polyamide: → Nomex). Gegenüber der → Antiflamm-Ausrüstung hat die Verwendung flammsicherer Fasern den Vorzug der Dauerhaftigkeit vor allem gegen häufige Waschbeanspruchung; Viskose ist auch „körperfreundlich". Die aufgrund des hohen Stickstoffgehalts (16%), ihrer mit 560 - 600°C hohen Entzündungstemperatur, ihrer niedrigen Verbrennungswärme und ihres natürlichen Feuchtigkeitsgehaltes von Natur aus schwer brennbare Wolle kann durch Nachbehandlung mit Zirkonverbindungen (IWS- → Zirpro-Ausrüstung) flammenhemmend ausgerüstet werden, wobei die bekleidungsphysiologischen Eigenschaften der Wolle kaum beeinträchtigt werden, und hohe Beständigkeit der Ausrüstung gegen Waschen und Chemischreinigen erzielt wird. Die Zumischung von 15% Glasfasern hat den Zweck, ein Gerüst zu bilden, das die verkohlenden Textilreste lange zusammenhält.

Flammverfahren, Methode des Aufbringens von Schaumstoffen auf Gewebe bzw. des → Kaschierens mit Hilfe von Schaumstoffen im Gegensatz zu den Klebeverfahren; der Schaumstoff wird beim thermischen Verfahren bis zum Anschmelzen erwärmt; die Folienstärke verringert sich durch das Aufschweißen. Gegenüber dem Klebeverfahren hat das Flammverfahren den Vorteil hoher Arbeitsgeschwindigkeiten (etwa 25m je Minute gegenüber 6 bis 10m beim Kleben). - Vgl. → Foambacks, → Schaumstoffkaschierung.

Flanell, Sammelbegriff für alle einseitig oder doppelseitig gerauhten Gewebe aus Baumwolle, Viskosefaser oder Wolle. Wollflanelle sind gekennzeichnet durch weichen Griff und einen deutlichen, meist im Strich liegenden, langen Rauhflor, der nicht so fest angewalkt ist, als daß das Bindungsbild nicht gerade noch zu sehen wäre. Kammgarnflanell hat kurzflorige Decke und ist gut gewalkt. Streichgarnflanell: 500 - 600g schwer Mantelware, leichter und weicher als → Melton, nur locker verfilzte Decke. - Vgl. → Finette, → Foulé, → Flausch, → Loden, → Rauhgewebe.

Flapperstil, Moderichtung bei Kleidern: Die tief angesetzten Röcke hängen an oft farblich abstechenden Oberteilen, wobei

der Rockansatz durch breite, derbe Gürtel überdeckt wird.

Flaptasche, Brusttasche mit Patte bei Herrensakkos.

Flared Leg, ausgestellte Hosenlänge bei → Jeans. - Vgl. → Bell Bottom, → Strait Leg, → Tube.

Flatlock-Naht, aus 9 Fäden bestehende flache und elastische Naht zum Zusammennähen dehnfähiger Gewirke und Annähen gummielastischer Bünde.

Flausch, schwere Streichgarngewebe, oft in Doppelstofftechnik, mit lockerem, weichem Faserflor; für Damen- und Herrenmäntel, Jacken und Röcke. Flausch unterscheidet sich vom Velours durch den wolligeren, wesentlich höheren Flor. - Vgl. → Rauhwaren, → Flanell, → Arraché, → Ondulé, → Loden, → Brossé, → Doppelgewebe, → Hochflauschausrüstung.

Flechtköper, Phantasieköper mit einer Kombination aus S- und Z-Grat, die sich gegenseitig neutralisieren.

Flechtköper als typisches Beispiel einer Phantasieköperbindung

Flechtmaschine, Maschine, die die für → Litzen (Flachgeflechte), → Kordeln (Rundgeflechte) oder Flechtspitzen (durchbrochene Flachgeflechte) typische Fadenverkreuzung durch abwechselndes Über- und Unterflechten von Fäden zuwege bringt, die zur Webkante diagonal verlaufen.

Fleckschutzausrüstung, im weiteren Sinne: alle Ausrüstungsarten, die das Anschmutzen von Textilien erschweren und die nachträgliche Entfernung von Anschmutzungen erleichtern. Man unterscheidet zwischen Abweisung von trockenem Schmutz (→ Anti-soiling-Ausrüstung), Abweisung von nassem Schmutz auf trockenen Textilien (→ Hydrophobierung), Erleichterung der Entfernung von Anschmutzungen (→ Soil-release-Ausrüstung). Fleckschutzausrüstungen im engeren Sinne kombinieren den Abperleffekt gegenüber allen potentiellen Schmutzträgern wie Wasser, Alkohol oder Öl durch Imprägnieren mit Fluor-Chemikalien (→ „Fluoridized") mit der Verhütung der → Waschvergrauung, d.h. der Gefahr, daß der beim Waschvorgang gelöste Schmutz insbesondere aufgrund der hohen Schmutzanziehung durch elektrostatische Aufladbarkeit von Textilien mit Synthetics wieder in den gesäuberten Stoff eindringt. Vgl. → Scotchgard waschleicht, → Cassapret SR, → Perapret, → Permalose, → Easywash, → wash-quick, → Zepel.

Kleider mit Fledermausärmeln

Fleck-weg-Garantie, Verkaufsförderungsmaßnahme von Monsanto für Teppiche und Auslegware aus → Acrilan; innerhalb von zwei Jahren wird die Entfernung von Flecken bzw. das Ersetzen eines Minderwertes garantiert.

Fledermausärmel, weite, oben angeschnittene und tief, fast an der seitlichen Taillenweite eingesetzte Ärmel, verläuft im Gegensatz zum → Kimonoärmel zum Arm oder Handgelenk schmal aus.

Flesalba, Triacetat-Spinnfaser von Rhodiaceta.

Flexalon, Baumwoll-Stretch-Garn, nach dem Lessona-Verfahren hergestellt.

Fliege, 1.Querbinder.
2. auf Oberbekleidungsstücke gestickes oder aufgenähtes kleines Emblem, vor allem in Dreieckform; dient als Riegel auch zur Zusammenfassung von Falten.

Fling-Strumpf, Stützstrumpf, bei dem ein Faden aus Elasthan spiralförmig das Bein umschließt und auf die Anatomie des Beines abgestimmte Stützkreise bildet.

Floche-Seide, geringwertiges → Organsin aus zwei Z-gedrehten Grègefäden, in S-Richtung zusammengezwirnt.

Flockdruck, siehe → Flockprint.

Flockefärbung, Färben der Einzelfaser vor dem Verspinnen; echteste Färbemethode, notwendig bei Melangen. Das Verfahren ist teurer als → Garnfärbung, weil gefärbte Flocke schwerer zu verspinnen ist als ungefärbte.

Flockenbast, bei Bastfasern durch Entfernung des Pflanzenleims aus der Bündelfaser gewonnene Elementarfaser (cottonisiertes Leinen; chemische oder mechanische Aufschließung), sowie Stoffe daraus (z.B. → Gminder Halbleinen). Flockenbast ist nicht so fest wie die Bündelfaser, je-

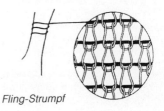

Fling-Strumpf

Florentiner Tüll

doch schmiegsamer. Bis zu 40mm Stapellänge mit Baumwolle gut verspinnbar. Flockenbast wird in der BRD wegen der schwer lösbaren Probleme der Umweltverschmutzung nicht mehr hergestellt. - Vgl. → Cottonisieren.

Flockprint, Flockdruck: auf feinste Chemiefasergrundgewebe werden Klebstoffe gedruckt, die staubfeine Textilflocken festhalten. Es entsteht eine erhabene, spitzenartige, normalerweise reinigungsbeständige Musterung. Vgl. → Beflocken.

Floconné, superschwere, stark gewalkte Mantelstoffe, die durch Ratinieren eine zu Flocken verdichtete Rauhdecke erhalten.

Flokati, griechische Hirtenteppiche, die ihr charakteristisches flauschiges schaffellartig zottiges Warenbild traditionell durch Waschen und Walken in natürlichen Wasserfällen und Trocknen an Luft und Sonne erhalten haben, aus langstapeliger reiner Schurwolle mit einem Gewicht von 1000-2700g/qm, neuerdings auch mit Space-dyeing-Färbung.

Flor, 1. Garn aus langstapeliger Baumwolle, das gasiert, mercerisiert und dann gezwirnt wurde (vgl. → Fil d'Ecosse). 2. Abstehende Fäserchen bei den sogenannten Florgeweben. 3. Beim Spinnprozeß und bei der Filzherstellung nach DIN 60021 eine aus einer bis zur einzelnen Faser aufgeschlossenen Fasermasse hergestellte dünne, durchscheinende Schicht mehr oder weniger ausgerichteter Fasern, die infolge natürlicher Haftung lose zusammenhält. - Vgl. → Vlies.

Floran, nach Kunstlederart verwendbare Allwetterqualität für sportliche Bekleidung; Oberfläche: Spezialbaumwollgewebe mit glatter, trocken-griffiger und mattschimmernder Oberseite, Rückseite Polyurethanschaum beschichtet. Wasserdicht, beständig in der chemischen Reinigung. Permanente Ledernarbung ist möglich.

Florence, leichter (Naturseiden-) Taft für Futterzwecke.

Florentiner Tüll, glatter → Bobinet-Tüll in

131

den eine Musterung auf dem Grobstickautomaten eingearbeitet wird.

Florettseide, andere Bezeichnung für → Schappe, Verwendung für Nähgarne.

florfest, Qualitätsbezeichnung bei Samten mit hoher Gebrauchstüchtigkeit durch Verfestigung der Noppen im Grundgewebe aufgrund spezieller Bindungstechniken, dichter Gewebeeinstellung oder entsprechende Ausrüstungsmaßnahmen (Kaschierung bei Tufting).

Florgewebe, Sammelbegriff für alle Stoffe, bei denen in ein Grundgewebe fest eingebundene Noppen oder unaufgeschnittene Faserenden den Oberflächencharakter bestimmen. - Vgl. → Samt, → Kettsamt, → Schußsamt, → Tufting, → Plüsch, → Tierfellimitation, → Fun-furs, → Teppich, → Köpersamt, → Taftsamt, → Velvet, → Cordsamt, → Genuacord, → Manchester, → Millrayé, → Feincord, → Fancycord, → Velours frisé, → Velours épinglé, → Transparentsamt, → Astrafur, → Peltex, → Astralik, → Moltofur, → Velple, → Teddy, → Unechte Samte. - Im weiteren Sinne auch → Frottiergewebe. - Ähnlich im Oberflächenbild: → Wirkplüsch, → Nicky.

Flornylon, Nylongarne mit modifiziertem Faserquerschnitt von Rhodiaceta.

Florstrumpf, Strumpf aus gasiertem, dünnem, zweifachem und in der Regel mercerisiertem Baumwollzwirn. Für Damen vom Perlonstrumpf verdrängt, hingegen sind Herrensocken aus Flor noch am Markt.

Flotte, Behandlungsflüssigkeit, in der Textilien gebleicht, gefärbt, gewaschen, veredelt und imprägniert werden.

Flottung, flottierende Fäden, bindungstechnischer Begriff für Fäden in Geweben und Gewirken, die mehrmals nicht abgebunden werden und somit frei auf oder im Gewebe liegen.

Flou-Richtung, von Paris propagierter Modestil, der hauchzarte, häufig durchsichtige, drapierfähige und weichfließende Gewebe bevorzugt. Die Flou-Richtung bedingt einen sehr hohen Stoffverbrauch je Kleid.

Flügelärmel, jugendlicher, unter der Achsel offener, kurzer Ärmel, manchmal als einfache Blende oder glockiger Volant ausgearbeitet. - Abb. siehe → Pelerinenärmel. - Vgl. → Mancheronärmel.

Flügelspinnmaschine, zur Herstellung grober Leinengarne oder von Handstrickgarnen verwendete Spinnmaschine mit rotierenden Flügeln. In der Baumwollspinnerei: → Flyer.

Fluoräthylenfaser, lt. TKG: Fluorfasern, „Fasern aus linearen Makromolekülen, die aus aliphatischen Fluor-Kohlenstoff-→ Monomeren gewonnen werden". Außergewöhnliche Chemikalienbeständigkeit, niedrigster Reibungskoeffizient aller Fasern überhaupt und daher schlüpfriger, fettiger Griff. Hitze- und wetterbeständig, gute Isolierfähigkeit, schlechte Anfärbbarkeit. - Für technische Spezialzwecke.

Fluoridized, Sammelbegriff für → Fleckschutzausrüstungen mit Fluorchemikalien. Vgl. → Anti-soiling-Ausrüstung, → Scotch-gard, → Zepel.

Flusen, die aus einem Gespinst oder Gewebe herausstehenden Faserenden. - Leinen neigt im Gegensatz zu Baumwolle kaum zum Flusen; bei Garnen und Geweben können die Flusen durch → Gasieren (→ Sengen) entfernt werden. Auch: Ansammlung von kurzen Faserresten im Gewebe.

FLW-Gewebe, „fiber look weave", Polypropylen-Flachgarngewebe, mit einem Polyamid-Faservlies benadelt, als Trägermaterial für Tufting-Teppiche. Das Polyamid-Vlies nimmt beim Färben und beim Drukken die Farbe auf, so daß das Trägermaterial nicht mehr durchscheinen kann (Amoco).

Flyer, → Vorspinnmaschine in der → Feinspinnerei, die dem Spinngut nach mehrmaligem Doppeln und Verstrecken eine deutlichere Drehung gibt. Das auf dem Flyer entstandene grobe Vorgarn wird auf einer → Feinspinnmaschine zum gewünschten Garn mit hoher Feinheit und starker Drehung ausgesponnen.

Fly-front, von italienischen Herrenmodeschöpfern empfohlene Moderichtung für offizielle Auszüge: verdeckte Knopfleiste beim Sakko.

Fly-front

Foam-backs, Sammelbegriff für Textilien, deren Rückseite mit einem Schaumstoff kaschiert ist. Die Oberseite kann aus synthetischer Kettenwirkware, Baumwollpopeline oder aus feinfädigen Wollgeweben im Streichgarncharakter bestehen. Markennamen für Foam-backs mit synthetischer Wirkwarenoberfläche: → Laminette, → Jerseypren, → Poropren. Durch das Kaschieren leiden die hygienischen Eigenschaften, der Stoff wird brettig und steif, Formgebung durch Dressieren ist nicht möglich. Einsatz von Kugelärmel fabrikatorisch schwierig. Beim Nähen müssen Maschinen mit Rollfuß verwendet oder Pa-

pierstreifen eingelegt werden. Kleidungsstücke daraus nicht nur modisch, sondern stark wärmend und dabei federleicht. Vgl. → Schaumstoffbeschichtung, → Bondings, → Multitextilien.

Fohlen, als Bekleidungspelz: aus Europa und Südamerika stammendes Fell junger Pferde mit einer Fellgröße von 60-110cm; kurzhaarig, leicht rauh oder glatt und moiréartig gezeichnet; naturfarbig, braun, schwarz, gefärbt oder bedruckt; je dünner das Leder, desto teurer und empfindlicher ist der Pelz.

Folie, blattdünne, in der Regel durchsichtige, zellglasartige, in sich homogene, aber undurchlässige Flächengebilde. - Gegensatz: → Non woven fabrics.

Folienfilament, vgl. → Chemieschnittbändchen, → Flachfäden.

Folklore, Volkskunst, Volkstracht. In der Mode: Übernahme von historischen Elementen volkstümlicher Bekleidungsstile,

Abendkleider im Folklore-Stil: von links: mit breitem Miedergürtel; mit Stufenrock und Nackenträger; mit Schürzeneffekt.

Junge Folklore-Kleider: von links: Stufen-rock mit Rüsche; Stufenrock mit Bordüre; aus duftigem Georgette.

z.B. Bauern-Look, Indian-Look, ungarische oder skandinavische Trachten-Elemente. - Vgl. → Gipsy-Look, → Carmen-Stil, → Ca-ribic-Stil.

Fond, Stoffgrund, von dem sich die Muste-rung abhebt. Der Fond kann einfarbig, aber auch selbst gemustert sein, z.B. durch ein Marmoré oder einen Raster. - Vgl. → Konterfond.

Fond de Robe, breite, meist festonierte oder spitzenartig ausgearbeitete Träger an Unterwäsche (und Nachtwäsche) für Da-men; das Spitzenmotiv des Trägers setzt sich meist in der Büstenverarbeitung fort.

Fonturenbreite, Breite des Nadelbarrens je Strumpf an der Cottonmaschine; je brei-ter der Barren, desto mehr Nadeln stehen im Nadelbarren und desto mehr Maschen werden rundum je Strumpf gewirkt. Je hö-her die Fonturenbreite, desto enger stehen im Strumpf (mit Naht) die Maschen. - Vgl. → Cottonmaschine.

Forlion, italienisches Polyamid auf Basis Caprolactam.

Formaldehyd-Gerbung, synthetisches → Gerbeverfahren mit stark keimtötenden und konservierenden Chemikalien zur Her-stellung von → Waschleder.

Formbettuch, siehe unter → Spannbet-tuch.

Formelle Kleidung, Sammelbegriff für Be-kleidungsgegenstände vor allem für den Herrn, die nach strenger, konventioneller Auffassung offiziellen Gelegenheiten ange-paßt sind. Bei der Tageskleidung im Ge-gensatz zum → City-Anzug eingeengt auf klassische Sakko-Anzüge in eleganten Stoffmustern und ruhigen Schnitten; bei → Gesellschaftskleidung umfaßt der Be-griff neben den klassischen Modellen auch die moderne → Party-Kleidung. Ge-gensatz: → Informelle Kleidung.

Formfest-Behandlung bei Schurwolle: im weiteren Sinne alle Maßnahmen, die die → Dimensionsstabilität und die → Form-

Fond de Robe-Unterkleider

mit Dauerbügelfalte

mit Spezialausrüstung
filzt nicht

Wollsiegelkennzeichnung für partienweise Formfestbehandlung (oben) und filzfreie Wollwaren (unten).

stabilität schurwollener Erzeugnisse erhöhen (→ Vorsensibilisierung, → Flächenfixierung); im engeren Sinne die partienweise Präparierung von Stoffen zu nachträglichen dauerhaften Verankerung von Bügelfalten und Plissee (→ Siroset, → Measac, → Immacula).

Formstabilität, dreidimensionale Stabilität (des gesamten Kleidungsstücks); sie soll erreichen, daß die dem Kleidungsstück während der Verarbeitung gegebene Form dauerhaft fixiert ist. - Gegensatz: → Dimensionsstabilität; Vgl. → Permanent Press.

Fortanese, Fortisan, Forton, hochverstrecktes und verseiftes Garn aus 2½-Acetat (Celanese) mit hervorragenden Festigkeitseigenschaften.

Fortrel, Endlosgarn und Spinnfaser aus Polyester (USA).

Fotogravur, Übertragung von Musterzeichnungen auf Druckwalzen mit Hilfe lichtempfindlicher Schichten; besonders zur Reproduktion von Farbabläufen durch Gravur verschieden großer oder verschieden tiefer Rasterpunkte. - Vgl. → Moletten-Gravur, → Pantographen-Gravur, → Rouleauxdruck.

Foulard, 1. Vorrichtung in der Textilveredlung zur Naßbehandlung (Bleichen, Färben, Imprägnieren, Mattieren, Appretieren usw.) von Geweben und Maschenwaren, wobei die Stoffbahn breit und faltenlos durch einen entsprechend breiten Trog über Walzensysteme geführt wird. - Vgl. → Jigger.
2. Im Stoffdruck und der Jacquardweberei: Krawattendessins, d.h. kleine, klar gezeichnete Motive, die orientalischen Musterungen entlehnt werden.
3. Leichtes, weiches, geschmeidiges Gewebe aus Naturseide oder endlosen Synthetics in 5-bindigem Atlas, meist bedruckt, für Schals und Tücher.

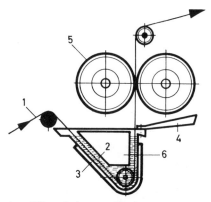

1 = Warenbahn
2 = Farb- oder Imprägnierflotte
3 = indirekte Trogbeheizung
4 = Auffangwanne und Ablaufblech
5 = Quetschwalze
6 = Verdrängungskörper

Färbefoulard

Foulardin, zur Erhöhung des Glanzes mercerisierte, weich ausgerüstete, feinfädige Baumwollgewebe in Atlasbindung für Futterzwecke.

Foulé, feiner und edler Anzug- und Kleiderstoff aus Merinowollen in gleichseitiger Köperbindung mit besonders weichem Griff, wobei der Faserflor viel kürzer ist als beim Flanell und das Bindungsbild nicht voll überdeckt.

Fournisseur, Fadenzubringer an Rund-Kulierwirkmaschinen und Rundstrickmaschinen, der gleichzeitig für konstante Spannung sorgt.

FR-Viskosefaser, schwer entflammbare (FR = „flame retardant") Viskosefaser (Lenzing). - Vgl. → Flammfeste Textilien.

Frack, Gesellschaftsanzug mit Schoß und seidenbelegten Revers (Spiegel), Hose mit seitlicher Garnierung (Galon). Dazu das Frackhemd mit gestärkter Brust und steifem Kragen mit umgebogenen Ecken sowie weißer Querbinder, weiße Handschuhe aus Waschleder oder Glacéleder, schwarze Lackschuhe. Der Frack wird stets ergänzt durch die weiße (oder fantasiefarbige) Frackweste, deren Ausschnitt stets V-förmig spitz sein muß. Weste mit U-förmig rundem Ausschnitt sowie schwarzer

Frack

Querbinder kennzeichnen den Berufsfrack des Kellners. - Nur für hochoffizielle Gelegenheiten, entspricht gesellschaftlich dem großen Abendkleid der Dame.

Franse, 1. Kantenverzierung von Geweben, die durch Verflechten der heraushängenden Kettfäden entsteht; auch auf bestimmten Spezialmaschinen hergestellte Posamente.
2. Legungsart in der → Kettenwirkerei; die Fäden werden immer auf die gleiche Nadel gelegt. Bei Raschelgardinen arbeitet ein Kettsystem auf Franse und verleiht dem Erzeugnis Stabilität, andere Ketten führen Schußlegungen aus.

Französische Fütterung, Rückenfütterung von der Schulter bis zum Koller und breite Frontbeläge aus dem Oberstoff bei leichten Herren-Sommersakkos im Gegensatz zur → Amerikanischen Fütterung (Halbfütterung mit Seidenfutter).

Französisches Bett, zweischläfriges Bett mit einer einteiligen Liegefläche von mindestens 150cm Breite; auch bei Breiten bis 200cm wird für beide Schläfer nur eine Zudecke und ein Bettuch verwendet.

Französisches Kostüm, → Tailleur, → Kostüm mit taillierter Jacke im Gegensatz zum → Schneiderkostüm mit sakkoähnlicher Jacke. Das Tailleur kann ohne Bluse getragen werden.

Freizeitmode, Mitte der sechziger Jahre viel verwendeter Ausdruck für einen saloppen Bekleidungsstil, der sich durch Wandlungsreichtum der Modellgestaltung, höhere Bequemlichkeit im Tragegefühl, neue Stoffarten, leichtere Verarbeitung von der konventionellen Kleidung abhob, der zum Teil den klassischen Anzug, das Kostüm, das Oberhemd verdrängte, aber zugleich neue Bedürfnisse im Sinne der Differenzierung schuf. Mitte der siebziger Jahre war eine Trennung zwischen „konventioneller Kleidung" und „Freizeitkleidung" nicht mehr möglich, weil sich der Reichtum an Variationsmöglichkeiten auch im beruflichen Alltag durchgesetzt hatte. - Freizeitanzüge waren salopp geschnittene Sakkos mit Hosen aus gleichem Oberstoff,

Freizeithemden auch über der Hose zu tragen, Freizeitkostüme aus pflegeleichten Stoffen, auch als „Hosenanzug" Jacke/Hosenkombination. - Vgl. → Legerbekleidung, → Fun-fashion, → Fantasy-fashion.

French Knickers, weiter geschnittene, lose fallende, in der Regel spitzenverzierte modisch-jugendliche Damenschlüpfer.

French-Knickers

Fresko, strapazierfähiger und sprungkräftiger Anzug- oder Kostümstoff in Tuchbindung mit wechselweise scharf S- und Z-gedrehten Zwirnen in Kette und Schuß, die die Porosität und den typischen körnigen Griff ergeben. Feiner und leichter ist der ähnlich aufgebaute → Tropical.

Freskozwirn, Kammgarnzwirn, der entweder mit einem einfachen Faden oder mit einem weiteren Zwirn zum zweiten Male verzwirnt ist.

Freso, → antimykotische Ausrüstung, vgl. → Hygitex.

Fries, schweres Gewebe (Schußdouble) mit Strich- oder Veloursausrüstung, vor allem für Tür- und Fensterabdichtungen.

Fries aus nicht walkfähigem Material (Baumwolle, Viskose) erhält durch Rauhen und Klopfen einen beiderseitig dichten Flor.

Friktionskalander, siehe unter → Kalander.

Frisé, 1. Teppich mit unaufgeschnittenen Noppen (→ Velours frisé, → Bouclé, → Brüssel). - Auch Möbelstoff mit unaufgeschnittenen Schlingen.
2. Damenkleiderstoff mit feinen Effektgarnen, deren Schlingen nicht auf der Warenoberfläche sichtbar sind, sondern sich nur im Griff bemerkbar machen.

Frivolités, französische Bezeichnung für modisches Beiwerk wie Blumen, Modeschmuck, Schleifen usw.

Froissé, sprich: „Froasseh", frz.: „Knittern", Kleiderstoffe mit einer Ausrüstung, die in Kett- oder Schußrichtung knautschartige Knitter zeigen. - Vgl. → Crinkle, → Crumble.

Frontfixierung, Ersatz der klassischen → Wattierung zur formgetreuen Ausstattung der Brustpartie von Anzügen, Mänteln und Kostümen durch spezielle Einlagestoffe mit einer thermoplastischen, atmungsaktiven und in der Regel nach einem Punktsystem aufgetragenen Beschichtung, die im Vorderteilbereich der Bekleidungsstücke mit Hilfe von Fixierpressen dauerhaft verklebt werden. Der Fixierprozeß findet bei Temperaturen zwischen 120 und 150°C und einem Aufpreßdruck zwischen 100 und 450 g/qcm bei Preßzeiten von 6-25 sec statt; Oberstoff und Einlage sollen zu einer harmonischen Einheit werden. → Pikieren und → Unterschlagen der → Wattierung entfällt; gute und dauerhafte Formgebung ist auch bei leichten Oberstoffen möglich. Sichere Formgebung, bestechend glattes Aussehen auch bei leichten Geweben, Reinigungsbeständigkeit, Rationalisierung in der Fertigung, leichter und weicher Griff sowie die Vervollkommnung der für die neue revolutionierende Technik angebotenen Einlagenstoffe haben das Verfahren sehr schnell durchgesetzt. Frontfixierung ist nicht auf die unte-

Verarbeitung von Einlagen nach konventioneller Art

(Nähtechnik)

Innenverarbeitung mit Frontfixierung

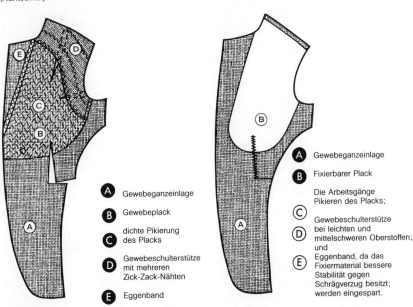

A Gewebeganzeinlage

B Gewebeplack

C dichte Pikierung des Placks

D Gewebeschulterstütze mit mehreren Zick-Zack-Nähten

E Eggenband

A Gewebeganzeinlage

B Fixierbarer Plack

Die Arbeitsgänge Pikieren des Placks;

C Gewebeschulterstütze bei leichten und mittelschweren Oberstoffen;

D und

E Eggenband, da das Fixiermaterial bessere Stabilität gegen Schrägverzug besitzt; werden eingespart.

Gegenüberstellung der Frontfixierung und der Innenverarbeitung in Nähtechnik

ren Verarbeitungsstufen begrenzt; bei sorgfältiger Arbeit und Verwendung erstklassigen Materials ist sie auch für das Modellgenre geeignet. - Vgl. → Ganzteil, → Plack, → Flachfixierung.

Frotté, Kleiderstoff mit stumpfgriffiger, unebner Oberfläche, die durch Effektzwirne entsteht, die abwechselnd kleine Knötchen und Schlingen enthalten. - Nicht zu verwechseln mit den Frottierstoffen (→ Frottiergewebe).

Frottierbettwäsche, Bettwäsche aus Wirkfrottierstoffen (→ Rundstuhlware = → Plüschtrikot, → Raschelware, → Wirkfrottier) in der Regel mit hohem Anteil an Baumwolle und Zumischungen von Modalfasern oder Synthetics, Bettücher auch aus Webfrottier; in der Regel bedruckt. Frottierbettwäsche ist etwa 10-15% schwe-

rer als gleichwertige Bettwäsche aus Normalgeweben; bei genügender Strapazierfähigkeit (Zwirn für die Frottierschlingen) ist sie auch nicht billig. Ihr wird Pflegeleichtigkeit, Behaglichkeit, weicher und angenehmer, hautsympathischer Griff und hohe Saugfähigkeit ebenso nachgerühmt wie eine stark wärmende Wirkung. Frottierbettwäsche mit perlonverstärkten Schlingen soll die ersten beiden Male nur 60°C warm gewaschen werden, kann aber sodann gekocht und geschleudert werden; Bügeln oder Mangeln ist nicht nötig; deshalb können auch rostfreie Druckknöpfe verwendet werden. - Vgl. → Henkelplüsch, → Spannbettuch.

Frottiergewebe, nach RAL 304 „Web-Frottierware" genannt, Gewebe mit ein- oder beidseitigen Schlingen, die auf Spezialwebstühlen mit Knicklade hergestellt wer-

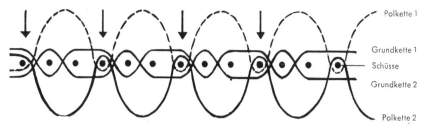

Polkette 1

Grundkette 1

Schüsse

Grundkette 2

Polkette 2

Schußschnitt durch ein Frottiergewebe. Die straff gespannte Grundkette bildet zusammen mit den Schüssen das Grundgewebe. Die lose gespannte Polkette wird beim vollen Anschlag der Knicklade nach oben bzw. nach unten gebogen, während die Schüsse an der Grundkette entlanggleiten. Die Pfeile bezeichnen die Schüsse, bei denen voll angeschlagen wird

den und aus mindestens zwei Kettsystemen bestehen, und zwar einer Grundkette und einer schlingenbildenden Florkette. Web-Frottier-Velours sind Web-Frottierwaren, deren Schlingen auf der Warenoberseite aufgeschnitten sind, Zwirn-Frottierwaren müssen Florketten aus gezwirnten Garnen erhalten, → Walk-Frottierwaren haben Florketten aus ungezwirnten Garnen, sind aber in einem besonderen (Walk-) Ausrüstungsverfahren nachbehandelt (Naß-Kochbehandlung). Walk-Frottierware läuft nicht mehr ein. - Herausgezogene Schlingen schneidet man einfach ab. Frottiergewebe sind mit Ausnahme sehr dunkler Färbungen in der Regel kochecht gefärbt, Frottierbademäntel häufig nur waschecht bis 60°C. Verfärbungen können dann eintreten, wenn man Frottiergewebe mit Stärkewäsche zusammen kocht. Frottiergewebe sollen nicht mit Heißluft getrocknet werden (sie werden sonst hart); man soll sie auch nicht bügeln. - Neuerdings sind auch → Sulzer Webmaschinen mit → Knicklade im praktischen Einsatz.

Frou-Frou, Sammelausdruck für alle verspielten Verzierungen an Bekleidungsstücken für Damen (vor allem an Blusen und Kleidern), wie → Falbeln, → Jabots,

Fichu

Plastron

Jabot

Rüschen, Wasserfälle, Plastron und → Volants. Gleichbedeutend mit → Chi-Chi, Kleider und Blusen im Frou-Frou-Stil sind reichlich verziert und bevorzugen schmiegsame und duftige Stoffe, wie Chiffonelles, Georgette und Organza.

Fuchs, Pelz mit sehr dichtem und langem Haar; verschiedene Farbvarietäten: → Rotfuchs, → Kreuzfuchs, → Silberfuchs, → Platinfuchs, → Blaufuchs, → Weißfuchs.

Fulgurant, hochglänzender Seidenatlas für festliche Kleider und für Futterzwecke.

Füllappretur, Ausrüstungsweise für Bettwäsche-, Haushalts- und Futterstoffe mit geringer Waschfestigkeit. Die Stoffe werden mit Lösungen durchtränkt, die feste Körper feinverteilt im Gewebe ablagern, wodurch der gewünschte Griff oder eine vorgetäuschte Warenfülle erzielt wird.

Full coloreds, Kolorits bei Druckstoffen, die die ganze Fläche bedecken und bei denen aus einem verhältnismäßig dunklen Fond stark leuchtende Farbgruppen herausstrahlen.

Fülligkeit, Verhältnis des Raumbedarfs zum Gewicht eines Garnes oder Gewebes (oder Bekleidungsstücks: Strickwaren!). Hohe Fülligkeit wird im allgemeinen durch Kräuselung hervorgerufen und ergibt wärmende Kleidungsstücke.

Füllschuß, dicker, meist lose gedrehter Schußfaden, der im Gewebe eine ripsähnliche Wirkung hervorrufen oder hochwertiges Material sparen soll.

Fully fashioned, Bezeichnung für Strickwaren, bei denen sämtliche Teile schnittgerecht gewirkt oder gestrickt wurden und die so, wie sie aus der Maschine kommen, zusammengenäht werden. Vergleiche → Regulär-Waren, → geschnittene Maschenwaren.

Fun-fashion, auch Fantasy-fashion, Sammelbegriff für abwechslungsreiche und schmückende Mode für den Abend in der Stadt oder im Urlaub im Gegensatz zur sportlich-funktionellen → Freizeitmode

oder → Leger-Bekleidung für Wochenende und Ferien.

Fun-furs, Fun-flor, gewebte und gewirkte → Pelzimitate, in der Regel hochflorige Plüschqualitäten, die in Florhöhe, Farbcharakter und Kräuselung ihren echten Vorbildern täuschend ähnlich sind, als Futter und als Oberstoff verwendbar. Der Flor besteht in der Regel aus Synthetics (Acryl, Modacryl, Polyester, Bikomponentenfasern) und ist in seiner Kräuselung thermofixiert. Pelzimitate sind leichter und weniger pflegeanfällig als echte Pelze; in der Konfektion sind sie problemlos verarbeitbar. - Vgl. → Kettsamt, → Wirkplüsch, → Jolipel, → Sliver-knit, → Hochflor-Raschelmaschine.

Fungizide Ausrüstung, keimwidrige Ausrüstung, vgl. → Antimykotische Ausrüstung. - Manchmal wird auch der Ausdruck „fungostatische Ausrüstung" gebraucht.

Funktionelle Gruppen, Atomgruppen an den Enden der Einzelmoleküle (Monomere) synthetischer Gespinste, die die Verbindung von Einzelmolekülen zu Kettenmolekülen ermöglichen. Sie verleihen der entsprechenden Chemikalie ihre charakteristischen Eigenschaften.

Funny paper, gehärtetes und feuerfest ausgerüstetes Spinnvlies auf Zellulosebasis.

Furniereffekt, Erscheinung beim → Bondieren von Geweben auf Geweben (Versteifungswirkung nach dem Prinzip des Sperrholz); die Erzeugnisse können dazu neigen, brettig hart zu werden. - Vgl. → Sperrholzeffekt, → Sandwichkaschierung.

Fusant (sprich: füsang), aus Frankreich stammende Art der Kolorierung von Druckstoffen, wobei die Farben nicht mehr klar oder → camaieu-artig miteinander kombiniert werden, sondern unbestimmbare ineinanderverlaufende Tönungen hervorrufen, ähnlich Aquarellfarben auf Fließpapier.

Fustian, englische Bezeichnung für einen groben Baumwollköper gerauht.

Futterfadenfell, → Strichvelours nach neuer Technologie mit verbesserter Floreinbindung und Stabilisierung in Längs- und Querrichtung, als Stoff für Oberbekleidung und für Möbel geeignet (Eybl).

Futterstoff, Sammelbegriff für Stoffe der verschiedensten Herstellungstechnik (Gewebe, Maschenwaren, Nähwirkwaren, Vliese), die als → Leibfutter oder → Zwischenfutter zur Innenausstattung von Oberbekleidungsstücken dienen oder als → Bundfutter, → Hosentaschenfutter, → Westenrückenfutter (→ Glacé) oder Ärmelfutter bestimmte Aufgaben in Ergänzung oder als Ersatz von Oberbekleidungsstoffen übernehmen. Ihre Herstellungstechnik muß in Kombination von Rohstoffen, Konstruktion und Ausrüstung unter Berücksichtigung eines günstigen Preises auf den Verwendungszweck abgestimmt sein. Wichtige Eigenschaften können sein: Luftdurchlässigkeit, Bügelfestigkeit, guter Feuchtigkeits- (Schweiß-) Transport, → Scheuer- und Schiebefestigkeit, Glätte, Schrumpffestigkeit, Unterstützung des Wärmeaustauschs, Hautverträglichkeit, geringe elektrostatische Aufladbarkeit. Unter den Farbechtheiten sind vor allem → Schweißechtheit und Reibechtheit von Belang. - Vgl. → Kniefutter, → Netzfutter, → Plüschfutter, → Fulgurant, → Einlagestoffe, → Duchesse, → Liberty, → Merveilleux, → Milanaise, → Pocketing, → Moleskin, → Plaidfutter, → Bougram, → Cloth, → Cimbria-Serge, → Waschtaft, → Nahtschiebefestigkeit, → Amerikanische Fütterung, → Französische Fütterung.

Futterwaren, Futtertrikotagen, glatte Kulierwaren, auf deren linker Warenseite grobe, weichgedrehte Futtergarne eingebunden sind und kurze Flottungen bilden, so daß sie sich gut rauhen lassen, nur auf Rundwirkmaschinen herzustellen. Die Einbindung, die meist köperartig versetzt wird, kann direkt mit dem Deckenfaden vorgenommen werden; dann schlägt der Futterfaden durch die Decke (→ Chai-

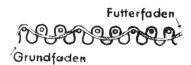

Futterware; Draufsicht während der Maschenbildung

neusse). Bei besseren Qualitäten mit geschlossener (Viskose-) Decke wird ein Bindefaden verwendet. Damen- und Herrenunterwäsche für den Winter hat stark an Bedeutung verloren. Vgl. → Bindefadenfutter, → Doppelfutterware.

G

Gabardine, kahl ausgerüstete, sehr dichte Woll- oder Baumwollgewebe (auch mit Synthetics gemischt) in einer typischen Steilköperbindung, wegen seiner Dichte vor allem für Regenmäntel, Sportkleidung, Skihosen verwendet. Wollgabardine nur mit feuchtem Tuch bügeln, da er sonst glänzend wird. Griff, Bild und Gebrauchseigenschaften des echten, in Steilköperbindung gewebten Gabardine können auch durch hohe Dichte eines feinfädigen Kettmaterials und geringere Dichte eines fülligeren Schußmaterials bei normalen Köperbindungen mit → Ketteffekt hervorgerufen werden.

Gabardine-Bindung

Gänsefeder, bevorzugtes Füllmaterial für Deckbetten und Kopfkissen, leicht daran zu erkennen, daß sie an ihrem oberen Ende wie abgeschnitten aussieht. Gänsefedern sind größer und kräftiger als Entenfedern, stark gebogen, matt und am unteren Ende flaumig bewachsen.

Gabardine-Mantel

bekleidungsstück für Bergsteiger und Skiläufer. Früher gehörten knöpfbare Überzüge aus Tuch oder Leder zum Anzug des gut gekleideten Herrn. - Um zwischen Hose und Stiefel keine Nässe eindringen zu lassen, trägt der Bergsteiger imprägnierte, steglose Gamaschen aus Perlon oder Baumwollgabardine mit Gummizug.

Gamaschen

Ganzteil, Grundlage der Anzugwattierung, das heißt: der formbeständigen Innenausstattung von Anzügen; meist aus Wollwattierung, da besondere Elastizität gefordert wird. Auf das Ganzteil wird der Plack aufpikiert. Das Ganzteil ist mit dem Oberstoff an der Vorderkante, der Schulternaht, am Armloch, mit wenigen Stichen am Brustcisson und am Taschenriegel festgenäht. - Die → Wattierung mit Ganzteil und → Plack wird mehr und mehr durch Aufbügeln fixierbarer → Vliese (→ Non woven Fabrics), → Gewebe und auch Maschenstoffe ersetzt. - Vgl. → Frontfixierung, → Flachfixierung.

Gandourakleid, kaftanähnliche Kleidform, modisches Pendant zum → Zeltmantel, in Trapezform geschnitten, oft aus glitzernden Stoffen und an Manschetten oder Verschlüssen mit Pailletten verziert.

Garantiecord, geschütztes Gütezeichen für → Cotton-Cord-Gewebe mit geprüften Eigenschaften, nach Vorschriften der Gütezeichengemeinschaft Cord hergestellt.

Garde-Stil, strenger Stil der Damenmode, bevorzugt bei Mänteln und Kostümen, aber auch bei Kleidern anzutreffen, mit modischen Effekten aus der Uniformschneiderei (Schulterklappen, betonte Kappnähte und entsprechendes Fasson). Bevorzugt weiche, glatte, wenig geraute Tuche sowie Baumwollgewebe.

Gardinenband, Band, mit dem die Gardine in der Schiene aufgehängt wird. Die früher

Gae-Wolf, einheitlicher Name für die z.T. auch als „Sobahi" oder „asiatischer Schakal" bezeichneten Felle ostasiatischer Windhunde.

Galalith, Kunsthorn für Knöpfe als Ersatz für Elfenbein, Schildpatt oder Horn, in seiner Polierfähigkeit von kaum einem anderen Werkstoff übertroffen. Durch öfteres Waschen werden Galalithknöpfe leicht blind. - Vgl. → Bakelit.

Galon, 1. Erzeugnisse der Spitzenhäkelmaschine (Galonmaschine), also Spitzen und Einsätze;
2. Seidene Borten auf beiden Seitennähten der Hose zum Frack (oder Smoking).

Gamaschen, einstmals modisches Attribut der Herrenkleidung, heute reines Zweck-

üblichen Ringbänder sind nunmehr durch die Universalbänder abgelöst worden, die in der Regel gleichzeitig als → Kräuselband verwendet werden können. - Synthetische Gardinenstoffe sollten nur Gardinenbänder aus synthetischem Material erhalten und mit synthetischem Nähgarn genäht werden.

Gardinenstoff, Sammelbegriff für alle durchbrochenen, lichtdurchlässigen Stoffe für Fensterbehänge. Gegensatz: → Vorhangstoff, → Dekorationsstoff (dicht, lichtundurchlässig). Fertig genähte Gardinen oder mit abgepaßten Mustern versehene Stoffe nennt man → Stores. - Gardinenstoffe aus den Synthetics Diolen, Trevira oder Dralon brauchen weder getrocknet, noch gespannt oder gebügelt zu werden, man kann sie wieder feucht aufmachen. Synthetische Gardinen entweder kalt waschen und kalt spülen oder warm waschen und handwarm spülen (nicht heiß, wegen der Gefahr der Thermofixierung von Falten). Vgl. → Architektentüll, → Bobinet, → Fallblechmuster, → Englisch Tüll, → Marquisette, → Voile, → Scherli, → Etamine, → Madras-Gardine, → Gittertüll, → Grobtüll, → Strukturgardine, → Inbetween, → Spannstoff, → Langschußgardine, → Stickstore, → Vorhangstoff.

Garn, endloses, fadenförmiges Gebilde, das in der → Spinnerei aus (endlichen) Stapel-Spinnfasern ersponnen oder aus mehreren endlosen Fäden (Chemiefäden, → Filamenten, → Haspelseide) hergestellt wird. Vgl. → Kettgarn, → Schußgarn, → Kammgarn, → Eisengarn, → Genappe, → Fil d,Ecosse, → Flor, → Streichgarn, → Watergarn, → Mulegarn, → Mediogarn, → Abfallgarn, → Fancygarn, → Imitatgarn, → Kardierte Garne, → Effektgarn, → Flammengarn, → Core-spun-Garn, → Vigoureux, → Mouliné, → Jaspé, → Vorgarn, → Texturierte Garne, → Zwirn, → Dreizylindergarn, → Zweizylindergarn, → untersponnenes Garn.

Garndruck, Drucktechniken, bei denen nicht der Stoff oder das Vorgespinst (→ Vigoureux), sondern das Garn bedruckt wird. Man unterscheidet den → Strangdruck (Bedrucken von Garnen in Strangform quer zur Fadenrichtung) und den → Kettdruck (→ Chiné). Punktförmiger Strangdruck heißt auch → Perldruck. - Nicht zu verwechseln mit → partienweiser Garnfärbung (→ Space-dyeing).

Garnfärbung, Gegensatz zur → Flockefärbung und zur → Stückfärbung; die Färbung von Garnen wird je nach deren späterem Einsatz im Strang (füllige Garne mit hoher Gleichmäßigkeit), auf Kreuzspulen (vor allem für Mehrfarbzwirne) oder als ganzer Kettbaum vorgenommen. In der Durchfärbung ist die Garnfärberei der Flockefärberei unterlegen, der Stückfärberei überlegen, aber auch teurer als diese. Für Buntgewebe müssen die Garne gefärbt werden. - Vgl. → Space dyeing, → Partienweise Garnfärbung.

Garnieren, Polstervorgang bei → Federkernmatratzen. Sind Federkernmatratzen nicht in Fasson gearbeitet, wird der Federkern in eine vorgefertigte Polstermatte (wie ein Paket) eingeschlagen. - Vgl. → Fasson-Matratze.

Garnsortierung, Kennzeichnung von Garnen nach ihrer Stärke durch die Angabe des Verhältnisses von Länge und Gewicht des Garnes; je nach Beziehungsgröße als Numerierung oder Titrierung. Beim → Längensystem (der → Numerierung) wird von einem gleichbleibenden Gewicht ausgegangen, beim → Gewichtssystem (der → Titrierung) von einer gleichbleibenden Länge. Verbindlich gilt international das neue System → „tex". - Vgl. → Englische Baumwollnummer, → Metrische Nummer, → Internationaler → Seidentiter, → Bodenfeine.

Gasieren, anderer Ausdruck für → Sengen.

Gaucho-Hose, hosenrockähnlich geschnittende, midi-lange Hosen (Handbreit unterhalb des Knies endend), nach unten weiter werdend. Der Name stammt von ähnlichen Hosen der südamerikanischen Hirten.

Gaucho-Hose

Gaufrage, Einpressen von Musterungen in glatte Gewebe auf dem Präge- oder Gaufrierkalander, oft durch eine Kunstharzveredlung haltbar gemacht. Bei Seidenkreppgeweben bestimmt die Vorgaufrage die Art des Einkreppens bei der Naßbehandlung. Bei Geweben aus thermoplastischen Synthetics haben bei entsprechenden Temperaturen vorgenommene Gaufragen eine gewisse Waschechtheit; bei Wirkwaren aus Synthetics mit starkem Glanz kann durch die Gaufrage mit einem feinen Riffelmuster eine gewisse Mattierung bewirkt werden. - Vgl. → Everglaze, → Givrine, → Moiré, → Prägedruck, → Cristallon, → Givré.

Gaufré, erklärendes Beiwort für Gewebe mit feinen Prägemustern (Gaufrage). Die mechanisch hervorgerufenen Preßeffekte sind nicht immer waschecht.

Gauge, 1. (sprich: geedsch), Abkürzung: gg. Feinheitsbezeichnung für Wirkwaren: Zahl der Maschen auf 1⅓ engl. Zoll =

38,1mm. Je höher die Gaugezahl bei Strümpfen, desto dichter stehen im Strumpf die Maschen. Sehr feinfädige Strümpfe (niedrige → Denier-Zahl) sollten immer eine hohe gg-Zahl aufweisen. 2. Feinheitsbezeichnung für Raschelmaschinen: Anzahl der Nadeln auf 2 engl. Zoll = 50,8mm.

Gavroche-Tüchlein, bunt bedrucktes Tuch in Taschentuchgröße, das nach Art der Pariser Straßenjungen (Gavroche, sprich: Gawrosch) um den Hals geknüpft wird.

Gaze, schleierartig dünne Stoffe, häufig nicht schiebefest. Außer in der Medizin und der Technik (Müllergaze, Siebgewebe) wird stark appretierte Gaze als Stickereigrundstoff (→ Stramin, → Canevas) verwendet.

Gazellen-Fell, Fell einer afrikanischen Antilopenart, 40-50cm groß, mit glattem, flachem, seidigem, etwa 3cm hohem Haar; meist gefärbt und geschoren, von Natur aus hellbraun. Empfindliches, dünnes Leder, für Sommerpelzwerk.

Gebildgewebe, würfelartig bindungsgemusterte Gewebe mit partienweisem Geschirreinzug; die Musterung wird durch flächigen Kett/Schuß-Kontrast gebildet. Vor allem für Handtücher und Tischzeug; vgl. → Grubenhandtuch.

Gebrochene Spiegelnaht, Form der Verbindung von Kragen und Revers beim Herrenanzug, bei der der obere Reversabstich in einem meist nach oben zeigenden Winkel zur Spiegelnaht verläuft. - Abb. siehe → Fasson.

Geck, stutzerhafter Modenarr.

Gefederte Pelzverarbeitung, besonders bei Langhaarpelzen übliche Verarbeitung, wobei die Felle in schmale Streifen geschnitten und mit (äußerlich unsichtbaren) Lederstreifen dazwischen wieder zusammengesetzt werden. Dadurch werden je Fertigteil einige der teueren Felle gespart, aber gleichzeitig ein gutes Bild und ein figurgünstiger Schnitt des Bekleidungsstücks bewirkt, da die so bearbeiteten Felle weniger auftragen. Wegen des hohen Arbeitsaufwandes entsteht aber in der Regel keine Verbilligung.

Geflecht, textile Flächengebilde, die durch sich diagonal zur Warenkante kreuzende Fäden gebildet werden. - Vgl. → Flechtmaschine, → Kordel, → Litze, → Soutache.

Schema eines Geflechts

Gegenbindung, in Tuchbindung arbeitende Zeile innerhalb eines Gewebes, das seinen Charakter im übrigen Bindungen mit weiter flottenden Fäden verdankt. Mithin binden die sonst mustermäßig flottenden Fäden an einer bestimmten Stelle alle verschieden ein; dort wird auch der Rietstab eingesetzt. Dadurch entsteht im Gewebe eine Gasse. In Schußrichtung wird die Bildung dieser „Gasse" durch entsprechende Einstellung des Warenabzugs erzielt. - Vgl. → Scheindreherbindung.

Gehpelz, Wollmantel mit Pelzfutter in Kurzform, oft auch Kragen und Revers pelzverbrämt, für den Herrn.

Gehrock, (Bratenrock), wird heute nur noch auf dem Land als Hochzeitsanzug

oder vorschriftsmäßige Bekleidung für die Beerdigung getragen. Heute ist der Gehrock die Standestracht der Geistlichen beider Konfessionen. - Im Gegensatz zum Cut sind die Schöße nicht geschweift, sondern haben vorne gerade fallende Kanten.

Gekämmte Baumwolle, siehe unter → Kämmen.

Gemel, Fabrikatname (Rhodia) für → Lederimitat auf Basis Spezialvelours-Unterware mit PUR-Beschichtung; kunstlederartiges Aussehen, hohe Luftdurchlässigkeit und gute Wasserundurchlässigkeit, reib- und lichtecht. Es können matte, glänzende und metallische Effekte erzielt werden. Auch: Bondings auf Acetat-Charmeuse mit Grobgeweben mit langen Flottungen auf der Oberseite.

Gemsenleder, in der Regel wegen der → Sämisch-Gerbung sehr weiches und geschmeidiges, aber wasserdurchlässiges und nicht sehr festes → Wildleder aus Gemsenhäuten.

Genappe, gasierter, scharf gedrehter Kammgarnzwirn mit glatter Oberfläche.

Genre, (sprich: schanr), Zuordungsgruppe der Fabrikate eines Herstellers nach der Gesamtheit der verschiedenartigen Wertmerkmale der Erzeugnisse, zum Beispiel: Stapelgenre, Mittelgenre, Modellgenre. Wertmerkmale können sein: Güte der Stoffe, Exaktheit der Nadelarbeit, Paßform, Ausstattung und Innenverarbeitung, modische Einstellung, Geschmack, Exclusivität.

Gentilini, schützenlose → Webmaschine von Gentilini-Ripamonti mit einseitigem Schußeintrag durch röhrchenförmige Greifer über einer Trommel. Die Fachbildung geschieht ebenfalls auf einer größeren Trommel mit einem Durchmesser von 1,20m. Bei einem Schußeintrag von 700-800 Schuß je min ist zwar nur Tuchbindung, aber farbige Schußmusterung mit einem Rapport von max. 24 Fäden möglich. - Vgl. → Greifer-Webmaschine.

Genuacord, schwerer, hart ausgerüsteter → Schußsamt mit deutlicher Längsrippung mit 21-43 Rippen je 10cm Warenbreite für Arbeits-, Berufs- und Sportbekleidung; → Manchester. Vgl. → Cordsamt, → Cotton-Cord, → Trenkercord.

Georgette, auch Crêpe Georgette, leichtes Seidencrêpegewebe mit wirr-körniger Oberfläche und trockenem, hartem Griff, fast durchsichtig, aus stark überdrehten, S- und Z-gedrehten Garnen. Schwerer als der gleichartig konstruierte → Chiffon (Abb. siehe dort).

Gerben, Behandlung tierischer Häute mit Chemikalien (Gerbstoffen) mit dem Ziel, die Haut fäulnisunfähig zu machen, und zu bewirken, daß die Haut in heißem Wasser nicht mehr in Leim übergeht, beim Trocknen nicht mehr durchscheinend und hornartig spröde wird. Leder entsteht durch das Gerben und das nachfolgende → Zurichten. Oberhaut und Unterhaut sind für die Herstellung von Leder unbrauchbar; gegerbt wird nur die Mittelschicht, die „Lederhaut". Man unterscheidet die → Mineralgerbung (→ Alaungerbung, → Chromgerbung), die → vegetabilische Gerbung, sowie verschiedene synthetische Gerbeverfahren: → Sämischgerbung, → Kombinationsgerbeverfahren und → Formaldehydgerbung (→ Waschleder). Vgl. → Leder.

Gerberwolle, aus den Fellen geschlachteter Tiere als Nebenprodukt in der Gerberei mit scharfen Chemikalien (Ätzkalk-Natriumsulfit) aus der Tierhaut gelöste, minderwertige Wolle. Die Gerberwolle besitzt die ganze Haarwurzel, ist aber versprödet und brüchig. Gerberwolle darf nicht verwechselt werden mit der wesentlich hochwertigeren → Schwitzwolle (→ Schwödewolle, → Mazametwolle). - Vgl. → Kalkwolle.

Gerfil, Polypropylengarn für Damenstrümpfe. Strümpfe hieraus sollten feiner und haltbarer sein als vergleichbare Nylonstrümpfe; vor allem wird ihnen hohe Empfindlichkeit gegen Zieher nachgesagt.

Gerstenkorn, grobkörnige Bindungsart (abgeleitet von der Tuchbindung), vor allem für Küchenhandtücher, die eine gut

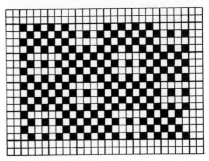

Gerstenkornbindung

gegliederte, grobkörnige Oberfläche mit frottierender Wirkung hervorruft.

Geschnittene Maschenwaren, auf dem Rundstuhl in Schlauchform hergestellte Wirk- oder Strickwaren; der Maschinendurchmesser richtet sich nach der Weite des herzustellenden Gegenstandes. Die Einzelteile der Bekleidungsstücke werden aus dem Schlauch herausgeschnitten und zusammengenäht. - Gegensatz: → Reguläre, → halbreguläre Maschenwaren, → Fully fashioned.

Gesellschaftskleidung, Sammelbegriff für Damen- und Herrenkleidung, die zu bestimmten festlichen Anlässen getragen wird. Im engeren Sinn: Für den Tag: → Cut, → Stresemann (→ Bonner Anzug), → Dinnerkleid; für den Abend: → Frack, → Smoking, → Abendkleid, → Cocktailkleid, → Party-Anzug, → Party-Kleid, → Dinner-Jacket, → Tuxedo, → Abendmantel, → Havelock, → Robes habillées.

Gesperrtes Fasson, Anzugfasson mit besonders weitem (also stumpfwinkligem) → Crochetwinkel.

Gewebe, textile Flächengebilde, die durch das rechtwinklige Verkreuzen von mindestens zwei Fadensystemen entstehen, von denen das eine parallel zur Webkante, das andere quer verläuft. - Vgl. → Tüll, → Maschenwaren, → Non woven fabrics, → Bonding, → Nähwirktechnik, → Geflechte, → Folie, → Textil-Verbundstoffe.

Gewebedraufsicht, Darstellungsweise des Fadenverlaufs von Geweben durch

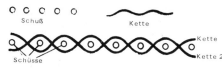

Schußschnitt durch eine Tuchbindung

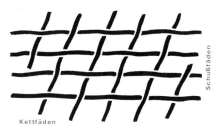

Gewebedraufsicht auf eine Tuchbindung

Sichtbarmachen des Verlaufs der Kett- und Schußfäden in perspektivischer, stark vergrößerter Zeichnung. Beispiele: Abb. zu → Trikotbindung, → Drehergewebe.

Gewebeschnitt, Darstellungsweise des Fadenverlaufs im Gewebe durch vergrößerte Aufzeichnung der Schnittfläche parallel zu Kette oder Schuß. Beispiele für Gewebeschnitte: Abb. zu → Cordbindung, → Axminsterteppich, → Samt.

Gewichtssystem, Art der → Garnsortierung; die Feinheit des Garnes wird bestimmt durch die Anzahl der Gewichtseinheiten auf eine festgelegte Längeneinheit (→ Titrierung). Vgl. → Internationaler → Seidentiter, → Grex, → „tex". - Gegensatz: → Längensystem.

Ghiordes, kleinasiatischer → Orientteppich, meist Gebetsteppich, sehr fein und eng geknüpft und kurz geschoren. - Ghiordes-Knoten, türkischer Knoten im Gegensatz zum persischen → Sennehknoten, der von allen Völkern türkischer Herkunft verwendet wird; die kurzen Fadenenden umschlingen die zwei Nachbarketten, wobei die Schlinge den Kettfaden von oben umfaßt. - Abb. hierzu siehe → Teppichknoten.

Gilet, (sprich: Schileh), frz.: Weste; klassische, ärmellose Damenweste.

Gilet

Gimpe, mit farbiger Seide (bzw. Viskosefilament) übersponnene Baumwollfäden für Besatzzwecke und → Guipurespitzen. Der Umhüllungsfaden ist stets aus besserem Material als die Einlage (Seele). - Vgl. → Knopfloch.

Gingham, uralter Ausdruck der textilen Fachsprache, der neuerdings zum Modewort für kräftige gestreifte oder feinkarierte, buntgewebte Hauskleiderstoffe aus Baumwolle geworden ist. Frühere Bedeutung: geflammte, melierte oder kleingewürfelt gemusterte Schürzenstoffe.

Ginster, lt. TKG „Blattfaser aus den Stengeln des Cytisus scoparius oder des Spartium junceum"; von geringer Bedeutung, weil die schwer zu beseitigenden Verunreinigungen zu unregelmäßigem Gespinstausfall führen.

Gipsy-Look, Kleidungsstil, der der folkloristischen Bekleidung der Zigeuner nachgebildet ist. Kennzeichen: Zipfel- und Stufenröcke mit vielen Volants und Rüschen in großer Farbenpracht, auch → Patchworkdessins, bauschige Röcke, unter der Brust gebundene Blusen, Silberschmuck und Klimperketten.

Giroud-Verfahren, Herstellungsverfahren für beflockte Teppiche, wobei mit einer Messer/Stößel-Kombination von einem Spinnkabel Florfasern in der gewünschten Florhöhe abgeschnitten und durch einen

Gipsy-Look

Führungskanal dem mit einem Kleber bestrichenen Trägermaterial zugeführt werden.

Gittertüll, 1. durchbrochener Gardinenstoff, meistens Kettenwirkware (Raschelware) mit gitterartigem Fadenverlauf. Auch üblich für Gardinenstoffe, die durch zusätzliche Kettfäden verstärkt sind und dadurch eine erhabene Längsstruktur erhalten.
2. Bobinet-Tüll mit quadratischer Lochform; zwei benachbarte Kettfäden werden vom Schuß umschlungen. Es entsteht eine kräftige Längsrippe. Meist stark appretiert, da Gittertüll zum starken Einlaufen im Schuß neigt. - Vgl. → Erbstüll, → Wabentüll.

Givré, feinkörnig schillerndes, vorgaufriertes Gewebe aus endlosem Acetat oder anderen Chemiefasern, wobei der Effekt nur auf der einen Warenseite sichtbar ist. Ähnlich sehen die → Kristallgewebe aus, deren Effekt aber beiderseitig und dauerhaft ist.

Givrine, einseitig schillernd-glänzender, ripsartiger Kleiderstoff in Tuchbindung mit dickem Woll- oder Viskose-Füllschuß. Nur chemisch reinigen, da durch den Quellvorgang beim Waschen die glitzernde Oberflächenwirkung verlorengehen würde. Vgl. → Rips givre.

Glacé, 1. durch Kalandern hochglänzend appretiertes Westenfutter;
2. bei Fantasiebindungen: Verwendung von andersfarbigem Material in Kette und Schuß; entspricht → Changeant bei den

1 Messer und Stößel
2 Führungskanal für geschnittene Fasern
3 Rakel
4 Kleber
5 Unterlage
6 Spinnkabel

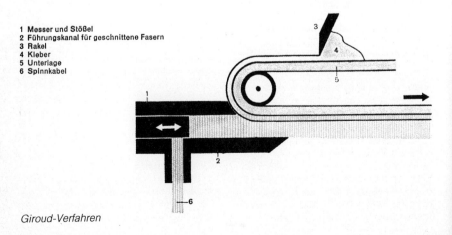

Giroud-Verfahren

klassischen Köper-, Atlas- und Gabardine-
bindungen.

Glacéleder, feines, alaungegerbtes, glänzendes Ziegen- oder Lammleder, vor allem
für elegante Handschuhe. - Vgl. → Leder.

Glanzeffekt bei Geweben und Maschenwaren entsteht durch Verwendung glanzreicher Effektmaterialien: Mohair, glänzende Modalfasern, Synthetics mit abweichendem Querschnitt, die ein besonders
hohes Lichtreflexionsvermögen vermitteln
(→ Sparkling-Nylon, → Perlon glitzernd)
sowie eigens auf Glanzwirkung konstruiertes Material: → Metallfolie, → Glitzergarn,
→ Mylar, → Crigalle, → Lurex, → Bedor,
→ Rexor, → Chromeflex sowie → Leonische Gespinste.

Glanzhäkelgarn, hartgedrehte, sechsfa-
che Zwirne mit waschfestem Glanz (mercerisiert) in den Stärken 20-150 auf
10-g-Knäuel; je höher die Nummer, desto
feiner das Material.

Glanzwolle, dicke und lange, wenig gekräuselte Wollsorten, z.B. → Cheviotwolle.

Glanz-Zellwollen, Viskosespinnfasern mit
bändchenartigem Querschnitt. - Vgl.
→ Moussbryl, → Velbryl, → Jaryl.

Glasbatist, weißer → Transparent (feines
Baumwollgewebe mit durchsichtigem, gla-
sigem Aussehen und hartem, steifem
Griff). - Vgl. → Organdy, → Opal.

Glasfaser, leicht zu waschende, schnell-
trocknende, schmutzempfindliche, ge-
ruchs- und feuersichere, einlauffeste endlose Fäden aus Glas, vor allem für Gardinen (vgl. → Vetrolon). Gardinen aus Glasfasern sind unempfindlich gegen dauern-
de Sonnenbestrahlung und sollen nur in
Schußrichtung zugeschnitten werden.
Nicht sehr scheuerfest; Flecken können
mit Seifenwasser entfernt werden. Die Gewebe sollen nicht trocken oder chemisch
gereinigt und nur von Hand in großem Behälter mit viel Waschflotte und in warmer,
milder Feinwaschlauge (niemals mit Alkalien oder chlorhaltigen Bleichmitteln, die
die Ausrüstung zerstören und dem Gewe-

be schaden) gewaschen werden. Glasfasern sind sehr zugfest, aber nur geringe
Dehnbarkeit und Biegestabilität (Glasfä-
den können nicht geknotet werden, sie
müssen geklebt werden). Der Erweichungspunkt liegt bei 620-680 °C, der
Schmelzpunkt bei 900-1300 °C. Die Bezeichnung „Glasfaser" ist auch nach TKG
korrekt.

Glatte Kulierware, → Einflächige → Kulierware, aus lauter gleichen Maschen bestehende Wirk- oder Strickwaren, die immer an einer einzigen Nadelreihe gearbeitet sind: auf der rechten Warenseite findet
sich stets die rechte Seite aller Maschen,
die eine glatte, geschlossene Decke bilden. Besonders anfällig gegen Laufmaschen. - Vgl. → Maschenwaren, → Doppelflächige Kulierwaren, → Single Jersey,
→ Striemenmuster, → Plattieren.

Glattleder, Sammelbegriff für alle Ledersorten mit glatter Oberfläche; Gegensatz:
→ Veloursleder, → Wildleder. Schwere
Glattledersorten sind → Nappa, → Bastard-Nappa, → Schweinsleder; feine
Glattleder: → Cabretta, → Saffian-Leder;
auch die → Fisch- und → Reptilleder zählen zu den Glattledern.

Gleichseitiger Köper, effektlose Köperbindung, die auf der rechten und der linken Warenseite das gleiche Bindungsbild
zeigt. Vgl. → Doppelköper, → Croisé.

Glencheck, Überkaro, markant heraustre-
tend oder Ton-in-Ton angelegt. Das Wort
kommt vom Karo (engl. Check), wie sie die
Schotten trugen (Clan oder Glen = schot-
tische Familiengemeinschaft). Bei einem
Glencheck müssen stets ein Grundkaro
und ein Überkaro zusammentreffen. Frz.:
→ Prince de Galle, in Österreich: → Esterházy.

Glitzergarn, Spezialgarne mit besonders
hohem Lichtreflexionsvermögen; bei Chemiefasern meist mit flachem, bändchenför-
migem Querschnitt (→ Kristallgarne) oder
→ trilobalem Querschnitt (→ Antron,
→ Cadon, → Perlon-Glitzer, → Enkalure).
- Vgl. → Glanzeffekt.

Glockenkleid   *Glocken-Redingote*   *Glockenärmel*

Glockenlinie, bei Mänteln: bequem weiter Schnitt, optisch hoch liegende Taille, nach unten weit ausschwingend. Bei Kleidern: midilang mit glockiger Weite, oft durch hoch angesetzte → Godets betont. - Vgl. → Zeltmantel.

Glockenrock, weite Röcke mit entweder kreisrundem Zuschnitt (Tellerrock) oder aneinandergesetzten, glockig geschnittenen Bahnen; nicht für Figuren mit starker Hüfte geeignet.

Gminder-Halblinnen, mittelgrobes, einfarbiges Gewebe aus einer Mischung von → Flockenbast mit Baumwolle, auch hochveredelt.

Gobelin, florloser Bildteppich, Wandteppich mit mustermäßig eingezogenen, bunten Schüssen ohne verbindenden Grundschuß. Die in die waagrecht gespannte Baumwoll- oder Leinenzwirnkette von Hand eingestickten Wollfäden folgen einer untergelegten Bildvorlage mit den Musterkonturen, umschlingen aber (im Gegensatz zur → Kelimtechnik) die Kettfäden von beiden Seiten, so daß keine Schlitze zwischen den einzelnen Farbfeldern entstehen. - Die für Gobelins typischen stumpfen Farben werden auch in der Kleiderstoffmusterung verwendet. Echte Gobelins werden mehr und mehr durch bedruckte oder bemalte Bilder auf entsprechend strukturierter Grundware imitiert.

Glockenrock: eingelegte   Vollglocke (links), Halbglocke (rechts).

Gobelin-Garn, hochwertige, mercerisierte Twiste aus hervorragenden Baumwollqualitäten in rauchigen, gedeckten Farben. Üblich ist die Aufmachung in 5-m-Döckchen. Gobelingarn ist somit teurer als → Spaltgarn.

Godets, falsche Falten, die in gerade, hüftschmale Röcke zur Erzielung einer beschwingten Weite keilförmig eingesetzt werden.

Godets

Golffalte, auch: → Prevotfalte, seitliche Falte am Rücken von Sakkos, die oben beginnt und nach unten ausläuft, im Gegensatz zur → Blousonfalte. Die lockere Faltenlegung läßt den Rücken breiter erscheinen.

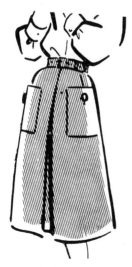

Golfrock mit Kellerfalte

Golfhose, Kniehose ohne Überfall und ohne überflüssige Weite in der Kniegelenkhöhe. Vgl. → Knickerbocker, → Kniebundhose, → Caddy-Hose, → Gaucho-Hose.

Golfjacke, relativ schmal geschnittene Jacken, mit ein bis zwei tiefen Quetschfalten im Rücken, die bis zu einem aufgesetzten Gürtel oder Rundgurt reichen.

Golfrock, sportlich-eleganter, oft mit Gürtel versehender, Kostüm- und Einzelrock mit einer deutlichen, hohen, oft umsteppten Vorderfalte, die bereits knapp unter dem Bund oder nur wenig tiefer aufspringt. Lehnt sich an den früher üblichen Hosenrock an.

Gollub-Text, Methode des Wolltests zur Unterscheidung von → Reißwolle und → Schurwolle mit Hilfe eines Projektionsapparates, der an Hand von 20 bis 30 Proben aus einem Garnmeter die Zahl der Faseranbrüche („Semi ruptures") ermitteln hilft. Der Anwendung des Gollub-Tests geht eine quantitative Analyse voraus, um festzustellen, ob die wegen der synthetischen Spinnträger zulässige Höchstmenge von 0,3% anderer Fasern überschritten wird. In diesem Falle liegt die Vermutung nahe, daß das Gespinst Reißwolle enthält. Ergibt der Gollub-Test mehr als 50% Semi ruptures, gilt Reißwollbeimischung als sicher.

Gossypium, im TKG erwähnter botanischer Name der Baumwolle. G.arboreum: älteste baumartige Pflanze, heute in Indien angebaut; G.barbadense: in den USA angepflanzt, ergibt die feinste Faser der Welt (→ Sea Island); G.herbaceum: wichtigste, krautartige, weit verbreitete Pflanze; kann bei künstlicher Bewässerung und in subtropischen Gebieten gezogen werden.

Gotland-Lamm, strapazierfähiger, gut wärmender, gut zu färbender, relativ preiswerter Pelz nordischer Lämmer. - Vgl. → Lamm.

Gradieren, Vergrößern oder Verkleinern der für ein bestimmtes Modell in einer Basisgröße erarbeiteten Schnitte mit Hilfe von Körpergrößen- und Sprungwert-Tabellen oder durch einen Computer, der mit Hilfe eines Konturen-Lesegeräts die Daten der Basisgröße erfaßt und die Kurven der übrigen Größen konstruiert.

Graflon, → Pfropfpolymer aus Viskose, die mit Acryl gepfropft wird. - Vgl. → Cordela, → Chinon.

Grain-Bindung, → Querrips mit dem kleinstmöglichen Bindungsrapport; jeweils zwei Schüsse liegen in einem Fach. - Vielverwendete Kantenbindungen. - Vgl. → Rips, → Kettrips.

Bindungspatrone zum Kettrips. Rapport ist durch Kreuzchen gekennzeichnet

Grain de blé, (blé = frz. Getreide), Modegewebe der Granitéart mit getreidekorngroßer Struktur.

Grain d'orge, (sprich: grän dorsch), frz. „Gerstenkorn", feines Strukturgewebe mit streichholzkopfgroßem Korn für Damenkleidung.

Grain de pudre, Strukturgewebe mit ganz fein gekörnter, leicht sandiger Oberfläche.

Granité, klarer, glatter Kammgarnstoff für Röcke, Hosen und Kostüme, weicher als Gabardine und ebenso strapazierfähig, aber ohne Köpergrat; dafür mit versetztem, perligem Bindungsbild.

Granitkrepp, grobkörniger → Sandkrepp.

Grannenhaare, grobe, markhaltige Tierhaare mit einem nach der Spitze zu verstärkten Haarschaft, glatt, glanzreich, kaum gewellt. Der Markstrang besteht aus luftgefüllten Markzellen und ist häufig unterbrochen.

Granulé, Modeausdruck für feinkörnige Bindungsbilder mit Sandkrepp-artiger Wirkung.

Grasleinen, Gewebe aus Ramiegarnen mit hoher Reißfestigkeit für Sommer- und Tennisschuhe; mindestens ebenso glanzreich, aber gleichmäßiger als Leinengewebe.

Gratté, Jacquardgewebe mit → Spun-Reyon im Schuß, das gerauht oder zibelineartig angerissen wird. Erhält die Musterung durch Schrumpfen ein Relief, sind meist nur die erhabenen Partien angeflauscht.

Grège, gehaspelte Naturseide; 5-10 Kokon-Doppelfäden werden gemeinsam abgezogen, gereinigt und leicht miteinander verdreht (nicht verzwirnt). - Vgl. → Webgrège, → Filieren, → Moulinieren, → Organsin, → Trame.

Greifer, 1. Bei → Greifer-Webmaschinen: stangen-, röhren- oder harpunenförmige Werkzeuge, die den Schußfaden von einer oder beiden Seiten in das Kettfadensystem einlegen. - Vgl. → Greifer-Webmaschine.
2. Bei Teppichknüpfmaschinen (→ Banyai): Zangen, die das Polfadenstück den Knüpfzangen reichen;
3. Bei Tufting-Maschinen: Haken, die den von der Nadel durch das Grundgewebe eingestochenen Polfaden in der gewünschten Schlingenform festhalten.

Greiferschützen, Schützen, der keine Schußspule trägt, sondern den Schußfaden übernimmt, durch das Webfach trägt und auf anderem Wege auf die andere Seite zurückkehrt. Der nächste Schützen folgt ohne Wartezeit. Wegen der geringen Größe des Greiferschützen genügt ein kleines Webfach. - Vgl. → Sulzer Webmaschine, → Seaton.

Greiftex, schützenlose → Webmaschine mit Greiferköpfen, die auf einem Transportband sitzen und den Schußfaden durch das Fach ziehen. Der erste Greifer („Bringer") zieht den Schußfaden bis zur Warenmitte, übergibt ihn dort einem zweiten Greifer, („Nehmer"), der ihn zur anderen Warenseite durchzieht. Beide Greifer kehren gegenläufig wieder auf ihren Platz zu-

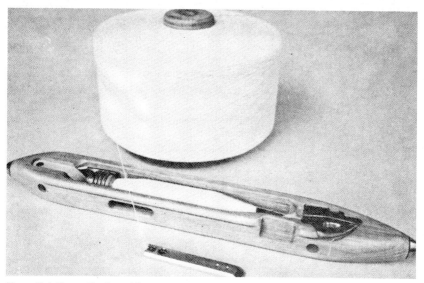

Kops, Schützen, Greiferschützen

rück. Eintragungsgeschwindigkeit bis zu 400m/min, Webstuhlbreite 120-375cm.

Greifer-Webmaschinen, schützenlose → Webmaschinen mit → Greifern, die den Schuß von einer Seite (→ Gentilini, → Slot) oder von zwei Seiten bis zur Mitte greifend (→ Draper, → Greiftex, → MAV), oder ganz durchgreifend (→ Tumack) durch das Fach ziehen. Ihr Vorteil liegt nicht nur bei gesteigerter Produktion, verringerter Fehleranfälligkeit und wesentlich geringerer Lärmentwicklung, sondern auch in der spannungsfreien Verarbeitbarkeit empfindlicher Garne. Geringer Platzbedarf im Verhältnis zur produzierten Stoffmenge. - Vgl. → Webmaschine. (Abb. S. 154).

Grelot, (frz. „Schelle"), bestimmte Art plastischer Posamentenstickerei (Knötchen und kleine Schlingen), meist als Randverzierung angewandt. Vor allem als Besatz an Kleidern im → Folklore-Look verwendet.

Grenadine, sehr hart gedrehte, feine → Filamentgarne (überdrehtes → Organsin) mit 1200-1800 Drehungen je m. - Vgl.

→ Crepon-Garn, → Kreppgarn, → Voilegarn.

Grex, in Amerika übliche Form des Gewichtssystems zur Garnkennzeichnung (Titrierung), das durch den Bezug auf eine Stranglänge von 10000m dem metrischen System angepaßt ist. Wurde international durch → tex (Stranglänge von 1000m) ersetzt. Grex ist identisch mit → dtex.

Griff, die bei Berührung der Textilien mit der Hand auftretende unterschiedliche Empfindung auf der Haut, die eine gute Hilfe ist bei der Unterscheidung von Stoffen. Der Griff ist abhängig von der Faserart, Garnstruktur, Bindung, Einstellung, Gewebegefüge, Ausrüstung, Ausmaß und Art der Texturierung usw.

Grilene, Schweizerische Co-Polyesterfaser (→ Copolymerisat), die neben der Terephthalsäure eine zweite Dicarbonsäure in kleinen Mengen enthält (Copolyätheresterfaser). Sie schmilzt bei 240°C, nimmt 0,4% Feuchtigkeit auf und besitzt ein in weiten Grenzen variierbares Schrumpfvermögen. - Nach TKG den Polyesterfasern zuzuordnen.

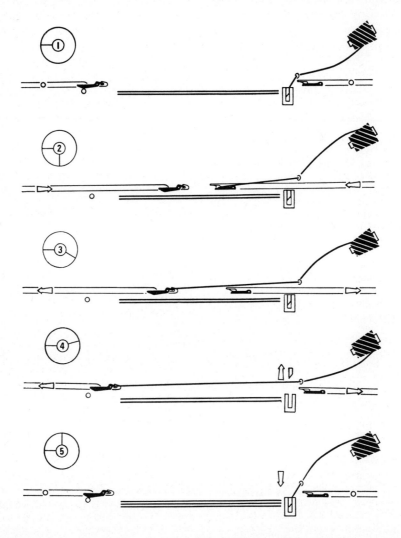

Darstellung des Webvorgangs bei der MAV-Fluggreifer-Webmaschine. Schußeintrag-
system: zwei starre, nicht geführte Greifer tragen den Schuß ein, gesteuert im Zusammenhang mit der Ladebewegung.

1. Das Ende des Schußfadens wird von der Klemme der Schere festgehalten. Der Eingangsgreifer übernimmt den Schußfaden.

2. Der Greifer zieht den Schußfaden in die Mitte des Webstuhls.

3. Ein- und Ausgangsgreifer haben sich in der Mitte getroffen, der Eingangsgreifer hat
den Schußfaden an den Ausgangsgreifer abgegeben; dieser zieht ihn zur anderen La-
denseite.

Grilon, schweizerische Monofile, Spinnfaser und Filament aus Polyamid 6.

Grisé, weiche, fließende, feinfädige, dem Georgette oder Jersey ähnliche Gewebe mit ganz feinen, punktartig und unregelmäßig aufglitzernden Gold- oder Silbereffekten.

Grisuten, früher: Lanon, Polyester endlos und Spinnfaser aus der DDR.

Grobfasern, Textilfasern mit einem → Einzeltiter von mehr als 5 den (nach P.-A. Koch) bzw. 7,5 den (nach DIN 60800), vor allem → Tierhaare, → Bast- und → Hartfasern sowie entsprechende Viskosespinnfasern und Synthetics (z.B. → Dorix). Verwendung in der Seilerei, für Verpackungsmaterial, für Fußbodenbeläge, Untergewebe von → Tufting-Teppichen; Polypropylen auch für Sportrasen, Autoauslegeware und verformbare Autoauskleidungen sowie als Basismaterial für neuartige Technologien (→ Nadelfilz, Polvlies). Der Einsatz zellulosischer Grobfasern ist zugunsten der synthetischen rückläufig.

Grobripp, doppelflächige Kulierware aus groben Garnen und grober Maschinenteilung; es wechseln mindestens zwei rechte mit zwei linken Maschen auf jeder Warenseite. - Vgl. → Feinripp, → Rippwaren, → Ränderwaren.

Grobtiter-Viskosespinnfasern, Spezialspinnfasern aus Viskose mit einem Einzeltiter von dtex 8-78 und einer Schnittlänge von 60-200mm. Hierher gehören Spezial → Teppichfasern (dtex 8-56, 80-200mm Schnittlänge), häufig als Titermischungen versponnen; meist mantellose, unregelmäßig gekräuselte Fasern. Andere Grobtiter-Spezialfasern dienen der Beimischung in Garnen für modische Effekte; sie haben Titer von 13-78 dtex und Schnittlängen von 60-200mm und sind zur Verbesserung der Glanzwirkung oft bändchenartig geformt. Je nach Ausführung lassen sich mohairartige bis grannenhaarensteife → Stichelhaareffekte erzielen.

Grobtüll, Gardinenstoffe, bei denen zu Schnüren vereinigte Fadengruppen die Kettfäden aus ihrer senkrechten Richtung drängen, so daß sich große, mustermäßige Durchbrüche ergeben. - Vgl. → Architektentüll.

Gros-grain, 1. in der Wollweberei: getreidekorngroße Strukturen, aus dem → Granité heraus entstanden; 2. In der Seidenweberei: rippige Ware, in der Rippenbreite zwischen Bengaline und Ottoman.

Grubenhandtuch, Gebrauchshandtuch mit dunkel/heller Würfelmusterung. Grubenhandtücher, die sich ölig angreifen, bestehen aus billiger Abfallbaumwolle und sind nicht sehr strapazierfähig. Vgl. → Gebildgewebe.

Grundbindungen, Bindungen mit selbständigem und unverwechselbarem, klar abgrenzbarem Charakter, auf die die übrigen („→ abgeleiteten") Bindungen zurückgeführt werden können: → Tuchbindung, → Köperbindung, → Atlasbindung. - Vgl. → Fantasiebindungen.

Guardscoat, winterlicher, eleganter Straßen- und Stadtmantel mit schrägen Taschen sowie paletotartiger Front und Fasson, auf zwei Knopf geschlossen, ein Knopf blind. Der Mantel ist mit Rundgurt und mit Kellerfalte im Rücken versehen.

Guardscoat-Falte, Quetschfalte in der Rückenmitte von Sportsakkos oder Mänteln bis zur Kollerhöhe, die bis zum unteren Saum durchläuft und meist unter dem Rückengurt durch eine Riegelnaht zusammengehalten wird. Vgl. → Norfolk.

Gürtel, taillenumschlingende oder taillenbetonende Stoff- oder Lederbänder der verschiedensten Ausführung, Breite und Stabilität. Sie werden unterschieden nach ihrer eigenen Form oder der Form, in der sie am Kleidungsstück angebracht sind. - Vgl. → Martingale, → Schaubengürtel, → Kabelgürtel.

Gürtelhose, Herrenhose, deren Bundverarbeitung das Einziehen eines Gürtels durch entsprechende Schlaufen gestattet. Die Gürtelhose war ursprünglich das mo-

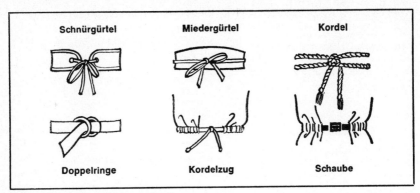

Gürtelformen als modisches Detail

dische, jugendliche Pendant zu der klassischen und dem Anzug beigegebenen → Rundbundhose, wird aber heute nicht mehr nur zu sportlichen Kombinationen, sondern auch zu offiziellen Anzügen getragen.

Gütezeichen, im Gegensatz zur Herstellermarke, die bis zum Endprodukt qualitätsüberwacht wird, Vereinbarung zwischen einer Mehrzahl verschiedener Hersteller, bestimmte Vorschriften bei der Erzeugung eines bestimmten Artikels einzuhalten und sich hierüber auch der Nach-

prüfung durch eine neutrale Stelle zu unterwerfen. Beispiele für Gütezeichen aus dem Textilbereich: Baumwolle, → Charmeuse, → Cotton-Cord, → Halbleinen, → Reinleinen, → Wollsiegel, → Garantiecord; Gütezeichen „Decken" nach RAL 366. - Vgl. → Schlafdecken, → Indanthren, → Felisol, → GZ-Haargarn, → Dekoplus, → Nadelfilz, → RAL.

Guipure-Spitze, meist sehr wertvolle Klöppelspitzen aus Gimpenschnur.

Gummiband, dehnfähige Bänder mit um-

Beispiele für Gütezeichen

sponnenen Gummifäden (Lastex), lt TKG: → Elastodien. Die Breiten der Litzen (auf Kärtchen mit Normallängen von 1,5 bis 3m) werden in mm angegeben, die der Bänder nach französischen Linien oder Handelsnummern, wobei eine halbe Nummer einer Linie entspricht (7‴ = 15,8mm = Nr. 3; 11‴ = 24,8mm = Nr. 4½). Gummilochband für Miederwaren ist normalerweise 14 oder 18mm breit.

Gummifäden, lt. TKG „→ Elastodien", nach dem Schneid-, Spritz- oder Preßverfahren aus → Kautschuk (Latexmilch) gewonnene Fäden verschiedener Dicke und von flacher, runder oder eckiger Form, mit rücksprungkräftiger Elastizität, die blank oder umsponnen in dehnfähige Textilien eingearbeitet werden können. Im Gegensatz zu den → Elasthan-Fasern und den rücksprungkräftig dehnfähig texturierten → Chemiefasern (→ Falschdrahtgarne, → Stretch-Garne) sind sie alterungsanfällig und müssen deshalb kühl, lichtgeschützt in normaler Luftfeuchtigkeit und vor Zugluft geschützt gelagert werden. Ultraviolette Strahlen, trockene Hitze und Luftsauerstoff machen den Gummi, insbesondere im gespannten Zustand, brüchig. Öle und Fette, Flüssigkeiten der Chemischreinigung schädigen oder zerstören den Gummi. - Trotz ihres wesentlich niedrigeren Preises sind Gummifäden aus vielen Textilien durch texturierte Synthetics oder Elasthanfasern verdrängt worden. - Vgl. → Lastex. - Nach der Einführung des Begriffs „Elasthan" sollen künftig auch Gummifäden den → Elastomeren zugerechnet werden.

Gurtband, Verstärkungsband für Röcke, die in der Taille eng anschließen; die früher ausschließlich üblichen festen Bänder, die manchmal in gleichmäßigen Abständen mit Fischbein versteift sind, wurden mehr und mehr durch elastische Gummibänder verdrängt. Patentgurtbänder mit Auflagen verhindern das Herausgleiten der Bluse. - Vgl. → Schaumfaden.

Gwendacryl, (→ Modacryl), → Multipolymerisat aus 50% Acryl und 50% Polynosefasern.

GZ-Haargarn, „Gütezeichen-Haargarn", RAL-genehmigtes Gütezeichen für Haargarnteppiche, denen Robustheit, Haltbarkeit, Strapazierfähigkeit bescheinigt wird. GZ-Haargarn ist den höheren Preislagen von Bouclé-Teppichen vorbehalten.

Haargarn, im Streichgarnspinnverfahren gesponnene grobe Garne aus → Tierhaaren mit hoher Festigkeit und Standkraft (Rinder-, Hasen-, Reh- und Ziegenhaare), meist mit Trägerfasern (z.B. Wolle, Chemiespinnfasern) zusammen versponnen, wobei der Haar- und Wollanteil bei einer Toleranz von 5% 70% betragen muß; meist als Polmaterial für Teppiche. - Vgl. → Bouclé, → GZ-Haargarn.

Habutai, (sprich: Abütä) mittelschwere, strukturlose Japanseide in Taftbindung, feiner als → Toile und etwas schwerer als → Pongé.

Hachur, feine, nebeneinander liegende und schräg zur Laufrichtung des Gewebes angeordnete Rillen innerhalb der Gravur von Druckwalzen, die einen gleichmäßigen Farbauftrag hervorrufen und verhindern, daß die Farbe aus der Gravur durch das Rakelmesser herausgestreift wird.

Häkelgalon, zwischen Gewebe und Kettenwirkwaren einzuordnende Gruppe textiler Flächengebilde, vor allem → Spitzen. Die Häkelgalonmaschine gehört zu den Kettenwirkstühlen, arbeitet aber mit einem in Längsrichtung verlaufenden Kettsystem und einem quer hierzu verlaufenden Schuß. Maschenbildungswerkzeug: waagrecht angeordnete → Zungennadeln. - Vgl. → Kettenwirkware, → Multibarmaschine, → Raschelware (Abb. S. 158).

Häkeln, Verarbeitung eines Fadens mit nur einer Nadel, der Häkelnadel mit Haken. Während beim Stricken Maschenreihen gebildet werden, entstehen durch das Häkeln Stäbchen. Vorbild für die Kettenwirkwaren.

Hänger, weitgehalтener lose hängender

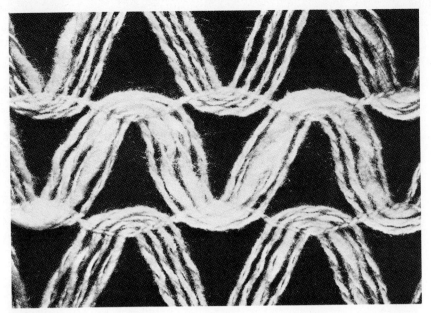

Häkelgalon

Damenmantel. In der Kinderkleidung wird als Hänger ein Kleid mit kurzer Passe und lose hängendem unterem Kleidteil ohne Gürtel bezeichnet.

Haftschalen-BH, mehrfach verwendbare, am Körper direkt haftende BH-Schalen ohne Träger und Seiten- bzw. Rückenteile für extrem dekolletierte Kleider, meist hautfarben.

Hahnentritt, zwei- oder mehrfarbiges Kleinmuster, auf Karo aufbauend; unterscheidet sich vom Pepita durch kleine Verlängerungen an den Ecken des Karos, mit denen die Karos verbunden sind. Vgl. → Pepita.

Haftschalen-BH

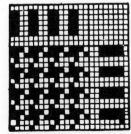

Hahnentritt (Musterskizze, keine Patrone!)

Haifischkragen, in der DOB: breiter Ausschlagkragen mit je zwei spitz auslaufenden Kragenecken. - Vgl. → Wimpelkragen.

Haifischkragen (links), Spatenkragen (rechts)

Haipfel, vor allem in Württemberg übliches großes Kopfkissen, der Matratzenbreite entsprechend 80x90cm oder 80x100cm groß.

Haircord, Baumwollgewebe für Kinderkleidung und Strandmoden, das durch gleichmäßig dickere Fadengruppen Längsripscharakter erhält. Auch Cedeline oder Niedelrips genannt.

Hairline-Streifen, (sprich: Härlain) auf klaren oder foulierten Kammgarnen durch Naturseidendurchzüge hervorgerufene fadenfeine Streifen, wie sie besonders in der englischen Herrenschneiderei beliebt sind.

Haitienne, feinfädiger Rips mit ungleichen Rippen und abwechselnd ein- und zweifädiger Kette. - Vgl. → Rips-Haitienne.

HAKA, Kurzbezeichnung für Herrenkleidung, gilt heute als Sammelbezeichnung für Herren- und Knabenoberbekleidung.

Hakennadel, Maschenbildungswerkzeug der Kulierwirkerei. Der Kopf der Nadel wird, damit die alte Masche über die im Kopf befindliche neue Schleife hinweggleiten kann, durch Zupressen des Hakens geschlossen.

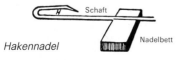

Hakennadel
Schaft
Nadelbett

Hakenschlitz, Rückenschlitz mit besonders breitem Übertritt; die Kante der dekkenden Stoffhälfte verläuft nicht in einer senkrechten Linie mit der Rückenmittelnaht, sondern bildet zur Rückennaht einen Winkel.

Halbdreher, siehe unter → Drehergewebe.

Halbkrepp, kreppartige Gewebe, bei denen das überdrehte Garn- oder Zwirnmaterial nur in einem der beiden Fadensysteme vorliegt. Das glatte Material liegt meist in der Kette. - Vgl. → Crêpe de Chine, → Lavabel, → Crêpe Mongole, → Suède, → Afghalaine, → Crêpe Caid, → Amunsen.

Halbleinen, Gewebe für Tischwäsche und Gläsertücher, kaum mehr für Bettwäsche, die nach RAL 394 A mindestens 38% Leinen enthalten müssen; nach TKG ist „Halbleinen" nur zulässig, wenn mindestens 40% des Gewichtes aus Leinen („Flachs") bestehen. Durch Webkanten, Effektfäden und Einwebungen, die 15% ausmachen dürfen, darf die Grenze von 40% Leinen nicht unterschritten werden. „Halbleinen" muß neben dem Leinen Baumwolle enthalten; in der Regel befindet sich die Baumwolle in der Kette. Werden andere Rohstoffe als Baumwolle dem Leinen zugemischt, darf nach RAL und TKG der Ausdruck „Leinen" unter Angabe der Prozentanteile nur unter gleichzeitiger Nennung der anderen Faser verwendet werden. - Kennzeichnung: Schwurhand mit Schrift „Halbleinen"; Abb. siehe → Leinen.

Halbraglan, Mantelschnitt, vorne eingesetzter Arm, hinten Raglanarm. Gegensatz: → Janusärmel.

Halbreguläre Maschenwaren, siehe → Reguläre Maschenwaren.

Halbrock, Oberteilloses Unterkleid, vor allem wichtig zu ungefütterten Röcken aus durchscheinendem Material.

Halbtailleur, Jackenschnitt für Kostüme und Ensembles, lockere Weiterentwicklung des streng taillierten Tailleurs, nicht körperanliegend, sondern figurandeutend, bequem und verhältnismäßig änderungssicher.

Halbröcke: von links: mit Stickerei; glatter Hosen-Halbrock; Unterkleid mit Spitzenträgern.

Halbtonreserve, Form des Reservedrucks insbesondere bei Filmdrucken, bei der die Reserve den Zweck hat, die in einem späteren zweiten Druckgang aufgebrachten Küpenfarbstoffe am völligen Aufziehen auf den Stoff zu hindern. An den reservierten Stellen fällt der zweite Aufdruck heller aus als an den unbehandelten Stellen; es entsteht die doppelte Anzahl von Farbtönen. Bei der Halbtonreserve werden neben den üblichen Reservierungsmitteln auch Weißpigmente zum Aufhellen des späteren Überdrucks verwendet. - Vgl. → Reservedruck.

Half and Half, → Post-curing-Verfahren für → Permanent Press mit doppelter Kondensation, wobei die erste Kondensation der Erzielung einer ausreichenden Dimensionsstabilität dient. Bei der Imprägnierung der Gewebe mit den Chemikalien wird ein hochsiedender, nicht reaktiver Zusatz beigegeben, der sich bei den Temperaturen der ersten Kondensation nicht verflüchtigt. Die zweite Kondensation, die die Formstabilität und die Verbesserung des → Naßknitterwinkels zum Ziel hat, und in der die Vernetzung der Harze mit der Zellulose erfolgt, kann auch am fertigen Bekleidungsstück vorgenommen werden.

Der Vorteil gegenüber → Delayed curing liegt darin, daß beim letzten Kondensationsvorgang unter Pressen oder in Öfen eine Veränderung des Gewebes durch Schrumpfen vermieden wird. - Vgl. → Double-curing, → Post-curing.

Hammerschlag, Seidenstoffe mit der Wirkung gehämmerten Blechs, die dadurch entsteht, daß bei glatter Kette und unregelmäßiger Kreppbindung im Schuß S- und Z-gedrehte Fäden in größeren Abständen (4-6 Faden) einander abwechseln. Beim Waschen und Färben springen die einzelnen Schußgruppen nach verschiedenen Seiten zusammen und ergeben den gewünschten Effekt. - Vgl. → Seersucker.

Hamster, Nagetier mit recht langem Fell, das zobel- oder nerzfarbig veredelt oder in der natürlichen, gescheckten Zeichnung vor allem für Pelzfutter hochwertiger Mäntel verwendet wird. - Vgl. → Maihamster, → Marder, → Susliki, → Wiesel.

Handarbeitsstoff, für Stickerei und Fadenzug-Arbeiten besonders geeignete Stoffe mit deutlich sichtbaren, gut zählbaren Kett- und Schußfäden, oft in Scheindreherbindung. Zu den typischen Handarbeitsstoffen gehören → Aida, → Canova, → Hardangerstoff, → Java, → Kanevas, → Kongreßstoff, → Selenik, → Stramin, → Seidenleinen, → Schülertuch.

Handdruck, Form des Druckvorgangs; die Druckmuster werden durch von Hand bewegte Stempel oder Schablonen auf den Stoff aufgebracht. Der Handdruck ist heute kein wesentliches Kennzeichen mehr für die Güte eines Druckmusters, eher eine Gewähr für die Seltenheit. → Filmdrucke mit Schablonen, die von zwei Arbeitskräften von Hand auf langen Tischen aufgelegt werden, spielen auch heute noch eine gewisse Rolle, weil schwierige Muster und empfindliche Waren auf diese Weise am sichersten gedruckt werden können.

Handfaden, grobe Nähzwirne, besonders Nr. 12/4fach, auf 100-, 200-, 500-m-Holzrollen, auch zweifache oder dreifache Leinenzwirne auf Pappsternchen zu 10, 20, 25m.

Handgemalte Stoffe, historisches Verfahren zur Herstellung farbiger → Modeldrukke; nur die Konturen wurden in einer dunklen Farbe mit Handmodeln gedruckt, die Farbflächen von sog. „Schildermädchen" ausgemalt. - Handgemalte Stoffe aus hochwertigem Material werden auch heute noch in Süd-Ostasien unter Verwendung von waschechten Pigmentfarben hergestellt.

Handlascher, → Handschuh mit sportlichem Charakter, wobei die Lederstücke aufeinander gelegt werden, Narbenseiten nach außen, Schnittkanten sichtbar; sie werden dann mit kurzen, gleichmäßigen, geraden Stichen von Hand zusammengenäht. → Maschinenlascher.

Handschuh, maßgerechte Bekleidung der Hand; Schutz der Hand vor Kälte und besonderer Beanspruchung, aber auch modisches Accessoir. Man unterscheidet Fingerhandschuhe, Fausthandschuhe (Fäustlinge), Sporthandschuhe und Arbeitshandschuhe. - Vgl. → Handlascher, → Sämisch-Leder, → Glacé-Leder, → Simplex, → Duplex, → Fente, → Dollieren, → Depsieren, → Debordieren, → Dressieren, → Mousquetaire, → Rebras, → Schichtel, → Stepper, → Winter-Nylon. Lederhandschuhe können nur dann gewaschen werden, wenn das Leder unter Chromzusatz gegerbt und gefärbt ist oder wenn es sich um formaldehyd-gegerbtes → Waschleder handelt.

Handschuh-Größen und **Maße,** werden in Zoll gemessen; die Größe in französischen Zoll = 12 „Strich" = 2,707cm, die → Rebras-Länge in englischen Zoll = 11 „Strich" = 2,54cm. Die Handschuhgröße entspricht der rund um die Knöchel der Fingerwurzeln ohne den Daumen gemessenen Weite. Die Länge des Handschuhs (→ Rebras-Länge) wird gemessen vom oberen Ende des Daumenlochs bis zum Saum (also ohne das Daumenloch mitzumessen) und wird angegeben in „→ Knopf" (daher auch „Knopflänge") = 1 engl. Zoll. Ein 4-Knopf-Handschuh hat demnach eine Länge von 4 engl. Zoll = ca. 3¾ frz. Zoll.

Handwebcharakter, Kennzeichnung von Geweben, deren Besonderheit nicht eine bestimmte Bindungsart, sondern die → Einstellung, das Verhältnis zwischen Garnstärke und Gewebedichte ist. Die Garne wirken mit ihrer fülligen Dicke und ihrer Unregelmäßigkeit wie handgesponnen, die Gewebe sind locker und porös, verwenden einfache Bindungen (Tuch-, Köperbindung) und werden kaum gewalkt. Das Bindungsbild, oft sogar der einzelne Faden sind erkennbar. Modische Variationen sind mit → Noppen und → Loops ausgeputzt. - Vgl. → Home-spun, → Donegal, → Tweed, → Crotchwed Tweed, → Irish Tweed, → Harris-Tweed, → Shetland.

Hanf, lt. TKG „Bastfasern aus den Stengeln des Hanfs (Cannabis sativa)". -Durch → Rösten, → Brechen, → Schwingen und → Hecheln wird einer der reißfestesten natürlichen Spinnstoffe gewonnen. Verrot-

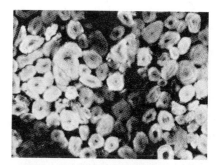

Mikroaufnahmen (Querschnitt) von Flachs (oben) und Hanf (unten) zum Vergleich.

tungsfest, saugt viel Wasser an, wenig dehnbar, grob und hart. Fault auch unter Wasser nur langsam. Verwendung in der Seilerei, für Planen, als Untergewebe für Teppiche. Zur Erzielung einer glatten Oberfläche kann Hanf poliert werden. - „Italienischer" Hanf (Anbaugebiete: Italien, Spanien, Algier, Jugoslawien und Ungarn. Hauptexportland für die BRD: Rumänien) reift spät, wird 3-3,5m hoch und ergibt eine feinere, weichere und besser verspinnbare Faser als der „russische" Hanf (Anbaugebiete: Polen, Rußland, übrige Ostgebiete), der nur 1,5-1,8m hoch wird. - Hanf kann auch auf sonst brachliegenden Moorböden angebaut werden. - Vgl. → Grobfasern, → Sunn.

Hardangerstoff, poröser, schwerer Handarbeitsstoff in Panamabindung.

Harnisch, Vorrichtung am Jacquardwebstuhl, die das einzelne Anheben der Kettfäden über eine der Zahl der Kettfäden entsprechende Vielzahl fester Kordeln ermöglicht. An den Kordeln ist eine Litze mit „Auge" zum Durchziehen der Kettfäden und ein Anhängeisen zum Senken angebracht. Die Anordnung der Harnischschnüre wird durch das waagerechte Harnischbrett mit Bohrungen je Harnischschnur festgelegt. Abb. siehe bei → Jacquard: Jacquardmaschine.

Harris-Tweed, handwebartiger Streichgarnstoff mit kleiner, melangeartiger Hell/Dunkelmusterung für Sportsakkos und Mäntel. Name ist für etwa 600 Handwebereien auf den Hebrideninseln Lewis und Harris mit einer Jahresproduktion von etwa 3 Mio Metern und gemeinsamem Vertriebssystem geschützt.

Hartfaser, aus Blättern, Blattscheiden oder Früchten subtropischer oder tropischer Pflanzen gewonnene Fasern, deren Elementarfasern nur wenige mm lang sind und zu Faserbündeln durch Pflanzenleime zusammengefaßt werden. Vgl. → Alfa, → Kokos, → Ginster, → Sisal, → Manila.

Hartuft, lizenzfreies Verfahren (Courtaulds) mit dem Ziel, (getuftete) Teppiche und Auslegware leicht reinigungsfähig, flam-

mensicher und strapazierfähiger zu machen. Durch Eintauchen oder Aufsprühen wird auf den Teppich ein Kunstharzfilm aufgebracht.

Haspel, Vorrichtung zum Aufmachen endloser Gespinste in Strangform. Die Haspel besteht aus einem Gestell mit mehreren achsparallelen Holmen.

Haspelkufe, Maschine zum Färben und Ausrüsten von empfindlichen Stoffen oder von Trikotstoffen. Die Stoffe laufen ohne jede Längsspannung in Strangform in den Flottentrog ein und werden durch eine elliptisch exzentrische Walze bewegt. Auf Haspelkufen können nur Artikel bearbeitet werden, die wenig empfindlich gegen Faltenbildung sind. - Vgl. → Foulard, → Jigger.

Haspelseide, auch → Reale Seide genannt, vom Kokon abgehaspelte endlose Naturseide. Vgl. → Grège. Gegensatz: Versponnene Naturseiden (→ Schappe, → Bourette). - Vgl. → Nähseide.

Hausmacherleinen, nicht vollgebleichte, nicht zu feinfädige Halbleinen- oder Reinleinengewebe für Bettwäsche (geringer Bleichverlust!).

Hausmantel, meist knöchellanger, über der Unterwäsche oder der Nachtbekleidung zu tragender kleiderartiger Mantel. - Vgl. → Dressing-gown, → Morgenrock.

Haustuch, entweder stuhlweiß (aus vorgebleichten Garnen) oder im Stück nur halbgebleicht, Imitation von Hausmacherleinen aus Baumwolle für Bettücher.

Haut, zur Gerbung geeignete Oberhaut von Roß, Rind, Schwein sowie von Fischen, Schlangen und Krokodilen (Reptilien); Oberhäute von Kalb, Ziege und Schaf werden in der → Gerberei traditionell als → Fell bezeichnet.

Haute Couture, („Hohe Schneiderkunst") Vereinigung der modeschaffenden Künstler in Paris, deren Modelle den Stil der europäischen Maß- und Fertigkleidung richtungsweise beeinflussen. - Vgl. → Prêt à Porter, → Alta Moda.

Hausmäntel

dann in luftdicht abgeschlossenen Räumen zum „Schwitzen" aufgehängt werden (→ Mazametwolle, → Schwitzwolle). Durch bakterielle Gärung wird das Haarwurzelkeratin biologisch abgebaut, so daß die Wolle mit ihrer voll erhaltenen Wurzel leicht aus der Haut ausgezupft werden kann. - Die in der Literatur verschiedentlich anzutreffende Zuordnung der → Gerberwolle zur Hautwolle ist unrichtig.

Havelock, besonders langer, ärmelloser → Pelerinenmantel für den Abend mit fallendem Seidenrevers, verdeckter Knopfleiste und Pattentaschen.

Moderner Havelock

Hautwolle, nicht geschorene, sonder aus der Haut geschlachteter Tiere herausgelöste Wolle, deren Qualität durch die Vorsicht und Sachkunde bei der Gewinnung bestimmt wird und sehr gut sein kann. Man unterscheidet Verfahren, bei denen die Lockerung der Haare mittels bestimmter Chemikalien (z.B. Natriumbisulfit) erfolgt, die nach einigen Stunden die Haarwurzeln zerstören, so daß sich die Wolle ohne Beeinträchtigung des Haarschaftes abschaben läßt (Schwöderwolle), und enzymatisch-biologische Verfahren, nach denen die Felle einen Tag eingeweicht, und

Headseal-Verfahren, Methode der Übertragung der Schnittschablonen auf den Stoff beim Zuschnitt insbesondere von Herrenoberbekleidung. Viele Papierlagen mit jeweils einem Pausblatt dazwischen werden in einem Arbeitsgang mit der Zuschnittzeichnung versehen und die durch das Pausen gewonnenen Papierschnitte auf den Stoff aufgebügelt oder aufgesteckt. Hohe Genauigkeit der Übertragung, genaue Steuerung des Stoffverbrauchs, aber aufwendig.

Heat-set, „Heiß-Fixierung"; Heat-set-Garne: texturierte und fixierte Spinnfaser-Bauschgarne, vor allem für Teppiche. - Vgl. → BFC-Garn.

Heat-Set-Kleidung, nahtlose, → hitzefixierte Kleidung. Rundgestrickte Stoffe werden über erhitzten, dreidimensionalen Bekleidungsformen aus Metall fixiert, konventionelle Herstellungstechniken für Bekleidung entfallen, schneidertechnisch ausgebildete Mitarbeiter werden nicht gebraucht, die gewünschte Körperformungen werden in einem einheitlichen maschinellen Prozeß hervorgebracht. Seitensäume und Abnäher fallen fort, Ärmel und Kragen werden „angeschweißt", ausgeprägte Stoffmuster wie Streifen kommen ohne Unterbrechung zur Geltung. - Vgl. → Hitzefixierte Kleidung, → One Piece-Kleidung.

HB-Garn, siehe unter → Hochbauschgarn, → high bulk-Garn.

Hecheln, letzter Arbeitsgang der mechanischen Aufbereitung von Bastfasern; Reinigungsstufe zur Vorbereitung des Spinnprozesses. Die letzten Schäben werden entfernt und der Bast in verspinnbare Teilfaserbündel getrennt. Die in eine auf- und abwärts bewegte Klemme gespannten Faserbüschel werden zuerst an den Spitzen, sodann der Mitte zu von Kämmen erfaßt, die durch eine Kette geführt vorbeigleiten. Hechelflachs ist ein parallelgeordneter Langfaserbast, der ohne weitere spinntechnische Vorbereitung versponnen werden kann.

Hecofix, „Rhoa-3-hecofix", patentierte, dreidimensionale Herstellungstechnik hervorragend wärmehaltiger, multielastischer, vollwaschbarer Sportstoffe für funktionelle → Langlaufkleidung. Die gesteppt wirkende Außenseite aus 100 % → Helanca wird mit einer Baumwollabseite und einer Zwischenlage aus bauschigen Helanca-Garnen kombiniert.

Hecospan, → Core-spun-Garn mit → Dorlastan als Seele und → Helanca als Umhüllung; außerordentlich dehnfähig und geschmeidig, dabei sehr strapazierfähig.

Hecowa, waschechte Permanentausrüstung (Heberlein) zur Vermittlung verbesserter Warenfülle, erhöhter Widerstandsfähigkeit gegen Scheuerbeanspruchung und eines leinenartigen Glanzes für Baumwollgewebe. Behandlung in Cuoxam (Kupferoxydammoniak); demnach Prinzip der Kalt-Mercerisation. - Vgl. → Mercerisieren.

Hede, → Schwingwerg, Faserabfall beim → Schwingen von Bastfasern.

Hedebo-Stickerei, Technik der Weißstickerei dänischen Ursprungs, Spitzenstichfüllung, wobei sowohl Umrandung wie Füllung im Knopflochstich gearbeitet sind. Ähnlich wie bei → Reticella überwiegen geometrische Motive.

HE-Garn, Gruppe → Texturierter Garne, **ho**ch**el**astische, sehr dehnfähige Kräuselgarne mit einer Dehnung von 150-300% und einer Kräuselkontraktion von 65-70%,

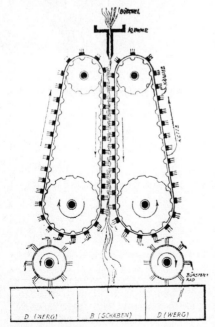

Hechelmaschine

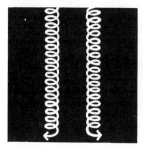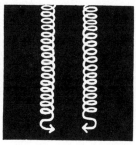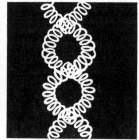

Enstehung des Helanca-Garnes in schematischer Darstellung. Die einzelnen Chemiefaserfilamente werden hochgedreht, das hochgedrehte Material entweder heißem Wasserdampf ausgesetzt oder durch elektrisch aufgeheizte Elemente geführt. Dadurch wird die Überdrehung dauerhaft fixiert. Anschließend wird das fixierte Garn zurückgedreht

sowie hochelastische glatte Garne mit starker Verdrehungstendenz, im Regelfall → Falschdrahtgarne, manchmal auch → Echtdrahtgarne oder nach dem → Trennzwirnverfahren oder dem → Kantenziehverfahren hergestellt. - Vgl. → Set-Garne, → Bauschgarne.

Heißvernetzungs-Verfahren, siehe unter → Trockenvernetzungsverfahren.

Helanca, Warenzeichen für Kräuselgarne mit verschiedener Elastizität und unterschiedlichem Volumen und Bauschkraft, meist auf Basis Polyamid oder Polyester endlos; ursprünglich mehrstufiges, seit 1936 in einen fortlaufenden einstufigen („Continue"-) Prozeß verwandeltes → Texturierverfahren nach dem → Falschdrahtprinzip mit Qualitätsschutz bis zum Endprodukt (Heberlein). Das Prinzip Hochdrehen-Fixieren-Rückdrehen sowie nachfolgendes Doublieren in ununterbrochenem rationellem Arbeitsgang vermittelt bei thermoplastischen Synthetics hohe Elastizität und Dehnfähigkeit bei mäßiger Erhöhung des Volumens (Bauschcharakters) und Verbesserung des Wärmerückhaltevermögens (→ Torsionskräuselung). Der Unterschied zu den übrigen Falschdrahtgarnen liegt a) in der Verzwirnung eines S- und eines Z-gedrehten Fadens mit einem Schutzdrall von 80-100 Drehungen je Meter; die Doublierung erfolgt nach der Texturierung; b) Helanca-Garne gibt es nur

aus thermoplastischen Synthetics, und zwar als hochelastisches HE-Helanca und als modifiziertes Helanca-set-Garn mit reduzierter Dehnfähigkeit. - Vgl. → Falschdrahtverfahren, → Torsionsbauschung, → Texturierverfahren, → Echtdrahtverfahren.

Helion, endlose italienische Polyamidfaser aus Caprolactam (Châtillon).

Hellzarin-Verfahren, → Pigmentdruckverfahren (BASF) mit hervorragenden Echtheitseigenschaften.

Helvetia-Seide, weicher, meist einfarbiger Seidenstoff in Taftbindung, auch bedruckt. Da im Gegensatz zum → Pongé im Schuß Schappe verwendet wird, ist Helvetia-Seide fülliger und billiger.

Hemd, wesentlicher Bestandteil der Herrenbekleidung, das auch auf dem bloßen Körper getragen werden kann und in jüngster Zeit einen wesentlichen Wandlungsreichtum erfahren hat. - Vgl. → Oberhemd, → Sporthemd, → Shirt, → T-Shirt, → Strickhemd, → Krawattenhemd, → Semidress-Hemd, → Lidohemd, → Overshirt.

Hemdanzug, vgl. → Liquette, ungefütterter → Leger-Anzug, auch → Shirtanzug genannt, mit einer aus dem Buschhemd entwickelten und über der Hose zu tragenden, hüftlangen und hemddähnlichen Jacke mit Knopfleiste und Manschettenknöpfen aus meist sommerlichen Stoffen des

Modisch abgewandelte Hemdblusenkleider

Moderne Hemden im Stil der Legerbekleidung: links ein Hemdblouson, rechts in Schlupfform, beide mit großen Pattentaschen.

Baumwolltyps, oft mit abgerundeten Seitenschlitzen.

Hemdblusenkleid, aus der klassischen Bluse mit einem dem Herrenhemd ähnlichen Kragen entwickelte sportlich-elegante, durchgeknöpfte Kleidform. - Vgl. → Chemisekleider.

Hemdjacke, sportliches Oberbekleidungsstück für Herren und Damen mit hemdartigem Kragen, Bündchenärmeln und aufgesetzten Taschen, oft mit Koller, aus Geweben mit Baumwollcharakter oder gewirkt, stets durchgeknöpft. - Vgl. → Liquette.

Hemdjacke in Schlupfform

Hemdjacke

Kleider und Deux-pièces im Hemdblusenstil, links zwei Modelle mit T-Shirt-Oberteil

Hemdkleid, nicht zu verwechseln mit → Hemdblusenkleid; geradefallendes Kleid aus weichem Stoff ohne Taillierung mit relativ kurzem Rock, auch aus festlichen Stoffen (z.B. Cocktailhemd).

Hemdröckchen, kurzes, kaum mehr als schrittlanges unterkleidartiges Damenwäschestück, vor allem unter taftgefütterter Oberbekleidung zu tragen.

Henequen, nachträglich in das TKG aufgenommene Faserbezeichnung für die aus der in Mexiko heimischen Agave fourcroydes gewonnene → Blattfaser; Eigenschaften sehr ähnlich → Sisal. - Vgl. → Sunn, → Maguey.

Henkel, nicht zu Maschen ausgebildete Schleifen in der Wirkerei, die zu bestimmten Bindungen (→ Preßmustern) benötigt werden, aber keinen Fortschritt in der Maschenbildung bringen.

Henkelplüsch, auf Rundwirkmaschinen gearbeitete → Wirkfrottierware (→ Plüschtrikot) mit geschlossenen Plüschschleifen, sehr strapazierfähig, aus Baumwolle für wärmende Unterwäsche, aus Synthetics für Frottiersocken. - Vgl. → Nicky, → Frottierbettwäsche.

Heraldisches Muster, Motiv aus der Wappenkunde, vor allem bei Dekorationsstoffen.

Hercosett, → Antifilzausrüstung für Wolle. - Vgl. → Superwash, → Dylan.

Herculon, speziell für Tufting-Teppiche entwickelte amerikanische Polypropylenfaser (Hercules). → Space-dyeing und → Differential-dyeing-Färbungen sind möglich. - Vgl. → Meraklon.

Hermelin, wertvoller Pelz eines großen Wiesels aus der Familie der Marder; Sommerfell hellbraun, Winterfell gelblich bis reinweiß, schwarze Schwanzspitzen.

Herrenhuterband, verschiedene weiße Baumwoll-, Leinen- und Halbleinenbänder für Haushaltszwecke, die vor allem als Durchzugsband, Wäscheaufhänger und zum Unterlegen von Knopflöchern bei Bettwäsche verwendet werden.

Herrenjersey, schwere, in der Regel doppelflächige Maschenwaren in Stoffgewichten, Materialzusammensetzungen und Musterungen, die sich zur Herstellung von Herrenoberbekleidung jeder Art eignen. Trotz der vielfältigen Tragevorteile - insbesondere Luftdurchlässigkeit, geringe Knitterneigung und rücksprungkräftige Dehnfähigkeit - hat Herrenjersey keinen bemerkenswerten Marktanteil in Europa erreichen können (im Gegensatz zu den USA), weil zunächst versucht worden war, mit lappigen, unausgegorenen Maschenstoffen, die Webmuster sklavisch nachzuahmen versuchten, statt sie maschengerecht zu übersetzen, in den Markt einzudringen. Es gelang nicht, einen vollen, tuchigen Warengriff zu erzielen. Die Durchsetzbarkeit vor allem für Hosen in den Bereich der → Legerkleidung in der Zukunft wird davon abhängen, ein ausgeklügeltes, angenehm griffiges Zusammenspiel zwischen Materialkombination, Maschenbildung und Dessin zu schaffen, und den vielfach noch zu hohen Preis auf die Ebene vergleichbarer Gewebe zu senken.

Herringbone, englische Bezeichnung für betonten → Fischgrat.

Hessian, tuchbindige Jutegewebe für Wandbespannung und Polsterzwecke.

Heterofasern, nach dem TKG der Komponente mit dem überwiegenden chemischen Anteil zuzuweisende Gruppe von → Bikomponentenfasern: zwei unverträgliche, artverschiedene Polymere werden vor dem Ausspinnen in der Spinnmasse vereinigt und gemeinsam ausgesponnen; bei den M/F-Typen (Matrix-Fibrillen-Typen) enthält die Trägerschicht fibrilläre Einschlüsse der zweiten Komponente, bei den im Mischstromverfahren gewonnenen Schicht-Typen mit partienweiser Düsenzuführung der beiden Komponenten sind die beiden Komponenten ungleichmäßig geschichtet in den Einzelfasern enthalten. - Vgl. → Multipolimerisate, → Bikomponentenfasern, → Chemietexturierung, → Tricelon, → Heterofil-Fasern.

Heterofil-Fasern, → Bikomponentenfasern aus zwei gleichen Grundchemikalien mit modifizierten Eigenschaften; von Bedeutung sind vor allem die Kern/Mantelfasern für Nadelfilz-Teppiche, aus Polyamiden mit unterschiedlichem Schmelzpunkt. Der Kern wird aus Polymid 6,6 mit höherem (245° C), der Mantel aus Polyamid 6 mit niedrigem (215° C) Schmelzpunkt gebildet. - Vgl. → Tultrim, → Chambrelle, → Chemietexturierung.

Heterogarn, Mischgarn aus mindestens zwei verschiedenen Filamenten. - Vgl. → Intermingled-Garn.

High-bulk-Garne, englischer Ausdruck für → Hochbausch- (HB-) Garne.

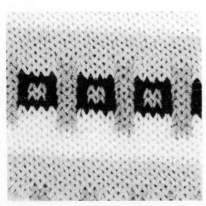 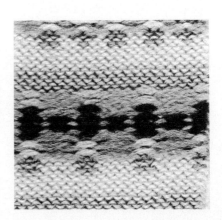

Hinterlegmuster (beide Warenseiten)

Hilfswaschmittel, für die Vorwäsche bestimmte Waschmittel, im Gegensatz zu den → Vollwaschmitteln in der Regel ohne → Optischen Aufheller und ohne Bleichmittel, oft mit → Enzymen.

Hinterlegmuster, Wirktechnik, bei der der Faden nur bei einem Teil der Nadeln zu Maschen geformt wird, während er bei dem anderen Teil der Nadeln auf der Rückseite flottet. Durch Hinterlegen können Farbmuster gebildet werden. Köperartige, unergänzte Hinterlegmuster (Challenger-Ware) sind so gut wie maschenfest. - Vgl. → Jacquard-Muster; Abb. siehe auch unter → Challenger-Ware.

Hip-skirt, modischer Rock mit tiefer Taille, auf die Hüfte aufsitzend, mit Tunneldurchzug am Bund. Für sportliche Verwendungszwecke kann dieser Rock hoch in der Taille getragen werden und ist dann nur kniekurz.

Hipster, → Miederhose mit besonders niedriger Hüftlinie.

Hirschhornknopf, siehe unter → Beinknopf.

Hirschleder, siehe unter → Wildleder.

Hirtenloden, → Strichloden mit besonders langem und meist auch leicht abstehendem Strich, oft mit Mohairbeimischung. - Vgl. → Loden, → Hunzaloden.

Hirtenteppich, ursprünglich von Bauern und Hirten als Decke benutzte, aus den an Hecken und Ästen hängengebliebenen und gesammelten Schafwollhaaren grob gesponnene und lose gewebte flauschige Wollgewebe. - Vgl. → Flokati.

Hitzefixierte Kleidung, → One Piece-Kleidung, siehe unter → Heat-Set-Kleidung.

Hitzeschrumpf, Eigenschaft bestimmter, nicht voll ausgeschrumpfter (→ thermofixierter) thermoplastischer Chemiefasern, bei nachträglicher Erwärmung ihre Dimension zu verringern. Man unterscheidet → S-Typen (Restkochschrumpf 18-32 %) = Schrumpftypen und → Hochschrumpftypen (HS-Typen) mit 35-40 % Restkochschrumpf. - Bei Acrylfasern ist eine Thermofixierung wie bei den Polyamiden und Polyesterfasern nicht möglich.

Hochbausch-Garn, HB-Garn, High-bulk-Garn, Garne aus thermoplastischen Synthetics mit hohem Volumen, fülliger und weicher Bauschigkeit, aber gegenüber andersartig texturierten Synthetics wesentlich geringerer Elastizität. Hochbauschgarne können entstehen durch a) Mischung von niedrigschrumpfenden und hochschrumpfenden Spinnfasern gleicher chemikalischer Zusammensetzung; nach dem Kochen, Dämpfen oder Färben zieht sich die nicht fixierte stark schrumpfende Type stark zusammen und bewirkt ein Aufbauschen des ganzen Garnes, besonders aber des auf einen Restschrumpf von 1-2% vorfixierten Faseranteils. Für solche → Spinnfaserbauschgarne sind Acrylfasern (→ S-Typen mit einem Anteil von ca. 40%) wegen ihres hohen Elastizitätsmoduls (600-700 kp/mm^2), ihrer vorteilhaften Querschnittsform und ihrer guten Stand- und Formfestigkeit besonders geeignet. b) Durch → Texturierung im → Düsenblasverfahren, → Stauchkammerverfahren, → Strickfixier- (→ Crinkle-) Verfahren, → Zahnradverfahren oder durch → Chemietexturierung (→ Bikomponentenfasern). - Vgl. → Differentialschrumpfverfahren.

Hochdrahtgarn, Garne, die durch hohe Drehung texturiert werden (→ Stretchgarne). Sie werden meist mit wechselnder Drahtrichtung verarbeitet. Der Unterschied zu den → Falschdrahtgarnen (→ Helanca) liegt darin, daß Stretchgarne nach dem Fixieren nicht zurückgedreht werden. - Hochdrahtgarne können auch als Seele von Umspinnungszwirnen verwendet werden. - Vgl. → Trennzwirnverfahren, → Stretch, → Texturieren.

Hochdruck, Stoffdruck mit Relief-Formen; das zu druckende Muster erscheint wie beim Buchdruck auf dem Druckwerkzeug erhaben. - Vgl. → Modeldruck, → Reliefdruck, → Perrotinendruck.

Hochflauschausrüstung, Ausrüstung von Wolltextilien, bei der durch vorsichtiges

Wirkwerkzeuge der Raschelmaschine für textile Bodenbeläge. Vorne die Rundmesser-Schnitteinrichtung, dahinter die Stiftnadeln mit darüber gelegten Polschlingen, sodann die Zungennadeln, darüber die Legeröhrchen für die Polschlingen (unten).

Lösen der Fäserchen aus dem Gewebeverband und Waschen unter Zusatz von Chemikalien, die Kräuselung und Elastizität der Fasern erhöhen, ein bauschiger Oberflächencharakter mit vielen aus dem Gewebe herausstehenden, wirr eineinander verflochtene Faserspitzen erreicht wird. Benötigt werden langfaserige, kräftige und dabei gut gekräuselte Wollsorten. - Vgl. → Flausch, → Arraché, → Ondulé, → Loden, → Mohair, → Brossé.

Hochflor-Raschelmaschine, zur Herstellung von → Shagteppichen mit einer Florhöhe von 20-60 mm geeignete → Raschelmaschine, die die Polfäden als → Henkel ausformt und zweimal hintereinander in das Grundgewirk einbindet und exakt in der Mitte aufschneidet. Bei fester Abbindung entsteht eine sehr gleichmäßige Verteilung der Polenden. - Vgl. → Wirkplüsch, → Kammzugwirkerei.

Hochmodul 333, lt. TKG: „Modal", → HWM-Faser aus Österreich (Lenzing); wegen der guten Färbbarkeit und Strapazierfähigkeit vor allem in Mischungen mit Baumwolle und Polyester verwendet.

Hochnaßfeste Viskosespinnfaser, sogen. → HT-Typen (High tenacy fibres), gegenüber normalen Viskose-Spinnfasern durch Änderung der Hestellungsbedingungen in ihrer Naßfestigkeit (70 % rel. Naßfestigkeit bei 27-34 km Trockenreißlänge, 20-25 % Naßdehnung, Quellwert ca. 70 %) erheblich verbesserte Viskosefaser (lt. TKG: „Viskose", nicht: „Modal"). Wegen ungenügender Schrumpffestigkeit und Formbeständigkeit abgelöst durch die → Modalfasern (→ HWM-Fasern und → Polynosics).

 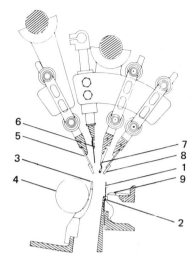

Hochflorraschelmaschine. Links: Maschenbild, Einbindung der Polfäden in den Maschengrund. Rechts: Wirkwerkzeuge der Raschelmaschine für textile Bodenbeläge: 1) Zungennadelbarre, 2) Abschlagbarre, 3) Stiftnadelbarre; die Stiftnadeln geben die Form, 4) Rundmesser-Schneideeinrichtung, 5) Polfaden-Legebarre mit Legeröhrchen, 6) Fallblech, 7) Grundlegebarre mit Lochnadeln für die Fransenlegung, 8) Grundlegebarre mit Legeröhrchen für die Schußlegung, 9) Stechkammbarre, die die Aufgabe hat, die Ware beim Hochgehen der Zungennadeln nach unten zu halten.

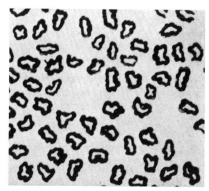 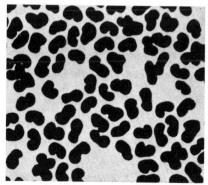

Links: Mantel-Kernaufnahme einer normalen Viskose-Stapelfaser

Rechts: Hochnaßfeste Viskosespinnfaser (Duraflox), Vollmantelfaser

Hochschrumpftypen, Spezialtypen von Synthetics, besonders Acryl, deren Kochschrumpf nicht oder kaum durch Fixieren beseitigt ist, die somit einen Kochschrumpf von 35-40 % aufweisen, für → Hochbauschgarne, → Plüsche mit verschiedener Polhöhe, → Pelzimitationen (→ Fun-furs) und thermisch verdichtete Textilien (z.B. → Non woven fabrics, → Vliese). - Vgl. → Diolen 33.

Hochtemperaturbeständige Fasern, Textilfasern, die bis zu Temperaturen von mehr als 500 °C beständig bleiben; → Glasfasern, Metallfasern, Kohlenstoff-, Graphit- und Quarzfasern für technische Zwecke. Die (bis 300 °C) temperaturbeständigen Fasern → Nomex, → Kevlar, → Kermel zählen nicht darunter.

Hochveredelt, Warenzeichen der Gütegemeinschaft Textilveredlung e.V., für knitterarme, nadelfertige und wasserabstoßende Ausrüstung. Der Knitterwiderstand muß durch Einlagerung von Kondensations- oder Polymerisations-Kunstharzen oder durch chemische Veränderung der Zellulose bei gleichzeitiger Herabsetzung des Quellwerts hergestellt werden. Eine Folge der verminderten Feuchtigkeitsaufnahme und der wasserabstoßenden Eigenschaft der Ausrüstung ist die schmutzabweisende Wirkung.

Hodeia, Fell bestimmter afrikanischer → Ziegen mit bemerkenswert schönem Glanz und hübscher Moiré-Wirkung.

Hogget, andere Bezeichnung für → Erstlingswolle.

Hohlfaser, Fasern mit Lufteinschluß im Innern, der durch entsprechend geformte Düsen mit Kern, Einblasen von Gas während des Spinnvorgangs oder durch Zusammenkleben von mehreren Elementarfasern erreicht werden kann. Es ist auch möglich, geeignete Substanzen der Spinnlösung zuzusetzen, die sich unter Einwirkung der Säure des Fällbades unter Bläschenbildung zersetzen (→ Celta; vgl. Luftfaser). Hohlfasern aus Viskose (Kehlheim, → Celta), aus Acetat (Aeraceta, Aerrhodia) werden kaum mehr hergestellt, weil das durch den erhöhten Porositätsgrad (Luftgehalt) verbesserte Wärmerückhaltvermögen auf andere Weise leichter und besser hervorgerufen werden kann. Profilierte Hohlfasern aus Polyamid mit sternförmigem Querschnitt sollen verminderte Pillinganfälligkeit aufweisen; Glanz und Griff können verbessert werden (Herstellung in der DDR, vgl. → Lilion STH). - Von großer Zukunftsbedeutung sind Hohlfasern aus → Acrylfasern (vgl. → Dralon) mit → hygienischen Eigenschaften ähnlich der Naturfasern, aber nicht kochfest. - Vgl. → Hollofil, → ATF 1017.

Hohlgewebe, Schlauchgewebe, die aus zwei übereinanderliegenden Gewebeteilen bestehen, die untereinander webtechnisch

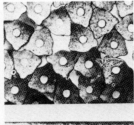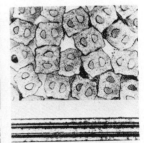

Hohlraumfaser mit rundem Querschnitt, Hohlraum vielfach mit Lufteinschlüssen (links); Hohlfaser mit dreieckigem Faserquerschnitt (Mitte); viereckiger Querschnitt mit zwei Hohlräumen (rechts).

Beispiele für Home-dress, in der Mitte im Djellabah-Stil.

verbunden sind, aber auch die Oberfläche wechseln können. Hohlgewebe im engeren Sinne werden z. B. für Postsäcke, Feuerwehrschläuche und Dochte verwendet, im weiteren Sinne auch Kleiderstoffe wie → Cord (Abb. siehe dort). - Vgl. → Doppelgewebe, → Rundwebmaschine.

Holbeinstickerei, beiderseitig gleichaussehende Zierstichtechnik, die aus zwei unabhängig voneinander gleichmäßig gearbeiteten Stichreihen besteht.

Holiday-Shirt, anderer Ausdruck für → Bodysuit.

Hollofil, Faserfüllung für → Steppbetten und → Anoraks; Dacron→ Hohlfaser, die hohen Lufteinschluß, guten Feuchtigkeitstransport und damit bessere Wärmeisolation gewährleistet.

Holzschleuderschiene, siehe unter Schleuderschiene.

Homburg, eleganter Herrenhut mit eingefaßtem und hochgebogenem Rand.

Home-dress, „Kleidung zwischen Tag und Nacht"; in die klassischen Bekleidungsstücke nicht einzuordnen, sehr bequeme und unkonventionelle Gruppe von Modellen zur häuslichen Entspannung, die als Nachtbekleidung, zum Television, schließlich sogar als Partydress angezogen werden kann. - Vgl. → Television-Stil, → Finnenkleider, → Palazzo-Hose, → Loungewear.

Home-spun, 1. Garne mit ungleichmäßigem Querschnitt, der bewußt durch mangelhaftes Kardieren hervorgerufen wird, um den Charakter des „Handgesponnenen" zu vermitteln.
2. Handwebartige Gewebe aus lockeren, dochtigen Garnen, locker und porös in einfachen Bindungen (Tuch- und Köperbindung) gewebt, kaum gewalkt, mit meist klar erkennbarem Bindungsbild. - Vgl. → Handwebcharakter, → Chiné-Tweed, → Donegal, → Tweed, → Crotchwed Tweed, → Irish Tweed, → Harris-Tweed, → Shetland, → Steg.

Homopolymerisat, aus gleichartigen Molekülen aufgebaute Ketten. - Gegensatz: → Multipolymerisat.

Honan, feiner → Shantung, Naturseidengewebe mit Maulbeerseide (Haspelseide) in der Kette und teilentbasteter → Tussah-

→ Grège im Schuß in Tuchbindung; im Gegensatz zu Shantung also Fadenverdikkungen nur in Schußrichtung. Harter, knirschender Griff. - Vgl. → Doupion, → Thai-Seide.

Honanin, Gewebe aus endlosen Chemiefasern in der Kette und feinfädigen Garnen aus Chemiespinnfaser mit leichten Titerschwankungen im Schuß; Imitation des echten Naturseiden- → Honan.

Hopsack, schwerer Mantel- und Kostümstoff, dessen Oberseite ein klares, an den Panama erinnerndes Warenbild zeigt, mit einer geflauschten, oft durch eigenes Untergewebe gebildeten Abseite. - Vgl. → Zuckersack.

Hornknöpfe, sehr wertvolle, aus Hörnern, Hufen und Klauen verschiedener Tiere hergestellte Knöpfe. Durch Erwärmen kann Horn weichgemacht und verformt werden. Der echte, aus Horn gedrechselte Knopf ist durchscheinend und hat eine rißartige Zeichnung. Büffelhorn ist das beste Horn, weil es sich vorzüglich polieren läßt. - Vgl. → Beinknöpfe.

Hose, kurzes, mittellanges oder knöchellanges Beinbekleidungsstück für Damen und Herren. - Vgl. → Rundbundhose, → Spitzbundhose, → Kniebundhose, → Keilhose, → Slack, → Jeans, → Torerohose, → Gauchohose, → Golfhose, → Bermudashort, → Fischerhose, → Korsarenhose, → Blue Jeans, → Jodhpurhose, → Clubhose, → Knickerbocker, → Gürtelhose, → Short, → Röhrenhose, → Krempeljeans, → Rundgebügelte Hose, → Umschlag, → Bundverlängerung, → Hot pants, → Caddy-Hose, → Pant, → Sailorhose, → Autofahrerbund, → Zigarettenhose, → Piratenhose, → Caprihose, → Jet-Hose, → Reithose, → Breecheshose, → Norwegerhose, → Rennhose, → Pulloverhose, → Bundfaltenhose.

Hosenanzug, Kombination variationsreich gestalteter Kostümjacken mit Hosen aus gleichem oder abgestimmtem Stoff für Damen. Oft dreiteilig (Jacke, Weste und Hose), vielfach aus Jersey. - Für Damen ab Gr. 44 nicht unproblematisch.

Hosenbluse, Blusen mit legerer Weite und schrittlang, die über der Hose getragen werden.

Hosenjacke, betont sportliche, schrittlange, meist antaillierte Jacke, die auf der Straße über der Hose getragen wird und

Beispiele für Damenhosen: von links: leicht ausgestellte schmale Hose mit Bügelfalte; Hosenrock; Umschlaghose in Zigarettenlinie; Knickerbocker; Norwegerhose; weite, rundgebügelte Hose (Sailerhose).

Modische Herrenhosen:
links: geradefallende
Bundfaltenhose,
Mitte: klassische Kombinationshose,
rechts: modische
Trägerhose mit Back-stripe

Beispiele für Hemdblusen

den Mantel ersetzt. Oft mit Pelzimitationen (→ Fun-furs) außen und innen ausgestattet. - Vgl. → Caban, → Canadian.

Hosenmantel, jackenartiger Kurzmantel, zur Hose zu tragen.

Hosenpilot, kräftiges Baumwollgewebe für Berufskleidung, stückfarbig und glatt aus-

gerüstet, meist in Atlas oder Köperbindung, häufig mit Streifenmuster bedruckt. Wird kaum mehr hergestellt.

Hosenrock, besser: rockartige Hose; Hose, die weit geschnitten ist und deren Vorder- und Rückenteil im Schritt genau aneinanderpassen, so daß der Eindruck eines Rocks entsteht.

Hosentaschenfutter, sehr dichte und feste Gewebe in → Köper- oder → Drellbin-

Beispiele für Hosenjacken, ganz rechts mit Husarenverschluß

Hosenrock

dung, feinere auch in Tuchbindung (→ Pocketing) oder → Atlasbindung (→ Moleskin). Hochwertige Herrenkleidung erhält auch Hosentaschenfutter aus Perlon oder Nylon. - Vgl. → Taschenfutter.

Hosierygarn, englischer Ausdruck für weichgedrehte Strumpf-, Strick- und Trikotgarne. - Vgl. → Mulegarn.

Hostalen, monoaxial verstrecktes, (einachsig orientiertes) bändchenförmiges → Polyolefin (→ Polyäthylen und → Polypropylen) (Hoechst), auch → Monofil für Drähte und Borsten.

Hostaphan, → Polyäthylen-→ Folie (Kalle); auch polyäthylenbeschichtete Polyesterfolie (Hostaphan-PE).

Hot-head-Pressen, Spezialpressen für den zweiten Kondensierungsvorgang bei → Post-curing (→ Permanent Press) am fertigen Bekleidungsstück, die mit hohen Bügeltemperaturen zwischen 180 und 220° C und hohem Drücken von etwa 1 kg/qcm arbeiten und die strenge Einhaltung der nach Stoffgewicht verschiedenen (15-30 sec) Preßzeiten erfordern.

Hot-pants, „heißes Höschen", nur schrittkurze Shorts für Damen, in betont jungem Schnitt.

Hot-Roll-Fixierung, → Thermofixierung synthetischer Fasern durch direkten Kontakt mit beheizten Walzen (→ Kontaktfixierung).

HS-Typen, Kurzbezeichnung für → Hochschrumpffasertypen.

HT-Typen, „high tenacy fibres", siehe unter → Hochnaßfeste Viskosespinnfaser. - Auch Kurzbezeichnung für → Hochtemperaturbeständige Fasern.

Hubertusschulter, Schulter mit rundum geführtem losem Koller, vom Jagdmantel übernommen.

Hüftgürtel, nach neuer Definition „unelastische Miederware mit einer seitlichen Gummihöhe von mehr als 25 cm". - Vgl. → Sportgürtel, → Strumpfhaltergürtel, → Miederhose, → Hipster.

Hühnerfeder, Federn mit geringer Füllkraft wegen des kaum gebogenen Kiels, besonders glanzreich, am Kielende häufig mit einer kleinen Schmarotzerfeder (Beifeder) bewachsen. Für Deckbetten und Kissen kaum zu gebrauchen. - Vgl. → Curlen, → Naturfeder, → Wonderfill.

Hühnerflaum, kiellose → Schleißfeder, darf unter keinen Umständen mit Daunen verwechselt werden. Die vom Hühnerkiel getrennten zarten Fahnenteile haben nicht die geringste Sprungkraft und sind nur in der Polsterei zu verwenden.

Hunza-Loden, besonders hochwertige, nach der Melton-Appretur luftgetrocknete → Hirtenloden. - Bezeichnung ist für eine Vorarlberger Weberei geschützt. - Vgl. → Loden.

Husarenverschluß, dekorativ-jugendliche Version des zweireihigen Verschlusses an sportlichen Damenmänteln und Jacken aus geflochtener Kordel und mit Knebel

(Posamentenverschluß). - Abb. S. 33. - Vgl.
→ Kosakenstil, → Lara-Look.

Hut, Kopfbedeckung für Damen und Herren mit fester Form aus Leder, Filz, stroh- oder bastähnlichem Material oder modischem Stoff. - Vgl. → Bowler, → Camber, → Snapbrim, → Maskotte, → Homburg, → Kalabreser, → Manhattan, → Matelot, → Toque, → Bridé, → Canotier.

HWF-Fasern, TKG: „Modal", nach besonderer Herstellungstechnik erzeugte → HWM-Fasern (durch Verspinnen ungereifter Viskose mit einem Polymerisationsgrad von über 450, vorzugsweise 500-600)

HWM-Fasern, TKG: „Modal", Gruppe der → Modalfasern mit wesentlich erhöhter Naßfestigkeit, hohem Durchschnittspolymerisationsgrad und guter Schlingenfestigkeit. Gegenüber den → Polynosics haben die HWM-Fasern eine etwas bessere Schlingen- und Biegefestigkeit, sind aber nur beschränkt mercerisierfähig und haben einen lappigeren Griff. HWM ist die Abkürzung für „high wet modulus" = hoher → Elastizitätsmodul in nassem Zustand. Ihre Alkalibeständigkeit ist niedriger, ihre Querfestigkeit höher als bei Polynosics; daher werden HWM-Fasern besonders gerne mit Polyesterfasern zusammen verarbeitet. - Vgl. → Hochnaßfeste Viskosespinnfasern, → Modalfasern, → Polynosics, → Hochmodul 333, → Avril, → Medifil, → Méryl, → Zantrel, → Airon.

Hydronblau, den → Schwefel- und → Küpenfarbstoffen ähnlicher, wasserunlöslicher Farbstoff für hohe, aber unter dem Standard der Küpenfarbstoffe liegende Echtheiten. - Vgl. → Schwefelfarbstoffe, → Küpenfarbstoffe, → Indocarbon-Farbstoffe.

Hydrophil, „wasserfreundlich", gute Netzfähigkeit, Fähigkeit zur Aufnahme von relativ viel Feuchtigkeit; bei Faserstoffen Maßstab für gute → hygienische Eigenschaften.

Hydrophob, „wasserfeindlich", wasserabstoßend. Hydrophobierung: → wasserab-

stoßende Ausrüstung von Garnen und Geweben.

Hydrophobol, Präparatname für waschfeste → wasserabstoßende Ausrüstung.

Hydrozellulose, durch Einwirkung von Säuren geschädigte Zellulose mit wesentlich verringertem Polymerisationsgrad. Die Anwesenheit von Hydrozellulose in Gespinsten macht diese brüchig und empfindlich gegen Einwirkung von Chemikalien und Fermenten.

Hygienische Ausrüstung, andere Bezeichnung für → antimykotische Ausrüstung.

Hygienische Eigenschaften, wegen der Fähigkeit von Textilien, Feuchtigkeit aufzunehmen, für alle diejenigen Kleidungsstücke wichtiger Gebrauchswert, die mit dem Körper in unmittelbare Berührung kommen. Als unhygienisch gilt die mangelnde Fähigkeit einer Textilie, Körperschweiß aufzusaugen oder die Beeinträchtigung der Luftzirkulation. Die Eigenschaft von Textilien, am Körper angenehm und gesund empfunden zu werden, kann durch → antimykotische Ausrüstung gefördert werden. Synthetics mit guten hygienischen Eigenschaften sind → Hohlfasern aus → Acryl (bes. → Dralon). - Vgl. → Lurotex, → Hydrophil.

Hygitex, → antimykotische Ausrüstung. Einlagerung von antimikrobiellen Wirkstoffkombinationen in die Matrix von textilveredelnden Polymeren; lange Wirksamkeit der antibakteriellen, fußpilzhemmenden und vorbeugend desodorierenden Ausrüstung von Strümpfen, Unterwäsche und Badekleidung, wobei häufiges Waschen die Reaktivierung der Ausrüstung bewirkt. Beständig gegen chemische und mechanische Beeinflussung, nicht giftig, reizt die die Haut nicht.

Hygroskopisch, Hygroskopizität, Fähigkeit (textiler Rohstoffe), dampfförmiges Wasser aus der umgebenden Atmosphäre in ihr Substanzgefüge aufzunehmen und festzuhalten. Dabei folgt der Wassergehalt der Spinnstoffe nach Art der Spinnstoffe in verschiedenem, gesetzmäßigem Ausmaß der relativen Luftfeuchtigkeit; als „normalfeucht" gilt der Wassergehalt bei einer relativen Luftfeuchtigkeit von 65%. - Vgl. → Reprise, → Konditionierung.

I

Iltis, Pelz eines zur Familie der Marder gehörenden Raubtiers; dicht, weich, mit dunkelgelber Unterwolle und schwarzen Grannen, die die Unterwolle durchscheinen lassen.

Imitation, Nahahmung, Ersatz in niedriger Preislage.

Imitatgarn, aus kurzen Baumwollsorten hergestelltes, den Wollgarnen ähnliches, moosiges Garn, nach Art von → Streichgarnen gesponnen (→ Zweizylindergarn).

Immacula-Ausrüstung, Verfahren zur Flächenfixierung und Formfestbehandlung, ähnlich → Siroset (Ammonium-Thioglycolat) für Wollstoffe, aber mit einer anderen Chemikalie (Natrium-Bisulfit + Harnstoff oder Äthylenglykol und Diäthanolamincarbonat + Harnstoff).

Immunisierung, im wesentlichen nur bei natürlichen Rohstoffen angewandtes Verfahren zur chemischen Umwandlung von Fasern mit dem Ziel, die Farbaffinität zu verändern, damit sie in Mischung mit der gleichen, aber unveränderten Faserart zur Erzielung von Mehrfarb- oder Melangeeffekten verwendet werden können. - Vgl. → Differential-dyeing.

Imperon-Verfahren, → Pigmentdruckverfahren (Hoechst) mit hervorragenden Echtheitseigenschaften.

Imprägnieren, Tränken von Geweben mit wasserabstoßenden Chemikalien, wodurch ohne Beeinträchtigung der Luftdurchlässigkeit infolge der verringerten Benetzbarkeit der Warenoberfläche ein (unter Umständen sogar reinigungsbeständiger) wirksamer Abperleffekt entsteht. - Es gibt auch Imprägniermittel, die für Fäulnisbeständigkeit, Mottensicherheit oder Fleckenschutz sorgen oder die ein Gewebe schwer entflammbar machen. -

Vgl. → Antimykotische Ausrüstung, → Antiflamm-Ausrüstung, → Fleckschutzausrüstung, → Silikon-Ausrüstung, → P-Silikon, → Hydrophobol, → Persistol, → Perlit, → Ramasit, → Texylon-Ausrüstung, → Kunstharzfreie Pflegeausrüstung, → Atmungsaktive Beschichtung.

Imprägnol, nicht waschfeste → Imprägnierung zur wasserabstoßenden Ausrüstung gegen Wind und Wetter von Stoffen, vorzugsweise Baumwollgeweben.

Imprimé, frz. für → Stoffdruck.

Inbetween, halbdurchsichtige Stoffe zur Raumausstattung; in ihrer Dichtigkeit stehen sie zwischen den → durchbrochenen Gardinenstoffen und den → Vorhangstoffen. Allen Inbetweens gemeinsam ist die Halbtransparenz, die optimales Lichtspiel gestatten soll; den Gardinenstoffen angenäherte Stoffe zeigen leichten Griff und duftigen Fall, Deko-Inbetweens haben kernigeren Griff. Herstellungstechnisch kommen verschiedenartige Gewebe (auch mit → Drehern und als → Ausbrenner) sowie Durchzugraschel mit Vierfarbenwechsel sowie → Malimo mit Kettfadenversatz (zur Erzielung einer folkoristisch wirkenden Bindungsstruktur) infrage.

Inch, engl. Zoll, 25,4 mm.

Indanthren, geschütztes Warenzeichen für Farben, die nach dem gegenwärtigen Stand der Technik unübertroffen chlor-, licht-, sodakoch-, schweiß-, wasch-, wetterecht sind und in der Echtheit bestimmte Mindestanforderungen erfüllen. Indanthren gefärbt werden können sämtliche Textilien aus pflanzlichen Faserstoffen sowie aus Chemiefasern auf Zellulosebasis. - Vgl. → Felisol.

Indienne, 1. klassische Blaudrucke auf Baumwolle.
2. Historischer, besonders feinfädiger bedruckter Kattun; Anfang des 17. Jahrhunderts aus Indien und Persien nach Europa eingeführt, wurden Indiennes nach den sehr dekorativen Originaldessins für Kleider und Möbelbezüge in → Model-Drucktechnik kopiert.

Indigo, ältester bekannter organischer Naturfarbstoff (blau), in der Vergangenheit durch Abkochen der Wurzeln der Indigopflanze gewonnen; heute als synthetischer Farbstoff (indigoide Farbstoffe = in ihrer chemischen Konstitution von Indigo abgeleitet) als → Küpenfarbstoff insbesondere für Wolle und „echt" für → Blue Denim für → Jeans noch von Bedeutung.

Indigosole, wie direkt aufziehende Farbstoffe verwendbar, durch Veresterung mit Schwefelsäure wasserlöslich gemachte → Küpenfarbstoffe (→ Leukoform von Küpenfarbstoffen).

Indische Baumwolle, 1. vergleichsweise kurzstapelige Rohbaumwolle aus Indien. 2. In der Regel handgewebte, gazeartig durchbrochene Baumwollgewebe aus Indien, meist aus voileartig stark gedrehten Garnen; rohweiß und gebleicht.

Indisch Lamm, in der Zeichnung dem Persianer oder Breitschwanz ähnliches Fell indischer Lämmer, von sehr jungen Tieren. - Oft gefärbt, Naturfarben: braun, weiß oder schwarz. - Vgl. → Lamm, → Pelz, → Dehli, → Multan.

Indisch Leinen, anderer Ausdruck für → Cheese-cloth.

Indisch Rips, → Rips im Baumwollcharakter mit unregelmäßigen Flammen.

Indocarbon-Farbstoffe, wasserunlösliche, in ihrer Charakteristik zwischen den → Schwefelfarbstoffen und den → Küpenfarbstoffen stehende Farbstoffe, deren an sich sehr echte Färbungen allerdings an Standard der Küpenfarbstoffe nicht erreichen. - Vgl. → Hydronblau.

Indojeans, Mischgarn für Jeans-Stoffe mit → Washout-Effekt in Gewichten von 520-720 g/lfd.m. aus Trevira/Baumwolle 50/50 %; schnell trocknend, waschfest, 0,3 % Restschrumpf.

In-door-Kleidung, Oberbekleidungsstücke für Damen und Herren, die nach ihrer ganzen Gestaltung dafür gedacht sind, innerhalb geschlossener Räumlichkeiten getragen zu werden. - Gegensatz: → Out-door-Kleidung.

Indrarot, in der Inlettfärberei viel verwandter Farbstoff aus der Gruppe der → Entwicklungsfarbstoffe; vgl. → Naphtol AS.

Informelle Kleidung, Sammelbegriff für Bekleidungsstücke, vor allem für den Herrn, die nach strenger konventioneller Auffassung nicht für offizielle Gelegenheiten geeignet sind; Gegensatz: → Formelle Kleidung. Zur Informellen Kleidung zählen nicht nur alle Spielarten der → Leger- und → Freizeitkleidung, sondern auch Mäntel und Anzüge, die zwar nach moderner Anschauung im Berufsleben getragen werden können (vgl. → City-Anzug, → City-Mantel), aber nach Schnitt und Stoffart vom konventionellen, klassischen Anzug oder Mantel deutlich abweichen (Abb. S. 180).

Informels, Musterungsart bei Stoffdrucken und Jacquards: abstrakte, formlose, aber nicht eckige Dessinierungen.

Inkrustation, Einsetzen von Spitzenmotiven in den Stoff, der dem Randverlauf der Spitze genau entsprechend ausgeschnitten wird.

Inlaid, in der Masse durchgefärbtes Linoleum.

Inlett, sehr dichte und feinfädige Baumwollgewebe in Kettköper-Bindung. Einfüllstoff für Bettfedern und Daunen. Tuchbindige Einfüllstoffe nennt man Daunenbatist oder Einschütte. - Inlett wird heute voll gebrauchsfähig verkauft und darf nicht mehr gewachst oder geseift werden. Inlett ist zur Füllung mit kochfest ausgerüsteten Federn (→ Briwasan) auch kochfest ausgerüstet worden.

Inoxor, preiswertes, metallglänzendes Effektmaterial mit Aluminiumfolie als Seele und beidseitig aufgeklebtem Viskosefilm. Nur für stuhlfertige Ware geeignet, die keinem weiteren Produktionsprozeß mehr unterliegt. - Vgl. → Lurex, → Bedor.

Inpolished Look, Ausrüstungsform von feinfädigen Geweben für Herrenhemden mit Synthetic-Texturé in Kette oder Schuß mit dem Ziel, ihnen möglichst matten, dezenten Glanz zu verleihen. - Vgl. → Silky-Look.

Informelle Anzüge: Links: „Triset", auch: „Composé-Anzug"; dreiteiliger Anzug mit Hose und Weste in feinem Pepita-Muster, Sakko uni, aufgesetzte Taschen mit geschweifter Zierblende, eingeschnittene Brusttasche, Säume und Taschen hervorstechend umsteppt. Rechts: für rustikale Stoffe geeigneter, konventioneller Reiseanzug mit drei aufgesetzten Taschen und breiter Zierblende, gesteppte äußere Hosennaht. — Beide Anzüge sind zu den „City-Anzügen" zu rechnen.

Insekticide, Kontaktgifte, die bei Berührung in den Insektenkörper eindringen und diesen töten. Als Textilausrüstungsmittel (Dieldrin) in der BRD verboten.

Intarsien, Einlegearbeiten in der Kunstschreinerei; bei Maschenwaren: Buntmusterung, wobei die farbigen Fäden nicht durch die ganze Ware laufen, sondern räumlich begrenzt werden.

Interbonding, Verbund führender europäischer Schaumstoffhersteller, Bondierer und Stofflieferanten, der überprüfbare Qualitätsnormen für thermisch kaschierte Erzeugnisse festlegt, eine Qualitätsgarantie verleiht und Pflegeetiketten entwickelt.

Interlock, sehr dehnfähige, → doppelflächige Kulierware, die auf beiden Warenseiten nur rechte Maschen zeigt, aber nicht gerippt ist. Bezeichnung nach DIN 62 050:

Rechts/Rechts/gekreuzt. Zwei selbständige Rechts-Rechts-Waren werden so miteinander vereinigt, daß einer rechten Masche der Vorderseite eine um eine halbe Maschenhöhe versetzte rechte Masche

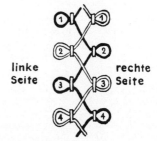

Interlock (Schnitt)

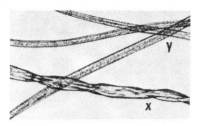

a) Baumwolle (x) und Viskosespinnfaser (y)

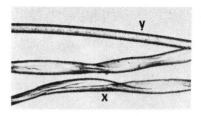

b) Baumwolle (x) und Polyester (y)

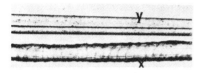

c) Wolle (x) und Acryl (y)

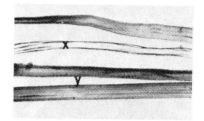

d) Tussah-Seide (y) und Acetat (x)

Intim-Mischung verschiedener Rohstoffe unter dem Mikroskop

der Rückseite gegenüberliegt. Vgl. → Italienisch Schlauch, → Kreuzschlauchbindung, → Milano-Rib.

Internationaler Seidentiter, vgl. → Seidentiter, → Titrierung.

Intermingled-Garn, Garne, die durch Zumischung geringer Mengen andersartiger Flocke in ihren Eigenschaften wesentlich verändert werden, z.B. durch → antistatische Spezialfasern, oder mit verschiedener Anfärbbarkeit für → Differential-dyeing. - Vgl. → Verwirbelung, → Heterogarn.

Intervyl, französisches Brillantgarn für geschmeidige, luftige und wärmeausgleichende Maschenwaren aus Rhovyl und Triacetat; krumpf- und filzfrei, formbeständig und pflegeleicht.

Intim-Mischung, Mischung verschiedener textiler Rohstoffe (Spinnfaser oder Filament) im Garn. - Gegensatz: System-Mischung.

Irisé, perlmuttähnliches Schillern von Stoffen, das durch Cellophaneinlagerungen oder Prägeeffekte erzielt wird.

Irish-Tweed, konstrastreich als Fischgrat, Donegal oder Tweed gemusterte handwebartige Stoffe für Mäntel, Kostüme und Sakkos, die leicht gewalkt und deutlich angeflauscht sind. Der Faserflor darf das Bindungsbild nicht zudecken. - Vgl. → Tweed, → Home-spun.

Isfahan, nach der gleichnamigen persischen Stadt benannte, echte persische Teppiche mit Tier- und Jagdmotiven, klassischen Palmetten und Arabesken; meist hellgrundig (Elfenbein, Beige) mit intensiven blauschwarzen und ziegelroten Tönen. - Vgl. → Orient-Teppich.

Isolationsfähigkeit, Fähigkeit von Textilien, die Ableitung von Körperwärme zu verhindern oder Hitze vom menschlichen Körper abzuhalten. Die Eigenschaft hängt weniger von der Leitfähigkeit der Faser selbst, als von der im Gewebe oder im Gewirk eingeschlossenen Luft ab. - Vgl.

→ Wärmehaltungsvermögen, → Wärmeleitvermögen.

Isovyl, grobe, unorientierte Wirrfaser mit hoher Bauschelastizität und großem Wärmehaltungsvermögen, aber geringer Festigkeit aus Polyvinylchlorid (Rhovyl).

Italienisch Schlauch, auch: → Milano-Rib, dem → Interlock ähnliche, sehr dehnfähige doppelflächige Kulierware, die auf jeder Warenseite nur rechte Maschen zeigt. Im Gegensatz zu Interlock folgt jedoch auf eine 1/1 Ripp-Reihe eine Reihe mit lauter rechten Maschen auf der einen Seite, sodann eine zweite mit lauter rechten Maschen auf der anderen Warenseite; dann folgt wieder die 1/1-Ripprreihe. Die rechten Maschenstäbchen der beiden Warenseiten stehen auf Lücke, also nicht direkt einander gegenüber.

Sportliche Jacken mit viel Stepperei: links mit Epauletten, rechts mit Blendenkragen

IWER-Webmaschine, schützenlose und oberbaulose Webmaschine mit einseitigem Greifer; der Greifer geht leer durch das niedere Fach; ihm wird der von bis zu acht konischen Kreuzspulen über Kopf abgezogene Schußfaden gereicht. Der Greiferkopf (Klammerkopf) hält den Schußfaden fest und zieht ihn auf dem Rückweg durch das Fach. - Vgl. → Webmaschinen, → MAV, → Greifer-Webmaschine.

J

Jabot, aus dem „Beffchen" des 17. Jahrh. entwickelte (frz.) „Hemdkrause"; verspielter, drapierter Ausputz an Kleidern und Blusen aus schmiegsamen Stoffen. - Vgl. → Frou-Frou (Abb. siehe dort), → Fichu, → Plastron.

Jacke, 1. kürzeres, unkonventionell geschnittenes, bequemes Oberbekleidungsstück für Damen und Herren; vgl. → Sakko, → Blazer, → Leger-Kleidung, → Pullover-Jacke.
2. Kurzmantel für Damen (oder Herren); vgl. → Caban, → Hosenjacke.

Jackover, siehe unter → Soft-Jacket.

Jaconet, weich ausgerüsteter und mit Appreturmasse gefüllter, dem Bougram ähnlicher Futterstoff, einseitig glänzend, als Zwischenfutter für Damenkleidung verwendet.

Jacquard, Webtechnik für großflächige Bindungsmuster, bei der jeder Kettfaden einzeln angehoben werden kann. - Jacquard-Wirk- und Strickwaren können einflächig wendepattiert sein und zeigen in diesem Fall auf der Rückseite linke Maschen ohne Fadenflottungen. Hinterlegte Jacquardmuster sind leichter, aber nicht so elastisch wie doppelflächige Jacquardmuster, die die rückwärtigen Fadenflottungen der Hinterlegware vermeiden und die für das Jacquardmuster nicht gebrauchten Fäden mit verstricken.

Jacquardgewebe, Sammelbegriff für alle Gewebe mit einer Bindungsmusterung, die nur durch das Anheben einzelner Kettfäden hervorgerufen werden kann, somit für feingezeichnete, großflächige und variationsreiche Dessinierungen, die durch → Schaftmusterung nicht zu erreichen ist. Typische Jacquardgewebe sind → Damast, → Brokat, → Matelassé, → Damassé, → Satin découpé. Gegenüber dem → Stoffdruck und auch der → Schafttechnik stellt die Jacquardmusterung die teuerste Art der großflächigen Textilmusterung dar, da für jedes Muster die einzelne Anhebung einer dem Musterumfang entsprechenden Anzahl von Kettfäden je Schußeintrag bestimmt werden muß; nach der

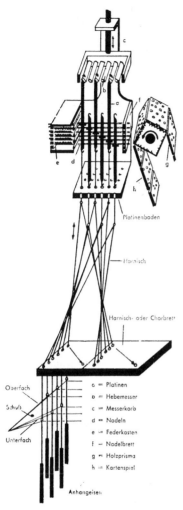

Platinenboden

Harnisch

Harnisch- oder Chorbrett

Oberfach
Schuß

Unterfach

a = Platinen
b = Hebemesser
c = Messerkorb
d = Nadeln
e = Federkasten
f = Nadelbrett
g = Holzprisma
h = Kartenspiel

Anhängeisen

Jacquardmaschine. Die Karten (h) steuern über die Nadeln (d), welche Platine (a) von den Hebemessern (b) angehoben werden kann. An den Platinen sind die Harnischschnüre für die jeweils gleich einbindenden Kettfäden zusammengefaßt und befestigt

Jacquard→ Patrone müssen dann die die → Jacquard-Maschine steuernden Ketten geschlagen werden.

Jacquard-Raschelmaschine, Raschelstühle mit einer Vorrichtung, die die Steuerung der Musterung durch Jacquardkarten zuläßt, wobei die seitlichen Versatzbewegungen jeder einzelnen Jacquard-Lochnadel und damit die Legung des Fadens individuell beeinflußt werden. Die in kürzester Frist austauschbaren Karten lassen unbegrenzt große Musterungen zu und wählen Verdrängerstifte aus, die bewirken, daß die Lochnadeln der Jacquard-Legebarre zusätzlich zur normalen Versatzbewegung um eine Nadel weiter verdrängt werden, wodurch die von den Musterscheiben gesteuerte Grundlegung variiert wird. - Vgl. → Fallblechmusterung (Abb. S. 184).

Jährlingswolle, Wolle der Schur des etwa einjährigen Schafes. Dies kann eine erste Schur sein (→ Erstlingswolle), aber auch die erste Schur nach der → Lammwolle. Weiche, in ihrer Feinheit unausgeglichene Wolle. - Vgl. → Hoggets.

Jagdleinen, schilfartig gemusterte, feinfädige Leinen- oder Baumwollgewebe für strapazierfähige Sommerjoppen und Spezial-Jagdkleidung.

Janker, dem bayerisch-österreichischen Trachtenstil nachgebildete, meist kragenlose und an den Kanten und Taschen abstechend bordierte Freizeitsakkos; oft mit Wappen- oder Münzknöpfen aus Metall. Damenjanker sind meist einreihig und hüftlang, häufig kontrastfarbiger Einsatz (Abb. S. 185).

Janusarm, Mantelschnitt, vorne Raglanarm, hinten eingesetzter Arm. Gegensatz: → Halbraglan.

Janusmantel, vorne wie ein Redingote anliegender Damenmantel mit einer lose fallenden, weiten Rückenpartie, die dem bekannten Hänger entlehnt ist.

Japanseide, feine noppenfreie, taftbindige Naturseidengewebe aus absolut gleichmäßigen Garnen der → Haspelseide des Maulbeerspinners (Kette und Schuß → Grège), somit Sammelbegriff für feine Naturseidengewebe ohne Fadenverdikkungen für Bekleidungszwecke und Lampenschirme. Arten: → Pongé, → Habutai,

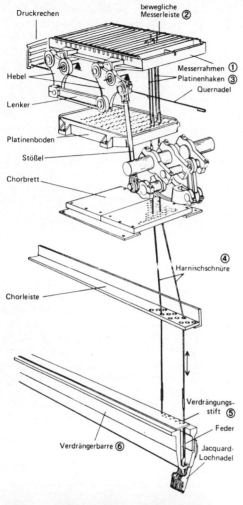

Druckrechen

bewegliche Messerleiste ②

Hebel

Messerrahmen ①
Platinenhaken ③
Quernadel

Lenker

Platinenboden

Stößel

Chorbrett

Harnischschnüre ④

Chorleiste

Verdrängungsstift ⑤

Feder

Verdrängerbarre ⑥

Jacquard-Lochnadel

Prinzip der Arbeitsweise der Jacquard-Raschelmaschine.
Der Jacquardapparat besitzt einen beweglichen Messerrahmen (1) mit rostartig angeordneten Messerleisten (2), in die Platinenhaken (3) eingehängt sind. Am unteren Ende der Platinenhaken sind Harnischschnüre (4) befestigt, die die Verbindung zu den Verdrängerstiften (5) in der Verdrängerbarre (6) herstellen. Die Verdrängerstifte werden durch die Harnischschnüre rhythmisch nach oben gezogen und durch Druckfedern wieder nach unten gedrückt, so daß die Harnischschnüre immer gespannt sind. Wird ein Platinenhaken durch eine Quernadel verschoben, so kann sich beim Aufwärtshub des Messerrahmens dieser Platinenhaken nicht mehr in die Messerleiste einhängen. Der Stift verbleibt in seiner Ruhestellung (Drängstellung) und verdrängt beim seitlichen Versatz der Verdränger- oder Jacquardbarre die Jacquard-Lochnadel um eine Nadelteilung. Nach erfolgter Legung wird die Verdrängung wieder aufgehoben, die Stifte werden wieder entspannt.

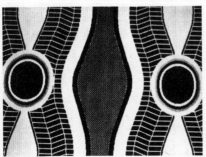

Wirkgardine von der Jacquard-Raschelmaschine

Trachten-Janker, mit passendem Rock zum Kostüm ergänzt.

→ Helvetiaseide. Gegensatz: → Honan, → Shantung, → Wildseide, → Doupion, → Bourette, → Thai-Seide.

Japon, anderer Ausdruck für → Japanseide.

Jaryl, TKG: „Viskose", französische Spezial-Viskosespinnfaser für Glanzeffekte.

Jaspé, zwei verschiedenfarbige Vorgespinste ergeben beim Ausspinnen ein Garn, das einem zweifarbigen Zwirn ähnelt. Gegensatz: → Mouliné, → Melange und → Vigoureux. - Echte Jaspégarne werden selten und nur in hochwertigen Stoffen verarbeitet, da das Material beim Spinner nach Farbstellungen disponiert werden muß. Bei Verwendung von Moulinézwirnen disponiert der Weber nur die Grundfarben der Garne und zwirnt die Farbkombination erst nach Auftragseingang.

Java, locker eingestelltes, grobes Grundgewebe aus Baumwolle oder Leinen für Stickereien, wie Hardangerstoff in Panamabindung. Vor allem zu Tischdecken verarbeitet.

Jeans, ursprünglich nur hüft- und gesäßenge Hosen aus kräftigen Baumwollgeweben (→ Blue Denim; „Blue Jeans); mit abstechenden Steppnähten, Lederwappen auf der Gesäßtasche, Nietenverzierung. - Zu Beginn der 70er Jahre entwickelte sich aus den Jeans ein salopper, unkonventioneller Bekleidungsstil, der auf verschiedene Stoffvariationen (→ Brushed Denim, → Chambray, → Bullcord, → Delavé) und Cord übergriff, und auf andere Beklei-

Jeansstil: Krempel-Jeans, Overall und Latzhose (Salopette).

185

dungsstücke, wie Röcke, Jacken, Schuhe, ja: Nachtwäsche und Schirme übertragen wurde und sich zum Prototyp der → Legermode entwickelte. - Vgl. → Ricaméléon, → Scrubbed Denim, → Workman-Jeans, → Indojeans, → Bicycle-Jeans, → Stovepipe, → Vegetable-dyed; spezielle Jeans-Taschen: → Patch-Pokked (aufgesetzte Tasche), → Swing-Pokked („Bananentasche"), → Western-Tasche (Swing-Pocked mit Uhrentasche), → Slash-Pocked (französische Tasche). Fußformen: → Bell Bottom („Glockenfuß"), knieeng, aber ausgestellt; Flared leg (ausgestellt); → Strait leg (enge Beinform), → Tube (Röhrenform).

Jeans-Anzug, Anzüge aus Baumwollgeweben verschiedener Art (Jeans-Stoffe, → Velveton) und daraus entwickelten Fasermischungen mit Synthetics oder Wolle in einem saloppen, legeren Schnitt; Sakko und Hose aus gleichem Stoff. Meist Steppnähte, aufgesetzte Taschen am Sakko, Rückengurt. - Vgl. → Leger-Kleidung.

Jeanswear, Allgemeinbezeichnung für originelle, ungezwungene, aber nicht „gammelige", zu Jeans kombinierbare Bekleidungsstücke und → Accessoires. - Vgl. → Leger-Kleidung, → Activwear, → Sportswear.

Jeanswear: Latzrock und Jeanskleid

Jersey, 1. in der Weberei: schwerer, matter, hochwertiger Kreppkleiderstoff mit einer den Maschenwaren ähnlichen Oberfläche. Aus → Umspinnungszwirnen in Tuchbindung (Gegensatz: → Mooskrepp) gewebt.
2. als Maschenware: vorwiegend gewirkte, aber auch gestrickte → einflächige → Rundstuhlware für Oberbekleidung, oft gewalkt. Gegensatz: → Wevenit (doppflächig). Jersey im erweiterten und neuerdings hauptsächlich gebräuchlichen Sinne: Sammelbegriff für die verschiedensten Maschenwaren, die in der Konfektion zu Damen- oder Herrenoberbekleidung verarbeitet werden. Die Dehnfähigkeit muß verringert, die Fülligkeit erhöht werden, die Ware darf nicht zu schwer sein und muß einen weichen, wolligen Griff aufweisen. - Vgl. → Herren-Jersey, → Wevenit, → Single Jersey, → Double-knit, → Lay-in-Effekt.

Jersey figuré, besondere Art der Ausbrennerstoffe aus → Umspinnungszwirnen ohne Grundgewebe. Aus dem aus zwei verschiedenen Rohstoffen bestehenden Umspinnungszwirn wird der eine mustermäßig ausgeätzt. - Vgl. → Ausbrenner, → Dentelle.

Jersey-Loden, beschränkt dehnfähige → Kettenwirkware für Freizeitkleidung, bei der versucht wird, durch entsprechendes Garn und durch die Ausrüstung Warenbild und Gebrauchsvorzüge des gewebten → Loden nachzuahmen.

Jersey-pren, geschütztes Warenzeichen für Jerseygewirke aus Dralon, die mit einer dünnen Moltoprenschicht kaschiert sind. Formbeständig, gut waschbar, leicht zu pflegen. - Ähnliche Ware aus Orlon: → Laminette.

Jersey quadrillé, weicher, fließender Webjersey mit sandig-körnigem Griff und natté-artigem Bindungsbild.

Jet-cutting, vollautomatische → Zuschnittmethode für Fertigkleidung durch einen elektronisch gesteuerten Hochdruck-Wasserstrahl auf speziellem Zuschneidetisch mit Pumpe (hohe Investition).

Jet-Hose, für den alpinen Wintersport geeignete, eng und körperzeichnend geschnittene, oft mit abstechenden Seitenstreifen versehene Hose aus → bi-elastischem Material (Wollelastic, → Zweizug-Elastic), oft ungefüttert oder nur mit → Wirkplüschfutter; **Jet-set**: Ergänzung der Jet-Hose durch passenden Anorak. Ohne die für die → Rennhose und den → Rennanzug typischen Knie- und Ellenbogenpolsterung. - Vgl. → Skibekleidung.

Jett-Knöpfe, Knöpfe aus Pechkohle, einer mit Erdpech getränkten Braunkohle, die vollkommen dicht ist und sich gut schleifen und polieren läßt. Den echten Jett-Knopf kann man mit dem Fingernagel ritzen; Imitationen aus schwarzem Glas oder Hartgummi hingegen nicht.

Jigger, Ausrüstungsmaschine in der Bleicherei und Färberei. Die Ware läuft von einem Baum in breitem, faltenlosem Zustand mit gleichbleibender, durch ein Ausgleichsgetriebe regulierter Geschwindigkeit durch den Trog mit Appreturflotte. Sie wird durch Walzen geführt, dabei aber kaum in Längsrichtung gespannt, und anschließend auf einem zweiten Baum wieder aufgewickelt. - Vgl. → Foulard, → Haspelkufe.

Jockeymütze, runde Mütze mit vorspringendem Schirm.

Jodhpurhose, → Reithose, an den Oberschenkeln weit wie eine → Breecheshose, an den Unterschenkeln aber eng anliegend geschnitten, mit lederbesetzter Schritt- und Sitzfläche.

Jolipel, Markenbezeichnung (Girmes) für laborgetestete hochwertige gewebte → Pelzimitate mit hervorragenden Trageigenschaften.

Joy, melangiertes Hochbausch-Kammgarn aus 80% Acrilan und 20% Schurwolle.

Jumper, sportliches, blusenähnliches, gerade fallendes Oberbekleidungsstück für Damen, meist gestrickt.

Jumper-Look, Jumper-Kleid, Modestil für Kleider mit leicht schoppenden Oberteilen, manchmal leicht bauschigem Ärmel; entweder zwei- oder dreiteilige Kombination aus nicht durchgeknöpftem Oberteil zum Schlüpfen mit oder ohne Bluse und (Falten-) Rock, oder aber einteilig in einer Schnittform, die den Jumper simuliert, mit in Schritthöhe angestepptem Rock (Abb. S. 188).

Jump-Short, Jumpshort, sprich: Dschampschort, einteiliger Short-Anzug, kurzes Höschen mit eingearbeitetem Oberteil, durch sportliche Knöpfröcke oder

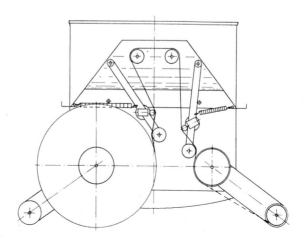

Jigger

Kleider im Jumper-Look

Jungle-Look, sprich: Dschanglluhk, Musterungsrichtung vor allem des Stoffdrucks, die den Oberflächencharakter oder die Durchzeichnung der verschiedensten Tierfelle zu imitieren versucht (Pelz- und Reptileffekte).

Jupe, sprich: schühp, frz.: Rock.

Jute, lt. TKG: „Bastfaser aus den Stengeln des Corchorus olitorius und Corchorus capsularis". - Stark verholzte, aus Elementarfasern von nur 1-5 mm Länge zusammengesetzte Bündelfaser, deren Qualität in hohem Maß von der Festigkeit des Pflanzenleims abhängig ist. - Starker Geruch, fäulnisanfällig, stark säureempfindlich, hervorragend zu färben, sehr preiswert, für Verpackungszwecke, Wand- und Bodenbeläge, Untergewebe für Teppiche. - Vgl. → Bagging, → Hessian, → Tarpauling.

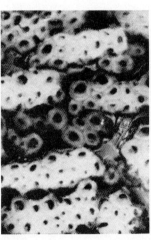

Jute

festliche Volantröcke bzw. durch Gilets zu ergänzen.

Jumpsuit, auch **Jumpy** genannt, Ganzarmpulli im Hemdhosenschnitt (Sweaterhöschen), der als Pullover im Rock oder in der Hose, aber auch allein als Gymnastikanzug getragen werden kann. Eignet sich zur Ergänzung von Röcken und Hosen mit tiefer, nabelfreier Taille (→ Hip-skirt und → St.-Trôpez-Hose), da das Oberteil nicht aus dem Bund gleiten kann. Jumpsuits sind stets durchgehend aus gleichem Material, → Bodysuits haben mehr die Charakteristik eines Wäschestücks, Jumpsuits die einer Oberbekleidung; es gibt sie auch mit enger, langer, die Körperform nachzeichnender Hose, die mit Stiefeln und zu Kurzmänteln getragen werden kann.

K

Kabelcord, breitrippiger Cord mit höchstens 24 Rippen auf 10 cm, dessen Flor wegen der großen Rippenbreite stets doppelt eingebunden ist. Die Rippen sind demnach breiter als beim → Trenkercord. - Vgl. → Cord, → Schußsamt, → Cordsamt.

Kabelgürtel, dicker, runder Schlinggürtel ohne Schließe aus Leder oder Stoff, der innen hohl oder mit Textilseele gefüllt ist, oft mit Fransenabschluß versehen. Kabelgürtel werden lose umschlungen, also ohne die Taille deutlich zu markieren („einzukerben"). - Vgl. → Gürtel.

Kabik, siehe unter → Fischertuch.

Kadett, kräftiger Baumwollatlas mit blauweißen Längsstreifen für Metzgerblusen und Anstaltskleidung. - Vgl. → Regatta.

Kaftan, aus der Türkei stammendes, mantelartiges, langes und stets vorne offenes Oberbekkleidungsstück.

Kaftankleid, sportliches, geradefallendes Kleid mit durchgehender Knopfleiste.

Kahl-Appretur, Ausrüstung für Kammgarngewebe, die durch Abscheren vorstehender Faserendchen kahl wirken und das Bindungsbild klar erkennen lassen. Vorsichtig mit feuchtem Tuch bügeln, da kahl ausgerüstete Kammgarnstoffe zum Glänzen neigen. Gegensatz: → Foulé, → Meltonausrüstung.

Kalabreser, sommerliche Damen-Strandhüte mit breiter Krempe und spitz zulaufendem Kopfteil.

Kalander, Ausrüstungsmaschine mit 2-12 übereinander angeordneten, unter Druck stehenden Walzen, zwischen denen die auszurüstende Ware breitgespannt hindurchläuft. Auf eine mit Gas, Strom oder Dampf beheizte, polierte oder gravierte Metallwalze folgt stets eine mit Papier, Baumwollstoff oder Kunststoff elastisch gemachte Walze. Das Kalandern hat den Zweck, Geweben und Maschenwaren ein geschlossenes Aussehen, größere Dichte und Glätte sowie auch erhöhten Glanz zu verschaffen; durch den Walzendruck werden die Poren des Gewebes geschlossen und die Fäden plattgedrückt. Man unterscheidet Wasserkalander (zum Entwässern), Roll- und Glättekalander (Walzen laufen mit gleicher Geschwindigkeit) zum Glätten, Verdichten und Verbessern des (weicheren) Griffs, Riffelkalander mit gravierten Metallwalzen zur Vermittlung eines

seidigen Glanzes (Schreiner-Finish), Friktionskalander (mit schneller laufenden Metallwalzen) zur Hochglanzausrüstung (→ Chintz) und Prägekalander (Gaufrierkalander) mit gravierten Metallwalzen für plastische Effekte (→ Everglaze, → Gaufré). - Gegensatz: → Mangeln.

Kalbfell, 85-110 cm große Felle europäischer, nord- oder südamerikanischer Kälber; einfarbig, schwarz, braun oder gescheckt; vielfach eingefärbt oder bedruckt, für Capes und Jacken (auch für Herren). Je weicher das Leder, desto schöner ist der Pelz.

Kaliko, mit Stärke beschichteter Baumwoll- → Kattun für Bucheinbände und Täschnereierzeugnisse.

Kalimer, italienische Polyester-Spinnfaser (Resine Sud).

Kalkwolle, Kalkäscherwolle, alkalisch geschädigte, versprödete und brüchige, als Nebenprodukt bei der Ledergewinnung anfallende minderwertige Naturwolle (→ Gerberwolle).

Kalkseife, durch Reaktion des Kalks in hartem Wasser mit der Seife entstehender Rückstand (auf Wäschestücken); gibt einen unschönen, ranzigen Geruch, führt auf der Wäsche bei längerer Lagerung zum Vergilben und muß mit Hilfe phosphathaltiger Waschmittel ausgewaschen werden. Kalkseife selbst hat keine Waschkraft. - Vgl. → Waschmittel.

Kalkuttahanf, andere Bezeichnung für → Jute.

Kalmuck, Baumwoll-Doppelgewebe mit Unterschuß, dick und beiderseitig gerauht, vor allem als Unterlage von Tischdecken verwendet.

Kalt-Mercerisation, Behandlung von Baumwollgeweben mit tiefgekühlter Alkalilauge unter Spannung; Batiste werden durchsichtig, steifer und glänzender, ohne den Glanz von → Transparent zu erreichen. Kretonne erhalten einen waschbeständigen, leinenartigen Glanz. - Vgl. → Hecowa, → Laugieren.

Kaltschaum, dauerelastischer und unbrennbarer → Polyurethan-Schaum, für Autositze und Matratzen. Hochwertiger als → Latex-Schaum.

Kaltwasserrotte, Aufbereitung von Bastfaserstengeln in stehendem oder fließendem Wasser. Im industriellen Erzeugungsgang durch die → Warmwasserrotte ersetzt. Bei Hanf ergibt die Kaltwasserrotte die gewünschte hellere Farbe. - Wegen der Verunreinigungsgefahr ist die Kaltwasserrotte in natürlichen Gewässern in den meisten europäischen Ländern gesetzlich untersagt, in den Anbaugebieten der Jute aber allgemein üblich.

Kamelhaar, lt. TKG: Kamel oder Kamelhaar, zum Verspinnen geeignetes Flaumhaar des (arabischen) einhöckerigen Kamels (Dromedar) und des (ostasiatischen) zweihöckerigen Kamels (Trampeltier); die Tiere werfen im Frühsommer ihr Haarkleid ab, das gesammelt wird (in Persien auch Kamelschur). Die Flaumhaare sind 25-130 mm, im Schwerpunkt etwa 100 mm lang, sehr fein, derb geschuppt, von nahezu kreisrundem Querschnitt, wellig gekräuselt und haben meist einen ununterbrochenen Markstrang. Für Schlafdecken, und für hochwertige, im Verhältnis zu ihrer Fülligkeit sehr leichte Herren- und Damenmantelstoffe, als Flocke auch für Steppdeckenfüllungen.

Kaminrock, langer, wie ein Abendrock geschnittener Rock aus Wollstoffen. Kaminkleid: Kleider mit langem Wollrock. - Vgl. → Patio-Kleid.

Kämmen, 1. der Wolle: Nach DIN 60 415: Auskämmen der kurzen Fasern, der Noppen und des Rests pflanzlicher Bestandteile aus dem Vorstreckenband bei fortschreitendem Parallelrichten des gekämmten langen Fasergutes (Kammzug). Abfall: Kämmlinge. Ergebnis als Garn: → Kammgarn.
2. der Baumwolle: Besonderer Arbeitsgang der Baumwollspinnerei zwischen → Krempel (Karde) und → Vorspinnmaschine, wobei mit nadelgespickten Walzen

die kurzen Fasern aus dem Kardenband ausgemerzt, eine absolute Gleichrichtung der Fasern im Garn erzielt und alle Schwankungen in der Stärke des Spinnbandes ausgeglichen werden. Abfall: Kämmlinge, Ergebnis: Kammzug; als Garn: gekämmtes Garn (nicht: → kardiertes Garn). Die Kämmlinge können zur Herstellung grober Garne benutzt werden. Materialverlust je nach Material und Intensivität des Kämmens zwischen 10 und 30 %. - Vgl. → Peigniertes Garn. - Gekämmtes Baumwollgarn ist sehr hochwertig, die ausschließlich darin enthaltenen langen Fasern lassen in der Spinnerei hohe Drehzahlen für das Garn zu; das Garn wird sehr fest und gleichmäßig.

Kammgarn, glattes, hochwertiges Garn mit langen parallel-liegenden Einzelfasern, aus denen die kurzen Fasern durch Auskämmen entfernt wurden. Der Ausdruck ist nur üblich für wollhaltige Garne, die Stoffe von glatter und gleichmäßiger Oberfläche ergeben. Kein Hinweis auf Rohstoffzusammensetzung. Der Name ist auch auf Gewebe aus Kammgarnen übergegangen. - Vgl. → Streichgarn.

Kammgarnflanell, hochwertiger Flanell (aus Schurwolle) für Herren- und Damen-Oberbekleidung, der gut gewalkt sein und eine kurzflorige Decke aufweisen muß, um die Strapazierfähigkeit gleichartiger Gewebe mit Tuchausrüstung zu erreichen.

Kammgarn-Spinnverfahren, Fadenbildung aus wollartigen Textilfasern durch mehrmaliges, stufenweises Verziehen der Faserbänder (→ Kammzug) unter gleichzeitigem Verdrehen (Drahtgebung) zum Vorgarn, wodurch eine Verringerung der Fasern im Querschnitt und eine Verfestigung erreicht wird. Durch mehrmaliges Doppeln und Strecken erfolgt eine zusätzliche Egalisierung (→ Streckspinnverfahren). Das Fertigspinnen erfolgt auf der → Ringspinnmaschine. - Abb. siehe → Vorgarn, vgl. → Streichgarn.

Kammzug, durch Kämmen von kurzen Fasern bis zu einer bestimmbaren Höchst-

Wildman-Maschine zur Herstellung von langflorigem Wirkplüsch. Deutlich sind unten und seitlich die Wickel mit der Vorgarnlunte zu sehen, die im oberen Maschinenteil über Miniatur-Karden geführt, dabei von je zwei Arbeits- und Wendewalzen vergleichmäßigt und dann den Abnehmerwalzen vor den Nadeln zugeführt werden, die sich auf dem Zylinderkranz befinden. Die Garnkopse oben auf den Maschinen tragen das Material, das zur Grundware gewirkt wird, in das dann das auf komplizierte Weise verfeinerte Flormaterial von der Karde eingewirkt wird.

länge befreites Spinngut, wobei gleichzeitig die parallele Lage der einzelnen Fasern zueinander nachhaltig verbessert und Fasernoppen, → Nissen und pflanzliche Verunreinigungen ausgeschieden werden. Weiterverarbeitung im → Streckspinnverfahren zu → Vorgarnen für die → Kammgarnspinnerei.

Kammzug-Wirkerei, auch → Sliver-knit, Herstellung von hochflorigem → Wirkplüsch auf → Wildman-Maschinen durch Bildung einer → einflächigen → glatten Kulierware aus einem Faden auf einer Rundwirkmaschine unter gleichzeitigem Einspeisen eines aus einem Kammzug gewonnenen Faserflors als Polmaterial. Das Polmaterial wird nicht Bestandteil des Grundgewirks, die Ware dadurch leichter, Polmaterial wird gespart und dennoch eine gleichmäßige Poldecke ohne Dichteunterschied zwischen Warengrund und Oberfläche erzielt. - Vgl. → Hochflor-Raschelmaschine.

Kanebo, → Bikomponentenfaser mit zwei in Längsrichtung miteinander verschweißten, in ihrem Schrumpfverhalten unterschiedlichen Polymid 6-Typen (S/S-Typ).

Kanekalon, lt. TKG: Modacryl, → Multipolymerisatfaser (Spinnfaser) aus 60 bzw. 40 % Acrylnitril und 40 bzw. 60 % Vinylchlorid (Kanegafuchi). - Vgl. → Teklan, → Dynel.

Kanetille, → Leonisches Gespinst in Schraubenform (Schraubendraht). - Vgl. → Lahn.

Kanevas, auch → Canevas, gitterartig durchbrochener, stark appretierter, poröser Handarbeitsstoff in Scheindreherbindung. - Vgl. → Stramin.

Kanin, 40-70 cm großes Fell des europäischen und australischen Wild- und Hauskaninchens mit 2-4 cm langem, grauem bis blaugrauem oder bräunlichem Haar; gut in alle Modefarben und auch als Imitation von Skunk, Zobel, Feh und Iltis zu färben. - Zuchtkaninchen sind größer und für die Kürschnerei besser zu verwenden. Seehundähnlich veredelte Kaninfelle heißen Sealkanin. Kaninchenfelle werden auch als Zierbesatz an Kinderhandschuhen verwendet. Nicht sehr strapazierfähig.

Kanette, auf die Größe des Webschützen abgestimmter Garnträger zum Aufspulen des Schußgarns.

Kantendruckmaschine, speziell für den Aufdruck von Firmen- oder Markennamen sowie die Textilkennzeichnung geeignete, ursprünglich für die Samtweberei entwickelte Druckmaschinen, die auf die Webkante entweder mit rasch trocknenden Pigmentfarben drucken oder geheizte Metallstempel für Abplättmuster verwenden.

Kantenziehverfahren, auch: Klingentexturierung, Kantenkräuselverfahren, ausschließlich für endlose Monofile geeignete → Texturiermethode zur Erzielung eines gleichmäßigen Bauscheffekts mit deutlicher Schlingenbildung. Der erwärmte Fa-

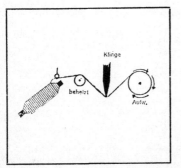

Kantenziehverfahren, Klingen-Texturierung

den wird über eine meist geheizte Kante gezogen und dadurch einseitig gestaucht, anschließend entlastet und abgekühlt. Durch die einseitige Deformation der Kapillarfadenquerschnitte, verbunden mit der gestörten Ordnung der Moleküle, entsteht die Kräuselung ohne Verdrehungstendenz. Wegen hoher Herstellungskosten, ungleichmäßigen Warenausfalls und Begrenzung auf feine Titer kaum mehr angewandt. - Vgl. → Agilon.

Kapillarfaden, gebräuchliche, aber nicht korrekte Bezeichnung für die Einzelfäden, aus denen → multifile, endlose Chemiefäden bestehen. Die Zahl der Kapillarfäden eines multifilen Fadens entspricht der Zahl der Spinndüsenlöcher. Der korrekte Ausdruck ist → Elementarfaden. - Vgl. → Einzeltiter.

Kapok, lt. TKG „Fasern aus dem Fruchtinneren des Kapok (Ceiba pentandra)". Einzellige, seidig glänzende, 10-30 mm lange Haare der inneren Fruchthaut der Schoten verschiedener tropischer „Wollbäume". Wegen zu geringer Festigkeit nicht verspinnbar; wegen des ungewöhnlichen Luftgehalts von 80 % aber von hoher Füllkraft, Weichheit und Wärmeisolation; wasserabstoßend, geruchlos, wird nicht von Ungeziefer befallen. Polstermaterial für → Vollpolstermatratzen. Kapokmatratzen dürfen nicht geklopft werden und sollen möglichst oft an die Sonne.

Kappnaht, Doppelnaht, bei der zwei Stoffteile so übereinandergelegt werden, daß die eine Bahn übersteht. Der überstehende Teil wird über den anderen Teil geschlagen und dann darübergesteppt.

Kapron, Spinnfaser und Endlosfaser aus der Tschechoslowakei und Rußland; Polyamid aus Caprolactam.

Kapton, für die Weltraumfahrt entwickelte Folie aus Polyamid (DuPont) für Isolationszwecke. Aluminiumbeschichtetes Kapton schützte die Mondfähre und Weltraumanzüge gegen extreme Temperaturen.

Kapwolle, Sammelbegriff für feinste südafrikanische Farmerwolle des Merinotyps.

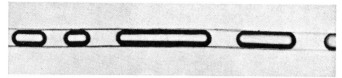

Kapokfaser mit Lufteinschlüssen (Längsschnitt).

- Gelegentlich auch für mittelfeine „Natives", Landwollen der einheimischen Bevölkerung, gebraucht.

Kapuze, Kopfbedeckung aus Stoff, mit dem Halsring oder Kragen des Kleidungsstücks fest oder abnehmbar verbunden.

Mäntel mit fest angenähter Kapuze

Karabagh, kurzfloriger, vergleichsweise grober Nomadenteppich aus dem Kaukasus mit streng geometrischer Musterung in den Grundfarben Rot und Blau; weniger wertvoll als der → Kasak. - Vgl. → Orient-Teppich.

Karakul, asiatisches Fettschwanzschaf, dessen etwa drei Tage nach der Geburt geschlachtete Lämmer den echten → Persianer liefert. Die Wolle des erwachsenen Schafes kann für Teppiche verwendet werden.

Karbonisieren, Carbonisieren, Beseitigung pflanzlicher Bestandteile (Zellulose-

fasern aus Reißwolle, Verunreinigungen wie Kletten, Heu- und Strohreste aus Rohwollen) durch Überführen der Zellulose in die brüchige und anschließend leicht mechanisch zu entfernende → Hydrozellulose: Tränken mit Salzsäuregas oder Schwefelsäure, Absaugen, bei etwa 60-70°C, Trocknen und anschließende Behandlung in der Brennkammer bei 90-125°C.

Karde, Kardiermaschine, Maschine der Spinnereivorbereitung; das Spinngut wird gründlich gereinigt, kurze oder verknotete Fasern (→ Nissen) werden entfernt, die Fasern einzeln freigelegt, parallelisiert und zu einem zusammenhängenden Flor (Kardenband) geordnet. Der Ausdruck Karde wird mehr für die Maschinen der Baumwoll- und Flachsspinnerei, → „Krempel" für ähnliche Maschinen der Wollspinnerei verwendet.

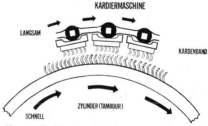

Krempeln (Kardieren) der Baumwolle

Der mit Haken besetzte Tambour (Zylinder) dreht sich schnell, die Kardenkette in gleicher Richtung. Dadurch werden die Baumwollfasern parallel gelegt und zu kurze Fasern ausgeschieden

Kardiertes Garn, häufig als Qualitätshinweis benutzt für ungekämmte, aber gute

→ Dreizylindergarne aus langstapeligen Baumwollen, die aber im Gegensatz zum gekämmten Garn durchaus kürzere Fasern enthalten können. - Vgl. → Kämmen, → Peigniertes Garn.

Karnak, unterägyptische, aus der → Sakellaridis gezüchtete, wertvollste und längste (Delta-) Baumwolle (35-44 mm Stapel). - Vgl. → Mako, → Ashmouni.

Karo-Loc, amerikanischer Spezialwebstuhl für Polgewebe mit einem System, das es unnötig macht, die Kanten eines Teppichs zu befestigen. Die Teppiche können beliebig zerschnitten und nahtlos aneinandergelegt werden.

Kasack, gerade geschnittenes, hüftlanges Oberteil für Damen, mit Gürtel. - Auch: Hüftlange, gerade geschnittene Kleiderschürze ohne oder mit kurzem Arm.

Kasack, in der Taille gegürtet, mit Seitenschlitz; Kasackkleid mit Paspeln und Schlinggürtel

Kasak, hochfloriger, dicht geknüpfter, wertvoller → kaukasischer Nomadenteppich mit vielseitigen, großflächigen, geometrisch angelegten Mustern in leuchtendem Dunkelrot, Blau und Grün, auch Gelb und Weiß. - Vgl. → Karabagh, → Orient-Teppich.

Kaschieren, Verbindung zweier Bahnen textiler Flächengebilde durch eine Klebstoffschicht, durch Verschweißen oder Verschmelzen. Die zu kaschierenden Stoffe können sein: Gewebe, Gewirke, Vliese, Non woven fabrics, Folien. Die Kaschiermaschine besteht im wesentlichen aus Vorrichtungen zum Zuführen der Stoffe, einer Streicheinrichtung für den Kleber (zum Teil mit gravierten Walzen zur punkt- oder strichartigen Verklebung) oder einer Flammeinrichtung für → thermische Verfahren und einer Preßmaschine, die beide Bahnen dauerhaft miteinander vereinigt. Das Ergebnis des Kaschierens sind → Multitextilien, → Bondings. Bei → Bügelklebegeweben (→ American cleeks) geschieht das Kaschieren erst beim Aufbügeln auf den Oberstoff in der Bekleidungsfertigung (→ Frontfixierung). Gegensatz: → Beschichtung. - Vgl. → Laminieren, → Flammverfahren, → Foam-backs, → Minting-Verfahren, → Coinverfahren, → Klebeverfahren, → Reticulierter Schaum, → Interbonding, → Eurobond, → Spibon, → Gemel, → Loftine, → Trubenis, → Sandwich-Kaschierung.

Kaschmirwolle, lt. TKG: Kaschmir, Kaschmirwolle; auch „Cachemire" geschrieben, wertvolle, durch Auskämmen oder Auszupfen einmal jährlich gewonnene Wolle der im mittelasiatischen Hochland heimischen Kaschmirziege; die Ausbeute beträgt nur 400-500 g je Tier. Das Flaumhaar (40-90 mm, im Mittel 70 mm lang) entspricht in seiner Feinheit der allerfeinsten Merionowolle; es ist weich und sehr geschmeidig, seidig glänzend und von fast kreisrundem Querschnitt. Die ca. 130 mm langen dicken Grannenhaare werden entweder im Erzeugerland aussortiert oder im Verarbeiterland maschinell ausgeschieden. Wegen des hohen Preises selten rein verarbeitet, sondern mit feinen Merinowollen gemischt, wird Kaschmirwolle für feine Kleiderstoffe (→ Kasha, → Cashalaine) und hochwertige Schals und Tücher meist in Schußköperbindung verarbeitet, als Flocke auch für Steppdeckenfüllungen.

Kaseinfaser, lt. TKG: „Regenerierte Proteinfaser"; wichtigste Gruppe der regenerierten Eiweißfasern aus dem Eiweiß der Milch, wegen ihrer geringen Trockenfestigkeit und dem hohen Festigkeitsverlust in nassem Zustand, ihrer ungewöhnlich hohen Dehnung (trocken 50-70 %, naß über 100%), ihrer Wasseraufnahme (über 15 %) und Quellung, ihrer starken Alkaliempfindlichkeit sowie ihrer leichten Verformbarkeit bei Näße nur als Mischmaterial zu Wolle zur Verbilligung sowie bei der Filzherstellung verwendet. - Vgl. → Proteinfasern, → Merinova, → Fibrolane, → Lanital. Andere Erzeugnisse: Enkasa, Wipolan, Caslen.

Kasha, Damenkleiderstoff mit sehr weichem Griff aus Kaschmirwolle, der durch Waschen und Walken mit einer kurzen, wirren, strichlosen Haardecke versehen wird, wodurch das Bildungsbild sich stark verschleiert.

Kastenrock, auch Facettenrock, Boxi-, Matchbox- oder Schachtelrock genannt, gerade geschnittener Rock mit Bund, der an der Vorder- und Rückseite rechts und links wulstige, oft durch Steppereien betonte Kappnähte zeigt, die dem Rock eine streckende viereckige Wirkung geben. Schlecht sitzende Röcke sind kaum zu ändern; nicht für große Größen geeignet.

Kattun, Rohnesselart, feiner als Renforcé und grober als Batist. Musterstellung metrisch: 29/27-60/70.

Kaukasische Teppiche, selten gewordene Nomadenteppiche aus dem Kaukasus mit überwiegend geometrischer Musterung. Hauptarten: → Karabagh, → Kasak, → Schirwan, → Kuba.

Kaurit, Antiknitterausrüstungsmittel der BASF, Ludwigshafen; waschbeständig und widerstandsfähig gegen chemische Reinigung, verhindert gleichzeitig das Einlaufen und verankert andere Appreturmittel waschfest im Stoff.

Kautschuk, aus der durch Anritzen der Baumrinde verschiedener Tropenbäume (z. B. Hevea brasiliensis) gewonnenen Milch (→ Latex) durch Gerinnung, Ausfällung der Begleitsubstanzen (Wasser, Eiweiß, Harz und Salz) und Trocknen ausgezogenes vegetabilisches Produkt; Ausgangsmaterial für Gummifäden und Gummi. - Vgl. → Lastex, → Elastodien.

Kavallerie-Twill, schwere Baumwollgewebe für Damen- und Herrenmäntel mit deutlich sichtbarem, diagonalverlaufendem, fast wulstigem Köpergrat.

Kaviar-Muster, durch das Kolorit unausgeprägter gewordene → Fil à Fil-Musterung.

Kaycel, → Spinnvlies aus Zellulose und Nylon, gut zu färben und zu bedrucken; vor allem für Wegwerf-Bettwäsche. - Vgl. → Non woven fabrics.

Keilhose, straff sitzende, nach unten keilförmig verjüngte und ohne Überfall am Knöchel glatt abschließende Skihose. In jüngerer Zeit auch als Sommerhose mit Steg üblich geworden.

Keimwidrige Appretur, andere Ausdruck für → Antimykotische Ausrüstung.

Kelchkragen, dekorativer trichterförmiger Kragen, am Vorderteil angeschnitten, hinten aber angesetzt.

Kelim, orientalisch gemusterter Wandbehang oder Teppich mit beidseitig gleichem Aussehen. Vom → Gobeline durch die von der Bindung her bedingten schlitzartigen Durchbrüche zu unterscheiden.

Kelimgarn, weiche oder halbhart gedrehte füllige Zwirne, oft aus Cuprama, in trüben Farben für Kelim- oder ganz grobe Kreuzsticharbeiten, aber auch für Baststickereien geeignet.

Kellerfalte, zwei Falten, deren Brüche aneinanderstoßen. Mehrere aneinander gereihte Kellerfalten ergeben eine → Quetschfalte. Abb. siehe → Golfrock.

Kenaf, lt. TKG: „Bastfasern aus den Stengeln des Hibiscus cannabinus"; „Bimlijute", „Gambohanf", „Javajute"; Bastfaser einer einjährigen, juteähnlichen, in warmem Klima auch auf mäßigen Böden wachsenden Faserpflanze mit bis zu 300 cm langen Bündelfasern, die im Vergleich zur Jute weit weniger stark verholzt sind, wenn sie zwischen der Blüte und vor der Fruchtreife geerntet werden. Hoher Glanz, hohe Reißfestigkeit, Verwendung wie → Jute.

Kendyr, → Turkafaser, im TKG nicht registrierte Bastfaser mit etwa 100-150 cm langen Bündelfasern und gut zu cottonisierenden, feinen und weichen, mit Baumwolle verspinnbaren Elementarfasern. Reinweiß und sehr reißfest.

Kennzeichnung, vgl. → Pflegekennzeichnung, → Textilkennzeichnungsgesetz.

Keramikfaser, im TKG nicht registrierte, hochhitzebeständige, aus einer Aluminiumoxid-Siliziumoxidschmelze erblasene Spinnfaser für Isolationszwecke besonderer Art (z.B. in Düsenflugzeugen).

Keratin, Gruppe von (natürlichen) Faserproteinen, die sich im menschlichen und tierischen Haar (→ Wolle), in Pferdehufen, Fingernägeln und im Rinderhorn vorfinden; die durch einen hohen Schwefelgehalt gekennzeichneten Faserkeratine sind außerordentlich widerstandsfähig und unlöslich in Wasser, verdünnten Säuren und Alkalien. - Vgl. → Fibroin, → Protein. - Das Wollkeratin stellt eine Mischung von 18-20 verschiedenen Proteinen dar; als kleinste Bausteine liegen den Proteinen zahlreiche Aminosäuren zugrunde, wobei die Amino-Gruppe (NH_2) der einen Aminosäure mit der Carboxyl-Gruppe (COOH) der nächsten unter Wasseraustritt ein Peptid bildet. Durch Verknüpfung mehrerer Peptide entstehen schraubenähnliche, in Querrichtung durch Cystinbrücken fest miteinander verbundene Polypeptidketten.

Kernelastizität, Eigenschaft der → Corespun-Garne, besonders in der Strumpfindustrie gebräuchlich: Kernelastizität bedeutet, daß das Garn „arbeitet", d. h. scheuert. Wegen der mit der Kernelastizität verbundenen Scheuerwirkung wird Wolle als Umhüllungsmaterial der Elastomerseele häufig mit Chemiefasern wie Orlon, Dralon oder Perlon verstärkt. Der Wollanteil

liegt zwischen 70 und 30 %; je höher, desto besser die → hygroskopischen Eigenschaften.

Kern/Mantelfasern, vgl. → Mantel/Kernfaser.

Keshan, Keschan, besonders wertvoller zentralpersischer echter Teppich aus feiner Glanzwolle, manchmal aus Naturseide, mit dichtem, kurzem Flor in feinster Knüpfung. Musterung oft medaillonförmig, aber auch mit Blüten und Ranken durchgemustert; Farben Blau und Rot. - Vgl. → Orient-Teppich.

Kettatlas, Gewebe mit Ketteffekt auf der Warenoberfläche in Atlasbindung; meist mit hoher Kettdichte. - Vgl. → Schußatlas, → Satin. Abb. siehe → Atlas, → Adria.

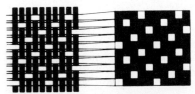

Bindungspatrone von fünfbindigem Kettatlas

Kettbaum, walzenförmige Vorrichtung, die die webfertige Kette trägt.

Kettdichte, Zahl der Kettfäden auf eine bestimmte Warenbreite; die Kettdichte wird bereits beim Zetteln durch den Abstand der Kettfäden zueinander festgelegt.

Kettdruck, siehe unter → Chiné. - Vgl. auch → Space dyeing.

Kette, auch Zettel, Schweif oder Warp genannt, die Gesamtheit der durch die Länge des Gewebes laufenden Fäden. Ist von Ketteffekt oder einer Kettbindung die Rede (z.B. → Kettköper, → Kettsamt), beherrscht die Kette die Warenoberfläche. - Vgl. → Schärmaschine, → Zettelbrief.

Kettenatlas, Kettenwirkware, bei der die Flottungen mit Versatz mehrere Reihen nach einer Seite gehen, um dann wieder auf die andere Seite zurückzukehren; die Ware zeigt eine zickzackähnliche Struktur.

Kettengewirk, siehe unter Kettenwirkware.

Ketteln, maschengerechtes Verbinden zweier Kanten von Maschenwaren durch eine nicht auftragende, ganz gleichmäßige, dehnfähige Naht; Kennzeichen hochwertiger Verarbeitung. - Ketteln sichert auch offene Warenkanten gegen Laufmaschenbildung.

Kettenmolekül, aus einfachen chemischen Ausgangsstoffen (→ Monomeren) durch kettenförmiges Aneinanderhängen gebildetes Großmolekül (→ Makromolekül) = → Polymer. Zur Erzeugung von Chemiefasern sind spezielle Polymere (Kettenmoleküle) mit faserbildenden Eigenschaften nötig. Die Verkettung der Moleküle erfolgt durch → Polymerisation, → Polykondensation oder → Polyaddition. Bei der Bildung von Kettenmolekülen ändert sich die chemische Zusammensetzung des Stoffes nicht oder nur unwesentlich (Polykondensation), wohl aber das gesamte physikalische und chemische Verhalten. - Vgl. → Funktionelle Gruppen, → Homopolymerisat.

Kettenstich, Zierstich, der mit gelegten Schlingen so gearbeitet wird, daß sich eine wie die ineinandergelegten Glieder einer Kette aussehende starke Linie bildet. Besonders als Abschluß und Verbindung von Borten, aber auch zur elastischen Verbindung von Maschenwaren, angewandt.

Kettentrikot, einschienige → Kettenwirkware, bei der sich stets die Nachbarfäden rechts und links miteinander verschlingen.

Kettentuch, einschienige → Kettenwirkware, bei der die Kettfäden einen Nachbarfaden überspringen und sich nach einer längeren Flottung erst mit dem übernächsten Faden verschlingen. Eine mehrschienige Kettenware in der Kombination von Kettentrikot und Kettentuch („gegenlegiger Tuchtrikot") ist → Charmeuse.

Kettenwirkware, aus einem oder mehreren Fadensystemen durch Maschenbildung hergestelltes textiles Flächengebilde, und zwar im Gegensatz zu den → Kulierwaren aus einer Fadenkette, d. h. aus vie-

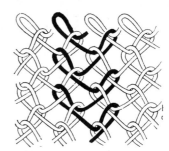

Kettenwirkware: offene Legung ohne Verkreuzung

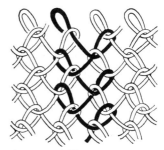

offene Legung mit Verkreuzung

len nebeneinander liegenden Fäden, die gleichzeitig zu Maschen geformt werden; der Maschenbildungsvorgang erfordert einen geringeren Zeitaufwand als die Kulierwirkerei. Die verschiedenen Bindungen (Legungen) können miteinander kombiniert werden. - Kettenwaren sind nicht so dehnfähig wie Kulierwaren und zeigen ein geschlosseneres, glatteres Oberflächenbild; auf der Rückseite sind keine Maschen sichtbar. Die Vielfalt moderner Kettenwirkwaren ist kaum mehr zu überblicken. - Vgl. → Multibar-Maschine, → Raschelstuhl, → Langschuß-Musterung, → Architektentüll, → Fallblechartikel, → Charmeuse, → Franse, → Jacquard-Raschelmaschine, → Milanese, → Wirkfrottierwaren, → Wirkmarquisette, → Hochflor-Raschelmaschine, → Magazinschuß-Stoffe, → Umkehrschuß-Kettenwirkwaren, → Rack.

Kettgarn, 1. Allgemeinbezeichnung für

(→ Dreizylinder-) Garne mit höherer Drehung und größerer Feinheit, die die stärkere Beanspruchung des Kettmaterials im Webstuhl relativ schädigungsfrei aushalten. 2. Hochwertiges, feines und stark gedrehtes Leinengarn. Gegensatz: → Flachsgarn, → Werggarn.

Kettköper, Köperbindungen mit Ketteffekt und meist dicht eingestellter Kette. - Vgl. → Drill, → Gabardine, → Whipcord.

Kettköper 2/1 (Drill) mit S-Grat. Rapport: Kreuzchen

Kettrips, → Querrips, durch die Bindung rippiger Stoff, wobei die Rillen parallel zu den Schüssen verlaufen. - Vgl. → Ottomane, → Epinglé und → Rips Haitienne. - Abb. siehe → Grain-Bindung.

Kettsamt, Samtgewebe, deren Flordecke aus einer besonderen Pol- oder Florkette gebildet wird; sie können als → Doppelsamt hergestellt werden, wobei die Polkette von einem Obergewebe zu einem Untergewebe wechselt; nach dem Weben wird der Doppelsamt in der Mitte durchgeschnitten. Kettensamte können auch als → Rutensamte gewebt werden. In Kettsamttechnik können Polgewebe von fast beliebig hohem Flor und von äußerst unterschiedlichem Aussehen erzeugt werden. Vgl. → Tierfellimitationen, → Fun furs,

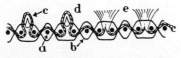

Kettsamt: a) Grundschuß, b) Grundkette, c) Florkette, d) unaufgeschnittene Noppe, e) aufgeschnittene Noppe

→ Velours épinglé, → Seidensamt, → Panne, → Spiegelsamt, → Plüsch, → Astrachan, → Velple, → Teddy, → Velours chiffon, → Knautschsamt.

Keulenärmel, Ärmel, die an der Schulter die größte Weite haben und sich an den Handgelenken verengen. - Vgl. → Knappenärmel.

Keulenärmel an einer Schalkragenjacke

Kevlar, hoch hitzebeständige Faser aus → aromatischem Polyamid ähnlich → Nomex. - Vgl. → Antiflammausrüstung.

Keyback, perforiertes Einlagevlies zum Aufbügeln (→ American Cleek) aus Polyamid- und Viskosefasern, in einer Richtung dehnfähig.

Kid, sieh unter → Ziegenfell.

Kidderminster-Teppich, grobe Hohlstoffteppiche, nach Art der Wirtshaustischdecken gewebt.

Kid-Mohair, besonders zarte und seidigfeine Mohairwolle junger Mohairziegen. Viel verwendet für Strickwaren mit ähnlichen Eigenschaften wie Lambswool.

Killinchy-Space-dyeing, → Kettdruckverfahren (Roulauxdruck) zur Erzielung von Mehrfarbeffekten auf → Tufting-Teppichen.

Kilotex, vom Titrierungssystem „→ tex" abgeleitetes Gewichtssystem zur Bezeichnung von Spinnkabeln (ktex), die das Gewicht in Gramm für 1 m Kabel ausweist.

Kilt-Rock, modischer Rock, vor allem mit deutlichem farblich herausgehobenem Karomuster (Tartan), der sich den Rock der schottischen Nationaltracht (Kilt) zum Vorbild nimmt. Er erhält seine besondere Note durch Verzierungen mit Fransen oder Schließen.

Kimonoärmel an Kleid und Mantel

Kimono, mantelartiges, vorne übereinander genommenes Kleidungsstück japanischen Ursprungs mit breiten angeschnittenen oder eingesetzten Ärmeln, in der Taille oft durch einen breiten Gürtel („Obi") zusammengehalten.

Kimono-Jäckchen

Kimonoarm, Ärmel, bei denen Brustteil und Vorderärmel in einem Stück geschnitten wurden und nahtlos zusammenhängen. - Vgl. → Fledermausärmel.

Kimonojäckchen, Kurzjäckchen mit Kimono-Arm, über Blusen oder Pullis zu tragen. - Vgl. → Etagenlook.

Kingscoat-Kragen, sportliche Kragenform für Herrenmäntel: Tellerartig geschnitten und ganz ohne Revers. - Vgl. → Windsor-Kragen.

Kipao, nach dem Falschdrahtverfahren texturiertes Spezialmischgarn aus 79 % 2½-Acetat, mit 21 % Nylon verzwirnt, für pflegeleichte, naturseidenähnliche Strickwaren, besonders für Rundstrickmaschinen (auch Jacquard) geeignet.

Kippblende, Stehblende an Ausschnitt und Kragen, die lose auseinanderfällt.

Kippblende

Kirman, hochwertiger echter persischer Teppich in besonders dichter Knüpfung aus feiner glänzender Wolle, meist in hellen Farben; wegen der engen Knotenanordnung und der sauberen Arbeit ist das Muster auf der Rückseite deutlich zu erkennen. Musterung meist Mittelmotiv und Eckmotiv in Medaillonform mit Arabesken und Figuren. - Vgl. → Orient-Teppiche.

Kissenbezug, Bezug für die überwiegend 80x80 cm großen Kopfkissen oder die matratzenbreiten → Haipfel, aus (überwiegend bedrucktem) → Renforcé oder → Madapolam in Mischung Baumwolle/Polyester, sowie aus → Damast, seltner → Streifsatin (→ Stangenleinen). Im Zuge der Verbreitung modischer → Leichtbettwäsche häufig als → Bettwäsche-Garnitur zusammen mit passend gemustertem → Bettbezug verpackt und angeboten. → Medaillonkissen mit abgepaßter Jacquardmusterung sind stark verdrängt worden durch modische, abgepaßte Drucke.

Kittelkleid, jugendliches Kleid mit Viereckblende am Ausschnitt in Hängerform, Gürtelblende; auch über (Kurzarm-) Blusen zu tragen.

Klassierung, Klassifizierung, der Baumwolle: Bewertung des Stapels (Einzelfaserlänge und Gleichmäßigkeit des Stapels), der Reinheit, der Farbe, des Glanzes, der Feinheit und der Festigkeit der Faser nach Standards (von good ordinary über middling bis middling fair) und Handelsklassen (Ägypten: von fair über fully good fair bis extra; Indien: good, fine, choise).

Klassifizierung, Summe von Kennzeichen textiler Rohstoffe, die beschreibbar und vergleichbar sind und dazu dienen, die Wertstufen natürlicher Rohstoffe im internationalen Handel festzulegen.

Klassifizierung der Wolle, Bewertung der Wolle nach Wolltypen, die jeweils nach Feinheit, Länge, Kräuselung und Glanz ziemlich gleich sind, wobei die Feinheit das wichtigste Unterscheidungsmerkmal für den Handelswert ist. In Deutschland sind Bezeichnungen mit großen Buchstaben von AAA (sprich: 3-A) für die feinsten Merinowollen bis F für die gröbsten Cheviotwollen üblich, während die englische Methode der Klassifizierung davon ausgeht, bis zu welcher Garnnummer eine bestimmte Wolle im Kammgarnspinnverfahren ausgesponnen werden kann; sie drückt sich aus durch Ziffern und ein durch einen Apostroph abgetrenntes „s" von 80's entsprechend AAA bis 36's entsprechend F.

Klassiks, risikolos aufgebaute, sich mit nur geringen Abwandlungen von Jahr zu Jahr wiederholende Kleinmuster mit wenigen Farben, insbesondere beim Stoffdruck.

Klassische Chemiefasern, überholter Sammelbegriff für die regenerierten Zellu-losefasern nach dem Viskose-, Kupfer- und Acetatverfahren; Gegensatz: → Synthetics.

Klebcloqué, → Bonding aus Taft und einem dünnen Kreppgewebe (→ Georgette). Klebestellen vertreten Bindungsstellen; sie werden mustermäßig, z.B. durch Walzendruck oder mit Zinkschablonen, aufgetragen. Nach dem Entspannen bilden sich durch Kontrahieren des Kreppgewebes mustermäßig plastische Aufwerfungen. - Vgl. → Astrachin.

Klebeverfahren, → Kaschieren mit Hilfe von Klebern oder Schaumstoff. Als Kleber kommen Gummi, Acrylharz, Polyurethankleber, Zelluloseacetat (Trubenis) sowie Schaumstoffe (→ Reticulierter Schaum) infrage. Kleber müssen luftdurchlässig, reinigungsbeständig und waschbeständig sein; Lösungsmittelkleber können nur bei Schaumstoffbeschichtungen angewandt werden, denn sie sind den Schaumstoffen chemisch verwandt, während Dispersionskleber für Schaumstoffe und Multitextilien verwandt werden können. Gegensatz: → Flammverfahren.

Kleeblatt-Fasson, gerundete Reverskragen bei sportlichen Herrenmänteln in verschiedener Größe; auch Variante zum → Sliponfasson.

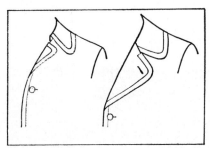

Kleeblatt-Fasson

Kleiderbad, vgl. → Einfachreinigung.

Kleiderrock, Trägerrock, Rock mit angeschnittenem ärmellosen Oberteil.

Vom Overdress abgeleiteter Kleiderrock

Klingentexturierung, vgl. → Kantenziehverfahren.

Klöppelspitze, aus dem Flechten entwik-
kelte, handgearbeitete oder mit Hilfe von
Maschinen hergestellte Spitze, die durch
mustergemäßes Kreuzen oder Zusammendrehen von kräftigen Zwirnen entsteht.
Auf Tüll- oder Filetgrund gearbeitet. - Vgl.
→ Bretonne-Spitze, → Chantilly-Spitze.

Klötzelleinen, Zwischenfutter, das in der
Schneiderei als verstärkende Beilage
dient. Rohes Leinengewebe aus groben
Werggarnen ohne jede Appretur, wird
praktisch nicht mehr hergestellt.

Klotzen, nach DIN 61 704 das Tränken von
Geweben mit Farbstofflösungen oder Dispersionen in breitem Zustand, wobei durch
Quetschdruck zwischen gummierten Walzen die Farbflotte in das Gewebe gepreßt
wird. - Gegensatz: → Pflatschen.

Knappenärmel, Spielart der → Keulen-
und → Schinkenärmel, ab Ellenbogen
glatt anliegend.

Knautschausrüstung, auf verschiedene
Weise, häufig mit Hilfe von → Gaufrage erzielte und meist durch → Kunstharze fixier-

te Oberflächenveränderung verschiedener
Stoffe, die das im Gebrauch unregelmäßige und unwillkürliche Entstehen von
Knitterfalten mustermäßig vorwegnimmt.
Hierbei wird zum Teil eine dem → Glattleder ähnliche Wirkung erzielt. - Vgl. → Crinkle, → Crumble, → Froissé, → Knautschlack.

Knautschlack, → Lederimitat aus einem
Trägermaterial (Gewebe oder Gewirk) und
einer → PUR-Beschichtung, die durch
einen Prägekalander eine „knautschige"
Prägung erhält und anschließend lackiert
wird. Alle Knautschlacks können mit kla-
rem Wasser abgewaschen werden; nicht
alle vertragen chemische Reinigung.

Knautschsamt, modischer, langhaariger
→ Kettsamt mit wirr gebürsteter Oberfläche, die „zerknauscht" aussieht. Leichte
Versionen werden auch für Dekorations-
zwecke verwendet.

Knickerbocker, am Knie überfallende
Sporthose, kürzer als die → Golfhose,
weiter als die → Kniebundhose.

Knicklade, Vorrichtung am Frottierstuhl,
die es gestattet, einen Schußfaden ganz
dicht an den vorangegangenen anzuschla-
gen, sodann in zurückgeknickter Stellung
einen vorausbestimmten Abstand zum
letzten Schußfaden beim Anschlag einzuhalten.

Kniebundhose, etwas über knielange Da-
men- oder Herrenhose mit fest anliegendem unteren Bundabschluß, besonders
zum Wandern geeignet. Im Gegensatz
zum → Knickerbocker ohne überfallende
Weite.

Kniefutter, Vorderhosenfutter für Damen-
und Herrenhosen, meist → Waschtaft, vom
Bund bis unter das Knie reichend, erleichtert das Anziehen des Bekleidungsstücks,
schont den Oberstoff und wirkt im Gebrauch formerhaltend.

Knit-de-knit, andere Bezeichnung für das
→ Crinkle-Verfahren (→ Strick-Fixier-Texturierung).

Knitterarmausrüstung, Ausrüstungsmethoden vor allem für Gewebe aus zellulosischen Fasern mit dem Ziel, den Knitterwiderstand (= die der Knitterfaltenbildung entgegenwirkende Kraft) und die Knittererholung (= sofortige Rückfederung oder verzögert-elastische Rückbildung nach Knitterfaltenbildung) nachdrücklich zu fördern. Gewebe aus Wolle und Naturseide sowie Synthetics neigen ebenso wenig wie Maschenwaren zu starker Knitterbildung. Knitterarmausrüstungen machen die Fasern durch Einlagerung von Kunstharzen in die Fasern (Aufbringen hochmolekularer Vorkondensate in wäßriger Lösung; Auskondensieren nach dem Trocknen durch Härten mit Hitze zur waschechten Fixierung) quellfest, verringern die Neigung, bei Verformung Faltenbildung zuzulassen und erhöhen das Bestreben, die Folgen der Verformung wieder zu beseitigen. Durch die Ausrüstung nehmen die Stoffe etwa 8-10 % an Gewicht zu und werden etwas wollähnlicher; die Scheuerfestigkeit leidet. - Vgl. → Kunstharzfreie Pflegeleichtausrüstung, → No iron, → wash'n wear, → Hochveredelt, → rapid iron, → minicare, → Micro-Lenght-Verfahren, Knittex-everfit, → Fixapret, → Kaurit, → Kosmofix, → Sanfor plus, → Diciplined fabrics, → Naßvernetzungsverfahren, → Trockenvernetzungsverfahren.

Knitterneigung, Anfälligkeit eines Textilrohstoffs, Garns oder Flächengebildes gegen Knittern nach Verformung. Je dichter ein Stoff gewebt ist, je fester ein Garn gedreht ist, desto geringer ist unabhängig vom Rohstoff die Knitterneigung. Je steifer eine Faser, desto weniger knittert sie und desto schwerer erholt sie sich nach Faltenbildung; je elastischer die Faser, desto schneller ist die Faltenbildung beseitigt. Die Faserstoffe lassen sich hinsichtlich ihrer Knitterneigung wie folgt einstufen: Bastfasern - Baumwolle - Cupro-Viskose-Acetat - Naturseide - Polyamid - Polyacryl-Polyester - Schafwolle (am besten).

Knitterwinkel, Naßknitterwinkel, Trockenknitterwinkel, Meßgröße zur Feststellung der Knittererholung eines Textilguts; nach Entlastung wird naß oder trocken der Winkel gemessen, der in der Knitterfalte entsteht. Zu unterscheiden ist zwischen dem Aufspringwinkel nach sofortiger Rückfederung und nach dem durch die verzögerte elastische Rückbildung der Knitterfalte bewirkten, demnach zeitabhängigen Knittererholungswinkel. Je größer die gemessenen Knitterwinkel sind, desto höher ist der erreichbare Grad der Entknitterung und desto geringer die Notwendigkeit nachfolgender Glättung (z.B. durch → Bügeln).

Knittex, (everfit), kochbeständige, tiefenwirksame Permanentveredlung für Baumwolle, die durch ein zellulosevernetzendes Spezialharz hervorgerufen wird, das mit der Faser eine chemische Verbindung eingeht. Die Ausrüstung macht kochbeständig „bügelflott", krumpffest und weniger schmutzempfindlich. Die Ware bleibt luftdurchlässig. Die für die Chemische Fabrik Pfersee, Augsburg, geschützte Ausrüstungsart ist reinigungsbeständig und widersteht peroxydhaltigen Waschmitteln sowie sachgemäßer Chlornachbehandlung.

Knopf, siehe → Hornknopf, → Jettknopf, → Similiknopf, → Lederknopf, → Perlmuttknopf, → Steinnußknopf, → Straßknopf, → Wäscheknopf, → Beinknopf, → Zwirnknopf, → Druckknopf, → Bakelit, → Galalith; Knopfmaß: → Linie.

Knopf, Längenmaß beim Handschuh, siehe → Handschuh-Größen und Maße.

Knopfloch, gegen Einreißen geschützter Einschnitt im Stoff von Bekleidungsstükken zum Durchführen des Knopfes. Arten: Augenknopfloch (mit Rundung für den Stiel des Knopfes); Gimpenknopfloch (plastisch gesäumtes Knopfloch); Hand-, Maschinenknopfloch; Wäscheknopfloch oder Hemdenknopfloch (ohne Auge und ohne Fadeneinlage); Flachknopfloch mit keilförmigem oder augenähnlichem Riegel.

Knotengarn, Effektzwirne mit Knötchenbildung in bestimmten Zwischenräumen. - Vgl. → Noppengarn, → Boutonné, → Queue de Cochon.

Paspelknopfloch | Gimpe-Knopfloch | Augenknopfloch | Keilriegelknopfloch

Knopflöcher

Flachknopfloch, geweitet, mit geradem Riegel

Flachknopfloch mit keilförmigem Riegel

Flachknopfloch mit beiseitig geradem Riegel (Hemdenknopfloch)

Knüpftrikot, auf der Rundwirkmaschine hergestellte regelmäßig durchbrochene, körnig-griffige Wirkware für Herrenunterwäsche. Abart eines → Petinet-Musters.

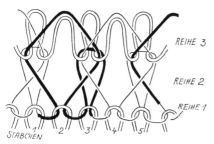

REIHE 3

REIHE 2

REIHE 1

STÄBCHEN

Knüpftrikot (linke Warenseite)

Knüppelkante, in der Herrenbekleidung knapp gesteppte Kante, die dadurch leicht wulstig wird.

Koagulation, Erstarren einer zähflüssigen (Spinn-) Masse in einem Fällbad mit geeigneten Chemikalien.

Kochechtheit, Beständigkeit von Farben und Textilrohstoffen gegen eine Waschbehandlung in Heißwasser mit einer Temperatur von 90°C und höher.

Kochschrumpf, Schrumpfen thermoplastischer Fasern in kochendem Wasser oder Wasserdampf; vgl. → Schrumpftypen, → HS-(→ Hochschrumpf) Fasern, → Thermofixierung, → Hitzeschrumpf.

Kodel, lt. TKG: Polyester; durch die Diolkomponente (statt Äthylenglykol: 1,4 Bis-

(hydroxymethyl) -cyclohexan von den übrigen Polyesterfasern (Diolen, Trevira, Dacron) usw. chemisch abweichende amerikanische Polyesterfaser mit besonders hohem Schmelzpunkt (295°C), niedriger Reiß- und Scheuerfestigkeit, höherer Pillingresistenz. - Vgl. → Vestan.

Köper, Grundbindungsart mit flottenden Fäden, wobei die schräg nebeneinander angeordneten Bindungspunkte einen diagonal verlaufenden „Grat" im Gewebe bilden. - Vgl. → Kettköper, → Schußköper, → Mehrgratköper, → Doppelköper, → Croisé, → Serge, → Twill, → Surah, → Broken twill, → Gabardine, → Whipcord, → Grainbindung, → Cheviotbindung, → Fischgrat, → Chevron, → Spitzköper, → Kreuzköper, → Speerbindung, → Flechtköper, → Lauseköper, → Diagonal.

Köpergrat, durch den Versatz der Bindungspunkte für Köpergewebe typische Gewebestruktur in Diagonalrichtung, die nach Garnart, Bindung und Einstellung mehr oder weniger stark ausgeprägt sein kann.

Köpersamt, → Schußsamt mit einer gegenüber → Taftsamt höheren Schußdichte; da die flottenden Grundschüsse sich unter die Flornoppen schieben, ist Köpersamt noppenfester als → Taftsamt.

Kohlestreifen, schwarze Nadelstreifen auf gerauhten Stoffen, durch die moosige Oberflächenstruktur im Streifenbild leicht verwischt. - Vgl. → Kreidestreifen.

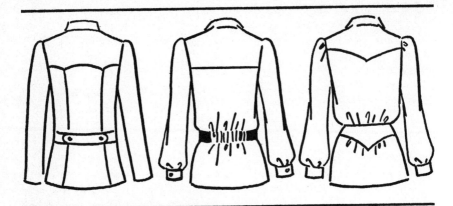

Geschweifter, gerader und gebogter Rücken-Koller

Kokon, etwa 33 mm lange, 24 mm dicke, leicht gelbliche und eiförmige Schutzhülle der Puppe des Seidenspinners, von dem ein Doppelfaden von etwa 300 bis 800 m abgehaspelt werden kann. Der verbleibende Teil hat eine Fadenlänge von rund 3000 m. Die Fäden sind mit Dextrin verklebt.

Kokosfaser, lt. TKG: „Faser aus der Frucht der Cocos nucifera", → Hartfaser aus den Schalen der Kokospalme; Spinnfaser und Bürstenfaser. Spinnfasern sind 150-350 mm lang, 0,3-1,0 mm dick; Reißlänge 12-15 km, Reißdehnung 25-37 %; die aus einem zentralen Zellstrang bestehenden Bündelfasern (Elementarfasern unter 1 mm kurz) sind zylinderartig von einer starken Bastzellenschicht umgeben. Dank ihrer hohen Scheuerfestigkeit, Elastizität, Fäulnisbeständigkeit und Isolationsfähigkeit gegen Schall und Wärme sowie ihrer geringen Schmutzaufnahme für Läufer, Bodenbeläge und in der Seilerei verwendet, als Polstermaterial auch mit Gummimilch (Latex) durchtränkt. - Hauptexportland für die BRD: Srilanka. - Vgl. → Grobfasern.

Kokosteppich, Teppich aus der Fruchtfaser der Kokosnuß, widerstandsfähig gegen Feuchtigkeit, hart und wenig elastisch und im Gefüge verhältnismäßig locker, so daß Schmutz und Staub auf den Boden durchfallen.

Koller, angesetztes Teil oder Ziernaht in Achselhöhe bei Sportsakkos und sportli-

Kombikleid, links ohne Arm über Langarmpulli, rechts mit kurzem Arm über Bluse

chen Mänteln, auch „Passe" genannt. - Gegensatz: → Sattel (aufgesetzt, gedoppelt).

Kolorit, verschiedenartige Farbgebung gleich angelegter Muster.

Kombikleid, ein- oder zweiteiliges Kleid mit V- oder Rundausschnitt bzw. entsprechender Kragenlösung, das über der Bluse oder einem Rollkragenpulli getragen werden kann. - Vgl. → Overdress.

Kombinationsdessin, Thema der Dessinierung von Druckstoffen. Ein in seiner Dessinierung selbständig bestehender Fond, z.B. ein großzügig gerastertes Karomuster in Ein- höchstens Zweifarbentechnik wird überlagert von einem zweiten, farbkräftig kolorierten Motiv.

Kombinationsgarn, nach dem → Stretchcore-Verfahren hergestellte Umspinnungszwirne mit einem unausgeschrumpften, thermisch verformbaren Chemieendlosgarn als Seele und Naturfasergarn als Umspinnung (oder umgekehrt) mit verhältnismäßig niedriger Elastizität und größerer Bauschfähigkeit. - Vgl. → Stellanyl, → Lismeran; → Core-spun-Garn.

Kombinationsgerbeverfahren, Verwendung synthetischer Gerbstoffe, wie Phenole oder → Formaldehyd zusammen mit → vegetabilischen oder → mineralischen Grundstoffen, vor allem zur Herstellung von → Waschleder.

Komplet, Kompletmantel, siehe unter → Complet, → Completmantel.

Komplementärfarben, Farben, die in additiver Mischung (Summierung von Lichtstrahlen der Mischfarben) Weiß ergeben. Bei substraktiver Mischung (Absorption zusätzlicher Farben des Sonnenspektrums) erhält man im Extremfall durch Auslöschen sämtlicher Spektralfarben Schwarz.

Kondensation, physikalisch: Übergang eines Stoffes aus dem gas- oder dampfförmigen in den flüssigen Zustand. Chemisch: Reaktion, bei der sich zwei Moleküle unter Austritt eines einfachen Stoffes,

Konferenzanzüge: links zweireihig, rechts einreihig mit Weste, beide mit steigendem Fasson und in einem typischen dunkelgrundigen Streifmuster.

wie Wasser, Salzsäure oder Ammoniak, zu einem größeren Molekül vereinigen (Beispiel: Auskondensieren von Kunstharzen unter Wärme bei Veredlungsmaßnahmen). - Wiederholt sich der Prozeß, nennt man ihn → Polykondensation.

Kondensationsfarbstoffe, Farbstoffe, die nach dem Färbevorgang durch chemische Veränderung in der Faser als schwerlösliche Pigmente fixiert werden.

Konditionierung, Feststellung des Feuchtigkeitsgehaltes natürlicher Rohstoffe; auch handelsüblicher Feuchtigkeitsgehalt der Rohstoffe, der mitgewogen und bezahlt werden muß. Das TKG nennt den Begriff Konditionierung nicht, jedoch kommen die Vorschriften des § 6 über die Feuchtigkeitszuschläge einer Konditionierung gleich.

Konferenzanzug, seriöser Sakkoanzug mit edlerem und eleganterem Bild der dunklen Stoffe; kann auch als kleiner Theateranzug getragen werden. Zum Konferenzanzug gehören schwarze Schuhe, das Einstecktuch, ein eleganter unaufdringlicher Binder und, genau genommen, auch die Weste.

Konfettinoppen, Konfettitupfen, zur Musterung wahllos im Gewebe verstreute oder aufgedruckte vielfarbige Noppen bzw. Tupfen.

Kongreßstoff, grobfädiger Stickereigrundstoff, meistens in Scheindreherbindung, stark appretiert (gesteift). - Vgl. → Handarbeitsstoff.

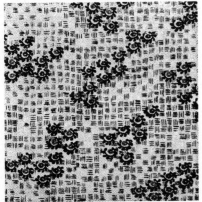

Konterfond: feines Druckdessin als Fond für darübergestreute Motive

Kontaktfixierung, Thermofixierung von Textilien aus synthetischen Faserstoffen durch direkten Kontakt mit heißen Metall- oder Glasoberflächen; vgl. → Hot-Roll-Fixierung. Der Fixierungseffekt ist gut, jedoch wird die Ware etwas dünn, steif und glänzend.

Kontakttrocknung, Verfahren der Trocknung von Textilien durch direkte Berührung mit erwärmten Trommeln oder Zylindern. Nach Erreichung einer konstanten Temperatur der Trockner nimmt die Ware die Temperatur des verdampften Wassers an, gleichgültig, wie heiß die Trommeln sind. Erst wenn das Wasser verdampft ist, steigt die Temperatur in der Ware. Durch die enge Berührung mit den glatten Metalloberflächen wird die Ware gleichzeitig geglättet (Bügeleffekt). - Gegensatz: → Konvektionstrocknung.

Konterfond, aus einfachsten Motiven aufgebauter → Fond bei Stoffdrucken, aus dem sich andersartige, meist größere Motive abheben.

Kontinue-Verfahren, Abwicklung größerer Arbeitsgänge in einem Ablauf.

Kontinue-Spinnverfahren, Rationalisierungsform der Chemiefilamentherstellung; die aus den Spinndüsen kommenden Fäden werden in ununterbrochenem Arbeitsfluß nachbehandelt und aufgespult, so daß sich ein reines, knotenfreies Material ergibt.

Konstraststepperei, Verzierung an Bekleidungsstücken durch farblich und in der Dicke des verwendeten Zwirns deutlich abgehobene Steppnähte; bedingt hohe Sorgfalt bei der Verarbeitung.

Konturenschrumpfer, reliefartig durch Schrumpfen konturierte Jacquardmuster mit Stickereicharakter, normalerweise auf Duchessefond, durch punktartige Einbindung der nachfolgenden Synthesefasern.

Konusschärmachine, Maschine der Webereivorbereitung zum Schären (Zetteln von Ketten mit hoher Kettfadenzahl) mit einer dicken, konisch geformten Trommel, auf die das Kettmaterial partienweise und leicht seitlich versetzt aufgewickelt wird.

Konvektionstrocknung, Trocknung von Textilien durch Heißluft in drei Stufen: Erwärmung der Ware mit Temperaturanstieg und leichter Verdunstung; Erreichen konstanter Temperatur, bis die ganze Feuchtigkeit die Oberfläche des Fasergutes erreicht hat - starke Verdampfung; weiterer Temperaturanstieg - die Ware nimmt die Temperatur der Trockenluft an. Der Vorgang kann sich auch in Zonen abspielen; dann ist in der dritten Zone die Temperatur der Trockenluft niedriger. - Gegensatz: → Kontakttrocknung.

Konversionsdruck, spezielles, selten angewandtes Druckverfahren, bei dem aus einem aufgefärbten oder aufgedruckten Gemisch zweier Farbstoffe mit verschiedenen Eigenschaften durch Überdruck von Chemikalien stets nur eine von beiden an

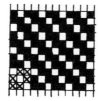 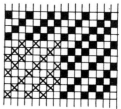

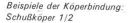

Beispiele der Köperbindung: *Kettköper 2/1; Drill*   *Einfacher Mehrgratköper für*
Schußköper 1/2   *Surah geeignet*

der betreffenden überdruckten Stelle entwickelt, geätzt oder reserviert wird.

Konverterverfahren, auch → Spinnbandverfahren, → Kurzspinnverfahren, wobei die Umwandlung der vom Chemiefaserwerk hergestellten endlosen Spinnkabel in ein verzugsfähiges kammzugähnliches Faserband durch Quetschen, Schneiden (mit Schräg- oder Trapezschnitt) oder Reißen (mit oder ohne bestimmbare Bruchstellen) erfolgt. Beim Schneiden sind anschließend Streckwerkspassagen erforderlich, beim Reißen zu einem der Wolle angepaßten Stapeldiagramm nicht. Zumischung von Fremdfasern ist möglich. - Vgl. → Turbostapler.

Kop, (Kops), leicht konischer Garnträger, auf den der aufzuspulende Faden teils parallel, teils verkreuzt kegelförmig aufgewunden wird und sich anschließend „über Kopf" abziehen läßt.

Kopfkissenbezug, siehe unter → Kissenbezug.

Koplon, lt. TKG: „Modal"; Polynosefaser (Snia).

Koratron, Permanent Press-Ausrüstung mit verzögerter Kondensation (→ Delayedcuring) für dreidimensional formstabile Kleidungsstücke aus Polyestermischgeweben auch mit Wolle. Der Konfektionär benötigt besondere Spezialöfen. - Vgl. → Post-curing, → Fixaform.

Kordel, schnurartige Bänder, geflochten oder mehrfache Zwirne. Die Stärken werden mit Nummern von Nr. 1 bis 20 gekennzeichnet; Nr. 20 ist eine sehr dicke und wulstige Kordel (Polsterkordel).

Kordonnet, mehrstufige Zwirne mit schnurartigem Charakter.

Korsarenhose, modische, anliegende Hose mit Schlitzen unterhalb des Knies. - Vgl. → Fischerhose, → Torerohose, → Piratenhose, → Caprihose.

Korselett, leichte und schmiegsame Weiterentwicklung des Korsetts und im Gegensatz zu diesem einteiliges Mieder aus zusammenhängendem Büstenhalter und Hüftgürtel, besteht in der Hauptsache aus vollelastischem Material mit nur schmalen Stoffeinsätzen. - Vgl. → Korsett.

Korselett aus einer leichten Elastic-Ware mit seidigem Glanz. Die Cups sind aus unelastischer Ware mit Stickerei gearbeitet.

Korselett mit Slip aus Elasthan-Jacquard und Cups aus Tüll mit Durchbruchstickerei

Korsett, Mieder, Hüfthalter, meist mit Magenstütze, hüft-, taillenformend; schwerer als ein Korselett und im Gegensatz zu diesem nur mit schmalen Gummieinsätzen. - Vgl. → Korselett.

Kortil, Warenzeichen für einen deutschen Hemdenpopeline aus 67 % Perlon und 33 % Baumwolle.

Kosakenstil, von den Kosaken übernommener Kleidungsstil mit Stehkragen, pelzbesetzten Säumen und Knebelverschluß. - Vgl. → Husarenverschluß.

Kosmofix, Ausrüstungsmittel zur → No iron-Ausrüstung von Futterstoffen aus Viskose-Filament für Wash'n wear-Kleidung.

Kostüm, aus zwei Teilen bestehendes Kleidungsstück für die Dame, das gegenüber dem Jackenkleid schneidermäßig mit Wattierung formerhaltend ausgearbeitet ist. - Vgl. → Deux pièce, → Zweiteiler, → französisches Kostüm, → Schneiderkostüm, → Tailleur, → Schoßkostüm.

Kothurn-Sohle, Plateau-Sohle, sogen. Sockelschuh, Schuh mit modisch extrem dicken Sohlen und Absätzen.

Moderne Kombi-Kostüme: von links: Blazer-Kostüm mit Westover; Blazer-Kostüm mit Chasuble-Schulter; Hosenanzug mit zweireihiger Jacke; taillierte Jacke zum weiten Rock.

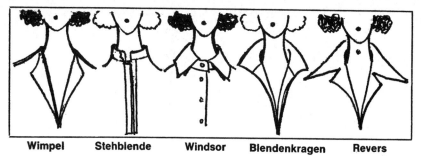

Wimpel **Stehblende** **Windsor** **Blendenkragen** **Revers**

Verschiedene Kragenformen

Kottonisieren, siehe unter → Cottonisieren.

Kotze, aus der Trachtenmode übernommenes ¾-langes Mantelcape, meist mit Durchgrifftasche. - Vgl. → Wetterfleck.

Kragen, Halsabschluß an Herren- und Damenoberbekleidung; die modische Wandlungsfähigkeit ist heute wichtiger als die Funktion. - Vgl. → Dekolleté, → Fasson, → Slipon-Fasson, → Kleeblatt-Fasson, → Kuttenkragen, → Kingscoat-Kragen, → Lidokragen, → Stehbordkragen, → Windsorkragen, › Claudine-Kragen, → Auslegekragen, → Dachkragen, → Kelchkragen, → Schwalbenschwanzkragen, → Sailorkragen, → Haifischkragen, → Reiterkragen, → Tab-Kragen.

Kragenabstich, Fortsetzung der Spiegelnaht, auch → Crochet genannt. Kragenabstich und Reversoberkante bilden zusammen den Crochetwinkel.

Krageneinlagestoffe, steife, elastische, nicht schrumpfende Einlagenstoffe, die so präpariert sind, daß sie sich unter Einfluß von Wärme und Druck mit dem Oberstoff verbinden: Tränken mit Acetylcellulose vgl. → Trubenis; Heiß-Siegelverfahren: punktförmige Präparierung mit einem thermoplastischen Produkt (Polyäthylen, Polyvinylchlorid) und nach Verarbeitung punktförmiges Verschweißen mit dem Oberstoff unter Hitzeeinwirkung (vgl. → American Cleeks, → Bügelklebegewebe, → Frontfixierung).

Kräuselband, Schmalgewebe mit einge-webten Ziehfäden zum Reihen von Gardinenstoffen; meist mit angewebten Schlingen zum Einhängen der Gardinenrollen verschiedener Systeme.

Kräuselgarn, Art der → Texturierten Garne; Texturierung mit dem Ziel der Erhöhung des Volumens bei starker Förderung der Elastizität. - Vgl. → Torsionskräuselung, → Falschdrahtverfahren, → Helanca, → Set-Garne. - Gegensatz: → Hochbauschgarn, → Stetchgarn.

Kräuselkrepp, 1. Gewebe, die eine kreppartig-plastische Oberfläche durch örtliche Einwirkung schrumpfend wirkender Quellmittel (Baumwollgewebe durch Aufdruck verdickter Natronlauge, Nylongewebe durch Aufdruck von Phenol oder Resorcin) erhalten. Die Ausrüstung ist waschfest. - Vgl. → Seersucker, → Craquelé. - Bei Aufdruck farbloser, gefärbter oder mit Metallpigmenten vermischten Kunstharzvorkondensaten und nachfolgendem Kalandern, Härten und Laugieren bleibt der Stoff an den bedruckten Stellen glatt und glänzend, die nicht reservierten Partien schrumpfen und bleiben matt.
2. Gewirke aus Nylon- oder Perlon-Helanca, also aus Zwirnen, die stark überdreht thermofixiert und anschließend wieder aufgedreht wurden. Die Gewirke erhalten eine stabile elastische Kräuselung und hohe Dehnfähigkeit. Der Effekt wird bei Mischung nichtschrumpfender und stark schrumpfender Fasern verstärkt.

Kräuselzwirn, Effektzwirn aus zwei in verschiedener Richtung stark gedrehten Gar-

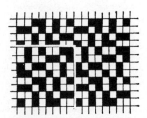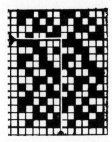

(links): Durch Versetzen und Stürzen eines quadratischen Bindungsmotivs auf 4 Fäden erzielte Kreppbindung, z.B. für einen Blusenstoff. Rapport eingerahmt

(Mitte): Wilde Kreppbindung. Rapport eingerahmt

(rechts): Panama-Atlas oder Atlaskrepp aus Atlas 8. Innerhalb des (eingerahmten) Rapportes ist die Grundbindung Atlas 8 durch Kreuzchen gekennzeichnet

nen. Das Garn, dessen Draht dem Zwirndraht entspricht, verkürzt sich, das andere mit dem dem Zwirndraht entgegenlaufenden Garndraht biegt wellenförmig aus. - Vgl. → Umspinnungszwirn, → Crewel, → Ondré.

Kratze, gröbere oder feinere Drahthäkchen, die dem Vorbild der Distel nachgeformt sind und in einem festen, dicken, aber elastischen Kratzentuch befestigt sind und auf dem → Krempel die Faser parallelisieren und reinigen sollen.

Krawattendessins, auf Kleiderstoffen: jacquardgewebte oder gedruckte kleine, klar gezeichnete, orientalischen Musterungen entlehnte Dessinierungen; auch → Foularddessin genannt.

Krawattenhemd, neue Bezeichnung für das formelle, mit Binder zu tragende Hemd; Hemden mit Kragen, die auch offen getragen werden: → Semidress-Hemden.

Kreidestreifen, aus mindestens vier Effektfäden bestehende weiße → Nadelstreifen auf foulierten oder leicht gerauhten Wollstoffen mit leicht verwischtem Bild. - Vgl. → Kohlestreifen.

Krempel, Maschine der Streichgarn-, aber auch der Baumwollspinnerei, die mit Hilfe der Kratzen das Spinngut reinigt und aus den wirren Faserbüscheln einen → Flor formt. - Vgl. → Karde.

Krempeljeans, Jeanshose mit Fußweiten, die das Hochkrempeln bis zur Wadenmitte gestatten; sie werden häufig zu Stiefeln getragen. - Abb. siehe → Hose.

Krepp, Sammelbegriff für alle Gewebe, die durch überdrehte Garne (→ Crêpe), Bindungs- (→ Sablé) oder Prägeeffekte (→ Gaufré) ein körniges, narbiges Oberflächenbild erhalten.

Kreppbindung, Bindeweisen, die eine körnig-unruhige Warenoberfläche hervorrufen und der Ware Porosität und weichen Warenfluß geben, köpergratlos aufgebaut und so konstruiert sind, daß ein Rapport im fertigen Gewebe nicht zu erkennen ist und daß trotz der Unregelmäßigkeit der Anordnung der Bindeweise jeder Faden im Rapport gleichmäßig oft einbindet. Sie können durch Neuordnung der Kettfäden einfacher Bindungsweisen, durch verstärkte Bindungen (Beispiel: → Panama-Atlas) oder durch freie Konstruktion entstehen. - Vgl. → Eiskrepp, → Sandkrepp, → Granitkrepp, → Sablé, → Magic-Krepp, → Granulé. Kreppbindung bei Maschenwaren: → Preßmuster mit unregelmäßiger Henkelbildung.

Kreppgarn, stark gedrehte (1300-2500 Drehungen je m) und dadurch schrumpffähig und elastisch gewordene Garne. - Vgl. → Crêpe.

Krepplon, nach dem Falschdrahtverfahren texturiertes 2½-Acetat.

Kreppon, feinstes Kreppgewebe, das durch Kreppgarn in Kette und Schuß und Fadenfolge 2S-2Z gebildet wird. - Vgl. → Chiffon, → Georgette.

Kretonne, wichtigstes Baumwollgrundgewebe (→ Rohnessel) in Tuchbindung aus kräftigen, mittelfeinen Garnen, auch gefärbt, gebleicht, bedruckt. - Grober als → Renforcé. - Vgl. → Linon, → Renforcé, → Sailcloth, → Eighty square, → Kattun, → Batist, → Oxford.

Kreuzfuchs, Fell eines amerikanischen, kanadischen oder in der Mongolei beheimateten Fuchses mit einer Fellgröße von 70-90cm, Haar fahlgelb mit rötlichen Spitzen; fast schwarze Zeichnung, die ein Kreuz bildet, auf Nacken und Schultern; für modische Pelzmäntel. Oft travers und zusammen mit Leder verarbeitet. Besatzmaterial. - Vgl. → Fuchs, → Pelz.

Kreuzköper, optisch neutralisierter Köper; ungleichseitige, von der Köperbindung abgeleitete selbständige Bindung ohne Köpergrat. Vor allem bei Rauhwaren, zum Beispiel bei Schlafdecken, angewandt, wo nach dem Rauhen die Bindung nicht mehr zum Ausdruck kommen darf. Dient als → „Speerbindung" auch zur schiebefesten Einbindung fülliger Schüsse bei Seidengeweben.

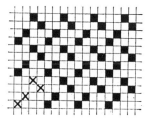

Kreuzköper- oder Speerbindung

Kreuzschlauchbindung, Bindung einer doppelflächigen Kulierware im Charakter des Interlock. Im Gegensatz zu diesem bildet der nach mehreren (meist zwei) Stäb-chen stattfindende Fadenwechsel von der einen zur anderen Warenseite eine feine, sichtbare Gasse. Die Ware ist sehr glatt, elegant, sehr dehnfähig und wird wie Wevenit für Oberbekleidung und Freizeitkleidung verwendet. - Vgl. → Interlock, → Italienisch Schlauch, → Milanese.

Kreuzspule, besonders beliebte Spulenform für die Garnaufmachung in der Webevorbereitung; auf Träger aus Hartpapier, Holz oder Kunststoff (Polypropylen) wird das Garn über Kreuz aufgewickelt, wobei der Antrieb durch direkte Berührung mit dem Garnkörper (Friktion) erfolgt, so daß der Steigungswinkel der Fadenverlegung vom kleinsten bis zum größten Spulendurchmesser der gleiche bleibt. Kreuzspulen können rollend, über Kopf und auch von innen abgezogen werden. - Vgl. → Kops, → Kanette.

Kreuzzuchtwolle, vgl. → Crossbredwolle, → Corriedale-Wolle.

Krimmer, dem lockigen Lammfell des Karakulschafes nachgebildete Webware in Plüschtechnik, mit unaufgeschnittenen, stark gekräuselten und lockenförmig fixierten Florschlingen, oft gewalkt.

Krinolinenkleid, modische Kleider mit stark bauschigen Röcken aus taftähnlich steifen Geweben, benannt nach den steifen Drahtgitter-Unterröcken (Krinolinen) des Rokoko und Barock. Meist mit enganliegenden, oval bis zur Schulter dekolletierten Oberteilen.

Kristallgewebe, ripsartige, gebrochen glänzende Gewebe aus Acetat-Kristallgarn mit glitzernd-gekerbter Oberfläche.

Krollhaar, durch Zusammendrehen, Fixieren und Öffnen mit künstlicher Kräuselung, erhöhter Druckelastizität, Formbeständigkeit und Füllkraft versehenes → Roßhaar (Schweifhaar oder Mähnenhaar) für Polsterzwecke.

Kropfband, am Band eng um den Hals liegender Schmuck.

Krummspitzigkeit, Veränderung der Struktur der Grannenhaare bei Pelzen;

Lagerschaden als Folge der Lichteinwirkung.

Krumpex, einlauffeste Ausrüstung von Maschenwaren.

Krumpfechtheit, Dimensionsstabilität von textilen Flächengebilden bei Naßbehandlung. Um Textilien krumpfecht zu machen, müssen die im Gewebe vorhandenen Spannungen beseitigt, das Quellvermögen vor allem zellulosischer Fasern reduziert oder eine spätere Veränderung durch Quellen vorweggenommen und die Fähigkeit zum Kochschrumpf thermoplastischer Synthetics durch Fixieren beseitigt werden. Wollgeweben muß die Neigung zum Filzen genommen werden. - Vgl. → Thermofixieren, → Antifilzausrüstung, → Sanfor, → Krumpfen, → Hochveredlung, → Permanent Press, → No iron, → Kunstharzfreie Pflegeleichtausrüstung, → Imprägnierung..

Krumpfen, Vorwegnahme des Einlaufens von Textilien, des Verkürzens nach dem Waschen und Wiedertrocknen. Gekrumpfte Textilien laufen kaum mehr ein; das → Sanfor-Verfahren garantiert eine Restkrumpfung von nur 1%. - Vgl. → Progressive Schrumpfung.

Kuba, → kaukasischer → Orient-Teppich mit betontem Mittelfeld; in den Medaillons sind vierstahlige Sterne angeordnet. - Vgl. → Kasak, → Schirwan.

Kugelschlüpfer, Übergangsmantel mit eingesetztem Arm und tiefem Armloch.

Kulierware, flach oder rund gewirkte oder gestrickte Maschenware, bei der ein oder mehrere Fadensysteme in Querrichtung verarbeitet werden und im Gegensatz zur Kettenwirkerei mindestens drei Maschen in der gleichen Reihe bilden. Die Bindungselemente aller Kulierwaren bestehen aus → Masche, → Henkel und → Flottung. Ein bindungstechnischer Unterschied zwischen Strickwaren und Wirkwaren besteht nicht. - Vgl. → Einflächige Kulierwaren, → Doppelflächige Kulierwaren, → Single Jersey, → Hinterlegmuster, → Petinetmuster, → Preßmuster,

→ Knüpftrikot, → Rippwaren, → Feinripp, → Grobripp, → Interlock, → Kreuzschlauch, → Italienisch Schlauch, → Fang, → Perlfang, → Links-Links-Waren, → Noppenmuster, → Rechts-Rechts-Waren, → Splitbindung, → Jacquardwaren, → Webstrickwaren, → Wevenit, → Jersey; Gegensatz: → Kettenwaren.

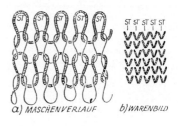

a) MASCHENVERLAUF   b) WARENBILD

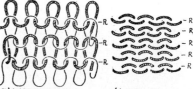

a) MASCHENVERLAUF   b) WARENBILD

Rechte (oben) und linke (unten) Warenseite einer glatten Kulierware. R = Reihe; St = Stäbchen

Kummerbund, sogenannte Schärpenweste, die stilecht nur zum → Smoking getragen wird.

Kunstbändchen, stroh- und bastartige, glänzende, halbmatte oder tiefmatte Bändchen aus Viskose für kunstgewerbliche Artikel, Hüte, Gürtel und Sandaletten. - Vgl. → Polital-Bändchen, → Bändchen, → Raphua.

Kunstharz, synthetische, nichtkristalline, harzartige Verbindungen, die beim Erwärmen erweichen, nicht wasserlöslich sind und sich zur Filmbildung eignen. Es sind Vorkondensate der verschiedensten makromolekularen Chemikalien, die durch Polymerisation oder Polykondensation gewonnen werden: Aminoplaste (Harnstoff- und Melaminformaldehyd), Reactantharze (Äthylen- und Propylenharnstoffabkömmlinge), Epoxydharze und andere. Sie finden in der Ausrüstung von Textilien und zur Herstellung von Kunststoffen, Lacken und Klebern Verwendung. - Vgl. → Kondensation.

Kunstharzfreie Pflegeleichtausrüstung, Ausrüstungsmethoden für Baumwoll- und Zellwollgewebe ohne Kunstharzeinlagerungen durch chemische Veränderung der Faserstruktur. Die Verfahren ohne Kunstharzeinlagerungen, die lediglich eine Quervernetzung der Zellulose bewirken, geben zwar eine sehr gute Naßknittererholung (Selbstglättung) bei einem Reißfestigkeitsverlust von nur 10-15%, jedoch keinen guten Trockenknitterwinkel (Knitterwiderstand). - Vgl. → Bancare, → Crosslinking-Prozeß, → Cottonova, → Sulfone, → Ravissa, → Melloform, → Quikoton, → Naßvernetzungsverfahren.

Kunstleder, siehe unter → Lederimitat.

Kunstroßhaar, grobe → Monofile nach dem Viskose- und Acetat-Verfahren (→ Crinol von Emmenbrücke) für → Einlagenstoffe, Hüte, Geflechte sowie aus Austauschstoff für Borsten. Feinere, halbglänzende Sorten eignen sich auch als Perükkenhaar.

Kunstseide, veralteter, vom TKG nicht verwendeter Ausdruck für endlose Viskose.

Kunstwolle, Wollabfall, der wieder versponnen wird, sowie minderwertige Naturwolle. - Vgl. → Raufwolle, → Sterlingswolle, → Hautwolle, → Gerberwolle, → Mazametwolle, → Schwitzwolle, → Schwödewolle; → regenerierte Wollen: → Reißwolle, → Alpakkawolle, → Extraktwolle, → Mungo, → Shoddy, → Thybet.

Küpenfarbstoffe, Farbstoffe mit der höchsten Allgemeinechtheit; wasserunlösliche Farben, die vor dem Färben durch chemische Prozesse in Lösung gebracht werden müssen. Nach Abschluß des Färbe- und Entwicklungsprozesses sind die Farbstoffe dann wieder wasserunlöslich und damit besonders waschecht. - Vgl. → Leukoverbindung, → Indanthren.

Kupfersulfid, Metallsalz zur → antistatischen Ausrüstung von Chemiefasern, vor allem von Polyamiden.

Kupferverfahren, Behandlung von Baumwoll-Linters mit Kupferoxyd und Ammoniak zur Herstellung von Chemiefasern und -filamenten auf Zellulosebasis. Cupro endlos und Kupferspinnfasern werden in Deutschland nicht mehr hergestellt und kaum noch verarbeitet. - Erzeugnisse lt. TKG: Cupro.

Kuppelrock, halbweiter, gerader Rock, dessen Hüftpartie durch Abnäher kuppelartig geformt ist.

Kuppelrock

Kuralon, lt. TKG: Vinylal; Polyvinylalkoholfaser aus Japan.

Kurbelstickerei, auf der Kurbelstickmaschine hergestellte Kettenstickerei, wobei der zu bestickende Stoff durch Betätigen einer Kurbel dem aufgezeichneten Muster entsprechend hin- und herbewegt wird. Auch für Soutache-Applikation geeignet.

Kurzfasern, zum Beflocken geeignete exakt geschnittene Viskose- oder Polyamidfasern in einer Stapellänge von nur 0,3-4,0mm; glänzend und matt, rohweiß und gefärbt sowie mit elektrostatischer Präparierung zur Florbildung für → Flockprint, → Fun-skin, → Fun-fur, → Tierfellimitationen sowie Samt- und Plüschimitate.

Kurzspinnverfahren, Verfahren, um die auf den Spinnmaschinen der Chemiefaserwerke gewonnenen Spinnkabel so in Stapel zu schneiden, daß die Parallellage der endlosen Elementfasern der Spinnkabel aufrechterhalten wird und unter weitgehender oder vollkommener Ausschaltung der Vorspinnerei ein spinnfähig gestapeltes Faserband oder das fertige Garn unmittelbar hergestellt wird, ohne daß erst flockenförmige Wirrfasern entstehen, die nach den traditionellen Verfahren der Baumwoll- und Wollspinnerei versponnen werden müssen. Das nach dem → Spinnband- oder → Konverterverfahren gewonnene Faserband kann rein oder mit Wolle gemischt zu → Kammgarn versponnen werden; unter Anwendung eines → Turbostaplers sind auch → Kräuselgarne möglich. Das → Direktspinnverfahren verläuft kontinuierlich; Zumischung von Fremdfasern ist nicht möglich.

Kurzzeichen, natürliche und für Chemiefasern, zur Vereinfachung des Schriftverkehrs entwickelte und vom TKG zur Kennzeichnung auf Lieferpapieren erlaubte Buchstabensymbole, die allerdings auf dem gleichen Papier in Klarschrift erläutert werden müssen. - Siehe Anhang.

Kutschermantel, Mantel oder Cape mit → Pelerine.

Kutschertuch, dichte, gewalkte, relativ feinfädige, niederflorige Mantel- und Kostümstoffe mit kaum sichtbarem Strich, oft mit feinem lüsterartigem Glanz. Weichgriffig und in einfacher, anspruchsloser Optik.

Kuttenkragen, aus einer in weichen Falten zusammenfallenden Stoffröhre entstehender Kragen mit breitem Umschlag.

Kuvert-Tasche, Doppel-Tasche mit doppeltem Eingriff, vor allem an sportlichen Jacken und Mänteln.

L

Labanny, Leichtbettwäsche (SWA) mit Zantrel-Polynosic-Kette und Rhodia-Nylon 6.6-Helanca im Schuß; mit 100g/qm sehr leicht, hautsympathisch, seidiger Glanz. Maschinenwäsche mit 95°C ist bei Gefahr des Ausblutens überschüssiger Farbe und Anfärbens anderer Nylontextilien möglich, aber nicht nötig. (60°C genügt). - Vgl. → Leichtbettwäsche, → Silbermond, → Cara Domo.

Lace-Tweed (sprich: Lees-Twied), flaumleichter Modestoff, auch → Raschelware, der auf Naturseiden- Organsin- oder Perlonkette aufbaut, aber das füllige, dochtige, sogar watteartige Schußmaterial absolut vorherrschen läßt, die Kette als nur spinnwebfeines Gerüst versteckt. Keinerlei qualitativen Ansprüchen gewachsen.

Lackdruck, Stoffdruck, bei dem Farbstoffpigmente mit Hilfe von Nitrozelluloselakken auf dem Gewebe fixiert werden. Dadurch können auch plastisch sich abhebende Musterungen erzielt werden. Der Lack, der die Pigmente oder den Metallstaub bereits enthält, wird mit Hilfe dünner Blechschablonen auf den Stoff aufgerakelt. Reinigung im → Benzinbad ist nicht unproblematisch. - Die Verfahren haben nach Entwicklung moderner → Pigmentdruckverfahren (→ Acramin-, → Helizarin-, → Imperon-Verfahren) stark an Bedeutung verloren. - Vgl. → Ciré.

Lackleder, mit Lacken glänzend gemachtes Feinleder; auf das abgeschliffene Leder wird eine hochglänzende, spiegelglatte Lackschicht aufgebracht. Die Dehnbarkeit der Lackschicht muß genau mit der Elastizität des Leders übereinstimmen, der Lack blättert dann nicht ab und bekommt weder Sprünge noch Risse. Der natürliche Narben muß durch die Lackschicht sichtbar werden.

Lade, Vorrichtung am Webstuhl, die mit Hilfe des gitterförmigen Riets den frisch eingeschlagenen Schuß an den vorangegangenen anschlägt und mit den sich kreuzenden Kettfäden das Webfach bildet, durch das der Schuß eingetragen wird. - Vgl. → Knicklade.

Ladik, kleinasiatischer → Orient-Teppich mit Blumendarstellungen, stets in rechteckige Felder aufgeteilt.

Lahn, leonischer Flachdraht (im Gegensatz zum Runddraht und Schraubendraht), der durch Flachwalzen fein ausgezogener Drähte aus Metallegierungen zwischen glattpolierten oder feingeriffelten Stahlwalzen entsteht. Als → Leonisches Gespinst wird Lahn um eine Seele aus Garnen oder Zwirnen herumgelegt; es entsteht ein metallglitzerndes → Brillantgarn. - Lahnband: Seidenband mit Lahndurchzügen.

Laif, für Schuhfutter, Polstermöbelbezüge, Vorhänge, Wandverkleidungen und Täschnerwaren geeignetes, atmungsaktives → Lederimitat (Hornschuch) nach dem Koagulationsverfahren hergestellt. Auf einen Textil-Träger (70% Anteil) werden Polyurethanschichten aufgebracht, die ein → Velours- oder → Glattleder-ähnliches Oberflächenbild hervorrufen.

Laine Tricoté, weich fließender, wollener Kleiderstoff mit longripsähnlichem, erhabenem Fantasiemuster.

Laken, anderer Ausdruck für → Bettuch. - → Überschlaglaken: → Oberleintuch, → Einschlagtuch.

Lakoda-Seal, geschützte Bezeichnung (Fouke), verwendet für sehr kurz geschorene Felle des kanadischen Seehunds; vgl. → Seal, → Seehund.

Lama, 1. lt TKG: Lama oder Lamawolle; verspinnbare Wolle einer in Südamerika als Haustier (Lasttier) gezüchteten Kamelrasse; ohne große Handelsbedeutung. Verwendung für hochwertige und flauschige, leichte Mantelstoffe, → Schlafdecken und als → Steppdeckenfüllung.
2. weicher, vollgriffiger Wollflanell aus Streichgarnen mit kurzem Faserflor, als Futterstoff für Winterkleidung verwendet und oft aus Baumwolle imitiert.

Lambswool, Lammwolle, lt. TKG: Wolle; Wolle der ersten Schur der etwa 6 Monate

alten Lämmer mit noch nicht abgerundeten Haarenden („Lammspitzen"), kurz, wenig fest, aber besonders weich und sehr fein. Im Streichgarnspinnverfahren versponnen, werden fertige Strickwaren aus Lambswoolgarnen ähnlich → „Shetland" durch Walken leicht verfilzt. - Vgl. → Erstlingswolle, → Jährlingswolle, → Hogget.

Lamcare, „Simili-Lammvelours", Imitat von echtem → Pelzvelours (Girmes), mit 650g/qm recht leicht, mit einem Flor aus 100% Schurwolle oder einer Polyester/Acryl-Mischung und einer lederartigen Veloursseite, die sogar die feingeäderten Farbschwankungen des Originals imitiert. - Vgl. → Fun-furs.

Lamé, 1. Gattungsbegriff für preiswertes, meist metallglänzendes Effektmaterial mit Aluminiumseele zwischen plastischen Bändchen. - Vgl. → Mylar, → Lurex, → Leonische Gespinste, → Metallfolie.
2. Mit echten Metallfäden oder metallglänzenden Effektgarnen durchzogener Seidenstoff, im Gegensatz zu → Brokat in einfachen Bindungen und ohne große Bindungsmusterung; manchmal beherrscht das Effektmaterial die ganze Oberfläche. Die in Frankreich und Italien noch viel verarbeiteten echten Metallfäden sind nur zum Teil inoxydabel ausgerüstet; daher sollte man Kleider aus echtem Metallgarn wegen der Oxydationsgefahr in dunklen Hüllen aus chlorfreiem Papier aufbewahren.

Laminat, Sammelbegriff für beschichtete schaumstoffkaschierte Stoffe; der Begriff gilt für → Bondings dann, wenn sie nicht durch → Kleber, sondern mit Schaumstoffen kaschiert werden, sowie für die → Foam backs (Stoffe mit Schaumstoff-Abseite). - Vgl. → Multitextilien, → Beschichtung, → Lederimitat.

Laminette, feine und grobe Wirk- und Strickstoffe aus Orlon, die mit einer dünnen Schaumstoffschicht dauerhaft verbunden sind, mit einer veloursähnlichen Oberfläche; für Mäntel und Jacken. Ähnliches Erzeugnis aus Dralon: → Jersey-Pren. - Vgl. → Foam backs, → Multitextilien.

Lamm, junges Schaf, Lieferant der verschiedensten → Pelze, siehe unter → Borregos, → Calayos, → Gotland-Lamm, → Indisch-Lamm, → Toscana-Lamm, → Buenos-Breitschwanz, → Persianer, → Breitschwanz, → Astrachan, → Bagdad-Moiré.

Lammvelours, siehe unter → Pelzvelours.

Lanaset, → Antifilzausrüstung von Wolle durch → Zwischenflächenpolymerisierung mit Hexamethylendiamin in Wasser und Nylon 6.10 zur Maskierung der Schuppen ähnlich → Bancora.

Lancé, durch ein zweites Kettsystem erzeugte Schaft- oder Jacquardmusterung insbesondere bei Baumwollgeweben, die in Streifenanordnung wie eine aufgenähte Borte aussieht. Gegensatz: → Broché.

Lancé découpé, technisch wie Lancé erzeugte Musterung, die aber abgegrenzte Gruppen hervorruft. Die auf der Rückseite flottenden Kettfäden werden abgeschoren. Vgl. → Scherli.

Lancofil, Schweizer Garn aus Wolle (48%) und Baumwolle (52%) in der Flocke gemischt, vor allem für leichte und warme Damenunterwäsche.

Länge von Kleidungsstücken der DOB, von der ursprünglichen Normlänge der Röcke (Gr. 38: 58cm) auch von Kleidern und Mänteln abweichende Längen; durch den New Look von Christian Dior zu Beginn der Fünziger Jahre zum ersten Mal Charakteristikum der Mode und nicht mehr durch den Abstand des Rocksaums vom Boden bestimmt, sondern in Beziehung zu der Beinhöhe (z.B. „Kniebe" = Kniebedeckt) definiert. Seit der „Mini"- und der „Maxi"-Mode Mitte der Sechziger Jahre besonders im Gespräch.

Längensystem, Form der → Garnsortierung, also der Bestimmung der Feinheit eines Garnes, durch die Anzahl der Längeneinheiten je Gewichtseinheit (→ Numerierung). Das Garn ist umso feiner, je höher die Nummer ist. - Gegensatz: → Gewichtssystem oder Titrierung. - Vgl. → Garnsortierung.

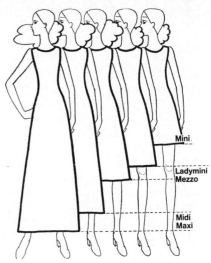

Wichtige Bezeichnungen der Rocklängen

Langfaser, Anteil der langen, parallelgerichteten Bastfasern nach dem → Hecheln und → Schwingen. - Gegensatz: → Werg.

Langlaufanzug, die klassische Kombination → Kniebundhose/→ Rennbluse ersetzender modischer und sportgerechter einteiliger und overall-ähnlicher oder zweiteiliger, eng anliegender Skianzug aus (meist Polyester/Baumwoll-) Popeline, sowie aus oder mit → Helanca/→ Lycra-Maschenwaren mit Spezialausrüstung, manchmal mit Baumwoll- → Henkelplüsch-Innenfutter zur verbesserten Wärmehaltung und zum Feuchtigkeits- (Schweiß-) Transport. Stets mit seitlichen oder rückwärtigen Einsätzen aus Stretch zur Erhöhung der Bequemlichkeit, oft mit Belüftung unter losem Rückenkoller. Zweiteilige Langlaufanzüge können Hüftbund- oder → Latzhosen haben; letztere sind auch ohne → Anorak nur mit Pullover kombinierbar. - Vgl. → Skibekleidung.

Langschußgardine, durchbrochene Gardinenstoffe vom Langschußraschelstuhl, der den Eintrag von Effektgarnen (auch im Flammen-, Noppen-, Loop- und Bouclécharakter) über die gesamte Arbeitsbreite der Wirkmaschine möglich macht. Damit auch der Musterschuß schiebefest ist, sollte bei offener Ware nur in Gegenschußlegung gearbeitet werden. Langschußgardinen sollten je nach Garnart und Musterung zwischen 100 und 180g/qm schwer sein; bei Stärkeappretur zur Beseitigung eines lappigen Griffs bei zu leichter Ware kann eine schwer zu beseitigende Rückverschmutzung eintreten. - Vgl. → Gardinenstoff, → Magazinschuß-Stoffe, → Raschelmaschine.

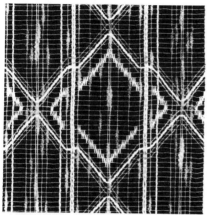

Wirkgardine von der Langschuß- (Vollschuß-) Raschelmaschine

Längsrips, Gattungsbegriff für Schußripse, deren deutlich erkennbare Rippen in Kettrichtung verlaufen.

Languettenstich, einfacher Schlingstich vor allem zum Einfassen von Randbogen und Zacken.

Languettenstickerei, Bogenstickerei in Weiß, Schwarz oder farbig.

Lanital, lt. TKG: Regenerierte Proteinfaser; italienische → Kaseinfaser, durch das verbesserte Produkt → Merinova ersetzt.

Lanolized (sprich: lännolaisid), Ausrüstungsverfahren von synthetischen Maschenwaren, vor allem von Strümpfen und Unterwäsche, zur Erhöhung der Hautverträglichkeit und zur Verringerung der Anfälligkeit gegen Zieher (bei Feinstrümpfen).

La Plata-Wolle, argentinische Schurwolle, im wesentlichen feinere und grobere → Crossbred-Wollen.

Laponia, feines, nach → Nubuk zugerichtetes Kalbleder mit samtener Oberfläche ähnlich Elchleder. - Vgl. → Mochetto.

Lapping, dicker Halbwollstoff, der unter einem Gummituch liegt und die elastische Unterlage für die zu bedruckende Ware auf der → Rouleauxdruckmaschine bildet.

Laqué, 1. Ausrüstungseffekt ähnlich → Ciré, jedoch im Gegensatz zu diesem nicht nur mit begrenzten Druckmotiven, sondern über größere Geweheflächen ausgedehnt oder die ganze Oberfläche überziehend, mit deutlichem, fast speckigem Glanz. - Eine ähnliche Wirkung wird insbesondere bei Jacquards oft durch Glanzgarne erzielt.
2. Gewebe oder Gewirke mit lacklederartiger Beschichtung, meist mit PVC. Sie können auf der Vorderseite abgewaschen und auf der Rückseite bis 30°C gebügelt werden; bei großer Kälte wird die Beschichtung brüchig, bei großer Hitze wird sie weich. - Vgl. → Fun-Skin, → PVC-Beschichtung, → Vylapren, → Knautschlack.
3. Regenmantelstoff mit Transparentbeschichtung.

Lara-Look, vom Film „Dr. Schiwago" inspirierte Moderichtung mit überlangen, im Rücken weit gearbeiteten oder leicht taillierten Mänteln und Kosakenverschlüssen. - Vgl. → Kosakenstil.

Lascara, hochveredeltes Gewebe aus hochwertiger, langstapeliger Viskosespinnfaser, nach der Art der Naturseiden-Schappe gesponnen. Gewicht etwa 200g. Das Schweizer Spezialgarn besitzt bei mohairähnlichem Glanz sprungkräftigen Griff und hohe Knitterfreiheit. Zum Teil mit noppigem Charakter.

Lascor, Core-spun-Zwirne mit Elasthan-Seele und Umhüllung aus den verschiedensten Fasern je nach Verwendungszweck (Baumwolle, Viskosespinnfaser, Trevira/Polynosic, Trevira/Wolle und Diolen/Dralon) (Gerrit).

Lastex, Gewebe, die endlose → Gummifäden enthalten. Gegensatz: → Elastics mit → texturierten Synthetics oder Elasthan.

Lasting, 1. Sammelbegriff für reinwollene, damastartig auf Atlasgrund gemusterte Möbel- und Schuhstoffe.
2. Wenig gebräuchliche Bezeichnung für Damenkleiderstoffe aus Kammgarn in Atlasbindung.

Lastralene, lt. TKG: Elasthan; monofiler (schwefelvernetzter) Elastomer-Faden aus segmentiertem Polyurethan (Kölnische Gummi).

Laternenärmel, angeschnittener oder eingesetzter Ärmel, der seine größte Weite in Ellenbogenhöhe hat und meist mit Steppereien verziert, nach unten eng ausläuft.

Latex, durch Anritzen der Rinde aus euphorbienähnlichen Tropenpflanzen gewonnener Milchsaft, aus dem die darin emulgierte Kautschuksubstanz zum Gerinnen gebracht und durch Trocknen und Entwässern herausgezogen wird. - Vgl. → Kautschuk, → Elastodien, → Gummifaden.

Latzhose, modische Damenhose mit angeschnittenem, meist von Trägern gehaltenem Oberteil. - Vgl. → Overall, → Salopette, → Mecano. - Ähnlich: Latzröckchen.

Läufer, in der Breite abgepaßt gewebte (also nicht geschnittene) Teppichmeterware.

Laufmasche, Maschenstäbchen bei glatter Kulierware, innerhalb dessen als Folge eines Fadenbruchs oder einer Beschädigung der Nadel statt Maschen ungeformte Fadenteile vorliegen. Laufmaschen können durch „Aufnehmen" (→ Repassieren) der Maschen in ihre alte Form gegenseitiger Verschlingung beseitigt werden.

Laufmaschenmuster, durch Ausschalten von Nadeln entstandene Durchbruchmusterung bei → glatten Kulierwaren. Im entsprechenden Stäbchen wird keine Masche gebildet.

Laufmaschensicherung, Verhütung von Laufmaschen durch Änderung der Maschenbildung bei → glatten Kulierwaren, meist durch Umhängen von Maschen (volles Verhängen auf → Transfermaschinen) oder durch → Werfmuster (halbes Verhängen mit Querverbindung nebeneinanderliegender Maschen). - Vgl. → Livalong, → Antisnag-Ausrüstung, → Maschenfestigkeit, → Micro-Mesh, → Netzstrumpf, → Pint-point.

Die normale Masche

Der Transfervorgang

Das fertige Maschenbild

Laufmaschensicherung bei Strümpfen: Schematische Darstellung der neuen Maschentechnik für Livalong von Hudson

Laugieren, Behandlung von Textilien in spannungslosem Zustand mit alkalischen Lösungen (z.B. konzentrierter Natronlauge), um einen kontrollierten Schrumpfvorgang auszulösen (vgl. → Simplex, → Duplex, → Kräuselkrepp), die Farbstoffaufnahme zu verbessern oder den Griff der Ware zu verändern. - Gegensatz: → Kalt-Merzerisation, → Merzerisieren.

Lauseköper, versetzte Köperbindung, die

bei entsprechender Kombination heller und dunkler Kett- und Schußfäden ein rapportlos erscheinendes, feingesprenkeltes Hell-Dunkel-Muster ergibt.

Lauseköper

Lavabel, gut waschbares weiches, kreppähnliches Gewebe mit glatter Oberfläche, weichem Fluß und hoher Knitterarmut in Tuchbindung aus Naturseide, Viskose oder Synthetics. In der Kette wechseln zwei S- und zwei Z-gedrehte → Voilegarne (also nicht so hart verdreht wie → Kreppgarne); im Schuß werden normale Garne verwendet. Vgl. → Crêpe de Chine, → Amunsen.

Lawsan, endlose russische Polyesterfaser.

Lay-in-Effekt, Musterungsmöglichkeit bei Jerseystoffen durch Einarbeiten einzelner Effektfäden, meist mit Struktur, zur Belebung der Oberfläche.

Leacril, im Gegensatz zu → Acrilan (Modacryl) italienische Spinnfaser aus reinem Acryl, z.T. auch → bikomponent.

Leavil, lt. TKG: Polychlorid; besonders schrumpffeste, hitzebeständige und auch bei Kochtemperatur mit Dispersionsfarbstoffen anfärbbare PVC-Spinnfaser (Châtillon); chemischreinigungsfest aufgrund höherer Lösungsmittelbeständigkeit. Zur Herstellung unbrennbarer Textilien geeignet. - Vgl. → Asca-Faser, → Fire-Stop, → Antiflammausrüstung, → Clevyl.

Leder, tierische Haut, die durch Behandlung mit Gerbstoffen ihre Eigenschaften so geändert hat, daß sie nicht mehr fäulnisfähig ist, bei Behandlung mit heißem Wasser nicht mehr in Leim übergeht und nicht mehr hornartig, spröde und durchscheinend austrocknet. Für die Lederherstellung ist nur die zwischen Ober- und Unterhaut geschichtete Lederhaut brauchbar; die Eigenschaften fertigen Leders sind abhängig von der Art der → Gerbung: → Mineralgerbung, → vegetabilische Gerbung, → Formaldehyd-Gerbung, → synthetische Gerbmittel, → Kombinationsgerbeverfahren, → Sämischgerbung. - Vgl. → Zurichtung, → Waterproof, → Boxkalb, → Rindbox, → Schleifbox, → Nubuk, → Mochetto, → Chevreauleder, → Feinleder, → Lackleder, → Spaltleder, → Glacéleder, → Nappaleder, → Laponia, → Antikleder, → Saffianleder, → Bastardleder, → Cabretta-Leder, → Chairleder, → Chromleder, → Dänischleder, → Dollieren, → Blando, → Mattleder, → Mochaleder, → Schleifbox-Leder, → Schweinsleder, → Suèdeleder, → Fischleder, → Reptilleder, → Wildleder, → Kunstleder, → Lederimitat, → Fell, → Haut, → Glattleder, → ausrecken, → blanchieren.

Lederimitat, → Kunstleder, Sammelbegriff für alle beschichteten oder beflockten Materialien mit lederartiger Oberfläche. Schwerimitat: Für die Schuh- und Lederwarenherstellung (Trägermaterial bevorzugt Polyamid), für die Autoindustrie (Trägermaterial Polypropylen) sowie für technische Zwecke (Trägermaterial Polyester). Leichtimitat für Bekleidungszwecke mit Beschichtung aus Polyurethan auf Basis Gewebe, Maschenwaren oder → Non woven fabrics aus Baumwolle, Viskosespinnfaser oder Polyester (vor allem für Glattimitate); hochwertige Velourslederimitate haben meist → Spinnvliesträger. Bedrucken, Färben und Besticken ist möglich. Die Qualitätsunterschiede ergeben sich aus dem Beschichtungsmaterial (Kantenabriebfestigkeit, unechtes Aussehen), der Haltbarkeit der Beschichtung auf dem Träger, und durch die Ausrüstung. - Leichtimitate sind auch einsetzbar für Rollo, Jalousetten und Wandbehänge. - Vgl. → PUR-Beschichtung, → PVC-Beschichtung, → Knautschleder; Glattlederimitate: → Cottonskin, → Gemel, → Floran, → Aircoat, → Vylapren, → Lumen; Velours/Wildlederimitate: → Alcantara, → Belleseime, → Delpage, → Sherveine, → Velona. Die Bezeichnungen „Synthetikleder" oder „Synthetik-Wildleder" sind durch höchstrichterliche Entscheidung untersagt; auch „Fun-skin" dürfte wettbewerbswidrig sein.

Lederknopf, Knöpfe und Knebel aus echtem, Kunst- oder Preßleder; vor dem Waschen oder Reinigen der Kleidungsstücke auf jeden Fall abzutrennen.

Lederpflege, Erhaltung des fabrikfertigen Leders in seinem Zustand durch der Lederart angepaßte Behandlung: Waterproof: Nachfettung mit Lederölen; oberflächenbehandelte Leder: Pflege mit fettfreien silikonhaltigen Cremes; Schleifleder: wasserabweisende Silikonsprays. - Die Reinigung von Bekleidungsleder mit fettlösenden Fleckenentfernungsmitteln ist schwierig (macht das Leder hornartig), aber bei entsprechender Erfahrung der Reinigungsanstalt möglich.

Legaltiter, → Internationaler Seidentiter, basierend auf einer Stranglänge von 9000m. Auch → Turiner Titer oder → Titer Denier (Td) genannt. - Vgl. → Gewichtssystem, → tex.

Leger-Kleidung, Ablösung der → Freizeitkleidung; Sammelbegriff für einen Bekleidungsstil, der aus der bequemen, strapazierfähigen und unkonventionellen → Jeans-Mode hervorgegangen ist und durch die Erfahrung der aus der Herstellung von Großkonfektion stammenden Hersteller für die nicht mehr jugendlichen und von der Figur her problematischeren Herren (und Damen) übersetzt wurde. Die zwanglose Kleidung, die nach Schnitt, Paßform, Stoffeinsatz und Verarbeitungsweise nicht mehr an die Kennzeichen klassischer Anzüge, Sakkos, Kostüme und Mäntel gebunden ist, kann sowohl im beruflichen Alltag als auch zu den verschiedensten Zwecken privater Betätigung getragen werden und entspricht einem neuen Lebensgefühl. Ausdruck der veränderten Schnittgestaltung der Leger-Bekleidung für den Herrn sind auch Details wie Taschen, Kragen, Gürtel usw. Typisch ist auch die Verarbeitung leichterer Stoffgewichte und weicherer Innenausstattung. Die klare Abgrenzung der durch die Möglichkeit vielfältiger Stoffkombinationen gekennzeichneten Leger-Kleidung („Legerwear") zu → „Sportswear" als neue, läs-

Beispiele für Leger-Kleidung für Damen und Herren: von links: Blouson zu Longshorts; Hemdjacke zum sportlichen Faltenrock; Safari-Kostüm; Soft-Sakko-Kombination; Polohemd mit Bundfaltenhose; Wetterjacke mit Schaubenzug in der Taille; Chintzblouson.

Gegensatz von Leger-Kleidung und City-Kleidung. Im Hintergrund Modelle, die sowohl für den Beruf als auch für die Freizeit geeignet sind. Es kommt auf die weich, hemdartige Verarbeitung an.

sig-sportliche Stadt- und Weekendkleidung bzw. anspruchsvolle Kombinationsmode sowie zum „→ Jeanswear", einem originellen, ungezwungenen Bekleidungsstil in Ergänzung der Jeans ist weder möglich noch unbedingt wünschenswert, gegenüber „→ Activwear" (funktionelle Sportbekleidung zur tatsächlichen Sportausübung) hingegen problemlos. - Das Fehlen eines Innenfutters ist nicht ohne weiteres ein Kennzeichen für einen niedrigen Verarbeitungsgenre. - Vgl. → Frontfixierung, → Leichtanzug, → Leichtmantel, → Shirtanzug, → Safari-Stil, → Pilotenjacke, → Caban, → Hemdanzug, → Rallye-Jacke, → Fun-fashion, → Soft-Jacket, → Action-Jacket, → Bomber-Jacke, → Manteljacke, → Pullover-Jacke, → Pullover-Hose, → Rubber-Coat, → Wanderjacke, → Wolkcoat, → Variaset, → Campus-Stil.

Legeschiene, mit → Lochnadeln bestückte Schiene an → Ketten- und → Raschelstühlen; sie führt die auf der Kette befindlichen Fäden mustermäßig um die Nadeln. Für jede Kette wird eine Legeschiene benötigt, bei Rascheln bis zu 38. - Vgl. → Kettenwirkwaren, → Raschelwaren.

Legung, Art der Zuführung der Kettfäden zu den Maschenbildungswerkzeugen in der → Kettenwirkerei, die die Lage des Fadens im Gewirk und die Benennung der Bindeweise bestimmt.

Leibfutter, Innenfutter von Großstücken (Jacken- sowie Westenrückenfutter), verdeckt das Zwischenfutter. Schmiegsam und glatt, um das Kleben des Kleidungsstückes an der Wäsche zu vermeiden und das Schlüpfen zu erleichtern. Futtertaft sieht eleganter aus und ist leichter als Serge und Atlas, aber nicht so haltbar. Kreppfutter für besonders leichte Oberbekleidungsstücke: → Marocain. Moderne Leibfutter sind → Waschtafte (→ Viscolin) sowie verschleißfeste Mischgewebe Viskose/Synthetics mit gutem Feuchtigkeitstransport (→ Neva'viscon) bzw. aus reinen Synthetics (Polyester: → Diolen tipico, → Trevira d'accord; Nylon: → Novalin flor).

Leichtbettwäsche, Bettwäsche aus feinfädigen Bettwäschestoffen in Mischungen von Synthetics mit Baumwolle oder Polynosics und qm-Gewichten von 100-150g, die leicht zu bügeln und zu waschen ist, auch in Großstadthaushalten ohne Schwierigkeiten getrocknet werden kann und sich besonders gut für modische

Druckmuster und Unifarben eignet. - Vgl. → Labanny, → Cara Domo, → Silbermond, → Spannbettuch.

Leichtanzug, von seiner Schnittform und seinem Erscheinungsbild sowohl den → City-Anzug als auch der → Leger-Kleidung zurechenbarer Anzugtyp aus leichten Stoffen (z.B. → Tropical oder → Fresko: höchstens 390g, Synthetic-Kammgarn mit Schurwolle bis 360g, Synthetic-Mohair unter 340g) mit besonders leichter Innenausstattung, die auch Konzessionen an die Formstabilität macht. Oft → französisch halb gefüttert oder ungefüttert mit Kontrastpaspelierung an den Säumen, übernehmen Leichtanzüge äußerlich die Modellformen der geltenden, manchmal sogar der avantgardistischen Mode.

Leichtmantel, nach Gesamtgewicht (Oberstoff einschließlich Zutaten) besonders leicht gestaltete Sommermäntel als Staub- und Regenschutz in klassischen und sportlichen Formen, aus Leichtpopeline, → Chintz; ganz, teilweise oder ungefüttert, z.T. mit durchgriffoffenem Klima-→ Koller. Gedoppelte Formen sind aufwendig und der gehobenen Preisklasse zugehörig. - Vgl. → Leger-Kleidung, → Rubbercoat, → Staubmantel.

Leimleinen, brettig hart ausgerüstetes Versteifungsleinen für Uniformkrägen.

Leinen, lt. TKG: Flachs oder Leinen; aus der Flachspflanze gewonnene Bastfaser, die aus vielen durch Pflanzenleim (Pektin) zusammengeklebten Elementarfasern besteht (vergleiche Flockenbast). Hohe Festigkeit, in nassem Zustand noch höher (140% der Trockenfestigkeit), kühler Griff, angenehmer Glanz, steif und wenig geschmeidig, nicht dehnfähig, geringe Saugfähigkeit und Wärmehaltung, glatt und leicht zu reinigen, schwer zu färben; hoher Gewichtsverlust bei der maschinellen Vollbleiche. Leinengarn ist kaum noppenfrei zu spinnen. Gewinnung durch → Rösten in warmem Wasser, → Brechen, → Schwingen und Hecheln. Flachs wird stets naß und warm versponnen. Lt. TKG § 5 Abs. 5 können Erzeugnisse mit einer Kette aus

reiner Baumwolle und einem Schuß aus reinem Leinen, bei denen der Anteil des Leinens nicht weniger als 40% Gesamtgewichts des entschlichteten Gewebes ausmacht, als → „Halbleinen" bezeichnet werden, wobei die Angabe „Kette reine Baumwolle - Schuß reines Leinen" hinzugefügt werden muß. - Vgl. → Halbleinen, → Reinleinen, → Hecheln, → Schwingen, → Cottonisieren, → Flockenbast, → Langfaser, → Werg.

Gütezeichen für Reinleinen und Halbleinen

Leinenimitatgewebe, Gewebe aus verschiedenen Rohstoffen, die durch Verwendung von Garnen mit absichtlich erzeugten Dickeschwankungen ein leinenähnliches Aussehen erhalten oder durch die Ausrüstung mit leinenähnlichem Glanz versehen werden. Bezeichnung, wie → Seidenleinen sind nach den Bezeichnungsgrundsätzen und lt. TKG nicht korrekt.

Leinenzwirn, Sammelbegriff für sämtliche zwei- oder mehrfach gezwirnten Garne aus Flachs, zum Handnähen sowie für technische Zwecke (Schuhherstellung und ähnliches). Sehr widerstandsfähig, hohe Trocken- und Naßreißfestigkeit und Scheuerfestigkeit, geringe Dehnung.

Leinwandbindung, → Grundbindung, bei Wollstoffen → Tuchbindung, bei Seidenstoffen → Taftbindung genannt, einfachste Bindungsart, gleichzeitig jene mit den denkbar häufigsten Verkreuzungsstellen. Einzige Bindung ohne flottende Fäden, stets auf beiden Warenseiten gleich. Bindung mit dem kleinsten Rapport.

Leiste, bindungstechnisch abgesicherte Gewebekante. Von besonderer Bedeutung bei Erzeugnissen von → Schützenlosen Webmaschinen.

Leistentasche, pattenlose Eingrifftasche mit einer oft durch Steppnähte betonten Leiste.

Leonische Drähte (Fäden), Drähte und Fäden aus Edelmetallen, „echte" (aus Silber oder Silberdraht mit Goldplattierung), „halbechte" (Kupfer mit Edelmetallüberzug) oder „unechte" Metalldrähte (verzinkter Kupfer- oder Messingdraht) mit einem Durchmesser von 0,04-0,15 mm, nach ihrer Form entweder Runddrähte, Flachdrähte (→ Lahn) oder Schraubendrähte (→ Kanetille), die als solche oder zu → Leonischen Gespinsten versponnen in textilen Flächengebilden, Uniformteilen, in schmückenden Accessoires und Posamenten eingesetzt werden. - Vgl. → Brokat, → Lamé, → Metallfolie.

Leonische Gespinste, lt. TKG: Metall, metallisiert oder metallisch mit oder ohne Zusatz „Garn"; benannt nach der spanischen Stadt Leon. Aus Edelmetallen bestehende Drähte; auch mit einer Seele aus weniger wertvollem Metall, die eine galvanisch aufgebrachte Außenhaut aus Edelmetallen aufweisen. Leonische Gespinste können auch aus einem textilen Stützfaden bestehen, der mit leonischen Fäden umsponnen ist. Nicht zu verwechseln mit kaschierten Metallfolien wie → Lurex, → Mylar oder → Rexor.

Leotard, siehe unter → Bodysuit.

Lessona-Verfahren, Übertragung der Texturierverfahren für Synthetics auf Baumwolle: die Einfachgarne werden gebeucht, gefärbt, mit Z-Draht verzwirnt, auf Lochhülsen chemisch behandelt, mit Hilfe von Hochfrequenzströmen fixiert, gewaschen und heiß getrocknet. Das Verfahren erzielt entweder eine 30%ige Dehnfähigkeit bei mittlerer Bauschkraft oder hohe Bauschigkeit bei 16% Dehnfähigkeit. Die Garne eignen sich vor allem für Miederwaren und Freizeitkleidung; die Stoffe sind pflegeleicht und krumpffrei. - Vgl. → Relaxalon, → Flexalon, → Trampoline, → Stretch.

Leuchtfarbstoffe, Farbstoffpigmente mit fluoreszierender Wirkung.

Leukoverbindung, der durch Entzug von Sauerstoff (Reduzierung) entstandene Zustand der Küpenfarbstoffe, der wasserlöslich ist und in dem der Farbstoff wie ein Substantivfarbstoff auf die Faser aufzieht. Durch Einwirkung des Sauerstoffs der Luft oder von Sauerstoffbildnern (z.B. Wasserstoffsuperoxid oder Kaliumbichromat) erfolgt die Rückführung in den wasserunlöslichen Zustand. - Vgl. → Küpenfarbstoffe, → Indigo.

Level-Shearing, Hoch/Tief-Musterung bei → Tufting-Teppichen, bei der die höher gezogenen Schlingen so abgeschoren werden, daß sie exakt in der Höhe der verbleibenden Schlaufen veloursähnliche Polfadenenden bilden. - Vgl. → Random-Shearing, → Multilevel-Shag, → Tip-sheared-Tufting.

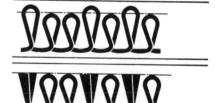

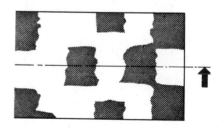

Level-Shearing: Scherebene (oben), Schnittbild (Mitte), Oberflächenbild (unten)

Lianenstreifen, rankenartig geschwungene Streifenmusterung.

Liberty, Kleider- und Futtersatin (achtbindiger Atlas) aus starkglänzenden, weich ausgerüsteten Chemieseiden, vor allem für Mantelärmel verwendet. Feiner als → Fulgurant, gröber als → Duchesse.

Liberty-Blumen, Musterungsweise im Stoffdruck und in der Jacquardweberei mit sehr kleinen Blümchen gleicher Größe, die sehr dicht aneinander gesetzt sind.

Lichtechtheit, Widerstandsfähigkeit von Färbungen und Drucken auf Textilien verschiedenster Art innerhalb aller Verarbeitungsstufen gegen die Einwirkung von natürlichem oder künstlichem Tageslicht. Der Vergleich der Lichtechtheit verschiedener Färbungen und Drucke miteinander erfolgt nach DIN 54003 mit Hilfe eines „Blaumaßstabs", d.h. einer Skala von 8 verschiedenen blauen, in ihrer Lichtechtheit abgestuften Typfärbungen auf Wolle. Das Ausbleichen der Probe wird nach gleichartiger Lichteinwirkung mit dem der Blautypen verglichen.

Lidohemd, durchgeknöpftes Freizeithemd mit kurzem Arm und Ausschlagkragen.

Lidokragen, gleichmäßig geschwungener Auslegekragen bei Freizeithemden.

Liegeplissee, sehr schmale, plissierte → Rundumfalten. - Vgl. → Plissee, → Messerplissee, → Sonnenplissee.

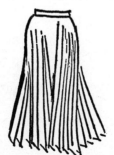

Liegeplissee

Liftboy-Jacket, schoßlose, körpernahe, kurze (Damen-) Jacke.

Lignin, Pflanzensubstanz, die das Verholzen der Zellen bewirkt.

Lilion, Spinnfaser und Endlosfaser, Polyamid aus Caprolactam (Snia). - Lilion STH: Durch Einblasen von Luft während des chemischen Spinnprozesses und die Schaffung von Hohlkammern in der Faser texturiertes Lilion mit verminderter Pillinganfälligkeit.

Lilion-Antistatic, Lilion mit Einlagerung antistatisch wirkender Substanzen in die Spinnmasse. - Vgl. → Antistatische Ausrüstung.

Lilion-Sprint, als Flocke oder Kammzug lieferbar, texturierte Polyamid-6-Spinnfaser mit fixierter Hochkräuselung.

Limbacher Artikel, siehe unter → Simplex.

Lincolnschaf, auf hohen Fleischertrag gezüchtete Schafart mit geringem Wollertrag.

„Lingerie-Look" bei Nachtwäsche, links im „Sonntagsschürzen-Stil", rechts mit Biesen abgesteppt und am Rücken zu binden.

Lindfill, geschütztes Verfahren, um Polyesterflocke in Wirrlage so zu verfestigen, daß die gefüllten Flachbetten und Kissen leicht, weich und bauschelastisch gefüllt sind; die Zudecken sind vollwaschbar, Mischung mit Federn und Daunen ist möglich (Billerbeck).

Linel, Garn aus 80% Dolan (Acryl) spinngefärbt und 20% Leinen.

Lingerie-Kleid, als zeitloser Begriff: Kleider aus Dreherbatisten und Stickereistoffen auf baumwollartigem Grund; als Modebegriff: Kleider in einem der Nachtwäsche nachempfundenen Stil (Lingerie, sprich Länscherie = frz. „Wäsche"). - Vgl. → Finnenkleider.

Linie, englisches Maß für Knöpfe, etwa 2/3mm; Zeichen: drei hochgesetzte kleine Strichelchen ('''). Vgl. DIN 61575.

Links-Links-Ware, Maschenwaren, bei denen in einem Stäbchen sowohl rechte als auch linke Maschen vorkommen können. Auf beiden Warenseiten entsteht das Bild der linken Seite einer glatten Kulierware. Herstellung durch Doppelzungennadeln, die in zwei Nadelbetten arbeiten und durch Platinen bewegt werden. Verwendung vor allem für Babykleidung. Jacquardmusterung ist möglich.

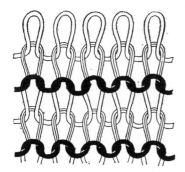

Links-Links-Ware

Linksstrumpf, Cottonstrumpf, bei dem die linke Warenseite des optisch feiner wirkenden Maschenbildes wegen nach außen kommt. - Wegen technischer Schwierigkeiten in der Herstellung, insbesondere beim Ausrüsten, und der erheblich erhöhten Feinheit der Wirkmaschinen werden seit dem Aufkommen der Feinstrümpfe aus Synthetics (Polyamiden) nur mehr wenig Linksstrümpfe hergestellt.

Linoleum, Fußbodenbelag aus einer Masse von Korkmehl, mit Harzen durchsetztem Linoxyd (oxydiertes Leinöl) und Färbemitteln, die auf ein Jutegewebe gepreßt wird. Einfarbig bedruckt und in der Masse durchgefärbt (→ Inlaid). - Durch PVC-Fußbodenbeläge verdrängt.

Linon, Baumwollgewebe auf Basis Kretonne oder Renforcé mit leinenähnlich glanzreicher, aber nicht waschfester → Appretur. Vor allem für → Einschlagtücher und → Kissenbezüge, oft bestickt.

Lint-Baumwolle, entkörnte Baumwolle.

Linters, nicht verspinnbare Faserreste der zweiten Entkörnung von Baumwolle (kurze pelzartige Samenhaare der Baumwollfrucht). Ausgangsstoff für die Chemiefasererzeugung.

Lipophilität, „Fettfreundlichkeit", Fähigkeit von Textilrohstoffen, Fett aufzunehmen und festzuhalten. Verbleiben Öle oder Fette aus der Ausrüstung auf lipophilen Synthetics, z.B. Polyamiden, zurück, besteht die Gefahr des Einbrennens während der → Thermofixierung, so daß die Fettreste nachträglich schwer zu entfernen sind.

Liquette, modische, über der Hose zu tragende Hemdjacke für Damen und Herren mit seitlichen, abgerundeten Schlitzen.

Liquette

Liropol, Verfahren zur Herstellung von → Wirkfrottier, das unterschiedliche Musterung der Vor- und Rückseite durch getrennte Steuerung von Vorder- und Hinterpol ohne farbliche Benachteiligung einer Warenseite gestattet (DDR).

Lisierband, wegen seiner hohen Beanspruchung in der Kette aus Leinen bestehendes schmales Band, das als Stützband in der Herrenschneiderei (zum Beispiel zum Aufhängen von Taschen) verwendet wird.

Lismeran, Bauschgarn aus 2½-Acetat und Polyester, nach dem Stretch-core-Verfahren hergestellt (Euromotte). Die Seele besteht aus unausgeschrumpftem, thermisch verformbarem Polyester, das von dem Acetat-Garn umsponnen ist. - Vgl. → Umspinnungszwirn, → Core-Spun-Garn, → Stellanyl, → Kombinationsgarn.

Liseuse („Lesejäckchen"), boleroähnliches bis knielanges, stets zum Nachtgewand passendes, etwas verspieltes Bettjäckchen.

Lisseuse, Maschine der Wollspinnerei zum Waschen von Kammzügen, um die beim Kardieren zugesetzten Schmälzmittel zu entfernen. Mit der Behandlung ist gleichzeitig ein Preßvorgang zum Glätten der Kammzüge verbunden.

Litze, drahtartige Vorrichtung im Schaft von Webstühlen, die ein Öhr (Maillon oder Auge) trägt, durch das jeweils ein Kettfaden gezogen wird.

Livalong, geschützte Technik zur Herstellung maschensicherer Kulierwaren (Damenfeinstrumpfhosen; Hudson) auf Transfermaschinen durch Umhängen ganzer Maschen. - Abb. siehe → Laufmaschensicherung.

Lochnadel, Maschenbildungswerkzeug in der Ketten- und Raschelwirkerei; durch das Loch der Nadel wird der Kettfaden gezogen und mustermäßig über und unter die Spitzen- oder Zungennadeln entsprechend der Führung durch die Legeschiene gelegt. - Vgl. → Legung, → Jacquard-Raschelmaschine.

Loden, schwere strapazierfähige Streichgarngewebe mit wetterfester Ausrüstung in modischen Farben oder in den klassischen grauen oder olivgrünen Tönen. Strichloden mit einer langhaarigen Strichappretur, → Tuchloden mit einer stumpfen, strichlosen Meltonausrüstung. → Hirtenloden sind besonders flauschig und langhaarig; der Ausdruck → Hunzaloden ist für eine Vorarlberger Firma geschützt. - Vgl. → Jersey-Loden.

Loftine, Markenname für eine synthetisches, watteähnliches Faservlies, das vor allem von der Wäsche- und Miederwarenindustrie verwendet wird. Das Vlies kann als Futter dienen und auf Spitze, Charmeuse und Stoffe kaschiert werden. - Vgl. → Bonding.

London-Look, übertriebene, oft abstoßende Junge Mode in müden Farben.

London-Shrunk, Spezial- → Dekatierverfahren auf Maschinen mit durchlöcherten Trommeln, die den Dampfdurchtritt auf die Ware ermöglichen (kontinuierliches Verfahren; Kontinue-Dekatiermaschine); bezweckt wird ein eleganter Mattglanz auf Herrentuchen, die Fixierung der Wollhaare in einer bestimmten Lage sowie eine gewisse → Dimensionsstabilität. - Vgl. → Dekatieren, → Shrinken.

Long, Allgemeinbezeichnung für alle Musterungen in Streifenform, die in Kettrichtung verlaufen. - Gegensatz: → Travers.

Longline-Hose, Miederhose mit oberschenkellangem Bein; gegenüber dem → Panty verbessertes Formvermögen. Abb. siehe → Panty.

Loop, 1. Effektzwirn mit deutlichem Schlingencharakter, bestehend aus dem die Schleifen bildenden Grundfaden und zwei Kreuzfäden, die den Grundfaden einbinden und dem ganzen Zwirn Festigkeit verleihen. 2. Gewebe, deren Warenoberfläche durch Loopzwirne beherrscht wird. Der „gerissene Loop" erhält langhaarigen Charakter. - Vgl. → Frisé, → Frotté, → Kräuselzwirn, → Bouclé, → Ondé.

Lot-Front, eckiger Topper-Abstich bei Anzügen und Sportsakkos. Auch als → Square-Front bezeichnet.

Loungewear, aus Amerika stammende Fortentwicklung des → Home-dress, für den rein privaten Bereich zu Hause bestimmt. - Vgl. → Boudoir-Pyjama.

Hosenanzüge („Boudoir-Pyjamas") im Stil von Loungewear

Low-bulk, Kennzeichnung von Texturiereffekten: „wenig gebauscht"; Gegensatz zu „→ High-bulk" = hochgebauscht.

Luchs, nordamerikanische Katzenart mit dichtem, weichem und feinem Fell, das rötlich-gelbe bis gelblich-graue Schattierungen aufweist; häufig auf Skunks, Blaufuchs oder Silberfuchs gefärbt. Fellgröße bei Silberluchs 90-140cm, bei Rotluchs 50-70cm. Die Rückenhaare sind 3-4cm lang, die Haare auf der Bauchseite ca. 10cm. - Verwendung für Besätze, Kragen, Aprèsjakken.

Luftdüsenbauschung, → Taslanverfahren, Luftdrucktexturierung. Siehe unter → Düsenblasverfahren. - Vgl. → Rhodelia, → Lustralan.

Luftfasern, → Hohlfasern mit meist unregelmäßigem, bändchenartigem Querschnitt, entstehen im Viskoseverfahren durch Zusätze zur Spinnlösung (z.B. Alkalicarbonate), die sich im Fällbad innerhalb der Faser unter Bildung von Kohlensäurebläschen zersetzen. Es entsteht kein durchgehender, etwa röhrenförmiger Hohlraum, sondern eher eine schwammartige Struktur der unzusammenhängenden Lufteinschlüsse. Garne aus Luftviskose eignen sich wegen ihrer Weichheit, Fülligkeit, hohen Deckfähigkeit, Knitterfestigkeit und verminderten Glanzwirkung als Polketten für Samte und Plüsche sowie als Schußmaterial für Krawattenstoffe. - Lufthaltige Viskose- oder Acetatspinnfasern (z.B. Aeraceta, Aerrhodia) für Steppdeckenfüllungen werden zur Zeit nicht mehr hergestellt. - Vgl. → Hohlfasern, → Celta.

Luftspitze, Maschinensticktechnik, die so gearbeitet wird, daß die Stickstiche untereinander genugend Verbindung haben. Nachträglich wird die Stickunterlage entfernt, Papier durch Auswaschen, Baumwolle durch Karbonisieren. Bei Stickereien aus zellulosischen Fasern auf Wolle oder Naturseide können diese durch Kochen mit alkalischen Lösungen entfernt werden. - Vgl. → Ätzspitze.

Luftdüsenwebmaschine, Luftwebmaschine, siehe unter → Düsenwebmaschine.

Lumber-Stil, aus dem Lumberjack (sprich: Lambertschäck = Holzfällerjacke), einer losen sportlichen und taillenkurzen Jacke mit Bündchenärmeln, engem Taillenbund und bequemem durchlaufendem Vorderverschluß (Reißverschluß) abgeleitete Moderichtung; Blusen und Kostümjacken erhalten bei schmalerem Schulterschnitt bis zur Taille gerade fallende Weite, die durch einen auf der Hüfte aufsitzenden Bund oder Riegel zusammengefaßt wird. Im Gegensatz zum → Blouson schoppt das Oberteil nicht.

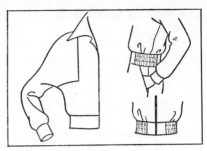

Details am Herren-Lumberjack (links: mit Flügelärmel) und Blouson (rechts)

Blouson (1) und Lumber (2)

Lumen, Sicherheits- → Kunstleder, → Lederimitat; gelbgefärbter, polyurethanbeschichteter Baumwollträgerstoff, 430g/qm, das Lichtenergie speichert und während mehrerer Stunden wieder abgibt, wasserabstoßend ausgerüstet und feuersicher imprägnierbar, für Spezialbekleidung (Straßen- und Schienenbau, Polizei) sowie für Kinderkleidung, gegebenenfalls als Besatz oder → Paspelierung.

Lunte, in der Spinnerei üblicher Ausdruck für gedoppeltes, gestrecktes und wulstig geformtes Spinngut von gleichmäßiger Dicke und guter Parallelordnung der Einzelfasern.

Lurex, lt. TKG: „metallisch" mit oder ohne Zusatz „Garn"; → Metallfolie. Metallglänzendes, nichtoxydierendes, wasch- und reinigungsbeständiges Effektmaterial mit Metall- oder → Mylarseele und Überzug aus Acetat oder Mylar. Die Glanzfarbe entsteht durch den Kleber. - Vgl. → Bedor, → Rexor, → Chromeflex, → Lahn, → Leonische Fäden.

Lurotex, Chemikalie zur Ausrüstung von Erzeugnissen aus Synthetics, die die Netzfähigkeit dieser Waren erhöht, die Feuchtigkeit (Körperschweiß) gleichmäßig auf dem Gewebe oder Gewirke verteilt, dadurch die Verdunstung fördert und das Kleben des Kleidungsstückes am Körper verhindern soll. - Vgl. → Nylonize-Ausrüstung.

Lüster, dichter, glänzender und leichter, meist freskoähnlicher Stoff aus → Alpaka- und → Mohairwollen für leichte Sommerjacken und Schürzen. Meistens von hartem und sprödem Griff.

Lustralan, lt. TKG: Polyamid; nach dem → Düsenblasverfahren texturiertes Endlosgarn aus Perlon und Teppiche; verschleißfest, florelastisch, pillingfrei und mottenbeständig, sehr füllig; „eintreten" nicht erforderlich (Gerrit van Delden).

Lüstrieren, Behandlung von Garnen mit Wachs oder Paraffin unter gleichzeitigem Pressen durch seitlich hin- und herbewegte Stahlrollen. Verleiht dem Material hohe Reißfestigkeit, Glanz und Glätte.

Lutrabond, Lutradur, vollsynthetische → Spinnvliese (→ Non woven fabrics) aus Polyamiden. Lutrabond (Nylon 6) ist mit Bindemitteln gebunden, erreicht hohe Waschbeständigkeit (ca. 200 Wäschen), und dient veredelt für Tischdecken. Als Trägermaterial für Beschichtungen werden auf Basis Lutrabond Materialien für Schuhfutterleder, Lastenfallschirme, in querelastischer Ausführung auch für Arbeitshandschuhe und als Grundmaterial für Heftpflaster hergestellt. Lutradur enthält Polyamid 6 und 6.6, aber kein Bindemittel, ist gut verschweißbar und wird als Verstärkungsmaterial für Leder und als Beschichtungsgrundlage für Kunstleder sowie als Trägermaterial für → Tufting-Teppiche verwendet.

Lycra, lt. TKG: → Elasthan; → Segmentiertes → Polyurethan mit Urethan als kurzkettigem steifem → Blockpolymer und Polyäther mit hohem Molekulargewicht als beweglichem, langkettigem Segment. Gummielastisches (verklebtes) multifiles Endlosgarn, Eigenschaften siehe → Elastomere. - Vgl. → Dorlastan, → Enkaswing, → Rhodastic.

M

Macramé, Vorläufer der → Klöppelspitze; aus den überstehenden Kettfadenenden von Hand kunstvoll geknüpfte Franse. - Der Name ist übergegangen auf grobe, als Gardinensockel angearbeitete → Ätzspitzen.

Madapolam, weiches, dichteingestelltes, feingarniges Baumwollgewebe bis zur Feinheit des Batist für feine Leibwäsche, als Grundstoff für Schweizer Stickereien und als Grundqualität für hochwertige Baumwolldrucke.

Madeirastickerei, auf feinem Batist oder Leinen ausgeführte Weißstickerei mit Durchbruch- und Bindlöchern, so daß ein fortlaufendes Rankenmuster entsteht. Häufig → allover ausgeführt. - Vgl. → Bohrstikkerei, → Lochstickerei, → Broderie anglaise, → Teneriffa-Stickerei.

Madison, nach dem Falschdrahtverfahren texturiertes 2½-Acetat.

Madras, großzügige Karomusterung, vor allem auf Baumwollgeweben, meist mit unregelmäßiger Anordnung und vielfarbig. Verzichtet im allgemeinen auf den Weißfond.

Madras-Gardine, durch → Broché oder → Lancé in der Regel buntgemusterte, durchbrochene → Gardinenstoffe in → Dreherbindung, ähnlich → Scherli-Marquisette.

Madras-Streifen, unregelmäßig angelegte Streifen, deren Farbgruppen durch Schwarz getrennt sind, oft mit stufenlosen Kolorits.

Magazinschuß-Stoffe, → Kettenwirkwaren, die eine Kombination von Gewebe und Maschenware darstellen. Beim Einfaden- → Umkehrschuß-System wird ein Faden durch einen hin- und herlaufenden Fa-

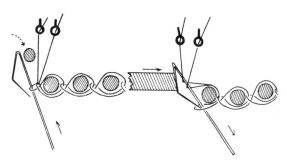

Magazinschußfaden-Einbindung bei Kettenwirkautomaten. Linke Zeichnung: Die parallel zueinander liegenden Magazinschußfäden werden zwischen den beiden Magazinketten zur Spitzennadelbarre vorgebracht. Während der Aufwärtsbewegung der Nadel am Ende der Unterlegung wird der Schußfaden über die Nadelspitzen hinweg vor die Nadeln gelegt. Rechte Zeichnung: Durch die Legebewegung werden die Schußfäden von den „Kettfäden" der Legebarren an die Nadelrücken gedrückt, von den Klemmen der Magazinketten freigegeben und sodann von den „Kettfäden" eingebunden.

denführer über die ganze Arbeitsbreite der Kettenwirkmaschine (Vollschuß) oder über eine Teilbreite (Teilschuß) verlegt und eingebunden; sechsfacher Schußwechsel ist möglich. Beim Mehrfaden- → Magazinschuß-Eintrag können bis zu 84 verschiedene Schußfäden von einem Spulengatter über die Arbeitsbreite der Ketten- oder Raschelmaschine mit variablem Schußfadenrapport eingearbeitet werden; es ergeben sich dimensionsstabile, offene oder geschlossene, feine oder grobe Stoffe für Vorhänge, Möbelbezüge, Bettwäsche und Bekleidung; Musterbilder gleich welcher Stilrichtung und von beliebigem Rapport sind möglich. Gegenüber der Querversteifung von Kettenwirkwaren durch → Schußlegung mit Legebarren ist der Anteil des Schußfadens beim Magazinschußverfahren (→ MS-Verfahren) geringer; es ergeben sich niedrigere Stoffgewichte. - Vgl. → Langschußgardine.

Magic-Krepp (sprich: Mädschig), Sammelbezeichnung für feingezeichnete Krepps, die durch Prägedruck oder eine feinkörnige Kreppbindung zustande gekommen sind.

Maguey, nachträglich in das TKG aufgenommene Faserbezeichnung für die aus Mittelamerika stammende, in Indien und auf den Philippinen kultivierte und früher meist als „Kantala" bezeichnete → Blattfaser von der „Agave cantala"; Eigenschaften ähnlich → Sisal. - Vgl. → Henequen, → Sunn.

Maifoss-Verfahren, einbadiges Verfahren in der Wollfärberei zur Erzielung von Zweiton-Effekten mit Hilfe ausgewählter Metallkomplexfarbstoffe unter Ausnutzung bzw. Steigerung der Eigenschaft der Wollhaare, sich unter bestimmten Bedingungen an Spitze und Wurzelenden verschieden anzufärben. - Vgl. → Bi-Pol-Verfahren.

Maihamster, sehr wertvoller Pelz für die Innenausstattung von Mänteln, von Tieren, die im Mai getötet werden, weil in diesem Monat die Felle sehr dicht sind (Winterfell) und nicht haaren.

Maille survoillée, Stoffkombination für hochwertige Nachtwäsche. Über einer Kettenwirkware aus Nylon liegt in anderer Farbe ein durchsichtiger Voile; die Doppelstoff-Kombination erzielt einen Changeant-Charakter.

Maillon, Auge an der Litze im Schaft des → Webstuhls, durch das jeweils ein Kettfaden gezogen wird.

Mako, Sammelausdruck für hochwertige oberägyptische Baumwolle mit einem Stapel 30-34mm. - Neuere Sorten: → Ashmouni und Giza.

Makobatist, Makosatin, → Batist und → Satin aus langstapeliger Baumwolle, besonders feinfädig, gleichmäßig und hochwertig. Meist aus gekämmten oder → kardierten Garnen.

Makrolan, jugoslawische Spinnfaser aus reinem Acryl.

Makromolekül, aus vielen Molekülen gleicher oder verschiedener Art (→ Monomere) aufgebaute Großmoleküle. Die Einzelmoleküle können im Makromolekül in Knäuelform, durch Querbrücken verbunden („vernetzt") oder in Fadenform aneinandergereiht angeordnet sein; im letzteren Fall liegt die für die natürlichen und synthetischen Faserstoffe typische Form der → Kettenmoleküle vor. Die Bildung der Makromoleküle (Verknüpfung der Monomere zu → Polymeren) kann durch → Polyaddition, → Polykondensation oder durch → Polymerisation erfolgen.

Males, Allgemeinbezeichnung für die (schwereren) Felle männlicher Pelztiere. - Gegensatz: → Females.

Malimo, „Fadenlagen-Nähwirkmaschine", neu entwickelte Vielnadel-Nähmaschine zur Herstellung gewebeartiger Stoffe durch Übernähen von Fadensystemen. Über eine Schußfadenschar mit bis zu 72 parallelliegenden Fäden wird eine Kettfadenschar gelegt, von Schiebernadeln durchstochen und mit dem dritten Fadensystem, der Nähfadenschar, übernäht und in einem den Kettenwirkwaren ähnlichem Fadenbild fest verbunden. Malimo-Stoffe sind als Druckgrundware für Heimtextilien und Be-

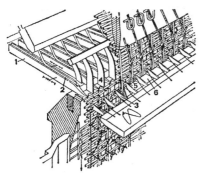

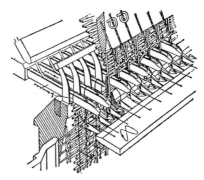

Abb. a) 1 Schiebernadel, 2 Schließdrähte, 3 Nähfadenlochnadeln, 4 Abschlagplatinen, 5 Gegenhaltenadeln, 6 Gegenhalteschienen. Grundstellung. Schiebernadeln durchstechen die vorbereiteten Fadenlagen

Abb. b) 7 Maschen der vorhergehenden Reihe, 8 neugelegte Nähfäden. Die Lochnadeln legen den Faden in die Schiebernadeln. Die Maschen der vorhergehenden Reihe liegen auf dem Schaft der Schiebernadeln

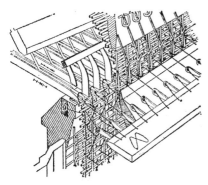

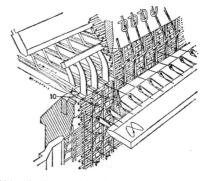

Abb. c) 9 Schußfäden. Diese kommen von einem Spulengatter von Kreuzspulen. Schließdrähte schließen die Schiebernadeln

Abb. d) 10 neue Maschen. Die geschlossene Schiebernadel hält den Nähfaden. Die Schiebernadeln gehen zurück, die Maschen der vorhergehenden Reihe werden abgeworfen. Die Schließdrähte gehen zurück

kleidung auch in hochwertigerer Ausführung vielseitig einsetzbar; aus texturierten Polyamiden wurden Malimo-Erzeugnisse auch schon mit Erfolg für vollelastische Badewäsche verwendet. - Vgl. → Nähwirktechnik.

Malipol, „Polfaden-Nähwirkmaschine". Im Gegensatz zu → Malimo werden nicht Fadensysteme, sondern ein Gewebe, ein Gewirk oder ein Malimo-Stoff der Maschine zugeführt und mit parallelen Längsnähten versehen. Die Nähte können auf einer Warenseite Polhenkel und -Schlingen bilden. In Malipoltechnik werden auch wärmende Flauschfutter hergestellt. - Vgl. → Nähwirktechnik, → Voltex-Verfahren.

Maliwatt, „Faservlies-Nähwirkmaschine", zur Herstellung von → Fadenverbundstoffen durch Übernähen von Faservliesen und Fadenlagen. - Vgl. → Multitextilien, → Textilverbundstoffe, → Non woven Fabrics, → Arachne.

Mancheron, (sprich: Manscheron), kleine, knapp die Schulter bedeckende Kimono- oder Überärmel an kurzen Jäckchen, Pullovern und Kleidern.

Mancheronärmel am Sonnen-Top

Manchester, auch → Genuacord, schwerer, wenig schmiegsamer → Cordsamt (→ Schußsamt) mit aufgeschnittenem Flor und deutlichen Rippen (21-43 Rippen je 10cm Warenbreite).

Manchon, in Schlauchform hergestellter schwerer Filz für technische Zwecke.

Mandarin-Linie, durch den → Bouffonärmel gekennzeichneter Modestil bei Herrenanzügen.

Mangeln, Veredlungsvorgang für Gewebe, wobei die Ware aufgerollt und der ganze Warenwickel zwischen zwei Metallwalzen gerollt wird. Die Ware wird glatter und erhält leichten Glanz, behält aber runde Fäden. Gegensatz: → Kalandern.

Manhattan, Herrenhutform mit schlankem, hohem Kopf, Mittelkniff, breiter Bandgarnitur und schmalem Rand.

Manilafaser, lt. TKG: „Fasern aus den Blattscheiden der Musa textilis". - → Blattfaser von der philippinischen Hanfbanane (Abaca) für Schiffstaue und andere Seilerwaren. Da die 2-4m langen Faserstränge vielfach noch mühsam von Hand aufbereitet werden, kommen sehr unterschiedliche Qualitäten in den Handel. - Reißfester als → Sisal (40-75km), widerstandsfähig gegen Meerwasser, vergleichsweise niedriges Gewicht.

Man made fibres, in den USA allgemein gebräuchlicher Sammelbegriff für alle Chemiefasern unabhängig vom Ausgangsmaterial und der Herstellungsmethode.

Mansarde, über der Druckmaschine angeordnete Trockenkammer für bedruckte oder ausgerüstete Gewebe, meist mit Düsenbeheizung, bei der durch Führungsrollen dafür gesorgt wird, daß sich die Ware während des Trockenvorganges an keiner Stelle berühren kann.

Manschette, ursprünglich Handkrause mit Spitze; fester, durch Knopf und Knopfloch oder Durchsteck- (Manschetten-) Knopf zu schließender Ärmelabschluß, als Stulpe (Umschlagmanschette) oder Bündchen gearbeitet und oft wie ein Hemdkragen versteift, für Hemden, Blusen und hemdartige Jacken. - Vgl. → Sportmanschette, → Umlegemanschette, → Wiener Manschette.

Manschettenärmel, In der Damenbekleidung: angeschnittener Ärmelabschluß mit meist offener Stulpe. - Vgl. → Bündchenärmel.

Manteau de chambre, frz.: Morgenmantel; in der Fachsprache verwendet für die modischen → Wickelmäntel; salopp gegürtet, wie ein → Dressing-gown weich und bequem geschnitten. Idealer Reise- und Hosenmantel.

Mantel, mindestens schenkellanges Überbekleidungsstück für Damen und Herren, länger als → Jacken, auch in Kurzform als Kurzmantel. - Vgl. → Paletot, → Ulster, → Chesterfield, → Slipon, → Raglan, → Kugelschlüpfer, → Sportcoat, → Übergangsmantel, → Boxcoat, → Topcoat,

→ Travelcoat, → Stormcoat für Herren, → Redingote, → Wickelmantel, → Manteau de chambre, → Overjackett, → Pant coat, → Windstoß-Linie, → Zeltmantel für Damen, → Trenchcoat, → Snowcoat, → Dufflecoat für Damen, Herren und Kinder, → Manteljacke, → Walk-Coat, → Rubber-Coat, → Cheviot-Mantel, → Staubmantel, → Leichtmantel.

Mantelfaser, Viskosefasern, bei denen die Außenhaut (Mantel) eine höhere Faserdichte aufweist als die Innenschicht (Kern). Deshalb werden diese Fasern auch als Mantel/Kern-Fasern oder als → Kern/Mantelfasern bezeichnet. Mantelfasern haben meist einen unregelmäßig gekerbten Querschnitt im Gegensatz zu den mantellosen Viskosefasern mit gleichmäßigem, fast rundem Querschnitt. Hochpolymere → Vollmantelfasern besitzen durch und durch die Dichte des Mantels von Mantel/Kernfasern und damit eine der Baumwolle ähnliche Fibrillarstruktur; hierzu zählen → hochnaßfeste Typen und alle → Modalfasern. - Vgl. → HWM-Fasern, → Polynosic. Abb. siehe → Hochnaßfeste Viskosespinnfasern.

Mantelkleid, durchgeknöpfte weitere oder antaillierte Kleider in mantelähnlichem Stil mit Taschen-, Passen- und Ärmelformen und Besätzen, die von Mänteln übernommen werden, aus voluminöseren, aber nicht zu schweren Stoffen.

Manteljacke, relativ kurze und etwas über 85cm lange, winterlich ausgestattete Jacke für Herren in verschiedenen Formen, auch → Duffle- oder → Trenchcoat-ähnlich, aus langhaarigen Streichgarnstoffen und stets mit vielen Taschen ausgestattet, gut zum Pullover passend und meist auch offen zu tragen. - Vgl. → Autocoat, → Après-Ski-Kleidung, → Walk-Coat, → Wander-Jacke.

Mantellose Faser, siehe → Mantelfaser.

Maratti-Maschine, nach ihrem Erfinder benannte rund gebaute → Milanese-Kettenwirkmaschine.

Marder, Fell eines in Europa und Asien heimischen Raubtieres mit gelblich bis graubrauner Unterwolle und hellgelben bis schwarzbraunen Grannen. Dichtes und weiches Fell, zu helle Partien können nachgedunkelt werden. - Vgl. → Wiesel, → Hamster, → Susliki.

Marengo, Fasermischung von etwa 95% schwarzen und 5% weißen Wollfasern. Der Farbton des fertigen Gewebes wird dadurch nicht ganz schwarz und ist im Tragen unempfindlich. Meist aus Streichgarnen in Köperbindung für Anzug- und Mantelstoffe verwebt. - Vgl. → Melange.

Marinière, von der Matrosenkleidung übernommene Kragen- und Ausschnittgestaltung. - Die Bezeichnung ist übergegangen auf Blusen mit Matrosenkragen und Matrosenpasse, die über den Kopf gezogen werden müssen. - Vgl. → Matrosenbluse.

Marinière

Markisendrell, schwere unifarbige oder lebhaft gestreifte Köpergewebe aus Baumwolle, Acrylfasern oder Polychloridfasern, die lichtecht gefärbt, verrottungs- und fäulnisbeständig sowie wasserabstoßend ausgerüstet sein müssen, für Markisen.

Markoline, chemische Nachbehandlung bei Baumwollgeweben, erzielt waschbeständigen Leinenglanz. Name ist geschützt.

Marly-Etamin, feines → Drehergewebe aus gewöhnlichem Garn (also nicht aus Zwirn) ohne Tuchbindeeffekt für preiswerte Gardinen.

Marmoré, Musterungsart bei Druckstoffen und Jacquards, wobei der Fond ganz fein

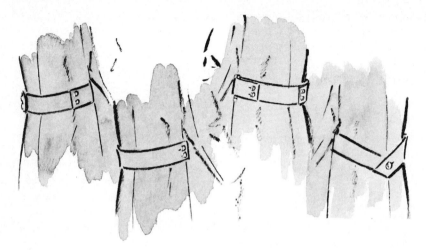

Martingale, (Rückengurt): von links nach rechts: dreiteilig, abknöpfbar und versenkbar; einteilig abknöpfbar; einteilig durchgezogen; zweiteiliger Schleppgurt mit Mittelknopf

marmorähnlich in den Farben abgestuft wird.

Marocain, siehe unter → Crêpe marocain.

Marquisette, feinfädige Drehergewebe ohne Tuchbindeflächen mit gleichmäßig verteilten Dreherschnüren aus Mako, Cupresa, Diolen, Dralon oder Trevira für hochwertige Scheibengardinen und als ungemusterter oder jacquardgemusterter feiner Gardinenstoff. Hochwertige Marquisette verwenden in Kette und Schuß Voilegarn.

Martingale, andere Bezeichnung für Rückengurt.

Masche, ineinanderhängende Fadenschlinge; kleinste Einheit, aus der eine Maschenware (Wirk- oder Strickware) besteht.

Maschenfestigkeit von Wirkwaren bedeutet, daß nach Bruch eines Fadens die Maschen der Umgebung ihre Struktur nicht wesentlich verändern und vor allem keine Laufmasche entsteht. Technisch maschenfest sind mehrschienige Kettenwaren mit Gegenlegung (→ Charmeuse, → Tuchtrikot). Bei → Challenger-Waren können zwar theoretisch Maschen laufen, in der Praxis sind auch Challenger-Waren maschenfest. - Vgl. → Milanese, → Blockierte Maschenstoffe, → Laufmaschensicherung.

Maschenwaren, Textilien, bei denen eine Fadenschleife in eine andere Schleife hineingeschlungen ist. Die Maschen sind elastisch und füllen ihren Platz nicht aus, sie sind luftdurchlässig und isolierfähig. Während die senkrechten Maschenreihen (Stäbchen) bei allen Maschenwaren mit der vorhergehenden und nachfolgenden Reihe verschlungen sind, werden die Maschenwaren nach der Art der seitlichen Maschenverbindung in → Kulierwaren und → Kettenwaren unterschieden. Unabhängig davon unterscheidet man → Wirkwaren (bei denen mehrere Maschen gleichzeitig begonnen und fertiggebildet werden) und → Strickwaren (bei denen die nächste Masche erst gebildet wird, wenn die vorangegangene fertiggestellt ist). Eigenschaften, die die Maschenwaren unabhängig von ihrer Herstellungstechnik auszeichnen: Elastizität und Porosität; Maschenstoffe sind schmiegsamer und neigen weniger zum Knittern als nach Rohstoffzusammensetzung und Gewicht vergleichbare Webwaren; Isolierfähigkeit, da die Möglichkeit locker gedrehte Garne zu verwenden und die lockere Verflechtung als Folge der Maschenbildung höheren Lufteinschluß erlaubt; Saugfähigkeit aufgrund der Verwendung dochtartiger, weich gedrehter Garne. - Vgl. → Kettenwaren, → Kulierwaren, → Moratronik, → Webwaren, → Nähwirktechnik, → Laufmasche, → Raschelwaren, → Magazinschuß-Stoffe, → Einfädige Maschenwaren, → Zweifädige Maschenwaren.

Maschinendruck, Sammelbegriff für alle mit Maschinenhilfe hergestellten Stoffdrucke. Gegensatz: → Handdruck. Die ganz überwiegende Mehrzahl der Stoffdrucke unabhängig von der Technik sind keine Handdrucke mehr.

Maskotte, jugendlicher, flacher Herrenhut mit schmaler Krempe und ohne Kniff.

Mass-dyeing, engl.-amerik. Ausdruck für → Spinnfärbung (→ Düsenfärbung), Zugabe von Farbstoffen zur Spinnmasse von Chemiefasern.

Matching Skirts, amerikanische Bezeichnung für die Kombination eines passenden gestrickten Rockes zum Pullover. Der Rock ist in der Regel auf Taft gefüttert.

Matelassé, pikeeähnliches Steppgewebe mit einer reliefartigen Musterung, die durch einen im Innern des Gewebes liegenden Füllschuß hervorgerufen wird. - Vgl. → Doppelgewebe.

Matelot, eleganter Damenhut, dessen strenge, eckige Form durch eine Garnierung etwas gemildert wird.

Matiné, Sammelbegriff für bedruckte Stoffe für → Morgenröcke und → Hausmäntel, die meist durch Gold- und Silberpigmentdruck sehr wertvoll aussehen.

Matratze, Liegepolster des Bettes, entweder als → Vollpolstermatratze (→ Roßhaar, → Kapok), als → Federkernmatratze oder als Schaumstoffmatratze, als → einteilige bzw. mehrteilige Matratze, als → Fassonmatratze gearbeitet. Bei den Polsterbetten, die aus den einteiligen (französischen) Betten in Breiten zwischen 1,40m (einbettig) bis 2,00 (zweibettig) ent-

wickelt wurden, ist die Matratze Bestandteil des Bettaufbaus.

Matratzendrell, kräftige Jacquard- oder Schaftgewebe aus Baumwolle oder Halbleinen mit licht- und säureechter Färbung als Überzug für Matratzen.

Matratzenschonbezüge, aus → Rohnessel gefertigte Hüllen in leichten Baumwollgeweben, für drei- oder vierteilige Matratzen. Bei der Berechnung des Stoffmaßes doppelte Knopfleisten und einen Eingehverlust von mindestens 10% einrechnen; vor dem Zuschnitt die Ware durchwaschen.

Matratzenschoner, zwischen Bettrost und Matratzen aufgelegte und abgesteppte Zwischenlage. Oberseite Matratzendrell, untere Seite meist Jute, mit billigem Polstermaterial gefüllt.

Matrosenbluse

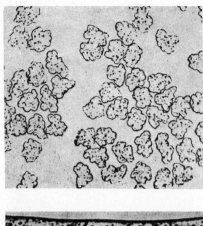

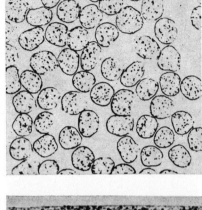

Mattierte Viskose, Schnitt und Längsbild. Links: hochgekräuselte Viskose-Spinnfaser, mattiert

Rechts: normale Viskose-Spinnfaser (Floxan) mattiert

Matratzenstreifen, Musterungsart von rustikalen und festen Modegeweben in Köper- oder Atlasbindung mit breiten Streifen, die sich aus der Bündelung mehrerer schmaler Streifen ergeben.

Matrix-Fibrillentype, → M/F-Type, → Heterofaser; → Bikomponentenfaser aus zwei artverschiedenen Polymeren, wobei die Trägermasse mengenmäßig überwiegt und fibrilläre Einschlüsse der zweiten Komponente enthält. - Vgl. → Tricelon, → Source.

Matrosenbluse, Bluse mit Matrosenkragen, der in eine fest gebundene Krawatte ausläuft. Die Matrosenkrawatte war auch das Kennzeichen der früher viel getragenen Matrosenanzüge für Kinder. - Vgl. → Marinière.

Matthäkelgarn, verhältnismäßig weiches Häkelgarn in groben Nummern bis Nr. 50 auf 10-g- und 50-g-Knäueln, besonders für Netze.

Mattdruck, Abart des → Pigmentdruckes; Mattierung von Pigmentdrucken ist möglich durch Zufügung von Weißpigmenten (z.B. Titandioxid) zu Farbpigmenten; bei Verwendung härtbarer Kunstharze als Bindemittel können auch plastische Mattdrukke hergestellt werden. Matteffekte, die auch als Damasteffekt bezeichnet werden, ergeben sich durch Aufdruck bestimmter Substanzen (z.B. Zinkacetat), die in einem nachfolgenden Fällbad unlösliche Farbpigmente in der Faser bilden.

Mattieren, Einlagerung feinstverteilter Fremdstoffe (zum Beispiel Titandioxid oder Bariumchlorat) in die Spinnmasse von Chemiefasern zur Erzielung spinnmattierter Fäden und Fasern. Nachträgliches Entglänzen von Garnen oder Stoffen aus Chemiefasern geschieht durch Oberflächenbehandlung (z.B. Abkochen von 2½ Acetat in Seifenlauge) oder Aufbringen von Pigmenten auf die Faser mit der Folge, daß das auftreffende Licht diffus zerstreut wird.

Mattkrepp, leichter Kleiderstoff, auch bedruckt, mit matter Kette und 2 S / 2 Z-gedrehtem Schuß, durch Schnürchenaufrage etwas griffiger als Marocain. - Vgl.

→ Crêpe marocain, → Flamenga, → Flamisol.

Mattleder, nach Zurichtung und Art der Gerbung matt wirkendes Glattleder (→ Suèdeleder, → Mocha, → Wildleder, → Waschleder).

Mattstickgarn, auch Mattgarn genannt, weiches Stickgarn aus Baumwolle für Kreuz-, Platt- und andere Ziersticharbeiten auf grobgewebten Stoffen. Auch als Kelimgarn geeignet.

Maulbeerseide, hochwertigste → Naturseide vom Maulbeerspinner, ergibt die noppenfreie → Japanseide, einzige → Haspelseide. - Gegensatz: → Tussah-Seide. Vom → Kokon werden etwa 500-1000m, im Mittel 700m reale Seide aus der Mittelschicht abgehaspelt. Die Länge des gesamten, aber nicht abhaspelbaren Seidenfadens je Kokon beträgt das Doppelte und mehr. Innerhalb des Kokons schwankt der Titer; innen ist er am feinsten. Für 1 kg Rohseide braucht man etwa 10-11 kg Kokons. Dem Abhaspeln geht das Sortieren und das Einweichen (Kochen und Bürsten) der Kokons voraus. - Vgl. → Naturseide, → Haspelseide, → Reale Seide, → Japanseide.

Maus- und Rattenzähnchen, durch den Ausdruck treffend gekennzeichnete Musterungsart handwebähnlicher Stoffe mit gesprenkeltem Hell-Dunkel-Bild.

Mauritius-Faser, lt. TKG zu den „sonstigen Fasern" zu zählende Blattfaser der Aloe-Pflanze, auch Pita-Faser genannt, ähnlich → Sisal. Verwendung in der Seilerei und für Sackgewebe.

MAV-Webmaschine, nach dem Hersteller auch SACM-Webmaschine genannt, schützenlose „Fluggreifer"-Webmaschine, bei der der Schußeintrag durch zwei starre, nicht geführte Greifer erfolgt, deren Steuerung im Zusammenhang mit der Ladenbewegung erfolgt. Ein Eingangsgreifer übernimmt den auf Kopsen aufgewundenen Schußfaden, führt ihn in der Mitte des Webstuhls dem Ausgangsgreifer zu, der ihn übernimmt und auf die andere Seite

des Fachs zieht. Die beiden Greifer bewegen sich demnach gleichmäßig und gegenläufig. Die MAV kann bei rascher und einfacher Umstellbarkeit große Mengen von Geweben mit einem bis achtfachen fadenweisen und beliebigen Schußfadenwechsel herstellen, wobei auch sehr empfindliche und grobtitrige Garne ohne Verminderung der Tourenzahl und ohne Notwendigkeit einer zusätzlichen Ausrüstung der Garne verarbeitet werden können. Alle Bindungen, auch Jacquard, sind möglich. Dreherkante. - Vgl. → Webmaschine.

Maxbo-Düsenwebmaschine, schützenlose Webmaschine, bei der der Schuß durch eine Düse ins Fach eingeblasen und von der anderen Seite durch Luftsog angezogen und gestrafft wird. Der von Großspulen abgezogene Schuß wird fast zugfrei der Düse zugeführt und durch das 90-120cm breite Fach gebracht. Nur Tuchbindung, Dreherkante. - Vgl. → Webmaschine.

Mazametwolle, → Schwitzwolle, → Hautwolle, aus der Haut geschlachteter Tiere gelöste Wolle; die Felle werden in luftdicht abgeschlossenen Räumen nach mehrmaliger Wäsche zum Schwitzen aufgehängt; die Wollen können dann mit der Wurzel leicht und ohne Schädigung aus der Haut gezogen werden. Da das Haarwurzelkeratin durch bakterielle Gärung biologisch abgebaut wird, tritt eine nur unwesentliche Faserschädigung ein. - Vgl. → Schwödewolle.

Measac-Verfahren, → Formfestbehandlung von Wollstoffen durch Einsprühen von Monoäthanolamin-Sulfit an den gewünschten Teilen des konfektionierten Bekleidungsstücks und nachfolgender Bügelpressung. Möglich ist auch die → Vorsensibilisierung des gesamten Stoffs mit dem gleichen Präparat; nach dem Konfektionieren wird nur mehr angefeuchtet und gepreßt. - Vgl. → Siroset.

Mecano, Damenhose mit viereckigem Brustlatz und Trägern. - Vgl. → Latzhose, → Salopette.

Medaillondessin, Allgemeinbegriff für klar abgegrenzte, konturierte, für sich allein stehende, über den Fond verstreute Muster.

Medaillonkissen, Kopfkissenbezüge mit Jacquardmuster, das in seiner Ausarbeitung genau der Kopfkissengröße angepaßt ist.

Medifil, lt. TKG: Modal; französische Polynosefaser (CTA).

Mediogarn, Baumwollgarne mit mittlerer Drehung und mittlerer Feinheit für Kette und Schuß zu verwenden. Sie sind feiner als → Mulegarn, aber grober als → Watergarn.

Med Proof, englische Ausrüstung für → Foam-backs; die zwischen Oberstoff und Kaschierung liegende Chemikalie verhindert das Eindringen von Wasser und macht die schaumstoffkaschierten Artikel wasserdicht. - Vgl. → Foam backs, → Schaumstoffbeschichtung, → Kaschieren.

Meerwasserechtheit, für Bade-, Strand- und Segelkleidung wichtige Widerstandsfähigkeit von Färbungen und Drucken auf Stoffen und Folien gegen die Einwirkung des Meerwassers. - Vgl. DIN 54007/53954, → Echtheit.

Mehrbereichseinlage, → Stufeneinlage, zuschnittfertige Leichteinlage, bei der der Versteifungseffekt partienweise für die Schulter-, Brust- und Schoßpartie des Sakkos modifiziert wird. Dies kann durch in Kett- oder Schußrichtung veränderte Webdichte, durch Aufkaschieren eines zweiten Materials für Schulter- und Brustpartie oder durch Vliese mit vollverstärkten, teilverstärkten und unverstärkten Zonen geschehen.

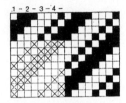

Beidseitiger Mehrgratköper

Mehrgratköper, Kombination mehrerer einfacher Köperbindungen mit gleicher Diagonalrichtung. Wollstoffe dieser Art hei-

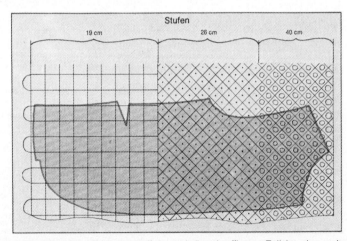

Bondierter Mehrbereichs-Einlagenstoff. Im schrägschraffierten Teil ist ein zweiter Einlagenstoff mit verschiedener Verstärkungswirkung für Schulter- und Brustteil aufbondiert. Die Kettrichtung des Grundgewebes verläuft in der Abbildung quer zum Schnittlagenbild.

ßen häufig → Diagonal, Seidenstoffe, z.B. → Surah. Vgl. → Köperbindung, → Fischgrat, → Herringbone, → Spitzköper.

Mehrkomponentenfaser, Mehrschichtenfaser, Chemiefaser, die aus mindestens zwei (→ Bikomponentenfaser) trennbar miteinander verbundenen Rohstoffen besteht, deren chemischer und/oder physikalischer Aufbau unterschiedlich ist. Zusammen mit den → Multipolymerisaten gehören sie zu den „Chemiefasern der zweiten Generation". - Vgl. → Antistatische Fasern.

Melafix, → Antifilzausrüstung von Wolle durch chemische Veränderung der Schuppen (Abätzen durch Behandlung mit schwachen Chlorlösungen und anschließende Neutralisierung) ähnlich → Basolan.

Melange, durch Mischung verschieden farbiger Flocken erzeugte verwaschene Mehrtonmusterung. Eine Melangemusterung kann auch dadurch hervorgerufen werden, daß zwei oder mehrere Textilrohstoffe mit verschiedener Anfärbbarkeit (Affinität) gemischt werden. Vgl. → Differential-dyeing. Dadurch, daß die eine Faser die für die andere Faser bestimmte Farbe nicht annimmt, lassen sich Melangemusterungen in der Stückfärbung erzielen. - Vgl. → Naturmelange, → Sortierungsfarbe, → Marengo, → Vigoureux, → Mouliné.

Melloform, amerikanischer Baumwollpopeline oder -batist mit kunstharzfreier Pflegeleichtausrüstung („Shell Acrite 100 Reactant"), bei Erhaltung der Weichheit. - Vgl. → Cottonova, → Bancare, → Sulfone, → Ravissa, → Supercotton.

Meltonausrüstung, Gegensatz zur → Kahlappretur, matte Ausrüstungsart von → Streichgarnstoffen aus Wolle, wobei durch starkes → Walken und leichtes → Rauhen ein strichloser, stumpfer, verfilzter und dichter Faserflor ohne Strich entsteht, der das Bindungsbild nicht mehr erkennen läßt. Dem Verschleiß besonders ausgesetzte Stellen wetzen sich leicht ab. Streichganmelton ist schwerer als → Fla-

nell, die Oberfläche ist rauher und wirrer. Vgl. → Veloursausrüstung, → Strichausrüstung, → Walken.

Meraklon, lt. TKG: Polypropylen; italienische Polypropylenfaser (Montecatini) und qualitätsgeprüfte Erzeugnisse daraus. In der Herstellung billig, leicht, dehnfähig, von guter Festigkeit, vorderhand noch schwer zu färben, chemisch beständig, neigt nicht zu elektrostatischer Aufladung und nicht zur Pillingbildung, deshalb gut zu verarbeiten; vor allem für Teppiche und Schlafdecken sowie Babykleidung; endlos für Strümpfe → Differential-dyeing ist möglich. Auch mit → trilobalem Querschnitt (glänzend); Strumpftypen eignen sich für → Nadelfilz ohne Harzimprägnierung. - Vgl. → Ulstron, → Herculon.

Mercerisieren, Merzerisieren, Behandlung von Baumwollgeweben und Zwirnen,

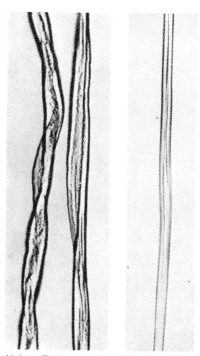

Links: Rohbaumwolle (mit Windungen); rechts: Mercerisierte Baumwolle.

neuerdings auch von Einfachgarnen (→ Prograde), in konzentrierter warmer Natronlauge unter Spannung zur Erzielung eines waschfesten Glanzes und erhöhter Festigkeit. Die Aufnahmefähigkeit für Farbstoffe, die Waschbarkeit und die → Dimensionsstabilität werden erhöht. Der knirschende Griff mercerisierter Gewebe erinnert an das Gehen auf frisch gefallenem Schnee. Unter dem Einfluß der Natronlauge schrumpfen Gewebe, nehmen an Dichte und Festigkeit zu; die Faser selbst verändert ihre Struktur erheblich. - Spannungsloses Mercerisieren sollte man korrekt als → Laugieren bezeichnen. - Vgl. → Kaltmercerisation.

Merinova, lt. TKG: Regenerierte Proteinfaser; aus Lanital entwickelte, verbesserte italienische „Milchwolle" (→ Kaseinfaser, → Proteinfaser), auch spinngefärbt.

Merino-Wolle, 36 bis 150mm lange und damit verhältnismäßig kurze, stark gekräuselte, matte, weiche und feine Schafwollart. Sehr gleichmäßig und elastisch, Feinheitsklassen AAAA bis B. - Vgl. → Cheviotwolle, → Crossbredwolle, → Metis-Wolle.

Merveilleux, schwerster und zugleich feinster, glänzender Futteratlas aus Viskose, vor allem für Mäntel. - Vgl. → Fulgurant, → Duchesse.

Méryl, lt. TKG: Modal; hochfibrillige (= sehr feiner Einzeltiter) frz. Polynosefaser. - Vgl. → Medifil.

Merzerisieren, siehe unter → Mercerisieren.

Messerplissee, vor allem für feingarnige Stoffe geeignete Art dauerhafter Faltenlegung mit messerscharf hochstehender Kante. Nicht für starke Figuren zu empfehlen. Auch Stehplissee genannt.

Metallfaden, lt. TKG: Metall; gezogene feine Drähte aus Bronze, Platin, Eisen (roh, verzinnt und verzinkt) sowie aus Stahl (→ Brunsmet) für technische Zwecke, (Drahtgewebe und Drahtgeflechte, Stahlcord in Autoreifen), als Spinnfaser zur Erhöhung der elektr. Leitfähigkeit sowie für textile Zwecke (→ Leonische Fäden).

Metallfolie, schmalgeschnittene (→ Mylar-, → Cellophan-) Folien, zwischen die eine Metallfolie (meist Aluminium) eingebettet ist. Sie sind leichter zu verarbeiten, geschmeidiger, scheuerfester und gegen Oxydation unempfindlicher als → Metallfäden oder → Leonische Gespinste. Farbeffekte werden durch Färben der Aluminiumfolie (→ Bedor) oder durch Verwendung farbiger Kleber (→ Lurex, → Rexor) hervorgerufen. Ähnliche Wirkung wird durch metallglänzende Folien hervorgerufen, die eine Seele aus → Mylar enthalten (Lurex MM, → Chromeflex). - Vgl. → Lahn, → Leonische Fäden, → Brokat, → Lamé.

Metallisieren, Aufbringen von Metallstaub durch → Beschichten (Tränken mit Kunstharz-Klebstoffen und Bestäuben mit Metallpulver), auf elektrolytischem Weg oder durch Verstäuben von Metallen im Hochvakuum auf Textilien unter Erhaltung der Porosität. Bei der (weniger echten) Beschichtungsmethode kann die Luftdurchlässigkeit dadurch verbessert werden, daß ein mit einem Kunststoff/Metallstaub-Gemisch bestrichenes Gewebe ein Hochfrequenzfeld passiert, wobei die Entladung die Schicht unter Bildung feiner Poren durchlöchert (→ Milium). - Die Spiegelwirkung des Metallstaubes soll bei Vorhangstoffen die Sonnenwärme abhalten und die Hauswärme ins Zimmer zurückstrahlen. Ähnlichen Sinn hat die Metallisierung von Futterstoffen; dieser Effekt wird aber bestritten. - Metallisierte Fäden erhalten ihren Metallcharakter durch galvanisches Vergolden, Versilbern oder Verkupfern oder durch das Überziehen eines Baumwollgarns als Trägermaterial mit einer Zelluloseacetathülle, die feinverteiltes Metallpulver enthält (z.B. → Bayko-Garn). - Vgl. → Metalon, → Veralon, → Leonische Fäden.

Metallkomplexfarbstoffe, moderne Farbstoffart für Synthetics, insbesondere Polyamide, Acrylfasern und Polyesterfasern. Sie bestehen aus verhältnismäßig großen Molekülen, die neben dem eigentlichen Farbstoff ein oder mehrere Atome der Metalle Chrom, Nickel oder Kobalt enthalten.

Sie ermöglichen auf Wolle Färbungen mit hoher Licht-, Naß- und Schweißechtheit. Gleichmäßiges Färben ist schwierig. - Eine Gruppe dieser Farbstoffe, die → Telogen-Farbstoffe, eignet sich für Polyamide und Polyurethane und erlaubt sehr echte, direkte Färbungen.

Metalon, Verfahren zur festen Verbindung von Metallmolekülen (z.B. Aluminium) mit der Oberfläche eines Stoffes durch Aufschießen des im Hochvakuum bei 1400 Grad Celsius verdampften Metalls auf das Gewebe; die etwa $\frac{1}{1000}$mm dicke Schicht wird anschließend dauerhaft fixiert. Vor allem für Vorhangstoffe. - Vgl. → Metallisieren, → Veralon.

Metamere Farben, „bedingt gleiche" Farben, die trotz verschiedener spektraler Zusammensetzung dem Auge gleich erscheinen; die Farbdifferenz wird erst durch verschiedenes Licht (Tageslicht und Lampenlicht) erkennbar.

Metis-Wolle, durch Rückkreuzung von crossbredartigen, russischen Schafrassen in Richtung Merinoschaf gewonnene Wollen im Charakter mittlerer → Merinoqualitäten.

Metis-Velours, siehe unter → Pelzvelours.

Metlon, robuste → Metallfolie von hoher Reißfestigkeit mit Aluminiumseele und beidseitiger Verklebung mit Polyesterfilm, Farbstoff im Kleber. Stückfärbung ist möglich.

Metrische Nummer (Nm-sprich: Nummer metrisch), bezeichnet ein Garn nach Länge in Metern durch Gewicht in Gramm. - Vgl. → Längensystem, → Numerierung, → tex, → Ne.

Metzgerstreifen, dichtes, kettgestreiftes Baumwollgewebe in Köperbindung, für strapazierfähige Berufsbekleidung; in weicherer Ausführung auch für junge → Legerkleidung. In Blau/Weiß: → Regatta.

M/F-Type, siehe unter → Matrix/Fibrillen-Type, → Heterofaser.

Micro-Length-Ausrüstung (MLS-Verfahren), Schweizer Ausrüstungsverfahren (Raduner) für Gewebe aus Zellulosefasern zur Erzielung hoher Pflegeleichtigkeit bei nur geringfügigen Verlusten an Reiß- und Einreißfestigkeit. Das Gewebe wird auch einlauffest. Es handelt sich um ein rein mechanisches Verfahren auf Spezialmaschinen, das den Kunstharzausrüstungen vorangeht und erhöht den Effekt während des Kondensierens der Kunstharze unter Spannung in der Faser.

Micro-Mesh, meist nahtloser Strumpf in einer besonderen Bindungsart (3/1 oder 2/1 Preßmuster, um eine Masche je Reihe versetzt), die dem Gewirke eine der Hautstruktur angemessene Narbung verleiht. In einer Richtung laufmaschensicher.

Midi, modische Rocklänge, länger als „Kniebedeckt", ca. 62cm bei Gr. 38; vgl. → Mini, → Maxi, → Längen.

Mieder, Miederwaren, Sammelbegriff für alle hauteng geformten, elastischen oder unelastischen Unterbekleidungsstücke für Damen mit stützender und formender Wirkung. - In der Trachtenkleidung werden auch kurze Überbekleidungsstücke mit deutlicher Büstenbetonung als Mieder bezeichnet. Zu den Miederwaren gehören Büstenhalter, → Hüftgürtel, → Strumpfhaltergürtel, → Korsett, → Korselett, → Miederhose, → Panty, → Sportgürtel. - Vgl. → Molded bra, → Longline, → Hipster, → Bandeaux-BH., → Haftschalen-BH.

Miederband, Ripsband, meist mit Stäbchen in 4-5cm Abstand, die das Zusammenrollen des Hosen- oder Rockbundes verhindern, die Ausdehnung des Oberstoffes am Rockbund und das Herausgleiten von Hemd uund Bluse verhüten sollen. Die 3-4cm breiten Miederbänder werden nunmehr auch mit aufliegenden Gummifäden oder Schaumstoffauflagen hergestellt, die sich gleichsam an Hemd und Bluse festsaugen. - Vgl. → Schaumstoff-Schnittfäden.

Miederhose, siehe → Panty und → Longline, → Hipster.

Miederrock

Miederrock, Rock mit angearbeitetem oder angeschnittenem Miederteil.

Mikrocord, andere Bezeichnung für → Feincord oder → Babycord.

Milanaise, Westentaschen- und Westenrückenfutter, dreibindiger → Schußköper, mit wenig Glanz, weichem Griff und unausgeprägter Köperdiagonale.

Milanese, maschenfeste → Kettenwirkware mit deutlicher Maschendiagonale für Damenunterwäsche; gegenlegiger Rechts/Links-Atlas ohne Umkehrreihe. Elastischer als übliche Kettengewirke. - Vgl. → Maratti-Maschine.

Milano-Rib, oder -Ripp, siehe unter → Italienisch Schlauch.

Milchwolle, lt.TKG: Regenerierte Proteinfaser; aus dem phosphorhaltigen Eiweiß der Milch hergestellte → Kaseinfaser (siehe dort).

Military-Look, Damenkleidung im Uniformstil mit Passen, Epauletten, hohen Eckenkragen und doppelreihigen Verschlüssen. In der Herren-Leger-Kleidung: oft sklavisch an die Vorbilder der Kampfkleidung des Heeres angelehnte Bekleidungsstücke in typisch grüngrauer oder olivfarbiger Färbung. - Vgl. → Commander-Parka, → Field-Jacket, → Fighting-Suit.

Milium, durch Beschichtung → metallisiertes Gewebe mit hoher Luftdurchlässsigkeit; mit Hilfe von Hochfrequenzströmen wird die Beschichtung porös durchlöchert.

Mille fleurs, Millfleurs, französisch: Tausend Blüten, verstreute kleine Blümchenmuster auf Wäsche- oder Kleiderstoffen. - Vgl. → Nebelblümchen, → Liberty-Blumen.

Mille-plis-Brust, Verzierung der Brustpartie vor allem von Smokinghemden mit vielen feingenähten Fältchen.

Millitron-Verfahren, computergesteuertes Farbeinspritzsystem zur (druckähnlichen) Farbmusterung von → Tufting-Teppichen mit bis zu acht Farbwerken und 13 000 Spritzdüsen und einer Arbeitsbreite von 4m.

Millpoints, kleinste, durch Buntweben hervorzurufende Musterung; die Stofffläche überziehende, sehr feine und oft durch Naturseidendurchzüge hervorgerufene Punktmusterung.

Millrayé, 1. Feincord mit wenigstens 48 Rippen auf 10cm Warenbreite, in der Regel in hoher Schußdichte und mit niedrigem Flor.
2. ganz schmal gestellte, feine Parallelstreifen in Kettrichtung.

Mill-washed, Sammelausdruck für Stoffe im Baumwollcharakter, die in der Weberei vorgewaschen und dadurch besonders weich im Griff geworden sind. - Vgl. → Delavé, → Wash out, → Waschcord, → Second-Hand-Look, → Used-Look.

Mindern, Verringerung der Maschenzahl in einer Reihe, auch als → Eindecken bezeichnet. Gegensatz: → Ausschlagen.

Mineralgerbung, Gerbeverfahren von Leder mit mineralischen Gerbstoffen (→ Alaungerbung, → Chromgerbung). Der → Narben des Leders kommt schöner zum Ausdruck als bei → vegetabilisch gerbtem Leder. Das Leder wird weich und dehnbar, bleibt jedoch zäh und wird hitzebeständig. - Das wichtigste alaungegerbte Leder ist → Glacéleder mit weißer Schnitt-

Military-Look in der Damenmode: verbreiterte Schultern, Epauletten, Ärmelspangen, uniformähnliche Teller- und Kingscoat-Kragen, auch zweireihig, ergänzt durch Umhängetaschen im Uniform-Stil.

kante. - Vgl. → Leder, → Gerbeverfahren, → Samischgerbung, → Chromleder.

Minicare, Schutzmarke (Bancrofts) für eine → Wash-and-wear-Pflegeleichtausrüstung ähnlich → rapid iron mit mehreren Durchläufen durch Kunstharzbäder; nach jedem Durchlauf wird bei etwa 150°C konden-

siert. Die Gewebe aus zellulosischen Fasern sind leicht zu waschen, brauchen nur wenig oder gar nicht gebügelt zu werden, sind knitterarm, gehen maximal 2% ein, sind formbeständig, absorptionsfähig und angenehm im Tragen; sie schmutzen wenig. Die Ausrüstung ist bei einfarbigen, bedruckten oder buntgewebten Baumwollstoffen anwendbar.

Mini iron, Minimum iron, Handelsbezeichnung für Gewebe mit Wash-and-Wear-Pflegeausrüstung auf Kunstharzbasis.

Mink, gut züchtbarer → Nerz.

Minting, Kaschierverfahren mit Hilfe von Polyurethanklebern; vgl. → Bonding, → Kaschieren, → Multitextilien.

Miralon, nach dem → Zahnredtexturierverfahren sägezahnförmig gekräuseltes Garn aus thermoplastischen Synthetics mit → trilobalem oder rundem Querschnitt und boucléartigem Effekt; voluminös, aber kaum dehnbar, für Strickwaren.

Mischpolymerisat, durch den Begriff → Multipolymerisat ersetzt.

Mischstromverfahren, Abwandlung der → Chemietexturierung zur Herstellung von → Bikomponentenfasern mit ungleichmäßiger, aber schichtweiser Verteilung durch partienweises Zuführen der beiden Komponenten zu den Düsen (→ Mixed-stream-spinning). - Vgl. → S/S-Typen.

Verteilung der Komponenten beim Mischstromverfahren (schematisch)

Mitin, waschechte Mottenechtausrüstung (Geigy); macht die Wolle für Textilschädlinge (mit Dichlordiphenyläther) ungenießbar. - Vgl. → Eulan.

Mix and match, engl.: „Mischen und passend zusammenstellen"; vor allem in der Herrenmode gebräuchlich gewordener Ausdruck für die Zusammenstelluung mehrerer in sich selbständiger Kleidungsstücke aus verschiedenem Material in verschiedenem Schnitt, aber von gleichem Stil und farblich zusammenpassend, zu einer individuell, aber geschlossen wirkenden Kombination. - Vgl. → Mustermix.

Mixed-stream-spinning, siehe unter → Mischstromverfahren, → Chemietexturierung, → Bikomponentenfaser.

MLS-Verfahren, siehe unter → Microlength-Verfahren.

Mochaleder, Mattleder, Handschuhleder aus dem Fell der nordafrikanischen Schwarzkopfschafe. Es wird auf der Narbenseite, das heißt auf der Seite, auf der die Haare waren, vor dem Gerben nur wenig geschliffen, wodurch es eine samtartige Oberfläche erhält. - Vgl. → Leder.

Mochetto, feines, nach → Nubuk zugerichtetes, auf der Narbenseite geschliffenes hochwertiges Kalbleder mit samtartiger Oberfläche. - Vgl. → Laponia, → Leder.

Modacryl, lt. TKG: „Fasern aus linearen Makromolekülen, deren Kette aus mehr als 50 und weniger als 85 Gewichtsprozent Acrylnitril aufgebaut wird". - Mit dem TKG ist der Ausdruck Modacryl auf die → Multipolymerisate mit weniger als 85% Acrylanteil beschränkt worden. In den USA werden auch Acryl-Multipolymerisate bis 35% Acrylanteil zu den „Modacrylics" gerechnet. Modacrylfasern mit 85% Acrylanteil: → Acrilan, → Creslan, → Zefran, → Velicren. - mit 50% Acryl und 50% Vinylidenchlorid: → Teklan; mit 60% Acryl und 40% Vinylchlorid: → Kanekalon; mit 80% Acryl und 20% Vinylchlorid oder Vinylidenchlorid: → Verel. Das Multipolymerisat → Dynel mit einem Vinylchloridgehalt von 56-63% ist nach TKG ein → Polychlorid.

Modalfaser, lt. TKG: „Regenerierte Zellulosefasern, hergestellt durch Verfahren, die eine hohe Festigkeit und einen hohen Elastizitätsmodul in nassem Zustand verleihen. Diese Fasern müssen in feuchtem Zustand eine Zugfestigkeit von 22,5g/tex aufweisen, wobei unter dieser Belastung die Dehnung nicht höher als 15 v. H. sein darf". - Diese Definition trifft auf die → Polynosischen Fasern und auf die → HWM-Fasern zu. Beiden gemeinsam ist das homogene Fasergefüge ohne Unterschied in der Faserdichte zwischen Mantel und Kern (→ Mantelfaser, → Vollmantelfaser) und die hochpolymere, der Baumwolle ähnlich Fibrillärstruktur mit nicht gekerbtem, sondern rundlichem bis bohnen- oder nierenförmigem Querschnitt. HWM- und Polynosische Fasern unterscheiden sich darin, daß Polynosics wegen des höheren Naßmoduls besser mercerisierfähig sind und einen kernigen Griff aufweisen, während die HWM-Fasern eine höhere Schlingen- und Biegefestigkeit aufweisen. - Vgl. → Viskoseverfahren.

Modeldruck, 1. Technik des Stoffdrucks mit stempelartigen, früher aus Holz geschnitzten Druckformen nach Art des → Hochdrucks; heute noch als Hand-Modeldruck hergestellte Stoffe dürfen als „Blockdruck" bezeichnet werden; Handdrucke können auch Filmdrucke sein. - Maschineller Modeldruck: → Perrotinendruck. - Vgl. Reliefdruck, → Handgemalte Stoffe.
2. Drucke mit insgesamt flacher Wirkung und mit Motiven aus der alpenländischen Volkskunst.

Modifiziertes Acetat, Ergebnis verschiedener Bemühungen, Acetat naturseidenähnlich zu machen: durch thermische Verfahren mit der Folge molekularer Strukturverschiebungen (z.B. → Stella), durch → Texturieren nach dem → Falschdrahtverfahren (häufigste Methode, vgl. z. B. → Berwicete, → Chavacete, → Dolcetta, → Fioraceta, → Krepplon, → Madison, → Bilacetta, → Borgosil, → Camelon, → Chavacete), durch → Texturieren nach dem → Taslanverfahren (z.B. → Rhodelia, → Taslan); durch Herstellung von → Kombinationsgarnen nach dem → Stretch-core-Prinzip (Verzwirnen mit einem Polyamid- oder Polyesterfaden) (z. B. → Pymlan, → Stellanyl, → Sybiola, → Tissabel, → Tissabryl, → Volubil, → Lismeran).

Modifiziertes Polyamid, Polyamidfasern, die durch atypischen Querschnitt (→ Profilfasern) eine Veränderung der Glanzwir-

kung, des Griffs und des Volumens und eine Verminderung der → Pillinganfälligkeit erfahren haben; sowie → Copolymerisate zur Verbesserung der Anfärbbarkeit und des elektrostatischen Verhaltens, schließlich → Bikomponentenfasern des → S/S-Typs oder des → M/F-Typs zur Veränderung der Bauschfähigkeit, des → C/C-Typs (→ Dipolyonfaser) zur punktförmigen Verschweißung ohne Bindemittel. Auch flammenbeständige, durch Einlagerung von Chemikalien → antistatische und durch eingeschmolzene Aufheller lichtstabilisierte Typen werden dieser Gruppe zugerechnet. Gegensatz: → Texturierte Polyamide.

Modifizierung, Summe aller Maßnahmen, die zur Erzielung wesentlich abgeänderter oder verbesserter Gebrauchseigenschaf-

Polyamid-Profilfasern: oben: Querschnitt dreieckig, Längsansicht mit „Grat"; unten: Querschnitt 10zackig, Längsansicht stark gestreift.

ten eine chemische oder physikalische Veränderung textiler Faserstoffe bewirken. - Beispiele: → Modifiziertes Acetat, → Cross-linking, → Brunsmet, → antistatische Ausrüstung durch Einlagerung von Chemikalien, → Nomex usw.

Mohair, 1. Wolle der → Angoraziege, lt. TKG: „Mohair" mit und ohne Zusatz „Wolle", 120-300mm lange, nur wenig gelockte Glanzwollart, die schwer zu walken ist und nicht filzt. Glatte Stoffe mit hohem Mohairanteil in Kammgarnausrüstung sind wenig strapazierfähig, bedürfen guter Pflege und häufigen Bügelns; sie sind sehr schwer zu nähen. - Vgl. → Kid-Mohair.
2. Meist langhaarige Kleider- oder Mantelstoffe, denen die glanzreiche weiße und feine Wolle der Angoraziege beigemischt ist.

Moiré, deutlich querrippiger Taft mit wasserlinienartiger Musterung, die durch Verziehen feucht aufeinanderliegender Gewebebahnen unter einem Kalander erzielt wird (echter Moiré mit „Bruch"). Unechte Moiré wird auf einem Kalander mit quergeriffelten Walzen oder auf dem Gaufrierkalander mit einer regelmäßig wiederkehrenden Aderung versehen. Die Art der Herstellung des Moiré-Effektes hat auf dessen Haltbarkeit keinen Einfluß, wohl aber der verwendete Rohstoff. Das nicht quellende Acetat ergibt den dauerhaftesten Moiré-Effekt, da das schillernde Warenbild durch teilweises Plattdrücken der Rippen entsteht.

Moiréband, feines Taft- oder Ripsband, das durch die Moirierung je nach dem Sichtwinkel verschiedenartig spiegelt.

Moiré combiné, linksseitig vorgeprägter Moiré; die Prägestellen nehmen bei der Moirierung der rechten Warenseite keine Musterung an oder verändern sie.

Moiré glacé, Moiré auf einem Grund mit Wechselrippe; durch paarweise Anordnung verschiedenfarbiger Kettfäden erhalten die Rippen wechselweise verschiedene Farben. - Vgl. → Faille.

Mokett, siehe → Moquette.

Molded bra, nahtlos vorgeformter BH

Molded bra, durch Plastifizieren vorgeformtes Büstenhalterkörbchen ohne Naht aus synthetischem Material, gibt besonders gute, natürliche Form. Meist mit kleiner eingearbeiteter Stütze (Spirale usw.). Die Körbchen werden im Tiefziehverfahren in die deckende Raschelspitze aus Synthetics hineingepreßt und besitzen ausreichende Waschbeständigkeit. Vorteile: Neben den produktionstechnischen, für die Trägerin, daß sich unter dünner Oberbekleidung keine Naht mehr abzeichnen kann.

Moleskin, 1. griffiger, ungerauhter, manchmal mit Unterschuß verstärkter Baumwollstoff in Schußatlasbindung, für Männerhosen. Wird kaum mehr hergestellt.
2. Kräftiges, aber feinfädiges Hosentaschenfutter für hochwertige Anzüge, fünf- oder mehrbindiger Schußatlas aus Baumwolle oder Viskosespinnfaser. - Vgl. → Fu-

stian, → Velveton, → Duvetine, → unechter Samt.

Molette, Molettengravur, ältestes mechanisiertes Gravurverfahren für Druckwalzen, besonders wichtig für fein gezeichnete, in einzelne Punkte aufgelöste Dessinierungen. Zunächst wird ein Rapport (oder einige wenige) von der Zeichnung auf eine kleine ungehärtete Walze („Muttermolette") übertragen und von Hand mit dem Stichel graviert. Nach Härtung dieser Walze wird das Muster auf eine größere ungehärtete Walze (die ein Mehrfaches der Rapporte aufnehmen kann) aufgepreßt („Tochtermolette") und durch Ätzen vertieft. Schließlich wird von der gehärteten Tochtermolette, die ja das Muster reliefartig trägt, die Dessinierung auf die (wesentlich breitere) Kupferwalze in der ursprünglichen Form und Tiefe (der Muttermolette) übertragen. Das Verfahren kommt also mit vergleichsweise wenigen Gravurarbeiten aus; Molettengravuren sind sehr haltbar, abgenutzte Walzen können durch „Nachmolettieren" wieder druckfähig gemacht werden. Der Vorteil des Verfahrens gegenüber anderen liegt in der wesentlich tieferen Einkerbung der Motive mit der Möglichkeit, besonders prägnante Kleinmuster (z.B. für Hemden und Blusen) herstellen zu können. - Vgl. → Pantographengravur, → Fotogravur.

Moltofur, schaumstoffkaschiertes, sehr leichtes Polgewebe (Pelzimitation) mit einem Flor aus spezialmattierter Viskoseseide, das durch die Kaschierung ein gutes Wärmerückhaltevermögen erhält, aber geschmeidig bleibt und wasserabperlend ausgerüstet wird. Chemische Reinigung ist möglich. Ähnlich: Synthrofur. Vgl. → FunSkin, → Tierfellimitat, → Schaumstoffkaschierung, → Foam backs.

Molton, schweres rohfarbiges oder gelbliches → Rauhgewebe aus Baumwolle für Bettücher und Einlagen mit deckendem, stumpfem Rauhflor, oft in Doppelschußtechnik.

Moltopren, Polyurethanschaum (Bayer), Polyester oder Polyäther. Polyester (Moltopren S) hat höhere Einreiß- und Zugfestig-

keit, Moltopren T (Polyäther) weicheren Griff und Warenfluß, quillt bei der Reinigung stärker und ist anfälliger. Kombination beider Typen ist möglich. - Vgl. → Schaumstoffkaschierung, → Foam backs, → Jerseypren, → Schaumstoff-Schnittfäden, → Aerolen, → Ceolon.

Mondrian (-Muster), auf Motive des gleichnamigen holländischen Malers zurückgehende, ungewöhnlich großflächige Musterungsrichtung von Stoffen (auch Jersey-Bekleidung und Bademoden), mit schwarz konturierten, verschiedenfarbigen geometischen Figuren unterschiedlicher Größe, wie Kreuz, Quadrat, Bahnen und Rechtecke.

Monell, feinste musselinartige Krepps mit einem Wollanteil von 20-30%; Schuß: 120er Diolen/Schurwollgarn, 55/45, Kette: Hochgedrehtes Diolen-Endlosgarn, stückgefärbt und bedruckt.

Monforisieren, mechanisches → Krumpfen von Geweben durch Stauchen in der Länge und Fixieren zur Vorwegnahme des Einlaufens. Ähnlich → Sanfor.

Monoaxial, „in einer Achse". Werden → Flachfäden z.B. aus → Polypropylen oder Niederdruckäthylen im thermoplastischen Zustand monoaxial gereckt (verstreckt), nimmt die Festigkeit in axialer Richtung durch Orientierung der Kettenmoleküle stark zu, die Quervernetzung geht aber teilweise verloren, so daß die Bändchen aufspleißen können. - Vgl. → Polital.

Monochrom-Farben, sog. → „Farbfamilien", den Set-Gedanken fördernde Zusammenstellung ähnlichster, auf jeden Fall harmonisierender Farben verschiedener Ton- und Helligkeitsstufen. Im Gegensatz zu → Ombré, → Degradé oder → Camaieux sind die Farben nicht gleichartig.

Monoelastisch, nur in Kett oder Schußrichtung elastische → Stretchstoffe, sog. Einzugware.

Monofil, endlose Chemiefäden, die nur aus einer einzigen Einzelfaser bestehen. Gegensatz: → Multifil. Gegenüber gleichwertigen Multifilen sind Monofile weniger flexibel, werden bei niedrigeren Temperaturen thermoplastisch und zeigen einen höheren Koch- und Hitzeschrumpf. Bei Erhitzung tritt ein höherer Festigkeitsverlust ein. - Verwendung für Nähfäden (Polyamid), Fischernetze, Angelleinen, → Fadengelege, Siebe, Reißverschlüsse; Monofile aus Polychlorid auch für Autositze und Theaterbestuhlung sowie für feuersichere Wandbespannung. - Gröbere Monofile mit einem Durchmesser von mehr als 0,1mm bezeichnet man als Drähte; vgl. → Borsten, → Kunstroßhaar. - Monofile Nähgarne sind annähernd farblos und damit neutral, liegen aber vernäht nicht so glatt an wie Multifile; bei Versäuberungsnähten bilden sich sogar Spiralen, die einmal den Stoff zersägen können, zum anderen das Heruntertreten eines Saumes ohne Fadenbruch ermöglichen. Monofilnähte müssen am Nahtende besonders gut gesichert werden, damit das glatte Fadenende nicht herausschlüpft. Bei höheren Bügeltemperaturen und bei hoher Nähgeschwindigkeit besteht die Gefahr des Schmelzens monofiler Polyamidfäden.

Monomere, Einzelmoleküle, die zu → Makromolekülen (→ Kettenmolekülen) bei der Herstellung von Chemiefasern zusammengebaut werden. Monomere als Moleküle, die bei der Polymerisation nicht in Kettenmolekülen eingebaut worden sind, würden den Fadenaufbau stören, durch einen Zersetzungsprozeß den Faden brüchig machen und müssen deshalb durch Auswaschen entfernt werden. - Vgl. → Polymere.

Monoprint, einfarbige Drucke auf andersfarbigem, abstechendem Fond, z. B. → Schattenriß- oder → Scherenschnitt-Dessins.

Montevideo-Wolle, Wolle aus Uruguay; gut ausgeglichene, klettenfreie → Crossbred-Wollen von → Corriedale-Schafen, auch in feineren Typen. - Vgl. → La Plata-Wolle, → Punta-Wolle.

Mooskrepp, ähnlich → Jersey hergestellte Seidenkreppgewebe in unregelmäßiger Kreppbindung mit stumpfer Oberfläche

aus Umspinnungszwirnen, deren hervortretende Schlaufenform das moosartige Aussehen gibt.

Moquette, Sammelausdruck für alle gemusterten → Velours-Teppiche (→ Kettsamte), also alle webgemusterten oder bedruckten, aber aufgeschnittenen Teppiche.

Moratronik, schnellaufende, elektronisch gesteuerte Rundstrickmaschine (Morat), die praktisch unbegrenzte Rapporte ermöglicht, bei Verarbeitung feinerer Garne Dessinierungen mit der Wirkung eines Stoffdrucks gestattet und sehr viel rascher umgestellt werden kann als konventionelle mechanische Typen, für → doppelflächige Kulierwaren. → Maschenwaren. - Wird zur Zeit (1979) in Deutschland nicht hergestellt.

Klassische Morgenröcke: links: Nicky-Raglan mit Ton-in-Ton-Stepperei; rechts: leichter Stepper aus Pünktchen-Batist.

Morgenrock, → Manteau de Chambre, für den häuslichen Bereich über der Unterwäsche oder der Nachtwäsche anstelle eines Oberbekleidungsstücks zu tragender knie- kurzer oder knöchellanger Mantel aus sei- digen Steppstoffen, flauschigen Baumwoll- geweben (→ Ratiné), Chemiefaser → Da- massé, sowie aus dichten bedruckten Stoffen der verschiedensten Art, schließ- lich aus gewalkten, hochgeflauschten Woll- („Pyrenäenwolle") oder Acrylstoffen, im Gegensatz zum → Negligé (vgl. → Tri- jama) also aus undurchsichtigem Material. Oft mit Schalkragen und lose, nur durch den Gürtel gehalten. - Vgl. → Dressing- gown.

Mosaikdruck, Vielfarbendrucktechnik; → Devinadruck oder → Orbisdruck mit der Möglichkeit unbeschränkt viele Farben zu drucken. Ganze Druckwalzen oder ausgravierte Teile werden von Hand dem Muster entsprechend mit Farbpasten überzogen. Eine Farbzufuhr während des Druckens erfolgt nicht; mit einem Farbauf- trag kann nur eine begrenzte Meterzahl gedruckt werden. Eine exakte Wiederho- lung des gleichen Musters bei erneutem Farbauftrag ist unmöglich.

Motchenetz, hochwertiger wassergeröste- ter Flachs aus Rußland. - Gegensatz: Sla- netz.

Motte, Kleidermotte, wichtigster → Textil- schädling, nachtfliegender Kleinschmetter- ling, dessen Larve sich bevorzugt von → keratinhaltigen Stoffen (Wolle, Tierhaa- re, Bettfeder, Daunen, Pelze) ernährt; als ausgewachsener Falter relativ harmlos. Der Körper der bis zu 8mm langen Larve ist ausgeprägt segmentiert und weißgrau, der Kopf dunkelbraun. - Bekämpfung durch → Mottenschutzausrüstung bzw. die in der BRD verbotenen → Insekticide. - Vgl. → Pelzkäfer, → Teppichkäfer, → Eulan, → Mitin.

Mottenschutz, Verhinderung der Beschä- digung von Wolltextilien durch Fraß. Die Zerstörung von tierischen Wollen, Haaren und Federn durch Motten und Käferlarven kann durch Kontaktgifte (DDT, Sprühmittel)

Kleidermotte

die bei Berührung durch das Tier wirken, durch Chemikalien (→ Eulan, → Mitin), die eine dauerhafte Ungenießbarkeit des Ma- terials hervorrufen oder durch Atemgifte (Naphthalin, Kampfer) verhindert werden.

Mouliné, 1. Stoffe mit beiderseitig feinge- sprenkeltem Bild aus Moulinézwirnen, die aus mindestens zwei verschieden gefärb- ten Garnen durch Zwirnen entstehen. Mouliné-Musterung ist keine Garantie mehr für Garnfarbigkeit des Stoffes, da auch bei Verzwirnung zweier Garne aus verschiedenen Rohstoffen mit verschiede- nem färberischem Verhalten in der Stück- färbung ein ähnlicher Effekt hervorgerufen werden kann. - Vgl. → Jaspé, → Melange, → Effektgarn, → Differential dyeing. 2. Anderer Ausdruck für Spaltgarn. 3. Allgemeinbezeichnung für weiche Zwir- nung.

Moulinieren, mulinieren, zweites Verzwir- nen mehrerer bereits einmal gezwirnter (fi- lierter) Grège-Fäden zu Organsin.

Mousquetaire, knapp geschnittener Schlupfhandschuh mit einem Schlitz im Handgelenk, der mit einem oder mehreren Knöpfen geschlossen wird. Vor allem 12 und 16 → Knopf lange Handschuhe sitzen am Handgelenk gut, weil sie nicht so breit geschnitten werden müssen, um die Hand durchtreten zu lassen.

Moussbryl, französische Viskoseeffektzell- wolle, die als Bändchen oder als Faser ge- sponnen werden kann und vor allem für Sticheleffekte, aber auch für Matt-Glanzef- fekte verwendet wird. Typisches Kennzeichen ist der hohe Glanzreichtum; auch farbig. Der Name ist geschützt.

Mousseline, siehe unter Musselin.

Moustache, aufgeschnittene lange Faden-flottungen in modischen Damenkleider-stoffen, die abstehende Bärtchen oder ein durchlaufendes Fransenmuster bilden.

Movil, lt. TKG: Polychlorid; italienische Po-lyvinylchlorid-Spinnfaser (Polymer), nor-mal, hochschrumpfend und thermostabili-siert.

Mozartstil, sehr weiblicher, verspielter Stil der Damenmode für Blusen und Kleider aus halbdurchsichtigen, leichten und wei-chen Stoffen mit Verzierungen durch Ja-bots, Rüschen, Spitzen, Frou-Frous und Chi-Chis, auch als „Weiche Welle" be-zeichnet.

MP-Faser, lt. TKG: Polychlorid; → Copoly-mer aus 85% Polyvinylchlorid und 15% Vi-nylacetat (Wacker), zur thermischen Verfe-stigung von Vliesen (Verbundstoffen) und Spezialpapieren mit hervorragenden Kle-beeigenschaften bei 70-80°C; ersetzt an-dere Bindemittel. - Vgl. → Non woven fa-brics.

MS-Kettenwirkwaren, siehe unter → Ma-gazinschuß-Stoffe.

Mufflon, siehe unter → Ziegenfell.

Mufftasche, in der Damenbekleidung übli-cher Sammelname für Taschen, die senk-recht oder schräg-senkrecht gestellt sind, so daß man seitlich wie in einen Muff hin-eingreift. In der Herrenbekleidung: → Schubtaschen.

Mulegarn, weichgedrehtes, früher meist auf dem → Selfaktor (der Wagenspinnma-schine), heute vielfach in der → Open end-Spinnerei gesponnenes Schußgarn aus Baumwolle. Der Selfaktor ermöglicht im Gegensatz zur → Ringspinnmaschine einen schonenden Spinnprozeß und auch die Verwendung kurzer Stapel, aber lang-samere Produktion.

Mull, sehr leicht und lose eingestellter Kat-tun. Die Fadendichte ist mitunter so gering,

daß die Summe von Kett- und Schußfäden auf den qcm als Qualitätszahl genügt. Ver-wendung als Verbandsstoff, für Windeln sowie in Broché-Musterung als Punktmull und Tupfermull für ganz preiswerte Vor-hänge.

Multan, dünnledriges, kleines, in Pakistan heimisches → Indisch-Lamm; vgl. → Del-hi.

Multibar-Maschine, „vielbarrige" Ketten-wirk- oder Raschelmaschine mit 12-18 Le-geschienen mit der Möglichkeit, Ketten-wirkwaren mit stickereiähnlichen Motiven und Musterungen ähnlich Jacquard zu ver-sehen. - Vgl. → Raschelware.

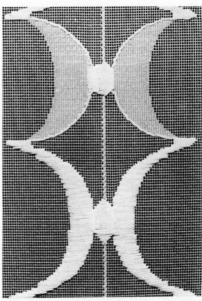

Wirkgardine von der Multilear-Raschelma-schine

Multicolor, durch Verwendung von Melan-gen und mehrfarbigen Zwirnen vielfarbig gemusterte Stoffe für Damen- und Herren-oberbekleidung mit einfarbiger Gesamtwir-kung.

Multicolor-Typen, bei Viskosespinnfa-sern: durch Einbau bestimmter farbstoff-bindender Gruppen modifizierte Fasern mit veränderter Farbaffinität; nehmen Substantiv-Farbstoffe satt in sich auf und sind zusätzlich mit Metallkomplex-Farbstoffen und sogar mit Säurefarbstoffen anfärbbar.

Multifil, „vielfädig", aus Vielloch-Düsen ersponnene Chemiefäden, die auf ihre ganze Länge aus einer gleichbleibenden Vielzahl von Einzelfasern (Elementarfäden) bestehen. - Gegensatz: → Monofil.

Multi-Krome-Verfahren, Behandlung eines Teils der zu verspinnenden Wolle mit Chromsalzen zur Veränderung der Farbaffinität (Geigy) als Vorbereitung für → Differential-dyeing-Färbungen von Teppichgarnen.

Multilevel-Shag, → Shag-Teppich mit unterschiedlicher Florhöhe.

Multilobal, rosettenförmiger Querschnitt mit mindestens fünf wulstigen Ausbuchtungen bei synthetischen Fasern und Fäden, die besondere Weichheit, seidigen Griff, Schmiegsamkeit und verringerte Neigung zu Pillingbildung erzielen sollen. - Vgl. → Profilfasern, → Trilobal, → Oktolobal.

Multilobé-Garn, Garn aus Fasern mit einem vielgelappten (→ multilobalen) Querschnitt.

Multipolymerisat, früher: Mischpolymerisat; Polymerisate, die aus verschiedenen Grundbausteinen (→ Monomeren) aufgebaut sind. Gegensatz: → Homopolymerisat (aus gleichen Monomeren). Arten: → Copolymere (Aufbau in gleichbleibender statistischer Verteilung der verschiedenen Monomere); → Blockpolymerisate (Verknüpfung von verschiedenen, in sich gleichartigen Ketten); → Pfropfpolymerisat (Anknüpfen weiterer Seitenketten aus anderen Polymeren an Kettenmoleküle). - Vgl. → Heterofasern. Die Eingliederung anderer Substanzen in textile Faserstoffe hat die Veränderung, Förderung oder Abschwächung bestimmter Eigenschaften zum Ziel und erfolgt in der Hauptsache mit Polymeren der Vinyl- und Vinyliden-Gruppe; die Bezeichnung Multipolymerisat wird nur dann angewandt, wenn der Anteil der

Hauptkomponente, z.B. Acryl, unter 85% liegt. - Vgl. lt. TKG: „Modacryl", „Polychlorid", „Trivinyl". - Liegt der Anteil der Hauptkomponente über 85% wird die Multipolymerisatfaser der Hauptkomponente zugeordnet. - Vgl. → Dynel, → Verel, → Teklan, → Kanekalon, → Bikomponentenfaser.

Multitextilien, textile Flächengebilde, die sich mit Hilfe der verschiedensten Techniken aus mehreren bereits vorgefertigten Flächengebilden aufbauen: → Nähwirkstoffe (→ Malipol, → Maliwatt); → Steppstoffe mit und ohne → Fiberfill-Füllung; → Textilverbundstoffe (→ Bondings, → Laminate). - Webtechnisch miteinander verbundene Stoffe aus verschiedenen Gewebelagen gehören nicht zu den Multitextilien; sie werden als Doppelgewebe dem bindungstechnischen Begriff der Gewebe mit mehreren Kett- und Schußsystemen zugeordnet. - Vgl. → Unkonventionelle Stoffe, → Non woven fabrics, → Textil-Verbundstoffe, → Sperrholzeffekt, → Furniereffekt, → Sandwichkaschierung.

Mungo, minderwertige → Reißwolle aus dicht verfilzten, stark gewalkten und deswegen nur schwer auflösbaren Alttuchen (reinwollenen Streichgarngeweben) sowie von Filzen; nur 5-20mm lang. - Vgl. → Thybet-Wolle, → Shoddy.

Musa-Faser, lt. TKG: → Manila (siehe dort); vgl. → Abaca.

Muschelseide, Byssusseide, Seeseide, 30-60mm langer Faserbart der im Mittelmeer verbreiteten Steckmuschel; mühsam zu gewinnen, fein, weich, glänzend, olivbraun; für handwerkliche Schals und Posamenten. - Im TKG nicht erwähnt.

Musselin, leicht und locker gewebte Gewebe in Tuchbindung aus Baumwolle, Viskose oder Wolle, denen locker gedrehte Garne einen weichen Griff geben und deren Oberfläche mit einem kaum wahrnehmbaren Faserflor bedeckt ist. In der Regel bedruckt.

Mustermix, Zusammenstellung verschiedener Stoffmuster in einem Kleidungsstück oder → Ensemble. - Vgl. → Combinable, → Combiné, → Composé, → Mix and match.

Musterumfang, Abgrenzung einer Druckmusterung oder der verschieden einbindenden und farblich variabel angeordneten Kett- und Schußfäden; üblicher Ausdruck: → Rapport.

Mylar, eingetragenes Warenzeichen für einen unbehandelten und durchsichtigen Polyesterfilm; einer der wichtigsten Grundstoffe für nichtoxydierende metallische Effektbändchen wie Lurex, Chromoflex. Wie ein Cellophanbändchen zur Erzielung von Glitzerwirkung im Gewebe zu verwenden (Clear Mylar oder Crigalle). Vgl. → Metallfolie.

N

Nabelhose, auch St.-Trôpez-Hose genannt; lange oder dreiviertellange Damenhose für Strand und Garten mit tiefliegendem Bund, so daß der Nabel bei Kombination mit kurzen Jäckchen sichtbar bleibt.

Nachtwäsche, Sammelbegriff für alle ausschließlich zur nächtlichen Bettruhe zu tragenden Wäschestücke (Nachthemden, → Bett-Bikini, → Pyjama = Schlafanzug) aus den verschiedensten Materialien (vgl. → Batist, → Finette, → Charmeuse, → Single-Jersey, → Perlon-Velours). Die Grenzen zu → Home-dress und → Loungewear sind nicht klar zu ziehen. - Vgl. → Bulle-Linie, → Baby-Doll, → Trijama, → Negligé, → Morgenrock, → Matiné, → Liseuse, → Deshabillé, → Swiss-Look.

Nackenband = Halterneck im Gegensatz zum Träger-Dekolleté

Nackenband, „Halterneck", → Neckholder, an das Vorderteil tief ausgeschnittener

Ausschnitt- und Oberteilbetonung durch Stepperei, transparente Einsätze, Kombination von Spitze und Stickerei oder zweierlei Stoff.

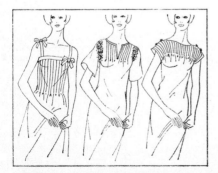

Details an Nachtwäsche: Biesen oder Fältchen, romantisch oder zur Betonung von Schulter- und Ärmellinie, überstickte Schulternähte; Blenden, andersfarbig oder Ton in Ton, mit Zierstickerei übersteppt.

und rückenfreier Blusen, Pullis und Kleider angeschnittene Bänder, die im Nacken geschlossen oder gebunden werden.

Nackenfalte, querziehende Falte unterhalb des Kragens von Sakkos; sie entsteht entweder bei kurzem Rücken und aufrechter Haltung durch Herabdrücken des Kragens durch den Hals oder bei nach vorne geneigter Haltung und rundem Rücken durch Querspannen und Hochschieben des Rückens.

Nackenkissen, modernes kleines Kopfkissen, meist 50x70cm groß, häufig statt mit Federn mit Roßhaar gefüllt (Reformkissen).

Nadelfertig sind Oberstoffe aus Wolle und Chemiefasern dann, wenn sie durch Behandlung mit feuchtem Dampf auf einer Dekatiermaschine ihre Form auch beim Abdämpfen oder Bügeln nur mehr um

Jugendliche Nachtwäsche: Links aus Flanell in Positiv/Negativ-Verarbeitung, rechts ein langes Shirt aus Jersey mit Motivdruck.

höchstens 1% in Kett- und Schußrichtung verändern. In Deutschland kommen praktisch nur noch nadelfertige Stoffe auf den Markt, so daß Nachdekatieren in der Regel nicht nur sinnlos, sonder sogar schädlich ist. - Vgl. → Dekatieren, → Flächenfixierung, → Permanent Press, → Vorsensibilisierung, → Dimensionsstabilität.

Nadelfilz, ohne Walken aus beliebigen Fasern hergestellter Filz; ein watteähnliches Vlies wird durch viele an einem Barren aufrechtstehend angeordnete Nadeln mit Widerhaken durchstoßen und die Einzelfasern miteinander zu einem festen, harten Flächengebilde von verschiedener Dicke verschlungen. Verwendung für Polsterzwecke, als Bügelpressenbezug, als Dekorationsfilz, als Einlage in der Konfektion (vgl. → Frontfixierung) sowie als Bodenbelag. Nadelfilze sind leicht, luftdurchlässig und als Polstermaterial bzw. Bodenbelag von federnder Elastizität. Beim → Zweivliesverfahren werden durch musterbildende Nadeln andersfarbige Vliese an die Oberfläche des Bodenbelages gezogen. - Vgl. → Textilverbundstoffe, → Non woven fabrics, → Vliesvelours, → Noralan, → Nadelvlies, → Zwei-Vlies-Verfahren.

Nadelflorteppich, anderer Ausdruck für → Tuftingteppich.

Nadelkopfdessin, ganz feine punktartige Farbmusterung von Herrentuchen mit uniähnlicher Wirkung, meist durch Naturseide oder feinste Merinokammgarne hervorgerufen.

Nadelöhr-Dekolleté, am Hals geschlossenes, tropfenförmig in die Vorderpartie des Kleides reichendes Dekolleté.

Nadelstangenkragen

Nadelstangenkragen, Kragen an eleganten oder sportlichen Herrenhemden, an Blusen und Hemdblusenkleidern, bei dem beide Kragenschenkel durch eine schmückende Nadelstange (hinter der

Krawatte) zusammengehalten werden. Die Nadelstange sichert den Knoten gegen Verrutschen.

Nadelstreifen, Kammgarnstoffe mit sehr feinen Streifen, die nur aus ein oder zwei Kettfäden bestehen und damit nadelfein sind. Deutlicher als → Hairline-Streifen, feiner als → Kreidestreifen.

Nadelvlies, meist mit Spezialbindern verfestigtes und genadeltes Vlies mit weniger als 100 Stichen je qcm im Gegensatz zum → Nadelfilz mit 360-720 Einstichen je qcm. Bei höherer Produktionsgeschwindigkeit lockerer.

Nähmaschinennadel, Nadeln für die verschiedenen Typen von Nähmaschinen mit Rund- und Flachkolben von unterschiedlicher Feinheit. Sie sind einzeln und in Briefchen zu 12 Stück käuflich.

Nähnadeln, in Briefchen zu 25 Stück, einzeln und als Nadelsortiment angeboten, sind nach der Form des Öhr in Langöhr-, Ovalöhr- und Rundöhrnadel zu unterscheiden. Es gibt drei Größengruppen: kurze, lange und die am häufigsten gebrauchten halblangen Nadeln; in jeder Größengruppe gibt es 12 Stärken. Es darf nur hochwertiger Stahldraht verwendet werden. Am Nadelöhr darf kein Metallgrat vorhanden sein, da sich sonst die Nähfäden durchscheuern würden.

Nähseide, zu unterscheiden vom sogenannten Indanthrenfaden aus Baumwolle, der wesentlich stärker (dicker) und nicht so dehnbar und fest ist. Nähseide zum Handnähen besteht aus 3-8 verzwirnten (endlosen) Grègefäden, zum Maschinennähen aus dreifachen Schappezwirnen. Trotz Vordringens ähnlicher Nähzwirne aus Synthetics wird Nähseide wegen ihres bestechend schönen Nahtbildes, guter Reißkraft, hoher Ebenmäßigkeit und elastischer Dehnung für hochwertige Bekleidungsstücke nach wie vor gebraucht.

Naht, Verbinden, Säumen oder Verzieren von Stoffteilen durch Fäden, die durch die fertigen Stoffe nachträglich in bestimmtem Rhythmus gezogen werden. Vgl. → Flat-

locknaht, → Ketteln, → Kettenstich, → Overlocknaht, → Überwendlingnaht, → Blindstich, → Staffieren, → Sattlerstich, → Schlingstich, → Steppstich, → Zick-Zack-Naht.

Nahtband, in der Schneiderei verarbeitetes Schmalgewebe, schwarz, weiß und modefarbig, zum Einfassen der Nähte von Wäsche und Kleidungsstücken verwendet, aus Baumwolle oder Viskose in Tuch- oder Köperbindung gewebt und normalerweise auf Papprollen mit 10m aufgemacht.

Nahtloser Strumpf, im Gegensatz zum Strumpf mit Naht nicht flach, sondern rund als Schlauch gewirkt. Der nahtlose Strumpf kann deshalb nicht gemindert werden und enthält so viele Maschen wie an seiner weitesten Stelle. Die Beinform wird durch Pressen und Fixieren (Plastifizieren, bei 160°C, vgl. → Boarding) hervorgerufen. Sie verändert ihre Form erst dann wieder, wenn sie ein zweites Mal auf diese Temperatur gebracht wird. Warmes Waschen schadet der Paßform nicht; heißes Waschen ist zu vermeiden. - Der dehnbare Doppelrand besteht häufig aus → Stauchgarnen (Crinkled-Krepp). Vgl. → Cotton-Strumpf.

Nahtschiebefestigkeit, durch die Glätte der Garne und die Festigkeit ihrer gegenseitigen Verbindung beeinflußt, vor allem für → Futterstoffe wichtige Eigenschaft von Stoffen; durch die Messung des Ausmaßes der Verschiebung bei einer bestimmten Zugkraft definierbar. Neben der Stoffkonstruktion haben die angewandten Ausrüstungsverfahren, der Zuschnitt (parallel oder diagonal zur Fadenrichtung) und die Nähverfahren Einfluß.

Nähwirktechnik, unkonventionelle Methode zur Herstellung textiler Flächengebilde, die das Prinzip des Nähens für die Stoffherstellung nutzt. Eine größere Zahl nebeneinander angeordneter und gemeinsam bewegter Schiebernadeln stellt mit hoher Arbeitsgeschwindigkeit auf störungsfrei arbeitenden Maschinen über je beliebige Breiten bis 250cm zur Verbindung oder Verfestigung parallele Längsnähte nach dem Kettenstrichprinzip her. Zur Herstellung transparenter → Gardinenstoffe und → Inbetweens werden die Fadensysteme vor allem der → Malimo-Technik weniger dicht eingestellt. Produktion von 400qm je Stunde ist möglich. - Vgl. → Malimo, → Malipol, → Maliwatt, → Arachne, → Multitextilien, → Voltex-Verfahren. Abb. siehe → Malimo.

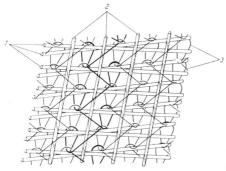

Fadenlagesystem eines Nähgewirkes

1 Schußfäden
2 Kettfaden
3 Nähkette

Nähzwirn, Sammelbezeichnung für ein- oder mehrfach verzwirnte Nähfäden. Vgl. → Leinenzwirn, → Obergarn, → Untergarn, → Handfaden. Nähzwirne können appretiert (mit Paraffin gefüllt) und dann verhältnismäßig matt oder mercerisiert und dann elastischer und glanzreich sein. Zum Nähen von Synthetics gibt es vollsynthetische Nähzwirne. - Vgl. → Monofil.

Naked wolls, federleichte Stoffe aus reiner Schurwolle, meist Kammgarngewebe, im Kreppcharakter oder ähnlicher → Bouclé und → Chiffon. Die teilweise auch Korbgeflechten ähnlichen, stets trockengriffigen Gewebe können uni oder buntgewebt sein.

Nandel, qualitätsüberprüfte Stoffe aus dem → Rotofilgarn aus Acrylfasern von Du-Pont, meist batistartige Feingewebe und auch Gewirke von weichem Griff und Fall, in uni und bedruckt.

Nanking, kräftige Baumwollgewebe mit dunkler Kette und hellem Schuß für Sommerjoppen und Blue Jeans in Tuch- oder Köperbindung. Ähnliche Gewebe mit heller Kette und dunklem Schuß heißen → Nova.

Nantuk, Jersey-Strickstoff aus 60% Orlon-Sayelle und 40% Orlon mit dem Griff und Bild von Shetlandstoffen, aber der Strapazierfähigkeit und der Pflegeleichtigkeit der Synthetics.

Naphthol, Farbstoffe mit hervorragender Wasch-, Koch- und Lichtechtheit sowie Chlorechtheit, vor allem für Inletts verwendet. Zu der Naphtholgruppe gehört auch das sogenannte Indratrot. Die wasserunlöslichen Naphtholfarbstoffe entstehen auf der Faser durch Kuppeln von Naphtholen und Basen. - Vgl. → Entwicklungsfarbstoffe.

Nappaleder, chromgegerbte und durch Tunkfärbung mit Farbe voll durchzogene („drum-dyed"), kräftige Leder vom Kalb und den Häuten älterer Ziegen und (weniger wertvoll) Lammrücken; meist waschbar. - Vgl. → Glacéleder (nur oberflächlich gefärbt = pigmentgefärbt, spritzgefärbt).

Narben, (der Narben), Haarseite des Felles; die Poren der einzelnen Haare sind deutlich sichtbar. Je nach der Feinheit der Poren spricht man von feinnarbigem oder grobnarbigem → Leder.

Naßfeste Viskosespinnfaser, siehe unter → Hochnaßfeste Viskosespinnfaser.

Naßfestigkeit, Festigkeit eines Rohstoffes im nassen Zustand; ihr Wert ist wichtig für die Beurteilung der Waschfähigkeit eines Textilgutes. Bei Viskose ist die Naßfestigkeit geringer, bei Leinen höher als die Trockenfestigkeit, bei Baumwolle etwas höher. Polyamidfasern haben eine Naßfestigkeit von 85-90%, Modalfasern von etwas mehr als 55% der Trockenfestigkeit, während bei Polyesterfasern beide Werte etwa gleich sind. Die Verringerung der Festigkeit in nassem Zustand ist eine Folge der Quellung der Fasern; je weniger eine Faser Feuchtigkeit aufnimmt und quillt, desto naßfester ist sie. - Vgl. → Trockenfestigkeit, → Reißfestigkeit, → hydrophil, → Quellbarkeit, → Hygroskopizität.

Naßmodul, die in p/tex gemessene Kraft, die aufgewendet werden muß, um eine Faser im nassen Zustand von 0 auf 5% Längung zu dehnen. Theoretisch ergibt dieser Wert mit 20 multipliziert die für eine Dehnung um 100% erforderliche Kraft an. - Vgl. → Elastizitätsmodul.

Naßknitterwinkel, siehe unter → Knitterwinkel.

Naßspinnverfahren, Methode der Herstellung von Chemiefasern; eine Spinnflüssigkeit wird durch die Löcher von Spinndüsen in ein Fällbad gebracht, wo ein chemischer Prozeß den festen Rohstoff aus der Spinnlösung zurückbildet und in Fadenform erstarren läßt. Im Naßspinnverfahren werden hergestellt die Viskosefasern, Cuprofaser, Triacetat und Proteinfasern. - Vgl. → Trockenspinnverfahren, → Schmelzspinnverfahren, → Reaktionsspinnverfahren.

Naßvernetzungsverfahren, Feuchtvernetzungsverfahren, Ausrüstungsmethode zur Erhöhung der → Pflegeleichtigkeit, wobei die Chemikalien bei Raumtemperatur unter Einwirkungszeiten von bis zu 24 Stunden mit den Viskosefasern zur Reaktion gebracht werden. Im Gegensatz zu den → Kunstharzausrüstungen (→ Trockenvernetzungsverfahren) erfolgt keine Einlagerung von Kunstharzen, sondern eine Veränderung der Faserstruktur. - Vgl. → Kunstharzfreie Pflegeleichtausrüstung.

Natives, 1. Mittelfeine Landwollen, die in Südafrika von der einheimischen Bevölkerung erzeugt werden. Minderwertiger als die sogenannte Farmerwolle.
2. In Heimarbeit erzeugte, meist unreine oder ungleichmäßige japanische oder chinesische Rohseiden.

Natté, poröser Kleiderstoff in einer abgewandelten Tuchbindung, vor allem in der Aidabindung, mit würfelartigem Musterungsbild (Abb. siehe → „Bindung"). Die kammgarnartigen Garne und Zwirne lassen den Flechtcharakter und die sichtbaren Durchbrüche gut erkennen. Grobe Nat-

tés brauchen ein stützendes Untergewebe, sie müssen auf „→ Steg" gearbeitet sein. - Vgl. → Panama.

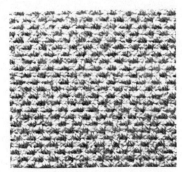

Natté

Naturfasern, Gattungsbegriff für alle in der Natur vorkommenden Faserstoffen. Einteilung (nach P.-A. Koch): 1) Pflanzliche (zellulosische): a) Pflanzenhaare (Baumwolle, Kapok); b) Bastfasern (Stengelfasern) (Flachs, Hanf, Jute, Kenaf, Ramie); c) Hartfasern (Manila, Alfa, Kokos, Ginster, Sisal). 2) Tierische (Eiweiß): a) Wollen/Haare (Schafwolle, Ziegenhaar (Mohair, Kaschmir), Schafkamel- (Alpaka, Lama, Vikunja-) wollen, Kamelhaar, Angora (kanin-)wolle, Roßhaar); b) Seiden: Echte Seide (Maulbeer), Wilde Seide (Tussah). 3) Mineralsiche (Asbest). - Vgl. → Chemiefasern

Naturfeder, meist für → gecurlte → Hühnerfedern gebrauchte, zulässige Bezeichnung. - Vgl. → Wonderfill.

Naturmelange, aus farblich verschiedenen, aber ungefärbten Einzelfasern gesponnene Garne. - Vgl. → Sortierungsfarben, → Melange.

Naturseide, endlose tierische Faser, durch Abhaspeln des Kokons des → Seidenspinners gewonnen. Grundstoff ist das hornähnliche Fibroin. Vgl. → Haspelseide, → Grège, → Organsin, → Trame. Der Seidenleim (→ Bast, → Serecin, Dextrin) muß entfernt werden; zum Auffüllen des dadurch entstehenden Gewichtsverlustes

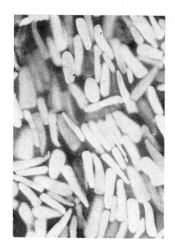

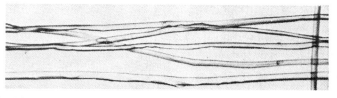

Links Maulbeerseide; rechts Tussahseide im Querschnitt. Darunter: Entbastete Naturseide in der Längsansicht.

wird die Naturseide oft erschwert. - Feiner Einzeltiter, edler Glanz, weich, leicht und geschmeidig, knittert in unerschwertem Zustand kaum, sehr fest, hohe Wärmeisolierung, gut zu färben, hohes Dehnungsvermögen, feuchtigkeitsanziehend, empfindlich gegen Körperschweiß und Sonnenbestrahlung sowie gegen Laugen; trockene Seide erträgt höhere Temperaturen. Naturseide kann mit nichtalkalischen (→ Fein-) Waschmitteln vorsichtig und handwarm gewaschen werden. In Naturseidenkleider immer Schweißblätter einnähen! - Der Anteil der Naturseide am Weltfaserverbrauch liegt unter einem Prozent; ihr Griff, Glanz und ihre Feinheit sind nach wie vor Vorbild für die Konstruktion von Synthetics und Texturés. - Vgl. → Maulbeerseide, → Tussahseide, → Bourette, → Schappe, → Nähseide, → Kokon, → Seidenraupe, → Doupion, → entba-

sten, → Erschweren, → Ecruseide, → Souple-Seide, → Cuite-Seide, → Seidenschrei, → Parierschwerung, → Wildseide, → Seidenshoddy, → Reale Seide, → Florettspinnerei, → Poilegrège, → Anaphe-Seide, → Muschelseide, → Byssus, → Sacrote.

Ne, NeB, englische Baumwollnummer; Länge in Hanks (768,1m): Gewicht in pound (1lbs = 453,59g) oder: Länge in Metern x 453,59: Gewicht in Gramm x 768,10. - Nm ist ungefähr NeB + 2/3. - Vgl. → Längensystem, → Numerierung, → tex.

Nebel-Blümchen, Musterungsrichtung insbesondere im Stoffdruck; kleine Blümchen (kleiner als → Liberty), aber im Gegensatz zu → Mille fleurs nicht in gleichmäßig verstreuter, sondern in mustermäßig gruppierter Anordnung.

Neckholder, → Top mit Trägerdekolleté; die Träger schlingen sich ohne Befestigung am Rückenteil nur um den Nacken; der meist tief ausgeschnittene Rücken bleibt frei. (Engl.: Nackenhalter). - Vgl. → Nackenband.

Neckholder an Abendkleidern

Needle-point-Tuftingmaschine, Tuftingmaschine mit zwei Nadelbarren, von denen die eine den Grundflor herstellt, während die zweite eine weitere Florschicht als Muster einarbeitet („Übertuften"). Es entstehen sehr dichte Qualitäten, die mustertechnisch sehr wandlungsreich gestaltet werden können, besonders mit Punktmustern.

Negligé, zarter, duftiger Überwurf-Mantel, meist passend zur Nachtwäsche, aus duftigem, oft transparentem Material. - Vgl. → Morgenrock, → Nachtwäsche.

Negligé-Damast, kleingemusterter Baumwoll- oder Makodamast meistens in 80 bis 100cm Warenbreite für Kinderbettbezüge und Nachtjäckchen. Wird kaum mehr hergestellt.

Neocarminprobe, beste Methode der Unterscheidung von Chemiefasern nach dem Viskose-, Kupfer- und Acetatverfahren im Handversuch. Man läßt unverdünnte Neocarminlösung drei bis fünf Minuten auf das Garn einwirken, spült im fließenden Wasser, tränkt die Probe mit stark verdünntem Ammoniak und spült vor dem Trocknen abermals. Verfärbung bei Viskosefasern weinrot bis violett, bei Kupferfasern tiefblau und bei Acetatfasern hell-grüngelb. Testfärbungen mit verschiedenen Neocarminfarbtypen werden neuerdings auch zur Unterscheidung anderer textiler Faserstoffe angewandt. Die meisten Synthetics werden nicht angefärbt (Ausnahme: Polyamid ohne Qiana und Nomex: gelb, Polyurethan und Elasthan: gelb), desgleichen Jute, Wolle und Naturseide.

Nerz, in der Natur praktisch ausgestorbenes, zur Familie der Wiesel zählendes marderartiges Raubtier; alle Felle stammen heute von dem gut zu züchtenden → Mink, einer amerikanischen Nerz-Abart. Felle 45-65cm groß, Schweif 17-20cm, Unterhaar voll und seidig, 1-1¼cm hoch; Grannenhaare 2-3cm lang, dicht glänzend und anliegend. Das Unterhaar bräunlich bis bräunlichgrau, Grannenhaare mittelbraun bis schwarzbraun, Rücken- und Bauchseite haben fast die gleichte Farbe, jedoch werden für die hochwertigsten Mäntel nur die mittleren Streifen der dunkleren Felle verwendet. Die Seitenteile (→ „Wemmen") werden zu „Nerzklaue" verarbeitet (schwer zu unterscheiden). Das Fell ist leicht, kräftig und schimmert seidig. - Pastellfarbige Nerze sind das Ergebnis von Kunstzüchtungen. Mit dem Saga-Gütezeichen werden nur die edelsten skandinavischen Nerze gekennzeichnet.

Nessel, → Rohnessel, Sammelbegriff für leinwandbindige Gewebe aus einfachen Baumwollgarnen bei verschiedener Feinheit und Fadendichte; Grundware zum Färben, Bleichen und Bedrucken. Vier Grundqualitäten: → Kretonne, → Renforce, → Kattun und → Batist. - Als Modebegriff bezeichnet Nessel glatte Gewebe im Baumwollcharakter (→ Popeline und → Batiste) in rohweißer, ungebleichter Farbe.

Nesselfaser, aus der „Zuchtfasernessel" (Abart der Brennessel, auf höheren Faserertrag gezüchtet) gewonnene Bastfaser; stellt hohe Anforderungen an die Böden und wurde in der Vergangenheit stets nur in Notzeiten als Ersatzfaser angebaut. - Im TKG nicht erwähnt.

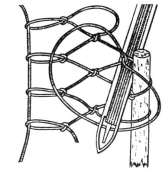

Netzknoten

Netz, weitmaschige textile Flächengebilde, bei denen die Fadenverbindung durch Knüpfen und Knoten zustandekommt. In

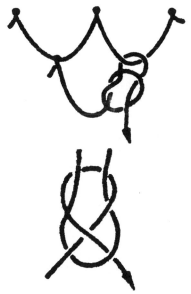

Schema der Knotenbildung beim Netz

→ Rascheltechnik als „knotenlose Netze" imitierbar; knotenlose Fischernetze haben im Wasser einen geringeren Gleitwiderstand.

Netzfutter, meist als Halb- oder Rückenfutter in → Leger-Kleidung oder wasserundurchlässigen Regenmänteln verarbeitete grobporige und weitmaschige, schiebefeste Stoffe, häufig → Raschelware.

Netzmittel, zur Herabsetzung der Grenzflächenspannung des Wassers geeignete Textilhilfsmittel; erleichtern das Durchdringen der Textilien mit Wasser oder wäßrigen Lösungen.

Netzprobe, Methode zur Unterscheidung pflanzlicher Zellulosefasern im Handversuch. Man entnimmt dem Garn eine Einzelfaser, faßt sie mit zwei Fingern und läßt das freie Ende nach unten hängen. Das freie Faserende wird mit Speichel angefeuchtet. Reaktion bei Baumwolle: Faserende dreht sich langsam im Uhrzeigersinn; bei Ramie: Faserende dreht sich wahllos nach beiden Richtungen; bei Zellulose-Regeneraten und Flockenbast: keine Reaktion.

Netzstrumpf, Sammelausdruck für Strümpfe, die durch die Art der Maschenbildung wenig anfällig gegen Laufmaschen sind: → Pint-point, technisch laufmaschensichere Strümpfe; → Micro-Mesh (Fangware, in einer Richtung maschensicher).

Netzvermögen, Netzfähigkeit: Fähigkeit wäßriger Lösungen, die Luft aus den Kapillarräumen trockener Fasern beim Eintauchen zu verdrängen und somit das gleichmäßige und schnelle Eindringen der Ausrüstungsmittel (z.B. Bleich- oder Waschmittel, Farben, Appreturmittel) zu ermöglichen.

Neumann-Webmaschine, schützenlose Flugkörper-Webmaschine ohne Oberbau. Die Schäfte werden von unten durch neuartige Kurvenscheiben und Gestänge betätigt; der Schußeintrag erfolgt durch Flugkörper von nur 90g Gewicht mit Klemmen von beiden Seiten, die nur ein kleines

Fach und geringe Schlagwucht erfordern und die den Schußfaden von den beidseitig angeordneten großen Kreuzspulen über Kopf abziehen. Da der eingetragene Schuß umkehrt, bis zum inneren Ende der Webkante mit eingebunden und dann erst abgeschnitten wird, ergibt sich eine feste Kante mit einer um die Hälfte größeren Schußzahl. - Verwendet in der DDR. Vgl. → Webmaschine.

Neva..., eingetragenes Warenzeichen der Enka Glanzstoff. Neva'tricon: pflegeleichte Maschenwaren aus Polyamidfasern mit profiliertem Querschnitt, nach dem Falschdrahtverfahren texturiert und stabilisiert (Set-Type). Neva'viscon: waschbarer, recht verschleißfester Futtertaft (besser: → Pongé) aus Viskose/Synthetics, meist mit Perlonkette, ab 70g/qm.

Never-Press, zur Erzielung der Dimensionsstabilität geeignetes → Permanent Press-Verfahren (→ Precuring).

Newton, seit 1978 mit Einführung des „Internationalen Einheitensystems" Einheit der Kraft, 1 N (Newton) = 1 kg × m/sec². Löst ältere Einheiten, z. B. → Pond und Kilopond (Kp) ab.

Nicky, Pullis und Blusen aus Wirkplüsch.

Niederdruck-Polyäthylen, preiswertes, als Folie hergestelltes und vor Einführung in den Webstuhl zu Bändern zerschnittenes, lösungsmittelunempfindliches Material für Verpackungsgewebe mit hoher Festigkeit, Dauerhaftigkeit und Witterungsbeständigkeit.

Nigel, französische, flaches Effektmaterial aus 100% Nylon 6, metallisiert oder durchsichtig glänzend, wie Nylon färbbar, besonders für Maschenwaren, die auch bedruckt werden können (Sildorex). - Vgl. → Metallfolie.

Ningai, schußbetoner Naturseidentoile chinesischer Herkunft, meist → Tussah.

Nissen, kleine, aus kurzen, ineinander verfilzten Fasern entstandene Faserknötchen bei Baumwolle, häufig eine Folge von Nässeeinwirkung auf die Rohbaumwolle während der Ernte, die durch die üblichen Reinigungs- und Auflösungseinrichtungen der Spinnerei nicht beseitigt werden können.

Nitratkunstseide, feuergefährliche Kunstseide, erste Chemiefaser überhaupt. Durch die Beseitigung der Feuergefährlichkeit wird die Festigkeit erheblich verringert; deshalb wird Nitratkunstseide nicht mehr hergestellt.

Nitschelwerk, Vorrichtung in der → Zweizylinder- und Streichgarnspinnerei, die das aus dem Krempel kommende, in feine Streifen geteilte Band zu einem losen Vorgarn rundlich wulstet.

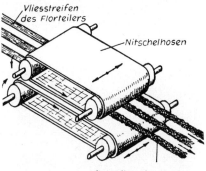

Vliesstreifen des Florteilers

Nitschelhosen

genitscheltes Vorgarn

Nitschelwerk

Nivion, italienisches Polyamid aus Caprolactam; Filament und Spinnfaser.

Niwolon, Schweizer Garn aus Wolle und Nylon-Crêpe für leichte, aber warme Damenunterwäsche.

Nm, Nummer metrisch, Garnnummer (Länge in Metern: Gewicht in Gramm); vgl. → Längensystem, → Numerierung.

No-iron-finish, manchmal auch non-iron-finish geschrieben, nicht geschützter Sammelbegriff für eine Ausrüstung, die Baumwollstoffe, naß aufgehängt, verhältnismäßig rasch und faltenfrei trocknen läßt. Zurückbleibende Knitter können durch leichtes und mildes Bügeln entfernt werden. Die Bezeichnung setzt keinerlei Verpflichtung zur Einhaltung von Qualitätsnormen, zur Verwendung bestimmter Warenqualitäten für die Ausrüstung oder bestimmter Chemikalien oder Verfahren voraus. Gegensatz: → Kunstharzfreie → Pflegeleicht-Ausrüstung. - Vgl. → Wash'n wear, → Disciplined fabrics.

Nomex, hoch temperaturbeständige Faser (DuPont); sogen. „→ aromatisches" Polyamid (→ Polykondensat). Bei normaler → Reißfestigkeit, → Reißdehnung und → Scheuerfestigkeit der Polyamide hat Nomex keinen Schmelzpunkt, sondern beginnt bei etwa 400°C zu verkohlen, verträgt aber eine Dauereinwirkung einer Temperatur von 175°C ohne Festigkeitsverlust und ist zwischen 250 und 300°C mit rund 50% seiner ursprünglichen Festigkeit noch voll einsatzfähig. Für technische Zwecke, Flammschutzkleidung, hitzebeständige Nähseiden, Unterwäsche und Schuhe. - Vgl. → Antiflammausrüstung, → Clevyl, → Leavil, → Kevlar.

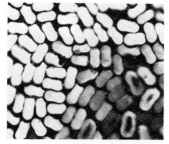

Nomex: Querschnitt „gedrungen hantelförmig"

Nonax, Chemikalie zur waschbeständigen → antistatischen Ausrüstung von Textilien aus synthetischen Fasern.

Non-curing-Process, Thermoplastische Verformung ohne Beimischung von Kunstharzen zur Erzielung von → Formstabilität (→ Permanent Press-Prinzip) bei Synthesefasern (Polyester, Polyamid, Polyacryl, DD = Diolen/Dralon) mit einem Baumwollanteil von höchstens 20 %.

Non woven fabrics, Sammelbegriff für alle nicht gewebten Textilien, Faservliese, → Fadengelege und auf der Papierma-schine erzeugten textilähnlichen Flächengebilde, die im Gegensatz zu den → Folien für Textilien typische Eigenschaften wie Luftdurchlässigkeit, Wärmehaltungsvermögen oder Vernähbarkeit aufweisen. Vorderhand vor allem als Futterstoffe und für Einlagezwecke, auch zum Aufbügeln, verwendet. Leicht zuzuschneiden, da das Fehlen eines Kett- und Schußsystems das beliebige Stürzen erlaubt. Die Verschleiß- und Scheuerfestigkeit dieser Erzeugnisse ist wesentlich niedriger als die der klassischen textilen Flächengebilde, ihre Saugfähigkeit ist gleichwertig oder sogar besser; man kann sie färben und zum Teil auch bedrucken. - Vgl. → Filz, → Feltine, → Nadelfilz, → Nadelvlies, → Vliesvelours, → Zweivliesverfahren, → Faservlies, → Wirrfaservlies, → Spinbond, → Spinnvlies, → Textryl, → Viledon, → Reemay, → Lutrabond, → Lutradur, → Typar, → Bidim, → Funny paper, → Kaycel, → Tyvek, → Vlieseline, → Textil-Verbundstoffe, → Schichtstoffe, → Einweg-Bettwäsche.

Noppé, Sammelbezeichnung für Fantasiegewebe mit kurzen, harten, einfarbigen Noppen und insgesamt körnigem Griff, der durch knotige Effektgarne erzielt wird. - Vgl. → Boutonné, → Queue de cochon, → Frisé, → Frotté, → Bouclé écrasé.

Noppen, 1. Faserknötchen bei Ziergarnen und Effektzwirnen.
2. Das Beseitigen von Webfehlern durch Kunststopfen mit besonderen Nadeln.
3. Die den Pol bildenden Fadenschlingen bei Florgeweben.

Noppeneffektzwirn, knotige Effektzwirne, die ihren Charakter entweder durch Einstreuen der Noppen während des Spinnprozesses (Noppengarn) oder durch die Kombination verschiedener hart gedrehter Garne bei Zwirnen mit verschiedener Vor- oder Nacheilung des Zierfadens erhalten.

Noppenmuster, bei → Kulierwaren, abgewandelte → Rippqualitäten, bei der mehrere → Henkel im gleichen Stäbchen nicht zu Maschen ausgeformt werden und zu Zusammenziehungen und Aufwerfungen führen. Die Rückseite zeigt länger gezogene Maschen und ist relativ glatt, die Vorderseite in verschiedener Weise strukturiert. Hohe Dichte, hoher Materialverbrauch.

Noralan, indoor- oder outdoor-geeigneter → Nadelvlies-Bodenbelag (Freudenberg) aus Meraklon (Polypropylen); maßbeständig, schmutzunempfindlich, geringes Gewicht, aus düsengefärbten Fasern uni oder gemustert. Geringe elektrostatische Aufladung. Ein Spezialbinder (20% des Gesamtgewichts) und 70 Nadelstiche je qcm verbinden die Faserschichten mit einem verrottungs- und schrumpffest ausgerüsteten Jutegewebe. - Auch bitumenbeschichtet.

Norfolk, Stilrichtung der Herrenmode; männlich-sportlicher → Country-Dress mit vielen Attributen: aufgesetzte Taschen mit Quetschfalten, Kellerfalten, geknöpfte Patten, aufgesteppter oder loser Rückengurt, geschweifte, oft imitierte Rückenkoller; die Quetschfalte in Rückenmitte ist typisch („Norfolk-Falte", „Norfolk-Rücken"). - Norfolk-Rücken in der Damenmode: Kostümjacke mit geschweiftem Koller und zwei figurbetonenden Wiener Nähten oder Mittelquetschfalte. - Vgl. → Leger-Kleidung.

Norwegerhose, lange (Damen-) Hose mit leichtem Überfall und Schnur- oder Strick-

bündchen am Fußgelenk. - Abb. siehe → Hose.

Northrop-Webautomat, klassischer Webautomat mit Schußspulenwechsel aus einem Trommelmagazin mit automatischer Füllvorrichtung.

No shock, Ausrüstung für Polyamidteppiche (Barwick Mills) zur dauerhaften Verhinderung der elektrostatischen Aufladung und zur Verringerung der Verschmut-

Norfolkrücken beim Damenkostüm

Verschiedene Variationen des Norfolks

zungsanfälligkeit. Die No shock-Filterschicht wird auf den Teppichrücken aufgetragen, bevor der Latex-Binder und der doppelte Jute- oder Waffelrücken den Teppich vervollständigen; das Polgewebe ist in die Ausrüstung nicht einbezogen. - Vgl. → Antistatische Ausrüstung.

No static, waschfestes, nachträglich aufzubringendes Antistatikum (BASF, Rhône-Poulenc), das 100 Wäschen ohne Abbau des antistatischen Effekts aushält, in erhöhtem Maß Feuchtigkeit bindet, damit hygieneverbessernd wirkt und die Gefahr eines Wärmestaus verringert. - Vgl. → Antistatische Ausrüstung.

Nouveauté, modische Stoffschöpfungen im Gegensatz zu den klassischen Geweben.

Nova, Kleider-, Schürzen- und Futterstoff aus Baumwolle mit heller Kette und dunklem Schuß. - Vgl. → Nanking.

Novaceta, italienisches 2½-Acetat.

Nova-Knit, Steuerungstechnik von Maschenbildungswerkzeugen für → Kulierwaren mit Einsatz von Computern, ähnlich → Computa-Knit und → Response. - Vgl. → Moratronik.

Novalin, waschbarer Futtertaft aus Acetat, knitterarm und einlauffest. - **Novalin flor:** Futtertaft mit bauschig texturiertem Nylon in Kette und Schuß mit günstigen hygroskopischen Werten; verschleißfest, guter Feuchtigkeitstransport (Colsmann). - Vgl. → Viscolin, → Neva'viscon, → Diolen tipico, → Trevira d'accord.

Novario, Diolen/Baumwollgewebe (Nino) mit Permanent Press-Ausrüstung (→ postcuring). - In der Konfektion sind Spezialpressen notwendig.

Nubuk, Zurichtungsart für feinste Leichtleder mit samtartiger Oberfläche nach Art der Elchleder, aber fehlerfreier als diese. Das Leder wird auf der Narbenseite geschliffen. - Kalbleder: → Mochetto; Rindleder: → Laponia.

Numerierung, Maßsystem zur Bestimmung der Garnfeinheit, Lauflänge eines

Garnes je Gewichtseinheit. Metrische Nummer: Länge in Metern geteilt durch Gewicht in Gramm; Abkürzung Nm. Englische Baumwollnummer: (Ne) Länge in Hanks = 768 m: engl. Pfund = 453,6 g. Je höher die Garnnummer desto feiner das Garn. Gegensatz: → Titrierung. - Vgl. → Längensystem, → Garnsortierung, → tex.

Nutria, wertvoller Pelz einer südamerikanischen Sumpfbiber-Ratte, Fellgröße 55-80 cm, feines, seidiges Unterhaar, dichtes Oberhaar, auf dem Bauch besonders dicht; sehr nässeempfindlich. Unterhaar bläulich, Oberhaar rotbraun. Nutria ist das einzige Fell, das auf dem Rücken aufgeschnitten wird. Die Grannen werden entfernt. Leichter, aber ebenso strapazierfähig wie andere Biberpelze. Helle Felle sind am billigsten, werden aber kaum mehr verarbeitet. - Hochgeschorene, rustikale Arten heißen → Spitznuria.

Nydelia, nach dem → Taslanverfahren texturiertes endloses Nylon.

Nylflor, Wäschestoff aus Nylon und Acetat endlos mit seidenartigem Glanz (Kettenwirkware mit Spezialausrüstung). Niedriges spezifisches Gewicht, knitterarm, leicht waschbar, geringe Feuchtigkeitsaufnahme. Der Name ist geschützt.

Nylodon, Polypropylenfaser, Spezialfaser zur Herstellung von → Nadelfilzen.

Nylon, Gattungsbegriff für Polyamit 6,6 aus Nylonsalz (Erfinder: W. H. Carothers), im Schmelzspinnverfahren hergestellt, Erweichungspunkt 235°C, Reißdehnung mit 31-26 % höher, Zugfestigkeit mit 4,2-5,2 p/dtex geringer als bei Perlon (Polyamid 6). Im Gegensatz zu Perlon kein geschützter Markenname mit Qualitätskontrolle bis zum Endprodukt. - Vgl. → Antron, Blue C-Nylon, Bri-Nylon, → Cadon, → Cantrece, Chemstrand, → Fabelnyl, → Nailon, → Nomex, → Nylsuisse, → Qiana, → Polyamid, → Nydelia.

Nylonize-Ausrüstung, Ausrüstungsverfahren zur Erhöhung der Wasseraufnahmefähigkeit bei glatten und dichtgewebten Stoffen aus synthetischen Fasern mit geringer Saugfähigkeit. Die hygienischen Eigenschaften werden verbessert durch Auflagerung eines wasserabsorbierenden Films, vor allem Polyamidemulsionen. - Vgl. → Lurotex. Bei Anwendung ähnlicher Chemikalien auf zellulosischen Chemiefasern wird die Waschbarkeit, Knitterfestigkeit und Haltbarkeit erhöht, bei Baumwollgeweben die Scheuerfestigkeit verbessert.

Nylplus, Mischgewebe aus 60 % Nylon und 40 % Polynosic (Zantrel) (TKG: 60 % Polyamid, 40 % Modal) für pflegeleichte Berufskleidung. Strapazierfähig, mit textilem Aussehen und Griff, nicht so durchscheinend wie Stoffe aus reinen Synthetics, jedoch ähnliche Gebrauchseigenschaften.

Nylsilk, durch Überschallwellen im chemischen Bad in seiner Struktur verändertes Nylon; vgl. → Nysil, → Ultrason.

Nylsuisse, Endlosgarn, Polyamid aus Nylonsalz, Schweizer Fabrikat.

Nyltest, geschütztes Warenzeichen (Rhodiaceta) für bestimmte Fertigerzeugnisse aus Polyamid 6,6, deren Qualität bis zum Fertigprodukt überwacht wird. Der Gebrauch des Warenzeichens ist an die Einhaltung bestimmter Qualtitätsnormen gebunden.

Nysil, vgl. → Nylsilk.

Oberbett, Sammelbegriff für alle gefüllten, wärmenden Zudecken; vgl. → Deckbett, → Flachbett, → Einziehdecke, → Plumeau, → Steppdecke, → Rheuma-Einziehdecke; Gegensatz: → Schlafdecke, → Wolldecke.

Obergarn, 3-, 4- oder 6fache Zwirne aus langstapeliger Baumwolle, entweder appretiert (matt, mit Gleitmitteln wie Wachs oder Parafin gefüllt) oder mercerisiert (elastisch, glanzreicher und feiner als appretierte Obergarne). Oberer Faden beim Maschinennähen, der die Haltbarkeit der Naht

bestimmt. Nr. 40 bis 80, auf 200-, 500- und 100-m-Rollen, Nr. 50 auch farbig („Indanthrenfaden" auf 50-m-Pappröllchen). - Baumwolle wird bei Oberfäden mehr und mehr durch Synthetics ersetzt, auch durch → Monofile oder → Core-spun-Garne.

Oberflächenreibung, von der Struktur der Faser abhängige Substanzeigenschaft, die die Verspinnbarkeit einer Textilfaser bestimmt. Durch die Haftung der Fasern aneinander wird die Festigkeit eines Garns unabhängig von der → Substanzfestigkeit des Rohstoffs bestimmt.

Oberflächenstruktur, wesentliches Kennzeichen und Zuordnungsmerkmal textiler Flächengebilde, das durch das Garn, die Bindung, die Einstellung, die Ausrüstung und durch die Rohstoffkombination abgewandelt werden kann.

Oberhemd, früher Hemd mit zwei Kragen, heute elegantes Herrenhemd mit fest angenähtem Kragen und Umschlagmanschette im Gegensatz zum → Sporthemd mit Knopfmanschette und zum modischen → Freizeithemd. Eine klare Trennung zwischen dem klassischen Oberhemd und anderen, zu Anzug und Binder nicht passenden Hemden ist durch die modische Abwandlung der Herrenmode und verstärktem Einfluß unkonventioneller Elemente kaum mehr möglich, so daß zum Teil der Ausdruck „→ Krawattenhemd" für die angezogenere Form des Herrenhemdes vorgeschlagen wird. - Vgl. → Semidress-Hemd.

Oberleintuch, anderer Ausdruck für → Einschlagtuch. - Vgl. → Überschlaglaken.

Obtel, Garn aus Polyamid 6,6 der Rhodiaceta mit multilobalem Querschnitt, vor allem für echte Spitzen; besonders weich, schmiegsam und seidig.

OE-Rotor, korrekte Bezeichnung für Garne, die im (→ Open end)-Rotorspinnverfahren hergestellt wurden.

Offen-End-Spinnerei, OE-Spinnerei, korrekte Deutsche Bezeichnung für den international üblichen Technologiebegriff

→ Open-end-Spinnerei (siehe dort).

Oktolobal, → multilobale Querschnittsform von → Profilfasern; achteckig, häufig sternförmig. - Vgl. → Filamentgarne mit → Faseroptik.

Ölabweisende Ausrüstung, meist in Kombination mit → Hydrophobierungsmitteln (→ wasserabweisenden Ausrüstungsmitteln) zum Zwecke der → Fleckschutzausrüstung kombinierte (kationaktive) Emulsionen, im Regelfall Fluorpolymere. - Vgl. → Scotchgard, → Oleophobol, → Soil-release-Ausrüstung, → Anti-soiling-Ausrüstung, → Fluoridized.

Olane, Polypropylenfaser.

Olefin, amerikanischer Gattungsname für Chemiefasern mit einem Anteil von mindestens 85 % Äthylen, Propylen oder einem anderen Olefin.

Oleophobol, Fleckschutzausrüstung mit einem hohen Anteil von ölabweisenden Chemikalien (Pfersee). - Vgl. → Scotchgard.

Olétène, Markenname für qualitätsüberwachte Fertigerzeugnisse aus französischem Polyäthylen-Monofil.

Ombré, schillernde Kolorierungsart von Webwaren und Druckstoffen, die die Farben hell bis dunkel anschwellen und über Mitteltöne wieder hell werden läßt, also nicht unterbrochen wie beim → Dégradé. Der Ombré-Effekt kann durch Stoffdruck (vergleichsweise einfach und preiswert), durch Färben (wobei streifenweise absetzend in zunehmender Häufigkeit durch die Farbflotte geführt wird) und durch Schären einer Kette mit aufhellend bzw. abdunkelnd gefärbten Garnen (am teuersten, aber am schönsten) hervorgebracht werden. - Vgl. → Dégradé (anschwellend und dann abbrechend).

Ombré; anschwellend und dann abbrechend: Dégradé

Önanth, siehe → Enanth.

Ondalva, endloser Viskose-Faden, der während seiner Herstellung mit unregelmäßig wiederkehrenden Noppen texturiert wird. Für naturseidenähnliche Gewebe.

Ondé, ripsartiges, leicht welliges Gewebe, dessen Schuß aus einem Spezialzwirn (Ondézwirn) mit korkenzieherartigen Windungen besteht. Im Gegensatz zu den kürzeren und spiraligeren → Frisé-Zwirnen sind Ondé-Zwirne eher langgewellt.

Ondenyl, (sprich: ondenail), Garn aus texturiertem Nylon mit naturseidenähnlichem Griff für Strickwaren. Pullover und Westen aus Ondenyl trocknen nach dem Waschen innerhalb weniger Stunden.

Ondule, Viskosenoppengarn von Du Pont für Möbel- und Vorhangstoffe.

Ondulé, bei Mohair- und Alpaka-Langhaarflausch mögliche Ausrüstungsart, die dem Strich eine meist wellige Musterung verleiht. Durch das Ondulieren wird ein Vorgang vorweggenommen, der sich beim Tragen des Kleidungsstücks unregelmäßig ergeben würde. Kamelhaarflausche können durch Ondulieren nur sehr unausgeprägte Effekte erhalten.

Onemack-Loom, schützenlose → Webmaschine („Mackie-Maschine") mit beidseitig angeordneten Greifern und geteilten Schäften, die es zulassen, daß das Webfach beim Schußeintrag sich nicht über die ganze Warenbreite öffnet, sonder „wellenförmig" kurz vor den in das Gewebe eintretenden Greifern, und sich kurz hinter dem sich zurückziehenden Greifer wieder schließt, um den Schuß von der anderen Seite her sofort eintreten zu lassen. Der Greiferkopf drückt den eintragenden Schuß an den Warenrand an. - Vgl. → Tumack-Webmaschine.

One-piece-Kleidung, (sprich: wann pihß), engl.: „ein Stück", nahtlos durch Verformen und Schweißen hergestellte Kleidungsstücke, meist aus verformten thermoplastischen Folien. - Vgl. → Heatset-Kleidung, → Hitzefixierte Kleidung.

Opal, Baumwollbatist mit einer Spezial-ausrüstung, die der vormercerisierten und gebleichten Rohware durch Behandlung mit Natronlauge ohne Spannen im Wechsel mit Schwefelsäure ein waschfestes, milchig-glasiges Aussehen verleiht.

Op-Art, Abkürzung für „Optical Art", Dessinierungsrichtung besonders bei Stoffdrukken, die auf einer zum Fond hart kontrastierenden Einfarbenmusterung aufbauen und streng geometrische Grundzüge aufweisen. Bei längerer Betrachtung scheint sich das ruhig liegende Muster zu bewegen und andere Formen anzunehmen. Die auf den Maler Bridget Riley zurückgehende Technik zeigt eine ziemlich ausgeglichene Verteilung von Fond- und Musterfläche.

Open-end-Spinnerei, OE-Spinnerei, Offen-End-Spinnerei, wichtigstes Verfahren der → Elementenspinnerei, neue, umwälzende Spinnereitechnologie, die die Ringspinntechnik nicht ersetzt, aber zukunftsweisend ergänzt. Unter Umgehung ver-

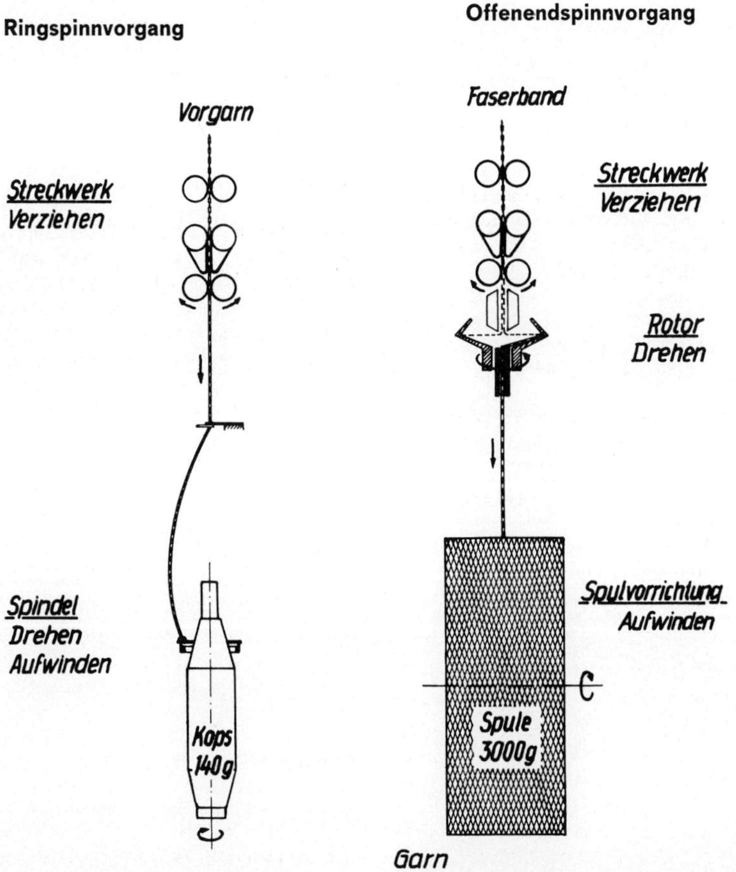

Ringspinnvorgang

Offenendspinnvorgang

Vorgarn

Faserband

Streckwerk
Verziehen

Streckwerk
Verziehen

Rotor
Drehen

Spindel
Drehen
Aufwinden

Spulvorrichtung
Aufwinden

Kops
140g

Spule
3000g

Garn

Gegenüberstellung des Ringspinnens (links) und des OE-Turbinenspinnens (rechts) in Schemazeichnung (nach E. Kirschner).

schiedener in der Ringspinnerei notwendiger Vorbereitungsmaschinen (→ Flyer) wird der Spinnmaschine ein Kardenband oder die Spinnkanne der zweiten Streckwerkspassage vorgelegt. Nach einem in der Spinnmaschine vorgenommenen Reinigungsprozeß wird das Material durch Walzen in seine Einzelfasern zerlegt und durch ein sich verjüngendes „Speiserohr" mit Hilfe strömender Luft dem Spinnrotor oder der Spinnturbine zugeführt, wobei die Ausrichtung der Fasern durch Spinnrillen gefördert werden kann, deren Umdrehungsgeschwindigkeit höher ist als die der eintretenden Fasern. Spinnrotoren sind geschlossen (vgl. → Rotospin-Vefahren); der für den Transport der Fasern vom Öffner zum Rotor benötigte Luftstrom wird durch eine außerhalb liegende Saugeinheit erzeugt. Spinnturbinen weisen Löcher zum Herauspumpen der Luft auf. Die aus dem Rotor oder der Turbine austretenden Fasern legen sich an das offene Ende des fertigen Fadens an. Mit dieser Technik ist eine durchgehende Automatisierung des Spinnprozesses möglich, für die meisten Verwendungszwecke können die erzeugten Garne ohne Umspulen verwendet werden. Da das Verfahren, bei dem die Fasern in der Sammelrille eines Rotors zu einem parallelen „Faserkollektiv" formiert und durch die Drehung des Rotors „verfasert" werden, das weitaus am meisten eingeführte, aber nicht das einzig mögliche Offen-End-Spinnverfahren ist, sollen Garne und Verfahren als „OE-Rotor" oder nur „Rotor" bezeichnet werden. Weiterentwickelte Konstruktionen (→ Spincomat) verfügen über vollautomatische Rotor-Reinigung und automatische Knoter. OE-Rotor-Garne sind gleichmäßiger, sauberer, im Griff voluminöser, aber etwas härter als Garne von der Ringspinnmaschine. Wegen ihrer geringeren Festigkeit eignen sie sich besonders als Schußmaterial. Da die Fasern nicht in gleichem Maß parallel ausgerichtet sind, eignet sich das Verfahren nicht für hochqualitative gekämmte Fasern, wohl aber können auch kürzere Fasern und bestimmte für Ringspinnmaschinen ungeeignete Fasermischungen versponnen werden. Das Verfahren ist geeignet für Garne von einer Feinheit von max. Nm 70, aus wirtschaftlichen Gründen wird es eingesetzt für Ausspinnungen bis etwa Nm. 30. - Vgl. → Spinnerei, → Ringspinnmaschine, → Rotofil-Garne.

Opervillic, lt. TKG: „Regenerierte Proteinfaser", recht preiswerte italienische Chemiefaser auf Eiweißbasis.

Oppossé, harter Farbkontrast in Drucken und Buntgeweben, bei denen konträre Farben, meist auch mit starken Unterschieden im Helligkeitswert, nebeneinander gesetzt werden.

Opossum, Pelz einer nordamerikanischen Beutelratte, langhaarig, mit langen weißen und schwarzen Grannen in weißlich-grauer Unterwolle. Häufig gefärbt. Die relativ preiswerten Pelze werden häufig zu Marderpelzen veredelt. - Vgl. → Pelz.

Optischer Aufheller, farblose Substanz mit fluoreszierenden Eigenschaften, die wie Farbstoff auf die Faser aufzieht und die unsichtbaren ultravioletten Strahlen in sichtbare blaue Strahlen umformt, die sich dann zusammen mit der gelblichen Eigenfarbe des Faserstoffes für unsere Augen zu Weiß ergänzen. Mit optischen Aufhellern behandelte Chemiefasern erhalten ihre weiße Farbe demnach nicht durch eine Bleiche, also Entzug der Eigenfarbe, sondern durch Überdecken der Eigenfarbe. Die Wirkung der optischen Aufheller ist stark abhängig vom Anteil der Lichtquelle an ultravioletten Strahlen.

Oranyl, antistatisches, multilobales mattstrukturiertes Polyamidgarn (Rhône-Poulenc) für auf der Haut getragene Maschenwaren.

Orbisdruck, amerikanische Bezeichnung für Mosaikdruck. - Vgl. → Chromostyldruck, → Devinadruck, → Englanderdruck.

Organdy, durch Färben, Bedrucken oder Buntweben gemusterter → Transparent. Auch mustermäßiges Transparentieren ist möglich, wobei Grund oder Muster transparent (durchscheinend) werden können. Echter Organdy ist absolut waschfest. - Organdy-Imitationen, die durch Imprägnieren mit Kunststofflösungen oder Dispersionen vor allem auf Nylon entstehen (→ Organza), erreichen nicht die Transparenz des echten Organdy ; zudem ist der organdyähnliche Griff temperaturabhängig. - Vgl. → Transparent.

Organisierte Faser, Fasern, die wie Wollfasern nicht aus einer einheitlichen Masse, sondern aus verschiedenen Schichten bestehen.

Organsin, auch Organzin, Kettmaterial aus Naturseide (oder ähnlich behandelten endlosen Chemiefäden), filierte und moulinierte Haspelseide. Mehrere Grègefäden werden miteinander verzwirnt (filiert), sodann mehrere dieser filierten Grègefäden in der Gegenrichtung miteinander nochmals verzwirnt (mouliert). Stark überdrehtes Organsin heißt Grenadine. Organsin ist von der nicht filierten, wohl aber moulinierten Trame dadurch zu unterscheiden, daß die Einzelfäden beim Aufdrehen versuchen zusammenzuspringen. Arten von Zwirnungen: → Cordonnet, Cusir, → Flocheseide, → Maraboutseide, Soie ondé, → Setalon. - Vgl. → Grège, → Webgrège, → Trame, → Poilegrège, → Crêpongarn, → Grenadine.

Organza, steife, dünne, mit quellenden Chemikalien (z.B. Calciumchlorid) steif ausgerüstete Gewebe aus Natur- oder Chemiefaserfilamenten. Der Effekt ist ähnlich dem → Organdy.

Orient-Teppich, handgeknüpfter Teppich nach Original türkischen oder persischen Mustern aus reinem Schurwollmaterial, mit hoher Echtheit nach bestimmten einheimischen Färbemethoden gefärbt. Meist Liebhaberwert. Handgeknüpfte Teppiche aus nahöstlichen Ländern gewinnen als Auflage auf Teppichböden verstärkte Bedeutung. Sammlerstücke, bei denen es auf die Echtheit der Pflanzenfarben ankommt, müssen mindestens 150 Jahre alt sein. Nachknüpfungen echter persischer, turkestanischer oder kaukasischer (Kasak) Mu-

ster in Pakistan und Indien aus sogen. Manufakturen können qualitativ ausgezeichnet sein, sind aber vergleichsweise preiswert („Indo-Hamedan"). - Vgl. → Afghan, → Kasak, → Buchara, → Isfahan, → Karabagh, → Kaukasische Teppiche, → Keshan, → Kirman, → Kuba, → Ladik, → Schirwan, → Täbris, → Teppichknoten, → Turkmene.

Orlon, Spinnfaser aus Polyacrylnitril (lt. TKG: Polyacryl) von Du Pont, über 20 verschiedene Typen, als Flocke, Spinnkabel, Kammzug und Spinnband. - Teppichtypen, Schrumpftypen und → HS-Typen. - → Bikomponentenfaser mit dreidimensionaler spiraliger Kräuselung, die in der Wäsche verlorengeht, aber beim Trocknen wiederkehrt („reversibel" ist): **Orlon Sayelle.** Die Kräuselung entsteht durch verschieden starkes Schrumpfen der beiden Komponenten. **Orlon-Twin:** Spezialgarn aus der → Zweikomponentenfaser Orlon 21 mit einer anderen Type (z.B. Orlon 28), das einbadig in Melangen eingefärbt werden kann. - Orlon T 422: feinkapillarig, → cashmere-artig weich; Orlon T 429: Shetland-Type.

Ortalion, endloses Polyamid aus Caprolactam (Bemberg, Italien).

Orthocortex, siehe unter → Bilateralstruktur der Wolle, vgl. → Paracortex.

Otter, Pelz eines Raubtiers der Mardergruppe, dichte und seidenweiche Unterwolle von weißlichgrauer bis bräunlicher Färbung mit dichten, kräftigen, glänzenden, dunklen Grannen. Viel als Schalkragen zum sogenannten Gehpelz verwendet. - Sportliche Pelzmäntel aus Otterfellen sind sehr gebrauchstüchtig.

Ottoman, 1. schwerer Kleiderstoff aus Wolle, Natur- oder Chemiefasern (3 bis 10 Rippen/cm), wobei der Ripscharakter nur durch kräftiges Schußmaterial bei feiner Kette oder durch eine Kettripsbindung erzielt werden kann.
2. Hochwertiger Vorhangstoff mit deutlichen Rippen mit feinfädiger, glanzreicher Decke.

Beispiele für Outdoor-Kleidung: von links: Kasack und grobgestrickte offene Weste für Damen; sportliche, grobgestrickte Herrenpullover mit Folklore-Bordüre; Blouson-Pullis aus Trikot mit Kapuze und Schubtaschen.

Ounces, oz., sprich: Aunßis, englische Unze (28,3 g), Gewichtsangabe für → Jeansstoffe.

Outdoor, „außerhalb der Türe", Bezeichnung für wetterfeste Tufting-Teppiche, die sich zum Verlegen im Freien, z.B. auf Terrassen und Balkone, eignen.

Outdoor-Kleidung, Kleidungsstücke eines Typs, der ursprünglich nicht als Überbekleidung im Freien gedacht war (z.B. Pullover), durch Materialart oder -Gewicht, Schnitt und Ausführung aber den Charakter einer Überbekleidung angenommen hat. - Vgl. → Indoor-Kleidung.

Out-Draw-Verfahren, → Strecktexturierverfahren, andere Bezeichnung für → Sequentialverfahren.

Overall, 1. in einem Stück geschnittener, also ungeteilter, ganzer Arbeitsanzug. - Vgl. → Latzhose, → Salopette.
2. Als → Langlauf- oder alpine → Skibekleidung: einteiliger, figurzeichnend-enger Anzug aus glattem, mono- oder bieelastischem (→ Antigliss-) Material, oft durch → Wirkplüsch oder lose unterlegtes Schaumstoff-Futter in der Wärmehaltung verbessert; häufig neben dem durchlaufenden Front-Reißverschluß auch in der Taille durch Reißverschluß teilbar.

Overblouse, im Zuge der „→ Etagenmode" (mehrere Teile werden zwiebelschalenartig übereinandergetragen) entstandene → Kasack- oder Blouson-Bluse, die sich zur Kombination mit einem → Unterblusenpulli eignet und über dem Rock getragen wird. Meist mit Knopfleiste und tiefem V-Revers, bis zur ⁷⁄₈-Länge auch über Kleidern getragen.

Overdress, sogen. Hüllenkleider im Stil der Etagenmode; vgl. → Robe housse. Weiter geschnittene Kleider in der Regel aus weichfließendem Material, einteilig und zweiteilig, deren Gesamtschnitt und Kragenlösung sich zur Kombination mit einem → Unterblusenpulli eignet.

Overjacket, Kurzmantel; hüft- bis knielanger, gerade geschnittener, leichter Hänger.

Einteilige und zweiteilige Overdresses mit verschiedenen Ausschnitt- und Kragenlösungen

Overlock-Naht, Naht der zweifädigen → Überwendling-Maschine zum Säumen und dehnfähigen Nähen. Kanten können gleichzeitig abgeschnitten werden.

Overset, Kombination von Pulli und Jacke, im Gegensatz zum → Twinset nicht von gleicher Art und Farbe, sondern zusammenpassend (z.B. auch in Kontrastfarben).

Bauchseite ist heller als bei den anderen Wildkatzen. Besonders hochwertige Felle zeigen einen bläulichen Schimmer. Für einen Mantel braucht man etwa 16 Felle. - Imitationen aus Lammfellen mit entsprechender Farbveredlung.

Overshirts für Damen: links mit betonter verbreiterter Schulterpasse und Kimonoärmeln, rechts mit Stehbundkragen und Stecktasche.

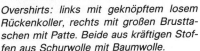

Overshirts: links mit geknöpftem losem Rückenkoller, rechts mit großen Brusttaschen mit Patte. Beide aus kräftigen Stoffen aus Schurwolle mit Baumwolle.

Overshirt, Hemden aus feinen Stoffen im Schurwoll- → Kammgarn-Typ und mit hierfür geeigneter Dessinierung, die als Oberbekleidung getragen werden.

Oxford, buntgewebter, kräftiger, ungerauhter baumwollener Hemdenstoff, selten in Köper-, in der Regel in Tuchbindung („ungerauhter Flanell").

OZ, Abkürzung für → Ounces.

Ozelot, Fell einer südamerikanischen Leopardenart; graugelb bis rötlichbraun mit ornamentartiger, streifen- oder tupfenförmiger tiefdunkelbrauner Zeichnung; die

P

Padding, sprich: Pädding, wattierte Schultern bei Damenoberbekleidung.

Page de garde, französischer Ausdruck für Druckmuster, die den Einbandblättern alter Bücher nachgebildet sind.

Pagodenkragen, Kombination von zwei oder drei Schwalbenschwanzkragen, die in Stufen übereinander gelegt werden, so daß der Eindruck eines Pagodendaches entsteht.

Paillette, 1. kleine, gelochte glitzernde Metallplättchen zum Applizieren auf elegante Kleider.
2. Zweifädiger Satin aus Naturseide mit weichem Griff und elegantem Fluß, Schappseide im Schuß.

Paisley (sprich Peesli), zarte, verstreute Blumenmuster nach Art von Porzellandekors im Biedermeierstil.

Palazzo-Hose, Modeidee amerikanischer Wäscheherersteller vor allem für einteilige Hausanzüge mit vielfach variierten Ausschnitten aus Wäschestoffen mit großzügigen Druckmustern; bodenlange Hosenformen mit überweitem Schnitt. - Vgl. → Home-dress.

Paletot, anliegend gearbeiteter Wintermantel, ein- oder zweireihig; Taille leicht betont. Das Revers lehnt sich der Sakkoform an.

Paletot

Panama, poröse Gewebe mit dem durch die Panama-Bindung, einer mehrfädigen Tuchbindung, hervorgerufenen würfelartigen Bindungsbild. - Vgl. → Hardanger-

stoff, → Selenik, → Zuckersack, → Hopsack, → Sackleinen, → Natté, → Duck.

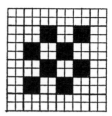

Patrone der Panama- und Duckbindung

Panamaatlas, verstärkte Atlasbindung mit der Wirkung einer unregelmäßigen Kreppbindung. - Abb. siehe unter → Kreppbindung.

Panel (engl. „Türfüllung"), 1. Motivkrawatte. Auf einfarbigem oder ganz gemustertem Fond hebt sich deutlich eine abgegrenzte Musterung ab, die im Anzugausschnitt sichtbar ist.
2. Panello, Gewebe- oder Druckmusterung als Einzelmotiv in voller Kleidlänge, oder über die Gewebebreite zusammenhängend durchlaufend. Ein Motiv beherrscht die Frontseite des Kleides.

Panne, französische Bezeichnung für Seidensamt, speziell für weiche Kleidersamte, deren Flor durch Pressen oder Bügeln niedergelegt wird und die durch diesen Vorgang eine spiegelnd glänzende Oberfläche erhalten. Neuerdings auch gewirkt; vgl. → Spiegelsamt.

Panneaux, (sprich: Pannoh) meist im Rücken von eleganten Kleidern angebrachte, lose herabhängende Stoffteile.

Panneaux-Druck, Motivdruck, der die gesamte Warenbreite bildlich gestaltet, oft als → Bordüre angelegt. - Manchmal auch synonym zu → Panel gebraucht.

Pannette, glanzreich appretiertes leichtes Seidenatlasgewebe, oft mit Baumwoll- oder Viskoseschuß von geringer Haltbarkeit für Maskenzwecke und zur Schaufensterdekoration.

Pantabouff, Abkürzung für Pantalon bouffant - frz. „Pluderhose".

271

Kleider mit Panneaux- (Panel-)Druck

Pant-coat, engl.: Hosenmantel, Jacken- und Mantelformen, die zur Hose kombiniert werden können, z.B. → Caban, Blazer-Kurzmäntel, gegürtete → Kimonomäntel, Capemäntel.

Pantographen-Gravur, im Gegensatz zur → Moletten-Gravur besonders für großrapportige und vielfarbige Druckmusterung geeignete Gravurtechnik; das kolorierte Muster wird gegenüber Originalgröße mehrfach (3-5fach) vergrößert auf eine Zinkplatte übertragen, die Konturen des Musters werden mit Stahlstichel nachgezogen. Der nach dem Storchschnabelprinzip arbeitende Pantograph überträgt beim Nachzeichnen der Vorlage die Zeichnung mit Hilfe eines Hebelsystems unter gleichzeitiger Verkleinerung auf die mit einem säurefesten Lack überzogene Kupferwalze, wenn nötig gleichzeitig mehrmals. Gravur-

diamanten ritzen den Lack der Walze und legen das Kupfer für die nachfolgende Ät-

Pant-coat, links: Trapez-Jacke, Mitte: Raglan, rechts: Wickelmantel mit Kimono

zung mustergetreu frei. Nach der Übertragung der Konturen von der Zinkplatte auf die Walze werden die Farbflächen mit einem Linien (→ Hachuren-) Raster ausgraviert. - Durch mehrmalige Bearbeitung mit dem Pantographen und Vor- und Nachätzung ist es auch möglich, Halbtöne herzustellen. - Vgl. → Molettengravur, → Fotogravur.

Pant, meist in der Mehrzahl: pants gebraucht, Abk. für engl. Pantaloons = Hose. Modeausdruck für (figurzeichnend eng geschnittene) Damenhosen; vgl. → Hot pants.

Panty, Miederhose, Schlüpfer aus formenden, elastischem Gewebe, der gleichzeitig die Funktionen des Strumpfhaltergürtels übernimmt. - Vgl. → Longline-Hose.

Links: Panty; rechts: Longline-Hose (Langbein-Panty)

Panty-Panty-Hose, aus Amerika stammende Kombinations-Strumpfhose mit angenähtem Bein, Oberteil Wäscheslip oder Miederhöschen, das auch dann weitergetragen werden kann, wenn die Beinlinge unbrauchbar geworden sind.

Papierdruck, Sammelbegriff für die → Stardruck- und → Sublistatic-Druckverfahren; → Transfer-, → Umdruck, → Thermodruck.

Papiergarn, lt. TKG: „Papier", in feuchtem Zustand aus Papierbahnen hergestellte Garne, meist mit Schimmelverhütungsmitteln und wasserabweisend imprägniert, für Erntebindegarn, Sackgewebe, Wandbespannungen, Stickereigrundstoffe; oft mit Textilseele. Gut zu färben. Wegen der notwendigen Festigkeit kommen nur geleimte Zellstoffpapiere (Natron-, Sulfat- oder Sulfitpapier) infrage. - Aus Papiergarnen sind bereits Wirkwaren (→ Pextil-Jersey) hergestellt worden. Wasserfeste Papiergarne können kunstharzimprägniert oder mit Kunststoffüberzügen hergestellt sein.

Papillon, Rips papillon, anderer Ausdruck für Wollpopeline; weicher, geschmeidiger Kleiderstoff auf Kammgarnkette und etwas fülligerem Schuß, der den rippigen Charakter ergibt.

Paracortex, siehe unter → Bilateralstruktur der Wolle, vgl. → Orthocortex.

Parallelo, Strickjacke oder Pullover mit angeschnittenem ganzen Arm aus grobem Gestrick, wobei die Maschenstäbchen parallel zum breiten elastischen Taillenbund verlaufen.

Paramente, Kirchenschmuckstoffe, meist Brokate und Damaste für die in der katholischen Liturgie verwendeten Meßgewänder.

Pari-Erschwerung, Erschwerung der Naturseide, die genau dem Gewichtsverlust durch das Entbasten entspricht. Die Erschwerung ist bis zu 300 % über Pari möglich. - Vgl. → Degummieren, → Beschwerung.

Parka, sportliche, lange Jacke aus wetterfestem Material mit Tunnelzug in der Taille. - Vgl. → Military-Look.

Partienweise Färbung von Garnen, Teilfärbung von Garnen zur Erzielung von Mehrfarbeffekten auf dem gleichen Garn, die sich auf der fertigen Ware als unregelmäßige Farbmusterung auswirkt, vor allem für Tufting-Teppiche. - Vgl. → Space-Dyeing, → Astro-dyeing, → Spectral-Färbung, → Clip-dyeing, → Dip-dyeing. - Gegen-

Party-Kleider, rechts mit Wickeljacke und Schlitzrock

satz: → Differential-Dyeing (Verwendung von Fasern verschiedener Farbaffinität). - Vgl. → Bi-Pol-Färbung.

Partner-Set, im Stil und Mustercharakter zusammenpassende Kleidungsstücke für die Dame und den Herrn. Die Teile sind nicht unbedingt gleich geschnitten und gleich gemustert. Der Ausdruck ist vor allem bei Strickwaren üblich. - **Partner-Kleidung** im erweiterten Sinn: Übernahme von Stilelementen der Herrenmode in die Damenmode und umgekehrt zur Kennzeichnung der Zusammengehörigkeit eines Paares nach außen durch Harmonie des Bekleidungsstils.

Partner-Stoffe, Sammelbegriff für alle Stoffe, die nicht unbedingt gemeinsam verarbeitet werden müssen, aber aufgrund gleichartiger Garne oder Musterungsbilder miteinander kombinierbar sind. Beispiele: Gewebe und Gewirke, Drucks und Jacquard, → Combiné-Dessins, → Twin-Prints, → Sister-Prints, → Composé, → Combicolored, → Coordonné, → Combinable.

Partyanzüge: links: Schwarze Hose und Weste mit einem Fancy-Samt-Sakko kombiniert, schalartig gerundetes Spitzfasson, aufgesetzte Taschen; rechts: Samtrevers und samtbesetzte Hosennaht, doppelt paspelierte, eingeschnittene Seitentaschen, Samtknopf.

Party-Hemden

Partymode, Party-Anzug, Party-Dress, Party-Kleid, moderne Richtung unkonventioneller Gesellschaftskleidung, die sich aber von der Tageskleidung sowohl in der Stoffwahl als auch in den Schnittformen unterscheidet und das → Abendkleid, den → Abendanzug und den → Smoking ersetzen soll. Partykleidung folgt in seiner Gestaltung der Tagesmode (im Gegensatz zu der klassischen und zeitlosen Gesellschaftskleidung). Partyanzüge verzichten in der Regel auf die Standardfarben Schwarz und Mitternachtsblau und werden modisch variiert durch farbige, ausgeputzte Partyhemden und Schleifen (Butterfly), auch aus Samt. - Vgl. → Cocktailkleid.

Paspel, 1. zur Verzierung von Kanten und Nähten verwendetes schmales Vorstoßband mit angewebtem, oft abstechend farbigem Wulstrand.
2. Parallel zur Taschenkante vor allem bei Herrenoberbekleidung verlaufende Steppnaht, die den Taschenabschluß wulstig werden läßt.

Raglan mit Rundum-Passe

Passe, in der Herrenkonfektion gleich Koller. Rundumpasse: Steppnaht läuft über Vorder- und Rückenteil, nicht aber über den Ärmel; Schwedenpasse: Steppnaht

Kleid mit Paspeln an Kragen, Vorderkante und Brusttasche

Passe. Links halbrund geschnitten am Passen-Redingote, rechts waagrecht mit zwei eingeschobenen Patten

bezieht den Ärmel mit ein. In der Damenbekleidung sehr wandlungsreich: Glattes eingesetztes Schulterstück, häufig durch Blenden oder Stepperei hervorgehoben und mit Spitzen, Ecken und Bogen versehen, im Gegensatz zum aufgesetzten, gedoppelten → Sattel. - Vgl. → Koller.

Passenkimono, Schnittrichtung besonders bei Damenmänteln, wobei der Ärmel an Schulterpassen angeschnitten wird. - Vgl. → Dolman, → Kimono, → Ungaro-Dolman, → Raglan. - Abb. siehe → Ärmel.

Dolman (1) im Gegensatz zum Passenkimono (2)

Passe-partout-Jäckchen, sehr jugendliche Jäckchen, vor allem zu zweiteiligen Kleidern in kurzer, gerader, dem Bolero ähnlicher Form, mit unversperrt gegeneinanderstehenden Mittelkanten oder mit asymmetrischen Verschlüssen. - Vgl. → Bord-á-Bord-Jacke (Abb. siehe dort).

Patch-pocket, aufgesetzte, umsteppte Tasche bei → Jeans.

Patchwork, 1. „Flechtwerk", façonné-artige, farbig angelegte Wollstoffe mit einem geflochten wirkenden Oberflächenbild.
2. Web- oder Druckdessins, die wie aus den verschiedensten Stofflappen mit unterschiedlichster Musterung und Farbgebung zusammengesetzt aussehen.

Patch-work-dessin

Patentstrickwaren, Strickwaren, bei der in jeder Reihe zwei rechte und zwei linke Maschen einander abwechseln. Sehr elastisches Gestrick, vor allem für Ränder und Bündchen. - Was die Hausfrau als Patentstrickerei bezeichnet, heißt in der Maschinenstrickerei Fang. Durch Nadelabzug werden Patentstrickwaren in der Breite besonders dehnfähig.

Patio-Kleid, anderer Ausdruck für → Kaminkleid.

Patrone, technische Zeichnung, aus der die Bindungsart von Geweben und Gewirken zu erkennen ist. Während bei Webwaren jede Ketthebung mit einem roten Punkt gekennzeichnet wird, wird bei Wirkwaren jede Abweichung von der normalen Kulierware eingetragen. Eine vollständige Gewebepatrone enthält außer dem Bindungsbild den Geschirreinzug, den Rietstand, die Schnürung (Verbindung der Schäfte mit den Bewegungsmechanismen) und die Trittfolge (Exzenterstellung bzw. Kartenschlag). - Vgl. → Gewebedraufsicht, → Gewebeschnitt.

Patte, Taschenklappe oder Taschenbesatz; an Verschlüssen auch doppelter Besatzstreifen.

Pausen, siehe unter → Pudern.

Pavanne, spinntexturiertes → Bri-Nylon.

PCU, nicht nachchlorierte Polyvinylchloridfaser, verbessertes PC, für technische Zwecke, besonders für grobe Monofile (Borsten und Drähte). - PCU gehört zu den im TKG unter „Polychlorid" erfaßten Vinylchloridfasern. - Vgl. → Rhovyl.

Peau d'ange, → Reversible mit matter Kette, häufig aus texturiertem Material. - Gegensatz: → Crêpe-Satin mit glänzender Kette.

Peau de crêpe, → Crêpe de chine mit besonders hoher Kettdichte.

Peau de pêche, frz.: Pfirsichhaut, besonders feiner → Duvetine.

Peau de soie, schweres Seidengewebe in dreibindigem Kettköper mit sehr hoher Kettdichte, glatter als die üblichen Krepps und nur noch in der Weichheit des Warenflusses an Krepp erinnernd.

Pegase, Methode des → Gradierens mit Computerhilfe, wobei mit einem Konturen-Lesegerät die Daten des Urmodels in der Basisgröße erfaßt und unter Benutzung gespeicherter Maßtabellen und Sprungwertlisten sowie zusätzlich eingegebener modellspezifischer Abweichungswerte die Kurven der übrigen Größen vom Computer errechnet werden. - Vgl. → Computergradieren.

Peggy, modifiziertes Falschdrahtgarn aus Polyester (→ Vestan).

Peigniertes Garn (sprich: Penjiertes), französische Bezeichnung für gekämmtes Baumwollgarn (englisch: Combed), ein besonders glattes, feinfädiges und gleichmäßiges Baumwollgarn. Da ohne Kurzfaseranteil, hochwertiger als → Kardiertes Garn.

Pekiné, Natur- und Chemieseidengewebe der Taft- und Pongé-Art mit Kettatlasstreifen, die sich vom Fond abheben.

Pektin, kohlehydratähnliche, gelatinierende Pflanzenleime mit zelluloseähnlichen

Kettenmolekülen; Verunreinigung bei Baumwolle und Kittsubstanz innerhalb der Rindenschicht von Bastfasern, die bei der Flachsröste nur teilweise abgebaut wird und die Elementarfasern zu Faserbündeln vereinigt. - Vgl. → Leinen, → Flockenbast.

Pelargon, Polyamid 9, russische Endlosfaser ähnlich → Azelon. - Vgl. → Enant.

Pelerine, aus der französischen Pilgerkleidung stammende höchstens taillenlanger Capekragen, der rund und breit um die Schultern liegt, manchmal mit angeschnittener Kapuze, über den Ärmel fallend. - Vgl. → Cape.

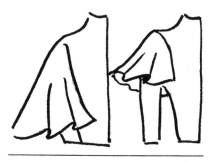

Pelerine   *Flügel*

Pelerinenärmel und Flügelärmel

Pelerinenärmel, langer angeschnittener, zum Armloch hin meist offener, glockig fallender Ärmel, länger als → Mancheronärmel. - Vgl. → Flügelärmel.

Peltex, Pelzimitation aus → Crylor und → Nylon.

Pelz, Haarkleid verschiedener Säugetiere, das zugerichtet wird und kürschnermäßig zu ganzen Oberbekleidungsstücken sowie als Besatz verarbeitet wird. - Vgl. → Antilope, → Astrachan, → Biber, → Biberlamm, → Biber-Waschbär, → Bagdad-Moiré, → Calayos, → Cornat, → Gae-Wolf, → Bisam, → Blaufuchs, → Blueback, → Boregos, → Breitschwanz, → Buenos-Breitschwanz, → Chinchilla, → Embros,

→ Feh, → Fohlen, → Fuchs, → Hamster, → Gazelle, → Hermelin, → Kalbfell, → Kanin, → Karakul, → Kreuzfuchs, → Luchs, → Lamm, → Leopard, → Marder, → Nerz, → Nutria, → Opossum, → Otter, → Ozelot, → Persianer, → Rotfuchs, → Saga-Nerz, → Seal, → Seal-Bisam, → Sealskin, → Seehund, → Skunk, → Spitznutria, → Waschbär, → Weißfuchs, → Whitecoat, → Zebra, → Ziege, → Zobel, → Leder, → Gotland-Lamm, → Lakoda-Seal, → Phantom-Biber, → Platinfuchs, → Silbercornat, → Toscana-Lamm, → Gefederte Pelzverarbeitung, → Pelzvelours, → Rauchwaren.

Pelzimitation, Florgewebe oder -gewirke, deren Materialzusammensetzung, Musterung und Ausrüstung den Eindruck von Tierfellen hervorruft. Qualitätsunterschiede bestehen vor allem hinsichtlich des Polmaterials (Viskose: → Astralik, Acetat: → Astrafur, Synthetics: → Peltex, → Moltofur). - Vgl. → Fun-furs, → Tierfellimitation.

Pelzkäfer, → Textilschädling, dessen Larve sich gleich der → Motte von keratinhaltigen Substanzen ernährt. Bekämpfung durch → Mottenschutz. Larve bis 10 mm lang, spindelförmig, scharf abgegrenzte Segmentierung, lange Schweifhaare, kastanienbraun. Käfer schwarzbraun. - Vgl. → Teppichkäfer.

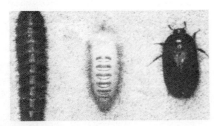

Pelzkäfer

Pelznappa, gewachsenes Fell mit glatter, also nappa-ähnlich zugerichteter Fleischseite. - Vgl. → Pelzvelours.

Pelz-Pikee, ursprüngliche Schreibweise Pelz-Piqué, Doppelgewebe mit plastischen Aufwerfungen, linksseitig gerauht, tuchbindige Oberseite, für Nachtjäckchen. - In Süddeutschland auch gebraucht anstelle von Finette, wird aber kaum mehr hergestellt.

Offenkantig verarbeitete Mäntel aus Pelzvelours

Pelzvelours, Allgemeinbezeichnung für echte Pelze, deren Fleischseite veloursartig zugerichtet ist und deren Haarkleid („angewachsenes Fell") als wärmende Innenseite des Bekleidungsstücks oft offenkantig verarbeitet wird. Die Ware soll weich und leicht sein; nur fehlerlose Rohfelle können verarbeitet werden, der Abfall ist besonders hoch, da nicht unsichtbar gestückelt werden kann. Von Bedeutung sind → Metis- (Merinoschaf-) Velours, → Lammvelours, → Ziegenvelours, → Porcvelours (mit einer dem Schweinsleder ähnlichen Zurichtung), → Entrefinos-Pelzvelours. Die Veloursseite ist oft wasserabweisend ausgerüstet. - Vgl. → Pelznappa.

Pendelferse, im „Pendelgang" automatisch ausgearbeitete Ferse bei rundgestrickten Strumpfwaren. - Vgl. → Regulär-Waren.

Pepcorn-Granité, Granitéabart mit pfefferkorngroßer Feinstruktur. - Vgl. → Granité,

→ Grain de Blé, → Grain d'orge, → Gros grain.

Pepita, durch Köperbindung verwandeltes Blockkaro. - Vgl. → Rouen, → Pfeffer und Salz, → Hahnentritt.

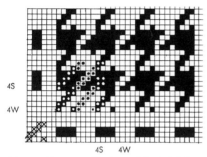

Musterskizze von Pepita auf Croisé 2/2

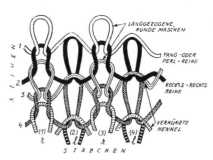

Perlfang (Maschenverlauf der perligen, rechten Warenseite)

Perchloräthylen, in der Schnellreinigung (Perawinbad, Perbad) verwendetes nichtbrennbares organisches Lösungsmittel, das vor allem Fett lösen soll. - Gegensatz: → Benzinbad.

Pergamentieren, anderer Ausdruck für → Transparentieren.

Perkal, 1. Kräftiger bedruckter Hemdenstoff, ungerauht. Die gleiche Ware in buntgewebt heißt → Zefir oder → Oxford. 2. Daunenperkal, bedruckte Einschütte.

Perldruck, Technik zum Bedrucken von Garnen in Strangform quer zur Fadenrichtung in breitgespanntem Zustand mit Hilfe von Reliefwalzen. - Vgl. → Vigoureux, → Kettdruck, → Chinê.

Perlé, Mantel- oder Morgenrockstoff mit kleinflockig gemusterter Oberfläche, die durch die → Ratinétechnik entsteht.

Perlfang, auch als Halbfang bezeichnet, Stricktechnik für sportlich wirkende Grobstrickqualitäten. Eine → Rechts-Rechts-Reihe wechselt unversetzt mit einer → Fangreihe, deren Maschen sich auf Kosten der → Henkel vergrößern und runde Form annehmen. Die linke Warenseite, die als Oberseite gedacht ist, bildet ein geschlossenes Bild runder Maschen, die

rechte Warenseite sieht aus wie eine gewöhnliche Rechts-Rechts-Ware. Hoher Materialverbrauch! - Vgl. → Fang, → Fangversatz.

Perlgarn, füllige zweifache Zwirne aus hochwertiger Baumwolle, wobei das Vorgarn scharf, der Endzwirn zur Erzielung des perligen Charakters weich gedreht ist; stets mercerisiert. Für Kreuz-, Platt- und andere Zierstiche. Nr. 3 für grobe Stoffe und auch zum Umhäkeln geeignet, auf 5-g-Strangen; Nr. 5 mittelstark meist verwendet, auf 5-g-Strangen; Nr. 8 besonders fein; vor allem für Kantenhäkeleien, auf 5-g-Knäueln.

Perlit, waschbeständige wasserabstoßende Imprägnierung. - Vgl. → P-Silikon, → Hydrophobol, → Persistol, → Imprägnierung.

Perlmuttknöpfe, Knöpfe, aus den Innenschichten der Schalen von Meeres- und Flußmuscheln gedreht, die infolge der Beugung des Lichtes stark irisieren.

Perlon, Warenzeichen (Bayer, Hoechst, Glanzstoff) für Polyamid 6 aus Caprolactam; Endlosfaser, Spinnfaser und Monofile, im Schmelzspinnverfahren bei gleichzeitiger Polymerisierung im → VK-Rohr gesponnen. Qualitätskontrolle bis zum Endprodukt nach den Richtlinien des Perlon-Warenzeichenverbandes. Erweichungspunkt 175°C, Reißdehnung mit 24-16 % niedriger, Zugfestigkeit mit 4,8-55,5 p/dtex höher als bei Nylon. - Perlon-CS: Monofil

(Enka) mit Spinntexturierung; - dorcolor: (Bayer) spinngefärbt; - dorvelours (Bayer) kettengewirkte Meterware mit Cordcharakter nach Verarbeitungsrichtlinie; - porös: kettengewirkte Perlonstoffe; - glitzer: Glanzgarn mit trilobalem Querschnitt; - Velours: permanent bügelfreie und unbedenklich waschbare, linksseitig flauschig geraute Wirkware. Perlon delustré: durch Querschnittvariation matteres Bild, Verbesserung der Farbaufnahmefähigkeit und Snag-Unempfindlichkeit (Enka). - Dorix: Perlon-Spezial-Grobtiterfaser (Bayer). - Vgl. → Polyamid, → Nylon, → Rilsan.

Perlseide, 1. „Trama vaga", gezwirnte Naturseide ähnlich → Trame, aus Grègefäden minderwertiger Kokons als Seele für leonische Gespinste.
2. Geschützte Bezeichnung für unbeschwerte Krawattenstoffe aus Naturseide mit einer flecken- und wasserabstoßenden Ausrüstung (Alpi).

Perlwolle, mehrfach gezwirntes, perliges Strickgarn aus Wolle mit abgeschnürtem Aussehen.

Permalon, farbloses Präparat (ICI) für → antistatische und schmutzabweisende Ausrüstung von Polyester.

Permalose, Ausrüstungsmittel (ICI), das auf Polyesterfasern einen Film bildet, zur Erleichterung des Waschens und der Fleckenentfernung und zur Erhaltung der Farbfrische; die Neigung zur elektrostatischen Aufladung wird verringert. - Nicht geeignet für Stoffe mit Silikon-Ausrüstung.

Permanent-Ausrüstung, Veredelungsmaßnahmen bei Garnen, Geweben und Maschenwaren, die Veränderungen meist chemischer Natur bewirken und nicht mehr rückgängig gemacht werden können. Sie ist durch keine gebräuchliche Form der Behandlung von Textilien mehr zu beseitigen und damit vor allem waschfest. - Vgl. → Ausrüstung, → Appretur.

Permanent Press, ungeschützter Gattungsbegriff für eine Summe von Veredelungsmaßnahmen auf Geweben aus zellulosischen Fasern mit und ohne Polyester-

beimischung zur Erzielung von Wash'n-Wear-Effekten, verbunden mit → Formstabilität des gesamten Kleidungsstücks einschließlich der Falten und Nähte (Verringerung der Knitterbildung während des Tragens). Bei Mischgeweben wird der Synthetics-Anteil thermofixiert; die Ausrüstungsmittel selbst entfalten ihre Wirkung (durch → Vernetzen) auf den zellulosischen Fasern. - → Non curing: Nur Thermofixierung (Baumwollanteil höchstens 20 %); → Post-curing: Verzögerte oder Spätkondensation (→ Deferred-curing, → Delayed-curing), ergibt Formstabilität des ganzen Bekleidungsstücks durch Hitzebehandlung des Bekleidungsstücks; vgl. → Koratron, → Dan-Press, → Fixaform, → Novario, → Semproform, → Pre-curing: ergibt Dimensionsstabilität; vgl. → Diolen-Star, → Durable Press, → Everprest, → Never-Press, → Springs-Set. → Double-curing (→ half and half): Kombination von Pre-curing und Post-curing; bei der ersten Kondensation ergibt sich → Dimensionsstabilität, bei der zweiten (am Bekleidungsstück) Formstabilität; vgl. → Poly-Set, → Super-Crease. - Vgl. → Alter ease, → Hot-head-Presse, → Codur, → Zweistufen-Verfahren, → Vorsensibilisierung, → Flächenstabilisierung, → Knitterarmausrüstung.

Perrotinendruck, kaum mehr angewandte Drucktechnik: Maschineller → Modeldruck. Das Gewebe wird ruckartig an den stempelartigen Modeln vorbeigeführt.

Pers, Sammelbegriff für alle klassischen, schweren, bedruckten Bettzeuge. Tuchbindiges bedrucktes Bettzeug heißt auch → Couverture, köperbindiges → Satin Augusta; linksseitig gerauhter → Pers wird als → Rauhvouverture oder → Biberbettzeug bezeichnet.

Persenning, grobfädiges, tuchbindiges, wasserdicht imprägniertes Segeltuch für Wagenplanen, Zelte und Bootsabdeckungen.

Persianer, Fell des gerade geborenen Karakul-Lämmchens (3. oder 4. Lebenstag) mit geschlossener Locke (die Locke öffnet

Moderne Petticoats, mit Stickerei und ein- oder mehrstufigem Volant

sich etwa am 10. Lebenstag). Fellgröße 45-65 cm, Schweif 8-10 cm, endet mit weißer Spitze. Erhebliche Wertunterschiede zwischen kleinlockigen, mittellockigen und großlockigen Fellen (vgl. → Breitschwanz). Von Natur aus bräunlich schwarz bis dunkelbraun; graue, braune, weiße und scheckige Felle werden oft mit Blauholzfarbe schwarz gefärbt. Die kurzhaarigen Felle haben feines, leichtes aber enorm haltbares Leder; für Mäntel, Jacken und Besätze. - Südwestafrikanische Zuchtpersianer ha-

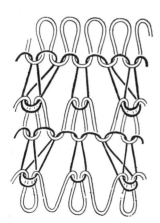

Petinet-Muster, linke Warenseite

ben ornamentales Muster mit kurzem, seidig glänzendem Haar.

Persischer Knoten, siehe unter → Teppichknoten, vgl. → Orient-Teppich.

Persistol, waschfestes und chemisch reinigungsfestes Imprägniermittel der BASF, Ludwigshafen, mit schmutzabweisender Wirkung.

Peter-Pan-Kragen (sprich: Pieter Pän), steifes, abgerundetes Krägelchen über einer Stehblende, häufig weiß auf gemusterten Stoffen. - Abb. siehe → Kragen.

Petinet, lt. DIN 62 151 „Rechts/Links/durchbrochen"; Abart doppelflächiger Kulierwaren mit spitzenartiger Durchbruchmusterung, die durch Abnahme einer Masche und Umhängen auf Nachbarnadeln entsteht. - Vgl. → Ajour, → Knüpftrikot.

Petit Point, weltbekannte Wiener Stickerei; je feiner sie ist, desto mehr Stiche zeigt sie. Meist barocke Motive, manchmal 22 Stiche je cm.

Petticoat, früher spezialausgerüstete, waschbeständig versteifte Gewebe aus Baumwolle, Chemiekupferseide oder Perlon für bauschige Unterröcke. Neuerdings weiter geschnittene Halbröcke mit einfachen oder mehrstufigen Volants zur Unterstützung schwingender Röcke.

Pettidress, → Petticoat-ähnlicher Batistunterrock mit angesetztem Leibchen, das als Bluse sichtbar wird. Meist mit (→ Madeira-) Stickerei verziert.

Pextil-Jersey, auf der Rundstrickmaschine hergestellte Maschenware aus einem → Papiergarn mit Textil- (-Viskose-Spinnfaser-) Seele. Begrenzt waschbar und reinigungsbeständig, sehr preiswert.

Pfauenauge, durch eine rund oder oval wirkende, feine Bindungsmusterung umgebenes Punktmuster, vor allem bei Herrentuchen.

Pfeffer und Salz, schwarz-weiße oder grau-weiße Kleinmusterung bei Anzug- und Kostümstoffen; wenig schmutzempfindlich. Bei Doppelköperbindung wechselt je ein heller Kett- und Schußfaden, zum Unterschied zu → Fil-à-Fil aber mit geringem Helligkeitsunterschied; meist ist je ein Faden in Kette und Schuß → Mouliné. - Vgl. → Pepita, → Hahnentritt, → Fadenkreuzdessin.

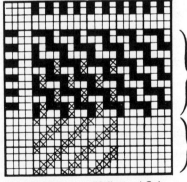

Bindungsbild von Pfeffer und Salz

Pflanzendune, Pflanzendaune, wegen ihrer ungenügenden Festigkeit trotz ausreichender Stapellänge (15-40 mm) als Spinnmaterial ungeeignete seidig glänzende feine, einzellige Pflanzenhaare der inneren Fruchtwand verschiedener Wollbäume (Bombaceen) von besonders niedrigem

spezifischen Gewicht (0,30-0,35 g/ccm); wichtigste Art: → Kapok. Wegen ihres hohen Luftgehalts ausgezeichnetes Polstermaterial; Füllmaterial für Rettungsringe u.ä. - Die → Kokosfaser ist zwar eine Fruchtfaser, zählt aber zu den → Hartfasern.

Pflanzliche Faserstoffe, textil verarbeitete Fasern von natürlichen Pflanzen; Pflanzenhaare: Samenhaare (→ Baumwolle) und Pflanzendunen (→ Kapok); Bastfasern (Stengelfasern, Weichfasern): → Flachs, → Hanf, → Jute, → Alfa, → Ginster, → Kenaf, → Ramie; Hartfasern: → Sisal, → Abaca, → Mauritius-Faser, → Kokos. - Hauptbestandteil der Pflanzenfasern ist die → Zellulose. Eigenschaften: Widerstandsfähigkeit und Unlöslichkeit in Wasser und Laugen, geringe Isolationsfähigkeit, Neigung zum Knittern, Säureempfindlichkeit, geringe Wärmehaltung.

Pflatschdruck, Abart des → Direktdrucks: Bedrucken der ganzen Warenbreite mit einer Farbe (einseitiges Anfärben). - Vgl. → Schleifdruck.

Pflatschen, Art des Aufbringens flüssiger Ausrüstungsmittel mittels Walzen auf dem → Foulard; das Gewebe läuft nicht durch die Flotte (→ Klotzen), sondern nur durch die Quetschfuge zweier Walzen, oder bei einseitiger Behandlung über eine in die Flotte tauchende Walze. Die untere Walze, die entweder rillengraviert oder mit einer → Bombage versehen ist, taucht mit der Unterseite in die Flotte, nimmt davon mit und überträgt sie auf die Ware.

Pflegekennzeichnung, freiwillige Kennzeichnung von Textilien und Bekleidung mit international vereinbarten Symbolen als Hilfe für die richtige Behandlung für Verkäufer, Verbraucher und das Reinigungsgewerbe. Im Gegensatz zur gesetzlich vorgeschriebenen → Textilkennzeichnung darf die Pflegekennzeichnung mit Fasermarken und Firmenzeichen kombiniert werden. Die Symbole betreffen das Waschen, Chloren (in der BRD ohne Belang), Bügeln und Chemischreinigen; mildere Behandlung wird durch einen Strich unter dem Symbol gekennzeichnet. Durch-

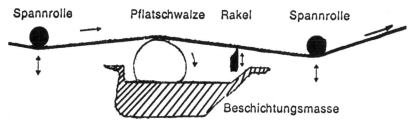

Warenlauf beim Pflatschen

streichen des Symbols bedeutet, daß der Artikel diese Behandlungsart nicht verträgt; durchstrichene Reinigungstrommel heißt auch, daß im Haushalt mit der Anwendung von Fleckenentfernungsmitteln Vorsicht geboten ist. - Vgl. die beiden Tableaus.

Symbol	Temperatur	Mechanik	Spülen	Schleudern
A	95°	95°C	N	C	N
B	95°	95°C	R	CC	R
C	60°	60°C	N	C	N
D	60°	60°C	R	CC	R
E	40°	40°C	N	C	N
F	40°	40°C	R	CC	R
G	30°	30°C	RR	C	R

Zeichenerklärung:
N = Normale Mechanik bzw. normale Behandlung
R = Reduzierte Mechanik bzw. mildere Behandlung
RR = Stark reduzierte Mechanik bzw. sehr milde Behandlung
C = Kaltes Spülen
CC = Stufenweises Abkühlen der Waschflotte

Pflegeleicht-Ausrüstung, Summe der Veredelungsmaßnahmen, Textilien aus zellulosischen oder tierischen Faserstoffen die bei den Synthetics vorhandene Eigenschaften, wie Knitterarmut, Bügelleichtigkeit und leichte Beseitigung von Verschmutzungen, zu verleihen. Im weiteren Sinn umfaßt der Begriff der Pflegeleichtig-

keit Waschfestigkeit und Waschmaschinenfestigkeit, rasches knitterarmes Trocknen, Schmutz- und Fleckabweisung und dauerhafte Bügelfalten. Eine international gültige Definition des Begriffes liegt nicht vor. - Vgl. → Disciplined Fabrics, → Wash-and-wear-Ausrüstung, → Bügelarm, → Bügelfrei, → Knitterarmausrüstung, → wash'n wear, → Kunstharzfreie Pflegeleichtausrüstung, → Fleckschutzausrüstung, → Permanent Press.

Pfropfpolymerisat, → Multipolymerisate, bei denen an ein Kettenmolekül andere Kettenmoleküle seitlich anpolymerisiert sind; sogenannte „unechte → Bikomponentenfasern". - Beispiele: → Cordela aus hydrophobem Polyvinylchlorid und hydrophilem Polyvinylalkohol, → Chinon aus Acryl mit angelagertem Kasein, → Graflon (Viskose mit angepfropftem Acrylnitril), → Conforty-Polyester. - Gegensatz: → Copolymerisate, → Blockpolymerisate.

Phantasie-Cord, → Cord mit Wechselrippe, vgl. → Fancycord.

Phantasiezwirn, anderer Ausdruck für → Effektzwirn.

Phantombiber, silbergraue Farbform des → Bibers.

Photodruck, Photogravur, siehe unter → Fotogravur.

Pic-à-Pic-Eintrag, Schußeintrag mit beidseitigem Schußfadenwechsel, d.h. jeder einzelne Schuß kann farblich oder durch anderes Material ausgetauscht werden, im

Internationale Symbole für die Pflegebehandlung von Textilien
Empfehlung der Arbeitsgemeinschaft „Pflegekennzeichen für Textilien"
in der Bundesrepublik Deutschland

Behandlung	Stufe ➤	3	2	1	0
Waschen	Waschbottich	95°C	60°C	30°C	✕
	Erläuterung	Koch- bzw. Weißwäsche	Heißwäsche (Buntwäsche)	Feinwäsche	nicht waschen
Chloren	Dreieck	C L			✕
	Erläuterung	chloren möglich			nicht chloren
Bügeln	Bügeleisen	⊿•••	⊿••	⊿•	✕
	Erläuterung	starke Einstellung	mittlere Einstellung	schwache Einstellung	nicht bügeln
		Die automatischen (Regler-) Bügeleisen enthalten bisher die Punkte nur zum Teil. Künftig werden die Punkte immer mehr zu sehen sein, und zwar kombiniert mit den durch Rohstoffangaben gekennzeichneten Temperaturbereichen, wie sie die Skala der Bügeleisen aufweist. Diese Angaben sind zwar nicht einheitlich, überwiegend sind sie aber abgestellt auf:			
		Baumwolle Leinen	Wolle Seide	Chemiefasern, z. B. Perlon, Nylon, Reyon, (Kunstseide) Zellwolle	
		Durch diese Erläuterung ist gleichzeitig ersichtlich, welche Punkt-Zahl mit welcher Rohstoffangabe identisch ist.			
Chemisch Reinigen	Reinigungs-trommel	Ⓐ	Ⓟ	Ⓕ	⊗
	Erläuterung	Der Kreis besagt dem Verbraucher, daß chemisch gereinigt werden muß bzw. werden kann. Die Buchstaben sind lediglich für die Reinigungsanstalt bestimmt und stellen einen Hinweis für die in Frage kommende Reinigungsart dar.			
		allgemein übliche Lösungsmittel (intensive Behandlung)	**Perchloräthylen oder Benzin** (mittlere Behandlung)	nur Benzin (leichte Behandlung)	nicht chemisch-reinigen

Gegensatz zum einseitigen Schußfaden-wechsel (Schützenwechsel), der den Austausch nur jedes zweiten Schußfadens zuläßt. - Vgl. → Schußfolge.

Pied-de-poule, anderer Ausdruck für → Hahnentritt.

Pierrot-Kragen, runder Ausschnitt, mit (meist plissiertem) Volant.

Pigment, unlösliche organische oder anorganische Farbkörper feinster Korngröße.

Pigmentdruck, Druck mit unlöslichen Farbstoffen, die mit Hilfe von Öl-in-Wasser-Emulsionen (feinste Öltröpfchen werden von Wasser eingehüllt) auf den Stoff aufgebracht und durch Kunstharze oder verschiedene filmbildende und härtbare Polymerisate auf dem Stoff fixiert werden. Pigmentdrucke sind in der Technik einfach, für praktisch alle Textilfasern (auch Glasfasern) geeignet und mit den meisten übrigen Druckpasten kombinierbar. Nachbehandlung erübrigt sich. Unterschiede in der Technik ergeben sich hinsichtlich des Lösungsmittels, nicht hinsichtlich der Farbe. Abrieb- und Reibechtheit sind problematisch.

Pigmentfarbstoffe, Pigmentfärbungen, Farbstoffkörper von unübertroffener Echtheit, die mit Hilfe von Bindemitteln auf dem Stoff verankert werden. Es sind nur hellere Tönungen möglich; Wasch- und Reibechtheit sind problematisch, da sie vom Bindemittel abhängen. Bei Polyamiden verbessern diese den Griff der Ware. - Pigmentgefärbte Stoffe nur mit Feinwaschmitteln waschen, da bei Temperaturen über 60°C bei Vollwaschmitteln Sauerstoff frei wird,

der die Pigmentfarben angreift. Gute Pigmentfärbungen ergeben sich wegen der gegenüber verschiedenen Textilrohstoffen gegebenen Neutralität der Pigmentfarben auf Mischgeweben. Pigmentfarbstoffe werden auch in der Leder- → Zurichtung (→ Sprühverfahren) verwendet. - Verschiedentlich werden Farbstoffe, die nach dem Färbevorgang als schwerlösliche Pigmente fixiert werden, auch als → Kondensationsfarbstoffe bezeichnet. - Vgl. → Acramin, → Helizarin, → Imperon, → Sherdye.

Verschiedene Bindungsarten für Piqué (Herrentuch)

Pikee, ursprünglich Schreibweise Piqué,
1. Gewebe mit einem Obergewebe in Tuchbindung und mit einer auf der Warenunterseite flottierenden Steppkette, die das Obergewebe blasenartig nach oben wölbt.
2. Herrentuch in Spezialbindungen, die eine Drapé-ähnliche Struktur hervorrufen. Die Ausrüstung sorgt für weichen Warengriff und einen feinen Faserflor, der das Bindungsbild gerade noch erkennen läßt.

Pikieren, Einarbeiten der Wattierung in das Mantel- oder Jackenrevers, um die-

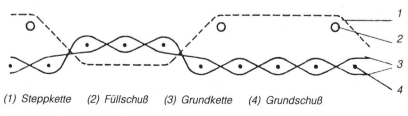

(1) Steppkette   (2) Füllschuß   (3) Grundkette   (4) Grundschuß

Schußschnitt durch ein Pikee-Gewebe

sem Form und festen Halt zu geben. Durch die Einführung der → Frontfixierung weitgehend überflüssig geworden.

Pillingbildung, Bildung von knötchenartigen Zusammenballungen infolge einer durch Scheuern hervorgerufenen Verletzung der endlosen Einzelkapillaren bei Geweben und Maschenwaren aus Synthetics, die aus den geordneten Gewebeverbänden heraustreten und an der Oberfläche haften bleiben. Gefördert wird die Pilling-Bildung durch Einsatz lose gedrehter Zwirne, weite Fadenflottungen im Gewebe und Gewirk und durch zu niedrige Schußdichte oder Einstellung, schließlich durch falsche Behandlung, wie Reinigung mit rauhen Bürsten. Sie ist um so störender, je reißfester die Textilfaser ist. Möglichkeit zur Verringerung der Pillingbildung: Herabsetzung der Knickbruchfestigkeit der Chemiefasern, Beseitigung der Faserenden im Gewebe oder Gewirk durch Schleifen, Scheren oder Sengen in feuchtem Zustand, → Antipilling-Ausrüstung.

Pilot, kräftiger Baumwollstoff für Berufskleidung in Schußatlasbindung ähnlich → Moleskin und → Englisch-Leder, meist stückgefärbt und linksseitig gerauht mit glatter Warenoberseite, oft mit Streifenmustern bedruckt. - Kaum mehr auf dem Markt.

Pilotenjacke, sehr sportlicher Jackentyp aus glatten Stoffen, Lederimitaten oder echtem Leder, der Fliegerkleidung nachgebildet, mit über die Vorderfront diagonal verlaufenden groben Reißverschlüssen.

Pilotenjacke

Pinhead, anderer Ausdruck für → Nadelkopfdessin.

Pinlon, nach dem → Zahnradverfahren texturiertes Polyamid.

Pint-Point, Netzstrumpftechnik, nach beiden Seiten laufmaschensicheres Gewirk von der → Cottonmaschine, bei dem jede einzelne oder jede zweite Masche durch Überdecken zweier Nadeln mit einer Masche verriegelt wird. - Vgl. → Micro-mesh.

Piqué, siehe unter → Pikee.

Piratenhose, auch → Caprihose, enge, dreiviertellange (Damen)-Hose mit kleinen Seitenschlitzen.

Pistenbluse, Anorak aus ganz dünnem Nylon- oder Perlongewebe, nur als Wind- und Wetterschutz gedacht, in die umgestülpte Brusttasche zu verpacken. - Vgl. → Skibekleidung.

Pita-Faser, siehe unter → Mauritiusfaser. - Vgl. → ALoefaser, → Sisal.

Plack, in der Herrenschneiderei formgebende Verstärkung für Brust, Fasson und Armloch. - Vgl. → Frontfixierung, → Mehrbereichseinlage.

Plaid, großkarierte, bunte, wollige Gewebe für Reisedecken und Umhänge in Tuch- oder Köperbindung, oft mit Strichappretur.

Plaidfutter, Sammelbegriff für karierte oder gestreifte, gerauhte Futterstoffe für Mäntel aus Acrylfasern, Viskosefasern, Baumwolle oder Wolle.

Plakatmuster, großzügig angelegte, flächig gestaltete, stets → opposé kolorierte leuchtkräftige Druckmuster.

Planche-Druck, wenig gebräuchliche Drucktechnik, maschineller Platten-Tiefdruck.

Plastifizieren, vor allem in der Feinstrumpfindustrie üblicher Ausdruck für die Formgebung von Fertigerzeugnissen aus Synthetics unter Einfluß von Wärme, Feuchtigkeit und Druck (Thermofixieren). Eine Veränderung der durch das Plastifizieren erzielten Form, zum Beispiel bei nahtlosen Strümpfen, tritt erst bei einer Erwärmung auf eine höhere Temperatur als der Plastifizierungstemperatur ein.

Plastron, 1. breite Seidenkrawatte, zum Gehrock oder Cut getragen.
2. Latzartiger Brusteinsatz an Hemden oder Blusen, vgl. → Frou-Frou.

Überblusen mit Plastron

Platine, 1. Formgestanzte, dünne Stahlblechstreifen, die an Wirkmaschinen die Maschen bilden.
2. Hakenförmige Instrumente an Schaft- und Jacquardmaschinen, die den jeweils benötigten Kettfaden anheben.

Platine;
a) Schnabel, b) Kehle, c) Nase

Platinfuchs, blaugrauer → Silberfuchs, meist Kunstzüchtung. - Vgl. → Fuchs, → Pelz.

Plauener Spitze, maschinell gestickte → Spitze.

Plattieren, Technik zur Herstellung von Maschenwaren, wobei zwei verschieden-

artige oder -farbige Fäden so verarbeitet werden, daß der eine (der Plattierfaden) auf die rechte Seite aller Maschen, der andere (der Grundfaden) auf die linke Seite aller Maschen kommt. Durch Plattieren kann eine Qualitätsverbesserung oder eine Musterung hervorgerufen werden. Beim Wendeplattieren werden Plattier- und Grundfaden miteinander mustermäßig ausgetauscht und es kann eine den → Jacquard-Wirkwaren ähnliche Musterung entstehen (billige Nachahmung von Jacquard). - Vgl. → Wilde Plattierung.

Plattstich, Füllstich in der Weißstickerei, wobei mit großen Vorstichen unterlegt und mit dichten Deckstichen ausgestickt wird.

Platzgedeck, siehe unter → Set.

Plissee, schmale Falten, die unter Verwendung von kartonartigen Formen in speziellen Öfen dauerhaft in Stoffe aus Wolle oder Synthetics eingepreßt werden. - Vgl. → Thermofixierung, → Flächenfixierung, → Formfest-Behandlung, → Messerplissee, → Liegeplissee, → Sonnenplissee.

Plisseekleid

SONNENPLISSEE

nach Formzuschnitt

BAHNENPLISSEE

mit Parallel-Falten
nach geradem Zuschnitt

BAHNENPLISSEE

mit konischen Falten
nach geradem Zuschnitt

*Plisseegrund-
formen*

LIEGEFALTEN

einseitig verlaufend

TOLLFALTEN

zweiseitig im Wechsel
verlaufende Liegefalten

STEHFALTEN

*Plisseegrund-
faltenarten*

Plumeau, wenig gebrauchte Bezeichnung für ein → Oberbett mit → Inlett als Umhüllung und Federfüllung.

Plumetis, mit Tupfen oder Streublümchen bestickter, kleingemusterter Batist.

Plüsch, hochflauschiger Kettsamt, dessen Florhöhe durch die Stärke der eingelegten Ruten bestimmt wird. - Vgl. → Samt, → Kettsamt, → Pelzimitat, → Krimmer, → Wirkplüsch.

Plüschfutter, frottiergewebeähnliche Futterstoffe mit Polhenkeln aus Baumwolle oder Viskosespinnfaser, meist → Raschelwaren oder in → Nähwirktechnik (→ Malipol) hergestellt, zur saugfähigen und gleichzeitig wärmenden Innenausstattung von → Freizeit- und → Leger-Kleidung.

Plüschtrikot, Maschenwaren, aus einem Grundfaden und einem Plüschfaden gewirkt oder gestrickt, die gleichzeitig geformt werden, wobei der Plüschfaden zu besonders langen Schleifen ausgebildet wird. Für Unterwäsche für den Winter bleiben die Plüschhenkel geschlossen

(→ Henkelplüsch) und bilden die Wareninnenseite, für Oberbekleidung werden die Plüschstreifen aufgeschnitten (→ Schneideplüsch) und bilden die samtartige Oberfläche des Kleidungsstücks. Musterung ist durch Reliefplüsch (Plüschhenkel werden nur an den zu musternden Stellen gebildet) und Plüschfarbmuster (die Plüschhenkel haben mustermäßig verschiedene Farben) möglich. - Vgl. → Nicky, → Wirksamt, → Wirkplüsch.

Pochette, kleines Ziertuch für die Brusttasche am Herrenanzug, oft als Garnitur mit gleich gemusterter Krawatte angeboten.

Pocketing, glatt ausgerüstete tuchbindige Hosentaschenfutter mit linksseitiger Appretur, aus Baumwolle oder Viskosespinnfaser.

Poilegrège, gezwirnte Naturseide, aus 2-8 Grègefäden, mit 800-2000 Z-Drehungen/m, als Kett- und Schußmaterial verwendbar.

Pointillé, aus einzelnen Punkten zusammengesetzte Stoffdessinierung, vor allem kleinflächige Kreise.

Polobluse (links) und Polojumper (rechts)

Polokleid (links) im Gegensatz zum Hemdblusenkleid (rechts)

Polgewebe, Sammelbegriff für alle Plüsch-, Samt-, Frottier- und Teppichgewebe, deren entscheidendes Kennzeichen aufrechtstehende Noppen oder Schlingen sind, die durch eine besondere Polkette hervorgerufen werden. Die Schlingen können geschlossen bleiben (→ frisé, zum Beispiel → Bouclé) oder aufgeschnitten (coupé, zum Beispiel → Veloursteppich) sein.

Polital, geschützte Bezeichnung für → monoaxial gereckte Bändchen, Garne, Gewebe und Maschenwaren aus Polyolefinen (Polyäthylen und Polypropylen) (Adolff). - Leicht, reißfest, feuchtigkeitsunempfindlich, wasserabweisend, luftdurchlässig, geruchfrei, verrottungs- und chemikalienbeständig, für Tufting-Grundgewebe, Nadelfilz-Trägergewebe (→ Polituft), Verpackungsgewebe (→ Compak), in Rascheltechnik hergestellte Säcke.

Polituft, → Nadelfilz- und → Tufting-Trägergewebe aus → Polital.

Polkatupfen, talergroße, ziemlich aneinander gerückte Tupfen (Name stammt von Heinz Oestergaard).

Polmaterial, füllige Garne, die den Flor von Teppichen oder Samten bilden.

Polnischer Dreher, → Volldreher, vgl. → Drehergewebe.

Pololeiste

Polobluse, Polojumper, Polokleid: Bekleidungsstücke in Schlupfform mit halber Knopfleiste, die in den in einem Stück geschnittenen Auslegekragen übergeht. Kleider meist zweiteilig, Blusen rundgeschnitten und über der Hose zu tragen, beide mit

Manschettenärmeln. Polojumper: hemdartig geschnitten, kurzer (Krempel-) Ärmel.

Polsterbett, flaches Bett mit klappbarer → einteiliger Matratze, die Bestandteil des Bettaufbaus ist und Bettkasten, in dem die Bettwäsche, Oberbetten und Kissen untertags verstaut werden können, mit Bezügen, die dem Bett untertags den Charakter eines Sitzmöbels verleihen. Aus dem → Französischen Bett heraus entwickelt.

Polyacryl, Gruppe vollsynthetischer Faserstoffe, lt. TKG: „aus linearen Makromolekülen, deren Kette aus mindestens 85 Gewichtsprozent Acrylnitril aufgebaut wird". - Da der Schmelzpunkt des Acrylnitrils über seinem Zersetzungspunkt liegt, wird die Acrylfaser aus Lösung (z.B. in Dimethylformamid) im → Naß- oder → Trockenspinnverfahren gesponnen und zur Stabilisierung der Moleküle und Verbesserung der mechanischen Eigenschaften stark verstreckt. Spez. Gewicht mit 1,14-1,19 niedrig, Erweichungsbereich 235°C, Querschnittsformen verschieden und abhängig vom Herstellungsverfahren; Feuchtigkeitsaufnahme mit 1-2 % gering, ebenso die Quellfähigkeit. Hohe elektrostatische Aufladung, gute elektrische Isolierfähigkeit, vergleichsweise geringe Neigung zum Pillen, hitze- und lichtbeständig, hohes Wärmerückhaltevermögen bei leichtem Gewicht, gut rauhfähig, weich und elastisch, gut fixierbar und schrumpffähig. Mottensicher, tropenfest, wetterfest, Neigung zum

Vergilben. Das hohe Bauschvermögen beruht auf dem hohen → Elastizitätsmodul von 600-700 kp/mm^2, gestattet hohen Lufteinschluß in Geweben und Gewirken und bewirkt das gute Wärmerückhaltevermögen; bei Beimischung zu mindestens 40 % zu Wolle wird das Filzen verhindert. Leichte Anschmutzbarkeit, geringe Schweißaufnahme, Gefahr der Deformierung, geringe Alkalibeständigkeit, schwierig zu färben. - Endlosgarne: glänzend und spinnmatt, rohweiß oder spinnschwarz, auch texturiert (→ Suprapan, → Ultrapan), für alle Gewebe oder Gewirke, wo es besonders auf hohe Licht- und Wetterbeständigkeit ankommt (Gardinen, Markisen), Fischereiartikel, Netze, Säureschutzanzüge. - Spinnfaser: Normaltypen mit Kochschrumpf 1-2%, abgestimmt auf gemeinsame Verarbeitung mit Baumwolle, Streichgarn oder Kammgarn; Grobfasern mit Stapellängen, die sich speziell für Teppiche eignen. Acrylfasern sind als → Hohlfasern (→ Dralon) mit guten, den natürlichen Rohstoffen ähnlichen → hygienischen Eigenschaften herstellbar. - Schrumpftypen vgl. → S-Typen mit Kochschrumpf 18-32%, → HS-Typen (35-40%), → Hochbauschgarn, → HB-Garn. - → Bikomponentenfasern: → Sayelle; → Modacrylfasern mit 15% Vinylacetat oder einem anderen Copolymer (→ Acrilan, → Creslan, → Zefran, → Velicren); → Multipolymerisatfasern: mit Vinylchlorid: → Dynel (60%), → Kanekalon (40%); mit Vinylidenchlorid: → Teklan

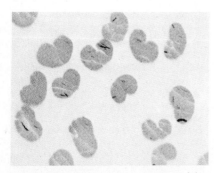

Querschnitt 1: Acryl naß gesponnen (nierenförmiger Querschnitt)

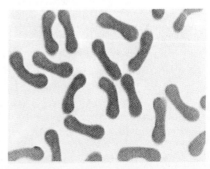

Querschnitt 2: Acryl trocken gesponnen (Hundeknochen-Querschnitt)

(50%), → Verel (20%). - Vgl. → Trivinyl, → Dralon, → Orlon, → Cashmilon, → Courtelle, → Crylor, → Exlan, → Leacril, → Makrolan, → Vonnel, → Acribel, → Elura, → Zefran, → Gwendacril, → ATF 1017.

Polyaddition, Bildung von Kettenmolekülen ohne Ausscheidung von Nebenprodukten unter intermolekularer Verschiebung von Wasserstoffatomen. Durch Polyaddition entstehen die Polyurethane.

Polyamid, Gruppe vollsynthetischer Faserstoffe, lt. TKG „Fasern aus linearen Makromolekülen, deren Kette eine Wiederholung der funktionellen Amidgruppe aufweist"; sie entstehen durch Polymerisation (z.B. von → Caprolactam) oder durch Polykondensation (von Diaminen mit Dicarbonsäuren, z.B. Nylonsalz, oder von Aminocarbonsäuren, z.B. für Rilsan). Die einzelnen Polyamidtypen werden durch die Anzahl der in den Monomeren der Ausgangsstoffe enthaltenen Kohlenstoffatome gekennzeichnet. Bedeutung erlangt haben PA 6 (aus Caprolactam; z.B. → Perlon), PA 6,6 (aus Nylonsalz, z.B. → Nylon) und PA 11 (aus dem Rhizinusöl, → Rilsan). Daneben gibt es noch PA 7 (aus Aminoönanthsäure, vgl. → Enant, → Önanth) und PA 9 (aus Aminopelargonsäure, vgl. → Pelargon, → Azelon), die zwar aus preiswerten Chemikalien, aber in aufwendigen und gefährlichen Herstellungsprozessen erzeugt werden, sowie PA 12 (aus Laurinlactam). → Aromatische Polyamide, wie → Kevlar und → Nomex (hitzebeständig) sowie Spezialfasern wie → Qiana, die sehr viel komplizierter zusammengesetzt sind, entziehen sich dieser Charakteristik. - Die

Polyamid-Profilfasern: Querschnitt dreieckig, Längsansicht mit „Grat".

Querschnitt 10zackig, Längsansicht stark gestreift.

wichtigsten Typen unterscheiden sich wie folgt:
Die Festigkeit (abhängig vom Verstreckungsgrad) ist die höchste aller Textilrohstoffe, unter den Synthetics auch die (geringe) Feuchtigkeitsaufnahme. Die Polyamide sind mottensicher, laugen-, seewasser- und fäulnisfest, gut plissierbar und dauerbiegebeständig, aber mäßig lichtbeständig (vor allem spinnmattierte Typen) und pillinganfällig. Verwendung überall dort, wo die unübertroffene Reiß- und

	PA 6.6 (Nylon)	PA 6 (Perlon)	PA 11 (Rilsan)
Zugfestigkeit p/dtex	4,2–5,2	4,8–5,5	4,2–5,0
Reißdehnung %	31–26	24–16	40–25
Spez. Gewicht g/ccm	1,14	1,15	1,04
Schmelzpunkt °C	250	215	185
Erweichungspunkt °C	235	175	150
Feuchtigkeitsaufnahme %	3,8	4,3	1,2
Relative Naßfestigkeit	85–90%	85–90%	96–98%

Scheuerfestigkeit zur Wirkung kommen, auch als Verstärkungsmaterial. Textilien aus Polyamiden sind thermofixierbar, gut zu texturieren und mit Feinwaschmitteln bis 40°C waschbar. PA-Spinnfasern dienen als Baumwoll- oder Woll-Type als Verstärkungsmaterial. Sowohl → Filamente als auch Spinnfasern sind in Spezialausführung das wichtigste Polmaterial für → Tufting-Teppiche. → Bikomponentenfasern sind in bilateraler Schichtung (→ S/S) aus PA 6,6 mit einem ungeordneten Copolymer (→ Cantrece) und aus PA 6 und PA 6,6 (Tapilon) herstellbar; als → Matrix/Fibrillentype werden sie aus PA 6 mit 25 % Polyester für Reifencord entwickelt. → Profilfasern sollen die Pillinganfälligkeit und die Snagempfindlichkeit verringern und Glanz und Griff der Faser verändern (trilobaler Querschnitt: → Antron, → Cadon; → Enkalure, → Perlon Glitzer). → Differential dyeing-Typen modifizieren die Anfärbbarkeit mit Säure- und Metallkomplexfarbstoffen. - Zu PA 6 vgl. → Akulon, → Dederon, → Enkalon, → Grilon, → Mirlon, → Delfion, → Forlion, → Helion, → Lilion, → Celon; zu PA 6,6 → Nailon, → Fabelnyl. - Vgl. → Modifizierte Polyamide, → Dipolyonfasern, → Lipophilität.

Obergruppe der → Polyolefinfasern zusammengefaßt. Das aus der Kohle- und Erdölchemie stammende Äthylen wird entweder durch Hochdrucksynthese bei 1500 atü und 150-250°C zu Hochdruckpolyäthylen mit niedrigem Erweichungspunkt (115°C) und geringer Reißfestigkeit polymerisiert; nur für monofile Borsten brauchbar. Niederdruck-Polyäthylen (Hostalen, Vestolen, Marlex) kann im Schmelz- oder Lösungsspinnverfahren zu feineren multifilen Fäden gesponnen werden. Mit einem Spez. Gewicht von nur 0,91-0,96 schwimmen die Fasern auf Wasser; ihre Feuchtigkeitsaufnahme ist gleich Null. Wegen des mit 115-135°C zu niedrigen Schmelzpunktes werden die Fasern vor allem für technische Zwecke, Marineseile, Fischereinetze sowie für verschmelzbare Krageneinlagestoffe verwendet. Folien sind weich, dehnbar, reißfest, wasser- und staubdicht, kältebeständig, geschmacks- und geruchsfrei und werden in der Nahrungsmittelindustrie zur Verpackung von frischzuhaltenden Waren verwendet. Aus Folie geschnittene Polyäthylen-Bänder können die Festigkeitswerte von Stahl erreichen und werden zu dauerhaften, festen und witterungsbeständigen, sehr preiswerten Verpackungsgeweben verarbeitet.

Polycarbonatfasern, im TKG nicht eigens erwähnte Gruppe synthetischer Faserstoffe aus dem Kunststoff „→ Makrolon" (Bayer), im Naß- oder Trockenspinnverfahren hergestellt, mit guter thermischer Be-

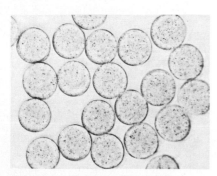

Polyamid + Polyester, Querschnitt

Polyäthylen, Gruppe synthetischer Faserstoffe und Folien, lt. TKG „Fasern aus gesättigten linearen Makromolekülen nicht substituierter aliphatischer Kohlenwasserstoffe"; meist wegen ähnlicher Eigenschaften mit den → Polypropylenfasern zur

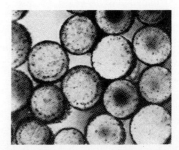

Polycarbonatfaser. Faseroberfläche rauh; Einschlüsse an der Peripherie der Fasern.

ständigkeit (bis minus 100°C), hoher Alterungsbeständigkeit und guten mechanischen und elektrischen Eigenschaften für technische Zwecke.

Polychlorid, lt. TKG „Fasern aus linearen Makromolekülen, deren Kette aus mehr als 50 Gewichtsprozent chlorisiertem Olefin (z.B. Vinylchlorid, Vinylidenchlorid) aufgebaut wird". Der Begriff umfaßt demnach → Polyvinylchlorid und → Polyvinylidenchlorid.

Polyclassic, Polyolefinbändchen (Polyunion).

Polydress, Polyolefinbändchen (VKW).

Polyester, Gruppe vollsynthetischer Faserstoffe, lt. TKG „Fasern aus linearen Makromolekülen, deren Kette zu mindestens 85 Gewichtsprozent aus dem Ester eines Diols mit Terephthalsäure besteht"; sie entstehen entweder durch Polykondensation von Glykol mit Dimethylterephthalat unter Ausscheidung überschüssigen Glykols („Terylene-Typ") im Schmelzspinnverfahren (vgl. → Schnellspinnverfahren); beim Kodel/Vestan-Typ wird das Glykol durch Dimethylolcyclohexan ersetzt. Beide unterscheiden sich wie folgt:

Vestanfasern haben eine geringere Scheuerfestigkeit, sind aber pillingresistenter; Thermofixieren ist bei Vestan nicht erforderlich. Beiden gemeinsam ist 100 % Naßfestigkeit, hohe Laugen- und Säurebeständigkeit, sie übertreffen in ihren elastischen Eigenschaften, insbesondere mit ihrem raschen Rückfederungsvermögen alle anderen Synthesefasern; gegenüber Polyamiden ist die geringe Dehnung bei kleinen Zugbeanspruchungen hervorzuheben. Vielseitige Verwendbarkeit für alle Arten von Stoffen für Damen- und Herren-Oberbekleidung, in der „klassischen Mischung" mit 45 % Schurwolle, sowie mit Anteilen von meist über 50 % in Mischgeweben mit Baumwolle (→ TC). Als Filament und Spinnfaser ist Polyester das beherrschende Material für → Gardinenstoffe (→ Stores). Wegen ihrer hohen Bauschelastizität ist Polyester-fiberfill als Füllmaterial für Steppdecken und Wattierungen besonders geeignet. Wegen thermischer Unempfindlichkeit sind Erzeugnisse aus Polyesterfasern knitterresistent und formbewahrend. Die hohe elektrostatische Aufladung begünstigt das Anschmutzen; PES-Fasern sind nicht sehr → stummelfest. → Copolymere sollen die Anfärbbarkeit

	Terylene-Typ	Vestan-Typ
Schmelzpunkt °C	256	292
Feuchtigkeitsaufnahme %	0,5	0,2
Spez. Gewicht g/ccm	1,38	1,22
Reißfestigkeit Spinnfaser p/dtex	3,5–4,0	2,5–3,5
Reißdehnung Spinnfaser %	40–25	34–13

 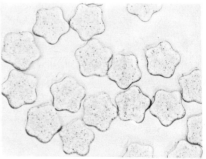

Polyesterfasern mit dreieckigem und fünfeckigem (= sternförmigem) Querschnitt

untexturiert

texturiert

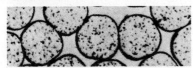
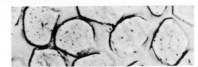

Normalpolyester

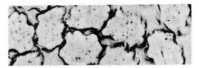

Dacron 242 mit achteckigem, sternförmigem Querschnitt

Beispiele für die Veränderung des Querschnitts bei Polyesterfasern.

und die Pillingresistenz verbessern (vor allem Polyäthylene); bei pillarmen Spezialtypen werden die Molekülketten gegenüber den Normaltypen verkürzt und die Reißfestigkeit etwas vermindert (Diolen FL, Trevira WA). → Profilfasern (Dracron 26 und 62, Trevira woven-tex mit Sternprofil) verändern die Lichtbrechung (kein Glitzern) und geben der Ware einen kernigen Griff. - Vgl. → Terylene, → Dacron, → Diolen, → Fidion, → Fortrel, → Grisuten, → Lavsan, → Tergal, → Terital, → Terlenka, → Teteron, → Trevira, → Wistel, → Grilene, → Hostaphan, → Mylar, → Terel, → Tesil, → Schapira, → Crimplene, → Feinfilamenttypen, → Conforty-Polyester.

Polyharnstoff-Fasern, lt. TKG „Fasern aus linearen Makromolekülen, deren Kette eine Wiederkehr der funktionellen Harnstoffgruppen aufweist". - Thermisch unbeständig, vgl. → Urylon.

Polyfil, Maschinengarn der Sewing Cotton CO. Ltd., Manchester, bei dem ein fester Terylenekern mit einer Baumwollfaser umsponnen wird. Der Baumwollüberzug schützt den Faden vor hoher Nadelhitze und hoher Dehnung; der Faden kann ohne Veränderung der Maschineneinstellung an Stelle von Baumwollfäden verarbeitet werden. - Vgl. Core-spun.

Polyflox, amerikanische → polynosische → Modalfaser.

Polykondensation, Bildung von Kettenmolekülen unter Ausscheidung von Nebenprodukten. Polykondensationsprodukte sind: Nylon; sämtliche Polyesterfasern.

Polyloom, → Polypropylen- → Outdoor-Bodenbelag (Chevron Oil) in → Tuftingtechnik mit 2200 g/qm, 9,5 mm Polhöhe; verrottungsfest, trittelastisch, lichtecht, seewasserfest. Fünf-Jahres-Garantie für Lichtechtheit, UV-Stabilität und Abriebfestigkeit auf 50 % der Polhöhe.

Polymerisation, Bildung von Kettenmolekülen ohne Ausscheidung von Nebenprodukten. Polymerisationsprodukte sind: Perlon; alle Polyvinylchlorid- und alle Polyacrylfasern. - Siehe Abb. S. 295.

Polymerisationsgrad, Zahl der in einem Kettenmolekül vereinigten Grundmoleküle. Verringerter Polymerisationsgrad bei zellulosischen Fasern deutet auf eine meßbare Faserschädigung hin. Beispiele für Polymerisationsgrade: → Alphazellulose 600-1300, → Betazellulose 200, → Baumwolle ca. 3000, → Flachs ca. 2500, → Viskose 320-500, → Cupro 400-600, → Acetat 200-300, → Modalfasern 450-700.

Polymerisation:

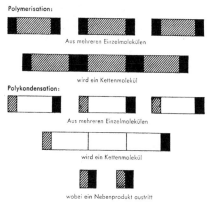

Aus mehreren Einzelmolekülen

wird ein Kettenmolekül

Polykondensation:

Aus mehreren Einzelmolekülen

wird ein Kettenmolekül

wobei ein Nebenprodukt austritt

Polymerisation, Polykondensation. - Bei der Polyaddition erfolgt die Bildung der Kettenmoleküle unter intermolekularer Verschiebung von Wasserstoffatomen

Polynosefasern, modifizierte Viskosefasern mit erhöhtem Polymerisationsgrad; Untergruppe der (lt. TKG) → Modalfasern. Gegenüber → Viskosefasern erhöhte Laugenbeständigkeit und geringere Quellung, höhere Festigkeit und verringerte Dehnung, gegenüber → HWM-Fasern geringere Schlingen- und Scheuerfestigkeit. - Vgl. → Medifil, → Zantrel, → Polyflox, → Polynosic, → Vincel, → Danulon, → Koplon. - → HWM-Fasern, → Gwendacryl.

Polyolefin, Oberbegriff für die aus Erdölderivaten hergestellten Gruppen synthetischer Fasern → Polyäthylen und → Polypropylen; theoretisch wären auch Polybutadiene denkbar. Ihnen gemeinsam ist die Preiswürdigkeit der Ausgangsprodukte.

Polypropylen, Gruppe synthetischer Faserstoffe, lt. TKG „Fasern aus linear gesättigten aliphatischen Kohlenwasserstoffen, in denen jeder zweite Kohlenstoff eine Methylgruppe in isotaktischer Anordnung trägt, ohne weitere Substitution"; das bei der Rohölverarbeitung als Abfall anfallende Propylen wird zu isotaktischem Polypropylen polymerisiert, aus der Schmelze gesponnen und verstreckt. Die Fasern sind leichter als Wasser (spez. Gew.

0,87-0,94 g/ccm); ihre Feuchtigkeitsaufnahme liegt bei Null, die Naßfestigkeit bei 100 %, deswegen meist im Granulat oder Schmelzfluß (Ausnahme: → Herculon) zu färben; etwas hitzebeständiger (165-170°C) als Polyäthylen, hohe, den Polyamiden ähnliche Festigkeit, unverrottbar, hohes elektrisches Isoliervermögen. - Verwendung insbesondere für Nadelfilz- und Tuftingteppiche, auch → out-door und für Badezimmer, als Polmaterial und für die Grundgewwebe. - Vgl. → Meraklon, → Royalene, → Cetryl, → Oletene, → Vectra, → Courlene; → Hostalen, → Trofil, → Bolta, → Vestolen; → Herculon, → Gerfil, → Polital.

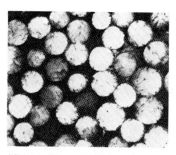

Modifizierte Polypropylenfaser mit rissiger Oberfläche

Poly-Set-Verfahren, Permanent Preß-Verfahren nach dem → Zweistufen- (→ Double-curing) Prinzip mit Melamin-Formaldehydharz + Reactantharz; die zweite Kondensation erfolgt im Härteofen.

Polystyrol, Gruppe vollsynthetischer Faserstoffe, im TKG nicht erwähnt, nur (roßhaarähnliche) Monofile; Verwendung als elektrisches Isoliermaterial und für Schallschluckpackungen.

Polytetrafluoräthylen, Gruppe synthetischer Faserstoffe, lt. TKG Fluorfaser, siehe unter → Fluoräthylenfaser.

Polyurethan, Gruppe synthetischer Faserstoffe, lt. TKG „Fasern aus linearen Makromolekülen, deren Kette eine Wiederkehr der funktionellen Urethangruppen aufweist"; sie entstehen durch Polyaddition von Diisozyanaten und Glykolen im Schmelzspinnverfahren und Verstrecken. Wegen der hohen elastischen Biegesteifheit und Chemikalienbeständigkeit werden die monofilen Drähte und Borsten (→ Dorlon) für Bürsten, Pinsel und Siebgewebe verwendet. - Aus Polyurethan wird auch → Schaumstoff (→ Moltopren) hergestellt (vgl. → Aerolen, → Ceolon). → Compound (Teppichrückenbeschichtung) aus aufgesprühtem Polyurethan macht → Tufting-Teppiche um 40 % leichter; die Beschichtung ist um 100 % elastischer und zeigt keine Alterungserscheinungen. Strapazierfähigkeit, Schalldämmung, Dampfdiffusion und Noppenausreißfestigkeit sind besser, der Energieverbrauch bei der Beschichtung wesentlich geringer. Bei Verwendung bestimmter Kleber ist Abnehmen und Neukleben möglich. - Die elastischen Fasern aus → segmentiertem Polyurethan werden im TKG als eine eigene Gruppe → Elasthan ausgewiesen. - Vgl. → Schaumstoffschnittfäden, → PUR-Beschichtung.

Polyvinylacetat-Fasern, vgl. → Vinylal-Fasern.

Polyvinylalkohol-Fasern, vgl. → Vinylal-Fasern.

Polyvinylchlorid, Gruppe vollsynthetischer Faserstoffe, lt. TKG „Polychlorid", „Fasern aus linearen Makromolekülen, deren Kette aus mehr als 50 Gewichtsprozent chloriertem Olefin (z.B. Vinylchlorid, Vinylidenchlorid) aufgebaut wird"; auch als „Chlorvinylfasern" bezeichnet. Vinylchlorid (Monochloräthylen) kann polymerisiert, sodann mit Tetrachloräthan oder Tetrachlorkohlenstoff nachchloriert, dann leicht in Azeton gelöst und naß aus dem Fällbad gesponnen werden (PeCe-Typ) oder mit Hilfe spezieller Lösungsmittel ohne Nachchlorieren direkt naßversponnen werden (PCU-Typ). Copolymerisate mit Vinylacetat, im Trockenspinnverfahren gesponnen, mit niedrigem Klebe- und Schmelzbereich, ergeben Spezialfasern für → Textilverbundstoffe (→ MP-Faser, → Vinyon, → Teviron) und → Monofile. Wegen des hohen Chlorge-

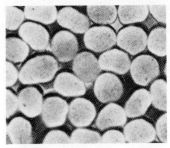

Rhovye (PVC); die Querschnitte sind rund bis schwach eingedellt.

halts sind alle PVC-Fasern unbrennbar (Schmelzpunkt 180°C) und ungewöhnlich säurebeständig, fäulnis- und verrottungsfest. Wegen ihrer geringen Feuchtigkeitsaufnahme (bis max. 0,2 %) quellen die Fasern nicht, nehmen keinen Schweiß auf und sind schwer zu färben; die Naßfestigkeit ist etwa gleich der Trockenfestigkeit. Gutes elektrisches Isolationsvermögen bei hoher elektrostatischer Aufladung (Rheumawäsche!), höchstes Wärmerückhaltevermögen aller Faserstoffe (Steppdeckenfüllungen!), geringe Waschbeständigkeit, nicht bügelfest, hohes Schrumpfvermögen. - Vgl. nicht nachchlorierte Fasern: → Rhovyl, → Thermovyl, → Leavine, → Isovyl, → Vinyon, → Teviron; → Polyvinylidenchlorid.

Polyvinylcyanid, nicht mehr hergestellte Gruppe vollsynthetischer Faserstoffe (sog. Dinitrilfaser; Darvan, Travis).

Polyvinylidenchlorid, lt. TKG zu den „Polychloridfasern" (→ Polyvinylchlorid) zählende Gruppe vollsynthetischer Faserstoffe, ähnliche Eigenschaften wie PVC, als Monofile (→ Saran) für Sitzbezüge und Gartenmöbel sowie für feuersichere Wandbespannungen. Nur in der Spinnmasse färbbar, extrem verrottungsfest. - Vgl. → Teklan.

Poncho, ärmelloser Überwurf, genau genommen ein entsprechend zugeschnittenes Stoffstück mit Mittelloch für den Kopf, der mexikanischen Nationaltracht entnom-

Poncho

Original-Poncho nach mexikanischem Vorbild

men. Aus schweren Wollstoffen an Stelle eines Mantels getragen, aus Frottierstoff wesentlich billiger als eine gleichwertige Badejacke und auch als Liegetuch zu verwenden.

Vom Poncho oder „Wetterfleck" abgeleitete Damenmäntel

Pond, Einheit des Gewichts und der Kraft; Gewicht der Masse „1 g" am Ort der Normalfallbeschleunigung; Abk.: p; dient zur Messung von Kraftwirkung und Spannung. - Laut dem „Internationalen Einheitsystem" durch → Newton, der Maßeinheit für Kraft, ersetzt; 1 Kp (Kilopond) = 9,81 N (= Newton).

Pongé, feinstes Naturseidengewebe in Taftbindung ohne Fadenverdickungen (→ Japanseide), mit etwas höherer Kett- als Schußdichte. Vgl. → Habutai.

Ponton, feinplastische, gitterartige Musterung von porösen Sommerstoffen durch regelmäßige, in Kette und Schuß liegende dickere Fäden oder durch die Bindung hervorgerufen. - Vgl. → Vibrene.

Pool (auch Poul geschrieben und gleich ausgesprochen), fülliger Stehvelours mit warmem Griff aus Schurwollstreichgarn, bei dem die verwendeten kräftigen Wollen das Niederdrücken des Velours verhindern.

Popeline, Gewebe in Tuchbindung mit sehr dicht eingestellter Kette aus feinen Garnen und locker eingestelltem, dickerem und etwas weicher gedrehtem Schuß, wobei ein leicht rippiger Charakter entsteht. Wollpopeline heißt Papillon. - Vgl. → Rips Papillon, → Toile de Bache, → Trikoline, → Beach Cotton.

Porc, wie → Schweinsleder zugerichtetes → Kalb- oder → Rindleder.

Porcvelours, → Pelzvelours mit einer dem → Schweinsleder ähnlichen Zurichtung der Fleischseite.

Poropren, aus Amerika stammendes Leichtgewebe mit Silikonausrüstung und polyesterkaschierter Schaumstoffabseite; federleicht, knitterarm, klimaausgleichend, atmungsfähig, formbeständig; an kühlen Tagen wärmend, an warmen kühlend, soll sogar gegen Atomstrahlen schützen.

Porosität, die durch die feinsten Lücken aufgrund der Fadenverflechtung und Ausrüstungsmaßnahmen von Geweben und Maschenwaren hervorgerufene Durchlässigkeit, insbesondere für Luft.

Posamente, Sammelbezeichnung für Borten, Tressen, Schnüre, Quasten und andere Besatzartikel für Möbel und Kleider.

Post-curing, Verfahren für → Permanent Press, sorgt durch verzögerte oder Spätkondensierung (→ Deferred-curing oder → Delayed-curing) für (dreidimensionale) → Formstabilität der aus den vorbehandelten Geweben gefertigten Bekleidungsstücke. - Vgl. → Koratron, → Fixaform, → Novario, → Semproform; → Double-curing, → half and half.

Poudré, Modedrucks mit einer spritzdruckartigen Musterzeichnung.

Poult de soie (Poult = Rips, sprich: Puhl de soa), Naturseidenfaille mit sehr feinen Rippen. Taftähnlich.

POY, Partially oder Pre-Oriented Yarn (→ vororientiertes oder vorverstrecktes Garn; vgl. → Schnellspinnverfahren, → Strecktexturierung.

Prägedruck, dauerhafte, mustermäßige plastische Oberflächenverformungen mit Hilfe heißer Prägewalzen; auf Acetat und Polyamiden unter Ausnutzung der Thermoplastizität, auf Baumwolle mit anschließender Fixierung durch Kunstharze (→ Everglaze) bei Möglichkeit gleichzeitigen Farbdrucks. - Vgl. → Gaufrage. - Es ist möglich, zur Erzielung von stickereiähnlichen Motiven gleichzeitig mit dem Prägedruck figurenmäßig Gewebeteile auszustanzen. - Bei Wirkwaren kann durch Prägung mit einem sehr feinen Riffelmuster der starke Glanz synthetischer Faserstoffe vermindert werden (→ Cristallon-Veredlung).

Pre-curing, Verfahren für → Permanent Press, wobei die (zweidimensionale) → Dimensionsstabilität der Stoffe nach der Verarbeitung nur mehr mit Spezialpressen und unter großer Hitze (230°C) verändert werden kann. - Besonders geeignet für Mischgewebe mit mindestens 60 % Synthese-Anteil, da die Thermoplastizität der Synthetics den Effekt ohne Nachteil für den z. B. Zellulose-Anteil verstärkt. - Bei Pre-curing besteht keine Gefahr des Vergilbens oder der Farbtonveränderung; nachträgliches → Bleichen oder Färben ist möglich. - Vgl. → Post-curing, → Double-curing; → Diolen-Star, → Durable Press, → Everprest, → Never-Press, → Springs-Set.

Pre-setting, anderer Ausdruck für → Fixierung, → Thermofixierung.

Pressen, Gegensatz zum → Kalandern und → Mangeln; der zur Erzielung eines glatten und geschlossenen Gewebebildes notwendige Druck wirkt nicht nur in der Walzenfuge, sondern flächig zur Schonung empfindlicher (Woll-) Gewebe. - Vgl. → Bügeln.

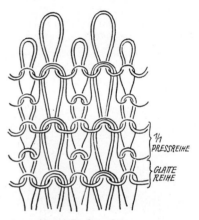

unversetztes Preßmuster

Preßmuster, Wirk- oder Strickwaren, bei denen vollausgebildete Maschen und nicht zu Maschen ausgearbeitete Schleifen (die „→ Henkel" genannt werden) regelmäßig wechseln. Die Henkel sind auf der rechten Warenseite nicht sichtbar und bilden keinen Fortschritt in der Maschenbildung, daher höherer Materialverbrauch und fülliger Griff. Preßmuster dienen zur Farbmusterung, indem man über die Henkelbildung eine Effektfarbe stellenweise von der rechten Warenseite verschwinden läßt oder zur Bildung plastischer Muster dadurch, daß man in mehreren aufeinanderfolgenden Reihen Henkel bildet, auf den Nadeln ansammelt und Zusammenziehungen in der Ware hervorruft. Auch → Micro-Mesh-Strümpfe verwenden ein versetztes Preßmuster. - Vgl. → Einnadel-köper, → Fang, → Perlfang.

Prêt à Porter, die der Couture nachgeord-nete Gruppe von Modeschöpfern in Paris, deren Ideen in jüngster Zeit die Mode in ähnlicher, wenn nicht stärkerer Weise be-einflussen wie die → Couture. Ihre Model-le werden z.T. auf einer messeartigen Ver-anstaltung gleichen Namens in Paris vor-gestellt.

Prevot-Falte, anderer Ausdruck für → Golffalte.

Prima, Hochmodul-Zellulosefaser mit einer auch in nassem Zustand dauerhaften Kräuselung (Snia Viscosa). Lt. TKG: Modal.

Prinzeßform, aus durchgeschnittenen Bahnen zusammengefügter, gut taillierter Damenmantel- oder -kleiderschnitt, im Un-terteil glockig ausschwingend. - Vgl. → Redingote.

Kleid und Mantel in Prinzeßform

Profilfaser, Fasern mit einem Querschnitt, der wesentlich von der runden Form ab-weicht und durch Düsen mit entsprechen-der Formung (→ Schmelzspinnverfahren) bzw. entsprechend der chemischen und physikalischen Vorgänge bei den → Naß- und → Trockenspinnverfahren hervorgeru-fen wird. Im Gegensatz zur runden Quer-schnittsform mit der geringstmöglichen Oberfläche haben alle Profilfasern im Ver-hältnis zu ihrem Volumen eine viel größere Oberfläche, wodurch Glanz-, Farbwirkung, Griff, hygienische Eigenschaften sowie die Pillinganfälligkeit verändert werden. Be-kannt sind „Hundeknochen"-, gelappte, grobgezähnte, eingerollte bis hantelförmi-ge, bohnenförmige, sternförmige (→ Trevi-ra woven-tex), trilobale (→ Perlon Glit-zer, → Antron, → Cadon) und → multilo-bale Querschnittsformen sowie → Hohlfa-sern. - Vgl. → Flornylon, → Perlon delu-stré, → Neva'bel. - Abb. siehe → Poly-acryl, → Polyester, → Viskose.

Prograde, in flüssigem Ammoniak → mer-cerisiertes Einfachgarn (Bodenschatz) vor allem für Strickwaren, die nicht im Stück mercerisiert werden können.

Programmierter Druck, Dessinierungs-form von → Stoffdrucken, wobei die Mu-sterung an den späteren Zuschnitt von Kleidern, Röcken und Blusen angepaßt wird. Verlangt im Gegensatz zu → Engi-neering Print nach Einzelzuschnitt. - Vgl. → Dessin placé.

Progressive Schrumpfung, zusätzliches Schrumpfen ausgeschrumpfter Gewebe aus zellulosischen Fasern durch Anwen-dung zu starker alkalischer Lösungsmittel oder durch Übertrocknen im Tumbler. Durch Übertrocknung entstandene Faser-krümmungen, die zur Schrumpfung führen, können durch Anfeuchten und Bügeln in feuchtem Zustand beseitigt werden. - Vgl. → Krumpfechtausrüstung, → Schrump-fung.

Prolene, amerikanische Polypropylen-Fa-ser.

Prolon-Faser, amerikanische (Soja-) → Proteinfaser.

Propylon, Polypropylenfaser.

Proteinfaser Merinova: Querschnitt ist fast rund, unregelmäßige Einschlüsse.

Proteinfaser, Gruppe synthetischer Faserstoffe aus tierischen oder pflanzlichen Eiweißverbindungen; lt. TKG „Regenerierte Proteinfaser": „Fasern aus regeneriertem und durch chemische Reagenzien stabilisiertem Eiweiß". Wegen ihrer starken Quellung, geringen Naßfestigkeit und hohen bleibenden Dehnung haben die weichen und wolligen, z.T. aus preiswerten Rohstoffen gewonnenen Fasern nur geringe Bedeutung als Beimischungsfaser zu Wolle erringen können. Arten: → Kaseinfaser (→ Milchwolle: → Merinova, → Fibrolane); aus Mais: → Zein, → Vicara; aus Soja: → Prolonfaser; aus Erdnuß: → Ardil, → Sarelon. - Vgl. → Opervillic.

Provenienz, geographische Herkunft einer bestimmten Naturfaser, die Hinweise gibt für eine Summe verschiedener Eigenschaften. - Vgl. → Wollprovenienzen.

P-Silikon, waschbeständiges Imprägnierungsmittel zur wetterfesten Ausrüstung; vgl. → Hydrophobol, → Persistol, → Perlit.

Pucci-Muster, Musterungsart von Geweben und Druckstoffen; kleine geometrische Figuren in kontrastarmen Farbkombinationen, vor allem für Krawatten.

Pudern, auch Pausen genannt. Maßnahme zum Übertragen der Zuschnittschablonen auf den Stoff. Eine perforierte Papierschablone wird über den Stoff gelegt und mittels eines Pudergeräts ein Pauspulver aufgetragen, das durch die Perforation der Zuschnittzeichnung hindurch auf den Stoff

fällt und so die Zuschnittzeichnung auf den Stoff überträgt.

Puffärmel, für Damenkleider geeigneter, kleiner, stark gebauschter Ärmel. Bündchen am Ellenbogen fassen die Weite zusammen. - Abb. siehe → Ärmel.

Pullern, elastisches Einnähen von Gummibändern unter gleichzeitiger Rüschenbildung.

Pullover, gewirktes oder gestricktes Oberbekleidungsstück mit halbem oder ganzem Arm, verschiedenen Ausschnitt- und Kragenlösungen sowie Bundverarbeitungen. - Vgl. → Twin-Set, → Polobluse, → Cardigan, → Westover, → Pullunder, → Cauffe coeur, → Jumper, → Unterblusenpulli, → T-Shirt.

Pullover-Hose, → Gürtelhose für Herren aus rustikalem Material, wie → Covercoat oder kleingemustertes Kammgarn, → Glencheck oder → Tweed, als Ergänzung zu Pullover oder → Pullover-Jacke.

Pulloverhose

Pullover-Jacke, zur Gruppe der → Soft-Jackets gehöriges → Sportsakko mit lässigem, oben fülligem Schnitt, häufig ungefüttert und ohne formstabile Brustausarbei-

Pulloverkleider: von links: zwei elegante Dinnerkleider mit dekorativen Kragenlösungen; zwei Tageskleider mit glockigem Bahnenrock bzw. mit tief angesetztem Glockenrock.

tung, aus rustikalen Stoffen (→ Cheviot, → Lambswool, → Shetland, → Homespun), über Pullovern und zu Pullover-Hosen zu tragen. - Nicht für Bauchgrößen geeignet. - Vgl. → Jackover.

Pulloverkleid, Ablösung des → Jumperkleides mit bequemem Oberteil, aus schmiegsamen Stoffen, aber im Gegensatz zum Jumper mit locker antailliertem Schnitt, kurzem Revers- oder Spatenkragen und anschließender kurzer Knopfleiste, manchmal mit drapiertem Kragen oder auch kragenlos mit V-Ausschnitt. Der sportliche Charakter kann durch Steppereien unterstrichen werden; mit Schal zu tragen. - Vgl. → Polokleid.

Pullunder, ärmelloser, stark ausgeschnittener taillenkurzer Pullover, in Ergänzung zum Hemd oder zur Bluse zu tragen, für Damen und Herren. - Vgl. → Brassière, → Westover, → Shirt.

Provence-Druck, den Tiroler Mustern verwandte, feine, ausgearbeitete Trachtendrucke.

Punta-Wollen, glänzend, kräftige, cheviotartige → Crossbredwollen von der Südspitze Argentiniens (Feuerland) und den Falkland-Inseln.

PUR-Beschichtung, Beschichtung von Geweben, Maschenwaren und Vliesen zur Herstellung von → Lederimitaten mit

Pullunder

→ Polyurethan; gegenüber → PVC-Beschichtung wegen höherer Reib- und Lichtechtheit, hoher Wasserundurchlässigkeit und guter Luftdurchlässigkeit bei Problemlosigkeit in der Chemischen Reinigung für die Herstellung von Oberbekleidung wesentlich besser geeignet, aber auch teurer. Kalte → Feinwäsche ist bis 30°C erlaubt, Erhitzung auf der Rückseite bis 100°C ist kurzfristig, auf der Beschichtungsseite bis 30°C möglich. Frostbeständig, auch bei → Velours- und → Wildleder-Ausrüstung abriebfest. - Vgl. → Knautschlack, → Alcantara, → Sherveine, → Belleseime, → Gemel, → Cottonskin, → Caprina, → Crumpskin, → Suedana, → Floran, → Suedin, → Aircoat, → Lumen, → Delpage.

PVC-Beschichtung, preiswertes Beschichtungsverfahren mit → Polyvinylchlorid für Materialien, die vorwiegend für Accessoires, wie Gürtel, sowie für Taschen und Schuhe verwendet werden; nicht reinigungsbeständig, aber abwaschbar und rückseitig bis 30°C erwärmbar. Bei großer Hitze wird die Beschichtung weich, bei großer Kälte brüchig. - Vgl. → PUR-Beschichtung; → Skaiflor, → Vylapren.

PVC-Fasern, siehe unter → Polyvinylchlorid.

PVC-Folie, transparente, wasserunempfindliche, verschweißbare und prägefähige Folien auf Basis → Polyvinylchlorid.

Pyjama, Schlafanzug für Damen und Herren. Mit dem Morgenmantel kombiniert: → Trijama. - Vgl. → Boudoir-Pyjama.

Pymlan, nach dem → Falschdrahtverfahren texturiertes Mischgarn aus Acetat und Polyamid.

Pyramidennaht, vom Hals ausgehende, keilförmig nach unten verlaufende Naht. - Vgl. → Wiener Naht.

Q

Qiana, Polyamidfaser mit abweichendem Molekülaufbau (Diaminodicyclohexylmethan + Decandicarbonsäure) (DuPont) mit verbesserter Feuchtigkeitsaufnahme, Anfärbbarkeit und Knitterfestigkeit; der Griff der Fertigerzeugnisse ist naturseidenähnlich. Niedrigeres spez. Gewicht und etwas höherer Schmelzpunkt gegenüber PA 6.6; Erzeugnisse sind waschbar und chemischreinigungsfest, dabei gut plissierbar. Für hochwertige Kleiderstoffe, meist bedruckt, für echte, problemlos ausgerüstete → Crêpes („→ Solvent Setting") sowie für Interlock-ähnliche Maschenwaren für Kleider und Blusen; auch für hochwertige Hemdenstoffe.

Quadratmetergewicht, abgelöst durch die (genormte) Bezeichnung „Flächengewicht", Gewicht eines textilen Flächengebildes, bezogen auf 1 qm. Stoffgewichte unterschiedlicher Warenbreiten werden stets als qm-Gewicht angegeben.

Quadrillé, aus Barré und Rayé kombinierte kleine Viereckmusterung, auch als Uni mit entsprechend erhabenem Garnkaro.

Quellbarkeit, Quellvermögen, Fähigkeit textiler Faserstoffe, durch Aufnahme feuchten oder dampfförmigen Wassers ihr Volumen zu vergrößern, ohne ihren Zusammenhalt zu verlieren. Bei Viskosefasern liegt das Quellvermögen bei 115 %, Baum-

Pyramidennaht

wolle 41 %, Schafwolle 39 %, Naturseide 31 %, Baumwolle 43 %, Polyamid 11 %, Polyacryl 9 %, übrige Synthetics gleich Null. Das Quellvermögen ist eine Ursache des Einlaufens von Geweben bei der Wäsche; die Fähigkeit, Feuchtigkeit aufzunehmen und zu quellen, hat Auswirkungen auf die → hygienischen Eigenschaften und die Farbaufnahmefähigkeit. - Vgl. → Affinität.

Quellfaser, → Viskosefaser mit erhöhter Saugkraft für kosmetische und medizinische Zwecke (Lenzing).

Quellfest machen, im Zusammenhang mit der Knitterfrei-Ausrüstung angewandte Verfahren der Hochveredlung von Textilien aus zellulosischen Fasern, um sie mit Hilfe von Harnstoff-Formaldehyd-Vorkondensaten naßfester, krumpfechter und waschbeständiger zu machen. Das Verfahren ist besonders wichtig bei Geweben, die durch das Quellen der Fasern bei der Wäsche oder Chemischreinigung ihren typischen Charakter verlieren würden, z.B. → Moiré.

Quellwert, wichtiges Kennzeichen textiler Fasern im Hinblick auf die Knitterneigung beim Trocknen der gewaschenen Textilie. Nicht quellende Textilien nehmen nicht so viel Wasser auf, trocknen schnell und schmutzen nicht so leicht.

Querfestigkeit bei Faserstoffen, Ausmaß der Kräfte, die zwischen den nach dem → Verstrecken zu Bündeln möglichst parallel aneinandergelagerten → Kettenmolekülen wirksam werden; Voraussetzung für die Fähigkeit einer Substanz, Fäden zu bilden.

Querrips, Kettrips, Rips travers, Stoffe mit deutlicher Rippenbildung im Schuß; die Schußfäden werden durch die hohe Kettdichte völlig verdeckt. - Vgl. → Ottomane, → Epinglé, → Rips Haitienne, → Givrine, → Rips Givré. - Abb. siehe → Grainbindung.

Quetschen, Beseitigung überschüssiger Flotte bei der Nachbehandlung von Textilien durch zwei übereinander angeordnete kalte Hartwalzen; unsachgemäßes Quet-

schen kann die Qualität negativ beeinflussen.

Quetschfalte, Aneinanderreihung von tiefen flach gebügelten, stufenförmig gegeneinander angelegten Falten. - Vgl. → Kellerfalte. Abb. siehe → Rock.

Queue de cochon (frz. Schweineschwänzchen), vom → Boutonné abgeleitete Form des belebten Uni mit unregelmäßig verteilten, durch Effektgarne erzielten Gruppen aneinanderhängender Knötchen.

Quikoton, Bügelfreiverfahren (Hämmerle). Im Gegensatz zu üblichen Kunstharzausrüstungen, deren Chemikalien heiß kondensiert werden, werden die Chemikalien bei Raumtemperatur und kontrollierter Minimalfeuchtigkeit mit der Zellulose der Baumwolle vernetzt. Die Versprödung der Faser und dadurch eine erhebliche Verringerung der Scheuerfestigkeit werden vermieden, die natürliche Elastizität dagegen bleibt erhalten. Die Gewebe können gekocht, geschleudert und gewrungen werden. Die Verarbeitung wird überwacht. - Vgl. → Crosslinking-Prozess. Ähnlich: → Fixapret, → TEB-X-Cel.

R

Rack, Leistungsmaß in der Kettenwirkerei (480 Maschenreihen).

Radcliffe-Verfahren, Herstellungsverfahren für gepreßte Teppiche, siehe unter → Bartuft-Verfahren.

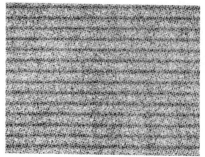

Schwerer, sehr breitrippiger und glanzreicher Radzimir - nicht vergrößert

Radzimir, schwerer, zart querrippiger Seidenstoff mit Stand, mit einer Oberfläche, die an Atlas und Ottomane erinnert, in einer vom → Croisé 2/2 abgeleiteten, unterbrochenen Köperbindung; matter Glanz.

Raffia, siehe unter → Raphia.

Raffschulter, durch Nahttechnik, Gummi oder Tunnelzug zusammengezogene Schulterpartie.

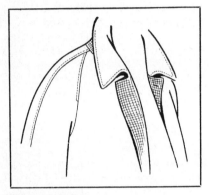

Raglan-Schulter

Raglan, Mantelform, bei der Ärmel- und Schulterteil in einem geschnitten sind. Die oft durch Stepperei hervorgehobene Raglannaht verläuft vom Halsring quer über die Brust und schräg über dem Rücken zum Armloch. - Vgl. → Dolman, → Kimono, → Kugelschlüpfer, → Halbraglan, → Janusarm, → Zungenraglan.

Rahmentasche, aufgesetzte Tasche bei Sportsakkos und Mänteln, rundum gesteppt, so daß die Taschenfläche wie eingerahmt aussieht.

Rakel, Hilfswerkzeug in der Stoffdruckerei zum Einpressen der Farbe beim Filmdruck bzw. zum Entfernen überflüssiger Farbe von den Walzen. - Rakelmesser: geschliffene Metallschiene, die von den Druckwalzen der Rouleaux-Maschine die überflüssige Farbe abstreift; hat das Messer eine Scharte, entstehen die gefürchteten Rakelstreifen auf dem Stoff. - Streichrakel: Vorrichtung, die an Flachfilmdruckanlagen die Farbe gleichmäßig über die Schablone verteilt und auf den Stoff drückt. - Rollrakel: Rollen, die magnetisch oder mechanisch geführt werden und im Innern von Filmdruckwalzen (vgl. → Rotationsfilmdruck) oder unter dem Transportband von Flachfilmdruckmaschinen angeordnet sind. Erstere haben die Funktion der Streichrakel, letztere regulieren den Anpreßdruck des Stoffs an die Schablone.

RAL, früher: Reichsausschuß für Lieferbedingungen; heute als „Ausschuß für Lieferbedingungen und Gütesicherung" zentrale Institution der deutschen Wirtschaft für Güteschutz durch Vereinbarung mit den beteiligten Wirtschaftskreisen und für Gütezeichen. - Im Textilbereich haben Bedeutung erlangt die → Gütezeichen „Decken", „Charmeuse", „Reinleinen", „Halbleinen", „Super Cotton", „Medizinische Gummistrümpfe", „Haargarn", „Steppdeckenfüllungen".

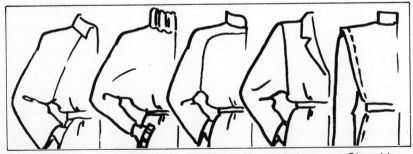

Steilraglan   *Fledermaus*   *Zungenraglan*   *Dolman*   *Chasuble*

Raglanformen im Vergleich zu anderen modischen Schulterausarbeitungen

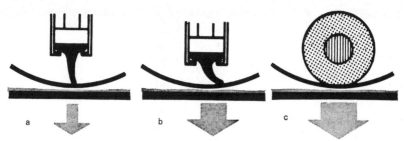

a   b   c

Streichrakel und Rollrakel. Links und Mitte: Streichrakel in verschiedenen Andruckpositionen zur Änderung des Farbauftrags. Rechts: Der Rollrakel läuft im Innern der meist aus nahtlosem Nickelblech bestehenden Rundschablone; der Farbauftrag kann durch verschiedenen Durchmesser des Rakels verändert werden. Beim Magnet-Rollrakel befindet sich der Magnetbalken etwa an der Stelle des Pfeils unter dem Drucktuch.

Aus funktioneller Bekleidung entwickelte Legerbekleidung: oben links Pilotenjacke, oben rechts Rallye-Jacke, unten links strenge und herrenmäßig gestaltete Safarijacke mit Anklängen an den Military-Look, Mitte: mit Shirt-Details veränderter, jugendlicher Blouson.

305

Rallye-Jacke, aus der Funktionsbekleidung des Autosportlers entwickelte → Leger-Kleidung, vor allem für → Nappa und → Lederimitat. - Vgl. → Pilotenjacke.

Ralsin, englisches Polyamid 11 ähnlich → Rilsan.

Ramagé, Kreppgewebe mit Seidenkette und wollenem Kreppschuß, stets jacquardgemustert.

Ramasit, nicht waschfestes, Imprägnierungsmittel für wetterfeste Appretur; vgl. → Imprägnierung, → Imprägnol.

Ramie, lt. TKG: „Faser aus dem Bast der Boehmeria nivea und der Boehmeria tenacissima"; hochwertige, leinenähnliche, sehr feste bis 50 cm lange Bastfaser von einer brennesselähnlichen, bis zu 2 m hohen Pflanze („Chinagras"); die Faser besteht in aufbereitetem Zustand auf fast reiner Zellulose und ist daher verrottungsfest, lichtbeständig und gut anfärbbar. Sehr glatte und gleichmäßige Garne; geringe Dehnung, Elastizität und Torsionsfestigkeit, dauerhaft weiß, schöner Mattglanz, gute Netz-, Quell- und Saugfähigkeit, Griff etwas härter als bei Baumwolle. Verwendung für hochfeine Tischwäsche, technische Zwecke, Tennisschuhe; Abfälle für Banknotenpapier. - Vgl. → Bastfaser.

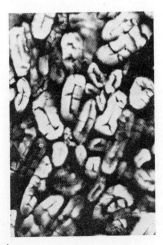

Ramie

Rand, meist elastisch gearbeiteter laufmaschenfester Anfang von Strick- und Wirkwaren.

Ränderware, anderer Ausdruck für → Rechts/Rechts-Ware.

Random-Shearing (Random = Zufall), Musterungsart der → Tufting-Technik, wobei die Schlingen leichte Unterschiede in der Florhöhe erhalten und durch das Anscheren ein rapportlos erscheinendes Muster aus geschorenen, angeschorenen und nicht geschorenen Schlingen bekommen. - Vgl. → Level-Shearing.

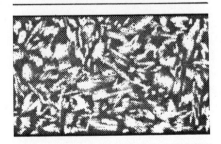

Oben: Scherebene
Mitte: Schnittbild
Unten: Oberflächenbild

Random-Shearing

Raphia, Raffia, 1. Raphia naturel, Bastfaser einer afrikanischen oder südamerikanischen Palmenart, im TKG nicht erwähnt. Die 3 cm breite Blattfaser wird als Bast in der Gärtnerei verwendet, die Blattscheidenfaser für Bürsten und Besen.

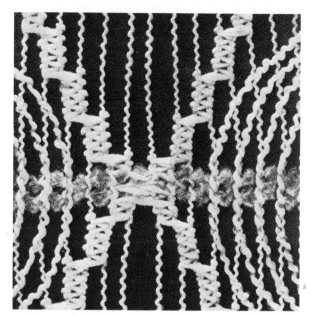

Raschelgardine mit Schußeintrag

2. Raphia artificiel, strohähnliche oder bastartige, glänzende oder halbmatte Viskosebändchen, meist multifile Kunstbändchen, für Sommerhüte, Handtaschen, Gürtel und kunstgewerbliche Artikel. Manchmal werden entsprechend der Moderichtung auch sommerliche Strickwaren gefertigt, die wie Feinwäsche gewaschen, aber niemals hängend, sondern liegend getrocknet werden müssen. - Vgl. → Bändchen.

Rapid-iron, Gütezeichen des Gütezeichenverbandes Textilveredlung e.V. für bedruckte einfarbige und buntgewebte Baumwollstoffe mit Qualitätskontrolle bis zum fertigen Kleidungsstück. Erzielt leichte Waschbarkeit, hohe Trockengeschwindigkeit, Krumpffestigkeit bei Erhaltung der Scheuerfestigkeit. Leichtes, schnelles Bügeln genügt. Das Verfahren verlangt mehrere Durchläufe des Gewebes durch Kunstharzbäder, wobei nach jedem Durchlauf bei Temperaturen um 150°C kondensiert wird. - Vgl. → Disciplined fabrics, → Pflegeleichtausrüstung, → Minicare.

Rapport, Musterumfang, Umfang der ohne Wiederholung vorkommenden Bindungs- und Farbgebungselemente.

Raschel, Spezialtechnik der Kettenwirkerei mit fast unbegrenzter Musterungsmöglichkeit, vor allem für durchbrochene Gardinen (Rascheltüll, vgl. → Langschußmusterung, → Strukturgardine) und zur Herstellung spitzenartiger Musterung (vgl. → Bourdon-Umrandung, → Brodélacé). Mit Hilfe des → Fallblechs ist es auch möglich, → Henkel zu bilden. Erzeugnisse sind schiebefest und maschensicher; die Produktionsgeschwindigkeit ist sehr hoch. Stoffe von Raschelstühlen sind manchmal nur sehr schwer als Kettenwirkwaren zu identifizieren; → Galonähnliche und Jacquardmuster sind mit einfachen technischen Mitteln möglich. - Vgl. → Jacquard-Raschelmaschine, Magazinschuß-Stoffe.

Raschelcord, → Cordsamt-ähnliches Gewirk vom → Raschelstuhl aus einem Grundgewirk aus reißfesten Synthetics und einem Baumwollflor; schmiegsam und formstabil.

Raster, Auflösung von (Farb-) Flächen in einzelne Punkte oder Striche in den farbtragenden Vertiefungen der Druckwalzen zur Erzielung verschiedener Tonwerte; flächenvariables Verfahren (Autotypie): Punkte gleicher Tiefe, aber verschiedener Größe; tiefenvariables Verfahren: gleiche Größe, aber verschiedene Ätztiefe wie beim Kupfertiefdruck. Die Rasterschraffuren sorgen für gleichmäßige und mustergetreue Farbabgabe.

Ratiné, unregelmäßiges, plastisches Kleinmuster durch kontrolliertes Scheuern. - Ratinieren: Nachbehandlung gewalkter und vorgerauhter Wollstoffe mit rotierenden Bürsten oder Hartgummiplatten („Obertischen"); örtliches, mustermäßiges Zusammenschieben und Verdichten der Rauhdecke. Punktartige Faserknötchen heißen → Perlé, flächig wellenförmige → Welliné, unregelmäßig flockige → Floconné. - Ratinierte Gewebe sind in der Regel hochwertig, da der Ausrüstungsvorgang ein dichtes Gewebe aus gutem Rohstoff erfordert. Die plastische Musterung bei ratinierten Baumwollflauschen (für Morgenröcke) hingegen ist meist nicht sehr dauerhaft.

Ratiné-Allovers, modische Wollqualitäten für Mäntel und Jacken (in leichterer Ausführung auch für Kleider), bei denen im Gegensatz zu den üblichen Ratinés Stoffe mit einer Bindungsmusterung (z.B. Fischgrat) oder einer Farbmusterung (z.B. Karo) ratiniert wrden.

Rauchwaren, fachliche Bezeichnung von kürschnerfertigem Pelzwerk. Die Pelze werden gespannt und getrocknet sowie von anhaftenden Fleischteilen befreit; die Haare gereinigt, entfettet und glänzend gemacht. Die Bezeichnung stammt aus dem Mittelhochdeutschen (rauch = dicht, griffig). - Vgl. → Pelze.

Raufwolle, im Gegensatz zur → Schurwolle aus den Fellen ausgeraufte Wolle (z.B. Kaschmirwolle); Raufwolle im engeren Sinn stammt von den Fellen geschlachte-ter Tiere (→ Sterblingswolle); qualitativ minderwertiger als Schurwolle, da in der Kräuselung und Haardicke unterschiedlich und oft mit Einschnürungen versehen; weniger elastisch. - Vgl. → Gerberwolle, → Schwitzwolle, → Schwödewolle, → Mazametwolle.

Rauhcouverture, auch: → Biberbettzeug (im Gegensatz zur modischen → Druckbettwäsche auf aussenseitig gerauhtem Köperflanell), auf der unbedruckten Innenseite gerauhter, köperbindiger, bedruckter → Bettbezugsstoff; kaum mehr im Handel.

Rauhen, Behandlung von Gewebeoberflächen mit kratzenden Werkzeugen, die durch Herauslösen von Einzelfasern aus dem Gewebeverband eine deutliche, die Wärmehaltung durch Erhöhung des Lufteinschlußes verbessernde Flaumdecke erhalten. Gleichzeitig wird die Ware weicher; bei unsachgemäßer Bearbeitung leidet die Festigkeit der Schußfäden. - Vgl. → Hochflauschausrüstung.

Rauhgewebe, Sammelbezeichnung für alle ein- oder beiderseitig gerauhten Stoffe mit weicher, pelzartiger Haardecke. Beispiele: → Flanell, → Fancy, → Lama, → Kalmuck, → Düffel, → Finette, → Flausch, → Fries, → Molton, → Biber, → Loden, → Tuch, → Foulé, → Velours, → Brossé, → Ratiné.

Raumkostüm, Kostümtyp, der unter dem Mantel getragen werden kann und an die Stelle des Jackenkleides tritt. Die Stoffe müssen leichter und schmiegsamer sein als etwa bei Winterkostümen („Straßenkostümen") üblich.

Raupen, Fehler in der Zwirnerei: Ein Garn des Zwirns ist auf dem anderen Garn zusammengeschoben. Beim Raupenzwirn als Effektzwirn wird dieser Vorgang absichtlich hervorgerufen.

Rausch, bei leonischen Gespinsten: Flachdraht.

Ravissa, → Kunstharzfreie Pflegeleicht-Ausrüstung für Feingewebe aus zellulosischen Fasern (z.B. → Batist, → Voile, Bindungskrepp); kochecht, farbecht bis 60°C.

Raycelon, Mischgarn aus Viskose-Filament und Evlan (Nylon 6) für Seidengewebe, besonders im → Crêpe de Chine-Charakter.

Rayé, Gewebe mit bindungstechnischer oder farbiger, nicht zu breiter Längsstreifenmusterung. - Vgl. → Long, → Barré, → Travers, → Quadrillé.

Reaktionsspinnverfahren, → Naßspinnverfahren für Chemiefasern, wobei (wie beim → Viskoseverfahren) der → Koagulationsprozeß von chemischen Reaktionen begleitet wird.

Reaktiv-Farbstoffe, seit 1957 für Baumwoll- und Viskosegewebe verwendbare, ungewöhnlich (wasch-) echte und sehr leuchtkräftige Farbstoffe, die mit der Faser eine chemische Reaktion eingehen, die nicht mehr rückgängig gemacht werden kann. Die Färbungen sind allerdings sehr teuer. Reaktiv-Farbstoffe gibt es auch für Wolle und Polyamide; sie eignen sich auch für den → Stoffdruck.

Reale Seide, endlose Naturseide, → Haspelseide.

Rebell, Trevira-Rebell, → Herrenjersey aus texturiertem Trevira für Sakkos, Anzüge und Hosen.

Rebras-Länge, Länge des Handschuhs zwischen dem Ende des Daumenloches und dem Saum; sie wird in engl. Zoll angegeben. - Vgl. → Knopflänge.

Rechts/Links-Ware, Grundbindung für alle → einflächigen Wirk- und Strickwaren; die eine Warenseite zeigt die rechte, die andere die linke Seite aller Maschen. - Vgl.

→ Glatte Kulierware, → Single-Jersey. - → Preßmuster, → Hinterlegmuster, → Plattieren, → Plüschwaren, → Futterwaren.

Rechts/Rechts-Waren, Grundbindung für alle → doppelflächigen Kulierwaren; ein rechtes Maschenstäbchen wechselt mit einem linken; auf beiden Warenseiten treten aber nur die rechten Stäbchen in Erscheinung. Wegen der großen Querelastizität gerne für Bündchen und Hüftabschlüsse verwendet (→ Ränderware); in feinfädiger Ausführung → Rippware, in grober Ausführung und im Wechsel zweier oder mehrerer rechter und linker Maschen („Rechts/Rechts gerippt") auch → Grobripp. - Vgl. → Fang, → Perlfang, → Noppenmuster, → Petinet, → Feinripp, → Fadenzugmuster.

Rechts/Rechts/Gekreuzt, technische Bezeichnung für → Interlock.

Rechtsstrumpf, → Cottonstrumpf, bei dem die rechte Seite aller Maschen außen liegt. Sie wirkt gröber und glänzt stärker als die linke Seite. Damenstrümpfe und -strumpfhosen aus feintitrigen Syntheticsfilamenten, vor allem Polyamid, sind in der Regel Rechtsstrümpfe. - Vgl. → Linksstrumpf.

Redingote, in seiner neuen Art die Übertragung der → Prinzeßlinie der Kleider auf den Mantel. Taillierter Manteltyp, dessen Taille nicht zu ausgeprägt markiert ist, sondern bei (gegenüber dem Hänger) körpernäherem Grundschnitt vorne antailliert ist und sich nach unten rundum zu wippender Saumweite erweitert. - Vgl. → Reguindroite.

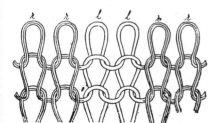

Ripp- oder Ränderware

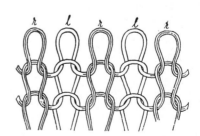

Rechts-Rechts-Ware

Redingote

Redolen, Acrylfaser (Lenzing).

Reemay, spinnbondiertes Faservlies aus reinem Polyester (DuPont); zunächst als Futterstoff gedacht, nunmehr auch bedruckt für Oberbekleidung. Sehr variabel auszurüsten und abzuwandeln: Schmiegsam oder steif, leicht oder schwer; weiß, gefärbt, geprägt oder beschichtet, dünn oder bauschig. Trägermaterial für Tufting, Verstärkungseinlage in Kragen und Manschetten. - Vgl. → Spinbond.

Reflexstreifen, Streifenmuster, die bei (einfarbigen) Wollstoffen, vor allem bei Herrentuchen, durch Wechsel von S- und Z-Draht oder Gratwechsel der Bindung nur durch die veränderte Rückstrahlung des einfallenden Lichtes sichtbar werden.

Reformbindung, Bindeweise, die ein kettverstärktes Gewebe mit Unterkette ergibt. Sie wird vor allem bei Herrenanzugstoffen (→ Doppeltuch) angewandt.

Reformkissen, mit Roßhaar gefülltes Gesundheitskissen. Vor allem für Kleinkinder.

Reformunterbett, im Gegensatz zum → Rheumaunterbett nicht mit reiner Schurwolle gefüllt, sondern mit Baumwolle oder Watte abgedeckt, meistens mit farbigem, zick-zack-gemustertem Kettentrikot überzogen.

Refrasil-Faser, im TKG nicht erfaßte neue amerikanische anorganische Chemiefaser aus mit Kunstharzen vorbehandelten Silikaten; ähnlich der → Glasfasern.

Regatta, buntgewebter, dicht eingestellter baumwollener Schürzenstoff mit blauen und weißen, gleichmäßigen Längsstreifen, im Gegensatz zum → Kadett in Köper- (seltener Tuch-) Bindung.

Regeneratfasern, im weitesten Sinne Fasern aus bereits einmal verwendeten oder wiedergewonnenen Rohstoffen; im engeren Sinne Chemiefasern aus Rohstoffen des Pflanzen- oder Tierreichs, die chemisch umgeformt, gelöst und dann in Fadenform überführt werden. - Vgl. → Regenerierte Proteinfaser, → zellulosische Chemiefasern.

Regenerierte Proteinfaser, Begriff des TKG für Fasern aus regeneriertem und durch chemische Agenzien stabilisiertem Eiweiß. - Vgl. → Proteinfaser.

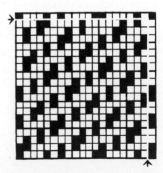

Reformbindung Rapport eingerahmt (Pfeile)

Regenerierte Wolle, → Reißwolle, Wolle, die schon einmal einen Verarbeitungsprozeß durchgemacht hat, also aus Textilabfällen wiedergewonnen wurde. Arten: → Shoddy, → Tybet, → Mungo, → Extraktwolle, → Alpakka-Wolle. - Lt. TKG: → Wolle.

Regenschirmrock, Rock aus zwölf oder mehr Bahnen, die in strahlenförmiger Nahtführung aneinandergefügt sind, wirkt streckend und ist auch geeignet für Damen mit starker Oberweite. - Vgl. → Schirmrock.

Reguindroite, figurbetonend geschnittener Mantel, aber im Gegensatz zum → Redingote stets vorne und im Rücken deutlich sichtbar tailliert; immer mit gerade geschnittenem Rock. Wirkt strenger als der beschwingte → Redingote. - Der Ausdruck wird im Ausland häufiger verwendet als in Deutschland.

Regulär-Waren, → Maschenwaren, die nur auf Flachstühlen gewirkt oder gestrickt werden können. Sie erhalten während der Herstellung ihre Größe und Form wie beim Handstricken. Anfang und sonstige Kanten sind abgeschlossen; die Schlußreihe wird abgekettet, durch → Eindecken der äußeren Maschen wird gemindert, durch → Ausdecken erweitert. Bei halbregulären Waren werden die Gegenstände in abgepaßten Breiten und Längen rechteckig hergestellt und sodann zugeschnitten (geringerer Materialverbrauch wie bei ganz geschnittenen Teilen). Der Unterschied zu → fully fashioned liegt darin, daß bei dieser Technik die Einzelteile formgerecht hergestellt und dann genäht werden.

Rehleder, siehe unter → Wildleder.

Reibechtheit, Widerstandfähigkeit von Färbungen und Drucken während der Verarbeitung und im Gebrauch gegen das Abreiben und Anschmutzen anderer Textilien.

Reihe, Summe der nebeneinanderliegenden Maschen. - Gegensatz: → Stäbchen.

Reihgarn, auch Heftfaden genannt, rohe Zwirne, meist Nr. 24/2fach aus billiger Baumwolle oder → Abfallbaumwolle zum Heften in der Schneiderei. Die Heftstiche werden nachträglich entfernt. - 20-g- oder 50-g-Kreuzwickel.

Reinleinen, vom TKG gebilligte Bezeichnung für Gewebe aus 100 % → Leinen. - Vgl. → Halbleinen.

Reißbaumwolle, aus gerissenen Baumwollabfällen gewonnenes Fasermaterial, meist buntfarbig und mit nicht aufgelösten Fadenresten durchsetzt, kurzstapelig, ohne Nissen und Schalenreste. - Vgl. → Effiloché.

Reißdehnung, Längenänderung von Spinnfasern, Fäden und Stoffen in % der Ausgangslänge bei Belastung bis zum Reißen. - Vgl. → Bruchdehnung.

Reißfestigkeit, Widerstandskraft, die eine Faser oder ein Faden der Zugbeanspruchung bis zum Reißen entgegensetzt, neuerdings durch den Ausdruck → „Reißkraft" ersetzt. Sie kann naß und trocken gemessen werden; die → Naßfestigkeit wird in % der Trockenfestigkeit angegeben. - Im Gespinst wird die Reißfestigkeit des Rohstoffs nur zu 40 bis 60 % ausgenutzt.

Reißkraft, beim Zugversuch im Normalzustand der Textilien gemessene maximale Kraft, durch die eine Faser, ein Garn oder ein Stoff gerissen werden. - Vgl. → Reißfestigkeit.

Reißlänge, Länge einer Faser in km, deren Eigengewicht der → Reißkraft entspricht.

Reißprobe, Methode der Rohstoffermittlung im Handversuch, nützt die unter den Rohstoffen verschiedene → Reißfestigkeit in trockenem und nassem Zustand aus. Man entnimmt einen Faden und feuchtet diesen ein Stück weit gut an und reißt ihn dann ab. Hierbei zeigt Baumwolle: kein verwertbares Ergebnis; Leinen: reißt im trockenen Teil; Zelluloseregenerate: im feuchten Teil; Synthetics sind nur mit großer Mühe abzureißen.

Reißverschluß, durch Zähne oder Spiralen zu schließende Verschlußbänder, die eine durchgehende und feste, dabei leicht zu öffnende Verbindung schaffen. Der Verschluß trägt nicht auf, ist oft unsichtbar und erleichtert die Änderung des Kleidungsstücks (kein Einschnitt für das Knopfloch). - Vgl. → Zipp-Verschluß.

Reißwolle, laut TKG zum Begriff „Wolle" einzuordnende, aus Konfektionsabfällen oder getragenen Kleidungsstücken wiedergewonnene Wolle, deren Qualität nach Art des gerissenen Materials (gewebt oder gewirkt, gewalkt oder ungewalkt, ungetragene Abfälle oder Lumpen) sehr verschieden sein kann. Exakte Feststellung des Reißwollanteils und quantitative Fasertrennung von Schurwolle und Reißwolle in einem Erzeugnis sind außerordentlich schwierig. Erkennungszeichen für Reißwolle sind: viele kurze, ungleichmäßige Haare mit verletzten oder abgerissenen Enden; unaufgefaserte, kurze Fadenreste; fremde Faserbeimischungen, stark verminderte Dehnung und Elastizität oder Fasern. - Vgl. → Regenerierte Wolle, → Gollub-Test.

Reitcord, kahlgeschorener, längsgerippter, widerstandsfähiger Stoff für Sportanzüge und Reithosen in Hohlschuß- oder Cordbindung, die die kräftigen (wellblechartigen) Längsrippen hervorruft, aus Kammgarn, Streichgarn, Baumwolle; oft → Mouliné (Abb. siehe unter → Cord).

Reiterbluse, Bluse mit weichem, hohem Kragen und doppelt geschlungener Krawatte aus dem gleichen Stoff.

Reiterhose, Hose zur modischen → Leger-Kleidung (Cerruti); knielange Bündchen-, Überfall- oder Stiefelhosen, die mit Kniestrümpfen ergänzt werden und an die Mode der 20er und 30er Jahre anknüpfen. Nicht zu verwechseln mit der sportgerechten → **Reithose** (→ Jodhpur-Hose, → Breeches-Hose).

Reiterkragen, weicher, hoher Kragen mit doppelt geschlungener Krawatte aus dem gleichen Stoff.

Reitersakko, sportliches, hochgeschlossenes Herrensakko mit Tellerkragen, ziemlich lang, mindestens vier Schließknöpfe, aus rustikalen, oft deutlich gemusterten Streichgarnstoffen; oft mit hohen Seitenschlitzen oder hohem Rückenschlitz.

Reiterschlitz, hoher Rückenschlitz an Herrenmänteln und -jacken bis zur Gürtelhöhe, oft zu knöpfen.

Reitertuch, Kammgarn-Mantelstoff mit deutlichem Diagonalcharakter in kurzfloriger Strichtuchausrüstung mit seidigem Glanz.

Reithose, in Schritt- und Gesäßpartie besonders weit gearbeitete Hose für den Reitsport, wird innerhalb des Stiefels getragen. - Vgl. → Jodhpur-Hose.

Relative Luftfeuchtigkeit, Prozentsatz, der den der Lufttemperatur entsprechenden Anteil an Luftfeuchtigkeit zum Sättigungspunkt (= 100 %) der Luft ausdrückt. Da die Aufnahmefähigkeit der Luft für Feuchtigkeit von der Temperatur und vom Luftdruck abhängt, kann der absolute Gehalt an Luftfeuchtigkeit vom relativen stark abweichen. - Textilien sind bei Temperaturen von 20-25°C und einer rel. Luftfeuchtigkeit von 65 % am leichtesten verarbeitbar.

Relative Naßfestigkeit, in % der Trockenfestigkeit ausgedrücktes Verhältnis der Reißfestigkeit nasser Textilien zu deren Festigkeit in trockenem Zustand bei Normalklima. - Vgl. → Naßfestigkeit.

Relaxalon, nach dem → Lessona-Verfahren hergestelltes Baumwoll- → Stretch-Garn.

Reiterkragen

Reliefdruck, → Modeldruck, nur mehr beim → Perrotinendruck übliche Art des → Stoffdrucks mit erhabenen Farbgabeflächen; Gegensatz zu dem beim Rouleauxdruck üblichen Tiefdruck. Vereinzelt sind auch Walzendruckmaschinen im Gebrauch, die ursprünglich für den Tapetendruck konstruiert wurden und das Muster wie beim → Model in erhabener Form tragen.

Relieflanell, winterlicher Wäschestoff aus Baumwolle oder Viskosespinnfaser mit mustermäßigem Wechsel von kaum gerauhten und stark gerauhten Flächen, meist bedruckt.

Reliefmuster, durch die Bindungstechnik hervorgerufene plastische Musterungen bei Maschenwaren; vgl. → Noppenmuster.

Renaissance-Stich, fülliger Zierstich, bei dem mehrere senkrechte Stiche von oben nach unten, von einer Ausstichstelle zu einer Einstichstelle geführt und die so entstandenen Spannstiche in der Mitte geteilt, gebündelt und festgehalten werden.

Rendement, Ergiebigkeit an gewaschener Wolle aus der ungewaschenen → Schweißwolle, je nach dem Anteil der Verunreinigungen zwischen 30 und 75% des Schweißwollgewichtes.

Renforcé, mittelfeine, tuchbindige Baumwollwaren, feiner als → Kretonne und grober als → Kattun, roh, gefärbt, gebleicht und bedruckt. - Vgl. → Batist, → Modapolam.

Rennbluse, kapuzenloser Anorakstepper, meist in sportlicher Kurzform, mit Strickbesatz am Kragen und (zur Erhöhung der Beweglichkeit) auch unter den Armen. Eignet sich besonders zur Kombination mit der Kniebundhose, zum Langlauf und auch zum Wandern.

Rennhose, hauteng → Jethose für den alpinen Skisport, zum **Rennanzug** durch passenden → Anorak zu ergänzen, mit funktioneller Knie- und Ellenbogenpolsterung, meist aus → Zweizug-Elastic, ungefüttert oder mit (Acryl-) → Wirkplüsch gefüttert, seltner (wegen der Reduzierung der

Dehnfähigkeit) schaumstoffkaschiert. - Vgl. → Skibekleidung.

Repassieren, Aufnehmen von Fall- oder Laufmaschen an Strick- und Wirkwaren mit Hilfe bestimmter Nadeln.

Reprise, international vereinbarter, handelsüblicher Feuchtigkeitsgehalt textiler Rohstoffe (Feuchtigkeitsprozentziffer) zur Bestimmung des Handelsgewichts. Unabhängig vom tatsächlichen Feuchtigkeitsgehalt der gehandelten Ware wird ein Zuschlag (die Reprise) auf das Trockengewicht nach einschlägigen Normvorschriften durch Konditionieranstalten vorgenommen. - Vgl. → Konditionierung.

Reptilleder, zu → Feinleder zählende, gegerbte und zugerichtete → Häute von Schlangen und Krokodilen, vor allem für feine Täschner- und Schuhwaren; mit einer für die jeweilige Tierart typischen Oberflächenzeichnung, die allerdings durch die Färbung stark verändert werden kann, und einer plastischen Oberflächenstruktur. Sehr strapazierfähig, aber teuer. - Vgl. → Fischleder, → Leder.

Reservedruck, → Druckart, kombiniertes Druck- und Färbeverfahren. Die Anfärbung des Gewebes wird mustermäßig durch den Aufdruck mechanisch (Wachs, vgl. → Batik) oder chemisch (Verhinderung der Farbstoffbildung bei → Entwicklungsfarbstoffen) wirkender Mittel oder von Kombinationen aus beiden verhindert. Im Gegensatz zum → Ätzdruck erfolgt das Färben erst nach dem Drucken. Mit Hilfe der → Halbtonreserve ist es möglich, darüber gedruckte Farben aufzuhellen und dadurch die Nuancen der Farben des nachfolgenden Drucks zu verdoppeln. → Buntreserven entstehen durch Zusatz von Farbstoffen zum Reservierungsmittel. - Vgl. → Druckarten, → Direktdruck.

Reservierungsmittel, Textilhilfsmittel, die das Anfärben oder das Aufziehen der Farbe auf das Gewebe verhüten; vgl. → Reservedruck. Sie werden in der Färberei von Mischgeweben dazu benutzt, um das Anfärben einer bestimmten Faserart zu verhindern.

Response, amerikanisch/israelisches Verfahren zur Übertragung von Mustern der verschiedensten Art auf Wirkmaschinen, wobei zunächst das Muster in elektronische Impulse umgesetzt wird und die → Moratronik die Maschenbildung nach elektronischer Anweisung steuert. Es ist möglich, Design und Daten auf Film zu übertragen, der vervielfacht werden kann. In der → Stoffdruckerei wird das System zur Ausarbeitung vielfältiger Kolorierungsmöglichkeiten auf Basis eines Originalentwurfes verwendet; der fertige Farbauszugfilm kann direkt als Gravurvorlage dienen. Das Gerät eignet sich auch zum Aufbau freihändiger Motive und von Computerentwürfen aus der Kombination verschiedener geometrischer Figuren und Formen. - Vgl. → Computa-Knit, → Nova-Knit.

Reticella, handgenähte Spitze italienischen Ursprungs, zu deren Herstellung weite, leere Flächen diagonal überspannt werden und geometrische, spinnennetzartige Ornamente entstehen. Auch ohne Stoffgrund auf Schlingenstichbasis frei über Papier gearbeitet. Die Musterungsart der echten Reticella-Stickerei wird in der Maschinenstickerei häufig nachgeahmt.

Reticulierter-Schaum, Schaumstoff, der zum Kaschieren zweier Stoffe eingesetzt wird, mit gesprengten Bläschen; es bleibt nur mehr das klebende Schaumgerüst über. Der Schaum schlägt nicht durch dünnere Stoffe durch, die Luftdurchlässigkeit bleibt erhalten. - Vgl. → Bondings, → Kaschieren.

Retro-Look, Moderichtung für Herren und Damen, die sich an die Anfang bis Mitte der fünfziger Jahre gültige Modelinie anlehnt. Für Herren als „V"-, „Trapez"-, oder „Athletic"-Linie, mit deutlich verbreiterten Schultern; für Damen aus weichfließenden Stoffen und mit betonter, fast waagrecht verlaufender Schulter und deutlicher Taillierung. - Vgl. → Trapez-Linie, → Triangle-Look, → Zwiebelform.

Damenkostüm und Herrenanzug im Retro-Look

Revers, Sakkoaufschlag, mit dem Kragen durch die → Spiegelnaht verbunden; bildet mit diesem zusammen das Fasson eines Anzugs oder Mantels. - Vgl. → Fasson.

Reversible, vor allem in der Seidenweberei übliche Allgemeinbezeichnung für Stoffe mit ungleich aussehenden Warenseiten; im engeren Sinne Gewebe auf Filamentkette mit krepp artig matter Oberfläche und glänzender, glatter Unterseite, meist hohe Kettdichte. - Vgl. → Crêpe-Satin, → Peau d'Ange, → Romain-Satin, → Charmelaine.

Rexor, nicht oxydierendes, metallisches Effektbändchen, unverstärkt oder mit 2 Fäden 15 den. Nylon verstärkt. - NC 12: Polyester-Monofilm mit durchsichtiger oder farbiger Kunstharzschicht; Torsade: Spezial-

Kleider im Retro-Look

zwirn aus NC 12 und Viskose für Maschenwaren; Metlon: beidseitig mit Polyesterfilm beschichtete Alufolie mit ungefärbtem oder gefärbtem Klebstoff; Inoxor: beidseitig mittels farblosem oder gefärbtem Viskosefilm beschichtetes Aluminiumbändchen. - Vgl. → Metallglänzende Effektgarne, → Torsade.

Rexotherm, glänzender Plastikfilm mit ausgezeichneten wärmeisolierenden Eigenschaften zur regendichten Innen-Verarbeitung von Wetterkleidung. - Vgl. → Non woven fabrics.

Reyon, nach dem TKG nicht mehr zulässige Bezeichnung für endlose Viskose; ersetzt durch: Viskose-Filament.

Rhadamé, Futterserge mit Baumwollschuß und Viskosefilamentkette, der durch eine vom fünfbindigen Kettatlas abgeleitete Fantasiebindung eine ausgeprägte, fast wulstige Diagonalrippe erhält.

Rheuma-Einzugdecke, mit Schafschurwolle gefüllte und mit Baumwolltrikot oder Interlock überzogene, abgesteppte Decke, die in den Deckbettbezug paßt.

Rheuma-Steppdecke, im Gegensatz zur Rheuma-Einzugdecke auf der Oberseite mit → Damassé oder → Chintz überzogen, 150x200 cm groß und deswegen auch mit Oberleintüchern zu benutzen.

Rheuma-Unterbett, der Matratze entsprechend 90x190 oder 100x200 cm groß, wie

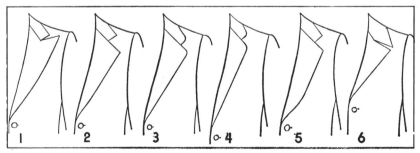

Revers; verschiedene modische Variationen: Von links nach rechts: 1. Steigendes Fasson; 2. Fallendes Fasson; 3. Gerade geschnittenes Fasson, mittelbreit; 4. Gerade geschnittenes Fasson, schmal und gerundet; 5. Leicht geschwungenes Fasson; 6. Kurzes Spitzfasson für den modischen Dreiknöpfer

alle Rheumaartikel mit weißer Schurwolle gefüllt und auch mit einem der Farbe des Matratzendrells entsprechenden Überzug aus Baumwolltrikot oder Interlock lieferbar; sorgt für Temperatur- und Feuchtigkeitsausgleich im Bett und hat die Federunterbetten völlig verdrängt. - Vgl. → Reformunterbett.

Rhiaflammen, elegantes, geflammtes Effektmaterial aus Acetat, mit Noppen zusammen verzwirnt, im → Doppi-Charakter.

Rhiaknot, → Umspinnungszwirn; ein Grund- und ein Schlingenfaden werden so miteinander verbunden, daß ein höheres Volumen und ein rohseidenartiges Bild entstehen.

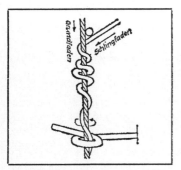

Das Rhiaknotverfahren: Grund- und Schlingenfaden werden unter Drehungsgebung verbunden

Rhoacron, Zwirn aus 20% Nylon- und 80% Di-Acetat-Filamenten, schrumpftexturiert. Der Bausch entsteht in der Ausrüstung durch das stärker schrumpfende Nylon.

Rhoa 3 - hecofix, siehe unter → Hecofix.

Rhoa-sport, → Gütezeichen für die verschiedensten, glatten, → mono- und → bielastischen, → strecktexturierten, → antigliss-ausgerüsteten Gewebe vor allem aus texturiertem Nylon 6.6 sowie für Gewirke aus → Nyltest-Helanca, die zur Herstellung modischer und funktionstüchtiger Wintersportkleidung geeignet sind,

mit Qualitätskontrolle bis zum Endprodukt und einem Jahr Tragegarantie. - Vgl. → Skibekleidung.

Rhodastic, Polyurethan-Elastomer („Elasthan") von Rhône-Poulenc.

Rhodelia, luftdüsengebauschtes, endloses Garn aus Acetat. - Vgl. → Taslanverfahren.

Rhodia sauvage, Twill aus Acetat-Kristallgarn mit einem durch besondere Zwirnung erzielten feinen Glanzschimmer.

Rhodus-Stich, als Flächenfüllung verwendeter Spannstich, der Tuchbindung in der Verkreuzung ähnlich.

Rhonel, französisches Kreppgarn aus Triacetat für georgettartige Stoffe; die Gewebe sind knitterfrei, von natürlicher Sprungkraft, leicht zu verarbeiten, mit vollem, körnigem Griff, sehr leicht. Auch bedruckt.

Rhovyl, nicht nachchloriertes Polyvinylchlorid, lt. TKG → Polychlorid, von Rhône-Poulenc. Unbrennbar, nicht entflammbar, hohe Schrumpffähigkeit (daher gern als Schrumpfmaterial in der Seidenweberei benutzt). Rheumalindernd infolge elektrostatischer Aufladung, hohes Wärmehaltungsvermögen, mottensicher, hitzeempfindlich (niedriger Schmelzpunkt), darf nicht gebügelt werden. Verwendung für feuersichere Gardinen und Möbelstoffe, für Gesundheitswäsche, wildlederartige Oberbekleidung, als Steppdeckenfüllungen und für technische Zwecke (Filtergewebe, Schläuche und Schutzkleidung).

Rhovylin, Mischgarn aus Rhovyl und Viskose-Spinnfaser.

Rhovylon, für Maschenwaren geeignetes Mischgarn aus Rhovyl mit Polyamiden; verhältnismäßig fein.

Rhovyl-Wildleder, Wirkware aus 70 % Viskose und 30 % Rhovyl, durch starkes Schrumpfen sehr dicht, knitterarm, regendicht, leicht waschbar, schnell trocknend, mit der eleganten Oberflächenwirkung des Wildleders.

Ribbless-Cord, rippenloser Cord, für sportliche Kleidung geeigneter glatter → Samt.

Ribbon-Spitze, schmale Spitzenbänder, meist Ätzspitzen oder Luftspitzen (seltener weil teurer), für Besätze und Einsätze an Wäsche und Kleidern.

Ricaméléon, Blue-Jeans aus einem amerikanischen Material, das nach Behandlung mit Zitronensäure oder Grape-fruit-Saft ganz oder partienweise eine andere Farbe annimmt.

Richelieu-Stickerei, Handarbeitstechnik, bei der die aus dem Leinwandgrundgewebe ausgeschnittenen Musterfiguren mit Knopflochstich umrandet und mit Stegen verbunden werden. Maschinell wird die Richelieu-Stickerei durch Randeinfassungen mit Stil- und Kettenstich und durch Applizieren von Ätzstickereien erreicht. - Gegensatz: → Broderie anglaise mit gebohrten Löchern.

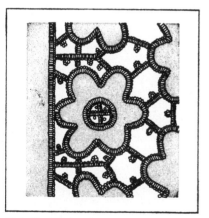

Richelieu-Stickerei

Riding-Coat (sprich: Reiding), in Paris kein Reitermantel, sondern ein Automantel mit besonders weit geschnittenem Rücken, meist mit tiefer Falte.

Riet, Summe der Gitterstäbe in der → Lade des → Webstuhls.

Riffel-Finish, auf den trockenen Stoff auf-

gebrachte Glanzappretur, ein → Gaufrage-Effekt mit Hilfe fein parallel, diagonal oder kreuzweise auf geheizte Stahlwalzen gravierter Rillen. - Vgl. → Kalander, → Schreiner-Finish.

Rilsan, durch Polykondensation von Aminocarbonsäuren hergestelltes Polyamid 11; gegenüber Nylon und Perlon geringere Feuchtigkeitsaufnahme, niedrigeres spez. Gewicht und Schmelzpunkt (nur 185°C). - Vgl. → Polyamid, → Ralsin.

Rindboxleder, chromgares Rindleder ähnlich → Boxkalb, aber etwas derber als dieses.

Ringband, Baumwollband mit Webschlaufen, in die Metallringe eingehängt werden können, zum Aufhängen von Gardinen. Die Ringe, die bei der Wäsche herausgenommen werden, gleiten in den mit Holz verblendeten Gardinenstangen. Durch die → Schleuderschienen mit ihren Universalbändern verdrängt.

Ringelmuster, Musterungsart für glatte Kulierwaren, wobei verschiedenfarbige oder verschiedenartige Garne mustermäßig nach einer oder mehreren Reihen wechseln. Es entsteht ein Streifenmuster, das verhältnismäßig billig herzustellen ist. Beliebiger Musterumfang.

Ringspinnmaschine, im Gegensatz zum → Selfaktor kontinuierlich arbeitende → Feinspinnmaschine, die das von der Vorspinnerei gelieferte → Vorgarn durch Strecken verfeinert, dreht und auf einen Garnträger aufwickelt. Die den fertigen Faden aufnehmende rotierende Spindel bringt den zu spinnenden Faden selbst und eine auf einem Ring gleitend geführte Öse (Ringläufer), durch die der Faden gezogen ist, in Rotation; das Fadenstück zwischen dem Ringläufer und dem Streckwerk erhält die Spinndrehung. - Vgl. → Open end-Spinnerei, → Elementen-Spinnverfahren.

Rippensamt, → Cordsamt, → Schußsamt mit Längsrippe. - Vgl. → Babycord, → Feincord, → Millrayé, → Genuacord, → Trenkercord.

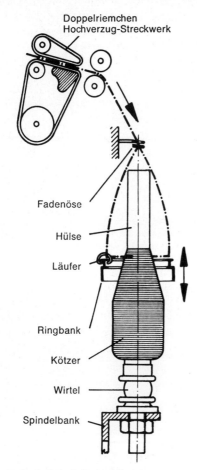

Doppelriemchen Hochverzug-Streckwerk

Fadenöse

Hülse

Läufer

Ringbank

Kötzer

Wirtel

Spindelbank

Ringspindel mit Doppelriemchen Hochverzugs-Streckwerk

Rippware, feinere → Rechts-Rechts-Ware, also eine → doppelflächige Kulierware, bei der in jeder Reihe eine oder mehrere rechte und linke Maschen unversetzt wechseln. - Vgl. → Doppelripp, → Feinripp.

Rips, Gewebe, die durch verschieden starke Garne oder durch Ripsbindung in Kett- oder Schußrichtung mehr oder weniger ausgeprägte Rippen zeigen. (→ Längsrips, → Querrips). - Für Vorhangstoffe edles

Gewebe mit leichter Rippe, oft glänzend und häufig bedruckt. - Vgl. → Schußrips, → Kettrips, → Cannélé, → Ottomane, → Epinglé, → Grainbindung, → Royal.

Rips façonné, aus → Längs- und → Querripsbindungen zusammengesetzter, abgeleiteter Rips.

Rips givré, Rips mit einem → Prägedruck, der eine feinschillernde Glanzwirkung des in Kette und Schuß aus endlosem Material bestehenden, taftähnlichen Gewebes erzeugt. Der Effekt ist nicht waschfest. - Vgl. → Givrine.

Rips-Haitienne, glänzender, weicher Kleiderstoff aus Viskose-Filament mit givrineartigem Griff und feingestumpftem Rippenbild.

Rips Papillon, anderer Ausdruck für → Wollpopeline, vgl. → Papillon.

Rispe, durch die Teilstäbe hervorgerufenes Fadenkreuz an der Kette im Webstuhl, das die aufgebäumten Kettfäden trennt und einen reibungslosen Durchlauf der Kette durch den Webstuhl fördert.

Rivet, Niete an → Jeans.

Robe culotte, allgemein eingebürgerter französischer Ausdruck für alle Spielarten von Hosenkleidern sowohl für den Tag (z.B. Overallkleider) als auch für den Abend.

Robe housse, Moderichtung der „Hüllenkleider" mit betonter Weite, die häufig durch Raffungen in Kollernähten des Oberteils beginnt; unter den Kleidern können auch Unterblusenpullis getragen werden. Die Stoffe müssen weich und fließend sein.

Robes habillées, international gebräuchlicher Ausdruck für alle festliche Kleider (im Gegensatz zu den Tageskleidern), also → Dinner-, → Nachmittags-, → Cocktail- und → Abendkleider. - Vgl. → Gesellschaftskleidung.

Rock, der Damenmode (mit Ausnahme des schottischen Herrenkilts) vorbehaltener Bestandteil der Garderobe, dessen

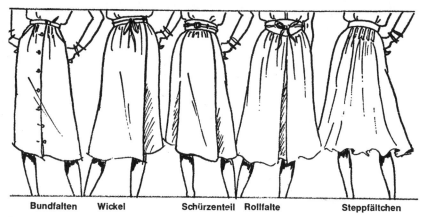

| Bundfalten | Wickel | Schürzenteil | Rollfalte | Steppfältchen |

Modische Röcke

Gestaltungsform, Länge und Weite die Silhouette der gesamten Bekleidungsstile wesentlich mitbestimmt. - Vgl. → Kuppelrock, → Miederrock, → Faltenrock, → Godet, → Plissee, → Kilt, → Wickelrock, → Golfrock, → Kellerfalte, → Glockenrock, → Sattelrock, → Schachtelrock, → Schirmrock, → Stufenrock, → Tunika-Rock, → Swing-Rock, → Hip-skirt, → Regenschirmrock, → Torsoglocke, → Bauernrock.

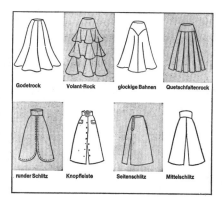

| Godetrock | Volant-Rock | glockige Bahnen | Quetschfaltenrock |
| runder Schlitz | Knopfleiste | Seitenschlitz | Mittelschlitz |

Rockformen

Rogatka, hohe fünfeckige Handarbeitsmütze mit Schirm nach polnischem Vorbild.

Rohnessel, ungebleichtes Baumwolltuch für die verschiedensten Zwecke, Breiten von 78 bis 172 cm; siehe unter → Nessel.

Röhrenhose, schlank und geradefallende, enge Hose, rundgebügelt oder mit Bügelfalte, mit und ohne Aufschlag. Mit einer Fußweite zwischen 40 und 50 cm enger als die → Zigarettenhose.

Röhrenkleid, schlauchförmiges, kaum tailliertes und damit relativ gerade fallendes Kleid, kragenlos oder mit Zylinder- oder Rollkragen.

Rohseide, noch nicht entbastete und durch die anhaftende Serizinhülle harte, glanzlose und spröde Naturseide. - Vgl. → Naturseide, → Entbasten, → Degummieren, → Erschwerung.

Römerstreifen, breit angelegte, meist satt kolorierte, gleichmäßige oder nur wenig abgestufte Parallelstreifen für Damenkleider und Herrenhemden.

Rollfalte, durch Abnähen entstandene rundgebügelte Falte. - Gegensatz: → Plissee (Abb. S. 320).

Rollkalander, Appreturmaschine zum Glätten, Verdichten und zur Erzielung eines weicheren Griffs mit 2-6 elastischen und harten Walzen, durch die das Gewebe hindurchgeführt wird, wobei im Gegensatz

Rollfalten

zum Friktionskalander die Umdrehungsgeschwindigkeit aller Walzenoberflächen gleich ist. - Vgl. → Kalander.

Rollkragen, Rolli, langer, sehr weit ausgearbeiteter, halsnaher, runder Kragen, vor allem bei Strickwaren von sportlichem Charakter. - Vgl. → Sailorkragen.

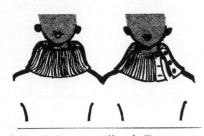

Breiter Rolli   *Knopfrolli*

Rollrakel, stabförmig runder → Rakel vor allem in → Rotationsfilmdruckmaschinen, der magnetisch oder mechanisch geführt werden kann und die Farbe durch die Schablone auf den Stoff durch den beim Abrollen entstehenden Druck aufträgt. - Vgl. → Filmdruck.

Rolltwill, glanzreich ausgerüsteter Baumwoll- oder Viskoseköper: Taschen-, Bund- und Westenrückenfutter.

Rolly, 1. Freizeithemd aus Flanell mit langem Arm und Strickbündchen sowie mit gestricktem, oft farblich abgesetztem Roll-

kragen. Der Knopf- oder Reißverschluß gestattet es, den Rollkragen auch offen als Ausschlagkragen zu tragen. - Vgl. → Turtleneck.
2. Damenpulli aus gröberer Wolle in einer deutlich breitgerippten Bindung mit Rollkragen und betont figurnahem Schnitt („Sexy-Pulli").

Romain, edles, feines Seidenkreppgewebe, in Kette und Schuß zweifädig wie → Panama gewebt, wobei gleichzeitig in beiden Fadensystemen zwei S- und zwei Z-gedrehte Fäden wechseln. Dadurch erhält die Ware sandigen harten Griff und ein mattes Aussehen. → Romain-Satin. → Reversible mit Romain-Oberseite und Satin-Unterseite.

Roßhaar, Zwischenfutter auf Baumwoll- oder Wollkette mit den Schweifhaaren von Pferden im Schuß, das normalerweise umgezwirnt ist (→ Zwirnroßhaar). Dient zur formgebenden Versteifung von Damen- und Herrenoberbekleidung. Natürliches Roßhaar wird mehr und mehr durch → Kunstroßhaar (→ Crinol) ersetzt. - Vgl. → Frontfixierung, → Krallhaar.

Rostabfälle, Spinnereiabfälle der Baumwollspinnerei mit geringem Anteil an Langfasern, stark mit → Nissen oder mit Schalenresten durchsetzt.

Röste, biologischer Vorgang bei der Flachsaufbereitung, der durch Gärung im Wasser die den Bast mit dem Holz kittenden Bindestoffe zerstört. - Vgl. → Warmwasserrotte, → Kaltwasserrotte.

Rotations-Filmdruck, moderne Form des kontinuierlichen → Filmdrucks, die hohe Druckgeschwindigkeiten (bis 4000 m/h) bei großen Musterumfängen (bis 1,60 m Rapportlänge) und Warenbreiten bis 2,40 m zuläßt und bis zu 24 Farben gestattet. Die walzenförmigen nahtlosen Schablonen können hintereinander an einem Drucktisch oder um einen zentralen Zylinder angeordnet sein. Die Farbe wird dem Schabloneninneren durch ein in der Achse angordnetes Rohr zugeleitet und mit Hilfe eines → Rollrakels gleichmäßig auf dem Stoff aufgetragen, der die Schablone nicht

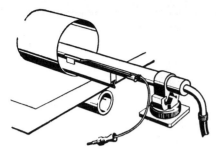

Rotationsfilmdruck mit mechanischer Farbzuführung, Schemaskizze. Der Farbstoff wird durch das Rohr, das gleichzeitig einen Streichrakel trägt, ins Innere der Filmdruckwalze gebracht. Unter der Ware und dem Drucktuch die Gegenwalze.

wie beim Filmflachdruck flächig, sondern nur linienförmig berührt. Im Verhältnis zu Filmflachdruck geringer Raumbedarf. Rein technisch können auf Rotations-Filmdruckmaschinen alle Muster, die im Rouleaux- oder Filmflachdruck hergestellt werden können, ebenfalls gedruckt werden, wenngleich auf manchen strukturierten Geweben und Maschenwaren bestimmte Muster wegen des höheren Anpreßdrucks auf Rouleaux-Maschinen besser ausgedruckt werden können.

Rotfuchs, in Europa, Asien und Amerika beheimateter Fuchs mit einem 70-90 cm großen Fell, Schweifgröße 35-40 cm, mit 2-3 cm langem Unterhaar und 4-6 cm langen Grannen, Unterhaar graubraun bis blaugrau, Grannen nahe der Haarwurzel graubraun, dann gelblich rot bis rotbraun, bilden dann einen weißen Ring und enden mit rotbrauner Spitze. Vor allem als Besatzpelz, mit Leder zusammen zu modischen Mänteln und Jacken verarbeitet. Die nordamerikanischen Rotfüchse sind farblich ausgeprägter, dichter und seidiger im Haar als die europäischen. - Vgl. → Pelze, → Leder.

Rotofilgarn, patentiertes Acrylgarn (DuPont) für (batistartige) Feingewebe, wobei diskontinuierliche Fasern in gebündelter Struktur durch regelmäßige Umwindung mit einzelnen Fasern stabilisiert sind.

Stoffe aus den (70-90 den feinen) Garnen tragen das reg. Warenzeichen → Nandel. - Weicher Griff, hervorragende Farbaffinität, gute Pillingresistenz und Knittererholung. - Die Herstellungstechnik von Rotofil-Garnen hat zwar eine lose Verwandtschaft zum → Open-end-Verfahren, ist aber einmalig und neu. - Vgl. → Elementenspinnverfahren.

Rotospin-Verfahren, Verfahren der → Open-end-Spinnerei, bei denen die Fasern durch einen Luftstrom einem (geschlossenen) Rotor zugeführt werden, wobei der Luftstrom durch eine außerhab des Rotors liegende Saugeinheit erzeugt wird. Dies hat gegenüber dem Turbinenverfahren den Vorzug, daß der Luftstrom bei Maschinenstillstand nicht abreißt und daß der Luftstrom Verunreinigungen aufnimmt, die sich in den Spinnrillen der Turbinen ansammeln könnten.

Rotor-Garn, Rotor-Verfahren, mit oder ohne den Zusatz „OE" (= → Offen End) vom Industrieverband Garne empfohlene Bezeichnung für alle Garne und Verfahren, die zum Offen-End-Spinnen einen Rotor benutzen, zwecks Unterscheidung von anderen, allerdings (1979) noch kaum angewandten Offen-end-Techniken. - Vgl. → Rotospin, → Open-end-Spinnerei.

Rouen, großes → Pepitamuster.

Rouleaux-Druck, Textildruck auf der Walzendruckmaschine, sehr rationell herzustellen. Im Gegensatz zum → Perrotinendruck im sogenannten Tiefdruckverfahren: Auf den verkupferten Walzen mit genau 50 cm Umfang werden die Musterstellen, die Farbe abgeben sollen, ausgeätzt und die Vertiefungen mit Farbe gefüllt. Die überschüssige Farbe wird durch das sehr scharfe → Rakelmesser abgestreift. Die modernen Gravurmethoden erlauben Maschinendrucke, die vom Filmdruck kaum noch zu unterscheiden sind. - Bei den älteren Rouleaux-Druckmaschinen sind die Druckwalzen um einen zentralen Druckzylinder gruppiert; die Ware wird zwischen den Druckwalzen und einer elastischen Unterlage (→ Bombage) über den Druck-

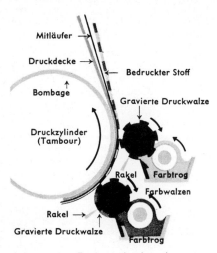

Schema des Rouleauxdrucks mit zentralem Presseur (Druckzylinder, Tambour)

zylinder geführt. Wegen der hohen Rüstzeiten beim Auswechseln der Druckwalzen mit genauer Rapporteinstellung sind Mindestmengen erforderlich. Neuere Rouleaux-Druckmaschinen ersetzen den zentralen Presseur durch Einzelpresseure unter Fortfall der Bombage. Jede der leicht aus der Maschine herausnehmbaren Druckwalzen hat eine eigene Preßwalze als Gegenwalze; die Pression kann stark herabgesetzt werden, die Verquetschung der Stoffe wird gemildert, die Rüstzeiten verringert (System Kauschka oder Saueressig). Der Stoff wird an den senkrecht angeordneten gravierten Walzen auf einem gummiartigen Mitnehmertuch transportiert; der Gegendruck wird pneumatisch gesteuert und kann nach Art der Gravur der Walze differenziert werden. Rouleaux-Maschinen Typ Saueressig sollen sich auch für den Druck von Papier für den → Sublistatic-Druck eignen. - Vgl. → Filmdruck, → Rotationsdruck, → Stoffdruck, → Drucktechniken.

Royal, in versetzter Ripsbindung gewebter und häufig stückgefärbter Seidenstoff mit würfelartigem Bindungsbild.

Royalene, Polypropylenfaser und Filament aus den USA.

Ruban-Strickerei, Bändchenstrickerei, italienische Spezialität, schnürsenkelbreite Naturseiden- oder Viskose-Bändchen (auch Bast) werden zu sehr fülligen und lockeren Strickwaren verarbeitet.

Rubbercoat

Rubbercoat, 1. Auf der Innenseite gummiertes, meist nicht reinigungsbeständiges Baumwollgewebe für Regenmäntel.

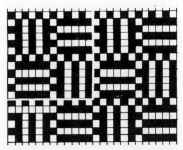

Beispiel für eine Royal-Bindung (Kombination aus Quer- und Längsrips). Rapport durch Einrahmen gekennzeichnet

2. Sportlicher, auch → Trenchcoat-ähnlicher Mantel aus gummierten und wasserdicht ausgerüsteten Baumwollstoffen für Herren.

Rückengurt, Schmuckgurt am Rücken von Damen- und Herrenmänteln, auch → Martingale genannt. Abknöpfbar und versenkbar oder fest angenäht, oft mit Knöpfen verziert; ein-, zwei- oder dreiteilig (Abb. siehe unter → Martingale).

Rückenschlitz, vom unteren Saum des Sakkorückens ausgehender, sauber eingearbeiteter Schlitz. - Vgl. → Autoschlitz, → Hakenschlitz, → Norfolkrücken, → Reiterschlitz.

Rückenwäsche, wegen der Gefahr der Erkrankung der Tiere heute kaum mehr übliche Wollwäsche vor der Schur auf dem Rücken der Schafe durch Übergießen mit Reinigungsflüssigkeit oder in natürlichen Gewässern. - Vgl. → Fabrikwäsche.

Rundbundausschnitt, modische Lösung der Halspartie an Herrenpullovern: Ein kreisrunder Ausschnitt wird mit einem elastischen Rechts-Rechts-Gestrick, der üblichen Bundverarbeitung, umrandet.

Rundbundhose, im Gegensatz zur Spitzbund- oder Träger-Hose (mit einer Hinterhose, die in der Mitte hochgearbeitet ist und für den Hosenträger in zwei Spitzen ausläuft) ohne Hosenträger zu tragen, mit rundumlaufendem, festem Bund. - Vgl. → Gürtelhose.

Rundmesser, annähernd kreisrundes, rotierendes Schneidemesser für den Zuschnitt von zwei bis sechs Stofflagen. Es arbeitet erschütterungsfreier als das → Stoßmesser. - Vgl. → Bandmesser.

Rundbundhosen: von links: mit fast waagerecht eingeschnittener Flügeltasche ohne Bundfalte; mit durchgeknöpfter Bundverlängerung, Leistentasche mit Knopf; ausgestellte Rundbundhose ohne Bundfalte mit leicht geschweiftem Tascheneingriff.

Rundstuhl, Wirkmaschine mit horizontal und kreisförmig angeordneter Nadelreihe, die einflächige Schlauchgewirke herstellt. - Rundstuhlware: gleichbedeutend mit „→ Glatte Kulierware". - Vgl. → Rundwirkmaschine.

Rundwirk-, Rundstrickmaschine, Gegensatz zu → FLachwirk- und → Flachstrickmaschinen; kreisförmige Anordnung der Maschenbildungswerkzeuge mit dem Ziel der kontinuierlichen Maschenbildung; die Warenbreite bzw. der Schlauchdurchmesser ist vom Durchmesser des Nadelraums abhängig. - Vgl. → Rundstuhl.

Rundumpasse, in Kollerhöhe verlaufende Steppnaht, die zwar über das Vorder- und Rückenteil verläuft, nicht aber, wie bei der → Schwedenpasse, auch über den Ärmel. - Vgl. → Passe.

Rundwebmaschine, Webmaschine, bei der zur Einsparung kinetischer Energie und bei erschütterungsfreiem Lauf der Schützen nicht mehr hin- und herbewegt werden muß, sondern rundumläuft, so daß keine Richtungsumkehr des Schußfadens beim Eintrag erfolgt. Trotz zahlreicher Patente ist noch kein allgemein verwendbares Prinzip gefunden worden, wenngleich bereits gebrauchsfähige Typen zur Produktion von Schlauchgeweben für nahtlose Säcke im Gebrauch sind. - Vgl. → Webmaschinen.

Rupf, Bettfedern einer Geflügelart ohne Schwanz- und Flügelfedern (unsortierte Federn).

Rupfen, poröses Jutegewebe in Tuchbindung (= Hessianbindung).

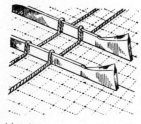

Schneiderute

Rutensamt, Kettsamt, bei dem während des Webvorganges Schneideruten eingelegt werden, die von der Polkette umschlungen werden. Beim Herausziehen der Ruten wird die Schlinge aufgeschnitten. - Gegensatz: → Doppelsamt. - Vgl. → Samt.

S

Sablé, moderner Ausdruck für Sandkrepp.

Sackleinen, ganz grobe und etwas steife Modegewebe aus → Leinen, → Jute oder Viskose-Spinnfaser mit rupfenartigem Aussehen und Griff, für Röcke und Kostüme.

SACM, Elsässische Maschinenfabrik; unter diesem Namen besonder bekannt die schützenlose → Webmaschine dieses Typs. - Vgl. → MAV.

Sacrote, Naturseide von Raupen, die sich von den Blättern der Rhizinuspflanze ernähren und besonder in Ägypten gezüchtet werden.

Safari-Look, sogen. „Kolonialstil", sportliche Richtung der Damenfreizeitmode für Kleider, Kostüme, Hosenanzüge, Mäntel und Blusen aus rustikalen Stoffen mit Schulterklappen, Knopfleiste, Metallknöpfen und aufgesetzten Taschen. - Vgl. → Leger-Kleidung, → Busch-Kostüm, → Saharienne-Jacke.

Saffianleder, Ziegenleder mit Spezialgerbung; dünn, weich, aber fest, zäh und von großer Haltbarkeit. Typisch ist der gut sichtbare → Narben. - Vgl. → Leder.

Saga-Nerz, in Skandinavien gezüchtete Nerze; wegen der dortigen strengen Winter mit besonders wertvollem Pelz wegen der dichterbewachsenen, schöneren und farblich besonders gut ausfallenden Haardecke. - Vgl. → Pelz, → Nerz.

Saharienne-Jacke, vereinfachte → Safari-Jacke (ohne Schulterstücke) in betont lässigem Schnitt.

Sailcloth, (sprich: seel clous), poröses Baumwollgewebe in Tuchbindung aus dikkerem Garn mit griffiger Struktur; Druckgrundware für Strand- und Gartenkleider.

Sailorhose, rundgebügelte (bügelfaltenlose) Herrenhose mit einer die Schuhspitzen überdeckenden Weite.

Sailorkragen, → Rollkragen mit Reißverschluß.

Sakellaridis, frühreife, ägyptische Baumwollsorte von ehemals hervorragender Qualität, deren Anbau 1942 wegen Degenerierung eingestellt wurde. Aus ihr wurden verschiedene Typen weitergezüchtet, von denen die → Karnak die größte Bedeutung erlangt hat. - Vgl. → Mako, → Ashmouni.

Sakko, ausgestattete Herrenjacke, allein mit Kombinationshose oder als Anzugsakko mit Hose aus dem gleichen Oberstoff zu tragen. - Vgl. → Norfolk, → Leger-Kleidung, → Revers, → Fasson, → Golffalte, → Caban, → Canadian, → Lumberjack, → Blouson, → Sommersakko, → Sportsakko, → Jacke, → Pullover-Jacke, → Soft-Jacket, → Jackover.

Salopette, modische Kleidungsstücke mit Latz, vor allem Hosen, aber auch Röcke und Shorts, für Damen (und Kinder). - Abb. siehe → Latzhose.

Sämisch-Leder, weiches und geschmeidiges, samtartiges Leder aus Hirsch-, Reh- oder Gemshäuten, das mit Fett oder Tran gegerbt wird, nachdem zuvor die Narbenseite der Haut abgestoßen wurde. Sämisch-Leder wird auch als → Waschleder bezeichnet, denn es läßt sich in Seifenwasser waschen, ohne daß es seine Weichheit verliert. Es ist jedoch wasserdurchlässig und nicht sehr fest. - Vgl. → Gerbeverfahren.

Samt, Gewebe mit einer Haardecke von senkrecht emporstehenden Fäden, die im Gegensatz zum hochflorigen Plüsch nur eine 2-3 mm lange Flordecke bilden. Diese Flordecke kann durch eine während des Webens aufgeschnittene Polkette (→ Kettsamt) oder durch nachträglich mit lanzettförmigen Messern geöffneten

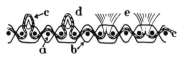

Kettsamt: a) Grundschuß, b) Grundkette, c) Florkette, d) unaufgeschnittene Noppe, e) aufgeschnittene Noppe

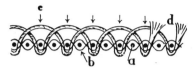

Schußsamt: a) Grundkette, b) Grundschuß, c) Florschuß, d) aufgeschnittener Florschuß

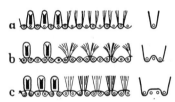

Arten der Floreinbindung bei Samt: a) V-Noppen, b) W-Noppen, c) Doppel-W

Schußschlaufen (→ Schußsamt, → Velvet) gebildet werden; ähnlich gewirkter Samt vom Kettenwirkstuhl. Kettsamt kann als Doppelgewebe, das unmittelbar nach dem Weben in zwei gleiche Hälften geteilt wird, (die Polfäden wandern vom Obergewebe zum Untergewebe) oder als → Rutensamt hergestellt werden, bei dem während des Webens drahtähnliche Ruten eingelegt werden, deren messerartige Schneide beim Herausziehen die Polfäden aufschneidet. - Nicht aufgeschnittener Kettsamt heißt → Epinglé. - Vgl. → Polgewebe, → Kettsamt, → Schußsamt, → Doppelsamt, → Velours épinglé, → Velours frisé, → Seidensamt, → Spiegelsamt, → Plüsch, → Wirksamt, → Nicky, → Florgewebe, → Köpersamt, → Taftsamt, → Rippensamt, → Cordsamt, → Druckfeste Ausrüstung, → Florfest, → Unechte Samte: → Velveton, → Duvetine.

Samtbänder, stets auf dem Samtstuhl als Doppelsamt gewebt, so daß gleichzeitig in einem Arbeitsgang zwei Samtbänder entstehen. Zum Ausschmücken und Einfassen, als Durchzugsband zum Beispiel bei Blusen, als Haar- und Hutschmuck sowie in der Fotoindustrie verwendet. Samtbänder mit Baumwollrücken werden im Gegensatz zu den Seidenbändern nach deutschen Nummern gekennzeichnet, die von Nr. 2-20 je zwei Nummern um eine halbe französische Linie, von Nr. 30-70 in Zehnern um eine französische Linie, von 80-200 um je 1½ Linien steigern, so daß Nr. 200 32 Linien und damit 72 mm entspricht. Samtschnittband entsteht - im Gegensatz zum echten Samtband als Schmalgewebe - aus zerschnittenem oder gestanztem Breitgewebe mit fixierten Kanten.

Samtimitation, samtähnliche Gewebe, deren Flor nicht als Kett- oder Schußsamt entstanden ist, sondern erst in der Ausrüstung hervorgerufen wurde; sogen. → Unechte Samte (→ Duvetine, → Velveton); → FLockprint.

Sanding-Behandlung, Teil der → Antipilling-Ausrüstung, Beseitigung der Faserenden durch Schleifen in feuchtem Zustand.

Sandkrepp, heute als → Sablé bezeichnete, poröse Bindungsart, durch die ohne Verwendung von überdrehten Garnen (nur durch die Bindung) dem Gewebe ein kreppartiges Aussehen verliehen wird. - Vgl. → Sablé, → Magic-Krepp, → Eiskrepp, → Granitkrepp, → Granulé, → Kreppbindung.

Sandwich-Kaschierung, → Multitextilien, die durch Kaschieren mit Schaumstoff entstehen. Zwei Stoffe, meist ein Oberstoff und ein Futterstoff, werden mittels → reticuliertem Schaum ohne einen web- oder wirktechnischen Vorgang miteinander verbunden. Werden zwei haut- oder membranartige Strukturen mit einer Zwischenfüllschicht sanwichartig verbunden, entsteht ein statisch und dynamisch viel stabileres Gebilde im Vergleich zur Beanspruchsmöglichkeit der einzelnen Komponenten. - Vgl. → Bonding, → Schaumstoffbeschichtung, → Sperrholzeffekt.

Sanfor, geschütztes Verfahren zum künstlich-Krumpfechtmachen von Geweben. Auf einer Spezialmaschine wird unter Einfluß feuchter Hitze eine Breiten- und Längenkrumpfung erzwungen, so daß Sanfor-ausgerüstete Gewebe bei einer Toleranz von 1 % nicht mehr einlaufen; der beim Waschen eintretende Einsprung wird maschinell vorweggenommen. - Vgl. → Krumpfen.

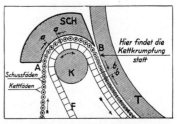

Schematische Darstellung des Sanfor-Cluett-Verfahrens zur kompressiven Schrumpfung zellulosischer Gewebe. Die angefeuchtete Ware wird über einem Filztuch (F) unter einem elektrisch geheizten Schuh (Sch) über die Krumpfwalze (K) zum geheizten Trockenzylinder (T) geführt und macht an den Stellen A und B je eine Richtungsänderung durch. Die Strecke b-b ist deutlich kleiner als die Strecke a-a, weil der Filz aus der Krümmung wieder in die gerade Laufrichtung übergegangen ist. Der fest auf den Filz gepreßte Stoff muß diese Schrumpfung mitmachen.

Sanfor-Plus, Kombination mechanischer (kontrollierte kompressive Schrumpfung), und chemischer Verfahren zur Erzielung von → Dimensionsstabilität mit Hilfe von Kunstharzen. Das Warenzeichen garantiert Kontrolle des Fertigprodukts hinsichtlich Faserzusammensetzung, Knittererholung, Reißfestigkeit, Einreißfestigkeit, Chlorrückhaltevermögen und Restkrumpfung. - **Sanfor Plus** 2, Einlaufgarantie und Verbesserung der die Lebensdauer erhöhenden Elastizität bei Mischgeweben, die einen Synthetic-Anteil von mindestens 15 % haben.

Sanitized, → antibakterielle (→ antimykotische) Ausrüstung unter Verwendung hautverträglicher und waschechter Chemikalien (Neomycinsulfit), die das Wachstum von Bakterien und Pilzen auf der Haut verhindern, ohne den Schweißaustritt zu hemmen, und gleichzeitig desodorierend wirken. - Vgl. → Hygitex. - Für alle Textilrohstoffe geeignet, auch bei Plastik- und Gummiartikeln anwendbar (Schuhe!).

Sankt Gallener-Stickerei, Sammelbegriff für alle hochwertigen, spitzenartigen Stickereien auf Stoff, die maschinell hergestellt werden.

Saran, Sammelausdruck für Synthesefasern (→ Multipolymerisate) mit mindestens 80 % Polyvinylidenchlorid. - Meist monofil, niedriger Schmelzpunkt, verrottungsbeständig und scheuerfest. Lt. TKG: Polychlorid.

Sarelon, lt. TKG: „Regenerierte Proteinfaser", aus dem Eiweiß der Erdnuß. - Vgl. → Ardil.

Sari-Ausschnitt, vom indischen Sari, einem aus einer langen Stoffbahn geschlungenen Kleid, abgeleiteter Ausschnitt, der eine Schulter frei läßt; im Gegensatz zum → Sarong-Dekolleté nicht drapiert.

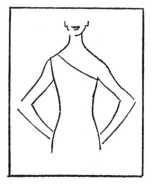

Sari-Ausschnitt

Sarille, hochgekräuselte, feine und weiche Viskosespinnfaser (Courtaulds) für leichte, wollige Stoffe, Druckgrundgewebe, Cord und Twill.

Sarong-Dekolleté, einseitig schulterfreies, weich drapiertes Dekolleté nach indischem Vorbild. - Vgl. → Sari-Ausschnitt.

Sarong-Ausschnitt

Sartel, geschützte Bezeichnung für ein französisches Garn aus langstapeliger, supergekämmter Baumwolle mit starker Zwirnung für Strickwaren. - Vgl. → Fil d'Ecosse.

Satin, französische Bezeichnung für → Atlas; speziell gebraucht für → Schußatlas und Gewebe, die in dieser Bindung gewebt sind.

Satin barré, Satin mit glatter Oberfläche und ottomaneähnlichem Bild, jedoch ohne Rippe.

Satin découpé, siehe unter Velours sabre.

Satin-Flanell, beliebte Druckgrundware für warme Wäsche mit glanzreicher Viskose in der Kette und Baumwolle im Schuß. Infolge der Satinbindung beherrscht das Viskosefilament die Warenoberseite, der Baumwollschuß wird linksseitig angerauht.

Satinieren, nicht waschfeste Glanzausrüstung vor allem auf Baumwoll- und Viskosegeweben.

Sattel, im Gegensatz zum (angesetzten) → Koller und zur → Passe aufgesetztes Stoffteil auf den normalen Oberstoff der Brust- oder Rückenpartie eines Oberbekleidungsstücks; auch: Fütterung von Damen- und Herrenmänteln bis zur Schulterblatt- und halben Brusthöhe.

Sattel

Sattelrock, Rock mit glattem Taillenteil, an das etwa in Hüfthöhe Keller- oder Fächerfalten angesetzt sind. Abb. s. → Rock. - Vgl. → Torsoglocke.

Sattlerstich, gröbster Stich, weiter Zierstich, meist mit sehr fülligen Zwirnen ausgeführt.

Saugfähigkeit, von der kapillaren Leitfähigkeit des Materials und von der Gewebedichte abhängige Fähigkeit eines Textilmaterials, Feuchtigkeit in sich zu transportieren. Die Saugfähigkeit wird auch beeinflußt durch den Feuchtigkeitsgehalt und die Porenverteilung; sie bestimmt die → Hygienische Eigenschaften textiler Flächengebilde. - Vgl. → Netzvermögen, → Hydrophil, → Quellbarkeit.

Saugfähigmachen, „Hydrophilieren", Erhöhung des Feuchtigkeitsaufnahmevermögens von Textilien durch Appreturmaßnahmen insbesondere während des Herstellungsprozesses im Hinblick auf die Gleichmäßigkeit des Aufziehens von flüssigen Appreturmitteln in kontinuierlichen Verfahren.

Saugprobe, auf dem verschieden starken Saugvermögen textiler Rohstoffe aufbauende Methode des Handversuchs zur Ermittlung der Rohstoffzusammensetzung. Man läßt einen dicken Tropfen Tinte auf ein auf Papier liegendes Gewebestück fallen. Die Reaktion bei Baumwolle und Naturseide: Tropfen sickert rasch ein und verbreitet sich schnell. Unterlage wird kaum angefärbt. Bei Leinen: Tropfen dringt langsam ein und bleibt auf dem Gewebe liegen, Unterlage wird angefärbt. Bei Halbleinen: Tropfen verbreitet sich in Kettrichtung (Baumwolle) rascher als in Schußrichtung (Leinen) und ergibt einen ovalen Flecken, Unterlage wird angefärbt. Bei Synthetics: Tropfen verbreitet sich kaum im Gewebe, Unterlage wird stark angefärbt.

Säureechtheit, Widerstandsfähigkeit von Färbungen und Drucken auf textilen Flächengebilden in jedem Verarbeitungszustand gegen die Einwirkung verdünnter Lösungen organischer und anorganischer Säuren. - Vgl. → DIN 54 028.

Säurefarbstoffe, Farbstoffe von besonderer Leuchtkraft, die nach der Wäsche durch Spülen in Essigwasser wieder auflebt, zur gleichmäßigen Anfärbung von Wolle. Säurefarbstoffe sind auch für Woll-Mischgewebe verwendbar, weil sie auch Synthetics bei guter Echtheit und ausreichendem Farbsortiment anfärben.

Savile row, Straße in London, Zentrum der feinen Herrenschneiderei.

Saxony, Herrentuche mit Kammgarnkette und Streichgarnschuß, meist farblich lebhaft gemustert und mit stark foulierter Oberfläche. - Vgl. → Foulé.

Sayelle, Orlon Sayelle, aus Doppeldüsen gesponnene → Bikomponentenfaser des Typs s/s mit bilateraler Struktur auf Basis Polyacryl; somit durch → Chemietexturierung hervorgerufene intensive, stabile und wahllose Spiralkräuselung. Pilzähnlicher Querschnitt, bei gleicher Festigkeit, Dehnung und spezifischem Gewicht höhere Feuchtigkeitsaufnahme. Die durch den verschiedenen Hitzeschrumpf der beiden Faserkomponenten entstandene Kräuselung löst sich im nassen Zustand, stellt sich aber beim nachfolgenden Trocknen von selbst wieder her.

Schäben, holzartige Verunreinigung von Bastfasern, die durch → Schwingen und → Hecheln entfernt werden. Sie können bei der Herstellung von Holzspanplatten und Estrich wirtschaftlich genutzt werden.

Schablone, 1. Summe der Schnitte für ein Bekleidungsstück. - Vgl. → Gradieren. 2. Ergebnis des Musterversuchs von Buntgeweben: Zur Erprobung von Farbkombinationen werden verschiedenfarbige Kettfäden gruppenweise angeordnet und mit verschiedenfarbigen Schußgruppen abgewebt. Es ergibt sich ein schachbrettartiges Bild der Farbkombinationen, aus denen die verkaufsfähigen ausgewählt werden. 3. Vorrichtung beim Filmdruck; vgl. → Schablonendruck, → Filmdruck.

Schablonendruck, Stoffdruck mit Hilfe von feinen Gazegeweben, bei denen diejenigen Stellen, an denen keine Farbe auf das Gewebe kommen darf, mit einer wasserunlöslichen Lack- oder Wachsschicht überzogen sind. Im allgemeinen ist für jede Farbe eine eigene Schablone nötig, deren Herstellung auf fotomechanischem Weg erfolgt. - Vgl. → Filmdruck, → Siebdruck, → Rotationsfilmdruck.

Schachbrettkaro, Stoffmusterung, die sich in quadratische, mit Farbe ziemlich einheitlich gefüllte Flächen teilt.

Schachtelrock, auch Kasten- oder Façettenrock (Point choc). Gerade geschnittene Röcke (und Mäntel), bei denen durch steppereibetonte Kappnähte die Streichholzschachtelform noch unterstrichen wird.

Schädlinge, siehe unter → Textilschädlinge.

Schaf, (Ovis aries), für die menschliche Bekleidung wichtigste, ein verwertbares Haarkleid tragende Tierart. Lt. TKG und entsprechend dem Sprachgebrauch werden unter „→ Wolle" stets die Fasern vom Fell des Schafes verstanden; das Haarkleid anderer Tiere wird als → Tierhaar oder → Borsten bezeichnet. Lt. TKG müssen die Haare der verschiedenen Tierarten unter deren Namen bezeichnet werden. → Schafwolle.

Schafrassen, durch Kreuzung verschiedener Wildschafarten entstandene Züchtungen mit dem Ziel höheren Wollertrags und unterschiedlicher Charakteristik des Haarkleids; vgl. → Merinowolle, → Comebackschaf, → Crossbredschaf, → Cheviotwolle, → Corriedale-Schaf, → Lincolnschaf. - Vgl. → Wollprovenienzen.

Schaft, Vorrichtung am mechanischen Webstuhl zum gemeinsamen Anheben gleich einbindender Kettfäden. - Vgl. → Maillon, → Litze, → Fach, → Riet, → Lade, → Jacquardmaschine.

Schaftmaschine, Vorstufe der Jacquardweberei, die komplizierte Bindungsmuster in begrenztem Umfang zuläßt. Zur Steuerung der zahlreichen (meist bis zu 24) Schäfte werden gelochte Karten verwendet.

Schaftmuster, französisch → Armuré genannt, Bindungsmusterung durch einen im Gegensatz zum Jacquard verhältnismäßig einfachen Mechanismus. Durch geschickte Anordnung der verschieden einbindenden Kettfäden können auch größere, jacquardähnliche Muster zustande kommen, aber nicht in deren feingestufter Ausführung und Konturierung. In der Regel für bindungsmäßige Kleinmusterungen; Stoffe heißen → Façonné.

Schaftweberei, Webereitechnik, bei der im Gegensatz zur → Jacquardweberei mit Hilfe von → Schäften, die durch eine → Schaftmaschine gesteuert werden, stets eine Vielzahl von gleichartig einbindenden Kettfäden gemeinsam zur Fachbildung angehoben werden.

Schafwolle, Haarkleid des → Schafes, differenziert nach den einzelnen → Schafrassen und nach der Herkunft (Zuchtgebiet). Lt. TKG darf nur die Wolle des Schafes als → Wolle bezeichnet werden. Bei den ausschließlich für die Wollgewinnung genutzten Zuchtschafen stellt die geschorene Wolle ein mehr oder weniger zusammenhängendes → Vlies dar. Als → Provenienz bezeichnet man die geographische Herkunft der Wolle (→ La Plata-Wolle, → Kapwolle, → Natives, → Corriedale-Wolle,

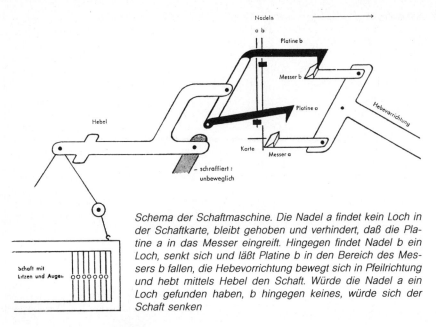

Schema der Schaftmaschine. Die Nadel a findet kein Loch in der Schaftkarte, bleibt gehoben und verhindert, daß die Platine a in das Messer eingreift. Hingegen findet Nadel b ein Loch, senkt sich und läßt Platine b in den Bereich des Messers b fallen, die Hebevorrichtung bewegt sich in Pfeilrichtung und hebt mittels Hebel den Schaft. Würde die Nadel a ein Loch gefunden haben, b hingegen keines, würde sich der Schaft senken

Langschal-Garnitur

→ Punta-Wolle, → Montevideo-Wolle). Der Wert der Wolle bestimmt sich neben der Provenienz nach der → Wolltype, die durch Feinheit, Länge, Kräuselung und Glanz gekennzeichnet ist (vgl. → Wollklassierung). Zur Gewinnung vgl. → Rückenwäsche, → Fabrikwäsche, → Karbonisieren. - Vgl. → Wolle, → Schurwolle, → Reißwolle, → Regenerierte Wolle.

Schal, Sammelbegriff für alle Arten von länglichem Halsschutz; im modischen Bereich schmückendes → Accessoir.

Schalkragen, zwei schalähnliche Streifen laufen von der rückwertigen Naht um den Ausschnitt des Herrenanzug herum und kreuzen sich vorne zum Verschluß. Beim → Smoking oder → Frack mit Seidenspiegel belegt; hochwertige Ausführungen aus einem Stück. Als modisches Element und in abgewandelter Form werden Schalkragen auch bei Tages- und Abendkleidung für Damen sowie für → City-Anzüge und sogar für Sakkos aus sportlichen Stoffen verwendet.

Schapira, modifiziertes → Falschdrahtgarn mit reduzierter und stabilisierter Dehnung (→ Set-Garn) aus → Trevira; stark bauschfähig, dauerhaft gekräuselt, vor allem für gewirkte Oberbekleidung. - Vgl. → Crimplene, → Diolen-loft, → Trevira 2000.

Schappe, auch → Florettseide genannt, aus den Anfängen und Enden der nicht mehr abhaspelbaren → Kokons nach der Auflösung des Pflanzenleims mittels eines Fäulnisverfahrens gewonnen. Schappe wird in einem dem Kammgarnverfahren ähnlichen Spinnverfahren weiterverarbeitet; die abfallenden Kämmlinge ergeben → Bourette. Für Maschinennähseiden sowie für kräftige Seidengewebe verwendet. Gegensatz: → Reale Seide.

Schärmaschine, Maschine der Webereivorbereitung zur Herstellung des Kettbaums. Das Garn wird auf großen Gattern aufgesteckt und durch gitterartige Vorrichtungen so geführt, daß sich Faden neben Faden parallel nebeneinander auf den Kettbaum aufwickelt. Für besondere hohe Kettdichten und feines Material verwendet man die → Konusschärmaschine. Wichtig ist beim Schären die Erzielung einer absolut gleichmäßigen Spannung beim Aufwinden der einzelnen Kettfäden. - Vgl. → Zetteln.

Schärpe, mäßig breiter, weich geschlungener Gürtel.

Schattenbindung, Schattenatlas, Schattenköper, Schattenkreuzköper: Bindungsabwandlungen mit dem Ziel, eine Bindung mit Ketteffekt in sanftem Übergang ombréartig in Schußeffekt zu überführen. - Vgl. → Effekt.

Schattendruck, vor allem bei Naturseide angewandte elegante Druckmusterungsart, die die Motive ohne Farbabstufung klar abgegrenzt wie Schattenrisse zeichnet. Auch „Scherenschnittmuster" genannt.

Schaubengürtel, elastischer Gürtel mit Gummibandseele und einem sich raffenden Stoffüberzug.

Schalkragenjacken: links mit Schulterklappen zum geraden Rock, rechts mit Chasuble-Effekt.

Schaubenzug

Schaubenzug, tunnelartige Einarbeitung vor allem in der Taillenhöhe von Kleidungsstücken, in die ein elastischer Gürtel eingezogen oder eingenäht wird; beim Schließen rafft sich das Kleidungsstück smokartig.

Schaumfaden, Schaumstoff-Schnittfaden, extrem leichte, sehr füllige, wärmehaltige, bauschelastische, chemisch widerstandsfähige, aber wenig reißfeste Fäden, die aus Polyurethan-Schaumstoffblöcken (→ Moltopren) mit quadratischem oder rechteckigem Querschnitt herausgeschnitten werden. Als Einlagen und Füllmaterial für gut isolierende Textilien werden sie in einem tragenden Gerüst aus herkömmlichen Textilmaterial beigemischt; bei Bodenbelägen und Spezialbändern für Hosen- und Rockbünde übernehmen sie die Rutschsicherung. - Vgl. → Aerolen, → Ceolon.

Schaumstoff, poröse Schaumkörper mit zellartiger Schwammstruktur aus Polyvinylchlorid, Polyamid oder Polyurethan. Besondere Bedeutung haben Polyurethanschäume aus Polyester (mit höherer Einreiß- und Zugfestigkeit) oder Polyäther (besonders weicher Griff) erlangt. - Vgl. → Moltopren, → Reticulierter Schaum, → Bonding. Die stark lufthaltigen, dreidi-

mensionalen Schaumstoffe eignen sich in Platten von 1,0-2,0 mm Dicke und einem Raumgewicht von 30-35 kg/cbm dazu, auf Gewebe oder Gewirke aufkaschiert zu werden; für schaumstoffverbundene Artikel (→ Sandwich-Kaschierung) ist die Schaumstoffstärke nur 0,8-0,2 mm, die sich durch das → Flammverfahren noch weiter reduziert.

Schaumstoffkaschierte Stoffe, vgl. → Foam-backs, im Gegensatz zu den → Multitextilien (→ Bonding) Gewebe oder Gewirke, auf deren Rückseite ein Schaumstoff fest aufgeklebt (→ Klebeverfahren) oder aufgeschweißt (→ thermisches Verfahren, → Flammverfahren) ist. Sowohl beim Kleben als auch beim Flammverfahren muß darauf geachtet werden, daß Luftdurchlässigkeit und Schweißtransport nicht leiden, das Erzeugnis waschbar und reinigungsbeständig bleibt, nicht „bockig" steif wird; Lösungsmittel des Klebers und Hitze dürfen die Sprungelastizität des Schaumes nicht zerstören und die Altersbeständigkeit nicht verringern. Foam-backs sollen wärme- und kälteisolierende Kleidungsstücke von besonders niedrigem Gewicht ermöglichen, die gleichzeitig formstabil und atmungsaktiv

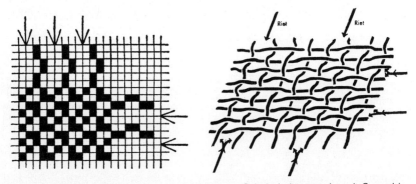

Patrone und Gewebedraufsicht auf ein feinkörniges Scheindrehergewebe mit Gegenbindung. Zwei Reihen Tuchbindung wurden in Kette und Schuß mit zwei Reihen Rips kombiniert. Bei den Tuchbindestellen (Gegenbindung, Pfeile) werden wegen der engen Verflechtung der Tuchbindung die Fäden in die daneben liegenden, loser einbindenden Ripsfäden abgedrängt und bilden eine Gasse. In der Patrone sind die ripsbindigen Gruppen dadurch gekennzeichnet, daß sie über das eigentliche Bindungsbild hinausragen

bleiben; Oberstoffe sollten imprägniert werden. - Die Schaumstoffe quellen in chemischen Lösungsmitteln; in gequollenem Zustand sind sie mechanisch leicht zu beschädigen. Reinigen mit → Perawin oder im → Benzinbad unter üblichen Temperaturen und Durchlaufzeiten sowie unter Zusatz handelsüblicher Reinigungsverstärker schadet nicht; vollsynthetische Erzeugnisse können in Trommelwaschmaschinen gewaschen (mit Feinwaschmitteln bis 35°C) und bei 20°C geschleudert werden. - Vgl. → Jersey-pren, → Laminette, → Poropren, → Med proof.

Scheindreherbindung, Nachahmung der (porösen oder stickereiartigen) echten → Dreher dadurch, daß in Kett- und Schußrichtung entgegengesetzt gedrehte Fäden auch entgegengesetzt zueinander binden, so daß sich die Fäden regelmäßig über- und untereinanderschieben und Gewebelücken bilden. Typische Scheindreher sind → Fresko und → Aida. Wegen der unkomplizierten Webvorrichtung billiger herzustellen als echte Dreher.

Scheren, Entfernung von Fäserchen, die aus der Gewebeoberfläche hervorstehen (vgl. → Sengen) bei glatten Geweben, bzw. Erzielung eines gleichmäßigen Aussehens bei Rauhgeweben durch Behandlung mit schnell umlaufenden Messerwalzen.

Scherenfalte, sogenannte falsche Falte, ausschließlich an den Seitenteilen von Röcken angebracht. Sie entsteht dadurch, daß die vordere und die rückwärtige Stoffbahn nach unten scherenförmig auseinanderklaffen; meist mit Oberstoff unterlegt.

Scherenschnittmusterung siehe → Schattendruck.

Scherli-Musterung, Musterung von durchsichtigen → Gardinenstoffen (meist → Marquisette) durch Eintragen von fülligen Effektgarnen in Kettrichtung, die nur an den Musterstellen in das Gewebe einbinden. Die lose auf der Geweberückseite liegenden Fäden werden mit einer Spezialmaschine abgeschnitten (Technik des → Lancé découpé). - Der Ausdruck ist

übernommen worden für Kleiderstoffe mit plastisch aufliegenden, durch die Bindungstechnik hervorgerufene Musterungen, deren auf der Geweberückseite flottenden Fäden weggeschnitten werden. - Vgl. → Broché.

Scherplüsch, Schurplüsch, Wirkplüsch, dessen Henkel aufgeschnitten bzw. zum Teil abgeschoren werden; die Oberfläche wirkt dann samtartig. - Vgl. → Nicky, → Wirksamt.

Schetterigwerden, Lagerschaden bei Pelzen; partieller Farbumschlag vor allem bei braungefärbten Fellen. Bei braunen Fellen übernimmt kein Fabrikant eine Farbgarantie.

Scheuerfestigkeit, moderner: Scheuerbeständigkeit, durch exakte Prüfung bestimmbare Widerstandsfähigkeit von Textilien gegen Beanspruchung durch Scheuern; die Scheuerbeständigkeit ist mit der → Reißfestigkeit die wichtigste den Verschleißwiderstand von Textilien charakterisierende Eigenschaft; sie wird durch die während des Gebrauchs eintretende (chemische) Substanzschädigung nachteilig beeinflußt. Besonders scheuerfest sind Synthetics (Polyamide, Polyester) sowie Baumwolle; wenig scheuerfest ist Wolle.

Schichtel, Verbindungsteile zwischen Oberhand und Unterhand an den Fingern bei Handschuhen. Sie müssen nach Größen eigens zugeschnitten werden.

Schichtstoffe, → Multitextilien, bei denen mehrere Lagen textiler Flächengebilde durch Schaumstoffe oder Klebstoffe miteinander verbunden sind; → Bondings. - Vgl. → Textil-Verbundstoffe.

Schiebefest-Appretur, Erhöhung der Schiebefestigkeit vor allem bei Geweben aus Chemiefaser-Filamenten mit Silizium-Verbindungen, Kunstharzen (waschbar), Kolophonium oder Metallsalzen (nicht waschecht). Kolophonium und Kunstharze sind klebende und filmbildende Substanzen, während die Siliziumverbindungen und die Metallsalze die Faseroberfläche rauher machen.

Schiebefestigkeit, Kraft, die notwendig ist, um Kett- oder Schußfäden im Gewebe horizontal aus ihrer ursprünglichen Lage zu verschieben; durch das Garnmaterial, die Bindung und durch die Einstellung kann verhindert werden, daß die Kett- und Schußfäden sich aus ihrer ursprünglichen Lage leicht verschieben lassen. Diese Gefahr ist besonders bei Geweben aus glatten Chemiefaser-Filamenten und Synthetics gegeben, vor allem bei Bindungen mit langen Fadenflottungen. - Vgl. → Naht-Schiebefestigkeit.

Schiebernadel, Maschenbildungswerkzeug zur Herstellung von → Kettenwirk- und → Raschelwaren; vorteilhaft gegenüber der Kombination → Hakennadel/ Presse wegen des einfachen und unkomplizierten Ablaufs der Wirkbewegungen vor allem bei Verarbeitung von fülligen, rauhen Fasergarnen und von texturierten Synthetics. Funktionssicherheit und Wartungsfreiheit sind technisch schwer zu beherrschen.

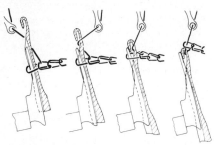

Prinzip des Maschenbildungsvorgangs mit Schiebernadeln

Schildpattknöpfe, Knöpfe aus dem Rükkenschild der Karettschildkröte. Schildpatt ist dem Horn ähnlich, jedoch nicht so faserig und blättrig. In siedendem Wasser erweicht es, unter Einwirkung trockener Hitze läßt es sich pressen und schweißen.

Schilfleinen, schwere wasserabstoßend imprägnierte Stoffe in Tuchbindung mit jaspierender oder dem Mouliné ähnlicher gesprenkelten Wirkung, meist in grünbrauner Farbstellung. Für Rucksäcke und

Jägerbekleidung. Nur für reinleinene Ware zulässig, sonst „Jagdhalbleinen", Jagdstoff genannt. Siehe auch → Jagdleinen.

Schimmelfest-Appretur, Schutz von Textilerzeugnissen aus zellulosischen Fasern gegen Schimmel- und Bakterienbefall, der einen Abbau der Zellulose mit Faserschädigung bis zum Zerfall zur Folge haben kann. Man unterscheidet den aktiven Schutz durch Aufbringen von Giften, die Schimmelpilze und Bakterien abtöten, und den passiven Schutz durch Modifizierung der Zellulose, um diese für die Kleinlebewesen ungenießbar zu machen. Die Appretur wird kaum für Bekleidungstextilien, vielfach für Erzeugnisse, die der Verrottung besonders ausgesetzt sind, angewandt (Zeltstoffe, Wagenplanen).

Schinkenärmel, wuchtiger → Keulenärmel.

Schiras, typisch persischer → Orient-Teppich mit geometrisch gestaltetem, manchmal doppeltem Medaillon und stilisierten Pflanzen- oder Sternmotiven.

Schirmrock, glockig geschnittener Rock mit schirmartig aufspringenden Falten.

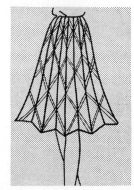

Schirmrock

Schirwan, hochwertiger, eng geknüpfter, vielfarbiger → kaukasischer → Orient-Teppich.

Schlafdecke, beidseitig geraute (und gewalkte), füllige und flauschige, abgepaßt konfektionierte Gewebe aus Wolle (etwa 10% Marktanteil) und Chemiefaser-Hochbauschgarnen (Acryl!) (etwa 80% Marktanteil) sowie aus Kamelhaar, meist in einer Technik mit mehreren (im Gewebe übereinander liegenden) Schußsystemen gewebt. - → Wanderdecken haben eine glatt geschorene Abseite zur Vermeidung von Verschmutzung bei Bodenberührung. - Vgl. → Wolldecke.

Schlagblech, Musterungseinrichtung an der Raschelmaschine; andere Bezeichnung für → Fallblech.

Schlagmaschine, Vorbereitungsmaschine der Baumwollspinnerei, die das aus dem Ballenöffner kommende Material weiter auflockert, reinigt und eine möglichst gleichmäßige Watte bildet, die aufgewickelt werden kann und auf der → Karde weiterverarbeitet wird.

Schlauchkragen, hochgeschnittene Vorder- und Rückenteile von Kleidern und Blusen werden seitlich durch Nähte verbunden, so daß ein röhrenförmiger Kragen entsteht, der weich um den Hals anliegt.

Schleier, hauchzarte und durchsichtige, möglichst schiebefeste Gewebe für Ausputzzwecke, Brautschmuck, Trachten und Klosterkleidung. Meist Maschinentüll.

Schleifbox, → Rindbox-Leder, bei dem der Narben wegen Beschädigung abgeschliffen wurde.

Schleifdruck, Imitieren von Webeffekten durch Bedrucken einer ganzen Warenbreite mit nur einer Farbe (→ „Pflatschdruck") mit ganz geringem Druck, so daß sich die Farbe nur an den erhöhten Gewebestellen ansetzt. - Vgl. → Direktdruck.

Schleifen, 1. Antipilling-Ausrüstung; vgl. → Sanding-Behandlung.
2. Sonderform des → Rauhens; Behandlung der Geweboberfläche durch mit Schmirgelpapier belegten Walzen zur Erzielung eines wildlederartigen Aussehens.

Schleifenbluse, Schluppenbluse, Bluse mit einem Halsabschluß, der durch weiche, lose geschlungene Bänder aus dem

Schleifenbluse

Oberstoff zusammengehalten wird. - Vgl. → Chanel-Bluse.

Schleißfeder, kiellose Federfahnen; beim Schleißen wird mit einem Zug der Kiel von den Federfahnen getrennt. Das Federschleißen ist heute nicht mehr üblich und auch nicht zweckmäßig.

Schleuderschiene, Form der Gardinenbefestigung an der Decke oder an der Zimmerwand; in die mit verschiedenen Holzarten verblendeten Schienen sind Nuten eingefräßt, in denen nach verschiedenen Systemen mit dem Gardinenband durch Haken verbundene Rollen laufen. Mit Kunstharz ausgelegte Nuten ermöglichen bei einigen Systemen einen ruhigen Lauf der Rollen. Schleuderschienen sind in jeder Länge herstellbar und in großen Längen über 4m teurer.

Schlichten, Glätten der Kettfäden mit Stärke, Leim oder dem chemischen Aufbau der Fasern ähnlichen Chemikalien zur Erhöhung der Festigkeit der während des Webens durch Reibung und Spannung stark beanspruchten Kettfäden. Unter bestimmten Umständen müssen die fertigen Gewebe vor dem Färben entschlichtet werden, da sonst Kettstreifigkeit entstehen könnte. Da das Entschlichten die Abwässer stark belastet, bemüht man sich um neuartige Chemikalien und Entschlichtungsverfahren (Lösungsmittel) und um fadenschonende Webmaschinen, die das Schlichten erübrigen.

Schlingeneffektzwirn, Sammelbegriff für Effektzwirne mit gekräuseltem Aussehen, durch Knoten, Schleifen oder Locken gebildet: → Bouclé-Zwirn, → Loop, → Frisé, → Frottézwirn.

Schlingengewebe, anderer Ausdruck für → Frottierstoffe.

Schlingstich, zur Versäuberung von Kanten oder zur Verzierung von Stoff-Flächen geeigneter Zierstich mit losen Schlingen.

Schlitzausschnitt

Schlitzausschnitt, meist paspelierter, knopfloser, senkrecht oder V-förmig eingeschnittener Ausschnitt an Blusen und Kleidern; gut geeignet für → Overdresses.

Schlitz-Kimono

Schlitz-Kimono, Abwandlung des → Kimono mit seitlich offenem, an der Schulter

gefaßtem Oberarm. Der weiche Stoff fällt in losen Falten.

Schlupfhemd, nicht durchgeknöpftes Freizeithemd, in und über der Hose zu tragen. - Vgl. → Marinière.

Schlupfblusen

Schlüsselbeinausschnitt, hoher Halsausschnitt, der fast waagrecht in Höhe der Schlüsselbeine verläuft.

Schlüsselbeinausschnitt

Schlußfigur, Anpassung in der Musterung eines Gewebes (insbesondere bei Buntgeweben) zur Bildung eines gleichartigen Abschlusses entlang der beiden Webkanten.

Schmälze, in der Streichgarn- oder Zweizylinderspinnerei benötigtes Appreturmittel, das das Ausfallen kurzer Faserstückchen während des Spinnprozesses verhüten soll. Die tranigen, öligen Substanzen lassen sich nachträglich nur schwer entfernen, z. B. in Seife verwandeln. Ihr Geruch ist typisch für die entsprechenden Erzeugnisse. Schmälzmittel müssen frei sein von oxydationsfähigen Fettkomponenten, die in feiner Verteilung auf der Faser durch Selbstoxydation Wärme entwickeln können (Zulassungsprüfung).

Schmelzspinnverfahren, Verflüssigung der Grundmasse von Synthetics zum Verspinnen aus Spinndüsen bei hohen Temperaturen unter Ausschluß der Außenluft; der abkühlende Faden erstarrt. Aus der Schmelze werden Polyamid- und Polyesterfasern gesponnen. Das Schmelzspinnverfahren eignet sich somit nicht für Synthetics, die erst bei Temperaturen im Bereich oder oberhalb des Zersetzungspunktes erweichen. - Vgl. → Trockenspinnverfahren, → Naßspinnverfahren.

Schmiegsamkeit, Aufbaueigenschaft von Fasern; Gegensatz: Steifheit. Beide ergeben sich aus dem Widerstand, den die Faser der Verformung entgegensetzt. Hohe Schmiegsamkeit erleichtert die Verarbeitung beim Spinnen, Weben und Wirken und bestimmt den Aufall und Charakter der fertigen Erzeugnisse.

Schmirgeln, 1. Beseitigung von Schalenresten aus (minderwertigen) Baumwollgarnen durch mechanische Bearbeitung (Schaben) mittels fein gezahnter Messer oder schnell rotierender Schmirgelwalzen. 2. Andere Bezeichnung für → Schleifen. - Vgl. auch → Scheren.

Schmutzabweisende Appretur, Sammelbegriff für alle Ausrüstungsarten, die Textilien aus Synthesefasern wegen ihrer Neigung zu elektronischer Aufladung und ihrer Anfälligkeit gegen ölige Verschmutzungen schützen und die nachfolgende Reini-

gung erleichtern. Man unterscheidet zwischen der Abweisung von trockenem Schmutz (→ Antisoiling, → Soilrepellent-Ausrüstung); Abweisung von nassem Schmutz von trockenen Textilien (→ Hydrophobierung, öl- und fettabweisende Ausrüstung), Erleichterung der Beseitigung von Anschmutzungen (→ Soil-release-Ausrüstung) und Abweisung des nassen Schmutzes nasser Textilien in der Wäsche (Verhinderung der Waschvergrauung durch Rückwäsche, Soil-redeposition). Bei Tufting-Teppichen ist die → Antistatische Ausrüstung besonders wichtig, um die Anziehung von Staubteilchen aus der Luft zu verhindern. Besondere Bedeutung haben die mehrfach wirksamen Präparate und Verfahren („dual action") erlangt, die unter Einsatz von Fluorderivaten (→ Flouridized) Soil-release und Antisoiling miteinander verbinden und ölabweisende Wirkung haben (→ Scotchgard oleophobol). - Vgl. → Zepel, → Permalose, → Easy-wash, → Wash-quick, → Cassapret.

Schneehemd, langer, über die Hüften reichender Schlupfanorak; unterer Saum entweder mit Gummizug oder Schnurzug gegen das Hochrutschen abgesichert. Meist aus doppeltem Vollzwirnpopeline.

Schneepullover, als Folge des Vordringens gesteppter und gut wärmender Anoraks und Schianzüge nunmehr bevorzugte mittelschwere Pullover, die den grobgestrickten Schipullover ablösen.

Schneideplüsch, → Plüschtrikot mit aufgeschnittenen Schlingen: → Wirksamt, → Nicky. Gegensatz: → Henkelplüsch.

Schneiderkostüm, → Kostüm mit sakkoähnlich geschnittener Jacke, stets mit formerhaltender Innenausstattung; Gegensatz: → Französisches Kostüm.

Schneidertasche, aufwendige, elegante Taschenverarbeitung bei Hosen: steil gestellte Vordertaschen mit schmalen Doppelpaspeln und unsichtbar abgenähten Ecken.

Schneidschuß, Gegensatz: → Füllschuß, feiner Grundschuß bei rippigen Stoffen.

Schnellspinnverfahren, → Spinnverfahren vor allem zur Herstellung von Polyesterfilamenten, wobei durch schnellen Abzug des erstarrenden Fadens noch in zähflüssigem Zustand eine gewisse Entknäuelung und Parallelordnung, ein Auffalten der Kettenmolekülbündel zu kristalliner Struktur erfolgt. Es entstehen → vororientierte Garne („teilverstreckte Garne") mit einem für die Alterungsbeständigkeit wichtigen Anteil parallel gelegter Kettenmolekülee und einem für die Anfärbbarkeit wichtigen Anteil „amorpher" nicht kristallisierter Kettenmoleküle. Das Schnellspinnverfahren führt zu einer Qualitätsverbesserung, weil es eine Spinnflüssigkeit von hoher Gleichmäßigkeit besonders bezüglich des → Polymerisationsgrades voraussetzt. Schnellgesponnene Polyesterfilamente sind durch → Texturieren (→ Strecktexturieren) besser abzuwandeln und zu verändern als Garne, die nach der konventionellen Technik mit dem Spinnprozeß vollverstreckt wurden. Gegenüber den üblichen Verfahren des → Schmelzspinnens wird die Abzugsgeschwindigkeit um ein Mehrfaches auf 3000-4000 m/min. gesteigert; es werden die gleichen Geschwindigkeiten wie beim → Streckspinnen erreicht. - Auch Polyamide und Polypropylenfasern können schnell gesponnen werden - Vgl. → Faseroptik, → POY.

Schnittgummifaden, nach dem veralteten Schneideverfahren aus Gummiplatten, deren Dicke der des späteren Fadens entsprechen muß, herausgeschnittene kantige Gummifäden. - Ersetzt durch das Spritz- bzw. Preßverfahren. - Lt. TKG: → Elastodien.

Schnittvelours, sehr hochwertiger, kurzgeschorener und meist in den oberen Gewichtsklassen über 800g hergestellter → Velours, dessen Bindungsstruktur sichtbar bleibt.

Schnur, durch Zusammenfügen mehrerer Litzen entstandener, gedrehter Fadenverband mit einem Durchmesser bis zu 5mm. - Vgl. → Kordel.

Schnurgürtel, meist an der Vorderpartie offener, mit Ösen versehener Gürtel oder Rockabschluß, durch den schuhbandartig Schnüre gezogen und geknüpft werden.

Schnürli-Stickerei, feine Zwirnstickerei.

Schockfarben, kräftige, besonders leuchtende Farben; sie sind sehr schwer echt einzufärben und benötigen meist teure Farbstoffe.

Schoßkostüm, Kostüm mit taillenkurzem und figurnah geschnittenem Oberteil, an das ein kurzes, die Taille leicht überspielendes Schößchen angearbeitet ist.

Schößchen-Kostüme

Schotten, der schottischen Nationaltracht entlehnte Kariermusterung für Kleiderstoffe, besondes typisch zum Beispiel die stets blaugrünen „Black-watch"-Karos. Schottenmuster werden auch als → Ecossais bezeichnet. Original Schotten nennt man auch → Tartan.

Schrägband, Eckenband, das aus einem Gewebe schräg herausgeschnitten wird. Die Schnittkante wird im allgemeinen durch eine Klebemasse verfestigt. Das in Längsrichtung dehnbare und in Kurvenform verwendbare Band dient zum Einfassen von Kanten, als Vorstoß sowie für Applikationen und ist in Breiten von 2, 2½ und 3cm lieferbar.

Schreiner-Finish, auch → Riffel-Finish, Gaufrageeffekt, der durch fein gravierte, beheizte Stahlwalzen hervorgerufen wird, die mit einer weich bezogenen Gegenwalze zusammenarbeiten. Die Rillengravur kann parallel, diagonal oder kreuzweise verlaufen; geschreinerte Polyamidgewirke erhalten einen angenehmeren Griff und werden in ihrer Deckkraft verbessert (somit undurchsichtiger). Gewebe aus Baumwolle und Chemiefasern werden trocken behandelt und erhalten einen in seiner Waschbeständigkeit problematischen Glanzeffekt.

Schrumpfbauschgarne, → Spinnfaser-Bauschgarne, die durch gemeinsame Verarbeitung geschrumpfter und ungeschrumpfter synthetischer Fasern entstehen, vor allem bei Acrylfasern und ähnlichen → Multipolymerisaten. Die Garne sind voluminös, mit hohem Lufteinschluß, sehr weich, filzen nicht und laufen nicht ein. Beispiel: Dralon HB. Ähnlich: → Zweikomponentenfasern. - Vgl. → Hochbauschgarne, → Chemietexturierung.

Schrumpfcloqué, → Cloqué, bei dem zur Erzielung der blasigen Aufwerfungen des Obergewebes nicht scharf gedrehte Kreppzwirne, sondern schrumpffähige Synthetics-Filamente, vor allem Modifikationen von Polyamid- und Polychloridfasern, eingesetzt werden. Erstere sind nach dem Ausschrumpfen voll thermofixierbar; kein unkontrolliertes Nachschrumpfen in der Wäsche und im Gebrauch.

Schrumpfeffekt, 1. meist plastische oder stickereiähnliche Musterung in Geweben durch plastifizierbare Synthetics. Den stärksten Schrumpfeffekt rufen die Fasern der Polyvinylgruppe hervor; bei den Polyamiden kann der Schrumpfprozeß am besten überwacht werden. Nach dem Schrumpfen werden die synthetischen Fasern zur Vermeidung unkontrollierten Nachschrumpfens fixiert.
2. örtliche Veränderung der Gewebestruktur durch Einwirkung von Quellmitteln (Nylongewebe: Phenol oder Resorcin, Baumwolle: verdickte Natronlauge - vgl. → Seersucke, → Kräuselkrepp) oder durch Reservierung mit Kunstharzvorkondensaten. An den nicht reservierten Stellen schrumpft das Gewebe und bleibt matt, an den mit Kunstharz behandelten wird der Stoff in der Nachbehandlung glatt und glänzend. - Vgl. → Konturenschrumpfer, → Everglaze.

Schrumpfen, gesteuerte oder ungezielt verlaufende Verkürzung von textilien Flächengebilden der Länge und/oder Breite als Folge der Lösung der im Gewebe vorhandenen Spannungen durch Waschbehandlung, durch Einwirkung von Wärme bzw. bei Wolle durch den Filzvorgang. Das Ausmaß des Schrumpfens bei der Wäsche (→ Einlaufen) ist von der Feuchtigkeitsaufnahme des Faserguts abhängig. - Vgl. → Krumpfen, → Krumpfechtmachen, → Antifilz-Ausrüstung, → Sanfor, → Thermofixieren, → Filzen, → Progressive Schrumpfung.

Schrumpffasern, Synthesefasern mit einem vom Verhalten der Normaltypen abweichenden, in der Regel verstärkten Schrumpfen bei Kochbehandlung, vor allem bei Acrylfasen. Vgl. → Hochschrumpffasern, → HS-Fasern, → S-Typen, → HB-Typen, → Hochbauschgarne, → Highbulk-Garne, → Bikomponentenfasern, → Chemietexturierung, → Spinnfaserbauschverfahren, → Stauchkammerverfahren.

Schubtasche, senkrecht stehende oder leicht schräg geneigte → Leisten- oder Paspeltaschen für Herrenjacken und

-mäntel, in die die Hände seitlich eingeschoben werden können. In der Damenoberbekleidung als → Mufftasche bezeichnet.

Schülertuch, gebleichter oder gefärbter, weich ausgerüsteter und nicht appretierter Handarbeitsstoff aus groben Garnen; die Fäden lassen sich leicht zählen und für Ajourarbeiten ausziehen.

Schulterpolster, formen die Schultern von Damen- und Herrenoberbekleidung der Modelinie entsprechend und kaschieren allzu zarte, waagerechte oder abfallende Schultern. Heute nur selten noch aus Watte, hingegen in der Regel aus reinigungsfestem Kunststoffschaum (→ Moltopren), oft auch waschbar und bügelfest, mit oder ohne Stoffbezug. Auch Kombinationen eines Schaumstoffkerns mit Watte sind möglich und vor allem im Schneiderhandwerk üblich. Schulterpolster aus Schaumstoffen von Polyurethan (auf Polyesterbasis) sind besonders hochwertig.

Schuppenprobe, Methode der Einzelfaseruntersuchung zur Feststellung von Schurwolle. Eine Einzelfaser wird zwischen Daumen und Zeigefinger genommen und mit beiden Fingern gleichmäßig über die Faser hin- und hergerieben. Die Wolle gleitet langsam nach der einen Seite zwischen den Fingern heraus - andere Fasern nicht.

Schurwolle, lt. TKG dann für ein Wollerzeugnis zugelassene Bezeichnung, „wenn es ausschließlich aus einer Faser besteht, die niemals in einem Fertigerzeugnis enthalten war und die weder einem anderen als dem zur Herstellung des Erzeugnisses erforderlichen Spinn- oder Filzprozeß unterlegen hat noch einer faserschädigenden Behandlung oder Benutzung ausgesetzt wurde". Somit ist die Bezeichnung „Schurwolle" dem hochwertigsten Produkt, der Wolle vorbehalten, die durch Scheren am lebendigen, schon öfter geschorenen Tier gewonnen wird. - Vgl. → Schafwolle, → Wolle, → Reißwolle, → Sterlingswolle, → Hautwolle, → Gerberwolle.

Schuß, der im Gewebe von Leiste zu Leiste querlaufende Faden, der in das offene durch die Kette gebildete Fach eingetragen wird. In der → Kettenwirkerei: Zur Verringerung der Breitendehnung fast rechtwinklig zur Kette verlaufende, durch Schußlegung eingebundene oder im → Magazinschuß-Verfahren eingelegte Fäden.

Schußatlas, Atlasgewebe mit Schußeffekt, d.h. die Oberfläche des Gewebes wird vom Schußgarn beherrscht. - Vgl. → Satin.

Schußdichte, Häufigkeit der Schußfäden auf einer bestimmten Flächeneinheit (vgl. → Einstellung); sie kann reguliert werden durch den Anschlag des Webladens im Zusammenwirken mit der Geschwindigkeit des Warenabzugs.

Schußdouble, Gewebe mit einer Kette und zwei Schüssen, die sich als Folge be-

Kettschnitt durch einen Schußdouble. Die Kettfäden bleiben in einer Ebene, ein Schuß, der gleichzeitig dem Gewebe die Festigkeit verleiht, wechselt mit einem zweiten Schuß die Oberfläche (Figurenschuß).

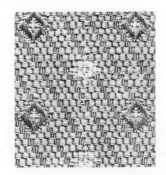

stimmter Bindungstechniken übereinanderlagern und entweder bei Erhaltung des feinfädigen Oberflächenbildes das Gewebe schwerer machen oder aber mustermäßig die Oberfläche tauschen. - Vgl. → Doppelgewebe.

Schußeffekt, vgl. → Effekt. - Der Schuß herrscht auf der Oberseite des Gewebes als Folge der Gewebekonstruktion vor: → Schußatlas, → Schußköper.

Schußfolge, Gewebemusterung durch Eintrag von wechselnd farbigen Schußfäden. -Vgl. → Zettelbrief, → Pic-à-Pic-Eintrag.

Schußgarn, meist weich gedrehte Garne, die vorzugsweise im Gewebe als Schuß eingetragen werden. Vgl. → Mediogarn, → Mulegarn, → Abfallgarn, → Fancygarn, → Imitatgarn, → Werggarn.

Schußköper, Köperbindung mit Schußeffekt; besonders beliebt für Rauhwaren. - Vgl. → Serge, → Twill, → Surah, → Broken twill.

Schußlegung, Art der Maschenbildung bei → Kettenwirkwaren, wobei ein über mehrere Stäbchen flottender Faden fast rechtwinklig zur Kettrichtung verläuft und mit den in Kettrichtung verlaufenden, in → Franse gelegten Fäden durch Maschenbildung verknüpft wird. Angewandt bei durchbrochenen Kettenwirkwaren (→ Wirkgardine) und zur Querversteifung. - Vgl. → Magazinschuß-Stoffe, → Umkehrschuß-Kettenwirkware, → Herrenjersey, → Wechselpressenlegung.

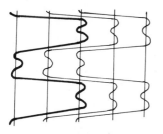

Schematische Darstellung einer einfachen Schußlegung in der Kettenwirkerei

Schußrips, Rips mit Rippenbildung parallel zur Webkante (Längsrips); vergleichsweise selten. - Vgl. → Cannélé.

Schußsamt, Samtgewebe, deren Flordecke durch einen Florschuß gebildet wird. Zu den Schußsamten gehören → Velvet, sämtliche → Cordsamte und → Waschsamt. Vgl. → Samt.

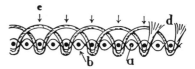

Schußsamt: a) Grundkette, b) Grundschuß, c) Florschuß, d) aufgeschnittener Florschuß

Schwälmer Stickerei, nach dem Schwalmtal in Hessen benannte Sticktechnik der Bunt- und Weißstickerei, aus Füllstichen bestehend, wobei die gefüllten Flächen wie Durchbruchmuster wirken, obwohl sie ohne gezogene Fäden gearbeitet worden sind. Diese Wirkung wird durch die straff angezogenen Arbeitsfäden erreicht. Die Arbeit wird auf locker geschlagenen Geweben ausgeführt, die sehr straff in den Stickrahmen gespannt werden.

Schwalbenschwanzkragen, mittellange bis lange Kragen mit spitz nach außen gebogenen Ecken.

Schwedenfarben, sehr kühl wirkende Zusammenstellung von Farben, die völlig auf rote Nuancen verzichtet.

Schwedenpasse, Schnittverzierung an Herrenmänteln mit kimonoähnlicher Wirkung: In Kollerhöhe verläuft eine Steppnaht bei eingesetztem oder Raglanarm über das Vorderteil und den Rücken, wobei die Ärmel miteinbezogen werden. Vgl. → Rundumpasse. Abb. siehe → Passe.

Schwedenstreifen, kräftige Vorhangstoffe mit farbenfreudiger Anordnung von Längs- und Querstreifen, fast immer indanthren.

Schwefelfarbstoffe, wasserunlösliche, somit sehr waschechte, jedoch nicht sehr chlor- und lichtechte Farbstoffe mit stumpfem Ausdruck und beschränktem Farbsortiment (kein Rot). - Die billigen Färbungen eignen sich vor allem für Zellulosefasern, mit Beizen auch für Synthetics. Bekannt ist → Hydronblau.

Schweinsleder, Leder aus der Haut des brasilianischen Wasser- oder Wildschweins. Das echte Schweinsleder erkennt man daran, daß die durch die Borsten hervorgerufenen Poren unregelmäßig verteilt sind. Jeweils drei Löcher liegen nebeneinander und gehen schräg in die Haut hinein. Beim imitierten Schweinsleder werden Poren künstlich hineingestochen, die Löcher sind gleichmäßig verteilt und senkrecht. Schweinsleder ist meist chromgegerbt und anilingefärbt; es ist haltbar und zäh, aber recht teuer. - Vgl. → Leder, → Gerbverfahren. Kleine → Narbenfehler sind bei Handschuhen kein Reklamationsgrund.

Schweiß, das der Schurwolle nach der Schur anhaftende Wollfett (Lanolin).

Schweißechtheit, Widerstandsfähigkeit von Färbungen und Drucken auf Textilien aller Art gegen die Einwirkung des menschlichen Körperschweißes. Intensiver Schweiß zersetzt bei längerer Einwirkung auch Farbstoffe mit höchsten Echtheitsgraden; Naturseide wird durch Schweiß angegriffen bis zur Zersetzung (deshalb Schweißblätte einnähen).

Schweißwolle, 1. Durch Chloreinwirkung krumpffrei gewordene, nicht filzende Wolle vor allem für Arbeitssocken.
2. Ungewaschene Schafschurwolle, die noch alle Verunreinigungen einschließlich des Wollschweißes enthält.

Schweizer Batist, feinstgarnige Baumwollbatiste unabhängig vom Herstellerland.

Schwesternstoff, in Pastellfarben für jugendliche Damenhosen, Freizeitkleidung und Shorts wieder in Mode gekommenes klassisches Baumwollgewebe mit verschiedenfarbigem, ein oder zweifädig abgebundenem Kett- und Schußmaterial. Tuchbindung.

Schwingen, zweiter Verarbeitungsvorgang bei der Gewinnung des → Leinens aus → Flachs, um den → Bast im Groben zu spalten, die Abfälle (→ Schäben) möglichst vollkommen abzusondern und kurze, verwirrte Bast- oder Faserbündel auszuscheiden. - Vgl. → Brechen, → Hecheln.

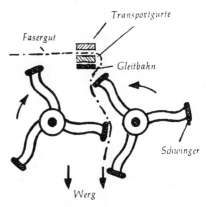

Schwingturbine

Schwingflachs, durch das Schwingen von Holzbestandteilen befreite Langfaser.

Schwinghanf, industriell durch maschinelles Schwingen gewonnener Langfaserhanf (Gegensatz zum geringwertigeren „Bauernhanf").

Schwingwerg, der beim Schwingen des Flachses mit den Holzteilen abgeschlagene Faseranteil; nach Reinigung noch in der Bastfaserspinnerei zu → Werggarn verspinnbar.

Schwitzwolle, minderwertige Naturwolle, → Hautwolle, andere Bezeichnung für → Mazametwolle.

Schwödewolle, minderwertige Naturwolle: Die Haarwurzel wird durch eine Chemikalie zerstört, so daß sich die Wolle ohne Qualitätsminderung des Haarschaftes aus der Haut des geschlachteten Tieres ziehen läßt. - Vgl. → Hautwolle.

Scoop-Pocket, andere Bezeichnung für → Swing-Pocket.

Scotchgard, Fleckschutzausrüstung auf Fluorbasis. (Vgl. → Fluoridized, → Zepel, schmutzabweisende Appretur.) Die mit Scotchgard („oleophobol") ausgerüsteten Stoffe werden widerstandsfähig gegen wäßrige und Ölflecken sowie gegen Alkoholflecken. Diese Substanzen lassen sich mit einem Papiertaschentuch von den fleckengeschützten Stoffen abwischen. Zähe Flüssigkeiten mit hohem Trockensubstanzgehalt, z.B. Senf oder Kinderbrei, machen die Nachbehandlung mit einem der üblichen Fleckenentfernungsmittel nötig. Gegen Jodtinktur, Blutflecken, Säuren und Laugen ist die Wirkung gering. Da die Fleckschutzausrüstung auf einer Kunstharzausrüstung aufbaut, wird die Scheuerfestigkeit verringert. - Bei dem Verfahren handelt es sich um eine Kombinaion (dual action) von ölabweisender Ausrüstung mit → Anti-soiling und → Soil-release. Vgl. → Schmutzabweisende Ausrüstung, → Fluoridized, → Fleckschutzausrüstung.

Scotchgard-Teppichschutz, → Anti-Soiling-Ausrüstung für Teppiche auf Fluorbasis, deren schmutzabweisende Wirkung von Zeit zu Zeit durch ein Shampoo erneuert werden kann. Auch → Soil-release-Ausrüstung ist möglich, aber fabrikatorisch sehr aufwendig.

Scroll-Technik, Musterungsmöglichkeit für → Tufting-Teppiche. Bei unveränderter Hubhöhe der Nadeln werden über transparente Musterungsrollen bis zu 126 Walzenpaare elektronisch gesteuert, die mit verschiedener Geschwindigkeit Garn zuführen und somit unterschiedliche Florhöhen der einzelnen Schlingen bewirken. Das Verfahren läßt bei einem Rapport von 126 Faden großflächige und vielseitige Figuraleffekte zu, die zusätzlich durch Schereffekte zu variieren sind. - Vgl. → Waveline, → Slat-Technik, → Sliding-needle-Technik.

S-Draht, Kurzbezeichnung für rechtsdrehende Garne, deren Windungen eine Dia-

S-Draht

gonale von rechts unten nach links oben erkennen lassen.

Scrubbed Denim, wildlederartig gerauhter → Denim für jeansartige Bekleidungsstücke.

Sea Island (sprich: Sih Eiländ), Baumwollsorte von besonders hoher Stapellänge, die aber so selten ist, daß sie praktisch nicht die geringste Bedeutung hat. Sie wird leider immer noch in den Textil-Lehrbüchern groß angeführt.

Seal (sprich: Sihl), Pelz der Bärenrobbe, auch Sealskin genannt. Dicht angeordnete, feine goldbraune Unterhaare und borstige dunklere Grannen; die Grannen werden bei der Verarbeitung ausgerupft. Seal wird viel imitiert als Seal-Kanin, Seal-Bisam oder Seal-Otter. → Lakoda-Seal ist ein sehr kurz geschorenes Fell des kanadischen Seehunds; andere Herkunftsgebiete sind Alaska, Kamtschatka, das Behring-Meer, Feuerland und Neuseeland. → Whitecoat ist das Fell ganz junger Seehunde des Eismeeres.

Seal-Bisam, gerupftes, auf Seal gefärbtes Fell der in den nördlichen USA und Kanada heimischen Bisamratte. Sehr dauerhaft im Tragen.

Sealskin, Seehundfell (siehe unter Seal); auch seehundähnliches Pelzimitat, in Plüschtechnik gewebt.

Seamless, nahtloser Damenstrumpf.

Seaton, Webmaschine mit Schußeintrag durch eine Kombination von Greifern und einem kleinen Flugkörper, der den von den Greifern angereichten Schußfaden beidseitig durch Klemmen erfassen kann und bei kleiner Fachbildung durch das Fach zieht. - Vgl. → Webmaschine.

Second-Hand-Look, auch → Used-Look, vor allem bei → Jeanswear angewandte Bezeichnung für Bekleidungsstücke aus vorgewaschenen Stoffen, die diesen ein „gebrauchtes" Aussehen verleihen sollen. - Vgl. → Délavé.

Secu-flex, → faserkerntief mit extrem brillanten Farbstoffen gefärbte Stoffe mit hohem Leuchtwert auch bei geringen Restlichtwerten in der Dämmerung vor allem für in der Dunkelheit besser sichtbare Sicherheitskleidung, auch für Kinder.

Seegras, Alpengras, das getrocknet zur Herstellung preiswerter → Matratzen und Polsterwaren dient. Kann zur Erhöhung von Haltbarkeit und Widerstandsfähigkeit besonders präpariert werden.

Seehundfell, Fell des nordamerikanischen und nordsibirischen Seehunds (vgl. → Seal, → Sealskin), Fellgröße 80-150cm, borstige graubraune Grannen mit seidiger, goldbrauner Unterwolle. Ein besonderer Gerbungsprozeß läßt nur die groben Oberhaare ausfallen und erhält die seidenweiche Unterwolle.

Seersucker (indisch: Sirsakar), Modegewebe mit zeilenweisen oder durchlaufenden borkigen Effekten, meist aus Baumwolle. Echter Seersucker erhält die Aufwerfungen durch unterschiedliche Kettspannung; die lose gespannten Kettfäden ergeben den gewellten Effekt. Preiswerte Imitationen entstehen durch Aufdruck verdickter Natronlauge (vgl. → Kräuselkrepp). Bei Wollstoffen ist der Effekt durch wechselweisen Einsatz nicht schrumpfender und stark schrumpfender Treviratypen in der Kette zu erzielen. - Vgl. → Hammerschlag.

Segmentiertes Polyurethan, → Blockpolymerisat, dessen „weiche" amorphe Blöcke durch kurzkettiges, bewegliches, niedrigschmelzendes (bei 30-40°C) Makroglykol gebildet werden, die bestrebt sind, in einer ungeordneten Knäuelform zu bleiben, und die mit kristallinen Hartsegmenten nicht nur in Längsorientierung, sondern auch durch Quervernetzung verbunden sind. Werden die Weichsegmente durch Dehnung in einen geordneten Zustand überführt, streben sie wieder in die Knäuelform zurück, daher die Elastizität. - Vgl. → Elasthan.

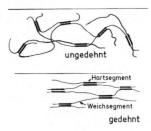

Schematische Skizze des Aufbaus von segmentiertem Polyurethan zur Erläuterung der Verbindung von Weichsegmenten und Hartsegmenten. oben: ungedehnt, Weichsegmente in Knäuelform. unten: gedehnt, Weichsegmente in geordnetem Zustand.

Seide (echte Seide, „reine" Seide), lt. TKG: „Fasern, die ausschließlich aus Kokons seidenspinnender Insekten gewonnen werden". Das TKG macht demnach keinen Unterschied zwischen den Produkten der verschiedenen Seidenspinnerarten (→ Maulbeerseide, → Tussahseide, → Sacrote; vgl. → Eichenspinner), oder nach der Gewinnungsart (→ Haspelseide, → Reale Seide, → Bourette, → Schappe). Die Bezeichnung „Seide" für endlose Fäden aus Chemiefasern ist auch im Zusammenhang mit der Chemiefaserart unzulässig und wird durch den Begriff → Filament ersetzt. - Beschreibung siehe unter → Naturseide.

Seidenband, Bänder aus Viskose, bei denen neben der in Deutschland geläufigen Breitenangabe in cm noch ältere Maße verwendet werden, und zwar nach französischen Linien = $\frac{1}{12}$ französischer Zoll oder gleich 2¼mm (ein französischer Zoll = 27,78mm). Hauptverwendungszweck:

Haarschleifen und zum Verzieren von Geschenken.

Seidenbatist, sehr feiner, merzerisierter Makobatist, der durch eine Nachbehandlung mit Milch-, Essig- oder Ameisensäure einen dem → Seidenschrei ähnlichen Griff erhalten hat. - Batist aus Naturseide müßte korrekt als → Toile bezeichnet werden.

Seidendamast, hochwertiger und sehr feiner Bettdamast aus mercerisierten Makogarnen mit deutlichem Glanz.

Seidenleim, vgl. → Bast, → Serecin, → Degummieren, → Naturseide.

Seidenleinen, 1. unkorrekte Bezeichnung für ein weiches und schmiegsames, sehr pröses und kaum strukturiertes, tuchbindiges und lose eingestelltes Gewebe mit runden Fäden, die für durchbrochene Handarbeiten leicht gezogen werden können. Vgl. → Panama, → Selenik.
2. Leinenimitat-Kleiderstoffe mit gröberen Viskosespinnfasergarnen mit Titerschwankungen oder → Schappezwirnen bzw. → Bourettegarnen in Kette und Schuß. - Beide Bezeichnungeen werden vom TKG nicht gedeckt.

Seidensamt, dichter, aber durchscheinender Kettsamt aus endlosen → Filamentgarnen (Acetat oder Synthetics) sowohl im Grundgewebe als auch im Flor. - Vgl. → Transparentsamt.

Seidenschrei, für Naturseide typischer, knirschender Griff, der künstlich durch Behandlung mit Ameisensäure erreicht werden kann. Vgl. → Craquant.

Seidentiter, Garnsortierung nach dem Gewichtssystem, auf einer Stranglänge von 9000m beruhend. Vgl. → Titrierung, → Denier, → Turiner → Titer, → Legaltiter.

Selenik, panamabindige, poröse und kaum strukturierte schwere Modegewebe nach Art der früher als Stickereigrundstoff verwendeten → Seidenleinen; aus Baumwolle, oder Viskose oder Mischungen für Röcke, Kostüme und Mäntel.

Selfaktor, Wagenspinnmaschine, ältere Form der → Feinspinnmaschine; Gegensatz: → Ringspinnmaschine. Das Verstrecken des Vorgespinstes erfolgt beim Ausfahren des Wagens, das Verdrehen des Garnes in einem zweiten Arbeitsgang. Bei der Ringspinnmaschine wird kontinuierlich verstreckt und verdreht. Vgl. → Open end-Spinnerei. - In der Baumwollspinnerei wird der Selfaktor nur mehr zur Erzeugung hochfeiner Gespinste benötigt. Häufiger trifft man das Gerät noch in der → Streichgarnspinnerei an.

Selfaktor (schematisch)

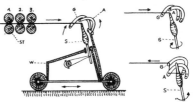

Selfaktor (schematisch): St = Streckwerk, A = Aufwinder, G = Gegenwinder, S = Spindel mit Spule, W = Wagen. Im Streckwerk läuft das 2. Walzenpaar schneller als das 1., und das 3. Walzenpaar schneller als das 2., wodurch das Vorgarn verzogen wird. Arbeitsweise des Selfaktors: 1. Ausfahrt des Wagens = Spinnen (Drehen des Fadens), 2. Einfahrt des Wagens = Aufwinden des Fadens

Semidreß-Hemd, sportliches Tageshemd, geeignet vor allem als Ergänzung zur Kombination, verlangt nicht nach dem korrekten Anzug und kann als selbständiges Bekleidungsstück auch ohne Sakko getragen werden. Meist mit Knopfleiste, Brusttasche und manchmal mit Rückenfalte. Stets mit Sportmanschette. Weich verarbeiteter Kragen. - Vgl. → Krawattenhemd.

Semitexturé, 1. andere Bezeichnung für → Demitexturé.
2. Gewebe aus Synthetics-Filamenten „mit Fasergarn-Optik" mit oder ohne Wollbeimischung. Die Filamente sind entweder Profilfasern (→ Dacron 2-4-2, → Trevira 6-6-0) oder nach dem → Taslanverfahren texturiert (→ Diolen GV).

Semproform, (→ Post-curing) → Permanent Press-Ausrüstung (Glanzstoff) für

Diolen-Mischgewebe für formstabile Kleidungsstücke.

Sengen, Entfernung von abstehenden Faserhärchen von Garnen, Geweben und Gewirken durch Abbrennen. Das Sengen geschieht dadurch, das das Material über Gasflammen, einen elektrisch beheizten Körper oder glühende Stäbe mit großer Geschwindigkeit hinweggeführt wird. Vgl. → Gasieren.

Senneh, niedrig geschorener, ·persischer → Orient-Teppich mit allerfeinster Knüpfung, vorwiegend mit kleinen, floralen Mustern in tonwertgleichen ruhigen Farben.

Senneh-Knoten, → persischer Knoten, siehe unter → Teppich-Knoten.

Separate, aus den USA kommender Ausdruck für zwei- oder mehrteilige Kleidungsstücke, die nach Schnitt, Material und Farbe zusammenpassen und verschiedene Variationsmöglichkeiten erlauben. Im Gegensatz zum → Ensemble oder → Complet nicht aus gleichen Stoffen. Freizeit-Separates können je nach Verwendungszweck auch einzeln getragen werden.

Modische Separates

Separé, mit Kleinmustern meist geometrischer Art durchgemusterte, klassische Krawatten.

Separates als Tageskleidung: von links: Gilet mit Flanellbluse und Hose; Westover über Hemdblusenkleid; Wickeljacke über Schluppenbluse zu Rock mit Nadelstreifen; Strickjacke über Hemdbluse mit Krawattenschal zu Plissee-Rock

Sequentialverfahren, auch: → Zweizonenverfahren, Verfahren der → Strecktexturierung, wobei das Verstrecken in einem eigenen, der Texturierzone vorgeschalteten Feld geschieht. - Gegensatz: → Simultanverfahren.

Sera, Markengewebe (Nino); stückgefärbte und buntgewebte Stoffe aus 70% Polyester (Vestan) und 30% Viskosespinnfaser mit 270-520g/m. Das höhere Volumen von Vestan gibt bei geringerer Pillinganfälligkeit besonders wollähnlichen Griff ohne Zwang zur Kahlausrüstung. Geringe Knitteranfälligkeit; antistatisch ausgerüstet.

Serecin, Bast, der im Kokon die Seidenfäden verklebende Seidenleim. Serecin enthält gleichzeitig Farbstoffe, so daß das Entbasten der Naturseide gleichzeitig wie eine Bleiche wirkt. Siehe auch unter → Ecrue-, → Souple- und → Cuite-Seide.

Set aus Nachthemd und Morgenmantel. Die Stickerei am Ausschnitt des Nachthemds wiederholt sich am Schalkragen des Morgenmantels.

Serge, Schußköperbindung, Bezeichnung wird übertragen auf Gewebe, die in diesem dreibindigen Schußköper gewebt sind:
1. Futterstoff, vor allem aus Viskose-Filament, Leibfutter für Anzüge, Mäntel und Kostüme, sehr glatt und glänzend
2. Kammgarn- und auch Streichgarnstoffe für Hosen und Anzüge, meist mit Kahlausrüstung, aber auch meltoniert als Flanell.

Set, 1. Dekolletierte Blusen aus festlichen Stoffen, durch meist hochgeschlossene, taillenlange Jäckchen mit kurzem Arm ergänzt.
2. Aus Amerika kommende Mode des Tischdeckens, wonach anstelle von Tischtüchern meist bunte, etwa 30x80 oder

Set aus Wickelweste, Tupfenbluse und Plisseerock

32x45cm große Deckchen für jeden Gast einzeln aufgelegt werden. Das aus Platzdeckchen und gleichfarbigem Mundtuch bestehende Platzgedeck wird als „Set" bezeichnet.
3. Allgemeinbezeichnung für zusammenpassende Teile der Kleinkonfektion (z.B. Hemd und Pullunder, Pullove mit Weste; vgl. → Matching Skirts, → Twinset).

Setalon, Umspinnungszwirn mit Nylonseele und Naturseide für Damenfeinstrümpfe. Das Material vereinigt die Festigkeit und Widerstandskraft des Nylon mit den angenehmen Trageeigenschaften der Naturseide.

Set-Garn, voluminöse Kräuselgarne mit verminderter Elastizität; modifizierte → Falschdrahtgarne mit reduzierter Dehnfähigkeit (→ Helanca-Set, → Softalon, → Diolen-loft, → Crimplene, → Ultrapan, → Trevira 2000) oder in einem einstufigen Falschdrahtverfahren hergestellt.

Setila, dem Naturseidengarn täuschend ähnliches spezialtexturiertes Filamentgarn aus 100% Polyester (Rhône-Poulenc/Chavanoz) mit extrem feinen Einzeltiter (dtex 55/44) für pflegeleichte, naturseidengriffige echte → Crêpes, glatte seidige Stoffe und → Tafte.

Setting, Fixierung einer auf Garne oder Stoffe aus thermoplastischen Synthetics aufgebrachten Verformung durch Zuführung von Wärmeenergie (Heißluft, Dampf). - Vgl. → Thermofixieren.

Setura, Krawattenstoffe aus 100% Diolen endlos.

Shag, Langflor-Tufting-Teppich im → Velours-Charakter aus gezwirntem Material aus Wolle oder Chemiefasern. - Musterung kann durch verschiedene Florhöhe (→ Multilevel-Shag) oder mustermäßige Veränderung der Einstellung (Dichte) der Tuftgruppen erfolgen. Zur Vermeidung stabilisierender Nachbehandlung wurden Spezialgarne für Shags aus Nylon und Polypropylen entwickelt, die vorgezwirnt und vorwärmestabilisiert sind.

Shake-Hose, Herren- und Damenhose ohne Seiten- und Schrittnaht; die Naht liegt im vorderen und hinteren Bruch. Bei dieser Schnittechnik ist es möglich, enge Modelle in körperbetonter Form auch ohne Dressur stärker herauszuarbeiten. Dies ist wichtig im unteren Genre und bei nicht dressierfähigen Stoffen (z.B. Baumwolle).

Shantung, grobe → Wildseide mit sehr unregelmäßigen Garneffekten, die die Oberfläche kräftig beleben. Gegensatz: → Japanseide. Vgl. → Honan, → Doupion, → Thai-Seide.

Shantussin, preiswerte Nachahmung von Shantung aus anderem Material als Naturseide.

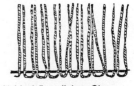

A) Herkömmlicher Shag

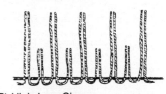

B) High-Low-Shag

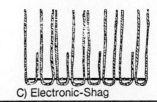

C) Electronic-Shag

Musterungsmöglichkeiten bei Shag-Teppichen durch verschiedene Florhöhen (Multilevel-Shag)

Shearing, Allgemeinbezeichnung für Musterungseffekte bei → Tufting-Teppichen durch Schereffekte. - Vgl. → Level-Shearing, → Random-Shearing, → Tip-Shearing.

Sherdye-Verfahren, → Pigmentdruckverfahren auf Basis Wasser-in-Öl-Emulsion. Brennbar, nur durch organische Lösungsmittel zu verdünnen. Vgl. → Aridye-Verfahren, → Impralac-Verfahren. - In pastelligen Tönen und unter Verwendung von Kunstharzen können Sherdye-Farbstoffe in begrenztem Umfang auch in der Stückfärberei verwendet werden.

Sherveine, japanisches (Asahi) → Velourslederimitat auf Basis eines hochfeinen Nylongewirks mit Polyurethanharz-Beschichtung; mit 200g sehr leicht, bis ca. 40°C. waschmaschinenfest, licht- und farbecht, etwa 0,65mm stark. Dank spezieller Ausrüstungsverfahren sehr leicht.

Shetland, 1. Von den Shetlandinseln bei Schottland stammende außergewöhnlich weiche Wollsorten, die ursprünglich ausschließlich von den Bewohnern dieser Inseln verstrickt (Schals) oder von Hand verwebt wurden.
2. In der Strickerei werden fälschlicherweise mit Shetland auch verhältnismäßig kurzstapelige Wollen bezeichnet, die im → Streichgarnspinnverfahren zu fülligen und leichten Garnen verarbeitet werden. Die fertigen Strickwaren werden durch Walken leicht verfilzt und erhalten dadurch einen typischen weichen Griff, der von den Erzeugnissen der Shetlandinseln her bekannt ist.
3. Melierter, gut gewalkter Streichgarn-Mantel- und Kleiderstoff mit stark verfilztem Faserflor, der das Bindungsbild kaum mehr erkennen läßt. Korrekterweise darf als Shetland nur ein Gewebe bezeichnet werden, das aus den Originalwollen der Shetlandinseln hergestellt wurde.

Shetty, Dralon-Spezialgarn (Schappe) aus einer Mischung grober und feiner Typen, die ein unterschiedliches Schrumpfverhalten zeigen. Wegen unterschiedlicher Anfärbbarkeit ist → Differential dyeing möglich. Erzeugnisse daraus haben einen dem Shetland vergleichbaren weichen Griff und erhöhte Pillingresistenz.

Shiftkleid, Shiftlinie, von Givenchy kreierter, an die → Finnenkleider angelehnter Modestil für Kleider, Mäntel, Capes und Jacken mit Passen, die zusammen mit viereckig eingesetzten oder eingekrausten Ärmeln große Oberweite vermitteln; die Kleidungsstücke fallen in befreiter Linie abnäherlos und können mit oder ohne Gürtel getragen werden. Neuerdings auch Allgemeinbezeichnung für gerade, schmale Kleider.

Shirt-Mantel

Shirt, Sammelbegriff für moderne, legere Oberteile; siehe unter T-Shirt.

Shirt-Anzug, Leger-Anzug mit hemdartig geschnittenem Oberteil, viel Stepperei und

Shirtanzug für Herren, Liquette

meist mit Schulterklappen, Manschettenärmel und aufgesetzten Taschen. - Vgl. → Leger-Kleidung. - Vgl. → Liquette.

Wäsche-Garnitur mit Shirt-Oberteil

Shirting, beidseitig mattglänzend ausgerüsteter Baumwoll- oder Viskosefutterstoff, heute durch Vliese und Einbügelgewebe weitgehend verdrängt.

Shirt-Jacket, über der Hose zu tragende, hemdartig verarbeitete → Leder-Jacken.

Shoddy, 1. Beste Reißwollsorte aus ungewalkten reinwollenen Strick- und Wirkwa-

ren mit nur geringer Faserschädigung; ca. 15-30cm lang. Vgl. → Mungo, → Alpaka-Wolle, → Reißwolle.
2. Seidenshoddy: aus gerissenen Seidenstoffabfällen gewonnene Abfallseide, die in der Bourettespinnerei verarbeitet werden kann.

Shorts, kurze Hosen für Damen und Herren. Vgl. → Hot pants.

Shorty, 1. Nachtbekleidung mit kurzem Hemdchen und passendem Schlüpfer für Damen.
2. Amerikanische Bezeichnung für jugendliche Kurzmäntel für Damen und Herren.

Shrinken, shrunken, Tauchausrüstung englischer Herkunft, die einen angenehm weichen Griff und feinen Glanz vermittelt. Die Tuche müssen in feuchter Atmosphäre völlig spannungsfrei ausgekrumpft werden, wodurch man die während der Ausrüstung entstandenen Verzerrungen und Deformationen ausgleicht und der Ware den natürlichen Feuchtigkeitsgehalt wiedergibt.

Siamosen, buntgewebter Hausschürzenstoff, gestreift und kariert, oft mit doppelfädig eingezogener Kette (Waterschürzenstoff).

Sichelärmel, Schnittrichtung bei Herrensakkos mit nach vorne verlegtem Armloch und „sichelförmig" eingesetztem Arm, für Figuren mit sehr rundem Rücken; schmales Vorderteil. Keine gute Paßform bei Männern mit aufrechter, gerader Haltung.

Sicherheitsnadel, gebogene Nadel, deren Spitze in eine Kapsel gesteckt wird, damit die Nadel aus dem Stoff nicht herausgleiten kann. Der Nadelschaft ist in der Mitte zu einer federnden Spirale gebogen oder mit einer Kugel versehen. (Das Einklemmen des Stoffes in die Spirale wird dadurch verhindert.) Bei der Duplex-Sicherheitsnadel kann die Nadelspitze von beiden Seiten in die Kapsel geführt werden, bei der Simplexnadel nur von einer Seite.

Side-by-Side-Typen, → S/S-Typen, siehe → Chemietexturierung, → Bikomponentenfasern; → Kanebo, → Orlon Sayelle, → Acrilan, → Cantrece, → X 403.

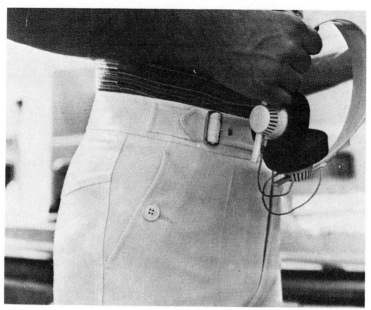

Side-stripe

Side-stripe, seitlich am Hosenbund außen angebrachte Lasche mit Schnalle. Vgl. → Back-stripe.

Siebdruck, im Stoffdruck gleichbedeutend mit → Filmdruck.

Siebleinen, aus Garnen mit wechselnder Dicke sehr porös gewebte Modestoffe für Röcke und Kostüme mit rustikalem Griff.

Siegelbare Einlagen, Einlagestoffe oder Vliese mit einer Beschichtung, die nach Einwirkung der Bügelpresse den Einlagestoff mit dem Oberstoff dauerhaft verklebt. Verwendung zur Kleinteil- und → Frontfixierung.

Siegelung, Verklebung von Stoffen durch Wärmeeinwirkung unter Benutzung von Natur- oder Kunststoffen, die bei Normaltemperatur fest sind, aber unter Wärmeeinwirkung erweichen und klebrig werden. - Vgl. → Bonding, → Multitextieren, → Frontfixierung, → American Cleeks.

Silbercornat, glänzend graues, veredeltes → Waschbärenfell. - Vgl. → Cornat.

Silberfuchs, Edelpelz mit dichter, seidiger und glänzender Unterwolle von bläulichgrauer bis schwärzlicher Färbung mit tiefschwarzen, an den Spitzen mehr oder weniger silbrig-weißen Grannen. Das Ausmaß der Silberung ist kein allein ausschlaggebender Wertmesser mehr.

Silcotton, mercerisierter Baumwollzwirn für Strickwaren (Fil d'Ecosse); geschützt.

Sildorex, metallglänzendes Effektmaterial der gleichnamigen frz. Firma; Nylon-verstärktes metallisiertes Polyesterbändchen; nicht oxydierend. - Da weicher als → Lurex, vor allem für Strickwaren verwendet.

Silene, italienisches spinngefärbtes 2½-Acetat-Filament.

Silicon, Chemikalie für Gewebeausrüstung, die die Stoffe intensiv wasserabstoßend und daher regensicher, luftdurchlässig, schmutzabweisend und formbeständig macht sowie das Erholungsvermögen geknitterter Stoffe erhöht. Für diese reinigungsbeständige Ausrüstung werden Siliziumkörper als glasklarer Film auf die Ware aufgebracht und in das Fasergefüge bei etwa 150°C eingelagert.

Silkool-Faser, lt. TKG: „Regenerierte Proteinfaser"; japanische Sojaproteinfaser.

Silky-Look, seidenähnlich glänzende Ausrüstungsart bei Feingeweben für Hemdenstoffe, die entweder in der Kette oder im Schuß texturiertes Material aufweisen (→ Texturés); besonders im Ausland beliebt. Gegensatz: → Unpolished Look.

Sillan-Faser, anorganische Chemiefaser (Gesteinsfaser); sehr reißfest, aber auch sehr spröde, und recht kurzfaserig. Verwendung zur Schallisolierung.

Silustra, → Bauschgarn mit Spezialtexturierung aus → trilobalem Nylon 6.6 mit breiter Variationsmöglichkeit von „seidig" bis „wollig" (Heberlein); gut mit Fasergarnen kombinierbar, auch für Maschenwaren geeignet.

Similiknöpfe, farbige Knöpfe aus Glas.

Similipelz, täuschend ähnlich den echten Pelzen nachgeahmte → Fun-furs (Webpelze).

Simplexhandschuh, Handschuh aus einer auf dem Kettstuhl hergestellten dichten Wirkware aus Baumwolle oder Perlon, die durch einen Schleifprozeß einen dichten Flor und damit wildlederartigen Charakter erhält. Das Material darf fast keine Längen- und nur geringe Breitendehnung haben, muß aber elastisch sein.

Simultan-Verfahren, auch: → Einzonenverfahren genannt, Verfahren der → Strecktexturierung, wobei im Gegensatz zum → Sequentialverfahren das Verstrecken während des Texturierens erfolgt. Da im gleichen Erwärmungsstadium verstreckt und texturiert wird, wirkt auch das Verdrehen des → Falschdraht-Texturierverfahrens wie ein Strecken. Es ergibt sich eine Verformung der Einzelkapillaren, die sich im fertigen Garn als leichter Glitzereffekt und als rauherer Griff äußert. Die äußeren Filamente des Garns, die stärker verdreht werden, werden auch stärker verstreckt als die der Kernzone, wodurch sich eine Verringerung der → Reißfestigkeit, aber auch eine Verbesserung der Anfärbbarkeit ergibt. Vor allem bei → Polyesterfasern üblich.

Single-Jersey, viel gebrauchter Ausdruck für → Glatte Kulierware.

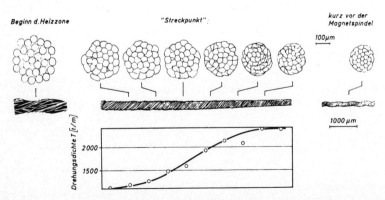

Querschnitte, Längsansicht und Verlauf der Drehungsdichte beim Simultan-Strecktexturier-Verfahren bei unverstrecktem Garn. Zu Beginn der Heizzone sind die Fäden locker gepackt und rund; im Streckpunkt und zur Spindel hin werden die einzelnen Fasern mit zunehmender Drehungsdichte stärker deformiert.

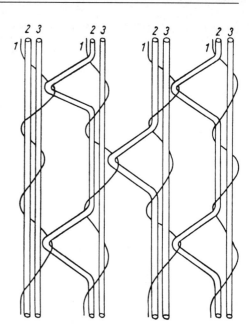

Fadenlage beim Single-tie

Single-tie, einfachste Einbindungsform der Musterfäden bei → Bobinet-Gardinen; Ablenkung ist im Gegensatz zu → Double tie nur nach einer Seite möglich; wegen eingeschränkter Variationsbreite der Musterungsmöglichkeiten kaum mehr angewandt, verdeutlicht aber die Bobinet-Technik als Herstellungsprinzip.

Sirius, nach dem Viskoseverfahren hergestelltes künstliches Roßhaar.

Sirius-Farbstoffe, besonders lichtechte Gruppe der → Substantiv-Farbstoffe.

Sironized (sprich: Sironaisid), neues Ausrüstungsmittel für Wolle mit dem Ziel der Steigerung der Pflegeleichtigkeit. Die Wolle wird hierdurch naßknitterecht, die Erzeugnisse lassen sich in der Waschmaschine waschen. Falten hängen sich beim Trocknen aus, Bügeln entfällt. Das Verfahren stellt eine Kombination des australischen Anti-Filzkrumpf-Verfahrens mit Kalium-Permanganat in Kochsalzlösung und der „Flächenfixierung" der Oberfläche der Wollerzeugnisse mit Siroset dar, die die Verarbeitung und vor allem das Dressieren

erleichtert. Vgl. → Vorsensibilisierung. Das Verfahren eignet sich nur für Gewebe mit hoher Festigkeit, da die Wolle durch die Kombination eines Oxydations- mit einem Reduktionsprozeß in ihrer Festigkeit beeinträchtigt wird.

Siroset, → Formfest-Behandlung, Verfahren, das mit Hilfe von Sprüh- und Bügelgeräten und einer Chemikalie (Monoäthanolaminsulfit) die molekularen Querverbindungen in der Wolle löst (Prinzip der kalten Dauerwelle), um eingebügelte Falten, aber auch die Gesamtform der Bekleidungsstücke aus Wolle auch nach stärkerer Einwirkung von Feuchtigkeit dauerhaft zu erhalten. Das Präparat ist neuerdings geruchlos und darf auch mit Schwermetallen in Berührung kommen. - Vgl. → Vorsensibilisierung, → Flächenfixierung, → Sironized, → Measac, → Immacula.

Sisal, lt. TKG: „Fasern aus den Blättern der Agave sisalana"; die Pflanze ist in den subtropischen Trockengebieten beheimatet, die Blattfaser wird auf einfache Weise mechanisch gewonnen und ergibt

60-100cm lange Bastbündel von hoher Reißfestigkeit, die gut zu färben und widerstandsfähig gegen Feuchtigkeit sind. Verwendung in der Seilerei für Teppiche und Erntebindegarn. - Haupt-Exportland für die BRD: Tansania. - Vgl. → Grobfasern, → Henequen, → Maguey.

Sister-print, → Combiné-Dessin: gleiche Musterungsmotive erscheinen in verschiedenem (größerem und kleinerem) Rapport; die Stoffe können dann gemeinsam verarbeitet werden. Vgl. → Twin-prints, → Composé.

Sitralaine, französisches Ausrüstungsverfahren für → Schurwolle. Die gewaschene Wolle wird mit wasserfreiem, unterkühltem Ammoniak behandelt, um → Farbaffinität, Volumen und Elastizität zu erhöhen; vor allem für → Tufting-Teppiche empfohlen. Die Behandlung hat eine Kontraktion der → Ortho-Kortex zum Ziel, einem unter der Außenhaut der Schurwolle liegenden Protein, wobei die Schrumpfung eine Umkehrung der Kräuselrichtung und damit eine Vergrößerung der Kräuselschlingen bewirkt. Die Scheuerfestigkeit soll zwischen 20 und 25% erhöht werden. - Vgl. → Bilateralstruktur der Wolle.

Skai-flor, kunstlederartiges Material mit baumwollgewirkter Rückseite und PVC-Oberfläche, weitgehend geruchlos, schmiegsam und elastisch. Nach der Narbung und dem matten Glanz dem Mochetoleder ähnlich. Lichtecht zu färben, unempfindlich bei Regen, wasserabstoßend, wärmehaltig, abwaschbar (braucht nicht chemisch gereinigt zu werden). In üblichen Stoffbreiten lieferbar, können übliche Bekleidungsnähmaschinen mit nur geringfügigen Änderungen eingesetzt werden. Anwendung für sportliche und Tageskleidung für Herren, Damen und Kinder sowie für Polstermöbel und Handtaschen. Vgl. → Fun-Skin, → Vylapren.

Ski-Bekleidung, für den alpinen Skilauf oder den Langlauf geeignete Spezial-Sportbekleidung (→ Activwear) aus winddichtem Material und mit einer Innenausstattung, die hohes → Wärmehaltungsvermögen garantiert. Die Kleidung kann den Körper nur lose mit bequem weitem Schnitt umschließen (→ Anorak, → Steppanorak, → Pistenbluse, → Latzhose); in diesem Fall ist das glatte popeline- oder taftartige Übergewebe aus Baumwoll/Polyester-Spinnfaser oder Polyamidfilamenten mit → Daunen oder → Fiberfill gefüttert und abgesteppt; figurzeichnend enge Skibekleidung („Rennlook": → Jet-Hose, → Renn-Hose, auch: → Rennbluse; → Overall sowie der → Langlaufanzug) besteht aus mono- oder bielastischem Material, meist Polyamid/Helanca oder Elasthan/Helanca bzw. mit → Falschdrahtgarnen oder → Elasthan kombinierter Wollelastic, deren Wärmehaltung durch → Wirkplüsch mit gleicher Dehnfähigkeit, lose eingenähten, mit Wirkplüsch kaschierten → Schaumstoff oder auf den Oberstoff kaschierten Schaumstoff verbessert wird. Die Beweglichkeit kann durch Rückenfalten, Seiten- oder Rückeneinsätze aus gewebtem oder gewirktem → Stretch erhöht werden. - Vgl. → Rhoa-sport, → Antigliss, → Steppjacke.

Skunk, wertvoller Pelz eines nordamerikanischen, marderähnlichen Raubtiers; die tiefschwarzen Felle werden den bläulichen vorgezogen. Wichtig für den Wert des Pelzes ist die gabelförmige, weiße, manchmal auch streifenartige Zeichnung am Rücken. Ein eigenartiger Geruch haftet dem Fell auch nach der Behandlung noch an. Die Felle sind außerordentlich strapazierfähig, leicht, warm und von eleganter Wirkung. Verwendung für Jacken, seltener für Mäntel, vor allem aber als Besatzmaterial an Kragen, Manschetten.

Slack, ursprünglich Damenhose ohne Umschlag nach dem Schnitt der Herrenhose, also verhältnismäßig weit. Heute Allgemeinbezeichnung für lange Damenhosen.

Slanetz, russischer Handelsname für den weniger wertvollen, taugerösteten Flachs. Gegensatz: → Motchenetz.

Slash-Pocket, auch „Italian Pocket" oder

„französische Tasche"; steil, fast senkrecht eingeschnittene Tasche an → Jeans.

Slat-Technik, Musterungstechnik der → Tuftingmaschine über die ganze Warenbreite mit verschieden hoher Schlingenbildung. Das Polmaterial wird vor dem Vernadeln zwischen Musterungsstäbe geführt,

Slash-Pocket

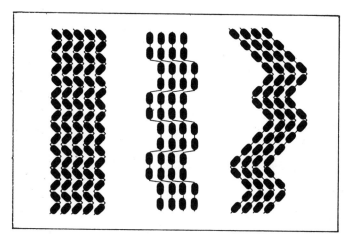

Sliding Needle Plate

Sliding Needle Bar

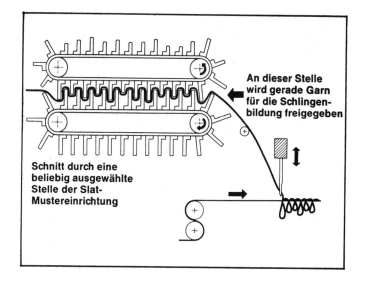

An dieser Stelle wird gerade Garn für die Schlingenbildung freigegeben

Schnitt durch eine beliebig ausgewählte Stelle der Slat-Mustereinrichtung

Slat-Technik

deren sägezahnförmige Zwischenräume verschieden hoch sind, wodurch die Garnzufuhr je Stich beeinflußt wird. Wegen hoher Rüstzeiten nur für große Partien geeignet. - Vgl. → Scroll-Technik, → Waveline.

Sliding-Needle-Technik, Musterungstechnik für → Tufting-Teppiche durch Versatz der Nadeln. Sliding-Needle-plate: Versatz der Nadelplatte zur Erzielung von Zick-Zack-Linien über 6 Noppenreihen, Rapport bis zu 16 Stiche. Sliding-Needle-Bar: Seitlicher Versatz der Nadelstange mit den Nadeln (sehr aufwendig). - Vgl. → Scroll-Technik, → Waveline.

Slinky-Look, Slinky-Kleider, locker geschnittene Modelle aus weich fließenden Stoffen und vor allem aus leichtem Jersey, deren geschmeidiger Fall die Bewegungen der Trägerin nachzeichnet.

Slip, kürzeste Form der Unterhose (Schlüpfer) für Damen, Herren und Kinder; das Beinteil endet in der Schenkelbeuge.

Slip-Fasson, nicht nur für Freizeitjacken, sondern auch für Anzugsakkos verwendetes Fasson mit ganz kleinem Revers und deutlich überstehendem Kragen. Vgl. → Wimpelkragen.

Slipkragen geschlossen Slipkragen offen

Slipon, Übergangsmantel, häufig Raglan, Kragen wesentlich größer als Revers, in der Regel einreihig mit verdeckter Knopfleiste.

Slit-Look, sportlicher Modestil bei Rökken, aber auch bei Kleidern und Kostümen, gekennzeichnet durch viele Schlitze.

Sliver-Knit, → Kammzug-Wirkerei, für Hochflor-Wirkplüsch besonders gut geeignetes Verfahren auf speziellen Rundwirkmaschinen (→ Wildman). - Vgl. → Wirkplüsch, → Rundwirkmaschine.

Slot, in der Praxis noch nicht bewährtes System schützenloser → Webmaschinen, bei dem ein halbkreisförmiger, nadelähnlicher Greifer den Schußfaden im Umlauf bei sieben abgestimmt arbeitenden, vieleckig aufgestellten Webstühlen nacheinander einträgt.

Smok, englische Bezeichnung für Schmuckfalten, wobei der Stoff eingereiht oder eingefaltet und in dieser Lage durch Zierstiche festgehalten wird.

Smoking, Abendanzug für Theater oder kleinere gesellschaftliche Veranstaltungen mit aufschlagloser, seitlich galon-besetzter Hose und mit ein- oder zweireihigem Sakko, dessen Schal- oder Reverskragen mit

Klassischer Slipon aus silikon-imprägniertem Polyester/Schurwollkammgarn. Verdeckte, umsteppte Knopfleiste.

zweireihiger Smoking	*einreihiger Smoking*	*einreihiger Smoking*
Schalkragen	*Reverskragen*	*Schalkragen*

Seide belegt ist (Spiegel). Zum Smoking wird das weiße gesteifte oder ein modisches, verziertes Hemd mit normalem Umlegekragen sowie eine schwarze oder modische Schleife getragen. Der → Kummerbund (Schärpenweste) gehört ausschließlich zum Smoking. Entspricht gesellschaftlich dem kleinen Abendkleid.

Sneakers, zweifarbige amerikanische College-Schuhe aus Leinen und Gummi.

Snag, Schleife, die aus Feinstrümpfen wegen der Glätte der Polyamide herausgezogen worden ist (sog. Zieher).

Snapbrim, sportlicher Herrenhut mit breitem oder schmalem Band von anderem Farbton als der Filz des Hutes; rund eingeschlagener Rand; zum sportlichen Anzug.

Snow-coat, seit den Olympischen Winterspielen in Squaw Valley neuer Stil des sportlich-kurzen Après-Ski-Mantels; salopp geschnitten, mit tiefgelegtem Schaubengürtel, oft durch breite Stofflaschen und nicht durch Schlaufen gezogen, Kapuze mit Banddurchzug.

Socke, waden- bis knöchelkurze Strümpfe für Herren und Kinder, seltner für Damen.

Sodakochechtheit, Widerstandsfähigkeit von Färbungen und Drucken auf Textilien in allen Verarbeitungszuständen gegen die Einwirkung kochender verdünnter Sodalösungen, wichtig vor allem bei Fasern aus regenerierter Zellulose.

Soft, Softzwirn, leicht gedrehtes Garn bzw. Zwirn.

357

Softalon, texturiertes und stabilisiertes, elastisches Garn aus einer Perlon-Spezialtype (Bayer) für weiche, voluminöse und leichte Strickwaren. Der Bouclé-Charakter des Garns kann durch Legungseffekte noch verstärkt werden.

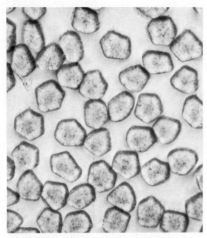

Strecktexturiertes Perlon (Softalon)

Soft-Jacket, Gruppe leicht und weich ausgestatteter, der → Leger-Kleidung zuzurechnender Sakkos, die trotz Verwendung auch unkonventioneller Stoffe im → Sportswear-Stil (z.B. → Cord, Strickstoffe) in Kombination mit Lederweste, flanelligem Hemd, → Bundfaltenhose eine neue Art von Büro- oder → City-Kleidung darstellen soll (vgl. → Jackover, → Pullover-Sakko). Kennzeichen sind: Keine oder nur geringe Innenausstattung, meist ungefüttert, häufig überschnittene oder sichtbar gerundete Schulter, paspelierte Innennähte. Revers häufig zum Hochstellen mit Oberstoff unterlegt.

Soft-Look, sogenannte „Weiche Welle" in der Mode: weiter geschnittene Modelle aus fließenden Stoffen; vgl. → Slinky-Look, → Robe housse.

Soft-Velours, Tufting-Teppich mit aufgeschnittenen Schlingen aus feintitrigem Polmaterial und etwas längerem, aber gut geschlossenem Flor.

Soielaine, tuchbindiger oder kreuzköperbindiger Kleiderstoff mit Filamentgarnen in der Kette und Spinnfasergarnen im Schuß nach der Art der Woll/Naturseidentafte; hochwertig, matt, etwas storr und nicht voll fließender Griff.

Soil-redeposition, Ausrüstung insbesondere von Textilien aus Chemiefasern zur Verhütung der → Waschvergrauung; vgl. → Schmutzabweisende Appretur.

Soil-release, Weiterentwicklung der → Fleckschutzausrüstung mit Fluorverbindungen mit dem Ziel der Erleichterung des Auswaschens von Verschmutzungen in der Wäsche (SR-Ausrüstung); besonders die leicht elektrostatisch aufladbaren Polyester-Mischgewebe sollen wirksam vor der „→ Waschvergrauung" (Eindringen des in der Waschflotte gelösten Schmutzes in den zu waschenden Stoff) geschützt werden. Dies geschieht durch Verringerung der statischen Aufladbarkeit und durch Präparate, die die Faser → hydrophiler machen. - Vgl. → Dual action, → Schmutzabweisende Ausrüstung.

Soil repellent, → Fleckschutzausrüstung zur Abweisung von trockenem Schmutz; wichtig vor allem bei Textilien mit antistatischer Ausrüstung, die unter Umständen

Soft-Jackets

die Anschmutzung von Textilien im Gebrauch fördert. Vgl. → Schmutzabweisende Ausrüstung, → Anti-soiling-Ausrüstung.

Solarene, französische → Vinylalfaser für Zelte, Sonnenschirme, Markisen. Unverrottbar, witterungsbeständig gefärbt.

Soleil, Seidenstoff mit atlasartiger Oberfläche in einer abgeleiteten Ripsbindung mit glanzreicher Oberfläche und matter Abseite. In der Regel sehr hohe Kettdichte.

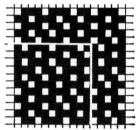

Kett-Soleil-Bindung auf Atlasbindung, z. B. für Reversible. Rapport eingerahmt.

Soleil-Bindung, von Atlas oder Rips durch → Verstärkung, also durch Hinzunahme von Bindungspunkten abgeleitete Bindung. Stoffe darin zeigen auf der Abseite den Charakter der Tuchbindung, auf der Schauseite den Charakter der Ursprungsbindung Atlas oder Rips.

Solvent-Setting, Spezial- → Setting-Ausrüstung für → Crêpe aus → Qiana.

Sommersakko, selten vollausgestattetes, meist → französisch oder → amerikanisch gefüttertes Sakko mit oder ohne Fasson aus leichten, porösen, oft waschbaren Stoffen der verschiedensten Art.

Sonnen-Dekolleté, schulter- und rückenfreies Dekolleté, das Vorderteil wird meist durch ein um den Nacken laufendes Band gehalten. - Vgl. → Neckholder.

Sonnenfänger, blousonkurze Pullis oder Blusen mit Trägern; also schulterfrei und weit ausgeschnitten.

Sonnenkleider, beschwingte, schulter- und rückenfreie Kleider, oft mit Volants oder Rüschen.

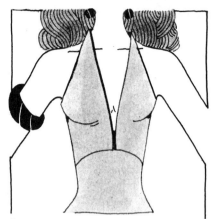

Sonnen-Dekolleté, auch: „Glamour-Dekolleté"

Sonnenplissee, strahlenförmig vom Rockbund ausgehende hochstehende → Plissee-Falten. - Vgl. → Liegeplissee, → Messerplissee.

Sortierungsfaren, Farbmelangen, die nicht durch Färbung, sondern durch Sortieren verschiedenfarbiger Naturfasern gleicher Art entstehen, vor allem bei Kamelhaar und Alpakastoffen möglich.

Souple-Seide, durch heiße Seifenlauge teilweise entbastete Naturseide. Gewichtsverlust 8-12%.

Source, → Bikonstituentenfaser (M/F -Type) aus Nylon und Polyester; aus winzi-

Sonnenkleider: von links: Hosenkleid; Schürzenkleid mit Bortenbesatz; Wickelkleid.

gen Fibrillen, den kleinsten Teilen der aus der Spinndüse austretenden Fäden, unterschiedlicher molekularer Kombination, zusammengesetzt (Allied Chemical).

Soutache, schmales, mit oder ohne Einlage geflochtenes oder geklöppeltes Börtchen zur Verzierung von Kleidern und Schürzen. Soutache ist herzartig mit zwei Flechtgraten gearbeitet.

Space-dyeing, obwohl für eine amerikanische Firma geschützt, Sammelbegriff für die verschiedensten Verfahren mehrfarbig → partienweiser Garnfärbung wie → Astro-dyeing, → Spectral-Färbungen; unter Space-dyeing fallen aber auch Verfahren des stufenweisen Eintauchens von Garnsträngen in Färbebad (→ Dip-dyeing), stellenweises Abbinden des Garnstranges und vollständiges Eintauchen in das Färbebad (→ Clip-Dyeing) sowie Spezialverfahren des → Kettdrucks. Space-dyeing im engeren Sinn: Bedrucken eines Wirkschlauchs, dessen Garn nachträglich entwirkt und aufgespult wird. Auf dem Garn entstehen verschiedenfarbige Abschnitte von 5-60mm; der Eindruck des verarbeiteten Materials erinnert oft an Mouliné, kann aber sehr viel mehrfarbig sein. Besondere Bedeutung hat die partienweise Garnfärbung im → Tufting-Bereich erlangt, da die Musterung der Teppiche ohne Einsatz von Rouleaux- oder Filmdruckmaschinen erfolgen kann. - Vgl. → Bi-Pol-Färbeverfahren,

→ Maifoss-Verfahren. - Vgl. → Killinchy-Space-dyeing, → Tak-dyeing.

Spachtelspitze, Stickerei, bei der nach dem Sticken der nicht durch die Stickerei überdeckte Teil des Grundgewebes mit der Schere herausgeschnitten wird; im Gegensatz zur → Bohrstickerei, in der mustermäßige Stoffausschnitte nachträglich umstickt werden.

Spaltfasertechnik, Herstellungstechnik für Fasern aus → Folienfilamenten, die durch geringe mechanische Einwirkung in Längsfibrillen aufgespalten werden können (spleißfähige Folienfilamente mit geringer Querfestigkeit). Dies geschieht durch Verdrehen der geschnittenen Bändchen, durch Teilung mittels seitlich dehnfähiger Gummibänder, durch Spreizen sowie durch rotierende Nadelwalzen, die durch ihre Einstiche die Folienbändchen spalten (→ Filmtex-Verfahren). - Vgl. → Polital.

Spaltgarn, auch Moulinégarn genannt, 6facher Doppelzwirn, wobei die 6 leicht vorgedrehten, zweifädigen Vorzwirne leicht zum Endzwirn zusammengedreht sind; aus hochwertiger Baumwolle oder Viskose-Filament. Je nach Art des Stoffes und der Arbeit 1-bis 6fädig zu verwenden, für Platt- und Durchbruchstickereien. - 10-m-Döckchen.

Spaltleder, beim Egalisieren von Großtierhäuten anfallende Hautteile, die meist ve-

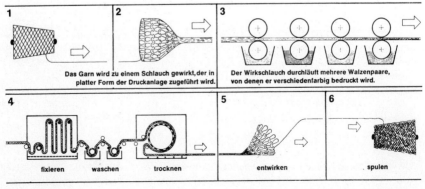

1 Das Garn wird zu einem Schlauch gewirkt, der in platter Form der Druckanlage zugeführt wird.

3 Der Wirkschlauch durchläuft mehrere Walzenpaare, von denen er verschiedenfarbig bedruckt wird.

4 fixieren waschen trocknen

5 entwirken

6 spulen

Space-Dyeing

loursartig zugerichtet werden; Verarbeitung zu Trachtenhosen; meist recht haltbar, aber von hartem Griff.

Spanbil, Kombination aus Helanca und Elasthan, um die Strapazierfähigkeit und Geschmeidigkeit des texturierten Nylon mit der hohen Elastizität der Elastomere zu verbinden (Billion). - Vgl. → Hecospan.

Spandex, amerikanischer Gattungsname für die im TKG unter dem Begriff „Elasthan" zusammengefaßten elastischen Fasern. Der Ausdruck ist in Europa aus warenzeichenrechtlichen Gründen ungebräuchlich.

Spannbettuch, auch → Fixbettuch oder → Formbettuch, frz.: Drap housse, → Bettuch mit einer Ausformung der Nähte, die es gestattet, → einteilige Matratzen oder → französische Betten rundum zu überziehen; der Übertritt auf der Matratzenunterseite wird durch einen eingezogenen Gummi so gehalten, daß das Bettuch faltenfrei aufliegt. Aus glatten Baumwollgrundgeweben auch in Mischung mit Polyester, aber auch wegen der Elastizität häufig aus → Henkelplüsch (→ Wirkfrottier, → Frottierbettwäsche) gearbeitet. Elastische Frottierspannbettücher bestehen auch aus Kettenwirkwaren, deren Dehnfähigkeit in beiden Richtungen genau berechnet wird, um hohe Formstabilität zu gewährleisten (Grundgewirk Siks-Polyamid-Filament, Flor Baumwolle).

Spannstoff, Sammelbegriff für durchbrochene Gardinenstoffe verschiedener Webart, bei denen sich die Musterung gleichmäßig über die ganze Stoff-Fläche verteilt.

Spanzelle, „Elasthan", formfeste und chlorbeständige Elastomerfaser (Courtaulds).

Sparkle-Tricot, undurchsichtige Kettenwirkware aus Sparkling-Nylon, mit Nylon-Charmeuse unterlegt. - Bezeichnung geschützt.

Sparkling-Effekt, verleiht Perlon- oder Nylonstrümpfen einen goldig glänzenden Schimmer. Man verwendet statt des in der Strumpfwirkerei üblichen Garnes mit run-

dem oder ovalem Querschnitt Garne mit dreikantigem Querschnitt. Dieses Garn, das die Herstellung kaum verteuert, wirkt wie ein Prisma und reflektiert auch das Tageslicht, besonders aber das Kunstlicht so, daß der Goldschimmer entsteht. - Vgl. → Profilfaser.

Sparkling-Nylon, amerikanisches Polyamid 6.6, Monofil mit trilobalem Querschnitt, aus Profildüsen gesponnen.

Spatenkragen, sportlicher Kragen der Lidoart, aber weicher und gefälliger und immer mit durchgehenden Belegen gearbeitet (also ohne Spiegelnaht). Auch für große Größen geeignet. In der DOB: Trapezförmiger Ausschlagkragen; Abb. siehe unter → Haifischkragen.

Spectral-Färbung, → partienweise Teilfärbung von Garnen nach dem → Astrodyeing-Prinzip durch Einspritzen von bis zu vier verschiedenen Farblösungen in Kreuzspulen mit Hilfe von Injektionsapparaten.

Spectro-dye-Garn, nach dem → Spectral-Verfahren gefärbtes Garn.

Speerbindung, fischgrätähnlich abgewandelte Köperbindung, vor allem zur Erhöhung der Schiebefestigkeit buntgewebter Naturseidenstoffe verwendet. - Vgl. → Kreuzköper.

Speerverarbeitung, Streifenverarbeitung, bei der die Streifen schräg aufeinander zulaufen und sich in der Naht im spitzen Winkel treffen.

Spektraldruck, in der Praxis nicht bewährte Methode, das aus dem Papierdruck bekannte Dreifarben-Offset-Druckverfahren auf den Stoffdruck zu übertragen.

Spenzer, 1. schoßlose, taillenkurze, meist hellfarbige Überjacke in der Damen- und Herrenmode und für Trachtenkleidung.
2. Als Damenunterwäsche: eng anliegende, kurze Oberteile zum Schlüpfen.

Sperrholzeffekt, → Furniereffekt, Stabilitätsgewinn durch Schichtwechsel zweier miteinander verbundener Materialien besonders bei → Sandwichkaschierung, Versteifungserscheinung bei → Multitextilien, besonders bei → Bondings, wenn Gewebe auf Gewebe bondiert wird.

Spezifisches Gewicht, Gewicht einer Materie in g je ccm.

Spezitex, reg. Warenzeichen (DDR) für eine schmutzabweisende und bügelfreie Spezialveredlung.

Spibon, geschütztes Bondierungsverfahren mit Hilfe eines Klebers, bei dessen Verwendung es genügt, nur 60% der Warenoberfläche zu behandeln. - Vgl. → Coin, → Bonding.

Spiegel, mit glanzreicher Seide belegtes Fasson von → Frack und → Smoking.

Spiegelnaht, Naht, die Revers und Kragen verbindet.

Spiegelsamt, Naturseiden- oder Viskosesamt mit niedergepreßter, spiegelglänzender Oberfläche (→ Panne, → Velple, → Zylinderplüsch).

Spinbond, → Wirrfaservlies aus Polyesterfäden.

Spinnaker, leichte, durch PUR-Beschichtung wasserdicht gemachte Gewebe für Anoraks und Segelkleidung. Der Ausdruck wurde von der in der Seglersprache verwendeten Bezeichnung eines ballonartigen Vorsegels übernommen.

Spinnbad, Flotte, die beim → Naßspinnverfahren die aus den Düsen strömende Spinnlösung erhärten läßt.

Spinnband, aus einem Spinnkabel entstandenes, verzugfähiges Spinnfaserband, das zu einem Garn ausgesponnen wird; Rationalisierungseffekt in der Verspinnung synthetischer Spinnfasern unter Umgehung des Stadiums der Wirrfasern.

Spinnbandverfahren, → Kurzspinnverfahren, siehe unter → Konverterverfahren.

Spinnen, 1. Vielstufiger Arbeitsgang zur Überführung von Stapelfasern in Garnform mit Reinigung, Ordnen des Materials, Verstrecken und Verdrehen. Vgl. → Flyer,

→ Ringspinnmaschine, → Selfaktor, → Open end-Spinnerei, → Elementen-Spinnverfahren, → Kurzspinnverfahren, → Fertigspinnen, → Feinspinnerei, → Dosenspinnmaschine, → Streckspinnverfahren, → Streichgarnspinnerei, → Kammgarnspinnerei, → Rotofil, → Bobtex, → Spinnereimaschine.
2. Überführen synthetischer Vorprodukte in monofile Fäden im → Naßspinnverfahren, → Trockenspinnverfahren und im → Schmelzspinnverfahren.

Spinnereimaschine, Maschine zur Herstellung von Garnen mit unbeschränkter Länge und vorgeschriebenem Querschnitt auf mechanischem Wege aus natürlichen Fasern von beschränkter Länge (Stapelfasern) und Chemiespinnfasern. - Vgl. → Spinnen, → Flyer, → Flügelspinnmaschine, → Ringspinnmaschine, → Dosenspinnmaschine, → Selfaktor, → Elementen-Spinn-Verfahren, → Ballenöffner, → Nitschelwerk, → Krempel, → Karde.

Spinnfärbung, Düsenfärbung, Zusatz der Farbstoffe zur Spinnflüssigkeit bei der Herstellung synthetischer Faserstoffe. In den Echtheitseigenschaften unübertroffen (→ Ultraecht-Färbung). - Vgl. → Massdyeing.

Spinnfaser, vom TKG benutzte Bezeichnung für → Stapelfaser im Gegensatz zu → Endlosfaser oder → Filament.

Spinnfaserbauschgarne, nach dem → Differential-Schrumpfverfahren hergestellte → Hochbausch-Garne (→ HB-Garne) durch Mischung kaum schrumpfbarer und stark schrumpfender Fasern gleichen Typs. Nach dem → Converter-Verfahren werden zwei verschieden schrumpfende Kabelteile nach dem Schneiden gemeinsam versponnen und dann spannungslos gedämpft, die Schrumpftype dabei geschrumpft und die nicht schrumpfende zur Bildung von Faserbogen und -Ringeln veranlaßt, die anschließend fixiert werden. Beim → Turbo-Stapler-Verfahren wird das endlose, heiß verstreckte Faserkabel nach dem Schneiden und Kräuseln geteilt, davon ca. 30-40% nachträglich durch Stauchen und Dampf geschrumpft, mit dem unausgeschrumpften Anteil versponnen und das aus beiden Komponenten bestehende Garn spannungslos fixiert. - Vgl. → Heatset-Garn, → Schrumpfbauschgarn.

Spinnkabel, endlos langes, aus Hunderten von Einzelfasern bestehendes Faserband, das direkt von der Spinndüse kommt. Die Zahl der Einzelfasern entspricht der Zahl der Düsenbohrungen. Aus dem Spinnkabel entstehen entweder durch Zerschneiden die Stapelfasern, durch Reißen oder versetztes Schneiden kammzugängliche → Spinnbänder; schließlich können Spinnkabel im → Direktspinnverfahren unmittelbar in Garne aus Stapelfaser umgeformt werden.

Spinnkabel-Texturierung, Texturierung unter Ausnutzung der strukturellen Inhomogenität von Fasern (z.B. → Bikomponentenfasern, → Bikonstituentenfasern, → Chemietexturierung).

Spinnlösung, für das → Naß- und → Trockenspinnverfahren benötigte zähflüssige Masse, die durch die Spinndüsen gepreßt wird und den Faden ergibt.

Spinnmattierung, nach Wunsch abgestufte Minderung des natürlichen Glanzes von Chemiefasern, wobei man die als Mattierungsmittel verwendeten weißen Pigmente (Titandioxyd) bereits der Spinnlösung oder Schmelze zusetzt. Der Effekt ist im Gegensatz zu der seltener angewandten Nachmattierung absolut waschecht.

Spinntexturierung, Texturierung von Fasern im Gegensatz zur Texturierung von Garnen (weitaus häufigste Form) und von Stoffen (sehr selten) zur Erzeugung von → Spinnfaserbauschgarnen (→ Chemietexturierung). - Vgl. → Spinnkabel-Texturierung.

Spinnvlies, Vliese, bei denen unmittelbar aus dem chemischen Rohstoff und unter Umgehung der Herstellung einer Stapelfaser eine Fläche von endlosen Wirrfäden entsteht; nach Dichte und Reißfestigkeit, nach Elastizität und Dicke ist die Herstellung des Spinnvlieses von der Spinndüse

her steuerbar. Die Verfestigung erfolgt mit Hilfe von Bindemitteln oder nur durch Ausnutzung der Thermoplastizität. - Vgl. → Wirrfaservlies, → Spinbond, → Viledon, → Reemay, → Lutradur, → Lutrabond, → Tyvek, → Textil-Verbundstoffe.

Spinnwebkrepp, → Araigné, hauchzartes echtes Kreppgewebe mit einem verschlungen wirkenden Oberflächenbild, das durch die Kombination von unregelmäßiger Bindung und wechselweise S- und Z-gedrehten Garnen entsteht.

Spitzbund, modisches Detail an Hosen: hinten hochgezogener Hosenbund mit zwei Spitzen und Zierspangen. - Im Schnitt nicht zu verwechseln mit der klassischen → Spitzbund-(Träger-)Hose.

Spitzbundhose, auch Trägerhose genannt: die Hinterhose läuft in zwei Spitzen aus, die mit Knöpfen für die Hosenträger versehen sind. Völlig von der → Rundbundhose verdrängt.

Spitze, zarte textile Flächengebilde in Hand- oder Maschinenarbeit hergestellt mit durchsichtigem Grund und dichtem Muster. Maschinell können sie gestickt (Plauener Spitze), gewebt (Bobinet-Spitze), geklöppelt (z.B. Valenciennes-Spitzen) oder gehäkelt (Galon-Spitze) sein. Vgl. → Spachtelspitze, → Macramé-Spitze, → Bohrspitze, → Ätzspitze, → Chantilly-Spitze, → Guipure-Spitze, → Luftspitze, → Klöppelspitze, → Ribbon-Spitze, → Valenciennes-Spitze, → Stickerei.

Spitzenhäkelgarn, farbige oder weiße Glanzhäkelgarne meist in Nr. 80, auf 5-g-Knäuel zum Umhäkeln oder für feine Spitzen.

Spitzköper, Eingrat- oder Mehrgratköper, bei dem die Richtung des Köpergrates unversetzt wechselt. Gegensatz: → Fischgrat.

Spitznutria, hochgeschorene, rustikale Abart des → Nutria.

Splint, Verbindung des Bastes mit dem Holzkern bei Bastfasern, die durch die Röste zerstört werden muß.

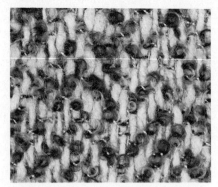

Spitzköper mit Diagonalcharakter. Die Bindung wird durch Loopzwirne im Schuß farblich und in der Struktur herausgehoben. Das Gewebe ist auf Steg gearbeitet

Splitbindung bei einflächigen Kulierwaren: in bestimmten Bereichen, vor allem bei Übergang von einem zum anderen Garnmaterial stricken mehrere Nadeln beide Fäden gemeinsam. Dadurch entstehen mehrere Doppelmaschen mit der Wirkung einer Zierkante.

Split-Dessin, länglich-rechteckiges Musterungsfeld bei Krawatten, das vom Unifond am Rand und an der unteren Spitze eingerahmt wird.

Split-weaving-Technik, (split = engl. „gespalten"), neue Webtechnik zur Herstellung von Foliengeweben aus monoaxial gereckten Folienbändchen (→ Polital).

Splitterfasern, Effektfasern aus Zelluloseregeneraten (Viskose und Acetat) mit grobem Titer und einer Schnittlänge von 60-200mm ähnlich Stichelhaar für grobe Drahthaar- oder Glitzereffekte.

Sportcoat, sehr kurzer, jackenähnlicher Sportmantel insbesondere aus Hirtenloden und englisch gemusterten Stoffen.

Sportgürtel, unelastische Miederware mit einer seitlichen Gummihöhe bis zu 25cm. Vgl. → Hüftgürtel, → Strumpfhaltergürtel.

Sporthemd, im Gegensatz zum → Ober-

Sportcoat: von links: mit Blasebalgtaschen; mit Leisten-Schubtaschen; mit paspelierten Stecktaschen. Alle mit Tellerkragen.

Sportsakkos mit Variationen in der Stepperei, der Reversform und in der Gestaltung der großen aufgesetzten Taschen.

hemd mit knöpfbarer, einfacher Sportmanschette, aber mit Umlegekragen. - Vgl. → Hemd, → Oberhemd, → Krawattenhemd und → Freizeithemd.

Sportmanschette, gewöhnliche Knopfmanschette, deren knöpfbare Teile im Gegensatz zur Umlegemanschette übereinandergelegt werden.

Sportsakko, Einzelsakko mit Vollausstattung im Gegensatz zum Sommersakko (nicht vollausgestattet) und zum Freizeitsakko (mit unkonventionellen Schnitten); folgt dem Schnitt des Anzugsakkos weitgehend, verwendet aber griffige und sportliche Gewebe, meist aus Streichgarnen. - Vgl. → Reitersakko, → Blazer, → Coordinate, → Jacke, → Pulloverjacke, → Leger-Kleidung, → Soft-Jacket.

Sportswear, wegen der Verwechslungsmöglichkeit mit der zur aktiven Ausübung des Sports geeigneten Sportbekleidung (→ Activwear) umstrittene Allgemeinbezeichnung für eine neue, lässig-sportliche Stadt- und Weekendkleidung, in England oft als „Country-Town-"Kleidung benannt, die sowohl durch Oberbekleidung (DOB, HAKA), aber auch durch Strickwaren und Hemden ausgedrückt werden kann. Auf Basis einer zwar salopp und sportlich wirkenden, dennoch gepflegten Kombinationsmode wird eine wenig altersgebundene, sachlich funktionelle Mode in dezenten, überwiegend klassischen Farben geschaffen, die Sakkos, Strick und Leder einbezieht, die viele Details aus der für den aktiven Sportler bestimmten Spezialkleidung übernimmt und sich durch bequemen Schnitt auszeichnet. Gegensatz zur variantenreicheren, lebhafter gestalteten und vielseitiger durch Mixen der verschiedensten Qualitäten differenzierten → Leger-Kleidung ebenso wie zur funktionellen Sportbekleidung und zu → Jeanswear (zu → Jeans kombinierbare, originelle und ungezwungene Kleidungsstücke).

Spots, shantungartige Unregelmäßigkeiten bei Herrentuchen, durch Garnverdikkungen hervorgerufen.

Springback, Mischung von Leinen mit Polyester zur Erhöhung der Knitterfestigkeit von Leinengeweben.

Spring-Set, → Permanent Press-Ausrüstung (→ pre-curing) für Baumwollgewebe.

Spritzdruck, Abart des → Schablonendrucks mit handwerklichem Charakter. Die typischen, grobgekörnten Musterungen werden mit Hilfe eines Zerstäubers (Spritzpistole) und einer auf den Stoff aufgelegten Schablone erzielt, wobei stärkeres oder schwächeres Spritzen Schattierungen ermöglicht.

Sportswear: entscheidend ist nicht mehr das Einzelteil, sondern die Kombination zum Ganzen. Die in bequemer Weite gehaltenen Outdoor-Jacken geben, ausgezogen, Indoor-Kleidung frei.

Sprühverfahren, 1. Verfahren zur Übertragung der Modellkonturen (Schablonen) auf den Stoff: Die Schablonen werden an Hand eines Schnittlagebildes aufgelegt; ein Gitter hält die Schablonen in ihrer Lage fest, sodann wird mit Farbe darübergesprüht; die Abfallteile, auf denen keine Schablone liegt, werden eingefärbt. Der Vorteil liegt in der hohen Übertragungsgenauigkeit und darin, beliebig kleine oder große Lagen rationell einzeichnen zu können. Nachteil sind die hohen Investitionen. 2. Oberflächliches Färben von Leder mit → Pigmentfarben durch Aufsprühen; Verletzungen der Haut werden auch bei helleren Färbungen nicht oder nur kaum sichtbar, die Schnittkanten bleiben natur. - Gegensatz: → Tunkfärbeverfahren, → Drumdyeing.

Spulenverfahren, bei der Herstellung von Viskosefilamenten mögliches Verfahren, wobei die aus dem Fällbad abgezogenen Einzelfäden zu einem Gesamtfaden zusammengenommen und auf Spulen aufgewickelt werden. Wegen der Gefahr der Beschädigung der lose nebeneinander liegenden Einzelfäden durch das → Zentrifugen- oder → Topfspinnverfahren verdrängt.

Spunbond, textile Flächengebilde (→ Non woven fabrics), bei denen endlose Synthetic-Fäden, vor allem Polyester, an ihren Kreuzungspunkten verschweißt werden. Das Material eignet sich für Einlagen (auch verklebbar) sowie, verformt und geprägt, für BH und Hüte. Hohe Zugfestigkeit, einlauffest, gut zu bedrucken (Etiketten).

Spun-Nylon, versponnenes, aber endloses Nylon, das einen stumpfen Griff gibt.

Spun-Reyon, in lange Stapel geschnittenes Viskose-Filament, nach Art von Bourette versponnen. Der vor allem in der Schweiz benutzte Ausdruck müßte lt. TKG durch „Viskosespinnfaser" ersetzt werden.

Square-Front, Sakkofront mit dem viereckigen (Topper-) Abstich, besonders bei Freizeitmodellen.

S/S-Typen, → Side-by-Side-Typen, siehe → Chemietexturierung, → Bikomponentenfaser.

Stabilisieren, Verhinderung des Schrumpfens von Stoffen aus thermoplastischen Synthetics bei nachfolgenden Veredelungsmaßnahmen oder im Gebrauch durch Aufhebung der intermolekularen Spannungen, die beim Verstrecken der Synthetics entstanden sind. Dies geschieht bei entsprechenden Temperaturen unter gleichzeitiger Einwirkung von Quellungsmitteln, wobei die bei Erwärmung erreichte Entspannung in einer nachfolgenden Kühlstufe fixiert wird. Die Erwärmungstemperatur ist nach oben eingegrenzt durch den Erweichungs- oder Zersetzungspunkt des jeweiligen Materials; sie muß höher liegen als die höchste Temperatur der Nachbehandlung. Durch die Stabilisierung wird nicht nur die Formerhaltung, sondern auch die Knittererholung verbessert. - Vgl. → Fixieren, → Thermofixieren.

Stabilisierte   Falschdrahtgarne, → Falschdrahtgarne, bei denen die auf mechanischem Wege erzielte Kräuselung durch nachträgliche Wärmeeinwirkung in der Weise thermisch fixiert wird, daß die Dehnung auf 35-40% reduziert wird. Der gleiche Effekt kann auf der Falschzwirnmaschine selbst mit niedrigerer Temperatur bei gleichzeitig geringerer Drehung erzielt werden. Bei → Setgarnen aus Polyester wird durch nachträgliche Hitzbehandlung bei niedriger Spannung eine Restdehnung von nur 15% fixiert (→ Schapira, → Trevira 2000, → Diolen loft).

Staffieren, Aufnähen eines Stoffes auf einen anderen Stoff, so, daß die Naht von den beiden Stoffen verdeckt wird (z.B. Leibfutter in den Anzug).

Stahlfasereinlage, antistatische Beimischungskomponente hochfeiner Spinnfasern aus Stahl zu Teppichgarnen aus Wolle oder synthetischen Spinnfasern zur Erhöhung der elektrischen Leitfähigkeit des Teppichflors und damit zur Verhinderung der statischen Aufladbarkeit. Bei → BFC-Teppichgarnen werden endlose Spezialstahl-Einlauffäden eingesetzt. Die → Brunsmet-Stahlfaser mit einer Stapel-

länge von 75-150mm ist so fein, so geschmeidig und so spinnfähig wie Naturfasern, sie ist reißfest, jedoch sehr wenig dehnfähig.

Standards, Gewebearten und Musterungen, die in gleicher Art oder mit nur unwesentlichen Abänderungen, aber oft unter wechselnder Farbgebung ständig oder sehr häufig hergestellt werden.

Stangenleinen, anderer Ausdruck für → Streifensatin.

Stanzen, Vorstufe des vollautomatischen Zuschnitts in der Bekleidungsindustrie, wegen des raschen Modewechsels zunächst nur bei Kleinteilen möglich. Die Stanzmesserprofile können in der Werkstatt des Bekleidungsherstellers durch kaltes Biegen und Schweißen geformt werden.

Stapel, durchschnittliche Länge der Einzelfasern eines Spinnmaterials. Stapellänge der Baumwolle 20 bis 42mm, der Wolle 120 bis 350mm. - Die Länge natürlicher Spinnfasern differiert auch innerhalb einer Sorte; Gleichmäßigkeit der Einzelfaserlänge ist sogar ein Qualitätskennzeichen. Da Chemiespinnfasern mechanisch geschnitten werden, ist ihr Stapel sehr gleichmäßig und an den natürlicher Faserstoffe gut anzupassen.

Stapelfaser, in eine bestimmte Länge, die oft der Stapellänge des beizumischenden natürlichen Rohstoffs entspricht, geschnittene Chemiefasern, die zum Garn versponnen werden müssen. Gegensatz: Endlose Chemiefasern (→ Filamente).

Stapelprobe, Methode zur Unterscheidung von endlosen und Stapelfasern sowie verschiedener Stapelfasern untereinander im Handversuch. Die Länge der Einzelfasern wird durch Aufdrehen der Garne ermittelt.

Stardruck, → Umdruckverfahren, von einer italienischen Stoffdruckerei entwickeltes und für diese geschütztes Stoffdruckverfahren, das bei Verwendung beliebig vieler Farben ganz feine Musterdurchzeichnung und stufenlosen Übergang der einzelnen Farben ineinander ermöglicht. Das Druckmuster wird zuerst auf ein Papierband gedruckt, das nur einmal verwendet werden kann und deshalb in seiner Länge dem Maß des zu bedruckenden Stoffes entsprechen muß. Die Lizenznehmer beziehen die bedruckten Papierbänder vom Lizenzgeber. Im Gegensatz zu den anderen → Umdruckverfahren (→ Sublistatic-Druck) werden mit den Farben auch die Verdickungsmittel auf den Stoff übertragen, so daß Nachbehandlung notwendig wird. Das Verfahren ist nicht von einer bestimmten Rohstoffzusammensetzung des zu bedruckenden Stoffes abhängig. - Vgl. → Transferdruck, → Thermodruck.

Stärken, Füll- und Versteifungsappretur für Baumwolle-(und Leinen-)Gewebe mit Pflanzenstärke.

Staubmantel, zumindest ab Kollerhöhe ungefütterter → Leichtmantel, von der Ausstattung her zur → Leger-Kleidung zu rechnen, aus superleichtem Popeline mit lässiger Weite, mit und ohne Gürtel zu tragen. - Vgl. → Rubbercoat.

Stauchgarn, 1. Im → Stauchkammverfahren hergestelltes Bauschgarn;
2. Vor allem für den dehnbaren Doppelrand nahtloser Strümpfe verwendetes Garn aus synthetischem Material, das zunächst verwirkt, sodann fixiert und wieder aufgezogen wird. Dabei bleiben die durch die Maschenbildung entstandenen Schlingen erhalten. Beim nochmaligen Verarbeiten ergibt sich ein äußerst dehnfähiges Gewirk. Vgl. → Strick-Fixier-Texturierung.

Stauchkammerverfahren, → Texturierverfahren, Formveränderung synthetischer Endlosfasern ohne Verdrehungstendenz unter Ausnutzung thermoplastischer Eigenschaften. Einzelfasern („Textralized"; → Banilon) oder Fadenscharen („Spunized") werden durch Transportwalzen in eine beheizte Stauchkammer eingeführt und im Zick-Zack gefaltet, von einem Kolben gestaucht und diskontinuierlich abge-

Bequem weit gearbeiteter, ungefütterter Staubmantel im Raglanschnitt.

zogen. Durch Variation des Kolben- oder Preßwalzendrucks kann die Form der Kräuselbogen verändert werden (low-bulk = wenig gebauscht, → high-bulk = stark gebauscht). Bei Erhaltung von Festigkeit, Haltbarkeit und raschem Trocknungsvermögen wird wolliger Griff, hohe Fülligkeit, Elastizität und eine verbesserte Feuchtigkeits- und Farbaufnahmefähigkeit erzielt. Wegen der hohen Produktionsgeschwindigkeit ist das Verfahren vor allem für grobe Teppichtiter geeignet.

Stayloft, texturiertes Garn aus Nylon-Filamenten (DuPont) in groben Teppichtitern

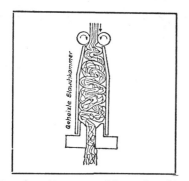

Das Stauchkammerverfahren: Das Material wird in eine geheizte Kammer geführt, dort gestaucht und fixiert

lich mit angeschnittenem Fersenschuh) auf die Alltagshose der Dame.

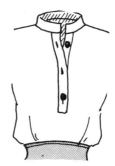

Stehbordkragen

(6000 den), das ohne zusätzlichen Zwirn- und Fixierprozeß direkt zu Langflorteppichen zu verarbeiten ist; normal, tief und basisch anfärbbar.

Stayrite-finish, Pflegeleichtausrüstung auf Kunstharzbasis.

Steam-jet-Verfahren, siehe unter → Düsenblasverfahren.

Stecknadel, wie Näh- und Stopfnadel aus Draht hergestellt, mit Flach- oder Rundknopf. Stahlstecknadeln sind durch Härten spröde und können nicht gebogen werden. Biegsame (Dekorations-)Stecknadeln sind aus verzinktem oder schwarzlackiertem Eisendraht und deshalb nicht unbedingt rostfrei.

Stecktasche, waagerechte oder nur leicht schrägliegende Tasche an Herrenmänteln, Hosen und Sakkos.

Steg, feinfädige Untergewebe aus sehr haltbarem Material (gezwirnte Baumwolle oder Synthetics), die porösen Stoffen Schiebe- und Strapazierfähigkeit verleihen und auf der Warenoberseite unsichtbar sind.

Steghose, eng anliegende, lange Damenhose mit (manchmal abnehmbarem) Steg aus elastischen Stoffen; überträgt den Schnitt der elastischen Skihose (ursprüng-

Stehbordkragen, aus dem Zuschnitt von Uniformen entlehnte, auch beim „Mao-Look" anzutreffende Kragenlösung an Blusen, Freizeithemden und → Leger-Kleidung mit halbsteifem oder weichem, offenem oder geschlossenem, stehendem Halsabschluß.

Kleider mit Variationen im Stehkragen, die beiden mittleren mit Raffschultern

Stehbundhemd, Freizeithemd mit einem an die Litewka erinnernden Halsabschluß, also ein zwei bis drei Zentimeter hoher eckenloser, etwas klaffender Kragen; bevorzugt aus Cordstoffen und anderen rustikal wirkenden Geweben hergestellt.

Stehvelours, Pool, Velours mit relativ kurzem Faserflor aus kräftigen Wollen mit aufgerichteter Haardecke.

Steifappretur, bei Baumwollstoffen übliche, wenig waschfeste Appretur; die Stoffe werden mit Lösungen durchtränkt, die fein verteilt im Gewebe feste Körper ablagern, wodurch der gewünschte Griff oder die vorgetäuschte Warenfülle erzielt wird. Nicht zu verwechseln mit → Kunstharzausrüstungen, die eine dauerhafte chemische Veränderung bewirken.

Steifheit, 1. Widerstand, den ein textiles Gebilde der Biegebeanspruchung entgegensetzt. - Bei den Faserarten gehört die Steifheit zu den → Aufbaueigenschaften; Gegensatz: → Schmiegsamkeit. Steifheit ist oft erwünscht (z.B. bei → Einlagenstoffen).
2. Quotient aus Zugkraft und Gesamtdehnung bei der Prüfung des Widerstandes, den eine Textilprobe einer Zugbeanspruchung entgegensetzt.

Steifleinen, → Wattierleinen, → Schneiderleinen aus groben rohen Leinengarnen in Tuchbindung, stark appretiert. Wurde zusammen mit Roßhaar zur formerhaltenden Versteifung von Oberbekleidung verwendet, wird aber kaum mehr hergestellt.

Steilköper, Stoffe in Köperbindungs-Ableitungen, die einen der Kettrichtung stark angenäherten Verlauf des Köpergrates hervorrufen. Dieser Effekt kann durch die Anordnung der Bindungspunkte (vgl. → Gabardine, → Whipcord) oder durch eine besonders dichte Ketteinstellung erzielt werden.

Steinnußknöpfe, Knöpfe, die aus dem harten Samen einer südamerikanischen Palmenart gedrechselt werden.

Stella, pflegeleichte, im Aussehen und Griff naturseidenähnliche, preisgünstige Gewebe und Fertigtextilien aus thermisch modifiziertem Acetat. Vgl. → Novalin. Die Naturseidenähnlichkeit wird durch Gaufrageeffekte unterstützt.

Stellanyl, Umspinnungszwirn aus Nylon 6.6. und modifiziertem Acetat mit Spezialtexturierung vor allem für Maschenwaren; gegenüber reinem Acetat verbesserte Gebrauchstüchtigkeit und Formbeständigkeit.

Step-over, zickzackförmiger Versatz der Polschlingen von → Tufting-Teppichen zur Vermeidung der beim geradlinigen Tuften entstehenden Gasse zwischen den Flornoppenreihen mit raupenförmiger Rippenbildung. - Vgl. → Waveline.

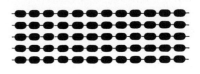

Geradliniges Tuften

Step-Over

Steppanorak, → Anorak mit Oberstoff und meist auch Futter aus feinen, aber wasser- und winddichten Stoffen aus Perlon und Nylon. Füllung aus → Daunen oder Synthetics- → Fiberfill, stark abgesteppt. Sehr leicht, hervorragende Wärmehaltung. Verbesserte Einlagen, bei denen die Gefahr des Verschiebens im Gebrauch verringert wurde, erlauben bei gleicher Wärmehaltung Fortfall zu vieler Steppnähte.

Steppbett, abgesteppptes → Oberbett mit → Bettfeder-, → Daunen-, → Fiberfill-, → Wonderfill-Füllung; kleineres Maß als → Steppdecke. Meist ungemusterter Bezugsstoff.

Steppdecke, mit Daunen oder synthetischem Bauschmaterial (→ Fiberfill) sowie mit → Schurwolle oder → Edelhaar und mit Ober- und Unterstoff abgedeckte Zudecke, die in Karos oder im Fantasiemuster durch- und abgesteppt wird; in der Gr. 150x200. Steppdecken können auch mit → Überschlaglaken verwendet werden. Vgl. → Einziehdecke, → Flachbett, → Rheuma-Steppdecke.

Stepper, gebräuchlichste Form des → Handschuhs mit Steppnähten auch im Fingerteil, wobei das anzunähende Lederteil unterlegt wird und beim Nähen nicht sichtbar ist.

Steppfutter, wärmende Innenverarbeitung vor allem für winterfest ausgestattete Wettermäntel; zwischen zwei Gewebebahnen, die durch Steppnähte miteinander verbunden sind, wird wärmendes Material (→ Vlies, → Watteline, → Fiberfill) eingelagert.

Steppgewebe, echter → Pikee, Gewebe, die im Innern mustermäßig eingebundene Füll- und Figurenschüsse aus dickem, dochtigem Material enthalten, die auf die feinfädige Oberfläche durchdrücken und erhabene Muster bilden. - Neuerdings wird die Wirkung durch chemische Ausrüstung nachgeahmt.

Steppjacke, leichte, an → Skibekleidung erinnernde → Wanderjacke für Herren, auch in → Blouson-Form, Oberstoff winddichte Gewebe mit wasserabstoßender Ausrüstung, aus Polyamid-Filamenten oder feine Baumwoll-(/Polyester-)-Popeline, auf Polyester-Fiberfill ganz oder über die Schulter bis zur Kollerhöhe gesteppt. - Vgl. → Bomber-Jacke.

Steppjanker, knöpfbare Jacken im Trachtenstil, zweiseitig Stoff mit watteartiger Zwischeneinlage, meist bedruckter Oberstoff, leicht und gut wärmend.

Steppstich, Zierstich, der eine schmale geschlossene Linie bildet, viel mit der Maschine gearbeitet. Steppstichnähte tragen nicht auf, sind aber sehr wenig elastisch.

Sterblingswolle, lt. TKG → Wolle, nicht: → Schurwolle; minderwerige Naturwolle, von gefallenen Tieren geschoren und weniger gut als die Schurwolle gesunder Tiere. Mattes Aussehen, wenig elastisch, oft im Durchmesser des Einzelhaares unterschiedlich („untreu"); Kräuselung meist unausgeglichen.

Stevenson-Prozeß, für unbehandelte Wolle unbrauchbare kontinuierliche Färbemethode von Kammzügen, die nach dem → Dylan-Verfahren veredelt wurden.

Stichelhaar, Kleider- oder Kostümstoffe mit angoraähnlicher Oberfläche aus Zibelinegarnen, die nach Art der Marderfelle mit abstehenden hellen Haaren versehen sind. Die Stichelhaare können Grannen oder Pelzhaare sein (z.B. Rentier- oder Hasenhaar), häufig wird aber wegen der anderen färberischen Eigenschaften Acetatspinnfaser hierfür verwendet. - Vgl. → Zibeline. Stichelhaar-Effektfasern aus regenerierten Zellulosefasern sind grobtitrig, mit einer Schnittlänge von 60-200mm geschnitten, teilweise bändchenförmig. - Vgl. → Splitterfaser.

Stickerei, von Hand oder von Maschinen hergestellte Verzierung von textilen Flächengebilden, die durch nachträgliches Aufbringen und Durchziehen von Stickfäden erzielt wird. - Vgl. → Teneriffa-Stickerei, → Übernaht-Stickerei, → Kurbelstickerei, → Ätzstickerei, → Bohrstickerei, → Broderie anglaise, → Feston, → Spitze, → Hedebo-Stickerei, → Holbein-Stickerei, → Languetten-Stickerei, → Madeira-Stickerei, → Lochstickerei, → Petit point-Stickerei, → Renaissance-Stickerei, → Reticella, → Richelieu-Stickerei, → Ruban-Stickerei, → St. Gallener Stickerei, → Schwälmer-Stickerei, → Transferstickerei.

Stickstore, auf Raschelstühlen hergestellte Stores mit Jacquard-Bordüren in fülliger, an Stickereimotive erinnernder Musterung aus gröberen Garnen.

Stickwolle, gut auftragende und deckende, moosige und locker gedrehte Stickgarne aus Wolle. - 10-m-Strangen.

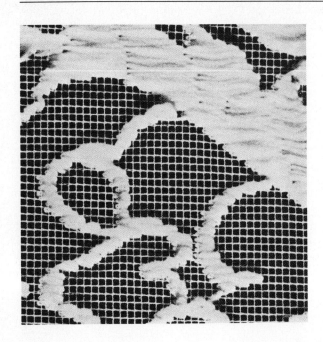

Stickstore in Fallbleckmusterung

Stielstich, Zierstich mit gleichgroßen, schräg aneinander gereihten Stichen.

Stoff, Allgemeinbezeichnung für alle textilen Flächengebilde mit einer gewissen Dichte ohne Rücksicht auf die Herstelltechnik; nicht mit → Gewebe gleichzusetzen. Zu den Stoffen zählen auch → Tülle, → Maschenwaren, → Non woven fabrics und Erzeugnisse der → Nähwirktechniken, sowie bestimmte → Fadengelege und → Textil-Verbundstoffe, nicht aber die → Folien.

Stoffdruck, mustermäßiges partielles Färben von Stoffen. - → Druckverfahren: → Handdruck, → Maschinendruck; → Druckarten: → Direktdruck (→ Schleifdruck, → Pflatschdruck), → Ätzdruck; → Reservedruck; → Drucktechnik: → Hochdruck (→ Perrotinendruck, → Model), → Tiefdruck (→ Rouleauxdruck), → Schablonendruck (→ Filmdruck, → Rotationsfilmdruck, → Siebdruck, → Spritzdruck); → Umdruckverfahren (→ Stardruck, → Sublistatic-Druck), → Mosaikdruck (→ Devinadruck, → Orbisdruck), → Düsendruck. - Vgl. → Kettdruck, → Chiné, → Pigmentdruck, → Flockdruck, → Ciré, → Lackdruck, → Prägedruck, → Strangdruck, → Konversionsdruck, → Pflatschdruck, → Schleifdruck, → Engineering Print, → Programmierter Druck, → Response, → Molette, → Fotogravur, → Pantographengravur, → Dessin placé.

Stofftexturierung, neue Form der Textiltechnologie; im Gegensatz zur → Faser-, → Spinnkabel- und (sehr häufigen) → Garntexturierung werden ganze Stoffe gestaucht und unter Hitzeeinwirkung fixiert. Es können verschiedene Oberflächenbilder entstehen, wie Kräusel-, Borken- und Phantasieeffekte. Der Stoff wird dichter und erhält dauerhafte Elastizität. Die benötigten Maschinen sind recht kompliziert. - Vgl. → Bandura.

Stola, verschiedenartig geformtes, großes schalartiges Umlegetuch.

Stopfgarn, matte oder glänzende (und dann mercerisierte), weich gedrehte und in der Regel nur gebrauchsbeständig gefärbte Twiste aus Baumwolle oder Viskose sowie aus vollsynthetischen Chemiefasern, 20-m- oder 50-m-Knäuel. Meist gut füllende Doppelzwirne aus vier zweifachen Vorzwirnen.

Stopfnadel, starke Nadeln mit großem Öhr für dickere Garne (Wollstopfnadeln, Florstopfnadeln), von den Nummern 6/0 (lang) bis 8 (kurz) in Briefchen zu 25 Stück mit einer Sorte oder 10-stückweise.

Store, → Gardinenstoffe mit abgepaßter Musterung, auch fertig genähte Gardinen. - Vgl. → Stickstore.

Stormcoat, winterlich ausgestatteter Kurzmantel aus Popeline mit → Plüsch- oder → Plaidfutter. - Vgl. → Warmcoat.

Stoßband, auch Hosenschonerband genannt und in der Regel 1½cm breit, wird linksseitig an die untere Hosenkante genäht oder geklebt, wobei die wulstartig verstärkte Stoßbandkante das Durchscheuern der Hose an den Schuhen verhindert. Die Stoßbänder aus Baumwolle und Eisengarn werden durch die außergewöhnlich festen Stoßbänder aus Perlon verdrängt. Satinbindung ergibt dichtere und festere Stoßbänder als Köperbindung.

Stoßmesser, beim Zuschnitt von Stoffen in der Konfektion gebrauchtes mechanisches Messer; der Stoff liegt fest, das Schneidemittel bewegt sich. Die Genauigkeit im Zuschnitt ist größer als beim Bandmesser, die Höhe der Lagen jedoch durch die Arbeitshöhe des Messers begrenzt (etwa 20cm). Das Stoßmesser arbeitet nicht so erschütterungsfrei wie das Rundmesser. Vgl. → Bandmesser, → Rundmesser.

Stovepipe, (sprich: „stohwpaip"), aus der Jeansmode stammender Ausdruck für Ofenrohr- oder zylinderförmige Hosenschnitte, der → Zigarettenlinie entsprechend, jedoch mit größeren Fußweiten zwischen 50 und 60cm.

Stramin, Stickereigrundstoff, stark appretiert in Scheindreherbindung mit gitterartigem Aussehen.

Strampler, Komplettbekleidung mit angestricktem Strumpf für Erstlinge, meist aus hochelastischen Links/Links-Gestricken, aus kochfest gefärbten Baumwollgarnen oder aus pflegeleichten und weichen Acryl-HB-Garnen.

Strang, durch Aufwinden auf → Haspeln entstandene Aufmachungsform von Garnen, mit parallel und lose nebeneinanderliegenden Schlingen ohne Garnträger.

Gewirk vor (links) und nach der Bandura-Texturierung (rechts).

Strangdruck, bedrucken von Garnen in Strangform quer zur Fadenrichtung mit Reliefwalzen, auch mehrfarbig möglich. Bei der Verarbeitung ergeben sich eigenartige, unregelmäßige Farbbilder ähnlich → Space-dyeing.

Strangfärbung, Färbung von Garnen in Strangform. Das ungespulte und noch nicht verarbeitete Material kann die Farbe besonders gut und gleichmäßig in sich aufnehmen. Neben der → Flockefärbung teuerste Färbemethode, auch wegen der notwendigen Lagerhaltung in gefärbtem Material. - Vgl. → Stückfärbung.

Straßknöpfe, in Metall eingefaßte geschliffene Glasknöpfe, deren Unterseite mit Spiegelmasse bestrichen ist.

Streckspinnverfahren, 1. Verstreckung der sich im Fällbad bildenden Viskosefasern vor deren Erstarren mit dem Ziel höherer Feinheit und Festigkeit. - Vgl. → HWM-Fasern, → Polynosics, → Hochnaßfeste Viskosefasern.
2. Verfestigung und Verfeinerung des Faservlieses zum → Vorgarn durch mehrmaliges stufenweises Verziehen (Verstrekken) und Doppeln unter gleichzeitigem Verdrehen des Fasermaterials als Vorbereitung für das Fertigspinnen in der → Feinspinnerei, oder zu → Kammgarnen. - Gegensatz: → Nitscheln, → Streichgarnverfahren.

Strecktexturierung, vor allem bei Polyesterfasern, aber auch bei Polyamid angewandte moderne Form der Kombination von → Verstrecken und → Texturieren in einem in sich abgeschlossenen Arbeitsgang im Gegensatz zur klassischen Kombination Spinnen und Texturieren. Wegen der geringen Alterungsbeständigkeit nicht verstreckter Synthetics muß das Strecktexturieren entweder innerhalb von drei bis vier Wochen nach dem Spinnen vorgenommen werden oder es verlangt den Einsatz → vororientierten Fasermaterials, das durch → Schnellspinnen gewonnen wird, wobei eine gewisse Teil-Verstreckung erfolgt. Man unterscheidet das → Sequential- oder → Zweizonenverfahren, bei dem

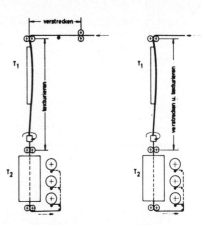

Zweizonen- oder Sequential-Verfahren   Einzonen- oder Simultan-Verfahren

Unterschied zwischen dem Sequential- und dem Simultanverfahren beim Strecktexturieren nach dem Falschdrahtprinzip. Links: Sequentialverfahren. Dem Texturierfeld wird ein Streckfeld derart vorgeschaltet, daß das Auslaufwerk für das Streckfeld gleichzeitig das Einlaufwerk für das Texturierfeld ist. — Rechts: Simultanverfahren. Die Verstreckung findet im Texturierfeld statt, wobei das Ausmaß des Verstreckens durch die Geschwindigkeitsdifferenz zwischen Einlauf- und Auslaufwerk vorgegeben wird. Die Verstreckung setzt demnach schon am Anfang des Heizfeldes ein. — T_1: Heizschiene; T_2: Heizung für Dehnungsreduzierung.

sowohl konventionell ersponnen als auch im Schnellspinnverfahren erzeugte Fasern eingesetzt werden können, und das → Simultan- oder → Einzonenverfahren, ersteres bevorzugt für Polyamide, letzteres für Polyesterfasern angewandt.

Streckwerk, Vorrichtung in der Spinnerei, bestehend aus drei oder vier Walzenpaa-

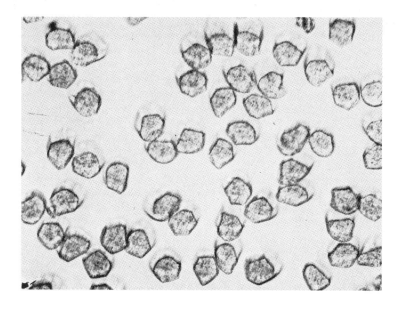

Beispiele für die andersartige Querschnittsverformung durch die Strecktexturierung bei Polyester. Oben: Vestan normal texturiert; unten: gleiches Material strecktexturiert.

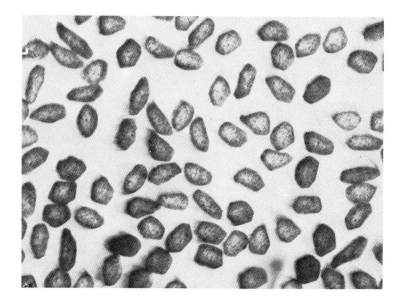

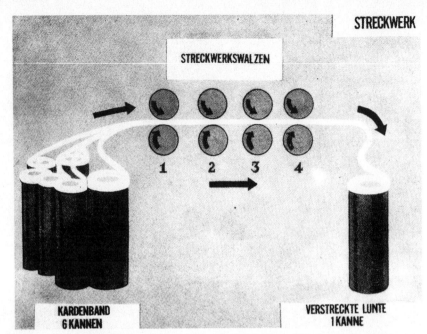

Streckwerk. Mehrere Kardenbänder laufen gemeinsam in ein Streckwerk. Die Walzenpaare 2, 3 und 4 drehen sich jeweils etwas schneller als 1, 2 und 3. Dadurch werden die Bänder in sich verzogen und die Fasern parallel gelegt. Es entsteht die gleichmäßige Lunte

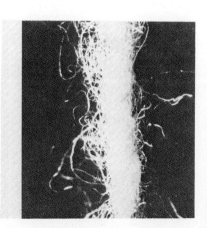

Kammgarn (links) und Streichgarn (rechts)

ren, die in einem der Stapellänge der Fasern entsprechenden Abstand voneinander angeordnet sind. Die folgenden Walzenpaare drehen sich schneller als die vorangegangenen. Die dem Streckwerk vorgelegten Kardenbänder werden in sich verzogen und verlängert, die Fasern dabei parallel zueinander angeordnet.

Streichbaum, Streichriegel, balkenförmige Vorrichtung am mechanischen Webstuhl, über die die gespannte Kette geführt wird und die zu einer gleichmäßigen Anordnung der Kettfäden verhilft. Vgl. → Rispe.

Streichgarn, füllige Wollgarne, die längere und kürzere Wollen enthalten. Im Gegensatz zum → Kammgarn liegen die Fasern nicht parallel, sondern beliebig angeordnet, meistens kräuselig, so daß sich eine rauhe, moosartige Garnoberfläche ergibt. Zu Streichgarnen können auch → Reißwollen verarbeitet werden. - Stoffe daraus entweder handwebartig oder mit → Meltonausrüstung. Streichgarn ist zunächst eine Bezeichnung, die das Herstellungsverfahren und nicht die Qualität kennzeichnet. Streichgarne aus reiner Schurwolle auch mit Synthetics-Beimischung können sehr hochwertig sein. - Vgl. → Untersponnenes Garn.

Streichgarnspinnverfahren, Verfeinerung und Verfestigung des Faservlieses zum → Vorgarn durch Teilen (Spalten) des Flors in schmale Längsstreifen mit anschließendem Verdichten der Fasern durch Zusammenwürgeln in Querrichtung, („Nitscheln", vgl. Nitschelwerk). → Fertigspinnerei auf dem → Selfaktor oder auf der → Ringspinnmaschine, mit Einschränkungen in → OE-Technik. - Gegensatz: → Streckspinnverfahren, → Kammgarnspinnverfahren.

Streichrakel, im Gegensatz zum → Rollrakel lattenförmige Vorrichtung an Flachfilmdruckanlagen, mit der die Farbe gleichmäßig über die Schablone verteilt und auf den Stoff gedrückt wird. - Vgl. → Rakel.

Streifsatin, Bezugstoff für Deckbetten und Kissen mit längsgestreiftem Muster, das durch Wechsel von Ketteffekt und Schußeffekt bei Atlasbindung entsteht, auch buntgewebt. - Vgl. → Stangenleinen, → Damast, → Bettbezug.

Stresemann, kleiner Gesellschaftsanzug für den Tag (nicht so formell wie der → Cut), besteht aus schwarzem oder → marengo Sakko und gestreifter umschlagloser Hose. In Verbindung mit schwarzem Binder kann der Stresemann auch zu Beerdigungen getragen werden.

Stresemann

Stretch, 1. Durch Texturieren hochelastisch gewordene Synthetics-Filamentgarne (vor allem Polyamide mit Falschdraht-Texturierung) mit 180-300% Kräuseldehnung. - Gegensatz: → Set-Garn.
2. Garne und Erzeugnisse aus Baumwolle, die ihre dauerhafte Elastizität durch ein dem Texturieren der Synthetics nachgebildetes Verfahren (z.B. → Lessona-Verfahren) erhalten.

Stretch-core, Umspinnungszwirne mit einer Seele aus unausgeschrumpften, thermisch verformbaren Chemiefaserfilamenten und Naturfasern als Umspinnung oder umgekehrt. - Vgl. → Core-spun-Garn, → Stellanyl, → Lismeran.

Stretch-Stoffe, Gewebe, die durch Kombination elastischer Garne mit unelastischen und in Zusammenhang mit entsprechender bindungstechnischer Gestaltung rücksprungkräftig-elastisch geworden sind, in Bekleidungsstücken das Gefühl des Eingeengtseins vermeiden und den Bewegungen des Trägers folgen. Einzug-Stretch weist nur in Kett- oder Schußrichtung, → Zweizug-Elastic in Kette und Schuß das elastische Material auf. Die Nähte des Bekleidungsstücks müssen die gleiche Dehnfähigkeit aufweisen wie der Stretch-Stoff; der Zuschnitt muß völlig spannungsfrei erfolgen und das Futter entweder elastisch sein oder Bewegungsfalten erhalten. Zu Stretch-Stoffen zählen die mit Gummi verarbeiteten Stoffe ebenso wie die → Elastics, die texturierte Synthetics enthalten, und die durch → Elasthan oder entsprechende → Core-spun-Garne mit besonders weicher und nachgiebiger Elastizität versehenen Gewebe.

Strich, Sonderform der → Meltonausrüstung von Kleider- und Mantelstoffen (Strichausrüstung), wobei die Faserdecke in Längsrichtung gestrichen und durch Dämpfen fixiert wird. Beim Verarbeiten von Stoffen mit Strich muß auf die Strichrichtung geachtet werden. Bei → Loden hat der Strich den Sinn, das Regenwasser nach unten ablaufen zu lassen. - Bei Wolldecken ist darauf zu achten, daß die Knöpfe für das Oberleintuch so angenäht werden, daß der Strich zum Fußende zeigt.

Strichloden, imprägniertes schweres Wollgewebe mit Strichausrüstung.

Strichmohair, hochflauschige Mantelstoffe, deren abstehende Faserenden in Strich gelegt sind. Wärmende Wirkung soll mit wasserabweisendem Effekt kombiniert werden. Die Strapazierfähigkeit hängt von der Qualität der den Strich bildenden Fasern ab. Viskosespinnfaser und → Mohairwolle sind problematisch. Bei Verwendung des Ausdrucks TKG beachten!

Strichnet, siehe unter → Everlasting.

Strichvelours, Mantelvelours mit Strich.

Strick-Fixier-Texturierung, mehrstufiges Texturierverfahren zur Erzielung sehr gleichmäßig gebogter, torsionsfreier Kräuselgarne. Synthetic-Filamente werden auf mehrsystemigen Rundstrickmaschinen zu einem Schlauch verstrickt, thermofixiert und dann wieder aufgezogen. Das aufgespulte Garn ist bei der Verarbeitung sehr empfindlich und muß in Behältnissen mit absolut gleichbleibender Luftfeuchtigkeit aufbewahrt werden. Das Verfahren eignet sich hauptsächlich für Polyamide, weil bei Polyester der Schlauch unter Spannung fixiert werden muß, um die bei freier Schrumpfmöglichkeit entstehende, sehr hohe bleibende Dehnung zu vermeiden. Identisch mit → Crinkle-Verfahren, → Knit-de-Knit-Verfahren. - Vgl. → Crinkled-Krepp, → Trevira-frisée.

Strickgarn, 4-, 6- oder 8fache Zwirne aus zweifachen Vorzwirnen aus Acryl, Wolle oder Baumwolle zum Handstricken. Wollstrickgarne sind meist 4- bis 5fache Kammgarnzwirne.

Strickhandschuh, formgerecht gestrickter, luftdurchlässiger Handschuh aus Wolle, Acryl-HB-Garn bzw. für den Sommer aus mercerisierter Baumwolle.

Strickhemd, gestricktes oder gewirktes Sporthemd, zur Hemdform abgewandelter Pullover, aber aus leichteren Qualitäten.

Strickmaschine, Maschinen, die den Vorgang des Handstrickens übernehmen und aus dem Garn Masche für Masche nacheinander bilden. Die in Nadelbetten untergebrachten → Zungennadeln werden durch das Strickschloß auf und ab bewegt; bei → Flachstrickmaschinen sind die Nadeln linear angeordnet, das Schloß wandert hin und her; bei → Rundstrickmaschinen kreisförmig, der Maschenbildungsprozeß verläuft kontinuierlich. - Vgl. → Maschenwaren.

Strickwaren, im allgemeinen: alle für Oberbekleidungszwecke verwendbaren

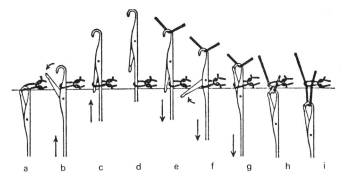

a   b   c   d   e   f   g   h   i

Phasen der Maschenbildung beim Stricken.
a) Die alte Masche ist gebildet, die Zungennadel beginnt sich zu heben.
b) Die alte Masche öffnet die Zunge, bis sie
c) über sie hinweggleitet und d) hinter der Zunge auf den Schaft zu liegen kommt
e) Der neue Faden wird gelegt,
f) die Nadel gleitet nach unten, die alte Masche schließt die Zunge,
g) die alte Masche gleitet über die Zunge und schließt den gelegten Faden ein,
h) die neue Masche wird durch die alte hindurchgezogen.
i) Die Nadel hat den tiefsten Punkt erreicht, die Ware wird abgezogen und bei der folgenden Anhebung der Nadel Pos. a) erreicht.

Maschenwaren ohne Rücksicht auf die Herstellungstechnik, im engeren Sinne mit Hilfe von Zungennadeln hergestellte Maschenwaren. Der in der Praxis bedeutungslose Unterschied zu → Wirkware besteht darin, daß beim Maschinenstricken wie beim Handstricken jede Masche für sich geformt und zu Ende gestrickt wird, während beim Wirken stets mehrere Maschen gleichzeitig in Arbeit sind.

Striemenmuster, unregelmäßiges Farbmuster bei glatten Kulierwaren, das durch Zusammenführen verschiedenfarbiger Garne erreicht wird, die wahllos ihre Lage auf dem Fadenführer und auf den Nadeln wechseln, so daß in unregelmäßiger Folge bald die eine, bald die andere Farbe auf die Oberseite gelangt.

Strongcord, schappegesponnenes Nähgarn für Maschenwaren aus Polyesterspinnfaser mit hoher Reiß-, Scheuer- und Naßfestigkeit.

Struktur von Fasern, wird bestimmt durch die Faserform (gleichmäßig oder gewunden), den Faserquerschnitt (rund, pilzförmig, knochenförmig usw.) und die Faseroberfläche (z.B. glatt, gerillt, geschuppt). Als → Aufbaueigenschaft bestimmt die Struktur die Verspinnbarkeit in hohem Umfang.

Strukturgardine, durchbrochene Gardinenstoffe vom Raschelstuhl mit einer durch Effektgarne erzielten plastischen Musterung in wechselnder Dichte. Vgl. → Fallblechmuster, → Inbetween, → Langschuß-Gardine, → Stickstore.

Strukturgewebe, füllige und für den Sommer meist poröse Gewebe in Bindungen, die eine mustermäßig erhabene Oberfläche und oft einen körnigen Griff hervorrufen.

Strumpfhaltergürtel, Miederware, die nur auf dem Hüftknochen aufsitzt und nicht formt. Seit dem Vorherrschen der Feinstrumpfhosen bedeutungslos geworden;

neu hingegen ist der → Tanzgürtel. - Vgl. → Sportgürtel, → Hüftgürtel.

Strumpfhose, einteilige Beinbekleidung mit angeschnittenem Schlüpferteil; für Kinder gestrickt; in Feinstrumpfform auf Rundstrickmaschinen auch nahtlos herstellbar.

Strusen, beim Bürsten oder Schlagen der Seidenkokons übrigbleibender Rohstoff, der nicht abhaspelbar ist und in der Schappespinnerei verarbeitet wird.

Stuhlware, ohne nachfolgenden → Ausrüstungs- oder → Veredlungsprozeß verwendbare, „rohe" (auch buntgewebte) Webware.

St.-Tropez-Hemd, ärmelloses, oft geschmücktes schrittlanges Hemd im → T-Shirt-Stil aus Single-Jersey.

St.-Tropez-Hose, anderer Ausdruck für Nabelhose.

St.-Tropez-Hemd

Stückfärbung, Färbung fertige Gewebebahnen oder Maschenwaren, unkompliziertteste Färbemethode; vgl. → Jigger, → Foulard. Die Färbungen sind weniger gleichmäßig und echt als bei → Flockefärbung, → Garnfärbung oder → Strangfärbung.

Stufenbluse, Blusenart, die im Rock getragen wird, mit stufenartiger Querbetonung in der Vorderfront durch sich überlappen-

de Stickereiborten oder breite abgenähte Blenden.

Stufeneinlage, andere Bezeichnung für → Mehrbereichseinlage.

Stufenrock, meist bauschige, bis knöchellange Röcke mit deutlicher Querbetonung. An einen festen Bund werden stufenförmig Gewebebahnen angekraust und angesetzt.

Bauernrock   Stufenrock

Stuhltuch, Baumwoll- oder Leinengewebe, die aus gebleichten Garnen hergestellt werden und nach dem Weben keine Ausrüstung mehr durchmachen.

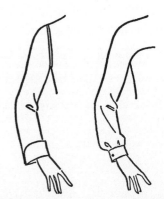

links: Stulpenärmel, rechts: Manschetten-ärmel

Stulpe, Ärmel- oder Hosenschnitt, der das einmalige Umlegen des Stoffes gestattet.

Stumba, andere Bezeichnung für Bourettegarn.

Stummelfestigkeit, Widerstandsfähigkeit von Textilien (insbesondere aus Synthetics) gegen Lochbildung durch Schmelzen.

Stummel-Kimono, Bekleidungsstücke mit angeschnittenem Kurzarm ohne Ärmelverarbeitung.

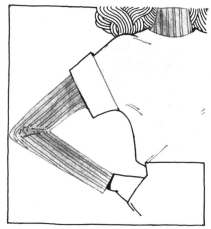

Stummelkimono

S-Typen, unfixierte Sondertypen bei → Polyacrylfasern, die stark schrumpfen, wenn sie gekocht oder bei genügend hohem Druck gedämpft werden. - Vgl. → Differential-Schrumpfverfahren.

Sublacryl, Spezialpapier für → Thermodrucke (→ Sublistatic-Druck) für → Transferdrucke auf Stoffen aus Acrylfasern, ermöglicht ohne Nachbehandlung intensive, klare Farben.

Sublicotton, → Sublistatic-Druck auf speziell vorbehandelte Baumwolle und Mischungen (Polytransfer) mit Hilfe spezieller Papiere.

Sublifix-Verfahren, modifizierter → Thermodruck für Kleinstauflagen; eine ein- oder mehrfarbige Vorlage wird in einem speziellen Fotokopier-Verfahren auf ein Transferpapier übertragen und gleichzeitig einfarbig abgewandelt. Das zu bedruckende Stoff- oder Kleidungsstück wird zusammen mit dem Transferpapier zwischen die Platten einer beheizten Presse gelegt und nach 30 sec. bedruckt entnommen; es eignen sich Textilien mit einem Mindestanteil von 65% Polyester.

Sublistatic-Druck, sogenanntes → Transfer- oder → Umdruckverfahren, bei dem zunächst ein Papierband in vierfarbigem Kupfertiefdruckverfahren, Offset-, Rota-

Stumpe, kegelförmige Rohform aus Filz oder Stroh, aus der Hüte geformt werden.

Stutzer, Mittelding zwischen Mantel und Joppe, kurz „gestutzter" Wintermantel.

Stützstrumpf, Kompressionsstrümpfe für Damen und Herren aus elastischen Umspinnungszwirnen aus synthetischen Filamenten, deren Wirktechnik und Formung die Gefahr drohender Blutstauungen in den Beinen verringern und den Rücktransport des Blutes ins Herz fördern soll. Vorbeugung und Entlastung bei Krampfadern. Preis und Wirkung sind weitgehend abhängig von der Güte des → Core-spun-Materials und der paßformgerechten Fertigung.

Stutzer

tionsfilm- oder Flachsiebdruckverfahren mit sublimierbaren Dispersionsfarben bedruckt wird und dann Ware und Papierband in Spezialkalandern bei fast 2000°C aufeinandergepreßt werden. Dabei wandert („sublimiert") nur der Farbstoff in der für den Papierdruck charakteristischen Feinheit der Durchzeichnung auf den Stoff; im Gegensatz zum → Stardruck ist eine Nachbehandlung nicht nötig. Die Farben und das Verfahren eignen sich im wesentlichen nur für Polyester- und polyesterhaltige Mischgewebe; Naturfasern nehmen die Farben nicht an, werden aber auch nicht geschädigt. Baumwolle nimmt die Farben nur dann an, wenn sie einer entsprechenden Vorbehandlung unterzogen wurde, (Vgl. → Sublicotton) und spezielle für Baumwolle entwickelte Papiere Verwendung finden. Bei Baumwoll-Polyester-Mischgeweben ist diese Vorbehandlung nicht nötig, verbessert aber die → Farbaffinität. Unter Verwendung besonderer Papiere ist Sublistatic-Druck auch auf Stoffen aus Acrylfasern (→ Sublacryl) möglich; eine Nachbehandlung ist nicht nötig. Da die Diffusion des Farbstoffs hohe Temperaturen notwendig macht, die Gefahren thermoplastischer Verformung von Polyester bringt, werden die z.T. sehr optimistischen Zukunftsaussichten des Verfahrens von der Hitzebeständigkeit der PE-Fasern oder der Herabsetzung der Diffusionstemperaturen abhängig sein.

Substantivfarbstoffe, bekannte Farbstoffart, die direkt (ohne Beize) aufgebracht werden kann. Die wasserlöslichen Färbungen sind nicht sehr wasch- und lichtecht, die Färbungen aber unkompliziert und preiswert. Möglich bei Baumwolle, Zelluloseregeneraten und deren Mischgeweben mit Wolle; einige Spezialsortimente auch für Synthetics. Die Wasch- und Schweißechtheit kann durch Nachbehandlung mit Metallsalzen verbessert werden. Am echtesten sind die Substantivfarben auf Naturseide, Marken: Sirius, Diamin, Diazo.

Substanzeigenschaften, die den Rohstoffen selbst eigenen Eigenschaften (→ Reiß-

festigkeit, → Dehnung). - Gegensatz: → Aufbaueigenschaften.

Substanzmodifizierte Spezialfasern, sogen. → „Chemiefasern der zweiten Generation", Synthetics, die gegenüber den Grundtypen durch → Multipolymerisation (→ Copolymerisate, → Blockpolymerisate, → Pfropfpolymerisate) abgewandelt sind oder aus mehreren Komponenten bestehen (→ Bikomponentenfasern, → Heterofasern, → Heterofilfasern). Ziel ist die Veränderung bestimmter Eigenschaften (z.B. eingebaute → Antistatik, Veränderung der → Farbaffinität oder des Schmelzpunktes).

Suedana, PUR-beschichtetes Velourslederimitat auf 100% Viskose.

Suède, (sprich: süäde), glatter, eleganter Seidenkrepp mit glatter Kette und 2S/2Z-gedrehtem Schuß, im Gegensatz zum Lavabel aber in einer abgewandelten Tuchbindung, die Schiebefestigkeit garantiert und matten Glanz hervorruft.

Suèdeleder, anderer Ausdruck für → Dänischleder.

Suède-Look, Sammelbegriff ·für die vom Stoff mit wildlederartigem Charakter bestimmte Moderichtung (→ Scrubbed Denim, → Duvetine, → beflockte Wildlederimitate).

Suedin, japanisches Kunstleder im Wildledercharakter; mit PUR-Laminaten beschichtete Gewebe; regenecht, waschbar, leicht zu verarbeiten.

Sulfone, amerikanische Hochveredlung; Veränderung der Molekularstruktur der Zellulose der Baumwolle und der Zelluloseregenerate. - Vgl. → Kunstharzfreie Pflegeleichtausrüstung.

Sulzer Webmaschine, oberbaulose und schützenlose Webmaschine, bei der der Schußfaden von einem in einer Führung gehaltenen Greiferschützen übernommen, von einseitig am Webstuhl angebrachten Kreuzspulen abgezogen und durch das Fach transportiert wird. Da der Schützen keine Garnspule trägt, werden nur geringe Massen durch das Fach bewegt, das Fach

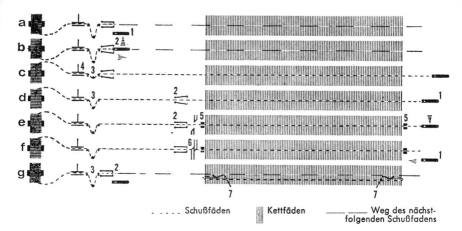

Schema des Schußeintragverfahrens bei der Sulzer Webmaschine

a) Der Schützen 1 kommt in Abschußstellung.

b) Der Fadengeber 2 öffnet sich, nachdem der Schützen das dargebotene Schußfaden-ende übernommen hat.

c) Der Faden ist vom Schützen durch das Fach gezogen worden, wobei der Fadenspan-ner 3 und die Fadenbremse 4 so wirken, daß der Faden möglichst wenig beansprucht wird.

d) Der Schützen 1 wird im Fangwerk zurückgeschoben, während der Fadenspanner 3 den Schußfaden leicht gestreckt hält. Gleichzeitig bewegt sich der Fadengeber 2 nahe an die Kante des Gewebes.

e) Der Fadengeber 2 übernimmt den Faden, während die Leistenklemmen 5 den Schuß-faden auf beiden Seiten des Gewebes fassen.

f) Der Faden wird von der Schere 6 durchgeschnitten und vom Schützen 1 im Fangwerk freigegeben. Der Schützen wird dann auf die Transportvorrichtung ausgestoßen.

g) Der Faden ist vom Riet angeschlagen worden. Die Leistennadeln 7 legen die Fadenen-den in das nächste Webfach ein (Einlegeleiste). Der Fadenspanner 3 hat die beim Rück-gang des Fadengebers 2 freiwerdende Fadenlänge aufgenommen. Der nächste Schüt-zen wird in Abschußstellung geführt.

kann klein sein, die Beanspruchung der Kette ist gering. Da der Schützen auf anderem Wege zurückkehrt, kann ohne Wartezeit der nächste Schützen folgen. Wegen der großen Menge des auf Kreuzspulen gelagerten Schußgarns ergeben sich kaum Stillstandszeiten; bei einseitigem Schützenwechsel kann jeder Schußfaden zur Musterung beitragen. Da keine Schußumkehr erfolgt, sind Gewebe von der Sulzer Webmaschine leicht an der Kante erkennbar; das abgeschnittene Schußfadenende wird umgebogen und mit eingewebt. Es sind höchstens 18 Schäfte und vierfarbiger Schützenwechsel und Gewebebreiten bis 330cm möglich; die Maschine eignet sich für leichte, mittlere und mittelschwere Warengewichte. - Vgl. → Webmaschine, → MAV.

Summerdarks, sommerlich-leichte Gewebe in warmen, dunklen Farben.

Sunn, nachträglich in das TKG aufgenommene Faserbezeichnung für die aus der in

Indien, Pakistan, Indonesien und im südlichen Asien angebauten Crotelaria juncea gewonnene, → hanf-ähnliche Stengelfaser. Die Faser wurde früher meist als „Bombay-Hanf" (Bombay hemp) oder „Madrashanf" bezeichnet und ist weicher, aber weniger fest als → Hanf. Verwendung in der Seilerei für Schnüre, Netze und Säcke. - Vgl. → Sisal, → Henequen, → Maguey.

Super Cotton, → kunstharzfreie Pflegeleichtausrüstung für Baumwollgewebe (→ RAL-Gütezeichen). - **Super Cotton S,** Hemden und Blusenstoffe aus 84% Baumwolle und 16% Polyamiden; die Gewebe sollen die Scheuerfestigkeit und Pflegeleichtigkeit der Synthetics mit dem angenehmen Tragegefühl der Baumwolle verbinden. Die Qualität wird bis zum Fertigerzeugnis überwacht. Vgl. → Sulfone, → Quikoton, → TEB-X-CEL, → Fixapret.

Superposé, Surposé, Applikationen häufig in → Guipure-Technik, auf Stickereien, bei denen die Motive des Fonds oder andere Motive eigens gestickt, dann ausgeschnitten und auf die Grundstickerei von Hand aufgenäht, oder aufgebügelt werden. Ein Teil der Applikation kann frei beweglich bleiben. Sehr hochwertig, vor allem für die → Couture bestimmt.

Superwash, Filzfrei- und Pflegeleicht-Ausrüstungsverfahren für Gewebe und Maschenwaren aus reiner Schurwolle, waschmaschinenfest bis 30°C. Die Kammzüge oder Kardenbänder werden zunächst faserschonend oberflächlich vorchloriert und mit einem Polyamid-Epichlorhydrinharz in einem Bad überzogen, wodurch auch die Anfärbbarkeit mit Reaktiv-Farbstoffen verbessert wird. Maschen- und Webwaren können bis 40°C im Schongang in der Waschmaschine gewaschen, geschleudert oder auf dem Bügel hängend getrocknet werden. Vgl. → Antifilzausrüstung, → Basolan.

Suprapan, modifiziertes Falschdrahtgarn aus Dralon-Filament für die Flach- und Rundstickerei; voluminös, matt, leicht zu verarbeiten, muß nicht mehr fixiert werden,

im Farbausfall gleichmäßig (keine Gefahr von Farbansätzen oder Farbringeln).

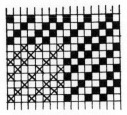

Einfacher Mehrgratköper, für Surah geeignet (Schußköper). Rapport: Kreuzchen

Surah (sprich Sürah, Ton auf a), französischer Ausdruck für „Twill", seit 1960 insbesondere angewandt für Naturseiden- und Acetatqualitäten, die eine ausgeprägt deutliche Köperrippe aufzuweisen haben und dem Druckmuster einen eigenartigen Charakter verleihen.

Susliki, „Ziesel", Eichhörnchen-ähnliches Nagetier mit relativ straffem, sehr strapazierfähigem Fell, ähnlich → Wiesel und → Hamster als Futterpelz verwendet.

Sweater, grob gestrickter Sportpullover mit Rollkragen und langem Arm.

Sweatshirt, sprich: swätschört = Schweißhemd, nicht: „sweet" (süß); winterliches, locker geschnittenes → T-Shirt mit V-Ausschnitt und Ausschlagkragen, meist aus innen gerauhtem Baumwoll-Trikot.

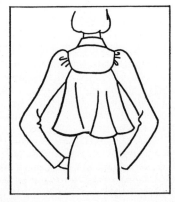

Swinger

Swinger, weitgeschnittenes, in Kollerhöhe und am Ärmelansatz angekrautes taillenkurzes Jäckchen mit langem Arm.

Swing-Pocket, auch „Scoop-Pocket", „Bananentasche"; bogenförmig fast waagerecht eingeschnittene Stecktasche an Jeans mit gesteppter Kante.

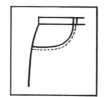

Swing-Pocket

Swing-Rock, Rockform der ausgestellten Richtung, der noch tiefer eng gehalten ist als der normale ausgestellte oder der englische Rock, dann aber in Glockenform aufspringt.

Sybiola, nach dem Falschdrahtverfahren texturiertes Garn aus 75% Acetat und 25% Polyamid mit guter Formbeständigkeit für Strickwaren; pflegeleicht, leichter Glanz.

Sylkharesse, Spezial-Teppichfaser (Rhône-Poulenc) aus Polyamid für luxuriöse Fertigware mit vollem, weichem Griff in hochwertiger Konstruktion mit fixierten Garnen bei einer Polhöhe von etwa 12 mm, qm-Polgewicht 1000 g dtex 11. - Fertigfabrikat: „Silky-Look".

Sympa fresh, Qualitätsmarke mit Kontrolle bis zum Endprodukt für Unterwäsche aus 50 % supergekämmter Baumwolle und einer Diolen-Spezialtype, kochfest und bis 60°C waschmaschinenfest, nicht einlaufend.

Sympalook, Markenzeichen für ein Sportstoffprogramm aus elastisch texturiertem Nylon und Diolen/Viskosespinnfaser bzw.

Swing-Rock

Swiss-look, jugendlicher Stil der Nachtwäschemode, vor allem aus bestickten Batisten, mit Passen, Koller und Bordüren, wie ein Herrenhemd lose fallend.

Swissnet, Einbindungsform bei → Bobinet-Gardinen nach dem Prinzip von → Double-tie mit einem zusätzlichen feinfädigen Musterfadensystem, das im Gegensatz zu → Everlasting die Fläche nicht voll überzieht, sondern Aussparungen freiläßt. Musterwirkung ähnlich → Double action.

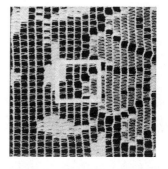

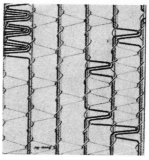

Swissnet

Wollkammgarn mit einer Gesamtelastizität von 30-35 %; bei Einsatz von Elasthan statt Nylon reicht die Elastizität bis zu 60 % (Glanzstoff).

Sympatent, Mischgewebe für Herrenhemden und Blusen mit Popelinecharakter, bügelfrei und pflegeleicht, Kombination aus Perlon endlos und Diolen/Baumwolle.

Synthese-Fasern, Gruppe der → Chemiefasern aus → Polymeren, die durch → Polyaddition, → Polymerisation oder → Polykondensation entstanden sind; Ausgangsstoffe sind demnach einfache anorganische Chemikalien; die Polymere selbst kommen in der Natur nicht vor. Zellulosederivate (Acetat, Viskose) oder Proteinderivate (regeneriertes Protein, → Eiweißfasern) zählen nicht zu den Synthetics. - Vgl. → Polyamid, → Polyester, → Polyacryl, → Polyolefin, → Vinylal (Polyvinylacetat), → Vinyliden, → Multipolymerisat, → Fluoräthylen, → Polyurethan, → Polypropylen, → Polychlorid, → Trivinyl, → Elasthan.

Synthetics, Kurzbezeichnung für → Synthese-Fasern.

Synthetische Gerbeverfahren, im Gegensatz zu den → mineralischen und den → vegetabilischen Gerbstoffen Verwendung von zur Lederherstellung geeigneten oder eigens entwickelten Chemikalien (Phenole, → Formaldehyd), vor allem zur Herstellung von → Waschleder. - Vgl. → Gerbeverfahren.

Synthrix, Garne aus 80 % Polynose- und 20 % Acrylfasern für Jerseystoffe und feine Strickwaren.

Synthrofur, vgl. Moltofur, schaumstoffkaschiertes Zweipolgewebe für Pelzimitationen mit synthetischem Flor (meist Rhovyl-Nylon-Decke, aber auch mit einem Flor aus Orlon).

Syntric, Spezialgarn für Strickwaren und Herrenfreizeithemden aus Dolan mit 45 % anderen Chemiefasern (Zellwolle).

System-Mischung, Vereinigung von Garnen aus verschiedenen Rohstoffen oder verschiedener Mischungsverhältnisse in Web- und Maschenwaren; bei Webwaren findet sich das eine Material in der Kette, das andere im Schuß, bei Maschenwaren werden die verschiedenen Garne getrennt von einander verarbeitet oder → plattiert. - Gegensatz: → Intim-Mischung. Kombination aus Intim- und System-Mischung ist möglich.

T

Tab-Kragen, sprich: Täb, kleiner Kragen mit geknöpftem Verbindungssteg oder entsprechendem Metall-Verschluß.

Täbris, dicht geknüpfter, widerstandsfähiger und kurzgeschorener persischer → Orient-Teppich mit regelmäßiger Musterungsanordnung, in der Mitte Medaillon. Häufig Jagdteppiche.

Taches-Dessin, (sprich: Tasch), motivlose Farbklecksdessins, bei denen die Wirkung der Anlage des Musters völlig hinter der Farbwirkung zurücksteht.

Taft, veraltet: Taffet, Gewebe aus Naturseide oder Chemiefaserfilamenten für Kleider und als Futter in Leinwandbindung (Taftbindung). Im Gegensatz zum → Toile zeigt Taft stets feinfädige Kette und etwas fülligeren Schuß und somit popelinartiges Bild (Vgl. → Faille). Taft ist halbsteif, also nicht weich ausgerüstet und somit knitteranfällig. - Vgl. → Pongé.

Taftbindung, in der Seidenweberei gebräuchlicher Ausdruck für Tuch- oder Leinwandbindung.

Taftsamt, → Schußsamt mit Tuchbindung als Grundbindung; Gegensatz ist der (hochwertigere) → Köpersamt.

Tagesdecke, im Gegensatz zur → Zudecke ein- oder zweibettige Decke, die untertags über die Betten zur Zierde und zum Staubschutz gebreitet wird, aus ungesstepptem → Damassé, gesteppt mit dünner, leichter → Fiberfill- oder Baumwollfüllung; aus Modegeweben, → Chenille, → Malimo- oder → Malipol-Stoffen, sowie aus echten oder → Raschel-Spitzen, oft durch → Volants verziert. Luftdurchlässigkeit ist zur Durchlüftung der Bettausstattung vorteilhaft.

Tailleur, ursprünglich Bezeichnung für schneidermäßig aufgemachte Kostüme (→ Schneiderkostüm, im Gegensatz zum modischen Kostüm, → französischen Kostüm, → Topperkostüm), heute angewandt für alle taillierten Damenmäntel und für zierliche Kostüme mit kurzer Jacke. - In französisch sprechenden Ländern Allgemein-Ausdruck für alle Damenkostüme.

Tailor made, Kostüm im englischen Stil, vielfach mit langgezogenem, schmalem Revers, ein Knopf über der Taille, aufgesetzte Taschen und zwei Seitenschlitze nach Art der Herrenmode. Entscheidend für die Zuordnung ist die exakte Verarbeitung vor allem der Reverspartie.

Tajmir, noch in Erprobung befindliche neue Polyamidfaser (Alrac), ein Nylon 4, mit der speziellen Eigenschaft, Feuchtigkeit zu absorbieren. Die Herstellungsprobleme liegen in der thermischen Unbeständigkeit des Ausgangsmaterials (monomeres 2-Pyrrolydon).

Tak-dyeing, Variante zum → Spacedyeing. Mustergebendes Färbeverfahren für → Tufting-Teppiche, wobei auf rohweiße oder vorgefärbte Ware verschiedenfarbige Flecken von unterschiedlichem Durchmesser mit Hilfe einer Tropfmechanik aufgetragen werden. - Vgl. → Partienweise Färbung.

Talar, Amtstracht von Professoren, Richtern und Priestern beider Konfessionen; stets knöchellang und mit langen Ärmeln, weit geschnitten und in der Regel mit rückwärtigem Verschluß.

Talertupfen, markstückgroße, regelmäßig verteilte Tupfen.

Tambour, große Trommel an Spinnerei- und Ausrüstungsmaschinen.

Tampico-Faser, im TKG nicht erwähnte Blattfaser von einer dem → Sisal ähnlichen Agavenart aus Mexiko.

Tanga, Mini-Bikini mit besonders knapp geschnittenen Höschen und Oberteilen.

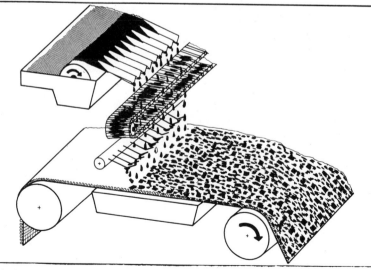

Tak-dyeing

Tanguis, von einer perennierenden Staude stammende peruanische Baumwollsorte; ergibt Fasern von hohem Weiß-Grad.

Tanzanzug, festlicher, jugendlicher Anzug mit steigendem Fasson in eleganten, dunkel gemusterten, also nicht uni-schwarzen Stoffen; kann zu weißen Hemden mit Fantasieweste getragen werden. Vielfalt in den verwendeten Stoffen, auch gemusterter Samt. - Vgl. → Party-Anzug.

Tanzgürtel, verspielter, verzierter, ganz schmaler, jugendlicher → Strumpfhaltergürtel, der mit Slip oder → French Knikkers bzw. → Tanzschlüpfer kombiniert getragen werden kann.

Tapestry-Teppich: a) Unterschuß, b) Oberschuß, c) bedruckte Florkette, d) doppelte Bindekette, e) Grundkette

Tanzgürtel mit Slip, rechts außen Tanzschlüpfer (French Knicker).

Tanzkleid, jugendliches, beschwingtes Kleid aus seidig wirkendem Stoff, mit halbweitem oder weitem Rock, weniger wertvoll und festlich als Cocktailkleid, nicht so streng und damenhaft wie das Dinnerkleid.

Tanzschlüpfer, vor allem für die weibliche Jugend bestimmter, verspielt verzierter Schlüpfer mit längerem Bein, der den Oberschenkel einschließlich des Strumpfdoppelrandes bedeckt.

Tapestry, kettgemusterte (partiell gefärbte oder in der Kette bedruckte) Rutenteppi-

che mit unaufgeschnittenem Pol (Tapestry-Brüssel) oder mit aufgeschnittenem Flor (Tapestry-Velours). Bei den bedruckten Tufting-Teppichen wird der fertig gewebte Teppich bedruckt.

Tapiflor, Viskose-Grobfaser für Teppiche (Lenzing).

Tapilon, → Copolymer, → Heterofilfaser aus Polyamid 6 und 6.6 (→ Dipolyonfaser).

Tarlatan, feiner, leichter und durchsichtiger, recht steif appretierter Baumwoll- oder Viskosestoff für Faschingskostüme.

Tarpauling, in der Kette doppelfädig gewebtes, festes und grobes Jutegewebe für dichte Säcke.

Tartan, Karomuster, die in Originalfarben und Musterstellungen denen der schottischen Adelshäuser entsprechen.

Tasche, aufgenähter oder eingeschnittener Beutel an Bekleidungsstücken mit oder ohne Patte und zum Teil funktionell, z.B. als modisches Charakteristikum gestaltet. - Vgl. → Blumentopftasche, → Cargotasche, → Kuverttasche, → Stecktasche, → Schubtasche, → Pattentasche, → Beuteltasche, → Billettasche, → Blasebalgtasche, → Faltentasche, → Flaptasche, → Mufftasche, → Durchgrifftasche, → Leistentasche, → Rahmentasche, → Tütentasche, → Schneidertasche.

Taschenfutter, Futterstoffe aus Baumwolle

oder Perlon sowie aus Trevira 6.6.0 (waschfest, maßbeständig, scheuerfest und pflegeleicht) für Hosen- und Sakkotaschen, siehe unter → Hosentaschenfutter, → Milanaise, → Pocketing, → Moleskin.

Taschentuch, Schnupf-, Schneuz- oder Ziertuch aus Geweben oder Papier.

Taschentuchmuster, Gewebemusterung in einer dem Taschentuch entlehnten Art der Verkreuzung von Atlasstreifen.

Taslan-Ausrüstung, nach dem → Luftdüsenbauschverfahren (siehe unter → Düsenblasverfahren) texturierte Chemiefaserfilamente, die durch die Behandlung leicht aufgerauht werden, kleine Schlingen und Schlaufen enthalten. Gewebe und Maschenwaren daraus zeigen textileren Griff und höheres Volumen. - Vgl. → Diolen GV, → Verwirbelung, → BFC-Garn.

Tattersall-Karo, Musterungsrichtung bei Stoffen für Herren-Freizeithemden; nicht zu groß (ca. 2 cm), rapportierende, meist zweifarbige Fadenkaros auf hellem Fond.

Tau-Rotte, Tau-Röste, Gewinnungsmethode für Bastfasern; der Röstvorgang der auf Wiesen und Feldern ausgebreiteten Stengel erfolgt durch den Wechsel von Sonne, Regen und Tau, der die Entwicklung bestimmter Pilze fördert. - Vgl. → Röste, → Kaltwasserrotte, → Warmwasserrotte.

TC, „→ Tetoron-Cotton", international übliche Bezeichnung für Polyester/Baumwoll-Mischgewebe, vor allem Hemden- und Blusenstoffe.

Teb-x-cel, → kunstharzfreie Pflegeleichtausrüstung für Baumwolle der engl. Tootal-Gruppe, Behandlung mit Sodium-Äthylsulfat-Sulfonium. Behandelte Gewebe trocknen ohne Bügeln schnell, auch wenn sie durch die Wringmaschine gegangen sind; Abtropftrocknen ist unnötig. Die Stoffe können faltenfest gemacht werden, bleiben einlaufsicher und behalten ihren weichen Griff. - Vgl. → Sulfone, → Super Cotton, → Quikoton, → Fixapret.

Teddy, → Samt, genauer → Plüsch, mit langem, stehenden Flor für Damenmäntel

und als Futter für Winterbekleidung. Besonders weich und flauschig. - Vgl. → Pelzimitationen, → Kettsamt.

Teflon, Fluoräthylen, Chemikalie mit hoher chemischer Beständigkeit, auch zur Beschichtung von stark der Reibung unterworfenen Maschinenteilen verwendet; als Faser: Multifile Filamente und Spinnfasern (DuPont) für technische Zwecke; hochhitzebeständig, kaum zu färben. - Lt. TKG: → Fluorfaser.

Teilung, Feinheitsbezeichnung von Wirk- und Strickmaschinen, die die Nadelzahl auf engl. oder franz. → Zoll angibt und meist historische Grundlagen hat.

Teilfärbung von Garnen, siehe unter → Partienweise Färbung. - Vgl. → Space dyeing.

Teklan, lt. TKG: Modacryl, Multipolymerisat aus 50% Acryl und 50% Vinylidenchlorid, Endlosfaser und Spinnfaser (Courtaulds), schwer entflammbar, strapazierfähig und fest, dabei als Filament seidenähnlich, als Spinnfaser auch für flauschige Maschenwaren geeignet.

Television-Stil; links: Judo-Jacke, Mitte: Schlupfbluse (Marinière), rechts: leichte Überbluse zu Bermudas

Television-Stil, im Zeichen der Fünf-Tage-Woche und des Fernsehens entstandene saloppe Moderichtung, vor allem für bequeme und strapazierfähige Hausbekleidung für Damen, Herren und Kinder.

Telogen-Farbstoffe, für Polyamide und Polyurethan geeignete → Metallkomplexfarbstoffe mit recht guten Echtheiten.

Tellerärmel, für festliche Sommerkleider aus steifem Material bevorzugter Ärmel, der an der verlängerten Schulter angekraust wird.

Teneriffa-Stickerei, siehe unter → Broderie anglaise.

Tennisstreifen, schmale, farbige Streifen in breiterer Stellung auf Wollstoffen mit weißem oder rohweißem Fond; klassisch: Marineblau auf Weiß.

Teppich, Sammelbegriff für alle Bodenbeläge aus textilem Material, die den ganzen Raum oder zumindest einen großen Teil bedecken. Man unterscheidet gewebte Teppiche ohne Flor (Kokos-, Sisalteppich), Teppiche mit unaufgeschnittenen Polketten (→ Brüssel, → Bouclé), mit aufgeschnittenen Polketten (→ Velours, → Tournay), mit vorgewebtem Polmaterial (→ Chenille-Teppich = → Axminster-Teppich), → Nadelflorteppiche (→ Tufting) sowie maschinen- und handgeknüpfte Teppiche. - Daneben kennt man Läufer (Meterware), → Brücken, → Bettumrandungen und Auslegeware. - Vgl. → Orientteppich, → Tapestry, → Karo-Loc, → Kidderminster; → Titermischungen, → Teppichfaser.

Teppichdruck, Sonderform des Stoffdrucks, bei dem das Problem der großen Farbmengen gelöst werden muß, die auf die Polketten mustermäßig aufgetragen werden. Dies geschieht entweder im → Thermo-Umdruck-Verfahren oder mit Hilfe von Druckwalzen im → Reliefdruck, wobei die musterbildenden, erhabenen Stellen der Walzen mit schwammartigem Kunststoff belegt sind, die sich in einem Farbtrog voll Farbe saugen und diese beim Anpressen an den Teppichflor abgeben, wobei der Anpreßdruck zur Regulierung der aufzutragenden Farbtiefe verändert werden kann. Im Gegensatz zur partiellen Kettfärbetechnik (→ Tapestry) ist der Flor beim oberflächlich bedruckten Teppich nicht bis zum Grundgewebe durchgefärbt. - Vgl. → Tak-dyeing, → Space-dyeing.

Teppichfaser, auf die Erfordernisse der für die Herstellung von Teppichen geeigneten Garne abgestimmte Fasern mit grobem Titer und hoher Biegeelastizität und meist rundem als ovalem Querschnitt bei unregelmäßiger Kräuselung; Schnittlänge 180-280 mm. Bei Polyamiden eignet sich für Teppichgarne am besten der → Trilobale Querschnitt (→ Antron). - Vgl. → Flornylon, → Cumuloft, → Allyn 707, → Danuflor, → Evlan, → Tapiflor, → Timbrelle. - Die meisten Teppichgarne bestehen aus → Titermischungen, die in einem bestimmten Verhältnis grobe, mittlere und feiner Sorten enthalten. - Vgl. → BFC-Garn.

Teppichkäfer, Textilschädling, dessen Larve sich wie die der → Motte von keratinhaltigen Substanzen ernährt. Der Käfer ist dem Marienkäfer ähnlich, im Gegensatz zu dessen abgesetzten, runden Punkten ist seine Zeichnung auf den Flügeldecken unklar und gebändert. Die bis zu 5 mm große Larve ist regelmäßig behaart, elliptisch, klar segmentiert und braun bis schwarz. - Vgl. → Pelzkäfer, → Mottenschutz.

Teppichkäfer

Teppichknoten, Form, in der beim handgeknüpften → Orient-Teppich der den Pol bildende kurze, farbige Wollfaden über zwei benachbarte, gespannte Kettfäden eingeknüpft wird. Die Enden dieses Fadens hängen nach vorne heraus und werden mit dem Knüpfmesser grob auf die gewünschte Länge abgeschnitten. Die eingeknüpften Fäden werden nach jeder Knüpfreihe durch einen oder mehrere tuchbin-

1 Florgarn
2 Kettfaden
3 Schußfaden

Persischer Knoten, Sennehknoten

1 Florgarn
2 Kettfaden
3 Schußfaden

Türkischer Knoten, Ghiordesknoten

dende Schüsse festgehalten. Beim → türkischen Knoten umfaßt die Fadenschlinge die Kettfäden von oben, die Enden treten gemeinsam zwischen zwei benachbarten Kettfäden hervor, während beim → persischen Knoten nach jedem Kettfaden ein Polfadenende erscheint.

Teppichrücken, auch → Compound, wesentliches Qualitätsmerkmal von → Tufting-Teppichen, besteht aus dem Trägermaterial, in das die Noppen eingetuftet sind (früher Jutegewebe), neuerdings zur Vermeidung des Durchscheinens ungefärbten Trägermaterials vor allem Flachgarngewebe aus Polypropylen (→ FLW-Gewebe, → Flachfaser) oder Vliese (→ Typar, → Bidim, → Lutradur, → Colbond) und der Beschichtung, die eine verbesserte Rutsch- und Schnittfestigkeit, erhöhte Wärme- oder Schalldämmung sowie Erleichterung des Verlegens zum Ziel hat. Die Beschichtung besteht meist aus einem Vorstrich mit → Latex (auch synthetisch auf Basis Styrol und Butadien) und der Schwerbeschichtung. Naturlatex-Schaum ist gut verformbar und herrscht bei Waffelrücken vor, während Glattrücken meist aus einer Kombination von Natur- und Syntheseschaum (sehr rutschfest), aus PVC (absolut wasserundurchlässig), Polyurethan (vielfach bei Fliesen) sowie aus ataktischem Polypropylen besteht. Polyurethan-Beschichtung erfordert geringen technischen Aufwand, ist preiswert, aber auf Latex-Anlagen nicht durchführbar und muß mit speziellem Kleber verlegt werden. Aufkaschierte Zweitgewebe aus Jute oder Polypropylen-Flachgarn in der Kette und -Spinnfaser im Schuß (→ Action Back) verbessern die → Dimensionsstabilität für einwandfreie Spannverlegung. Latexschäumen werden häufig Füllstoffe, wie Kreide beigegeben, um den Rücken weich und stabil zu halten und die Alterungsbeständigkeit zu erhöhen.

Terel, rumänische Polyesterfaser.

Tergal, französische Polyesterfaser, Spinnfaser und Filament. - Vgl. → X 403.

Terital, italienische Polyesterfaser, nur Spinnfaser.

Terlenka, holländische Polyesterfaser, Spinnfaser und Filament.

Terram, → Non woven auf Basis Polyester von ICI; vgl. → Cambrelle.

Terrassenkleid, sommerliche Version des → Kaminkleides.

Terylene, Polyesterfaser des ursprünglichen Patentinhabers (ICI), Spinnfaser und Filament. Die früher für Endlosfasern benutzte Marke Crimplene wurde aufgegeben. - Vgl. → Bonafill.

Tesil, tschechoslowakische Polyesterfaser, nur Spinnfaser.

Tetoron, japanische Polyesterfaser; vgl. → TC.

Teviron, Polyvinylchloridfaser (Copolymerisat mit etwa 10% Vinylacetatanteil) aus Japan; lt. TKG Polychlorid; vgl. → Avisco-Vinyon.

tex, seit 1967 international benutztes Maßsystem zur Feinheitsbezeichnung von Fasern, Garnen, Spinnkabeln und Faserbändern unabhängig von der Rohstoffart, das auch die → Metrische Nummer, die → Englische Baumwollnummer und den → Titer Denier ablösen soll. Es bezeichnet das Gewicht in g von 1000 m Faser oder Garn und ist dezimal abwandelbar (→ dtex = decitex = Gewicht in g für 10 000 m); vor allem für Spinnkabel wird → ktex = kilotex = Grammgewicht von 1 m verwendet. Umrechnungsformeln: tex = 1000:Nm; Nm = 1000:tex; tex = 590:Ne(b); Ne = 590:tex. Bei der Ermittlung von Zwirnfeinheiten ergibt sich durch das tex-System eine Vereinfachung, weil zur Errechnung der Endzwirnfeinheit nur die tex-Werte der Garne zusammengezählt werden müssen. - Vgl. → Nummerierung, → Titrierung, → Garnsortierung.

Textilfaser, nach der Textilkennzeichnungsrichtlinie der EG (vgl. Anhang) „Erzeugnis, das durch seine Flexibilität, seine Feinheit und seine große Länge im Verhältnis zum Durchmesser gekennzeichnet ist und sich somit zur Herstellung von Textilerzeugnissen eignet". - Vgl. → Chemiefasern, → Naturfasern, → Synthesefasern, → Tierhaare.

Textilien, lt. DIN 60 000 Sammelbegriff für textile Faserstoffe, Halbfabrikate der Textilindustrie, Chemiefaserindustrie und Seilerei; Roh- und Fertigfabrikate der verschiedenen Zweige der Textilindustrie und der Seilerei; die aus allen diesen Erzeugnissen hergestellten Fertigerzeugnisse. Werden fremde Rohstoffe mitverwendet, ist für die Zuordnung zum Begriff der Textilien der textile Charakter bzw. das Aussehen der Warenoberfläche entscheidend.

Textilierte Garne, nicht allgemein durchgesetzte Bezeichnung für → Filamentgarne mit Faseroptik.

Textilkennzeichnungsgesetz, Abk. TKG, am 1. 9. 1972 in Kraft getretenes Bundesgesetz, das in Abstimmung mit den Richtlinien der EG-Kommission erlassen wurde und dem Handel die Verantwortung über die dem Gesetz entsprechende Kennzeichnung fast aller dem Letztverbraucher angebotenen Textilien unter Androhung von Ordnungsstrafen auferlegt. Ähnliche Gesetze sind in Spanien, Frankreich, Belgien, Schweiz, Italien, Großbritannien und in den Niederlanden bereits gültig, die Einführung in Dänemark und Irland erfolgte etwas später. Der Anteil der Hauptfaser muß immer genannt werden. Die übrigen Fasern sind in der Reihenfolge ihrer Menge ohne Prozentangabe aufzuführen, wenn keine der Fasern 85% vom Gesamtgewicht erreicht. Erreichen mindestens zwei Faserarten einer Mischung weniger als 10%, können sie zusammengefaßt als „sonstige Fasern" bezeichnet werden. Erreicht eine Faser mindestens 85% des Gesamtgewichts, können die restlichen Fasern ungenannt bleiben. - Der Futterstoff eines Kleidungsstücks muß stets mit der Rohstoffangabe versehen sein. - Text am Schluß des Buches, Erwähnung der entsprechenden Kennzeichnung bei den Stichworten der Faserarten und -namen. - Die Kennzeichnung nach TKG ersetzt nicht die Notwendigkeit der → Pflegekennzeichnung und gibt nicht ohne weiteres einen Hinweis auf die Qualität der Erzeugnisse, da nur bezüglich der Zusammensetzung nach Rohstoffen, nicht aber im Hinblick auf die Verarbeitungsweise eine Kennzeichnungspflicht besteht. EDV-Schlüssel für die Faserarten mit mehrsprachigen Begriffen ebenfalls im Anhang am Schluß des Buches. - Vgl. → Analysenrichtlinie.

Textilschädlinge, Kleininsekten, vor allem nachtfliegende Kleinschmetterlinge wie die → Motte sowie aus dem Vorderen Orient eingeschleppte Käfer wie → Pelzkäfer und → Teppichkäfer, die sich entweder von keratinhaltigen Substanzen (Wolle, Tierhaare, Bettfedern, Daunen, Pelze) ernähren, oder die wie Silberfischchen und Messingkäfer die organischen Substanzen von zellulosischen Fasern oder Ausrüstungsmittel auf Stärkebasis verzehren. Ausrüstungsmittel gegen Teppichschädlinge dienen vor allem dem → Mottenschutz (Fraßgifte, die die Verdauung sistieren, wie → Eulan und → Mitin); Kontaktgifte wie → Dieldrin sind in der BRD verboten. Zeitweise Bekämpfung durch Atemgifte (gasabgebende Substanzen wie Kampfer, Napthalin, Paradichlorbenzol, „Mottenkugeln"), in von Schädlingen befallenen Räumen und Regalen auch durch handelsübliche Bekämpfungsmittel wie Paral oder Jakutin ist nützlich und gestattet; die Gebrauchsanleitung dieser Mittel muß aber streng beachtet werden. - Zerstörungen durch Insektenbefall lassen sich mikroskopisch sicher an Hand typischer bogenförmiger Fraßspuren nachweisen und von Fraß durch Klein-Nagetiere abgrenzen.

Textil-Verbundstoffe, Sammelbegriff für textile Flächengebilde, die aus einem Faservlies oder → Fadengelege unter Umgehung eines Spinn- und Webprozesses bzw. der Bildung von Maschen entstehen, wobei die Verfestigung mechanisch durch Verkleben mit Hilfe eines Bindemittels oder durch Anlösen oder durch Verschweißen erfolgt. Zu den Textilverbund-

stoffen gehören demnach die Gruppe der → Non woven fabrics einschließlich → Filz, → Vliesstoffe, → Nadelvlies und → Nadelfilz; man gliedert sie nach der zu verfestigenden Faserschicht in → Vliesstoffe, → Fadenverbundstoffe oder → Schichtstoffe (→ Bondings), nach Art der Verfestigung (mechanisch, adhäsiv) und nach den technologischen Grundprinzipien (Filzen, Krumpfen, Nadeln oder der Art des Auftrags der Bindemittel). - Neuere Klassifizierungen beziehen auch die → Nähwirktechniken in die Gruppe der Verbundstoffe ein.

Textryl, ungewebter Stoff, der auf Papiermaschinen hergestellt wird (→ non woven fabric), aus dem polymeren Fasermaterial → Fibrid von DuPont (USA). Textryl ist in verschiedenen Gewichten und Konstruktionen herstellbar, kann bedruckt, gefärbt und geprägt werden und wird an Stelle von Papier oder bestimmten Textilien verwendet.

Texturé, Sammelbegriff für Feingewebe, die bei erheblichem Anteil von Garnen aus Synthetic-Filamenten, die nach einem der Texturierverfahren mit reduzierter Dehnfähigkeit modifiziert worden sind (→ Set-Garne, → Stabilisierte Falschdrahtgarne) und sich durch einen besonders schmiegsamen Fall, weichen Griff in stabiler Konstruktion und besonders leichtes Gewicht auszeichnen. Die meisten den klassischen

Übersicht über die Textilverbundstoffe

Faserverbundstoffe		Fadenverbundstoffe		Multitextilien		Laminate	
mechanisch verfestigt	adhäsiv verfestigt	mechanisch verfestigt	adhäsiv verfestigt	mechanisch verbunden	adhäsiv verbunden	Oberfläche beschichtet	Abseite beschichtet
(Nadelvlies, Filz)	aus Spinnfasern (Vliesstoffe); aus endlosen Fasern (Wirrfaservliese)	Nähgewirke (Malimo)	Fadengelege gesteuert gelegt; zufällig gelegt	Nähgewirke (Malipol, Maliwatt)	Bondings durch Kleber oder thermisch verbunden	Fun-skin	Foam-back

Übersicht über die Textil-Verbundstoffe

Seiden→ Crêpe-Geweben nachgebildeten modernen Stoffe sind heute Texturés. - Vgl. → Demi-Texturé, → Semi-Texturé. Aufgetrennte Nähte können bei vielen Texturés nachträglich nicht mehr unsichtbar gemacht werden. Ein technischer Vorteil liegt darin, daß von einer Kette durch Schuß- und Bindungsvariationen eine Vielzahl unterschiedlicher Gewebetypen gefertigt werden kann. - Vgl. → Trevira high class.

Texturieren, Sammelbegriff für alle Maßnahmen, die den Synthetics ein Höchstmaß an textilen Eigenschaften geben, ihnen Bauschkraft, Elastizität und Deckfähigkeit vermitteln und die Wärmehaltung sowie die Feuchtigkeitsaufnahme fördern. Die ursprünglich glatten Fäden werden meist unter Ausnutzung ihrer Thermoplastizität völlig verändert. Mit Texturieren erreicht man in einer einzigen Fertigstufe, was in der klassischen Spinnerei mehrere Fertigungsgänge beanspruchte. - Texturiert werden können Fasern (→ Spinnkabeltexturierung unter Ausnutzung der strukturellen Inhomogenität von Fasern; vgl. → Spinntexturierung, → Chemietexturierung, → Bikomponentenfasern, → Bikonstituentenfasern), Stoffe (noch selten; vgl. → Stofftexturierung, → Bandura) und Garne. - Vgl. → Texturierte Garne.

Texturierte Garne, Garne, deren physikalische Eigenschaften, vor allem Elastizität, Volumen, Feuchtigkeitsaufnahmevermögen, Deckfähigkeit, unter Ausnutzung ihrer Thermoplastizität und durch verschiedenartige mechanische Einwirkung entscheidend und nachhaltig verändert worden sind. Die wichtigsten Verfahren sind → Torsionskräuselverfahren (→ Helanca-Verfahren, → Falschdrahtverfahren, → Echtdrahtverfahren, → Modifiziertes Falschdrahtverfahren, → Trennzwirn-Verfahren); → Stauchkammerverfahren, → Düsenblasverfahren (→ Luftdrucktexturierung, → Luftdüsenbauschverfahren, → Taslan), → Kantenkräuselverfahren (→ Kantenziehverfahren, → Klingentexturierung), → Zahnradkräuselverfahren, → Strick-Fixier-Verfahren (→ Crinkle-Verfahren), → Strecktexturierung. - Im wesentlichen werden Garne aus Chemiefaserfilamenten texturiert. - Vgl. → Modacryl, → Modifiziertes Acetat, → Stretch-Garne, → HE-Garne, → Bauschgarn, → BFC-Garn, → Heat-set-Garn, → Di-Loop-Verfahren, → Intermingled-Garn, → Verwirbelung.

Texylon, Ausrüstungsmittel auf Kieselsäurebasis zur Erhöhung der Scheuerfestigkeit von Geweben und Gewirken, geschützt für die Société pour le Traitement et l'Amélioration des Tissus, Paris, die die

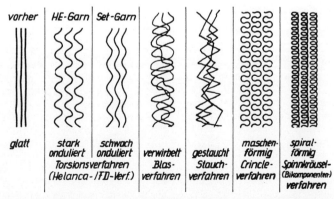

vorher	HE-Garn	Set-Garn				
glatt	stark onduliert	schwach onduliert	verwirbelt	gestaucht	maschenförmig	spiralförmig
	Torsionsverfahren (Helanca-/FD-Verf.)		Blasverfahren	Stauchverfahren	Crincleverfahren	Spinnkräusel-(Bikomponenten-)verfahren

Schematische Darstellung der bei den Texturierverfahren entstehenden Kräuselungsformen.

Lizenz jeweils für eine Warengruppe in einem Land vergibt. Texylon kann mit anderen Ausrüstungsverfahren, die zum Beispiel knitterarm oder wasserabweisend machen, kombiniert werden und gleicht die bei Kunstharzeinlagerungen entstehenden Festigkeitsverluste weitgehend aus.

Thai-Seide, dem → Shantung bzw. dem → Honan ähnliche Naturseidengewebe mit weniger Garnunregelmößigkeiten, somit mit gleichmäßigerem Bild, aber mit starkem Glanz. - Vgl. → Japanseide.

Thermodruck, Sammelbezeichnung für alle → Umdruckverfahren (→ Transferdruckverfahren) unter Einfluß von Wärme mit Hilfe geeigneter → Kalander. - Vgl.

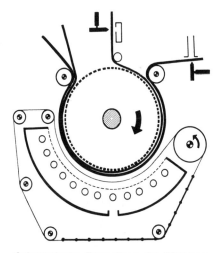

Schematische Darstellung der Wirkungsweise einer Kontinue-Thermo-Druckmaschine (System Kannegießer). Papierbahn (feiner Strich) und Stoff (kräftiger Strich) werden um den mit heißem Öl auf 200 °C erwärmten, gepolsterten Zylinder geführt. Die darunter angeordneten mitlaufenden Transportbänder sorgen dafür, daß Ware und Papier 15-40 Sekunden lang fest aufeinandergepreßt und erwärmt werden.

→ Stardruck, → Sublifix-Verfahren, → Sublistatic-Druck, → Thermo-Umdruckverfahren, → Sublacryl, → Sublicotton.

Thermische Kaschierverfahren, siehe unter → Flammverfahren.

Thermofixieren, Stabilisierung von Erzeugnissen aus thermoplastischen Faserstoffen (Synthetics und Triacetat) unter Einwirkung einer dem Schmelzpunkt nahen, also im Erweichungsbereich liegenden Temperatur zur Beseitigung von latenten Spannungen, die während der Erzeugung der Faser oder während ihrer Weiterverarbeitung entstanden sind und im Gebrauch zu starker Schrumpfung, welligem Warenbild oder zu ausgeprägter Knitterneigung führen würden. Thermofixieren bedeutet also die Aufhebung der Thermoplastizität im Gebrauch dieser Textilien. - Vgl. → Fixieren, → Dimensionsstabilität, → Formstabilität, → Permanent Press. - Durch die bei der Erwärmung bewirkte Strukturänderung im Innern der Fasern (Zunahme der geordneten Molekularbereiche) verstärken sich das Wasser-Rückhalte- und → Quellvermögen; das Ausmaß der Änderung ist abhängig von Temperatur, Dauer der Einwirkung und Art der Erwärmung (trocken oder mit Dampf). - Vgl. → Boarding, → Hot-Roll-Fixierung, → Kontakt-Fixierung.

Thermoplastik, Thermoplastizität, Verformbarkeit bei Wärme.

Thermo-Umdruck-Verfahren, → Umdruckverfahren für Teppiche und Teppichfliesen im Hochvakuum; die vom Umdruckmaterial kommenden Farben sollen bis zum Grund des Teppichflors durchdringen. Die Dessins werden zuerst auf bis über 5 m breite Papierbahnen gedruckt und dann mit Hilfe geheizter Kalander auf den bereits fertig beschichteten Teppichboden umgedruckt. Weitere Ausrüstungsmaßnahmen sind nicht nötig. Geeignet sind Teppiche mit Polyamid-Polmaterial, vor allem PA 6.6 bis zu einer Florhöhe von 6 mm und einem Polgewicht von 600 g/qm, weniger gut Polyester und Baumwolle. Polypropylen- und Wollflor sind ungeeignet.

Thermovyl, französische Spinnfaser aus nicht nachchloriertem Polyvinylchlorid, lt. TKG Polychlorid. - Vgl. → Clevyl, → Movil.

Tibet-Wolle, Thybet-Wolle, → Reißwolle aus neuen, noch nicht gebrauchten Stoffen, insbesondere aus Abfällen der Kleiderfabrikation. Die 2 bis 3 cm langen Fasern haben eine fast unverletzte Oberfläche.

Tiefdruck, Technik, bei der die Druckfarbe in Vertiefungen der Walze (→ Rouleauxdruck) untergebracht ist. - Gegensatz: → Hochdruck. Im Stoffdruck können echte Halbtöne dadurch erreicht werden, daß die gravierten Rasterpunkte zwar gleich groß, aber je nach der gewünschten Farbtiefe verschieden tief graviert werden. - Vgl. → Raster.

Tie-dyeing, Bandana-Technik, „Knotenfärbung"; der Stoff wird zur Erzielung von Batik-Effekten mit unregelmäßig angeordneten Knoten versehen ins Färbebad gegeben; die Knoten verhüten das völlige Aufziehen der Farbe an diesen Stellen. Die Knotenstellen heben sich vom gefärbten Grund als weiße oder helle Flecken ab.

Tiefscheren von Pelzen, Entfernung der → Grannenhaare bis zur Haarwurzel ohne Beschädigung der Unterwolle.

Tierfellimitation, für Mäntel, Futter und Ausputzzwecke gedachte → Kettsamte (→ Wirbelplüsch) und entsprechende hochflorige Maschenwaren (→ Wirkplüsch, → Plüschtrikot) mit der Fellzeichnung von Tierfellen, aus Baumwolle und vor allem aus Synthetics.

Tierhaare, Sammelbegriff für verspinnbare, wollähnliche Haare von anderen Tieren als dem Schaf. Gegensatz: → Wolle, → Borsten, Arten: → Mohair, → Kaschmirwolle, → Kamelhaar, → Alpaka (Vikunja), → Angora-Wolle, → Roßhaar. Die Bezeichnung „Haar" kann bei diesen Sorten lt. TKG verwendet werden (Ziff. 2), sie muß mit oder ohne Angabe der Tierart verwendet werden, soweit die Tiere nicht ausdrücklich in Ziff. 1 (Wolle) und Ziff. 2 genannt sind (z.B. Roßhaar, Hausziegenhaar, Rinderhaar).

Tierische Faserstoffe, Textilrohstoffe mit hornähnlichem Grunstoff (Wolle: → Keratin, Naturseide: → Fibroin). Entweder Stapelfaser (Wolle), die aus mehreren Schichten aufgebaut ist (→ organisierte Faser), oder endlos und gleichförmig (homogen: Naturseide). Gemeinsame Eigenschaften: Geringe Knitterneigung, gute Wärmeisolierung und Unempfindlichkeit gegen Säure.

Timbrelle, Polyamid-Spezial-Teppichfaser, auch feintitrig, durch Beimischung von → Epitropic-Fasern oder Einverwirbelung von feinsten Stahlfasern auch antistatisch. - Vgl. → Bri-Nylon.

Tinorex, speziell für Teppichböden entwickelte → antistatische Ausrüstung mit schmutzabweisender und das Bakterienwachstum hemmender Wirkung.

Tip-sheared-Tufting, Tufting-Teppiche mit

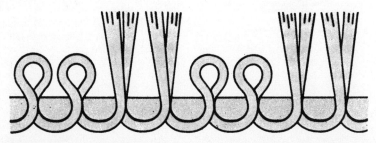

Tip-Shared-Tufting mit niedrigen Schlingen („low loop") und hochstehenden aufgeschnittenen Polschlingen („high cut").

verschiedener, meist mustermäßig gestalteter Florhöhe; auch im Wechsel von aufgeschnittenen und unaufgeschnittenen Polschlingen. - Vgl. → Multilevel-Shag.

Tirtey, halbwollener, billiger → Buckskin in Köperbindung mit Baumwollzwirn in der Kette und Streichgarn (auch aus Reißwolle) im Schuß. Vor allem für Arbeitshosen.

Tissabel, nach dem → Falschdrahtverfahren texturiertes Acetatgarn mit → Sparkling-Nylon (TSR).

Tissabryl, nach dem Falschdrahtverfahren mit reduzierter Dehnfähigkeit texturiertes Setgarn aus Acetat mit Polyamid 11 (Rilsan), (TSR).

Tissamousse, Schaumgummischicht mit aufgeschweißtem Rhovylflausch, wird als Zwischenfutter für Anoraks und Morgenröcke verwendet und ist leichter als synthetische Watte. Steppen ist nicht nötig. Durch Weltpatent geschützt (TSR).

Tissue-Trikot, gewebeähnliches Gewirk vom Kettenstuhl aus Nylon, dessen fließender Fall, weicher und schmiegsamer Griff sowie Glanz der Naturseide ähnlich sind, aber weißbeständiger und haltbarer als Naturseide. Undurchsichtig, federleicht und hauchfein, altert nicht und wird nicht brüchig. Zur Erzielung einer runden gestauchten Maschenform fast doppelt so dicht wie Gütezeichen-Charmeusse gewirkt, wird Tissue-Trikot unter Hitze und hohem Druck nach dem Färben und Fixieren auf einem Riffelkalander behandelt, wodurch die gewebeartig geschlossene Oberfläche entsteht.

Titandioxid, meist verwendetes Mattierungsmittel (→ Pigmentfarbstoff) für Chemiefasern, wird der Spinnlösung oder Spinnmasse vor dem Verspinnen zugesetzt. Auch als Weißpigment beim → Pigment- und → Ätzdruck verwendet.

Titer, Maßeinheit zur Bestimmung der Garnfeinheit, besonders von Garnen aus endlosen Natur- und Chemiefasern, ausgedrückt durch die Zahl der Gewichtseinheiten auf eine bestimmte Maßeinheit. Gebräuchlich ist der auf eine Stranglänge von 9000 m bezogene Legaltiter (Td = Titer denier). Das neue Numerierungssystem „tex" gibt das Gewicht in Gramm je 1000 m des betreffenden Garnes an. - Je niedriger der Titer, desto feiner das Garn.

Titermischungen, Garne, vor allem für Teppiche, die aus Fasern der gleichen Rohstoffkategorie mit verschiedenem → Einzeltiter ersponnen werden. Die Kombination von groben, mittleren und feinen Fasern erleichtert die Bildung einer gleichmäßigen, geschlossenen und fülligen Flordecke bei gutem Stand und hohem Abnutzungswiderstand des Flors.

Titerschwankungen, ungewollte Titerschwankungen dürfen eine internationale Toleranz nicht überschreiten, sonst gelten sie als fehlerhaft. Gewollte Titerschwankungen, also wechselnde Dicke von endlosen Chemieseiden, sollen den Charakter des Honan- oder Shantungfadens der Naturseide imitieren und werden durch unregelmäßiges Arbeiten der Spinnpumpe oder der Abzugsorgane hervorgerufen.

Titrierung, → Garnsortierung nach Gewicht; Gegensatz: → Numerierung; gibt an, wieviel Gramm eine bestimmte Länge des Textilmaterials wiegt. - Vgl. → Titer.

TKG, Abkürzung für → Textilkennzeichnungsgesetz.

Toile, Batist aus endlosen Natur- oder Chemiefasern. - Vgl. → Taft.

Toile de Bache, segeltuchartig schwerer Baumwollpopeline für sportliche, oft mit Leder ausgeputzte Mäntel. - Vgl. → Beach cotton.

Tollfalte, nach einer Seite stufenförmig angelegte Falte.

Ton in Ton, tonwertindifferente Musterung von Stoffen; Fond- und Musterfarbe sind nur wenig verändert. Manchmal werden bindungstechnisch hervorgerufene Lichtbrechungseffekte ohne Farbdifferenz ebenfalls als Ton in Ton bezeichnet.

Tonking-Hemd, Abwandlung des → T-Shirt, völlig gerade, kastenförmig geschnitten, mit rechtwinklig angesetztem (kurzem) Arm, zum Teil mit asymmetrischen Verschlüssen.

Top, Allgemeinbezeichnung für kleine Oberteile (Blusen, Pullis, Shirts).

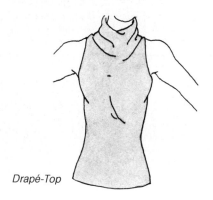

Drapé-Top

Topcoat oder Boxcoat

Topcoat, auch → Boxcoat genannt, in der Herrenmode → Kugelschlüpfer mit der Silhouette des → Raglan, die durch eine überschnittene Schulter und eingeschobenem Arm besteht.

Topfspinnverfahren, → Zentrifugenspinnverfahren, letzte Stufe des Spinnprozesses von Viskosefilamenten, wobei gröbere Typen bei gleichzeitiger Zwirnung in einem rasch umlaufenden Zwirntopf aufgewickelt werden.

Topper, 1. kurze → Raglans oder → Kugelschlüpfer für Herren in Formen, die sich für leichte Übergangsmäntel eignen, aus feinen, reinwollenen oder mit Chemiefasern gemischten, wasserabweisenden und temperaturausgleichenden Kammgarngeweben.
2. Bei Blusen: Rückenschluß, glattes Vorderteil, halsnaher, meist runder und oft rollierter oder gepaspelter Halsausschnitt.
3. In der Damenoberbekleidung: höchstens hüftlange, gerade geschnittene Jacke mit eingesetztem Arm und Koller.

Topper-Abstich, eckiger, rechtwinkliger Abstich bei Anzügen und vor allem bei Freizeitsakkos; bei einreihigen Formen modisch (Square-Front), beim Zweireiher klassisch.

Topperärmel, Ärmelschnitt bei Sakkos und Mänteln; die Schulter ist überschnit-

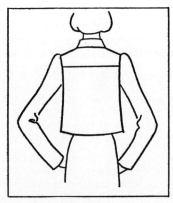

Topperjacke für Damen

ten und wattelos verarbeitet, der Ärmel eingeschoben und meist durch Kappnaht angenäht. Es wird hohe Bequemlichkeit und eine raglanartige Silhouette erreicht.

Topperjacke, lose, kurze Jacke in Kastenform für Damen und Herren.

Toque, hohe Damenkappe mit eingedrücktem Oberteil.

Torerobund, hoher, angesetzter, über die Taille hochreichender Bund insbesondere bei Skihosen. Macht eine gute Figur, schützt die Nieren und bildet einen schneesicheren Abschluß.

Torerohose, → Korsarenhose, figurbetonende, hautenge Damenhose mit seitlichem Schlitz oder Knopfverschluß, die die Kniekehle gerade gut bedeckt.

Torsade, mit Viskosefilament verzwirntes → Rexor als Spezial-Glitzerzwirn für Strickwaren.

Torsionsbauschung, Torsionskräuselverfahren, Oberbegriff für Texturiermethoden, die auf der Fixierung der durch Falschdraht hervorgerufenen Faserkräuselung beruhen und entweder mehrstufig nach dem klassischen → Helanca-Verfahren, nach dem kontinuierlichen → Falschdrahtverfahren oder für bestimmte Spezialgarne nach dem → Trennzwirnverfahren durchgeführt werden. Torsionsgebauschte Garne bestehen stets aus zwei lose verzwirnten Endlosgarnen, deren Kapillarfäden verwirrt liegen und verschlungen sind. - Alle übrigen Verfahren zur Erzeugung → texturierter Garne vermeiden die den Torsionsbauschgarnen eigene Verdrehungstendenz. - Vgl. → Strecktexturierung, → Echtdrahtverfahren.

Torsoglocke, Rockform, auch Trompetenrock genannt, tiefangesetzte Voll- oder Halbglocke an Röcken, die glatt und schmal auf der Hüfte liegen. - Vgl. → Stufenrock.

Torsokleid, jugendliche Kleidform mit unterhalb der Hüfte plissiert oder gekraust angesetzten Röcken und schlichten, figurbetonenden und streckenden Oberteilen.

Toscanalamm, besonders wollige, gut zu färbende, relativ preiswerte Felle italienischer → Lämmer, ergeben bildlich schöne und strapazierfähige Gebrauchskleidung.

Tournay, mehrchoriger Jacquard-Velours-Teppich mit mehreren verschiedenfarbigen Polketten, der nach der Technik des Brüssel mit eingelegten Ruten und nicht in Doppelsamttechnik hergestellt wird.

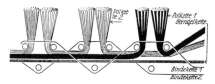

Tournay-Teppich, auch „Wilton"-Teppich

Towgarn, auch Hedegarn oder → Werggarn genannt, wird aus den Abfällen beim Hecheln des Flachses hergestellt; manchmal noch mit den Schäben, den Holzteilen des Flachsstengels, durchsetzt.

Trainingsanzug, in seinen modernen Abwandlungen auch als → Television- und Hausanzug geeigneter bequemer Anzug für Damen, Herren und Kinder aus Maschenwaren (→ Interlock, → Webstrick, Rundstuhlfutterware), bestehend aus meist langärmligem Blouson und langer Bündchenhose.

Trame, Schußmaterial aus endlosen Natur- oder Chemiefasern, nicht → filierte, leicht → moulinierte Grège und deshalb fülliger als → Organsin.

Trampoline, nach dem Lessona-Verfahren hergestelltes Baumwollstretch-Garn.

Transferdruckverfahren, ander Bezeichnung für → Umdruckverfahren (→ Stardruck, → Sublistatic-Druck). - Vgl. → Thermodruck, → Sublifix-Verfahren, → Sublacryl, → Sublicotton.

Transfermaschine, Wirkmaschine, die automatisch von einem Jacquardmuster zur Rippware wechseln kann. Erzeugnis: → Transfer-Jacquard.

Transferstickerei, Transferit-Stickerei, zukunftsreiche, weil sehr rationelle Technik aufbügelbarer Stickereimotive. Die Stickerei wird auf ein Grundgewebe, das nach dem Aufbügeln auf das Kleidungsstück sich auflöst oder ausgewaschen werden kann (vgl. → Vinylal-Fasern, → Alginatfaser) aufgebracht; das Versenden des zugeschnittenen Stoffes vom Konfektionär zur Stickerei entfällt. - Vgl. → Superposé.

Transparent, milchig durchscheinender Baumwollbatist. Transparentieren: Ausrüstung von Baumwollbatisten, die das ganze Gewebe oder nur Teile davon durchscheinend werden läßt; Behandlung mit Natronlauge ohne Spannung und Schwefelsäure im Wechsel. - Vgl. → Organdy, → Glasbatist, → Opal, → Laugieren.

Transparentsamt, auch → Velours transparent genannt, → Kett- oder → Schußsamt in → Köper- oder → Taftbindung mit hochstehendem Flor, der druckfest ausgerüstet werden kann. Leicht durchscheinend (→ Seidensamt). Köpersamte mit W-förmig eingebundenen Noppen haben größere Haltbarkeit als Taftsamte mit V-Noppen. Durch Bedrucken oder Pressen können Musterungen erzielt werden.

Trapez-Linie, Modelinie besonders der Herrenbekleidung: breitschultrig, hüftschmal, zur Hüfte hin konisch bis keilförmig verlaufend. - Vgl. → Retro-Look, → Triangle-Look.

Travelcoat, winterfester Wettermantel, regen- und winddicht, mit wärmendem Futter ausgestattet. Meist kürzer als 100 cm in Gr. 48.

Travel-Jersey, Strickstoff aus 70% Orlon und 30% Wolle mit vollem, warmem Griff, gut zu färben, schönes, schweres Warenbild, auch in der Waschmaschine zu waschen, läuft nicht ein, Bügeln unnötig.

Travers, Quermusterung von Geweben, die entweder durch die Bindung, durch farbige Schüsse oder durch Bedrucken hervorgerufen werden kann. - Vgl. → Barré.

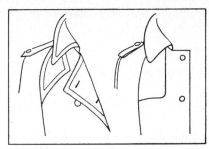

Typische Kragen- und Schulterlösungen beim Herren-Trenchcoat

Trenchcoat, einreihiger oder zweireihiger Allwettermantel, mit Gürtel, breitem Revers und Koller; insgesamt sportlich gearbeitet und oft mit Schulterklappen und Ärmelspangen verziert, aus glatten, strapazierfähigen, → imprägnierten Geweben (→ Popeline, → Gabardine).

Variationen beim Damentrenchcoat. Von links: mit verdeckter Knopfleiste und Lederbesatz; durchgeknöpft mit Stehkragen und Ärmel-Lasche; zweireihig mit Pattentaschen.

Trenkercord, → Cordsamt mit wellpappenähnlich breiter Rippe, höchstens 23 Rippen je 10 cm Warenbreite. - Vgl. → Breitcord.

Trennzwirnverfahren, speziell für Garne, die in der Strumpfwirkerei (Polyamide) und für feine Maschenwaren (Polyester) verarbeitet werden, übliche Abwandlung des → Falschdrahtverfahrens mit einer um 60% verringerten Drehung, wobei die Verzwirnung der beiden Grundgarne nur auf einer aus Heizzone (Fixierzone) und einer Kühlzone bestehende Strecke von etwa 3 m erfolgt. Die beiden Garne werden anschließend wieder voneinander getrennt und für sich aufgewickelt. - Wird kaum mehr angewandt.

Tresse, Bänder oder Geflechte mit leonischen Gespinsten als Schußmaterial für Besatzzwecke.

Trevira, eingetragenes Warenzeichen für die Spinnfasern und Filamente aus Polyester von Hoechst. - Trevira 350: chemisch modifiziert, pillarm; Trevira 550: pillarme Hochschrumpffaser; Trevira 560: Hochschrumpftype für Hochbauschgarne; Trevira 2000: → Stabilisiertes Falschdrahtgarn, → Set-Garn mit reduzierter Dehnfähigkeit; auch Erzeugnisse daraus können thermofixiert werden; vgl. → Diolen loft, → Schapira. Trevira-Frisée: nach dem → Strick-Fixier-Verfahren texturiertes endloses Trevira; Trevira 6-6-0: Filamentgarn mit „Faseroptik" mit fünfeckigem, sternförmigem Faserquerschnitt (Vgl. → Luftdrucktexturie-

rung). Das Garn zeigt vorstehende Faserenden. - Trevira 684 jet spun: Texturiertes Filamentgarn für Regenmäntel und Anoraks. Trevira flamme: Flammengarn für → Honan-Effekte. Trevira 220 (für den Teppichbereich: 810/813): bei Kochtemperatur ohne → Carrier oder → HT-Anlagen bei deutlich kürzeren Färbezeiten färbbar; dank hohem Farbziehvermögen gut zu bedrucken. - Trevira 120: Spinnfasertype mit hoher Festigkeit und niedriger Dehnung, besonders für Baumwoll-Mischgarne; Trevira 210: carrierfrei und ohne HT-Anlagen färbbar.

Trevira d'accord, leichter Futterstoff (→ Pongé) ab 70 g/qm für Damenkleidung und den → Legerbereich aus reinem Polyester mit glatten, matten, runden, ungedrehten Garnen in der Kette und → Profilfasern im Schuß; problemlos zu verarbeiten. - Vgl. → Diolen tipico.

Trevira woven tex, Trevira-Faser mit abgeändertem Querschnitt (Sternprofil), wodurch die Lichtbrechung verändert, die Wirkung vor allem dunkler Färbungen intensiviert; der Griff bei gleichem Materialeinsatz fülliger und matter Glanz hervorgerufen wird.

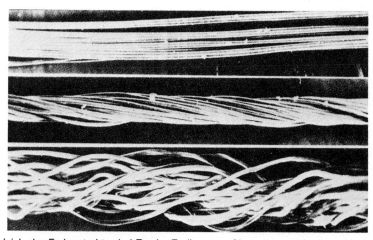

Vergleich der Fadenstruktur bei Trevira-Endlosgarn. Oben: ungedreht; Mitte: gedreht; unten: texturiert: Trevira woven-tex.

Triacetat, lt. TKG „aus Zellulose-Acetat hergestellte Fasern, bei denen mindestens 92 v.H. der Hydroxylgruppen acetyliert sind". Zelluloseverbindung mit höherem Essigsäuregehalt als das normale Acetat. Spinnfaser und endlos. Textilrohstoff, der in seinen Eigenschaften zwischen den klassischen Chemiefasern und den Synthetics steht, aber den Synthetics ähnlicher ist als das normale Zweieinhalb-Acetat, enthält etwa 62-63% Acetyl-Moleküle (Zellulose-Verbindung) und 37-38% Zellulose-Moleküle. Gewebe daraus dürfen bis

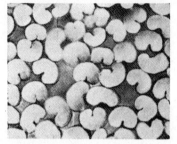

tri-a-Faser (Triacetat) mit bohnenförmigen bis eingerollten Querschnitten.

70 °C in Waschmaschinen gewaschen werden und sind unempfindlich gegen hohe Bügeltemperaturen (Schmelzpunkt 300 °C). Schnell trocknend, Bügeln kaum nötig, formbeständig gegen Schrumpfen und Dehnen, hält Bügelfalten und kann formbeständig plissiert werden. Bei fast doppelt so hohem → Elastizitätsmodul gegenüber Zweieinhalbacetat (→ Diacetat) liegt der Feuchtigkeitsverlust bei nur 20%. Triacetat kann wie Synthetics thermofixiert werden. - Vgl. → Arnel, → Tricel, → Rhonel, → Tricelon, → Flesalba.

Triangle-Look, betonte V-Linie in der Herrenbekleidung (→ Trapez-Linie), bevorzugt aus glänzenden Stoffen und mit starken Farbkontrasten. - Vgl. → Zwiebelform, → Disco-Look.

Tricel, Triacetat (British Celanese), Spinnfaser und Filament.

Tricelon, lt. TKG zu Triacetat zählende, erste → Heterofaser, durch Vermischung der getrennt polymerisierten Spinnmassen

von → Tricel und dem Polyamid 6 → Celon: die Faser entsteht mit der Aushärtung nach Verlassen der Spinndüse. Eigenschaften und Verwendungszweck ähneln denen der Polyesterfasern, das Material ist aber wesentlich billiger; bis 40°C waschbar.

Trichterärmel, von der Schulter aus trichterförmig erweiteter Ärmel, ¾- bis höchstens ⅞-lang.

Tricoline, für eine englische Firma geschützte Bezeichnung für mercerisierte Makopopeline mit Zwirn in Kette und Schuß.

Trigilia, Brillantgarn aus der englischen Acetatfaser → Dicel.

Trijama, Kombination von Schlafanzug und Morgenmantel.

Trikot, 1. Bindungsart, bei der durch Kettschiebung eine Gewebefurchung und eine gewisse Dehnbarkeit des Stoffes in die Breite hervorgerufen wird. (Vgl. → Trikotin, → Doppelgewebe) Abb. siehe S. 403.
2. Gewebe für Uniformen und Sportbekleidung aus Kammgarn oder Streichgarn (siehe → Trikotgewebe).
3. Sammelbegriff für alle einflächigen → Kulierwaren; vgl. → Single Jersey.
4. Grundlegung in der → Kettenwirkerei.

Trikotgewebe, elastische Kammgarn- oder Streichgarngewebe, die durch eine Spezialbindung (→ Trikot) den Maschenwaren sehr ähnlich werden.

Trikotin, feinfädige reine Kammgarnqualität aus scharf gedrehten Zwirnen mit feiner Diagonalmusterung (Hohlschußbindung).

Trilobal (Querschnitt)

Trilobal, Querschnittform von → Profilfasern aus Synthetics, dreiseitiger Rundbo-

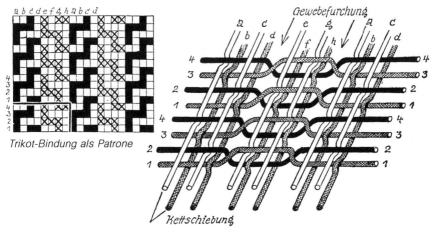

Trikot-Bindung als Patrone

Trikot-Bindung als Gewebedraufsicht

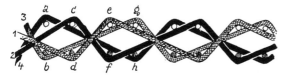

Kettschnitt durch die Trikot-Bindung

genquerschnitt (kleeblattähnlich), bewirkt Glitzereffekte (vgl. → Antron, → Cadon, → Enkatron, → Perlon-Glitzer, → Enkalure) sowie besondere Eignung für Teppich-Spezialgarne (→ Teppichfaser). - Vgl. → Multilobal.

Triple-Crêpe, schwere, fließende, den klassischen Naturseiden-Crêpe-Geweben nachgebildete Kleiderstoffe, mit nur angedeuteter Crêpe-Körnung, den Seidentuchen ähnlich. - Vgl. → Double-Crêpe, → Peau d‚ange.

Triplure (sprich: Triplühr), nach Art des Steifleinens ausgerüsteter Grobkretonne, schwerer Versteifungseinlagenstoff.

Triset, Kombination von drei zusammenpassend aufeinander abgestimmten textilen Fertigerzeugnissen, die gemeinsam angeboten und oft gemeinsam verpackt sind. Beispiel: Kopfkissen, Deckbettbezug und Laken; Jacke, Hose, Rock; → Twinset mit Rock oder Hose.

Triset; links: Cardigan mit Pulli und passender Uni-Hose; rechts: Streifen-Triset aus Cardigan, Pullunder und schmalem Rock, ergänzt durch eine unter dem Pulli getragene Bluse

Trivinyl, → Multipolymerisat, lt. TKG „Fasern aus drei verschiedenen Vinylmonomeren, die sich aus Acrylnitril, aus einem chlorierten Vinylmonomer und aus einem dritten Vinylmonomer zusammensetzen, von denen keines 50 v.H. der Gewichtsanteile ausweist".

Trockenfestigkeit, am lufttrockenen Faden, Gewebe oder Faser gemessene Bruchfestigkeit. - Gegensatz: → Naßfestigkeit.

Trockenknitterwinkel, siehe unter → Knitterwinkel.

Trockenmansarde, Anlage zum Trocknen naß ausgerüsteter (bedruckter) Gewebe, in der die Stoffbahnen spiralförmig durch eine mit Heißluft gefüllte Kammer laufen, ohne daß die frisch bedruckten Stoffseiten die Führungswalzen berühren.

Trockenspinnverfahren, Verfahren zur Herstellung von Chemiefasern. Der Rohstoff wird in einer flüchtigen Lösung gelöst, die durch Düsen in beheizte Schächte gedrückt wird. Das Lösungsmittel verdampft, die Masse wird zum festen Faden. - Angewandt bei Acetat, Polyvinylchlorid, Polyacrylnitril.

Trockenvernetzungsverfahren, Heißvernetzungsverfahren, übliches Verfahren bei Kunstharzausrüstungen; Tränken der Stof-

Trois-pièces: links zwei Kombinationen aus Bluse und Rock mit Weste („Gilet"); rechts zwei Hosenkombinationen mit Gürteljacke bzw. geradefallender (Topper-)Jacke.

fe mit polymerisierbaren Kunstharzen, wobei der Lösung Chemikalien beigefügt werden, die das Auskondensieren der Kunstharze, die Bildung der Polymere auf der Faser, bewerkstelligen und unterstützen. Zum Kondensieren sind erhebliche Temperaturen nötig. Gegenüber den → Naßvernetzungsverfahren (→ Kunstharzfreie Pflegeleichtausrüstungen) ergibt sich eine ausreichende → Dimensionsstabilität und eine wesentliche Verbesserung des Widerstands gegen Knittern im trockenen Zustand, aber keine befriedigende → Naßknittererholung. Ist hoher Trockenknitterwiderstand und gute Selbstglättung während des Trocknens bei zellulosischen Stoffen gewünscht, müssen beide Verfahren kombiniert werden, was aber zu einem erheblichen Verlust an Reißfestigkeit führt.

Trofil, deutsches Polypropylen-Monofil.

Trois-pièces, (sprich: Troa piähs), französischer Ausdruck für dreiteilige Kleidungsstücke, beispielsweise Jumperkleid mit Jacke oder Kostüm mit Mantel. - Vgl. → Complet, → Ensemble, → Deux-pièce.

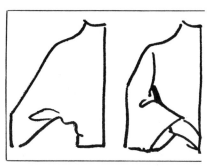

Fledermaus   *Trompete*

Trompetenärmel im Gegensatz zum Fledermausärmel

Tropical, leichtes, poröses Kammgarngewebe in Tuchbindung mit wechselnd gezwirntem Kett- und Schußmaterial für leichte Sommeranzüge und Damenoberbekleidung. - Vgl. → Fresko.

Trotteur, Sammelbegriff für praktische, sportliche Bekleidungsstücke. Ein Trot-

teur-Hut ist beispielsweise ein garnierter Filzhut für den Nachmittag.

Trottoir-Spiegel, → Spiegel beim → Frack oder → Smoking, bei dem der Seidenbelag einen schmalen Streifen des Oberstoffes an der Kante des Fassons sehen läßt (Abb. siehe unter → Bordsteinkante).

Trousseau, vor allem in England gebräuchliche Bezeichnung für eine aus mehreren genau zusammenpassenden Einzelteilen bestehende komplette Garderobe (coordinated look); bei Wäsche z.B. ein großes → Ensemble aus Nachthemd, Miederwaren und Négligé.

Trubenis, zum chemischen Versteifen von Kragen bestimmtes Verfahren unter Verwendung von Einlagestoffen aus Acetatfasern. Kragenober- und -unterstoff werden dadurch miteinander kaschiert, daß nach Tränken mit Acetat der Einlagestoff erweicht und unter der Bügelpresse wieder verfestigt wird.

T-Shirt, aus dem Turnertrikot mit Kurzarm hervorgegangenes legeres Oberbekleidungsstück, zunächst ausschließlich mit Kurzarm und mit rundem Ausschnitt; das auf dem Tisch ausgebreitete Bekleidungsstück ergab ein T. Nunmehr Sammelbe-

Kleider im T-Shirt-Stil

zeichnung für → Tops mit Kurzarm der verschiedensten Ausführung mit variablen Kragenlösungen bis hüftlang, stets aber → Single-Jersey oder → Interlock aus Natur- oder Chemiefasern. - Das T-Shirt hat auch den Stil salopper Kleider stark beeinflußt. - Vgl. → Sweat-shirt, → U-Shirt, → Tonking-Hemd, → Collant, → College-Shirt.

Tube, röhrenförmige Beinform an → Jeans. - Vgl. → Bell Bottom, → Flared Leg, → Strait Leg.

Tubenlinie, Modelinie mit senkrecht gerader Silhouette, aber mit bequemem und legerem Schnitt.

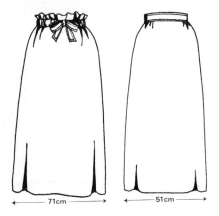

<- 71cm -> <- 51cm ->

Röcke in Tubenlinie: links weiche Tubenform, rechts gerade Tubenlinie.

Tuch, leichte bis schwere Streichgarngewebe in Tuchbindung, die durch Walken und Rauhen eine filzartige Haardecke erhalten, die das Bindungsbild verdeckt. Für Kette und Schuß verwendet man entgegengesetzt gedrehte Garne, um den Walkprozeß zu unterstützen. Heute auch Allgemeinbezeichnung für Herrenoberstoffe auch aus → Kammgarn.

Tuchbindung, einfachste Bindungsart mit engster Verflechtung von Kette und Schuß und kleinstem Bindungsrapport (zwei Faden). In diesem Lexikon verwendet als

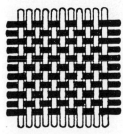

Flechtbild der Tuchbindung zur Verdeutlichung der Anlage einer Patrone

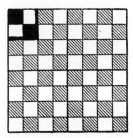

Patrone der Tuchbindung mit markiertem Rapport

Verallgemeinerung der in den verschiedenen Webereisparten für die gleiche Bindung üblichen Ausdrücke → Taftbindung, → Leinenbindung, → Hessianbindung.

Tuchlegung, Grundlegung der → Kettenwirkerei, wobei immer eine Nadel übersprungen wird.

Tuchloden, schweres, meist wasserabstoßend ausgerüstetes, dichtes Streichgarngewebe mit → Meltonappretur ohne Strich. - Vgl. → Loden.

Tüll, netzartiges Gewebe, bei dem die Kettfäden diagonal zu den Schußfäden verlaufen und von den Schußfäden, die beim Rücklauf in entgegengesetzter Richtung kreuzen, umschlungen werden. Nach dem Spannen und Ausrüsten entstehen sechseckige, zellenartige Öffnungen. - Bestickte Gardinentülle heißen → Florentiner Tüll. - Vgl. → Bobinet-Tüll, → Raschel, → Double action, → Double-tie, → Erbstüll, → Gittertüll, → Everlasting, → Single-

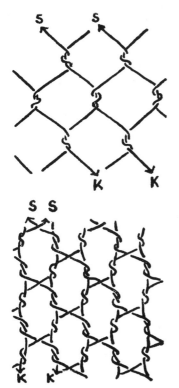

Fadenverflechtung beim Tüll. Oben Wabentüll mit sechseckigem, nahezu rundem Durchbruch; unten Tüll mit etwa viereckigem Loch. Auf der Bobinetmaschine, auf der diese Tülle hergestellt werden, ist jedem Kettfaden (K) ein Schußfaden (S) zugeordnet

be oder ein anderes vorgefertigtes textiles Trägermaterial, z.B. → Bändchen-Polypropylen oder Vlies (vgl. → Teppichrücken) von Maschinen in der Arbeitsweise der Blindstichmaschinen mit Garnschlingen versehen wird, die von unten her solange von Greifern festgehalten werden, bis die Nadeln zum neuen Stich ansetzen. Die Polgarn-führenden Nadeln sind auf einer Nadelstange („needle bar") gerade oder versetzt angeordnet. Die Stichdichte der einzutuftenden Noppen wird durch die Geschwindigkeit des in der Produktionsvorrichtung bewegten Trägermaterials bestimmt. Die geschlossenen Schlingen können zur Velourware aufgeschnitten werden. Die Rückseite wird mit einem Kle-

tie, → Strichnet, → Swissnet, → Wabentüll.

Türkenmuster, aus orientalischen Teppichmustern übernommene Kleider- und Krawattenstoff-Dessinierung (Jacquard- oder Druckmuster). - Vgl. → Foulard.

Türkischer Knoten, siehe unter → Teppich-Knoten.

Tütentasche, vor allem für modische Hüftbetonung geeignete, abstehende Taschen.

Tufting-Teppich, „Nadelflorteppich", zu dessen Herstellung ein fertiges Jutegewe-

Rock mit Tütentasche; Oberteil T-Shirt

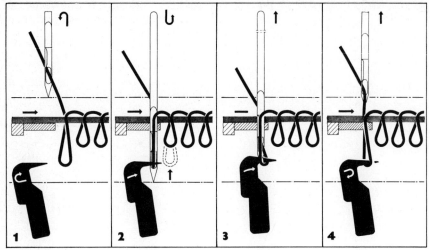

1
Die Nadel beginnt sich zu senken. Die zuletzt erzeugte Schlinge ist gerade vom Greifer gerutscht. Sie ist noch länger als die gewünschte Florhöhe. Der Greifer hat die hintere Umkehrstelle erreicht.

2
Die Nadel hat den tiefsten Punkt erreicht und beginnt sich wieder nach oben zu bewegen. Die vorher erzeugte Schlinge wurde auf die gewünschte Florhöhe zurückgezogen. Der Greifer beginnt gerade, mit seiner Spitze zwischen Nadel und Garn zu greifen.

3
Die Nadel hat den halben Weg nach oben zurückgelegt. Der Greifer hat die Schlinge übernommen.

4
Die Nadel erreicht den oberen Umkehrpunkt. Der Greifer hält immer noch die Schlinge fest; er beginnt aber schon wieder zurückzugehen.

Phasen bei der Herstellung von Tufting-Schlingenware

ber bestrichen, um die lose im Gewebe hängenden Schlaufen fest mit dem Jutegrund zu verbinden, die Ware rutschfest und gegen Bodenfeuchtigkeit unempfindlich zu machen. Tufting-Auslegeware und -Fliesen erhalten häufig einen Waffel- oder Glattrücken aus trittschalldämpfenden Kunststoffen. Bei Wollsiegel-Tufting ist ein Mindestgewicht von 920 g/qm vorgeschrieben. Durch Veränderung der Menge des zugeführten Polmaterials (Tuftronic-Verfahren) kann die Polhöhe reguliert und verändert werden (vgl. → Tip-sheared-Tufting; → Multilevel-Shag). - Vgl. → Cutloop, → Needle-point, → Velv-a-loop, → Killinchy-Space-dyeing, → Level-Shearing, → Random-Shearing, → Slat-Technik, → Sliding-Needle-Technik, → Stepover, → Waveline, → Scroll-Technik, → Compound, → Feinvelours, → Millitron-Verfahren.

Tula-Faser, im TKG nicht erwähnte Blattfaser einer Agavenart ähnlich → Sisal.

Tultrim, Nadelfilz-Spezialfaser von ICI; → Bikomponentenfaser des C/C-Typs mit Polyamid 6.6. im Kern und Polyamid 6 im Mantel, wobei die Schmelztemperatur des Mantels bei 215 °C, die des Kerns bei 245 °C liegt, so daß bei 225 °C eine Verfestigung des Wirrfaservlies durch Verschmelzen der Mantelkomponente an den Kreuzungspunkten ohne Bindemittel erfolgt. - Verwendung für → Nadelfilzteppiche mit 50% Anteil der Marke → Cambrelle; offene, florartige Oberfläche.

Tumack-Webmaschine, schützenlose → Webmaschine mit beidseitigem Schußeintrag durch greiferartige Doppelspeere unter Bildung von zwei übereinanderliegenden Fächern, die sich ähnlich der

→ Onemack-Loom wellenförmig öffnen und schließen.

Tunika, 1. Sammelbezeichnung für alle Überrock- und Doppelrockeffekte, vor allem bei festlichen Kleidern.
2. längere ⅞ lange ärmellose Überweste.
3. Seitlich geschlitztes, ⅞-langes Kleid, das über Hosen und Röcken getragen wird.

Tunkfärbeverfahren, Durch- und Durch-Färbung von → Glattledern in Bottichen mit Anilinfarben; vgl. → Drum-dyeing.

Tunnelgurt, rundum oder partienweise durch Stoffschauben geführter Gürtel.

Turbostapler, für die Produktion von Chemie-Spinnfasern benötigte Maschine ähn-

lich dem → Converter, die Spinnkabel auf die gewünschte Länge reißt und sodann kräuselt.

Turiner Titer, → internationaler → Seidentiter; vgl. → Titer.

Turinyl, Gewebe und Gewirke aus → Cadongarn mit naturseidenähnlichem Griff und Fall auf Polyamidbasis; leicht waschbar, knitterfest, farbecht, lichtecht, plisseebeständig, widerstandsfähig gegen Hautschweiß, anfällig gegen elektrostatische Aufladung.

Turka-Faser, andere Bezeichnung für → Kendyr.

Turkmenen-Teppich, zentralasiatischer

Tunika-Kleider, links mit Schal, rechts im Hemdblusenstil.

Tunika/Hosen-Ensembles. Links in Wikkelform, rechts mit rückenfreiem Top.

Tuxedo

Nomadenteppich mit geometrischen, geradlinigen Mustern in den verschiedensten Rot-Tönen. - Vgl. → Buchara, → Afghan, → Beludschistan, → Orient-Teppich.

Turtleneck, Rollkragenhemd, je nach Ausführung als elegantes Hemd ohne Querschleife auch zum Smoking zu tragen, in sportlicher Version zur Leger- und Freizeitkleidung. Ungünstig bei starkem und kurzem Hals und für Bauchgrößen.

Tussah-Seide, im Gegensatz zur → Japanseide bastlose, aber nicht abhaspelbare → Wildseide für die Schappespinnerei, glasartig steif, dicker als Japanseide, sehr

haltbar, preiswert, ergibt Stoffe mit unregelmäßigem Bild im → Shantung- und Honancharakter.

Tussor, Modewort für grobfädigen → Tussah-Taft.

Tutored-Effekt, örtlicher → Schrumpfeffekt auf Basis → kompressiver Schrumpfung (Bancroft); vgl. → Kräuselkrepp, → Seersucker.

Tuxedo, amerikanischer Ausdruck für → Smoking, in Deutschland vor allem für den zwangloseren weißen Sommersmoking verwendet.

Tweed, ursprünglich gültige Bezeichnung für handgewebte Stoffe aus handgesponnenen Garnen mit kleiner Farbeffektmusterung. Heute für alle tuch- oder köperbindigen Streichgarnstoffe im Handwebcharakter angewandt, die eine melierte und haarige Oberfläche zeigen (→ Harris-Tweed), die mit Noppen durchsetzt und durch andersfarbige Kette und Schuß gemustert sind (→ Donegal) oder eine andere farbliche Kleinmusterung aufweisen. - Vgl. → Home-spun, → Aéré, → Lace-Tweed.

Twill, 1. für Kleiderstoffe mit wolligem oder seidigem Charakter verwandte Schußköperbindung, die einen sehr weichen Griff ermöglicht.
2. Herrentuch in Twillbindung (6bindiger gleichseitiger → Köper), in Griff und Ausrüstung dem → Serge ähnlich, aber mit ausgeprägterem Köpergrat, vor allem für Klosterbekleidung und Talare.

Twill-Bindung (Schußköper 1/2). Rapport: Kreuzchen

Twill doupionné, Twill aus Naturseide oder endlosen Synthetics mit Fadenverdickungen und Titerschwankungen, ähnlich der Shantungseide.

Twin, siehe unter → Orlon-Twin.

Twin-Print, → Partnerstoffe: gleiche Druckdessins auf verschiedenem Material, z.B. auf Pongé und → Chiffon.

Twinset, Kombination von Pulli und Jäckchen mit abgestimmter Bindung und Musterung.

Twist, 1. sehr strapazierfähige Anzugstoffe mit verhältnismäßig hohem Gewicht und aus oft groben, mehrfarbigen und mindestens dreifachen Zwirnen aus gekämmten Wollgarnen. Früher ausschließlich mit Kontrastmusterung und für den Reiseanzug bestimmt, nunmehr auch dunkler für den strapazierfähigen Tagesanzug. Der klassische englische Twist hat durch Cheviotwollen harten Griff. Deutsche und Schweizer Twiste mit ruhiger Farbmusterung und Gewichten zwischen 520 und 560 g bevorzugen Zwirne aus Merinokammgarn, die tuchähnlichen Griff ergeben.
2. Weich gedrehte Zwirne (Stopftwist, Sticktwist) aus mehreren lose nebeneinanderliegenden Fäden, die man leicht teilen kann.

Twist-Hose, sich zum Fuß hin stark erweiternde, aber in Hüft-, Schenkel- und Kniehöhe sehr eng geschnittene, meist sommerliche Hose mit niedriger Leibhöhe für Damen und Herren.

Twist-Linie, grazile, leicht körpermodelierende Silhouette mit schmaler Hüfte und mäßig, manchmal kaum sichtbar ausgestelltem Rock, der seine Falten erst in der Bewegung öffnet.

Tynex, amerikanisches plastisches → Monofil aus Polyamid 6.6.

Typar, amerikanisches Polypropylen-Trägervlies für Tuftingteppiche. - Vgl. → Bidim, → Colbond, → Lutradur.

Tyvek, aus unregelmößig verteilten Endlosfasern (Polyäthylen) unter Hitze und Druck ohne Verwendung von Binde- und Streckmitteln oder Füllmaterial hergestelltes vliesartiges Bahnenmaterial für Wandbekleidungen, Fahnen, Verpackungsmaterial; kann bedruckt, geprägt und thermofixiert werden. - Auch Tufting-Trägermaterial.

- Vgl. → Textil-Verbundstoffe, → Non woven fabrics.

U

U-Ausschnitt, sehr offener, U-förmiger Ausschnitt; es verbleiben verhältnismäßig breite Schulterträger.

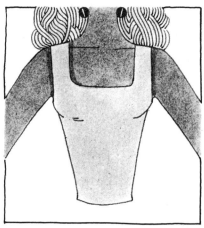

U-Ausschnitt

Überfallreserve, andere Bezeichnung für → Halbtonreserve.

Überfärben, zusätzliche Stückfärbung garn- oder flockefarbig hergestellter Textilien; Erzielen des Eindrucks eines Buntgewebes dadurch, daß z.B. rohweiß und schwarz gewebt und das Gewebe mit einer dritten Farbe gefärbt wird. Die rohweiße Farbe nimmt die dritte Farbe ganz, die schwarze Farbe nur leicht verändert an. Der Weber kann vorausweben, ohne die Farbeinteilung zu kennen.

Überfärbeechtheit, Widerstandsfähigkeit von Flocke- und Garnfärbungen gegen die Einwirkung der für Wolle in der Stückfärbung üblichen Färbeverfahren.

Übergangsmatel, Herrenmäntel mit einem Stoffgewicht um 500 g je m.

Überlauf, Stelle in Druckdessins, an der mehrere Farben aufeinander gedruckt werden, sich vermischen und ergänzen.

Übernahtstickerei, Stickerei auf der Verbindungsnaht zwischen zwei Stoffe.

Überschlaglaken, ander Bezeichnung für → Einschlagtuch.

Übertritt, das mit den Knopflöchern versehene Kantenteil von Bekleidungsstücken, das beim Zuknöpfen über den (mit den Knöpfen versehenen) → Untertritt zu liegen kommt.

Überwendlingnaht, besondere Nahtart zum Umstechen und Sichern von Stoffrändern, zum Verbinden zweier Webleisten oder zum Einsetzen von Stoffteilen, mit nicht zu fest angezogenem Faden, so daß nach dem Bügeln die Kanten nicht aufeinander, sondern nebeneinander liegen. Die Überwendlingnaht dient bei Maschenwaren dazu, Schnittkanten zur Verhinderung von Laufmaschen einzufassen. - Die zweifädige Überwendlingnaht kann sich im Gegensatz zur einfädigen bei Beschädigungen nicht von selbst wieder auflösen. - Vgl. → Overlocknaht.

U-Boot-Ausschnitt

U-Boot-Ausschnitt, auch: Boots-Dekolleté. Ovale Ausschnittform, die die Schulter oben frei läßt und am Schulterknochen spitz zusammenläuft.

Ukafix, Präparat zur Wollausrüstung nach dem Prinzip der → Vorsensibilisierung und → Flächenfixierung.

Ulster, wuchtig wirkender Wintermantel mit breiterem Kragen und größerem Revers aus schwerem, flauschigem Material; klassische Ulster sind zweireihig, moderne Sport- und Kurzulster einreihig. - Vom → Chesterfield durch gesteppte Kanten und oft durch aufgesetzte Taschen zu unterscheiden.

Ulsterfasson, schalartig rundes, oft wuchtig wirkendes Fasson; ganz spitzwinkliges oder gar kein Crocheteck.

Ulsterstoff, nach einer irischen Provinz benannter, schwerer, gewalkter und gerauhter Streichgarn-Wintermantelstoff aus groben Garnen mit Meltonappretur, in der Regel mit angewebtem Futter.

Ultraecht, echteste Färbung von Chemiefasern durch Einlagerung von Farbpigmenten in die Spinnmasse oder -flüssigkeit. - Vgl. → Düsenfärbung.

Ultrapan, modifiziertes Falschdrahtgarn aus Dralon-Filamenten für Strickwaren mit voluminöserem, seidenähnlichen Griff und ruhigem Glanz.

Ultrason, Methode des Texturierens von Polyamiden für Strümpfe durch Ultraschallbehandlung, die einen natureseidenähnlichen Griff und verbesserte hygienische Eigenschaften erzielt, die Festigkeit erhöht und die Laufmaschenanfälligkeit herabsetzt. Die Ausrüstung kann nur am fertigen Strumpf erfolgen; Fußverstärkung ist nicht möglich, aber auch nicht nötig. - Vgl. → Nysil, → Nylsilk.

Ultron, modifiziertes Nylongarn (Nylon-→ Stretch) mit eingelagertem antistatischem Effekt für Wäsche, Wirk- und Strickwaren; Luftdurchlässigkeit, Griff, Feuchtigkeitstransport, Farbaufnahmefähigkeit sind verbessert, die Anfälligkeit gegen Anschmutzen wird verringert.

Umbradrell, doppeltgewebter Markisendrell, meist Oberseite mehrfarbig gestreift, Unterseite einfarbig blau, um die Blendung im Schaufenster zu vermindern.

Umbralan, texturiertes Endlosgarn auf Po-

Ulster, links zweireihig mit steigender, rechts einreihig mit fallender Fasson, waagrechte Pattentaschen.

lyamidbasis, das in Stückfärbung einen → Space-dyeed-Effekt erhalten kann.

Umdruckverfahren, → Transferdruckverfahren, Sammelbezeichnung für alle Druckverfahren, bei denen zuerst ein Papierband oder ein anderer Farbträger (meist im vierfarbigen Kupfertiefdruck) bedruckt wird und die Musterung dann auf dem → Kalander durch Gegenpressen auf den Stoff übertragen wird. Die Umdruckvorlage kann nur einmal benutzt werden. Beim → Stardruck ist Nachbehandlung nötig, bei dem für Polyesterfasern wichtigen → Sublistaticdruck nicht. - Vgl. → Thermo-Umdruckverfahren, → Thermodruck.

Umkehrschuß-Kettenwirkwaren, mit uneingebundenen Schußfäden querversteifte → Kettenwirkwaren, wobei ein hin- und herlaufender Fadenführer den Schußfaden über die gesamte Arbeitsbreite der Maschine („Vollschuß") oder über eine Teilbreite („Teilschuß") verlegt. Mit Schußwechselmaschinen können bis zu sechs verschiedenartige oder verschiedenfarbige Garne mustermäßig eingetragen werden; Kombination mit → Schußlegung ist möglich. - Vgl. → Magazinschuß-Stoffe, → Langschuß-Musterung.

Umlegekragen, festangenähter, eleganter Hemdenkragen für Oberhemden und Sporthemden im Gegensatz zum → Ekkenkragen des Frackhemdes.

Umlegemanschette, nach außen zu schlagende Doppelmanschette am Oberhemd, mit Manschettenknopf zu tragen. - Gegensatz: → Sportmanschette, → Wiener Manschette.

Umschlaghose, Hose mit Umschlag am unteren Fußende. Gegensatz: umschlaglose Form (obligatorisch bei Stresemann, Cut, Smoking und Frack). - Beim Straßenanzug ist das Anarbeiten eines Umschlages und die Höhe des Umschlages eine Frage der Mode. - Beispiele für umschlaglose Hosen: → Slack, → Sailorhose.

Umspinnungszwirn, Effektzwirne, bei denen nicht zwei Fäden miteinander verzwirnt, sondern einer oder mehrere Fäden in engen Windungen um einen anderen, glatt verlaufenden Faden herumgezwirnt werden, zum Beispiel für → Mooskrepp und → Jersey verwendet. Die spiralförmige Ummantelung des einen Garnes mit weiteren Garnen kann offen (mit der Wirkung eines → Effektzwirnes) oder geschlossen mit möglichst voll abgedeckter Seele erfolgen. - Vgl. → Lahn, → Brillantgarn, → Core-spun-Garn. → Kernelastisch, → Polyfil, → Codur, → Umwindungsgarn.

Umstandskleider

Umwindungsgarn, mit andersartigen Garnen nur lose umwundene → Elastomerfäden für elastische Ränder, Bänder und Litzen. - Gegensatz: → Core-spun-Garne (fest umsponnen); → Umspinnungszwirn.

Unconstructed-Verarbeitung, insbeondere bei Herrenbekleidung übliche Bezeichnung für eine Verarbeitung von Großteilen, wie → Softsakkos, völlig ohne formerhaltende → Einlagenstoffe, mithin ohne → Plack, Schulterpolster und ohne → Frontfixierung.

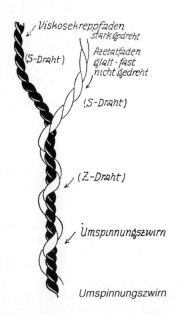

Umspinnungszwirn

Umstandskleid, Kleid für werdende Mütter, mit Erweiterungsmöglichkeiten, lose fallend.

Sportsakko in Unconstructed-Verarbeitung

Underknot-Dessinierung, Dessinierungsart von Krawatten; beherrschendes, abstechendes Dessin, das bei der gebundenen Krawatte genau unter dem unifarbenen Knoten sichtbar wird.

Unentflammbarmachen, vgl. → Antiflammausrüstung.

Ungaro-Dolman, siehe unter → Dolman.

Uni, Bezeichnung für einfarbige Gewebe; nicht gleichbedeutend mit ungemustert. Uni-Gewebe können in sich durch die Bindung gemustert sein.

Universalband, Gardinenbänder, die mit entsprechenden Ösen und Schlingen für die wichtigsten Systeme der Holzschleuderschienen versehen sind.

Unkonventionelle Stoffe, Sammelbegriff für die nach neueren Technologien hergestellten Stoffe: Beschichtete Stoffe (→ Fun-Skin), → Foam-backs, → Bondings, → Non woven fabrics, → Textil-Verbundstoffe, → Fadengelege.

Unpolished Look, Charakteristik von → Texturés für Herrenhemden; matte, nur dezent glänzende Ausrüstung. - Gegensatz: → Silky-Look.

Unreife Feder, Feder, die beim Ausrupfen noch nicht ausgewachsen war und deren Kielende nadelspitz ist. Arbeiten sich solche Federn durch das Inlett, zieht man sie einfach heraus und prüft die Spitze. Das Inlett bleibt gebrauchsfähig.

Unterblusenpulli, Pullover, der sich unter Blusen oder Kleidern getragen für die Kombinationsmode eignet, meist mit Rollkragen. - Vgl. → Overdress, → Overblouse, → Etagenlook.

Untergarn, in der Regel zweifache Zwirne, zum Beispiel 24/2fach und dann der Stärke dem Obergarn Nr. 50/4fach ähnlich, weicher gedreht und billiger als Obergarn. Meist mercerisiert und stets linksgezwirnt, um das Aufdrehen des Zwirns beim ständigen „Überwerfen" über das Schiffchen der Nähmaschine zu verhindern. 500- und 1000-m-Kreuzwickel.

Unterschlagen der → Wattierung, Zusammenheften des Oberstoffs mit der Wattierung des Anzugs. Bei Oberbekleidungsstücken mit → Frontfixierung entfällt dieser Arbeitsgang..

Untersponnenes Garn, vergleichsweise dickere Garne aus Einzelfasern, die normalerweise für → Feingarne bestimmt sind; vor allem üblich in der Wollspinnerei, wobei feinere, üblicherweise → Kammgarnen vorbehaltene Provenienzen zu hochwertigen, → streichgarnähnlichen Garnen versponnen werden.

Untertritt, das mit den Knöpfen versehene Kantenteil von Bekleidungsstücken; Gegensatz: → Übertritt.

Urylon, japanische → Polyharnstoff-Faser; die dieser Chemikaliengruppe eigene thermische Unbeständigkeit wurde mit einem Schmelzpunkt von 237°C überwunden.

Used-Look, sprich: jusd-Luck, „gebrauchtes Aussehen", Bekleidungsstücke aus vorgewaschenen Stoffen. - Vgl. → Second-Hand-Look, → Wash-out, → Délavé.

U-Shirt, ärmelloses Shirt, meist aus → Single-Jersey, mit → U-Ausschnitt. - Vgl. → T-Shirt.

Uvutan, tschechisches → Fadengelege (→ Fadenverbundstoff) mit zufälliger Le-

Kombi-Kleider mit Unterblusenpulli

U-Shirt mit Trägern

gung der (meist aus Filamenten bestehenden) Fäden. - Vgl. → Vliesstoff.

V

Valenciennes-Spitze, feinste, zarteste und kostbarste Handklöppelspitze (bis zu 800 Klöppel je 10 cm Warenbreite), bei der Muster und Grund gleichzeitig geklöppelt werden; meist naturalistische Blüten und Blätter. Oft als → Bobinetspitze (Webspitze) täuschend nachgeahmt; vor allem Ausputz für feine Nachtwäsche.

Valren, japanische Polychlorid-Faser (PVC).

Vamp-Stil, Modestil mit völlig schulterfreien Oberteilen.

Vamp-Ausschnitt

Vancel, Polynosefaser (Courtaulds).

Vanilon, amerikanische Strumpfhosen mit einer antistatischen Ausrüstung, die etwa zwanzig Wäschen überdauert.

Variaset, Richtung der → Leger-Kleidung für Damen und Herren mit großzügiger, fülliger und bequemer Weite, oft zum Wandern, bei der die Kombination verschiedener Materialien (z.B. Popeline mit kariertem Flanell, Wollstoffe mit Strick, Cord mit Baumwoll-Ratiné usw.) sowie die Möglichkeit, verschiedene Kleidungsstücke übereinander zu tragen (z.B. Mäntel mit Blousons, Kapuzen-Anorak mit Unterzieh-Shirt) im Vordergrund stehen soll.

Vatermörder, von entsprechenden historischen Hemdenkragen abgeleitete Bezeichnung für steife Stehblenden mit umgeknickten Ecken an Blusen.

Vatermörder

V-Ausschnitt, V-förmig, meist recht tief von Halsansatz zu Halsansatz bei der Schulter verlaufende Ausschnittform.

Vectra, Fabrikatname für verschiedene amerikanische Chemiefasern; in Deutschland bekanntgeworden ist die Polypropylenfaser für Damenfeinstrümpfe. Strümpfe daraus sind seidenähnlich, im Winter wärmer, im Sommer kühler, leichter waschbar, schneller trocken, snag-unempfindlich, schmutzabweisend.

Vegetabilische Gerbung, Sammelbezeichnung für alle Gerbverfahren, die mit Hilfe von Pflanzenextrakten erfolgen. Diese Extrakte werden durch Auskochen von

Rinden, Blättern und Hölzern (Eiche, Quebracho, Sumach) gewonnen; pflanzlich gegerbtes Leder hat eine bräunliche bis gelbliche Schnittkante, ist plastischer, recht fest im Griff und hält einen künstlichen → Narben besser als das steifere → chromgegerbte Leder; Gegensatz → Mineralgerbung, → Sämisch-Gerbung, → Kombinationsgerbung, → Formaldehydgerbung. - Vgl. → Leder, → Gerbung.

Vegetable dyed, sprich: wedschetäbl daid, engl. „gemüsegefärbt", farbiger → Jeans-Stoff mit wash-out-Effekt.

Velbryl, im Kammgarnverfahren versponnene Glanz-Viskose mit milderem Griff als Moussbryl und Jaryl.

Velcrylan, elastischer Samt, mit einem Crylorschuß in Schußsamttechnik auf Helancakette gearbeitet.

Velicren, Modacrylfaser aus 85% Acryl

Kleid mit V-Ausschnitt

und 15% Vinylacetat (→ Copolymer) (Snia), auch → bikomponent (→ S/S-Type). - Vgl. → Acrilan, → Creslan, → Zefran.

Velona, Wildlederimitat auf Basis → Non woven fabrics mit aufgeschlossenem und durch Kleber gebundenem Flock; recht strapazierfähig (Freudenberg).

Velours, 1. Samt: Velours coupé = aufgeschnittener Samt; Velours frisé (épinglé) = gezogener, unaufgeschnittener Samt.
2. Allgemeinbezeichnung für eine gerauhte Warenoberfläche.
3. Wintermantelstoff mit kurzer aufgerichteter Haardecke (→ Stehvelours, → Poul) oder mit einer in Strich gelegten Faserlage (→ Strichvelours). Gegensatz: → Flausch, → Langhaarflausch, → Hirtenloden. - Kurzgeschorener Velours, oft mit Bindungsmustern: → Schnittvelours. - Vgl. → Perlon-Velours.

Veloursausrüstung, Ausrüstung wollener Rauhgewebe, bei denen im Gegensatz zur → Strichausrüstung während des Scherens die Fäserchen hochstehen, also nicht flach gebürstet werden. Exakt gleiche, samtartige Florhöhe erfordert mehrmaliges Hochbürsten und Scheren im Wechsel.

Velours chiffon, Sammelbegriff für kurzgeschorene, kurzflorige Kettsamte mit Filamentflor. (Velours transparent, Seidensamt, Panne).

Velours couché, in Strich gelegter → Seidensamt.

Velours de laine, weicher, schmiegsamer, dichter, stark gerauhter und geschorener Streichgarnkleiderstoff mit samtartiger Oberfläche.

Velours épinglé, → Kettsamt, der wie ein → Schußsamt aufgeschnitten ist.

Velours frisé, → Kettsamt mit unaufgeschnittenen Florschlingen.

Velours gaufré, → Seidensamt mit Prägemuster.

Veloursleder, Sammelbegriff für alle Ledersorten, die durch Schleifen und

Schmirgeln in der → Zurichtung ein samtartiges bis rauhes oder flusiges Oberflächenbild erhalten haben, das auch ursprüngliche natürliche Fehler des Leders verbirgt. Neben den → Wildledersorten gehören in diese Gruppe → Nubuk, → Mochetto, → Laponia mit geschliffener Narbenseite und → Suèdeleder bzw. Dänischleder (→ Chairleder) sowie → Pelzvelours mit geschliffener Fleischseite. - Gegensatz: → Glattleder.

Velours sabre, → Satin découpé, (sabre = Schwert). Dichtgewebter Naturseidensatin, dessen Fadenflottungen von Hand mustermäßig aufgeschnitten werden. Die aufgeschnittenen Flächen erhalten durch Bürsten samtartigen Charakter. Hochwertiges Couture-Gewebe, oft durch Beflocken nachgeahmt.

Velours transparent, anderer Ausdruck für → Seidensamt oder → Transparentsamt.

Velours Veloutine, stumpffloriger Baumwollvelours, durch Rauhen, Scheren und Schmirgeln mit einem kurzen aufrechtstehenden Faserflor versehen. Oft von links bedruckt, Muster scheint dann undeutlich auf die rechte Warenseite durch. - Wird kaum mehr hergestellt.

Veloutine, Vorbild für → Rips givré, → eolienne-ähnliches Halbseidengewebe mit Grègekette und Kammgarnschuß mit popelineartigem Griff.

Velple, auch Felpel genannt, langfloriger, fellartiger Plüsch mit Strich für Zylinder.

Velv-a-loop, Musterungstechnik für → Tufting-Teppiche mit hohem Poleinsatz und dem Charakter schwerer → Tweeds im → Home-spun-Charakter.

Velvet, unechter Samt, bei dem der Flor durch das Schußmaterial gebildet wird. Grundbindung Leinwand- oder Köperbindung, Florbindung langflottender Atlas; die Florfäden werden mit spitzen Nadeln aufgeschnitten, der Flor hochgebürstet, geschoren und gesengt. „Lindener Samt" war ein besonders hochwertiger Velvet.

Velveton, Samtimitat (verstärkter Schußatlas) mit gerauhter und geschmirgelter Flordecke, als Wildlederimitation für Oberbekleidung, sowie als Hosentaschenfutter (→ Fustian, → Moleskin). - Vgl. → Duvetin.

Veralon, Vorhangstoff, nach dem Metalon-Verfahren metallisiert. Die Abstrahlung der Heizungswärme nach außen wird um 20%, die Wärmeeinstrahlung nach innen um 30-38% verringert. Lichtdichte und Farbechtheit werden verbessert, die Anschmutzbarkeit reduziert und die Unempfindlichkeit gegen ultraviolette Strahlen und Industrieabgase erhöht. Wie synthetische Gardinen waschbar.

Verbundstoffe, siehe unter → Textil-Verbundstoffe.

Veredlung, Summe aller Nachbehandlungen jeder Art der textilen Flächengebilde von → Bleichen, → Färben und → Bedrucken über die üblichen Ausrüstungs- und Appreturmaßnahmen bis zu modernen Formen der Hochveredlung (wasserabweisend, scheuerfest, knitterarm, flammensicher, fleckenunempfindlich, mottensicher und hygienisch einwandfrei machen). - Vgl. → Ausrüstung, → Appretur. → Finish.

Verel, lt. TKG → Modacryl, Multipolymerisat-Spinnfaser aus 80% Acryl und 20% Vinylchlorid oder Vinylidenchlorid (Eastman Kodak), versch. Typen normal bis hochschrumpfend, schwer entflammbar, gute chemische und Wetterbeständigkeit, vor allem zur Herstellung von Bauschgarnen für Strickwaren sowie für Pelzimitationen und Teppiche.

Verrottungsfest-Appretur, siehe unter → Schimmelfest-Appretur.

Versatzmuster, Musterung von Maschenwaren, bei denen ein Nadelbett seitlich verschoben wird und auf diese Weise eine zickzackähnliche Bindung entsteht.

Verstärkte Bindung, Bindungstechniken mit längerflottenden Fäden, die durch Hinzunahme weiterer Bindungspunkte bei gleicher Einstellung dichter werden oder in ihrem Effekt Veränderungen erfahren. - Beispiele: → Adria, → Soleil, → Covercoat, für → Velveton und andere unechte Samte verwendete → Schußatlasbindungen.

Verstärkung, Hinzunahme eines besonders reiß- und scheuerfesten Fadens (meist Polyamide) in Maschenwaren an den im Gebrauch besonders strapazierten Teilen. Die Angabe der Verstärkung ist im TKG nicht geregelt.

Vernetzen, bei den verschiedensten Ausrüstungsverfahren aufgrund chemischer Vorgänge notwendiger Prozeß, wobei zwischen den Kettenmolekülen der Fasern Molekülbrücken abgebaut und in veränderter Form wieder aufgebaut werden. Besondere Bedeutung hat dieser Prozeß bei der → Vorsensibilisierung, der → Flächenfixierung, bei → Permanent Press und bei vielen → Kunstharzausrüstungen. Die neu aufgebauten Molekülbrücken ziehen die Einzelfasern immer wieder in die unmittelbar nach dem Kondensationsprozeß vorhanden gewesene Lage, sind also die Ursache für → Dimensionsstabilität und → Formstabilität. - Gegensatz: → Filmbildung.

Verstrecken, 1. in der Baumwoll- und Wollspinnerei: Ordnen des Kardenbandes dadurch, daß die Fasern zwischen den mit verschiedener Geschwindigkeit laufenden Steckwerkswalzen aneinander vorbeigezogen werden. Die Fasern verteilen sich gleichmäßiger und werden parallel zueinander gelegt.
2. Bleibendes Dehnen der Chemiefasern unmittelbar nach dem Spinnprozeß mit dem Ziel, die innerhalb der Faser wirr durcheinanderliegenden, verknäulten Molekülketten parallel zu ordnen, in sich zu verlängern und dazu zu bringen, fest aneinander zu haften (Kristallisationsprozeß). Dieser Ordnungsvorgang kann plötzlich eintreten und sogar sichtbar vor sich gehen („Flaschenhals" bei Verstrecken von Polyamiden). - Vgl. → Strecktexturierung, → Schnellspinnen.

vor dem Strecken

nach dem Strecken

Schema des Ordnungszustandes der Fadenmoleküle vor dem Strecken und nach dem Strecken

Verstürzen, Nähen der Vorderkante eines Anzugs (und auch anderer Nähte) auf der linken Warenseite. Nach der Naht muß das Kleidungsstück umgewendet werden; die Naht ist nicht sichtbar. - Vgl. → Staffieren.

Verwandlungsmuster, siehe unter → Evolutives Muster.

Verwirbelung, → Texturieren ohne Verdrehungstendenz, im Wesentlichen im → Luftdüsenbauschverfahren (→ Taslan), auch „Luftverwirbelungsverfahren" genannt, hergestellt. Der Ausdruck wird vor allem dann angewandt, wenn geringe Mengen andersartiger Fasern, z.B. andersartig färbbare oder antistatische Fasern, kalt oder im erwärmten Zustand mit einer (endlosen) Faser während des Texturierprozesses vereinigt werden. - → Intermingled-Garn.

Verzögerte Kondensation, Verfahren bei → Permanent Press; → deferred cureoder → delayed-cure-Verfahren. Siehe unter → Post-curing.

Vestan, (als Markenzeichen aufgegeben), Polyesterfaser (Kodak und Hüls) mit anderer chemischer Zusammensetzung: Vestan unterscheidet sich von den übrigen Polyesterfasern, z.B. Diolen und Trevira, durch die chemische Zusammensetzung: Die Säurekomponente ist zwar die Terephtalsäure, die Glykolkomponente jedoch von Cyclohexan-Dimethanol abgeleitet. Der Schmelzpunkt liegt mit 293°C ungewöhnlich hoch; deshalb können Vestangewebe bei Kochtemperaturen gewaschen werden. Erzeugnisse aus Vestan sind wenig anfällig gegen Pillingbildung; bei Mischung mit Wolle soll Dressieren möglich sein. Geringere Reiß- und Scheuerfestigkeit, Thermofixieren von Fertigteilen nicht nötig. - Vgl. → Viva-dor, → Vivaperm, → Vivalan.

Vestolen, monofile Drähte und Borsten aus Polypropylen (Hüls/Bayer).

Vetrolon, unbrennbare → Glasfaser (lt. TKG „Glasfaser"), für Vorhänge und Wandbespannungen. Schmutzunempfindlich, kein Vergilben, schall- und wärmeisolierend, einlauffest, unempfindlich gegen Sonnenlicht, hygienisch, fäulnis- und verrottungsfest, Färben und Bedrucken ist möglich.

Vibrene, → Pontongewebe im Seidencharakter (gleichmäßige Fadenverdickungen in Kette und Schuß durch Effektfäden oder Bindungen) mit einem durch Prägung erzielten Givré-Glanz.

Vicara, amerikanische → Proteinfaser aus dem Eiweiß des Maises. Lt. TKG „Regenerierte Proteinfaser".

Vichy, blockige, kontrastreiche Baumwollkaros mit nicht zu großen Rapporten.

Vicunja siehe unter → Vikunja.

Vierfachstrickgarn, weicher und sorgfältig mercerisierter, vierfach teilbarer Zwirn aus Vorgarnen Nr. 8 bis 70, aus hochwertiger Baumwolle für Weiß-, Monogramm-,

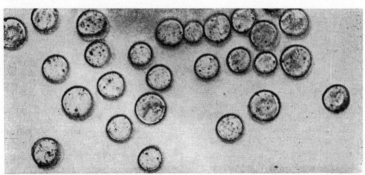

Vestan:
Querschnitt

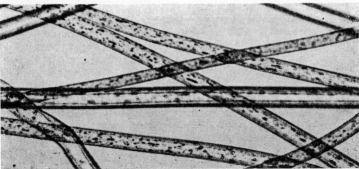

Vestan:
Längsschnitt

Durchbruch- und Hedebo-Arbeiten auf Leinen; 40-m-Döckchen, auch in Langaufmachung.

Vigogne-Garn, ursprünglich Bezeichnung für das → Alpakagarn (Vikunja). Später Mischgarn aus Baumwolle mit Wolle, im Streichgarnverfahren versponnen, meist graublau meliert für Trikotagen.

Vigogne-Imitatgarn, weiches, oft minderwertiges Grobgarn mit 5% bis 10% Wollzusatz für die kochbare Normalwäsche („wollgemischte Wäsche").

Vigoureux, Gewebe aus Gespinsten, die aus bedruckten Kammzügen gesponnen worden sind. Die Kammzüge werden mit Hilfe von Reliefwalzen bedruckt, die entsprechende Faserpartien fest gegen eine Farbwalze pressen; es entstehen einfache quer verlaufende, diagonale oder sich kreuzende Streifenmuster; beim späteren Verspinnen der Kammzüge entsteht im Garn durch mehrfaches Doublieren und Verziehen der bedruckten Fasern ein sehr homogener melangeartiger Mischfarbeffekt. Neben Wolle eignen sich hierfür auch Polyester- und Polyamidfasern. - Die Stoffe sind schon wegen des teureren Herstellungsprozesses sehr hochwertig und strapazierfähig. - Gegensatz: → Melange, → Mouliné, → Jaspé. - Vgl. → Partienweise Färbung, → Strangdruck.

Vijella, Waschwolle, deren Wollanteil (zwischen 30 und 70%) so bemessen ist, daß die Flanelle für Hemden und Kleider in der Wäsche nicht walken.

Vikunja, lt. TKG „Vikunja" mit oder ohne Zusatz „Haar" oder „Wolle"; seltene, ganz besonders weiche und feine Spezialwolle für Luxuserzeugnisse, ähnlich der Kaschmirwolle; Haarkleid des südamerikanischen Schafkamels.

Viledon, → Spinnvlies (Freudenberg) aus verschiedenen synthetischen Fasern, thermoplastisch oder durch Bindemittel verfestigt, für technische und Bekleidungszwecke; stretch-elastische Versionen bauen auf Polyamid- oder Polyurethanfäden auf.

Vincel, Polynosefaser.

Vinylal-Fasern, lt. TKG: „Fasern aus linearen Makromolekülen, deren Kette aus Polyvinylalkohol mit variablem Acetalisierungsgrad aufgebaut wird". Identisch mit Polyvinylacetalfaser. - Polyvinylalkoholfasern sind in kochendem Wasser löslich und deshalb auch nur für Spezialzwecke (z.B. Stickereigrundgewebe) verwendbar. Die Acetalisierung (nachträgliche Behandlung mit Formaldehyd) macht sie unlöslich. Die vornehmlich in Japan hergestellten Fasern haben einen Acetalisierungsgrad von etwa 40 %. Die Fasern haben gute Feuchtigkeitsaufnahme, hohe Scheuerfestigkeit, sind kochecht und gegen die meisten organischen Lösungsmittel beständig, hingegen schwer zu färben und recht anfällig gegen Knittern. - Vgl. → Vinylon, → Kuralon, → Transferstickerei.

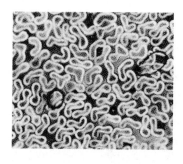

Vinylal-Faser Mewlon: Querschnitte Hantel-, V- und Y-förmig; transparente Randzone.

Vinyliden-Fasern, siehe unter → Polyvinylidenchlorid-Fasern.

Vinylon, japanischer Gattungsbegriff für → Vinylal-Fasern.

Vinyon, Gattungsbegriff für Synthesefasern aus wenigstens 85% Vinylchlorid.

Viralen, für geschütztes Warenzeichen für ein Dreifasergarn, bestehend aus ⅓ Baumwolle, ⅓ Viskose und ⅓ Acrylfaser, vor allem für wärmende Herrenunterwäsche; kochfest, kann in jeder Waschmaschine gewaschen werden, leicht, guter Feuchtigkeitstransport, Fertigerzeugnisse unterliegen Qualitätsvorschriften.

Viscolan, Viskosefaser-Wolltype; Viscolen: Viskosefaser-Baumwolltype (Lenzing).

Viscolin, pflegeleichter, waschbarer, einlauffester und bügelfreier Futtertaft aus Viskosefilamenten. - Die Fähigkeit zum Feuchtigkeitstransport wird durch die für die Pflegeleichtigkeit erforderliche Kunstharzausrüstung etwas reduziert. - Vgl. → Waschtaft.

Viskose, Begriff des TKG für „bei Endlosfasern und Spinnfasern nach dem Viskoseverfahren hergestellte regenerierte Zellulosefasern". Die Begriffe „Zellwolle" und „Reyon" werden durch das TKG nicht gedeckt und durch „Viskosespinnfaser" bzw. „Endlos-Viskose" oder „Viskose-Filament" ersetzt.

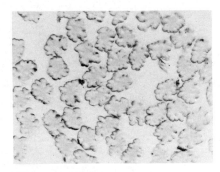

Viskose (gelappter Querschnitt)

Viskoseverfahren, zur Herstellung von Viskose-Filamenten und Stapelfasern wird chemisch reiner, aus Holz und anderen Pflanzen gewonnener → Zellstoff mit Natronlauge und Schwefelkohlenstoff behandelt. Der Name kommt von der zähflüssigen Viskose, dem in Natronlauge gelösten und gereiften → Xanthogenat, aus dem die Faser gesponnen wird. Eigenschaften der endlosen Faser (Filament): Preiswert, gleichmäßig zu färben, gut zu kreppen und zu zwirnen, weicher Fluß, geringe Knitterneigung, stark säureempfindlich, geringe

→ Naßfestigkeit, leicht entflammbar, quillt im Verhältnis zur Acetatfaser stark. - Viskose-Stapelfaser (Spinnfaser): Kann wie Baumwolle gewellt, wie Wolle gekräuselt werden und ist indanthren zu färben. Eigenschaften ähnlich der endlosen Faser, an die Eigenschaften von Wolle oder Baumwolle anzupassen. - Vgl. → Polynosische Fasern, → Hochnaßfeste Zellwolle, → Mantelfaser, → Modalfaser, → HWM-Faser, → Teppich-Spezialfaser.

Vista-Knit, amerikanisches Gestrick aus düsengesponnenen Polychoriden für DOB, wobei die Eigenschaft der Vinyle, Hitze und Kälte zu speichern, durch die Stricktechnik ausgeschaltet sein soll.

Viva-dor, Rock- und Mantelstoffe aus 60% Vestan und 40% Dralonschrumpftype (Bayer).

Vivalan, Garn aus einer Mischung verschiedener → Vestan-Typen (100% Polyester) mit weichem Griff, wolligem Naturfasercharakter, hoher Kräuselbeständigkeit und hoher auch für → Thermo-Umdruckverfahren geeigneter Thermostabilität.

Vivaperm, Kammgarngewebe aus 75% Vestan und 25% Schurwolle (Bayer).

Vlies, gesamtes Haarkleid des geschorenen Schafes; in ihm sind alle (sehr verschiedenwertigen) Wollqualitäten eines Schafes enthalten. Haftet durch das Erkalten des Schweißes (Wollfett) nach der Schur gut zusammen.

Vliesgewirk, vergleichsweise wenig fester, aber flauschiger Vliesstoff aus vorwiegend querorientierten Langfasern und mit hohem Langfaseranteil; die Verfestigung in Längsrichtung erfolgt ohne Nähfaden mittels der → Arabeva-Technik durch maschenähnliches Durchziehen der Langfasern durch des Vlies. - Vgl. → Vliesstoffe, → Textil-Verbundstoffe, → Non woven fabrics.

Vliesvelours, → Nadelfilz, der in der Nachbehandlung an der Oberfläche den Charakter eines senkrecht stehenden Flors erhalten hat; die Bindemittel treten auf der

Oberfläche nicht mehr als Schmutzbinder in Erscheinung. Für Fußbodenbeläge.

Vlieseline, „→ non woven fabric", wasch- und reinigungsbeständiger Vliesstoff (→ Wirrfaservlies) aus Acetat und Synthetics, durch Kautschuk, Kunstharze oder Thermoplaste elastisch verbunden.

V-Noppe, Art der Einbindung der Polkette bei Samt (Abb. siehe unter → Samt).

Vogue, (frz. Ansehen, Ruf, Beliebtheit, sprich: Wohg), „en vogue": in Mode.

Voile, schleierartig leicht eingestellte Baumwollgewebe (auch Wolle) aus hartgedrehten Voilezwirnen bis Nm 200 (2fach) in Tuchbindung, wobei die hartgedrehten, faserlosen Zwirne den körnigen Griff und die Schiebefestigkeit geben. Als durchsichtiger Gardinen- und Scheibenbespannstoff weitgehend durch die Gardinenstoffe aus Synthetics verdrängt, die nicht mehr gespannt zu werden brauchen. - Vgl. → Brisé, → Cheesecloth.

Voile barré, weiche, durchsichtige Kleider- und Blusenstoffe, die durch dichte Satinstreifen und -karos auf dem Voilegrund gemustert sind. Die Satinstreifen können noch zusätzlich jacquard-gemustert sein.

Voile barré brodé, Voile barré mit zusätzlichen Stickereien meist in Streublümchenart.

Voilegarn, richtiger: Voile-Zwirn, hart gedrehte, gut gesengte zweifädige Zwirne mit etwa 1000 Drehungen je m, also nicht so fest gedreht wie → Kreppgarne (fast doppelt so hart gedreht), für Voile und auch als Kettmaterial für → Lavabel verwendet. - Vgl. → Crepon-Garn, → Kreppgarn, → Grenadine.

Volant, aus breiteren oder schmaleren Stoffstreifen zu einer Rüsche gezogener Besatz für Damen- oder Kinderoberbekleidung und Wäsche. - Abb. siehe → Rock.

Vollachsel, angeschnittener, breiter Träger bei Damenunterwäsche.

Volldreher, siehe unter → Drehergewebe.

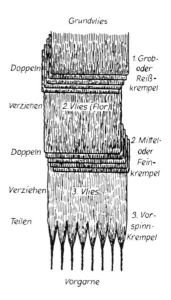

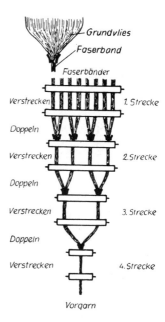

Schema der Vorgarnbildung. Oben: durch Teilen des Faserflors (Streichgarnverfahren); unten: durch Verziehen der Faserbänder (Streckspinnverfahren).

Festliche Kleider mit Volant: links mit Fichu-Kragen und Ärmel-Volants; rechts mit Cape-Kragen und Saumvolant.

Volantröcke mit Tunika-Effekt

Vollmantelfaser, Viskose-Spinnfaser mit baumwollähnlicher Fibrillärstruktur, mit homogenem Fasergefüge ohne Unterschied in der Dichte zwischen Außenhaut und Kern. - Vgl. → Mantelfaser, → Mantel/Kernfaser, → Modalfaser.

Vollsynthetische Faserstoffe, veralteter Ausdruck für → Synthesefasern („Synthetics").

Vollwaschmittel, enthalten alle Substanzen, die bei → Waschmitteln (siehe dort) üblich sind. Die einzelnen Fabrikate unterscheiden sich kaum hinsichtlich der in ihnen enthaltenen Chemikaliengruppen, wohl aber in der Art und in der Menge dieser Chemikalien, die aber erst bei einer Waschtemperatur von 95°C voll zur Wirkung kommen; bis zu einer Temperatur von 30°C verhalten sie sich ähnlich wie → Feinwaschmittel.

Vollzwirn-Marquisette, → Marquisette mit Zwirn in Kette und Schuß.

Voltex-Verfahren, → Nähwirktechnik, bei der das Schlingen bildende Fadensystem durch ein endloses Faservlies ersetzt wird. → Schiebernadeln erfassen das Vlies und ziehen es in Form von Faserbüscheln über Polplatinen durch die Grundware hindurch. Es ergeben sich voluminöse, rauhfähige Artikel. - Vgl. → Malipol.

Volubil, nach dem Falschdrahtverfahren texturiertes Garn aus 77% Acetat und 23% Nylon (Bilion).

Vorgarn, Zwischenprodukt in der Spinnerei mit verzugsfähigem Fasergefüge und gegenüber dem späteren Garn wesentlich größerem Volumen, aber mit genügendem Faserzusammenhalt, um aufgewickelt und transportiert werden zu können.

Vorhangstoff, Stoff für Übergardinen, undurchsichtige, einfarbige, bedruckte oder buntgewebte Stoffe für den Fensterbehang. Gegensatz: (durchsichtige) → Gardinenstoffe. - Vgl. → Dekorationsstoff, → Wandbespannung.

Vororientierte Fasern, siehe unter → Schnellspinnverfahren.

Vorsensibilisierung, Behandlung von Wollgeweben in der Ausrüstung der Weberei mit der Chemikalie des Sirosetverfahrens. Zum nachträglichen Einbügeln einer dauerhaften Falte bedarf es nur erhöhter Feuchtigkeit. Nicht nur die Falten der Hosen oder Plissees, sondern der gesamte Stoff bleibt bei Nässeeinwirkung formgetreu. - Vgl. → Antifilzausrüstung, → Flächenfixierung, → Immacula-Verfahren, → Formfest-Behandlung.

Vorspinnen, Verdichten von Fasern durch Drallgebung (vgl. → Flyer) oder durch Pressen und Runden (vgl. → Nitscheln) zwecks Herstellung eines → Vorgarnes, das auf einer Feinspinnmaschine ausgesponnen wird.

Vylapren, lackartig glänzende Meterware auf Basis Cupro-Gewirk mit einer Zwischenschicht aus Schaumstoff und einer PVC-Oberfläche für modische Mäntel, Handtaschen und Schuhe mit einem dem Wachstuch ähnlichen Oberflächenbild. - Vgl. → Fun-Skin.

Vyrene, lt. TKG: „Elasthan", → Segmentiertes Polyurethan, vor allem für Maschenwaren geeignet (USA).

W

Wabentüll, glatter, ungemusterter → Bobinet-Tüll mit sechseckiger Zellenstruktur, meist aus Polyesterfilamenten. - Vgl. → Erbstüll, → Gittertüll; Abb. siehe unter → Tüll.

Wachstuch, Baumwollgrundgewebe in Leinwand- oder Köperbindung, das auf der Oberseite in mehreren Anstrichen mit einer Masse aus Leinöl, Binde-, Trocken- und Färbemitteln versehen wird. Häufig bedruckt und auf der Rückseite gerauht (Wachstuchbarchent), um die Haftfähigkeit

auf dem Tisch zu erhöhen. Durch Speziallacke kann das Wachstuch dauerhafter und glanzreicher gemacht werden. - Wachstuch nicht knicken, sondern rollen. Zusammengelegtes Wachstuch, das der Kälte ausgesetzt war, muß erst wieder auf Zimmertemperatur gebracht werden, bevor es aufgelegt wird (Gefahr des Brechens). - Vgl. → Beschichtung.

Wadensöckchen, Damensöckchen aus Helanca mit Wolle oder Helanca, häufig Henkelplüsch, in einer Länge, die es gestattet, daß die Söckchen über den Rand von Gummistiefeln geschlagen werden.

Walken, absichtliches, gesteuertes Verfilzen von Wolle; wichtiger Ausrüstungsprozeß zur Veränderung und Verdichtung des Gefüges von Web- und Maschenwaren durch starke mechanische Bearbeitung (Pressen und Stauchen) unter Einwirkung von Chemikalien, Wärme und Feuchtigkeit unter Ausnutzung der Schuppenstruktur, der Quellfähigkeit sowie des Dehnungs- und Kontraktionsvermögens der Wollsubstanz (vgl. → Filzen). Es wird ein dem Warencharakter entsprechender Verfilzungsgrad (in Länge und Breite bis zu 40% Verkürzung) sowie das gewünschte Flächengewicht erreicht. Das Fasergefüge wird verfestigt und eine gut rauhfähige Oberfläche hervorgerufen; Erhöhung der Zug- und Scheuerfestigkeit. Das Walkverhalten der Stoffe wird beeinflußt durch Feinheit, Elastizität, Länge und Kräuselung der Wollfasern, die Gewebestruktion (Bindung und Fadendichte), Garndrehung und Drehungsrichtung in Kette und Schuß sowie durch die Art der Vorbehandlung. - Vgl. → Meltonappretur, → Loden.

Walkfrottier, nach RAL 304 Web-Frottierwaren mit einer Florkette aus ungezwirnten Garnen, die in einem besonderen Ausrüstungsverfahren behandelt worden sind. Durch die Naß/Kochbehandlung erhalten die Gewebe einen fülligen Griff und erhöhte Saugfähigkeit; Walk-Frottier läuft in der Regel nicht mehr ein. - Vgl. → Frottiergewebe.

Walk-Coat, längere (um 90 cm lange) Form der → Wanderjacke.

Walking-Jacket, Fortentwicklung des → Caban; einreihige, schlank geschnittene, nicht taillierte Überjacke aus Tuch, Sport-Tuch oder → Tweed.

Walkjanker, Herren- und Damenjanker aus schwerem gewalkten Gestrick, meist ungefüttert.

Wamme, bei Langhaarpelzen (vor allem bei → Bisam) übliche Bezeichnung für das Bauchfell. - Vgl. → Wemme.

Wandbespannung, zur abnehmbaren Bespannung von Zimmerwänden geeignete, waschbare oder reinigungsfähige Stoffe, Filze oder Vliese; verdeckt Schönheitsfehler der Mauer oder unansehnliche Tapeten und Anstriche. Ohne Raumverschmutzung anzubringen, mit behaglicher, wohnlicher Wirkung und bei entsprechender Musterung mit Vorhangstoffen kombinierbar. Bei Unterfütterung mit Faservlies oder Steinwolle verbesserte Akustik und Schallisolation. Besonders günstig: Pflegeleicht, einlaufsichere Stoffe mit einem Mindestgewicht von 300 g/qm und 270-300 cm Warenbreite aus synthetischen Fasern.

Wanderdecke, modisch gemusterte → Schlafdecke mit glattgeschorener oder plastiküberzogener Abseite zur Verhinderung der Verschmutzung durch Gras oder Sand bei Bodenberührung. - Vgl. → Wolldecke.

Wanderjacke, betont sportliche Herrenjacke, meist winterfest ausgestattet oder → fiberfillgefüllt und gesteppt; meist dreiviertel-lang, mit vielen aufgesetzten und eingearbeiteten Taschen, für Jäger, Angler, Wanderer. - Vgl. → Steppjacke, → Manteljacke, → Action-Jacket, → Walk-Coat.

Warenbaum, Rolle, auf die die fertige Ware vom Webstuhl aufgewickelt wird.

Warenwechsel, bei Geweben mit mehreren Kett- und/oder Schußsystemen derjenige Punkt, an dem das eine Fadernsystem musterbildend auf der Warenoberfläche in Erscheinung tritt; das zweite System wird auf die Abseite gedrängt. - Vgl. → Doppelgewebe.

Wärmehaltungsvermögen, Wärmerückhaltvermögen, Fähigkeit eines Bekleidungsstücks, die Temperatur des bekleideten Körpers bei definierbaren Umwelteinflüssen konstant zu halten; es sind nur vergleichsweise, kaum absolute Messungen möglich. Entscheidend ist neben der Leitfähigkeit der einzelnen Faserstoffe das Ausmaß der Hohlraumbildung im Stoff, also die relative Menge der innerhalb des Stoffes eingeschlossenen Luft, die wesentlich besser isoliert als die Faserstoffe selbst. Beispiele für den für das Wärmehaltungsvermögen maßgebenden Porositätsgrad: glatte Leinengewebe 45-55%, Baumwollgewebe 55-65%, gerauhte Baumwollflanelle bzw. Streichgarntuche 70-80%, Kammgarntuche 60-70%, Trikotagen für Unterwäsche 60-85%.

Wanderjacke mit Kordeldurchzug in der Taille und funktionellen „Zweiwegetaschen".

Wärmeleitvermögen, Wärmedurchlässigkeit, Fähigkeit einer Materie, Wärme zu tranportieren; je niedriger sie ist, desto höher ist die Fähigkeit zur Wärmeisolation. - → Substanzeigeschaft und → Aufbaueigenschaft von textilen Rohstoffen. Viel wichtiger als das Wärmeleitvermögen der Faser selbst (bei tierischen Faserstoffen schlecht, bei Zellulosefasern recht gut) ist die Fähigkeit des fertigen Kleidungsstücks, Luft einzuschließen.

Warmcoat, dreiviertel- bis schrittlange, winterfest ausgestattete, jugendlich-sportliche und auch zu Stiefelhosen und → Jeans passende Herrenjacke, entweder mit Acryl-Wirkplüschftter gefüttert oder gesteppt und mit → Fiberfill gefüllt. Viele aufgenähte Taschen. - Vgl. → Wanderjacke, → Steppjacke, → Manteljacke, → Leger-Kleidung.

Warmwasserrotte, industriell verwendete Form der Röste in der Leinenaufbereitung; die Stengel werden für 50-100 Stunden bei Temperaturen zwischen 26 bis 35°C in wassergefüllte Kufen eingelegt. Gegenüber der → Kaltwasserrotte wird eine Verkürzung der Röstzeit erreicht. - Vgl. → Röste, → I aurotte.

Waschbär, 55-80 cm langes Fell eines (nordamerikanischen) Kleinbären. Haarlänge ca. 6 cm, dichtes Unterhaar, gelbbraun bis blau-grau und dunkler, besonders für Besätze und Modepelze geeignet und manchmal auch als „Schuppen" bezeichnet. Das dicke, strapazierfähige Fell ist dankbar im Gebrauch und dabei relativ preiswert; am teuersten sind die seidigen blau-braunen Felle mit dunklem Mittelstreifen.

Waschcloqué, anderer Ausdruck für → Kräuselkrepp.

Waschcord, in der Weberei vorgewaschener und dadurch sehr weichgriffiger → Cord. - Vgl. → Mill washed, → Waschsamt.

Waschechtheit, Widerstandsfähigkeit von Färbungen und Drucken auf Textilien in allen Verarbeitungszuständen gegen Waschlaugen, gegliedert nach verschiedenen Temperaturen (30°, 60°, 95°C), Peroxyd- und Chlorwäsche, bei gleichzeitiger mechanischer Beanspruchung. - Vgl. → Pflegekennzeichnung, → Sodakochechtheit.

Wäscheknopf, mangelfeste Knöpfe, die bei Druck und Hitze nicht brechen. Zwirnknöpfe bestehen aus einem Leinen- oder Baumwoll-Zwirnkranz, oft mit einem Metallrand. Mangelknöpfe sind verzinkte Metallknöpfe, die mit einem Leinwandgewebe überzogen sind. Wäscheknöpfe aus synthetischen, bruchfesten Werkstoffen sind besonders preiswert.

Waschleder, synthetisch (z.B. mit → Formaldehyd) gegerbte Schaf- und Lammfelle, auch mit Tran nachbehandelt, mit abgestoßenem → Narben und mit matter Oberfläche. - Auch chromgegerbte Nappaleder können vorsichtig mit Seifenflocken gewaschen werden. - Vgl. → Leder, → Gerbeverfahren.

Waschmaschinenfeste Wolle, Wollwaren mit waschmaschinenfester Spezialausrüstung zur Verhinderung des Filzens. - Vgl. → Superwash, → Antifilzausrüstung, → Basolan.

Waschmittel, Chemikalien, die zur Entfernung von Fett- und Schmutzstoffen aus Textilien im Zusammenhang mit einer Waschbehandlung entweder während des Veredlungsprozesses, während der Herstellung oder nach dem Gebrauch im Haushalt dienen. Sie enthalten eine waschaktive Substanz (Seife oder synthetische Waschrohstoffe = Tenside), Phosphate (als Gerüstsubstanz, zur Wasserenthärtung und Hilfe bei der Lösung der Verschmutzung), Sauerstoffträger (z.B. Natriumperborat, über 60C wirksam werdende Bleichmittel), → Optische Aufheller sowie Schmutzträger, die den gelösten Schmutz binden; Haushaltswaschmittel enthalten manchmal auch biologische Wirkstoffe (Enzyme) zur Lösung hartnäckiger Eiweißverschmutzungen. Zusatz von Alkalien (Seife) in Waschmitteln mit Tensiden wirkt schaumbremsend; die Tenside sind hartwasserbeständig, sie schäumen und reinigen auch in hartem Wasser. - Vgl. → Kalk-seife. - Vgl. → Vollwaschmittel, → Hilfs-waschmittel, → Feinwaschmittel, → Opti-sche Aufheller.

Waschsamt, weicher und leichter → Fein-cord, längsgerippt oder mit würfelartiger Musterung, echt gefärbt oder indanthren bedruckt, aus Baumwolle für Damen- und Kinderbekleidung.

Waschtaft, Sammelbegriff für Futtertafte aus Viskosefilamenten, bei denen durch → Kunstharzausrüstungen Knitteranfällig-keit und Krumpfneigung bis auf einen Restschrumpf von 1% beseitigt wurden; Bügeln ist bis 150C möglich. Die Fähigkeit zum Feuchtigkeitstransport ist reduziert. - Vgl. → Viscolin.

Waschvergrauung, Rückverschmutzung von Erzeugnissen aus statisch aufladba-ren Synthetics in der Wäsche. Die im Waschwasser schwimmenden Schmutz-partikel werden durch die elektrostatische Aufladung des Textilgutes angezogen. - Vgl. → Soil redeposition, → Schmutzab-weisende Appretur.

Waschwolle, 1. Handelsbezeichnung für gewaschene Wollen für Streichgarne; et-was kürzer als Kammwolle.
2. Sammelbegriff für weiche, leichte, etwas flauschige Gewebe aus Chemiespinnfa-sern mit oder ohne Wollbeimischung für leichte Winterblusen; bis 30C in der Waschmaschine mit Schongang wasch-bar.

Wash-and-wear-Artikel, Sammelbegriff für Fertigtextilien, die nach dem Waschen nicht oder nur wenig gebügelt zu werden brauchen und bald nach der Wäsche wie-der getragen werden können. Vorausset-zung für einen Wash-and-wear-Artikel ist, daß nicht nur der Oberstoff, sondern auch die Zutaten, wie Futter, Polster und Einla-gestoffe, aus schrumpffreiem, formbestän-digem Material bestehen. - Vgl. → Discipli-ned fabrics. Wash-and-wear-Ausrüstung von Stoffen gilt als Sammelbegriff für Ver-fahren, die sowohl gute Knitterbeständig-keit als auch eine gute Knittererholung des

gewaschenen Gewebes während des Trocknens bewirken. - Vgl. → No iron, → Kunstharzfreie Pflegeleichtausrüstung.

Wash out, washed out, siehe unter → Dé-lavé. - Vgl. → Mill washed, → Used Look, → Second-Hand-Look.

Wash quick, Fleckschutzausrüstung nach dem → Soil release-Prinzip.

Wasserabstoßende Ausrüstung, → Hy-drophobierung, vgl. → Imprägnierung, Ausrüstungsverfahren für Stoffe, die das Eindringen von Wasser in den Stoff bei Er-haltung der Luft- und Wasserdampfdurch-lässigkeit verhindern sollen; Verfahren mit Einlagerung wasserabweisender Körper in die Faser sind meist nur begrenzt wasch-echt (Zirkonsalze); die chemischen Verfah-ren (Reaktion hydrophober Chemikalien mit der Faser oder Bildung wasserabwei-sender Filme auf der Faser) ergeben sehr waschbeständige Effekte. - Vgl. → At-mungsaktive Beschichtung, → Silicon.

Wasserdicht-Ausrüstung, wasserdruck-beständige Ausrüstung, Ausfüllung der Gewebezwischenräume mit Leinölfirnis, Acrylpolymeren, Kupferoxidammoniak oder Kautschuk und Harzen, wobei die Po-ren verschlossen werden und auch die Luftdurchlässigkeit beseitigt wird; vor al-lem bei Zelt- und Planenstoffen üblich. - Vgl. → Atmungsaktive Beschichtung.

Wasserrückhaltevermögen, moderne Be-zeichnung für Quellwert; vgl. → Quellbar-keit.

Watergarn, festgedrehtes baumwollenes Kettgarn. - Waterstoffe: Baumwollstoffe mit zweifädig gleicharbeitender Kette.

Waterproof 1. (Engl. wasserdicht), wasser-abweisend ausgerüstete Textilien.
2. Chrom- oder pflanzlich gegerbtes Leder, das zusätzlich stark gefettet wurde; meist aus mittelschweren Rinderhäuten. Zäh, reißfest, hoher Abnutzungswiderstand und gute Hitzebeständigkeit sowie Wasser-dichtigkeit, für festes Gebrauchsschuh-werk.

Watteline, leichtes Zwischenfutter, locker

gearbeitete, weiche und beiderseitig watteähnlich aufgeraute Kettenwirkware aus Baumwollgarnen mit lose gedrehtem Wollgarn mit Steppfutter. - Wird kaum mehr hergestellt.

Wattierleinen, lose gewebte, stark appretierte Leinengewebe für Futterzwecke zum Versteifen von Oberbekleidung. - Wird kaum mehr hergestellt.

Wattierung, gesamte formerhaltende und formbildende Innenausstattung von Sakkos und Kostümjacken. Die Wattierung besteht aus dem → Ganzteil, dem → Plack und dem Zwischenplack. - Vgl. → Frontfixierung, → Einlagenstoffe.

Waveline, Musterungsart von → Tufting-Teppichen durch seitliches Verschieben der Abzugswalzen. - Vgl. → Sliding needle, → Step over, → Scroll-Technik, → Slat-Technik.

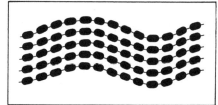

Waveline

Wear dated, internationale Qualitätsgarantie (Monsanto) für Erzeugnisse (auch Jersey und Heimtextilien) aus → Acrilan oder Blue-C-Nylon, auch bei Zumischung anderer Fasern wie Wolle oder Polyester; vor allem für Fertigkleidung angewandt.

Weben, Vereinigung (Verkreuzung) zweier rechtwinklig zueinander arbeitender Fadensysteme (→ Kette und → Schuß), entsprechend den drei Grundbindungen: → Tuch-, → Köper- und → Atlasbindung, deren Ableitungen sowie mit Hilfe von → Jacquard- und → Schaftbindungen. - Vgl. → Webstuhl.

Webautomat, Webstuhl (→ Webmaschine) mit automatischem Spulen- oder

Schützenwechsel (leergelaufene Schützen werden durch solche mit voller Spule ersetzt). - Vgl. → Northrop-Webautomat.

Web-Frottierware, nach RAL 304 korrekte Bezeichnung für → Frottiergewebe.

Webmaschine, seit 1961 offizielle Bezeichnung für mechanische Webstühle; „automatische" Webmaschinen: Automatisierung mindestens eines Arbeitsganges. - Im Sprachgebrauch werden diejenigen Konstruktionen gemeinhin als Webmaschinen bezeichnet, bei denen gegenüber dem klassischen Webautomaten eine wesentliche Veränderung des Prinzips des Schußeintrags erfolgt ist („schützenlose Webmaschine"): Greifer mit einseitigem Schußeintrag (→ Gentilini, → Slot), beidseitig: → Draper, → Greiftex, → SACM (→ MAV), → Tumack, Luft: → Maxbo; Schußdurchzug einseitig: → Sulzer, beidseitig: → Seaton; → Düsenwebmaschinen, → Elitex, → Greifer-Webmaschinen, → Iwer-, → Neumann-Webmaschine, → Onemack-Loom-Webmaschine, → Rundwebmaschine, → Wellenfach-Webmaschine.

Webspitze, auf der Bobinetmaschine aus feinen Garnen aller Art mit praktisch unbegrenzter Musterungsmöglichkeit hergestellte Spitzen, die sich von den echten Handspitzen oft nur durch die Umrandung der Musterfiguren durch dickere Fäden unterscheiden lassen.

Webstrickware, doppelfächige Kulierware mit abgewandeltem Maschenbild, die sich insbesondere für qualitativ hochwertige Oberbekleidung eignet; vgl. → Wevenit.

Webstuhl, Maschine zur mechanischen Herstellung von Geweben, neuerdings → Webmaschine genannt; der Webvorgang wickelt sich in folgenden Arbeitsgängen ab: 1. Fachbildung (Aufteilung der Kettfäden in gehobene und gesenkte) ; 2. Schußeintrag; 3. Schußanschlag; Anschlag des zuletzt eingetragenen Schusses an den Webrand durch das → Riet; 4. Regulieren, d.h. Abzug der Kette vom Kettbaum und Aufwickeln der Ware auf den

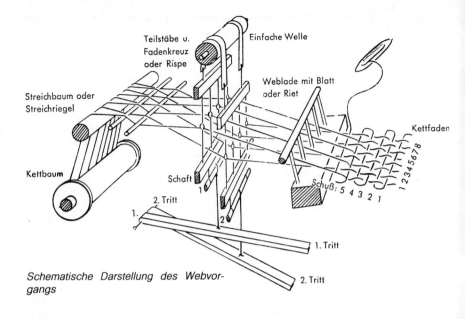

Teilstäbe u.
Fadenkreuz
oder Rispe

Einfache Welle

Weblade mit Blatt
oder Riet

Streichbaum oder
Streichriegel

Kettfaden

Kettbaum

Schaft

Schuß: 5 4 3 2 1

2. Tritt

1.

2.

1. Tritt

2. Tritt

*Schematische Darstellung des Webvor-
gangs*

→ Warenbaum. - Vgl. → Schaftmaschine,
→ Jacquardmaschine.

Wechselpressenlegung, Speziallegung
schußlegungsbetonter → Kettenwirkwaren, wobei die Spitzennadeln nur in jeder
zweiten Maschenreihe abgepreßt werden
mit dem Ziel, vor allem bei → Herrenjersey
aus Fasergarn die Luftdurchlässigkeit zu
reduzieren, ohne das Warengewicht zu erhöhen. Die Ware wird bei gleichem Materialeinsatz dichter, die Unterlegungen werden gleichmäßiger in der Ware verteilt.
Herzustellen auf Kettenwirkautomaten mit
zwei oder drei Legebarren und Wechsel-
presseneinrichtung. - Vgl. → Magazin-
schuß-Waren, → Umkehrschuß-Kettenwirkware, → Schußlegung.

Weißfuchs, Fell eines hundeartigen Raubtiers der polarnahen Gebiete mit einer Fel-
länge von 60 bis 80 cm. Sehr eleganter
Besatz für Abendmäntel, oft mit Kopf und
Schwanz verarbeitet.

Weißgerbung, → Alaungerbung, angewandt zur Gerbung von Ziegenleder; ergibt → Glacé-Leder. - Vgl. → Leder,
→ Gerbung.

Weißware, Sammelbegriff für alle gebleichten Baumwoll-, Leinen- und Halblei-
nengewebe für Tisch- und Bettwäsche sowie für Berufskleidung.

Wellenfach-Webmaschine, schützenlose
→ Webmaschine mit beidseitig angeordneten Greifern, wobei geteilte Schäfte die
wellenförmige Öffnung und Schließung
des Fachs ermöglichen; jeder Greifer
bringt den Schuß bis an die gegenüberliegende Warenseite; die beiden Greifer arbeiten gleichläufig, wobei zwischen ihren
Köpfen das Webfach umspringt. Das Verfahren gilt als zukunftsreich, da hohe Ein-
tragsleistungen möglich sind. - Vgl.
→ Onemack-Loom, → Tumack-Webmaschine.

Welliné, dem → Perlé und → Ratiné ähnliche Gewebe, deren weiche, faserige Dek-
ke zu einem wellenförmigen Bild gestaucht
und dann fixiert wird. Aus Wolle für Mäntel,
aus Baumwolle für Morgenröcke.

Welt-Textilabkommen, „Allfaserabkom-
men", das das sog. „Baumwollabkommen"
abgelöst hat und den Welthandel mit Textilien (Kammgarne, Garne, Gewebe, Fertig-

erzeugnisse und andere „Textilfabrikwaren" aus Baumwolle, Wolle, Chemiefasern oder Gemischen dieser Fasern) insbesondere zwischen den Entwicklungsländern und den hochindustrialisierten Importländern der westlichen Welt regelt. Es ist der erste internationale Vertrag, bei dem die Entwicklungsländer ihre wesentlichen politischen Vorstellungen gegenüber den Industrieländern durchgesetzt haben und seinem Wesen nach ein Freihandelsabkommen. Beigetreten sind die EG in ihrer Gesamtheit (also nicht die Einzelstaaten, z.b. die BRD), die USA, Japan, Kanada, die wichtigsten Entwicklungsländer; aus dem Ostblock Polen, Ungarn und Rumänien. Im Gegensatz zum bisherigen Baumwollabkommen dürfen die Teilnehmerländer („Signatarmächte") keine neuen Beschränkungen im Handel mit Textilien mehr einführen, es sei denn, es liegt eine Marktzerrüttung vor, die nachzuweisen ist. Die Durchführung der Vorschriften ist nicht erzwingbar, also eine Frage der Vertragsmoral. Vereinbarungen der EG mit Indien, Honkong, Korea, Singapur, Malaysia, Brasilien usw. sehen Selbstbeschränkungen bei einzelnen, genau definierten Artikelgruppen vor, deren Einhaltung durch Exportkontrollen (Quotenvergabe im Erzeugerland) gesichert wird (Ausnahme Taiwan: Importkontrolle). Nicht betroffen sind z.B. Naturseide, Sisal, Jute, Leinen sowie handgewebte Stoffe und folkloristische Erzeugnisse. Auszug aus dem Abkommen siehe Anhang am Schluß des Buches. Anläßlich der Verlängerung des Abkommens von 1978 bis 1981 hat das Vertragswerk seinen Charakter als Freihandelsabkommen weitgehend verloren, da an die Stelle der „durchschnittlichen jährlichen Mindest-Einfuhr-Zuwachsrate" von 6% die Möglichkeit getreten ist, in begründeten Fällen bei den acht „hochsensiblen" Artikelgruppen, die fast 60% der EG-Einfuhren bestreiten, nach unten abzuweichen. Ärmere New-comer-Länder werden gegenüber Hongkong, Südkorea und Taiwan begünstigt. Die der Zuwachsbegrenzung unterliegenden Länder und Artikel wurden vermehrt, eine wirkungsvollere Verhinderung der Umgehung geschaffen.

Wemme, Seitenteile von Pelzen; die Bezeichnung ist vor allem bei → Langhaarpelzen üblich. Wemme vom → Nerz ergibt → Nerzklaue, die sehr preiswert, aber von Rückenstücken nur sehr schwer zu unterscheiden ist. - Vgl. → Wamme.

Wendebettwäsche, auch Double-face-Bettwäsche, modisch gemusterte oder gefärbte → Bett- oder → Kissenbezüge, deren Oberseite eine andere Musterung oder Farbgebung zeigt als die Unterseite, durch seitliche Ziernähte auch mit Paspelierung miteinander verbunden und in der Regel farblich so abgestimmt, daß gleiche → Bettücher verwendet werden können. - Vgl. → Leichtbettwäsche, → Double-face-Garnitur.

Wendeplattieren, → Plattieren von Wirk- und Strickwaren, wobei Grundfaden und Plattierfaden mustermäßig ausgetauscht werden. Es entsteht eine oft jacquardähnliche Mmusterung. Im Gegensatz zur Jacquardwirkware nur einflächig und daher billiger und nicht so voll.

Werfmuster, bindungstechnische → Laufmaschensicherung durch halbes Verhängen mit Querverbindung nebeneinanderliegender Maschen.

Werggarn, nicht sehr hochwertiges, nur mäßig gedrehtes Leinengarn. Gegensatz: → Flachsgarn, → Kettgarn.

Westenrückenfutter, → Futterstoffe, meist

Wickel-Westover über Hemdbluse

Baumwollköper, die den Westenrücken bilden. - Vgl. → Milanaise.

Westentasche, → Swingpocket mit zusätzlicher Uhrentasche an → Jeans.

Westover, ärmelloser, meist tief ausgeschnittener und mindestens hüftlanger Pulli, der unter einer Weste oder über einer Bluse oder einem Langarmpulli getragen werden kann.

Links: Gilet aus Webstoff; rechts: Westover.

Wet-Look, Modewort für das „nasse Aussehen" hochglänzender Synthetics-Mischungen bei Stoffen für → Leger-Kleidung.

Wetterechtheit, Widerstandsfähigkeit von Färbungen und Drucken auf Textilien gegen die Einwirkung von Licht und Feuchtigkeit in freier Atmosphäre bei ständigem, nicht voraussehbarem und ununterbrochenem Wechsel von Befeuchtung und Trocknung bei Belichtung. - Vgl. → Lichtechtheit.

Wetterfleck, ärmelloser Umhang aus wasserabstoßenden Wollstoffen, besonders aus aus → Strich- und → Tuchloden, als alpenländische Zweckbekleidung. - Vgl. → Poncho.

Wevenit, im Gegensatz zum → Jersey stets doppelflächige, meist wollige → Ma-

schenwaren für Damenoberbekleidung, die durch eine besondere Technik ein fülliges Aussehen und einen weichen Fluß erhalten. Nicht auf der Original-Wevenit-Maschine hergestellte Artikel müssen als → Webstrick bezeichnet werden.

Whipcord, Gabardine-ähnlicher Steilköper mit besonders dicht eingestellter Kette aus gut gedrehten → Moulinézwirnen mit Kammgarn- oder Baumwollkette und Streichgarnschuß für Reithosen und Chauffeuranzüge. Whipcord zeigt gegenüber → Gabardine weniger → Ketteffekt.

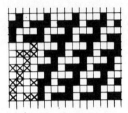

Whipcord-Bindung. Rapport: Kreuzchen

Whitecoat (sprich: Wait-Kout), Pelz des jungen grönländischen Seehundes oder der Sattelrobbe mit dichtem, weißem bis gelblich-weißem Wollpelz und 3 bis 4 cm hohen Grannen. Die Tiere werden geschlagen (getötet), bevor sie zum ersten Mal im Wasser waren.

Wickelkleid, Wickelmantel, Wickelrock,

Wetterfleck

Wickelkleider

Bekleidungsstücke in Schnitten, die an der Vorderpartie oder seitlich offene Stoffbahnen übereinanderführen; Röcke auch zur Vermeidung des Aufspringens beim Gehen auch durchgeknöpft.

Wide-space-Dessin, weiträumig angeordnete Motive im Stoffdruck oder in der Jacquardweberei.

Wiener Manschette, vor allem wegen der geringen Gefahr des Abschabens für bügelfreie Stoffe verwendete Manschettenform; Kombination aus → Umschlag- und → Sportmanschette.

Wiener Naht, etwa 15 cm unter der Schulternaht beginnende und vom Armloch ausgehende, zur Brust bogenförmig verlaufende und dann in leichtem Schwung nach unten führende Naht an beiden Vorderseiten von Kostümjacken und Kleidern; erspart einen Brustabnäher und erreicht eine figurnahe, aber nicht figurnachzeichnende Silhouette. - Vgl. → Pyramidennaht.

Wiesel, → Marder-artiges Raubtier, Fell wird ähnlich → Hamster für Futter verarbeitet. - Vgl. → Susliki.

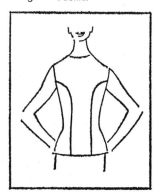

Wiener Naht

Wilde Plattierung, Maschentechnik, bei der verschiedenfarbige Fäden gleicher Art (z.B.: fünf weiße und zwei schwarze Wollfäden) oder verschiedener Art (z.B.: Wollgarn und Mohairgarn) durch die Nadeln laufen. Gefahr des unregelmäßigen Warenausfalls („Bildern").

Wildleder, aus Hirsch-, Reh-, Antilopen- oder Gamshäuten gewonnenes, stumpf und samtartig präpariertes Leder. Sehr geschmeidig durch die → Sämisch-Gerbung, aber meist wasserdurchlässig und nicht sehr fest. Schuhe müssen mit Silikon-haltigen Mitteln gepflegt werden.

Wildman-Maschine, Spezial-Rundwirkmaschine der → Kammzugwirkerei (→ Sliverknit) mit 32 Zoll Maschinendurchmesser und Nadeln in 10er Teilung zur V-förmigen Einarbeitung einzelner Fasern als Polmaterial in eine Grundware aus Garn (→ glatte Kulierware). Die Fasern, meist Acryl, werden als Kammzug-Lunte einer Miniaturkarde auf der Maschine zugeführt, die sie über einen Vor-Reißer und mittels je einem Arbeits- und Wendewalzenpaar aufbereitet, gleichmäßig verteilt und mit Hilfe eines Gebläses in den Nadelkranz einspeist, wo sie V-förmig eingebunden werden. Erzeugnis: → Wirkplüsch. - Vgl. → Borgfutter.

Wildseiden, griffige und unregelmäßige, durch abstehende Faserenden rauhe Gewebe aus den → Tussahseiden, von wild lebenden, nicht als Haustier gezüchteten Seidenspinner-Rassen. - Vgl. → Chinaseiden, → Thai-Seide.

Wilton-Teppich, anderer Ausdruck für → Tournay, gemusterter Rutenteppich mit aufgeschnittenem Flor.

Wimpelkragen, in einen Schlitzausschnitt mündender, wimpelförmiger, dreieckiger Ausschlagskragen.

Windsor-Kragen, in der Damenmode übliche Bezeichnung für tellerförmig geschnittene, hemdähnliche Kragen, deren Bug aber nicht zusammentrifft, sondern blendenartig auseinander steht. Stets hoch zu knöpfen. - Vgl. → Kingscoat-Kragen, Abb. siehe → Kragen.

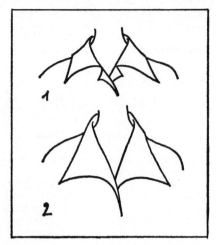

Sliponkragen (1) und Wimpelkragen (2)

Windstoß-Linie, Modelinie für Mäntel und Jacken, mit sichtbarer, fast zeltförmiger Erweiterung zum unteren Saum. Die Teile dürfen nicht unförmig und plump wirken, sondern müssen durch schmale Schultern und Passen, kleine rollende Kragen sowie durch anmodellierte Vorderteile eine grazile Linie behalten.

Windstoßjacken

Winter-Nylon, querelastischer Handschuhstoff vom Doppelkettenstuhl (→ Simplex-Ware) mit dichtem Rauhflor oder modischer Effektprägung in Naturleder- oder Reptilienhautmusterung.

Wirabond, Klebstoff, vom Forschungsverband der britischen Wollindustrie entwickelt, der Wollgarne ohne Knoten und ohne an der Ansatzstele irgendwelche Verdikkungen zu hinterlassen, miteinander verbindet. Der Klebstoff erstarrt so schnell, daß er der Spannung beim Spulen des Garnes standhält.

Wirbelplüsch, langhaariger → Kettsamt meist mit Mohair, der durch rotierende Bürsten eine wirbelartige Oberflächenmusterung erhalten hat.

Legungsbild eines Wirkmarquinettes

Wirkfrottier, Wirkwaren mit frottierähnlich unaufgeschnittenen Polschlingen, entweder → Plüschtrikot oder → Kettenwirkware (vgl. → Liropol). Wirkfrottier vom Kettenstuhl ist mit 20-25% Synthetics-Anteil im Grundgewirk pflegeleicht und nach einem Fixierprozeß auch formstabil. Der Schwerpunkt der Schlingenbildung liegt auf einer Warenseite. - Vgl. → Hochflor-Raschelmaschine, → Wirksamt.

Wirkgardine, unelastische → Kettenwirkware, bei der → Schußlegungen mit → Fransenlegung kombiniert und Warenbild und Eigenschaften echter Drehergewebe nachgebildet werden. Die Bezeichnung „Wirkmarquisette" ist unkorrekt. - Hoher Marktanteil, große Produktionsgeschwindigkeit. Abb. siehe Architektentüll; vgl. → Jacquard-Raschelmaschine, → Langschuß-Gardine, → Multibar-Raschelmaschine.

Wirkmaschinen, Maschinen zur Verarbeitung von Fäden zu Maschen mit ein oder zwei Nadelreihen (→ Fonturen), die entweder in geradliniger Reihe (→ Flachwirkmaschine) oder kreisförmig (→ Rundwirkmaschine) angeordnet und im Gegensatz zu den → Strickmaschinen in ihrer Gesamtheit, also nicht einzeln, beweglich sind; die Maschen einer Reihe werden zugleich ausgeformt. Nach der Art der Maschenbil-

dung unterscheidet man → Kulierwirkmaschinen und → Kettenwirkmaschinen. - Vgl. → Raschel, → Maratti, → Response, → Moratronic.

Wirkplüsch, auf den meisten → Rundstrickmaschinen herstellbares, bevorzugt auf Spezialmaschinen (→ Kammzug-Wirkerei, → Sliver-knit, → Wildman-Maschine, SGM-Maschine) erzeugtes hochfloriges Polgewirk, meist aus Synthetics (Acryl, Modacryl); vgl. → Tierfellimitation; für Futterzwecke und als Oberstoff. - Vgl. → Plüsch, → Wirbelplüsch, → Plüschtrikot, → Kettsamt, → Nicky, → Wirksamt, → Hochflor-Raschelmaschine.

Wirksamt, auf Rundwirkmaschinen hergestellter → Henkelplüsch mit aufgeschnittenen, samtartig geschorenen Schlingen; vgl. → Nicky, → Scherplüsch, → Wirkplüsch.

Wirkwaren, Maschenwaren, bei denen nicht wie bei den → Strickwaren aus einem Faden eine Masche nach der anderen gebildet wird, sondern mehrere Maschen zugleich vorgeformt (Kulieren der Schleifen) und dann zu Maschen ausgearbeitet werden. Man unterscheidet → Kulierwaren, bei denen wie beim Stricken nur ein Fadensystem Maschenreihe für Maschenreihe verarbeitet wird, und → Kettenwirkwaren, bei denen sich viele parallel zu

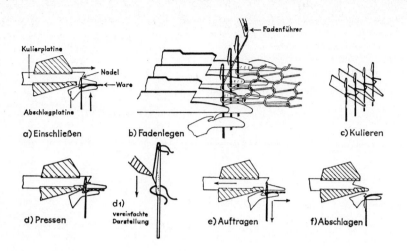

a) Einschließen b) Fadenlegen c) Kulieren

d) Pressen d1) vereinfachte Darstellung e) Auftragen f) Abschlagen

Phasen der Maschenbildung auf der Flachwirkmaschine.

a) Einschließen. Die alten Maschen liegen im Kopf der Hakennadeln. 1.) Die Hakenna-deln wandern nach oben, die alten Maschen liegen auf dem Schaft der Hakennadeln.

b) Der neue Faden wird vor den Schaft und unter den offenen Haken gelegt; die Kulier-platinen haben sich zurückgezogen.

c) Kulieren. Die Nasen der Kulierplatinen legen den Faden in Schleifenform zwischen die Nadelschäfte („Henkelbildung").

d) Pressen. Der zu Henkeln geformte neue Faden wird durch Nadelbewegung in den of-fenen Kopf des Hakens geschoben; die Nase der Abschlagplatine oder (bei der Rundwirkmaschine) ein „Preßrad" drückt den Haken zusammen, so daß die alte Ma-sche über den (geschlossenen) Haken hinübergleiten kann. Die Spitze des Hakens legt sich in eine Vertiefung des Nadelschafts (Zasche). Der Vorgang des Pressens ist bei d1) noch einmal vereinfacht herausgezeichnet.

e) Auftragen. Die Kulierplatine wandert zurück, die Nadel senkt sich, die Abschlagplati-ne bewegt sich nach vorne. Die alte Masche gleitet über den Haken mit den darin ein-geschlossenen neuen Henkeln.

f) Abschlagen. Die Nadel senkt sich, die alte Masche gleitet über die neuen Henkel hin-weg. Durch Anheben der Nadeln und Vorrücken der Kulierplatinen wird wieder die Pos. a erreicht.

einander angeordnete Fäden gegenseitig seitlich verschlingen.

Wirrfaservlies, Spinnvlies, bei denen un-mittelbar aus dem Rohstoff der Faser und unter Umgehung der Herstellung einer Stapelfaser eine Fläche von endlosen, völ-lig ungeordneten Wirrfäden entsteht (im Gegensatz zu den Krempelvliesen in geordneter Faserlage); die Herstellung ist von der Spinndüse weg nach Dichte und Reißfestigkeit, Elastizität und Dicke steuer-bar. - Vgl. → Textil-Verbundstoffe, → Non woven fabrics.

Wisp-spun, Strickgarn aus Orlon mit flau-schigem, mohairähnlichem Griff, zum Teil langhaarig. - Gegenüber Mohairwolle sehr preiswert.

Wistel, Polyesterfaser (Snia), vor allem in Mischung mit 35% Mako-Baumwolle verwendet. - Copolymerisatfasern: kationisch anfärbbar, sowie Wistel-FR: selbstverlöschendes Filament.

W-Noppe, Art der Einbindung der Polkette bei Samt. Abb. siehe unter → Samt.

Wolkenbindung, Stellen im Gewebe oder Gewirk mit verschiedener Dichte, die man sieht, wenn das Gewebe gegen das Licht gehalten wird.

Wollabfälle, lt. TKG als „Wolle" zu kennzeichnende → Kunstwollen, können aus minderwertigen Naturwollen (z.B. → Raufwolle, → Sterblingswolle, → Gerberwolle, → Hautwolle, → Schwitz- oder → Mazametwolle, → Schwödewolle) oder → regenerierten Wollen (→ Reißwollen) sein. Zur Unterscheidung von Reißwolle und Schurwolle in Fertigerzeugnissen dient der → Gollub-Test.

Wollarten, → Wollprovenienzen, nach den Herkunftsländern der Wolle und deren verschiedenartigen klimatischen Bedingungen zu unterscheidende Wollen; vgl. → La Plata-Wolle, → Punta-Wolle, → Corriedale-Wolle, → Montevideo-Wolle, → Kap-Wolle, → Natives, → Metis-Wolle.

Wollchiffon, der italienischen Bezeichnung folgender Audruck für → Sablé (→ Sandkrepp).

Wolldecke, Decken, die in der Kette anderes Material enthalten dürfen, aber einen den Bezeichnungsgrundsätzen für Wolle entsprechenden Wollgehalt aufweisen müssen (nur mehr rund 10% Marktanteil). Hochwertige Wolldecken enthalten → Kamelhaar und werden dadurch bei verbesserter Wärmehaltung und leichterem Gewicht poröser. Decken aus anderem Material oder mit zu geringem Wollgehalt nennt man → Schlafdecken. - Vgl. → Wanderdecke.

Wollsiegel

Wolle, lt. TKG „Fasern vom Fell des Schafes (Ovis aries)", tierischer Faserstoff aus der hornartigen → Keratinsubstanz, sogenannte „→ organisierte" Faser, da sie nicht aus lauter gleichartigen Zellen besteht (Vgl. → Bilateralstruktur der Wolle). Die Wollarten sind charakterisiert durch

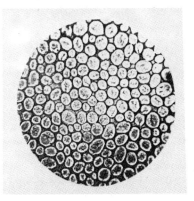
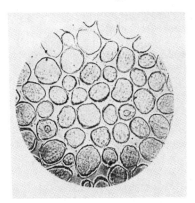

Merinowolle (links) und Kreuzzuchtwolle (rechts) im Querschnitt unter dem Mikroskop. In zwei Kreuzzuchtfasern kann man den Markkanal sehen.

Neuseeland

La Plata-Wolle

*Verschiedene
Kräuselformen
der Wollpro-
venienzen*

Merino 70's

Zusammenstellung von Bestimmungen zur handelsüblichen Bezeichnung von Wollerzeugnissen; in der Praxis ersetzt durch die verschiedenen Variationen des Wollsiegels.

Länge, Dicke, Glanz und Kräuselung. - Eigenschaften siehe unter den Grundsorten → Merino, → Crossbred- und → Cheviot-Wolle, so wie bei den Abarten → Alpaka, → Mohair, → Reißwolle, → Kaschmir, → Kamelhaar, → Glanz-, → Lambswool, Jährlings-, → Erstlings- und → Angorawolle. Der Verkauf der Wolle erfolgt nach Typenbezeichnungen mit den großen Buchstaben A bis F oder G, wobei AAA die feinste Merinowolle, F eine sehr grobe Cheviotwolle bezeichnet. Charakteristisch für die wichtigsten Schafwollsorten sind Dehnbarkeit und Elastizität (Sprungkraft) bei relativ geringer Festigkeit; hohe Knitterfreiheit der Fertigerzeugnisse, Schmiegsamkeit, Verformbarkeit unter Einfluß von Wärme, Feuchtigkeit und Druck; die Fähigkeit, Feuchtigkeit aufzunehmen, ohne sich naß anzufühlen; hohes Wärmerückhaltevermögen auch in nassem Zustand, dauerhafte Kräuselung und Anfälligkeit gegen Mottenfraß. - Vgl. → Schurwolle, → Filzen, → Walken, → Vorsensibilisierung, → Flächenfixierung, → Formfest-Behandlung, → Antifilzausrüstung, → Waschmaschinenfeste Wolle, → Dekatieren, → Wollsiegel; → Tierhaare, → Schafrassen, → Wollklassifizierung, → Rendement, → Fabrikwäsche, → Karbonisieren.

Wolle: Bezeichnungsgrundsätze, zum Teil durch das TKG überflüssig gewordene

Wollklassifizierung, handeslübliche Zusammenstellung von Kurzbezeichnungen für Wolltypen, die nach Feinheit, Länge, Kräuselung und Ausgeglichenheit, Farbe, Glanz, Reinheit und Bruchfestigkeit zu Sortimenten zusammengefaßt werden können; in Deutschland sind Buchstaben von A bis F üblich, wobei die feinsten und hochwertigsten Merinowollen mit AAAA (sprich: Vier-A) gekennzeichnet werden. Die englische Bezeichnung basiert auf der Garnfeinheit, die früher aus bestimmten Wolltypen ausgesponnen werden konnte; es stehen Ziffern mit Apostroph (') und kleinem s (80's entspricht etwa AAA, 36's etwa F). - Vgl. → Klassifizierung.

Wollprovenienzen, Herkunftsbezeichnungen für → Schurwolle, die meist auch einen Hinweis auf die Qualität geben. - Vgl. → La Plata-Wolle, → Montevideo-Wolle, → Kap-Wolle, → Punta-Wolle.

Wollsiegel, Gütezeichen mit sorgfältig überwachten Qualitätsbestimmungen für Erzeugnisse aus reiner Schurwolle und als → Combi-Wollsiegel auch für Mischungen von Schurwolle mit anderen Textilfasern, wobei allerdings je nach Erzeugnis Mindestanteile des Schurwollgehalts vorgeschrieben sind und die übrigen Fasern unter genauer Prozentangabe genannt werden. Nicht alle der nach den Vorschriften möglichen Mischungsverhältnisse werden auch werblich gefördert.

Wolltaft, Sammelbezeichnung für elegante Kleiderstoffe mit Schurwollschuß (auch in Mischung mit Chemiefasern) und einer spinnwebfeinen Kette aus Sytheticfilamenten, in → Kreuzköper oder → Speerbindung gewebt, somit schiebefest und etwas glattere Abseite. - Vgl. → Soielaine.

Wollwattierung, sprungkräftiges Zwischenfutter, das im Gegensatz zu Roßhaar keine Schweifhaare, sondern geschorene Tierhaare enthält. Der Schuß besteht immer aus diesen Tierhaaren, die Kette aus Baumwolle, Kammgarnzwirn oder Tierhaarzwirn. Wollwattierung wird in dieser Form kaum mehr hergestellt, aber in einer für die → Frontfixierung geeigneten Form mit gleicher Funktion, z.Teil als Vliesstoff oder → Nadelvlies, nachgebildet. - Vgl. → Vliesgewirk.

Wonderfill, Füllungen für → Steppbetten aus einer Mischung von 40% modifiziertem → Vestan und Gänse- und Entenfedern, die ihrerseits rein oder mit weiteren 40% ge→ curlten → Hühnerfedern gemischt sein können. Die Vestanfaser ist so konstruiert, daß sie mit den Federn eine homogene Mischung eingeht und sich auch im Gebrauch nicht entmischt.

Wool Press, amerikanisches Verfahren ähnlich → Permanent Press, aber für Stoffe aus Wolle-Polyester und Wolle-Acryl; die chemische Behandlung bewirkt Formstabilität des fertigen Bekleidungsstückes nach Formung auf → Hot-head-Pressen. - Vgl. → Wurlan.

Wolpryla, Spinnfaser aus Polyacryl aus der DDR.

Workman-Jeans, → Jeans mit zusätzlichen, auch auf den Oberschenkeln aufgenähten und aufgenieteten Taschen.

Worsted, englischer Ausdruck für Kammgarn; soft worsted = weiches Kammgarn, hard worsted = hartes Kammgarn.

W-Type, dem weiten Feinheitsbereich der Schafwolle sowie der Faserlänge der verschiedenen Wolltypen und dem Streichgarnspinnverfahren einerseits, dem Kammgarnspinnverfahren andererseits in ihrer Charakteristik weitgehend angepaßte Viskosespinnfaser; stärker gekräuselt als → B-Typen und mit schwach genarbter Oberflächenstruktur; die elastische Kräuselung wird zum Teil durch asymmetrischen Aufbau des Mantel/Kern-Gefüges erreicht.

Wurlan, → Antifilz-Verfahren, bei dem die Wollfaser mit einem Polyamid 6.10-Film überzogen und mit kunstharzbehandelter Baumwolle gemischt wird; es werden → Permanent Press-ähnliche Eigenschaften auf Geweben mit bis zu 75% Wollanteil erreicht. - Vgl. → Woll Press.

X-403, modifiziertes → Tergal, bikomponente → Polyesterfaser des → S/S-Typs (Ergebnis der → Chemietexturierung) aus zwei unterschiedlich schrumpfenden Polymeren. Bei Wärmebehandlung ergibt sich eine permanent-spiralige, dreidimensionale, der Wolle ähnliche Kräuselung; hohes Volumen, verbesserte Farbaffinität und Pillingarmut, mit 12-15% ausgeprägte Elastizität, bei 98°C → carrierfrei zu färben. Für elastische Fasergarngewebe.

Xanthogenat, Zwischenprodukt beim Viskoseverfahren, gelbliche Masse von honigartigem Aussehen. Aus gereiftem, abgelagertem Xanthogenat entsteht die Spinnflüssigkeit, die Viskose.

Xylee, mit geschäumtem Polyurethan beschichtetes Vlies (Akzo) mit lederartigem Aussehen, gutem Dehnungsverhalten und verbesserter Abriebfestigkeit, schmiegsam, gute Feuchtigkeitsaufnahme; für Schuhe und Lederwaren.

Yucca-Faser, Blattfaser aus einer nordamerikanischen Palmlilie, im TKG nicht erwähnt, ähnlich → Sisal.

Zahnradtexturierung, Zahnradkräuselverfahren, vor allem zum Texturieren gröberer Teppichgarne geeignetes Verfahren, wobei vorgewärmte Fäden beim Durchlauf durch ein beheiztes Zahnradpaar wellenförmig gekräuselt werden. - Vgl. → Pinlon. Das Verfahren wird mit Ausnahme der Kräuselborstenherstellung kaum mehr angewandt.

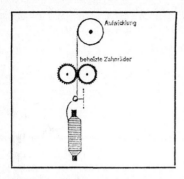

Zahnrad-Texturierung: Man leitet den Faden durch beheizte Zahnräder, die ihm eine bogenförmige Gestalt geben

Zanella, Baumwollfutterstoff in fünfbindigem Schußatlas mit ganz undeutlichem Atlasgrat und häufig mit Glanzappretur, hauptsächlich für Herrenmäntel verwendet.

Zantrel, Polynosefaser (Enka).

Zasche, Vertiefung im Schaft der → Hakennadel, in die der Haken durch Pressen gepreßt wird, um das Abschlagen des Fadens zur Maschenbildung vornehmen zu können.

Zazette, modisch-kurze, nur bis zu den Schenkeln reichende Damenunterkleider, unter Hemdblusenkleidern, Pulloverkleidern und Kostümen zu tragen.

Zebra-Fell, bis zu zwei Meter große Tierhaut des süd- und ostafrikanischen Zebra; weiches glatt anliegendes Haarkleid, silbrig weißer bis hellgelber Grund mit schwarzen oder dunkelbraunen Querstreifen, für Oberbekleidung; häufig zusammen mit Leder verarbeitet.

Z-Draht, Kurzbezeichnung für links (Z-förmig) gedrehte Garne, deren Windungen eine Diagonale von links unten nach rechts oben erkennen lassen. - Vgl. → S-Draht.

Zefir, Zephir, buntgewebte Batiste für Hemden und Blusen aus Baumwolle oder Viskose.

Zefran, lt. TKG: Modacryl; aus 85% Acrylnitril und 15% Vinylacetat.

Zefstat, Durch Einlagerung von Kohlenstoff permanent antistatisches Polyamid; vgl. → Epitropic-Faser.

Zein-Faser, lt. TKG: Regenerierte Proteinfaser; Eiweißfaser aus Maismehl. - Vgl. → Vicara.

Zellstoff, Ausgangsprodukt zur Herstellung von Chemiefasern auf Basis regenerierter Zellulose; für → Viskose und → Modal: gebleichter Holz- oder Stroh-Zellstoff, für → Cupro und → Acetat: gebl. → Linters oder Edelzellstoff. Er wird durch Kochen des Rohmaterials in geeigneten Säuren und Laugen, die die Verunreinigungen und das Lignin entfernen, aber die → Zellulose nicht angreifen, gewonnen.

Zellulose, Baustein der Zellwände von Pflanzen, also deren Gerüstsubstanz; Grundlage aller pflanzlichen Rohstoffe ebenso wie der Chemiefasern aus regenerierter Zellulose (Viskose, Cupro, Acetat und Triacetat). Die Zellulose, eine weiße, in Wasser unlösliche Substanz, ist ein Kohlehydrat; sie läßt sich (ungenau) als hundertfache Kette von Traubenzuckermolekülen (Glukosezellulose: $C_6H_{10}O_5$) beschreiben. - Vgl. → Alpha-Zellulose, → Beta-Zellulose, → Hydrozellulose.

Zelluloseacetat, Acetylzellulose, chemisch umgewandelte Zellulose, Verbindung aus Zellulose und Essigsäure; Ausgangsstoff zur Erzeugung von Acetat-Spinnfasern und Filamenten.

Zellwolle, ursprüngliche, im TKG nicht mehr erwähnte und somit offiziell nicht mehr zulässige Bezeichnung für → Viskosespinnfaser. - Vgl. → Hochnaßfeste Vis-

Z-Draht

kosespinnfaser, → Mantel/Kern-Faser, → HWM-Faser, → Modalfaser, → Polynosic, → B-Type, → W-Type.

Zeltlinie, Modelinie für jugendliche Mäntel und Kleider mit kleinen, oft rollenden Kragen, schmaler Schulterpartie, bis 8 cm überhöhter Taille und deutlich ausgestelltem Rocksaum. - Vgl. → Windstoß-Linie.

Zentrifugenspinnverfahren, Methode des Aufwickelns fertig gesponnener Viskosefilamente mit gleichzeitigem Zwirnen in einem schnellumlaufenden Spinntopf. - Vgl. → Continue-Verfahren, → Topfspinnverfahren.

Zepel, waschfeste und chemischreinigungsbeständige Textilausrüstung mit fleckenabweisender Wirkung (Du Pont), vor allem für Spezial-Teppichfasern aus praktisch allen textilen Rohstoffen geeignet; kann durch Aufsprühen, auf dem → Foulard und im → Ausziehverfahren aufgebracht werden. - Vgl. → Fluoridized, → Fleckschutzausrüstung.

Zephir-Wolle, Zefir-Wolle, → Reißwolle aus gewirkten oder gestrickten Abfällen, die sich wegen ihrer lockeren Struktur gut reißen lasse, wobei die Wollen nur wenig beschädigt werden. - Vgl. → Shoddy, → Reißwolle, → Regenerierte Wolle.

Zettelbrief, Anordnung wechselnd farbiger Kettfäden in Buntgeweben.

Zettelmaschine, Vorrichtung, um die zahllosen Kettfäden parallel nebeneinander auf den Kettbaum aufzuwickeln. - Vgl. → Schärmaschine, → Konusschärmaschine.

Zibeline, Stichelhaar-ähnliche Kleiderstoffe, aus Zibeline-Garnen, die durch Beimischung von harten Tierhaaren (Rentier-, Hasenhaare), Mohair, Acetat oder Naturseidenabfälle stark abstehende Fasern erhalten, die im fertigen Gewebe meist in Strich gelegt werden. Die einzelnen andersfarbigen Fasern heben sich aus dem langen Rauhflor deutlich ab.

Zick-Zack-Naht, elastischer Strich, der die zusammenstoßenden Stoffteile Zick-Zack-förmig überquert.

Ziegenfell, aus Ostasien oder Europa stammende Felle von Ziegen und deren Jungtiere (Zickel) bis 1 m bzw. 40 cm groß, weiß oder braun; manchmal für Ozelot- und Leopard-Imitationen geschoren. Asiatische Ziegen zeigen eine dichte, weiche Unterwolle; sie sind in Modefarben sowie auf Skunks oder Zobel gut zu färben; sie spielen in der Verarbeitung zu Mänteln und Jacken eine viel größere Rolle als man gemeinhin annimmt. Die dem → Astrachan ähnlichen mandschurischen Zickelfelle nennt man auch Mufflon, Kid heißen die Felle nordchinesischer Ziegenlämmer, die an den → Persianer erinnern. - Vgl. → Pelz, → Hodeia.

Ziegenhaar, je nach der Ziegenart zu den → Tierhaaren (Hausziege), zu → Mohairwolle (Angoraziege) oder zur → Kaschmirwolle (Kaschmirziege) zu zählendes Haarkleid der Ziegen; lt. TKG unter Zusatz „Haar" oder „Wolle" den genannten Gruppen zuzurechnen.

Ziegenleder, gegenüber Schafleder hochwertigeres Leder verschiedener Ziegen mit unterschiedlichen Gebrauchseigenschaften je nach → Gerbung und → Zurichtung: chromgegerbtes Ziegenleder (→ Chevreau-Leder) ist ein feines und edles → Glattleder für Handschuhe und feine Täschnerwaren, Ziegen- → Nappa von älteren Tieren ist ein pflanzlich nachgegerbtes → Glacé-Leder, bevorzugt für hochwertige Lederbekleidung, → sämisch gegerbtes Ziegenleder ist oft wildlederartig zugerichtet. → Bastardleder ist ein Leder von Höhenschafen mit einer dem Ziegenleder ähnlichen Narbenstruktur.

Ziegenvelours, siehe unter → Pelzvelours.

Zigarettenhose, gerade geschnittene Hose, meist unter dem Knöchel endend; nur für schlanke Figuren geeignet. - Vgl. → Stovepipe, → Röhrenhose.

Zipfelkleid, Kleid, dessen unterer Saum nicht gerade und waagrecht verläuft, son-

Zipfelkleider

dern (meist dreiecksförmig) eingeschnitten ist.

Zipper-Look, Moderichtung für jugendliche Damenbekleidung; Jacken, Kostüme,

Zipperkleid

Zigarettenhose

Röcke, Mäntel und Kleider werden mit breit übersteppten oder sichtbaren, also nicht verdeckt eingenähten Reißverschlüssen verziert, meist mit deutlich hervortretendem Griff.

Zipp-Verschluß, andere Bezeichnung für → Reißverschluß, „auszippbar" = mittels Reißverschluß herausnehmbar.

Zitz, anderer Ausdruck für Züchen, buntgewebtes Bettzeug.

Zobel, sehr hochwertiges Fell des sibirischen Marders mit 35-50 cm langem, seidenweichem Fell, das bei hellbrauner bis graublauer Färbung meist mit einem dunklen Rückenstreifen gezeichnet ist. Die glänzenden Grannen haben oft silbrige Spitzen, die sich aber durch Züchtung beseitigen lassen. Je nach Mode gelten dunkle Pelze oder dunkles Fell mit Silberspitzen als besonders begehrt. Da nur in Rußland Zobelfelle in nennenswerter Menge gezüchtet werden können, sind die ungewöhnlich haltbaren Zobelfelle sehr preisstabil; ein Mantel aus ca. 100 Fellen kostet zwischen 70 000 und 120 000 DM. - Vgl. → Pelz.

Zoll, in der Textilverarbeitung noch häufig angewandtes historisches Maß: Engl. Zoll (→ Inch): 25,4 mm, Franz. Zoll: 27,8 mm.

Züchen, buntgewebtes Bettzeug.

Zuckersack, sehr füllige und grobe, meist panamabindige Gewebe mit poröser Einstellung, häufig leicht geflauscht.

Zudecke, Sammelbegriff für alle zum Bedecken des Körpers im Schlaf geeigneten Artikel (vgl. → Oberbett, → Plumeau, → Steppdecke, → Wolldecke, → Schlafdecke, → Einziehdecke, → Rheumadecke, → Flachbett), die eine hohe Atmungsaktivität, leichtes Gewicht, trockene Wärme, Weichheit und Anschmiegsamkeit sowie möglichst auch Pflegeleichtigkeit als gemeinschaftliche Eigenschaften haben sollten. Der Wert einer guten Zudecke wird bestimmt durch das Material von Füllung und Gewebe, die Harmonie beider Komponenten und die Güte der Verarbeitung. Gegensatz: → Tagesdecke.

Zungenraglan

Zugfestigkeit, Substanzeigenschaft textiler Rohstoffe; Kombination aus der → Reißfestigkeit und der → Dehnung, ausgedrückt durch Reißkraft im Verhältnis zum Anfangsquerschnitt der Faser. - Vgl. → Bruchdehnung.

Zungennadel, zum Stricken benötigtes Maschenbildungswerkzeug.

Zungennadel

Zungenraglan, → Raglan, dessen Armlochnaht sehr hoch zur Schulter geführt ist und zungenförmig am Halsring ausläuft. - Vgl. → Dolman.

Zurichten, Sammelbegriff für alle Veredelungsmaßnahmen bei der Lederherstellung, die an den → Gerbprozeß anschließen: Ausstoßen oder → Ausrecken: Beseitigung der dem Tierkörper folgenden Wölbungen der Haut; Spalten, Falzen und „→ Blanchieren" zur Herstellung gleichmäßiger Dichte. - Vgl. → Glattleder, → Veloursleder, → Wildleder, → Tunkfärbung, → Drum-dyeing.

Zweikomponentenfaser, eingedeutschter Ausdruck für → Bikomponentenfaser, → Bikonstituentenfaser.

Zweireiher, Anzugform mit zwei Knopfreihen, eine zum Knöpfen, die andere blind. Gegensatz: → Einreiher.

Verschiedene Formen und Knopfstellungen beim Zweireiher

Zweiteiler, im Zuge der Kombinationsmode wieder bedeutungsvoll gewordene Bezeichnung für Kleider, die aus zusammenpassendem Rock oder Oberteil, bzw. aus zwei übereinandergetragenen Teilen bestehen. Das → Deux pièce ist im Gegensatz hierzu gekennzeichnet durch Compo-

443

Zweiteiler: von links: Kasackform mit Zierstickerei; mit Miedergürtel; Jumperform mit Bauernausschnitt; mit Stehkragen und Schnurgürtel; mit halsfernem Capuchonkragen; mit Kontrastkante.

sé- oder gleichen Stoff und harmonierendem Schnitt für Rock und Jacke, das → Kostüm durch die schwere, paßformbeständigere Ausstattung und den kompakteren Stoff. - Kleider mit Jacke werden in der Regel als → Ensemble bezeichnet. - Vgl. → Etagenmode, → Separate, → Ensemble.

Zwei-Vlies-Verfahren, moderne Technik zur Herstellung von → Nadelfilzen, wobei durch musterbildende Nadeln ein andersfarbiges Vlies an die Oberfläche des Bodenbelages gezogen wird.

Zweizonenverfahren, Verfahren der → Strecktexturierung, siehe unter → Sequentialverfahren.

Zweizug-Elastic, Gewebe, die in Kette und Schuß elastisches Material (texturierte Synthetic-Filamente, → Elastomere) enthalten. Es ist technisch schwierig, blasenfreie, glatte und dabei dehnfähige Nähte herzustellen. Vor dem Zuschnitt muß die Ware völlig spannungsfrei gelegt sein und mehrere Stunden geruht haben. - Vgl. → Stretch-Stoffe, → bielastisch.

Zweizug-Ware, Gewebe oder Gewirk, das in der Längs- und Querrichtung elastisch ist; mit Gummi vor allem für Miederwaren und Badewäsche verwendet.

Zweizylindergarn, Baumwoll-Schußgarn aus der Zweizylinderspinnerei, ähnlich dem → Streichgarnspinnverfahren bei Wolle. Es entfallen die verschiedenen Vorgänge der → Dreizylinderspinnerei, die das Fasergut parallel legen und glätten. Man verarbeitet kurzfaseriges Material, Spinnereiabfälle und Reißbaumwolle. Der → Flyer wird durch ein → Nitschelwerk ersetzt, das den aus dem Krempel kommenden Faserflor in schmale Streifen teilt und zu einem losen Vorgarn rundlich wulstet.

Zwiebelform, in der Herrenmode: betonte Schulterbreite, aber nicht übertrieben athletisch wie bei → Triangle-Look, → Trapez- oder Athletic-Linie.

Zwirn, aus mehreren parallel-liegenden Einzelfäden mit einer bestimmten Drehung zusammengefügter Gesamtfaden. - Siehe auch unter → Effektzwirn, → Häkelgarn, → Kelimgarn, → Mattgarn, → Mouliné, → Nähfaden, → Obergarn, → Perlgarn,

→ Spaltgarn, → Spitzenhäkelgarn, → Stickgarn, → Strickgarn, → Twist, → Untergarn. - Vgl. → Core-spun-Garn, → Effektzwirn, → Umspinnungszwirn.

Zwirnfrottier, → Webfrottierwaren. deren Florkette aus gezwirnten Garnen hergestellt worden ist.

Zwirnhalbleinen, hochwertiges → Halbleinen mit Baumwollzwirn in der Kette.

Zwirnknopf, siehe unter → Wäscheknöpfe.

ZwirnroßHaar, → Roßhaar, zu dem die Roßhaare im Schuß mit einem Baumwollfaden umzwirnt worden sind. Die Roßhaare arbeiten sich nicht so leicht heraus.

Zwischenbügeln, Bügelvorgänge während der Fertigung eines Bekleidungsstücks mit dem Ziel, das noch nicht genähte Teil so vorzuformen, wie es am fertigen Teil erscheint. Die vorgegebene Form wird durch das Nähen fixiert.

Zwischenflächen-Polymerisation, → Antifilzausrüstung durch Ausfüllen der Zwischenräume zwischen den Schuppen der Wollfaser mit Hexamethylendiamin in Wasser und Nylon 6.10 zur Verhinderung des Aufspreizens der Schuppen beim → Filzvorgang. - Vgl. → Bancora, → Wurlan, → Lanaset („Maskierung" der Schuppen).

Zwischenfutter, Sammelbegriff für alle Einlagen- und Futterstoffe, die der Kleidung Form und Halt geben sollen (→ Bougram, → Jaconet, → Roßhaar, → Zwirnroßhaar, → Steifleinen, → Klötzeleinen, → Wollwattierung, → Watteline, → American Cleeks, → Vlieseline, → Bügelklebegewebe, → Triplure, → Doppeltuch).

Zwischenplack, Teil der → Wattierung; besondere Verstärkung der Schulterpartie und des Armlochs, die dafür sorgt, daß die Vorderfront des Anzugs in Schulterhöhe nicht einbricht. - Vgl. → Frontfixierung, → Plack.

Zycon, amerikanische → Proteinfaser aus dem Eiweiß der Maispflanze.

Zylinder, nach oben leicht verjüngter, röhrenförmig hoher, fester und steifer Hut, der mit schwarzem (oder grauem) → Velple (Zylinderplüsch) bezogen ist und bei festlichen Gelegenheiten und vor allem zum Frack getragen wird.

Zylinderhose, gerade fallende, ohne Bügelfalte gearbeitete, also rundgebügelte modische Hosen für Damen und Herren. In der Regel ohne Umschlag.

Zylinderkragen, vorne tiefer als hinten eingesetzter Kragen, der als zylinderförmige Röhre vom Hals aufsteigt.

Textilkennzeichnungsgesetz

in der Fassung
der Bekanntmachung vom 25. August 1972
(BGBl. I S. 1545)

Der Bundestag hat das folgende Gesetz beschlossen:

§ 1

(1) Textilerzeugnisse dürfen gewerbsmäßig nur

1. in den Verkehr gebracht oder zur Abgabe an letzte Verbraucher feilgehalten,
2. eingeführt (§ 4 Abs. 2 Nr. 4 des Außenwirtschaftsgesetzes) oder sonst in den Geltungsbereich dieses Gesetzes verbracht

werden, wenn sie mit einer Angabe über Art und Gewichtsanteil der verwendeten textilen Rohstoffe (Rohstoffgehaltsangabe) versehen sind, die den in den §§ 3 bis 10 bezeichneten Anforderungen entspricht.

(2) Muster, Proben, Abbildungen oder Beschreibungen von Textilerzeugnissen sowie Kataloge oder Prospekte mit derartigen Abbildungen oder Beschreibungen dürfen gewerbsmäßig letzten Verbrauchern zur Entgegennahme oder beim Aufsuchen von Bestellungen auf Textilerzeugnisse nur gezeigt oder überlassen werden, wenn sie mit einer Rohstoffgehaltsangabe für die angebotenen Textilerzeugnisse versehen sind, die den in den §§ 3 bis 10 bezeichneten Anforderungen entspricht.

(3) Die Absätze 1 und 2 sind auf die Tätigkeit von Genossenschaften auch dann anzuwenden, wenn sie nicht gewerbsmäßig betrieben wird.

§ 2

(1) Textilerzeugnisse sind

1. zu mindestens achtzig vom Hundert ihres Gewichtes aus textilen Rohstoffen hergestellte
   a) Waren;
   b) Bezugstoffe auf Möbeln, Möbelteilen und Schirmen;
   c) Teile von Matratzen und Campingartikeln;
   d) der Wärmehaltung dienende Futterstoffe von Schuhen und Handschuhen;
2. mehrschichtige Fußbodenbeläge, deren dem gewöhnlichen Gebrauch ausgesetzte Oberschicht (Nutzschicht) die Voraussetzungen nach Nummer 1 erfüllt.
3. in anderen Waren eingearbeitete, aus textilen Rohstoffen bestehende Teile, die mit Angaben über die Art der verwendeten textilen Rohstoffe versehen sind.

(2) Textile Rohstoffe sind Fasern einschließlich Haare, die sich verspinnen oder zu textilen Flächengebilden verarbeiten lassen.

(3) Inverkehrbringen ist jedes Überlassen an andere.

§ 3

(1) In der Rohstoffgehaltsangabe sind die in Anlage 1 festgelegten Bezeichnungen zu verwenden. Für Fasern, die in Anlage 1 nicht aufgeführt sind, ist eine Bezeichnung entsprechend dem Rohstoff, aus dem sie sich zusammensetzen, zu verwenden.

(2) Der Bundesminister für Wirtschaft und Finanzen wird ermächtigt, durch Rechtsverordnung mit Zustimmung des Bundesrates, Bezeichnungen für Fasern in Anlage 1 neu aufzunehmen oder zu streichen, wenn dies zur Erfüllung von Richtlinien der Europäischen Wirtschaftsgemeinschaft erforderlich ist und der Anpassung an die technische Entwicklung oder dem Schutz des Verbrauchers dient.

(3) Die in Absatz 1 und nach Absatz 2 vorgeschriebenen Bezeichnungen dürfen, auch in Wortverbindungen oder als Eigenschaftswort, für andere Fasern nicht verwendet werden. Insbesondere darf die Bezeichnung „Seide" nicht zur Angabe der Form oder besonderen Aufmachung von textilen Rohstoffen als Endlosfasern verwendet werden.

§ 4

(1) Für ein Wollerzeugnis darf die Bezeichnung „Schurwolle" verwendet werden, wenn es ausschließlich aus einer Faser besteht, die niemals in einem Fertigerzeugnis enthalten war und die weder einem anderen als dem zur Herstellung des Erzeugnisses erforderlichen Spinn- oder Filzprozeß unterlegen hat noch einer faserschädigenden Behandlung oder Benutzung ausgesetzt wurde.

(2) Die Bezeichnung „Schurwolle" darf für die in einem Fasergemisch enthaltene Wolle verwendet werden, wenn

1. die gesamte in dem Gemisch enthaltene Wolle den Voraussetzungen des Absatzes 1 entspricht,
2. der Anteil der Wolle am Gewicht des Gemisches mindestens fünfundzwanzig vom Hundert beträgt und
3. die Wolle im Falle eines mechanisch nicht trennbaren Gemisches mit einer einzigen anderen Faser gemischt ist.

In diesem Falle sind die Gewichtsanteile aller verwendeten textilen Rohstoffe in Vom-Hundert-Sätzen anzugeben.

§ 5

(1) Die Gewichtsanteile der verwendeten textilen Rohstoffe sind in Vom-Hundert-Sätzen des Nettotextilgewichts anzugeben, und zwar bei Textilerzeugnissen aus mehreren Fasern in absteigender Reihenfolge ihres Gewichtsanteils.

(2) Statt der Angabe aller Gewichtsanteile in Vom-Hundert-Sätzen genügt bei einem Textilerzeugnis, das aus mehreren Fasern besteht, von denen

1. eine fünfundachtzig vom Hundert des Gewichts erreicht, die Bezeichnung dieser Faser unter der Angabe ihres Gewichtsanteils in vom Hundert oder unter der Angabe „85% Mindestgehalt";
2. keine fünfundachtzig vom Hundert des Gewichts erreicht, neben jeder vorherrschenden Faser, deren Gewichtsanteil in vom Hundert anzugeben ist, die Aufzählung der weiteren Fasern in absteigender Reihenfolge ihres Gewichtsanteils ohne Angabe der Vom-Hundert-Sätze.

(3) Als „sonstige Fasern" dürfen textile Rohstoffe bezeichnet werden, deren jeweilige Gewichtsanteile unter zehn vom Hundert liegen; der Gesamtgewichtsanteil der als „sonstige Fasern" bezeichneten Rohstoffe ist anzugeben. Falls die Bezeichnung eines textilen Rohstoffs angegeben wird, dessen Anteil unter zehn vom Hundert liegt, sind die Gewichtsanteile aller verwendeten textilen Rohstoffe in Vom-Hundert-Sätzen anzugeben.

(4) Statt der Angabe des Gewichtsanteils mit hundert vom Hundert kann der Bezeichnung des Rohstoffes der Zusatz „rein" oder „ganz" hinzugefügt werden; die Verwendung ähnlicher Zusätze ist ausgeschlossen.

(5) Erzeugnisse mit einer Kette aus reiner Baumwolle und einem Schuß aus reinem Leinen, bei denen der Anteil des Leinens nicht weniger als vierzig vom Hundert des Gesamtgewichts des entschlichteten Gewebes ausmacht, können als „Halbleinen" bezeichnet werden, wobei die Angabe „Kette reine Baumwolle – Schuß reines Leinen" hinzugefügt werden muß.

(6) Die Bezeichnungen „Textilreste" oder „Erzeugnis unbestimmter Zusammensetzung" dürfen für Textilerzeugnisse verwendet werden, deren Rohstoffgehalt nur mit Schwierigkeiten bestimmt werden kann.

§ 6

(1) Nettotextilgewicht ist das Gesamtgewicht der zur Herstellung eines Textilerzeugnisses, im Falle des § 8 Abs. 1 der einzelnen Teile, verwendeten textilen Rohstoffe, vermindert um das darin enthaltene Gewicht von

1. ausschließlich der Verzierung dienenden sichtbaren und mechanisch trennbaren Fasern, sofern deren Anteil am Gesamtgewicht der textilen Rohstoffe sieben vom Hundert nicht übersteigt.
2. Versteifungen, Verstärkungen, Einlage- und Füllstoffen, Verbindungsfäden, Nähmitteln, Webkanten, Etiketten, Marken, Bordüren sowie Verzierungen, die nicht Bestandteile des Erzeugnisses sind; ferner Bezügen und ähnlichen Teilen von Knöpfen, Schnallen, Schmuckbesatz und sonstigem Zubehör, eingearbeiteten Gummifäden und Bändern und, vorbehaltlich des § 8 Abs. 1 Satz 2, Futterstoffen,
3. Bindeketten und -schüssen für Decken, Binde- und Füllketten und Binde- und Füllschüssen für Fußbodenbeläge und Möbelbezugsstoffe sowie für handgefertigte Teppiche.
4. Grundschichten von Samten und Plüschen und mehrschichtigen Fußbodenbelägen, sofern sie nicht den gleichen Textilfasergehalt wie der Flor haben,
5. Fettstoffen, Bindemitteln, Beschwerungen und sonstigen Mitteln textiler Ausrüstung sowie Färbe- und Druckhilfsmitteln.

(2) Das Nettotextilgewicht ist unter Anwendung der in Anlage 2 vorgesehenen Feuchtigkeitszuschläge auf die Trockenmasse einer Faser zu berechnen. Das gleiche gilt sinngemäß für die Berechnung des Gewichts nach § 2 Abs. 1 § 8 Abs. 1 Satz 2. Der Bundesminister für Wirtschaft und Finanzen wird ermächtigt, durch Rechtsverordnung mit Zustimmung des Bundesrates Feuchtigkeitszuschläge zur Berechnung des Nettotextilgewichts in Anlage 2 neu aufzunehmen oder zu streichen, wenn dies zur Erfüllung von Richtlinien der Europäischen Wirtschaftsgemeinschaft erforderlich ist und der Anpassung an die technische Entwicklung oder der Vereinheitlichung und Verbesserung der Messung dient.

§ 7

(1) Bei Angaben der Gewichtsanteile sind die im Verlauf des Herstellungsprozesses eintretenden Veränderungen im Gewicht der verwendeten textilen Rohstoffe im Rahmen der hierfür bekannten Erfahrungswerte zu berücksichtigen. Bei einem zur Abgabe an den letzten Verbraucher bestimmten Textilerzeugnis ist eine ausreichende Berücksichtigung im Sinne des Satzes 1 anzunehmen, wenn die Abweichungen der angegebenen von den tatsächlichen Gewichtsanteilen nicht mehr als drei vom Hundert betragen.

(2) Der Bundesminister für Wirtschaft und Finanzen wird ermächtigt, durch Rechtsverordnung mit Zustimmung des Bundesrates die Angabe eines Vom-Hundert-Satzes zu bestimmen, in welchen Fällen über Absatz 1 Satz 2 hinaus eine ausreichende Berücksichtigung im Sinne des Absatzes 1 Satz 1 anzunehmen ist, sofern dies zur Erfüllung von Richtlinien der Europäischen Wirtschaftsgemeinschaft erforderlich ist sowie dem Schutz des Verbrauchers oder der Vereinfachung oder sonstigen Verbesserung der Messung dient.

(3) Ein Anteil bis zu zwei vom Hundert an Fasern, die in der Rohstoffgehaltsangabe nicht genannt sind, ist zulässig, wenn dies herstellungstechnisch bedingt und nicht Ergebnis einer systematischen Hinzufügung ist. Bei im Streichverfahren hergestellten Textilerzeugnissen beträgt dieser Satz fünf vom Hundert. Erzeugnissen, deren Rohstoffgehaltsangabe die Bezeichnung „Schurwolle" enthält, beträgt dieser Satz 0,3 vom Hundert, auch wenn sie im Streichverfahren hergestellt worden sind.

§ 8

(1) Bei Textilerzeugnissen, die aus mehreren Teilen unterschiedlichen Rohstoffgehaltes zusammengesetzt sind, ist der Rohstoffgehalt der einzelnen Teile jeweils gesondert anzugeben. Angaben über Teile, deren Anteil am Gesamtgewicht des Textilerzeugnisses weniger als dreißig vom Hundert beträgt, können unterbleiben; jedoch ist der Rohstofgehalt von Hauptfutterstoffen auch anzugeben, wenn deren Anteil am Gesamtgewicht des Textilerzeugnisses weniger als dreißig vom Hundert beträgt. Die Rohstoffgehaltsangabe muß erkennen lassen, auf welche Teile sie sich bezieht.

(2) Bilden mehrere Textilerzeugnisse ihrer Bestimmung nach eine Einheit, so braucht nur eines von ihnen mit einer Rohstoffgehaltsangabe versehen zu werden. Weisen diese Textilerzeugnisse unterschiedlichen Rohstoffgehalt auf, so gilt Absatz 1 Satz 1 und 3 sinngemäß.

§ 9

(1) Die Rohstoffgehaltsangabe muß leicht lesbar sein und ein einheitliches Schriftbild aufweisen. Die nach Absatz 3 oder nach §§ 3 bis 5 und 8 vorgeschriebenen oder zugelassenen Angaben dürfen auch in anderen Sprachen hinzugefügt werden.

(2) Andere als nach Absatz 3 oder nach den §§ 3 bis 5 und 8 vorgeschriebene oder zugelassene Angaben müssen von der Rohstoffgehaltsangabe deutlich abgesetzt sein. Die Verwendung von Marken und Unternehmensbezeichnungen ist auch unmittelbar bei der Rohstoffgehaltsangabe zulässig. Enthält die Marke oder die Unternehmensbezeichnung eine der durch § 3 Abs. 1 oder nach § 3 Abs. 2 vorgeschriebenen oder nach § 4 oder § 5 zugelassenen Bezeichnungen oder Angaben, auch in Wortverbindungen oder als Eigenschaftswort, oder damit verwechselbare Bezeichnungen, so darf dieses Zeichen nur unmittelbar bei der Rohstoffgehaltsangabe mitverwendet werden. Die Rohstoffgehaltsangabe muß auch neben den in den Sätzen 2 und 3 zugelassenen Zeichen leicht lesbar und deutlich sichtbar sein. Die Vorschriften des Rechts gegen den unlauteren Wettbewerb und des Warenzeichenrechts bleiben unberührt.

(3) Bei Samten, Plüschen und mehrschichtigen Fußbodenbelägen ist anzugeben, daß sich die Rohstoffgehaltsangabe nur auf die Nutzschicht bezieht, es sei denn, daß alle Schichten den gleichen Rohstoffgehalt haben.

§ 10

(1) Die Rohstoffgehaltsangabe muß im Falle des § 1 Abs. 1 in deutlich erkennbarer Weise eingewebt oder an dem Textilerzeugnis angebracht sein. Bei Textilerzeugnissen, die in für die Abgabe an Verbraucher bestimmten Verpackungen letzten Verbrauchern gegenüber feilgehalten werden, kann die Rohstoffgehaltsangabe auf der Verpackung angebracht werden.

(2) Bei Textilerzeugnissen, die zum Zwecke ihrer gewerbsmäßigen Bearbeitung, Verarbeitung oder Weiterveräußerung in den Verkehr gebracht, zur Erfüllung eines Auftrags des Bundes, eines Landes oder einer sonstigen juristischen Person des öffentlichen Rechts geliefert, eingeführt oder sonst in den Geltungsbereich dieses Gesetzes verbracht werden, können Art und Gewichtsanteil der verwendeten textilen Rohstoffe im Lieferschein, in der Rechnung oder in anderen Handelsdokumenten angegeben werden. Die Verwendung von Abkürzungen ist nicht zulässig. Verschlüsselungen dürfen verwendet werden, wenn ihre Bedeutung in demselben Dokument erläutert wird.

§ 11

(1) Dieses Gesetz ist nicht anzuwenden

1. auf Textilerzeugnisse, die anläßlich einer Bearbeitung durch Heimarbeiter oder sonstige im Lohnauftrag arbeitende Gewerbetreibende diesen Personen oder von ihnen ihren Auftraggebern übergeben werden, und

2. auf Textilerzeugnisse und zu deren Herstellung bestimmte Vorerzeugnisse, die

   a) ausgeführt (§ 4 Abs. 2 Nr. 3 des Außenwirtschaftsgesetzes) oder sonst aus dem Geltungsbereich dieses Gesetzes verbracht werden,

   b) zum Zwecke der Durchfuhr (§ 4 Abs. 2 Nr. 5 des Außenwirtschaftsgesetzes) in den Geltungsbereich dieses Gesetzes verbracht werden,

c) zur Lagerung in Freihäfen, Zollgutlagern oder Zollaufschublagern eingeführt werden,

d) zur Veredlung unter zollamtlicher Überwachung und Wiederausfuhr eingeführt oder sonst in den Geltungsbereich dieses Gesetzes verbracht werden.

(2) Die in Anlage 3 aufgeführten Textilerzeugnisse brauchen nicht mit einer Rohstoffgehaltsangabe versehen zu werden; auch bei den zu ihrer Herstellung bestimmten Vorerzeugnissen brauchen Art und Gewichtsanteil der verwendeten textilen Rohstoffe nicht angegeben zu werden. Wird bei diesen Erzeugnissen jedoch eine Angabe über die Art der verwendeten textilen Rohstoffe gemacht oder werden Marken oder Unternehmensbezeichnungen verwendet, die einer der durch § 3 Absatz 1 oder nach § 3 Abs. 2 vorgeschriebenen oder nach §§ 4 oder 5 zugelassenen Bezeichnungen oder Angaben, auch in Wortverbindungen oder als Eigenschaftswort, oder damit verwechselbare Bezeichnungen enthalten, so müssen die Erzeugnisse nach den Bestimmungen dieses Gesetzes gekennzeichnet werden.

(3) Die in Anlage 4 aufgeführten Textilerzeugnisse dürfen zur Abgabe an letzte Verbraucher feilgehalten werden, ohne mit einer Rohstoffgehaltsangabe versehen zu sein, wenn der Rohstoffgehalt bei der Abgabe auf andere Weise kenntlich gemacht wird. Werden diese Erzeugnisse an letzte Verbraucher gesandt, so genügt es, wenn Muster, Proben, Abbildungen oder Beschreibungen von Textilerzeugnissen sowie Kataloge oder Prospekte mit derartigen Abbildungen oder Beschreibungen, die zur Entgegennahme oder beim Aufsuchen von Bestellungen gezeigt werden, mit einer Rohstoffgehaltsangabe versehen sind.

(4) Der Bundesminister für Wirtschaft und Finanzen wird ermächtigt, durch Rechtsverordnung mit Zustimmung des Bundesrates in den Anlagen 3 und 4 Arten und Gruppen von Textilerzeugnissen aufzunehmen oder zu streichen, sofern dies zur Erfüllung von Richtlinien der Europäischen Wirtschaftsgemeinschaft erforderlich ist sowie dem Schutze des Verbrauchers und der Vereinfachung des Warenverkehrs entspricht.

§ 12

Unterlagen über Tatsachen, auf deren Kenntnis die Rohstoffgehaltsangabe beruht, sind zwei Jahre lang aufzubewahren. Die Frist beginnt mit Ablauf des Kalenderjahres, in welchem das letzte der Erzeugnisse, auf die sich die Unterlagen beziehen, von deren Besitzer in den Verkehr gebracht worden ist.

§ 13

Der Bundesminister für Wirtschaft und Finanzen wird ermächtigt, durch Rechtsverordnung mit Zustimmung des Bundesrates

1. Verfahren der Probeentnahme und der quantitativen Analyse von Textilfasergemischen festzulegen, sofern dies zur Erfüllung von Richtlinien der Europäischen Wirtschaftsgemeinschaft erforderlich ist und der Vereinfachung oder der sonstigen Verbesserung der Nachprüfung der Rohstoffgehaltsangaben dient;

2. zu bestimmen, in welchem Umfange Fettstoffe, Bindemittel, Beschwerungen und sonstige Mittel textiler Ausrüstung sowie Färbe- und Druckhilfsmittel in Textilerzeugnissen enthalten sein dürfen, sofern dies zur Erfüllung von Richtlinien der Europäischen Wirtschaftsgemeinschaft erforderlich ist und dem Schutz des Verbrauchers dient.

3. die Anpassungen dieses Gesetzes vorzunehmen, die beim Inkrafttreten des Vertrages über den Beitritt des Königreichs Dänemark, Irland, des Königreichs Norwegen und des Vereinigten Königreichs Großbritannien und Nordirlands zur Europäischen Wirtschaftsgemeinschaft und zur Europäischen Atomgemeinschaft aufgrund der Artikel 29 und 30 der diesem Vertrag beigefügten Akte nach Abschnitt X Nr. 11 ihres Anhangs I und Abschnitt VIII Nr. 1 ihres Anhangs II erforderlich werden.

§ 14

(1) Ordnungswidrig handelt, wer vorsätzlich oder fahrlässig

1. entgegen § 1 Abs. 1 Textilerzeugnisse,

   a) die nicht mit einer Rohstoffgehaltsangabe versehen sind oder

   b) die mit einer unrichtigen oder unvollständigen Rohstoffgehaltsangabe versehen sind, in den Verkehr bringt, zur Abgabe an letzte Verbraucher feilhält, einführt oder sonst in den Geltungsbereich dieses Gesetzes verbringt,

2. entgegen § 1 Abs. 2 Muster, Proben, Abbildungen oder Beschreibungen von Textilerzeugnissen oder Kataloge oder Prospekte mit derartigen Abbildungen oder Beschreibungen,

   a) die nicht mit einer Rohstoffgehaltsangabe der mit ihnen angebotenen Textilerzeugnisse versehen sind, oder

   b) die mit einer unrichtigen oder unvollständigen Rohstoffgehaltsangabe der mit ihnen angebotenen Textilerzeugnisse versehen sind,
   letzten Verbrauchern zur Entgegennahme oder beim Aufsuchen von Bestellungen auf Textilerzeugnisse zeigt oder überläßt,

3. entgegen § 3 Abs. 3 eine der durch § 3 Abs. 1 oder durch Rechtsverordnung nach § 3 Abs. 2 vorgeschriebenen Bezeichnungen, auch in Wortverbindungen oder als Eigenschaftswort, für eine andere Faser verwendet oder

4. entgegen § 11 Unterlagen nicht aufbewahrt.

(2) Die Ordnungswidrigkeit kann mit einer Geldbuße bis zu zehntausend Deutsche Mark geahndet werden.

§ 15

§ 1 Abs. 1 Nr. 2 steht der Abfertigung durch die Zolldienststellen nicht entgegen. Die Zolldienststellen sind befugt, Verstöße gegen die Vorschriften dieses Gesetzes, die sie bei der Abfertigung feststellen, den zuständigen Verwaltungsbehörden mitzuteilen.

§ 16

Dieses Gesetz gilt nach Maßgabe des § 13 Abs. 1 des Dritten Überleitungsgesetzes vom 4. Januar 1952 (Bundesgesetzbl. I S. 1) auch im Land Berlin. Rechtsverordnungen, die aufgrund dieses Gesetzes erlassen werden, gelten im Land Berlin nach Maßgabe des § 14 des Dritten Überleitungsgesetzes.

§ 17

Dieses Gesetz tritt am 1. September 1972 in Kraft.

Textilkennzeichnungsrichtlinie

Richtlinie des Rates
vom 26. Juli 1971
zur Angleichung der Rechtsvorschriften
der Mitgliedstaaten für die Bezeichnung
von Textilerzeugnissen[1])

DER RAT DER EUROPÄISCHEN GEMEINSCHAFTEN –

gestützt auf den Vertrag zur Gründung der Europäischen Wirtschaftsgemeinschaft, insbesondere auf Artikel 100, auf Vorschlag der Kommission[2]),
nach Stellungnahme des Europäischen Parlaments[3]),
nach Stellungnahme des Wirtschafts- und Sozialausschusses[4]),
in Erwägung nachstehender Gründe:

In den meisten Mitgliedstaaten unterliegen die Textilerzeugnisse zwingenden Bestimmungen hinsichtlich ihrer Bezeichnung, Zusammensetzung und Etikettierung.

Diese Bestimmungen sind in den einzelnen Mitgliedstaaten verschieden, was die Errichtung und das Funktionieren des Gemeinsamen Marktes behindert.

Diese Hindernisse können beseitigt werden, wenn für das Inverkehrbringen von Textilerzeugnissen auf Gemeinschaftsebene einheitliche Regelungen gelten; daher müssen die Bezeichnungen der Textilfasern sowie die Angaben auf den Etiketten, den Kennzeichnungen und in den Dokumenten, welche die Textilerzeugnisse in den einzelnen Stufen der Herstellung, Verarbeitung und Verteilung begleiten, harmonisiert werden.

Es sind auch einige Erzeugnisse einzubeziehen, die nicht ausschließlich aus Textilien bestehen, deren textiler Teil jedoch wesentlicher Bestandteil des Erzeugnisses ist oder durch besondere Angaben des Herstellers, des Verarbeiters oder des Händlers hervorgehoben wird.

Um die Ziele zu erreichen, die den einschlägigen einzelstaatlichen Vorschriften zugrunde liegen, ist die Kennzeichnungspflicht einzuführen.

Der Gebrauch von Bezeichnungen, die bei den Benutzern und Verbrauchern besonderes Ansehen genießen, ist von bestimmten Bedingungen abhängig zu machen.

In einer späteren Stufe müssen Verfahren für die Probeentnahme und die Analyse von Textilien vorgesehen werden, um jede Möglichkeit von Beanstandungen der angewandten Verfahren auszuschließen; doch steht die vorübergehende Beibehaltung der gegenwärtig geltenden einzelstaatlichen Methoden der Anwendung einheitlicher Regeln nicht entgegen.

Es empfiehlt sich nicht, in einer besonderen Richtlinie über Textilerzeugnisse alle hierfür geltenden Bestimmungen zu harmonisieren –

HAT FOLGENDE RICHTLINIE ERLASSEN:

Artikel 1

Textilerzeugnisse dürfen nur dann vor oder während der industriellen Verarbeitung und während der einzelnen Vorgänge der Verteilung innerhalb der Gemeinschaft in den Verkehr gebracht werden, wenn sie den Bestimmungen dieser Richtlinie entsprechen.

Artikel 2

(1) Als Textilerzeugnisse im Sinne dieser Richtlinien gelten alle Erzeugnisse, die im rohen, halbbearbeiteten, bearbeiteten, halbverarbeiteten, verarbeiteten, halbkonfektionierten oder konfektionierten Zustand ausschließlich Textilfasern enthalten, unabhängig von dem zu ihrer Mischung oder Verbindung angewandten Verfahren.

(2) Unter Textilfaser im Sinne dieser Richtlinie ist ein Erzeugnis zu verstehen, das durch seine Flexibilität, seine Feinheit und seine große Länge im Verhältnis zum Durchmesser gekennzeichnet ist und sich somit zur Herstellung von Textilerzeugnissen eignet.

(3) Textilerzeugnissen sind gleichgestellt, und den Bestimmungen dieser Richtlinie unterliegen:
– Erzeugnisse mit einem Gewichtsanteil an Textilfasern von mindestens 80%,

– Bezugsmaterial – mit einem Gewichtsanteil an textilen Teilen von mindestens 80% – für Möbel, Regen- und Sonnenschirme, und unter der gleichen Voraussetzung, die textilen Teile von mehrschichtigen Fußbodenbelägen. von Matratzen und Campingartikeln sowie wärmendes Futter von Schuhen und Handschuhen,

---

[1]) ABl. Nr. L 185 vom 16.8.1971, S. 16, ber. ABl. Nr. L 114 vom 16.5.1972, S. 28.
[2]) ABl. Nr. C 66 vom 3.6.1969, S. 1.
[3]) ABl. Nr. C 2 vom 8.1.1970, S. 41.
[4]) ABl. Nr. C 10 vom 27.1.1970, S. 9.

– Textilien, die in andere Waren eingearbeitet sind und zu deren Bestandteil werden, sofern ihre Zusammensetzung angegeben ist.

Artikel 3

(1) Die Bezeichnungen der Fasern im Sinne von Artikel 2 sowie deren Beschreibung sind in Anhang I[1]) enthalten.

(2) Die in der Tabelle in Anhang I[1]) aufgeführten Bezeichnungen dürfen nur für solche Fasern verwendet werden, deren Art unter dem gleichen Punkt der Tabelle angegeben ist.

(3) Für alle anderen Fasern ist die Verwendung dieser Bezeichnungen, sei es alleinstehend, in Wortverbindungen oder als Eigenschaftswort, ganz gleich in welcher Sprache, nicht zulässig.

(4) Die Verwendung der Bezeichnung „Seide" ist zur Angabe der Form oder besonderen Aufmachung von Textilfasern als Endlosfasern nicht zulässig.

Artikel 4

(1) Textilerzeugnisse dürfen nur dann mit dem Zusatz „100%" oder „rein" oder gegebenenfalls „ganz" bezeichnet werden, wenn sie insgesamt aus der gleichen Faser bestehen; die Verwendung ähnlicher Zusätze ist ausgeschlossen.

(2) Ein Anteil an Fremdfasern bis zu 2% vom Gewicht des Textilerzeugnisses ist zulässig, sofern dies aus technischen Gründen gerechtfertigt und nicht Ergebnis einer systematischen Hinzufügung ist. Bei im Streichverfahren gewonnenen Textilerzeugnissen wird diese Toleranz auf 5% erhöht.

Artikel 5

(1) Ein Wollerzeugnis darf nur dann als
– „laine vierge" oder „laine de tonte"
– „Schurwolle"
– „lana vergine" oder „lana di tosa"
– „scheerwol"

bezeichnet werden, wenn es ausschließlich aus einer Faser besteht, die niemals in einem Fertigerzeugnis enthalten war, und die weder einem anderen als dem zur Herstellung des Erzeugnisses erforderlichen Spinn- und/oder Filzprozeß unterlegen hat, noch einer faserschädigenden Behandlung oder Benutzung ausgesetzt wurde.

(2) Abweichend von Absatz 1 darf die Bezeichnung „Schurwolle" für die in einem Fasergemisch enthaltene Wolle verwendet werden, wenn:

a) die gesamte in dem Gemisch enthaltene Wolle den Voraussetzungen des Absatzes 1 entspricht;
b) der Anteil dieser Wolle am Gesamtgewicht des Gemischs nicht weniger als 25% beträgt;
c) die Wolle im Falle eines intimen Fasergemischs nur mit einer einzigen anderen Faser gemischt ist.
In dem in diesem Absatz bezeichneten Fall muß die prozentuale Zusammensetzung vollständig angegeben werden.

(3) Die aus technischen Gründen im Zusammenhang mit der Herstellung zulässige Toleranz ist für Faserunreinheiten bei den gemäß den Absätzen 1 und 2 als „Schurwolle" bezeichneten Erzeugnissen auf 0,3% begrenzt; dies gilt auch für im Streichverfahren gewonnene Wollerzeugnisse.

Artikel 6

(1) Aus zwei oder mehr Fasern bestehende Textilerzeugnisse, bei denen auf eine Faser mindestens 85% des Gesamtgewichts entfallen, werden wie folgt bezeichnet:
– entweder nach dieser Faser unter Angabe ihres Gewichtshundertteils oder
– nach dieser Faser mit dem Zusatz „85% Mindestgehalt" oder
– durch die Angabe der vollständigen prozentualen Zusammensetzung des Erzeugnisses.

(2) Aus zwei oder mehr Fasern bestehende Textilerzeugnisse, bei denen auf keine Faser 85% des Gesamtgewichts entfallen, werden nach jeder vorherrschenden Faser unter Angabe ihres Gewichtshundertteils nebst Aufzählung der anderen im Erzeugnis enthaltenen Fasern in absteigender Reihenfolge ihres Gewichtsanteils (mit oder ohne Angabe der Gewichtshundertteile) bezeichnet.

a) Die Gesamtheit der Fasern, deren jeweiliger Anteil an der Zusammensetzung eines Erzeugnisses weniger als 10% beträgt, kann als „sonstige Fasern" bezeichnet werden, wobei ein globaler Hundertsatz hinzuzufügen ist.;

b) falls die Bezeichnung einer Faser genannt wird, deren Anteil an der Zusammensetzung des Erzeugnisses weniger als 10% ausmacht, ist die vollständige prozentuale Zusammensetzung des Erzeugnisses anzugeben.

(3) Erzeugnisse mit einer Kette aus reiner Baumwolle und einem Schuß aus reinem Leinen, bei denen der Hundertsatz des Leinens nicht weniger als 40% des Gesamtgewichts des entschlichteten Gewebes ausmacht, können als „Halbleinen" bezeichnet werden, wobei die Angabe der Zusammensetzung „Kette reine Baumwolle – Schuß reines Leinen" hinzugefügt werden muß.

(4) Bei Textilerzeugnissen, die für den Endverbraucher bestimmt sind, ist für die in diesem Artikel vorgesehenen prozentualen Zusammensetzungen eine Toleranz zwischen dem angegebenen Gewichtsanteil der Fasern und dem tat-

---

[1]) Die Anhänge I bis IV, denen die Anlagen 1 bis 4 des TKG entsprechen, sind hier nicht wiedergegeben.

sächlichen Gewichtsanteil von 3% des Gesamtgewichts der Fasern des Fertigerzeugnisses zulässig, es sei denn, daß bei besonderen Erzeugnissen das Herstellungsverfahrens eine höhere Toleranz erfordert.

(5) Die Bezeichnungen „Textilreste" oder „Erzeugnis unbestimmter Zusammensetzung" dürfen ungeachtet des Gewichtsanteils der einzelnen Bestandteile für alle Textilien verwendet werden, deren Zusammensetzung nur mit Schwierigkeiten bestimmt werden kann.

Artikel 7

Über die Toleranzen nach Artikel 4 Absatz 2, Artikel 5 Absatz 3 und Artikel 6 Absatz 4 hinaus ist ausschließlich für sichtbare und isolierbare Fasern, mit denen eine rein dekorative Wirkung erzielt werden soll, eine zusätzliche Toleranz von 7% zulässig.

Artikel 8

(1) Textilerzeugnisse im Sinne dieser Richtlinie werden etikettiert oder gekennzeichnet, wenn sie zum Zwecke industrieller Verarbeitung oder zum Inverkehrbringen auf den Markt gelangen; Etikettierung und Kennzeichnung können durch Begleitpapiere (Handelsdokumente) ersetzt oder ergänzt werden, wenn die Erzeugnisse nicht zum Verkauf an den Endverbraucher angeboten werden oder wenn sie zur Erfüllung eines Auftrags des Staates oder einer sonstigen juristischen Person des öffentlichen Rechts geliefert werden.

(2) a) Die in den Artikeln 3, 4, 5 und 6 sowie in Anhang I genannten Bezeichnungen, Zusätze und sonstigen Angaben über die Zusammensetzung der Fasern sind in den Handelsdokumenten deutlich anzugeben. Diese Verpflichtung schließt insbesondere die Verwendung von Abkürzungen auf Kaufverträgen, Rechnungen oder Lieferscheinen aus; Lochkartenschlüssel sind jedoch zulässig, sofern die Bedeutung dieser Schlüssel in demselben Dokument erläutert wird.

b) Beim Angebot zum Verkauf und beim Verkauf an den Endverbraucher, insbesondere aber in Katalogen, in Prospekten, auf Verpackungen, Etiketten und Markierungen sind die in den Artikeln 3, 4, 5 und 6 sowie in Anhang I vorgesehenen Bezeichnungen, Zusätze und sonstigen Angaben über die Zusammensetzung der Textilfasern in leicht lesbarer und deutlich erkennbarer Weise in einem einheitlichen Schriftbild anzugeben.

Andere als in dieser Richtlinie vorgesehenen Angaben und Kennzeichnungen müssen deutlich abgehoben werden. Dies gilt jedoch nicht für die Markenzeichen oder Firmenbezeichnungen, die den in dieser Richtlinie vorgesehenen Angaben unmittelbar beigefügt werden dürfen.

Wird jedoch beim Angebot zum Verkauf an den Endverbraucher im Sinne von Unterabsatz 1 ein Markenzeichen oder eine Firmenbezeichnung angegeben, wobei eine der in Anhang I aufgeführten Bezeichnungen oder eine damit verwechselbare Bezeichnung alleinstehend, als Eigenschaftswort oder in Wortverbindungen verwendet wird, so müssen die in den Artikeln 3, 4, 5 und 6 sowie in Anhang I vorgesehenen Bezeichnungen, Zusätze und sonstigen Angaben über die Zusammensetzung der Fasern in leicht lesbaren und deutlich sichtbaren Buchstaben unmittelbar bei dem Markenzeichen oder der Firmenbezeichnung angegeben werden.

c) Die Mitgliedstaaten können verlangen, daß die Etikettierung oder Kennzeichnung im Sinne dieses Artikels beim Angebot oder Verkauf an den Endverbraucher in ihrem Hoheitsgebiet auch in der Landessprache vorgenommen wird.

d) Die Mitgliedstaaten dürfen die Verwendung anderer als in den Artikeln 3, 4 und 5 aufgeführter Zusätze oder Angaben über die Merkmale der Erzeugnisse nicht untersagen, wenn diese Zusätze oder Angaben mit den Grundsätzen des lauteren Wettbewerbs in ihren Ländern im Einklang stehen.

Artikel 9

(1) Jedes Textilerzeugnis, das aus zwei oder mehr Teilen besteht, die nicht denselben Fasergehalt haben, ist mit einem Etikett zu versehen, das für jeden Teil den Fasergehalt angibt. Diese Etikettierung ist für die Teile nicht notwendig, die weniger als 30% des Gesamtgewichts des Erzeugnisses ausmachen; dies gilt nicht für Hauptfutterstoffe.

(2) Zwei oder mehrere Textilerzeugnisse mit demselben Fasergehalt, die nach den Gepflogenheiten ein einheitliches Ganzes bilden, brauchen nur mit einem Etikett versehen zu werden.

Artikel 10

Abweichend von den Artikeln 8 und 9
a) dürfen die Mitgliedstaaten bei den Textilerzeugnissen des Anhangs III[1]), die sich in einer der in Artikel 2 Absatz 2 genannten Verarbeitungsstufen befinden, keine Etikettierung oder Kennzeichnung mit dem Namen und der Angabe der Zusammensetzung verlangen. Sind diese Erzeugnisse jedoch mit einer Etikette oder einer Kennzeichnung versehen, die die Bezeichnung, die Zusammensetzung oder das Markenzeichen oder die Firma eines Unternehmens angibt, wobei eine der in Anhang I aufgeführten Bezeichnungen oder eine damit verwechselbare Bezeichnung alleinstehend als Eigenschaftswort oder in Wortverbindungen verwendet wird, so finden die Artikel 8 und 9 Anwendung.

b) können die in Anhang IV[1]) aufgeführten Textilerzeugnisse, wenn sie gleicher Art sind und die gleiche Zusammensetzung aufweisen, mit einer globalen Etikettierung, die in dieser Richtung vorgesehenen Angaben über die Zusammensetzung enthält, zum Verkauf angeboten werden.

Artikel 11

Die Mitgliedstaaten treffen alle zweckdienlichen Maßnahmen, damit die beim Inverkehrbringen von Textilerzeugnissen angegebene Kennzeichnung nicht mit den in dieser Richtlinie vorgesehenen Bezeichnungen und Angaben verwechselt werden kann.

Artikel 12

(1) Die in den Artikeln 5 und 6 genannten Hundertsätze der Fasern werden unter Anwendung des in Anhang II[1]) vorgesehenen vereinbarten Feuchtigkeitszuschlags auf die Trockenmasse jeder Faser berechnet.

(2) Zur Bestimmung der Hundertsätze der Fasern sind nachstehende Teile vorher auszusondern:

a) Versteifungen, Verstärkungen, Einlagestoffe und Verbindungsfäden, Nähmittel, Webkanten, Etikette, Marken, Bordüren, Füllstoffe, Knöpfe und Verzierungen, die nicht Bestandteile des Erzeugnisses sind, sowie Bezüge, Zubehör, Schmuckbesatz, eingearbeitete Gummifäden und Bänder und, vorbehaltlich des Artikels 9, Futter;

b) Bindeketten und -schüsse für Decken, Binde- und Füllketten und Binde- und Füllschüsse für Fußbodenbeläge und Möbelbezugsstoffe sowie für handgefertigte Teppiche;

c) Grundschichten von Samten und Plüschen und mehrschichtigen Fußbodenbelägen, sofern sie nicht den gleichen Textilfasergehalt wie der Flor haben;

d) Fettstoffe, Bindemittel, Beschwerungen und sonstige Mittel textiler Ausrüstung sowie Färbe- und Druckhilfsmittel und andere Textilbearbeitungserzeugnisse.

(3) Die Mitgliedstaaten treffen alle zweckdienlichen Maßnahmen, damit die in Absatz 2 Buchstabe d) genannten Bestandteile nicht in solchen Mengen vorkommen, daß der Verbraucher irregeführt wird.

Artikel 13

Die Methoden der Probeentnahme und die Analyseverfahren, die in allen Mitgliedstaaten zur Ermittlung des Anteils der Fasern, aus denen die Erzeugnisse dieser Richtlinie bestehen, anzuwenden sind, werden in besonderen Richtlinien festgelegt.

Artikel 14

(1) Die Mitgliedstaaten dürfen das Inverkehrbringen von Textilerzeugnissen aus Gründen, die sich auf die Bezeichnungen oder Angaben der Zusammensetzung beziehen, weder verbieten noch behindern, wenn die Erzeugnisse den Bestimmungen dieser Richtlinie entsprechen.

(2) Diese Richtlinie steht dem nicht entgegen, daß in jedem Mitgliedstaat die dort geltenden Bestimmungen betreffend den Schutz des gewerblichen und kommerziellen Eigentums, die Herkunftsbezeichnung, die Angabe des Warenursprungs und die Bekämpfung des unlauteren Wettbewerbs angewandt werden.

Artikel 15

Diese Richtlinie gilt nicht für Textilerzeugnisse, die
1. zur Ausfuhr nach dritten Ländern bestimmt sind,
2. zum Zwecke der Durchfuhr unter Zollaufsicht in Mitgliedstaaten der Europäischen Gemeinschaften verbracht werden,
3. aus dritten Ländern im Rahmen eines aktiven Veredelungsverkehrs eingeführt werden,
4. ohne Übereignung an Heimarbeiter oder selbständige Unternehmen zur Weiterverarbeitung übergeben werden.

Artikel 16

(1) Die Mitgliedstaaten treffen die erforderlichen Maßnahmen, um dieser Richtlinie binnen 18 Monaten nach ihrer Bekanntgabe nachzukommen, und setzen die Kommission hiervon unverzüglich in Kenntnis.

(2) Jeder Mitgliedstaat kann vorsehen, daß die einzelstaatlichen Bestimmungen, die vor Inkrafttreten der zur Einhaltung dieser Richtlinie erforderlichen einzelstaatlichen Maßnahmen galten, während einer Frist von 24 Monaten nach Inkrafttreten dieser Maßnahmen weiterhin geltend gemacht werden können, wenn ein Textilerzeugnis den Erfordernissen dieser Richtlinie nicht entspricht.

(3) Die Mitgliedstaaten tragen dafür Sorge, daß der Kommission der Wortlaut der wichtigsten innerstaatlichen Rechtsvorschriften mitgeteilt wird, die sie auf dem unter diese Richtlinie fallenden Gebiet erlassen.

Artikel 17

Diese Richtlinie ist an die Mitgliedstaaten gerichtet.

Geschehen zu Brüssel am 26. Juli 1971.

---

[1]) siehe Fußnote bei Artikel 3.

Bezeichnung der Textilfasern

gem. Anlage 1 des neuen TKG (deutsch) bzw. gem. den entsprechenden Fassungen der EWG-Richtlinien vom 26. 7. 1971 (mit entgültigem EDV-Schlüsselsystem gem § 10 (2) des neuen TKG)

Lfd. Nr.	EDV-Schlüssel	Deutsch	Französisch	Holländisch	Italienisch	Englisch (1)
1	WO	Wolle	laine	wol	lana	wool
2	WP	Alpaka	alpago	alpaca	alpaca	alpaca
	WL	Lama	lama	lama	lama	lama
	WK	Kamel	chameau	kameel	cammello	camel
	WS	Kaschmir	cachemire	kasjmir	kashmir	kashmir
	WM	Mohair	mohair	mohair	mohair	mohair
	WA	Angora (-kanin)	angora	angora	angora	angora
	WG	Vikunja	vigogne	vigogne	vigogna	vicuna
	WY	Yak	yack	jak	yack	yak
	WU	Guanako	guanaco	guanaco	guanaco	guanaco
	m. od. ohne Bezeichnung	„Wolle" o. „Haar"	„laine" o. „poil"	„wol" o. „haar"	„lana" o. „pelo"	
3	*) WB	Biber	castor	bever	castoro	beaver
	**) WT	Otter	loutre	otter	lontra	otter
	**) HA	Haar	poil	haar	pelo	hair
4	SE	Seide	soie	zijde	seta	silk
5	CO	Baumwolle	coton	katoen	cotone	cotton
6	KP	Kapok	capoc	kapok	kapok	kapok
7	LI	Flachs bzw. Leinen	lin	vlas of linnen	lino	flax
8	CA	Hanf	chanvre	hennep	canapa	true hemp
9	JU	Jute	jute	jute	juta	jute
10	AB	Manila	abaca	abaca	abaca	abaca (Manila hemp)
11	AL	Alfa	alfa	alfa	alfa	alfa
12	CC	Kokos	coco	kokos	cocco	coir (coconut)
13	GI	Ginster	genêt	brem	ginestra	broom
14	KE	Kenaf	kenaf	kenaf	kenaf	kenaf (hibiskus hemp)
15	RA	Ramie	ramie	ramee	ramié	ramie
16.1	SI	Sisal	sisal	sisal	sisal	sisal
16.2	*) SN	Sunn	sunn	sunn	sunn	sun
16.3	*) HE	Henequen	henequen	henequen	henequen	henequen
16.4	*) MG	Maguey	maguey	maguey	maguey	maguey
17	AC	Acetat	acétate	acetaat	acetato	acetate

Lfd. Nr.	EDV-Schlüssel	Deutsch	Französisch	Holländisch	Italienisch	Englisch (1)
18	AG	Alginat	alginate	alginaat	alginica	alginate
19	CU	cupro	cupro	cupro	cupro	cupro
20	MD	Modal	modal	modal	modal	modal
21	PR	Regenerierte Proteinfaser	proteinique	proteine	proteica	protein
22	TA	Triacetat	triacétate	triacetaat	triacetato	triacetate
23	VI	Viskose	viscose	viscose	viscosa	viscose
24	PC	Polyacryl	acrylique	acryl	acrilica	acrylic
25	CL	Polychlorid	chlorofibre	chloovezel	clorofibra	chlorofibre
26	FL	Fluorfaser	fluorofibre	fluorvezel	fluorofibra	fluorofibre
27	MA	Modacryl	modacrylique	modacryl	modacrilica	modacrylic
28	PA	Polyamid	polyam de	polyamide	poliammidica	nylon
29	PL	Polyester	polyester	polyester	poliestere	polyester
30	PE	Polyäthylen	polyéthylène	polyetheen	polietilenica	polyethylene
31	PP	Polypropylen	polypropylène	polypropeen	polipropilenica	polypropylene
32	PB	Polyharnstoff	polycarbamide	polycarbamide	poliureica	polycarbamide
33	PU	Polyurethan	polyuré'hane	polyurethaan	poliuretanica	polyurethane
34	VY	Vinylal	vinylal	vinylal	vinilal	vinylal
35	TV	Trivinyl	trivinyl	trivinyl	trivinilica	trivinyl
36	EL	Elastodien	élastodiène	elastodieen	gomma	elastodiene
37	EA	Elasthan	élsthanne	polyurethaan- elastomeer	elastan	elastane
38	GL	Glasfaser	verre textile	glasvezel	vetro tessile	glass fibre
39	ME	Metall	métal	metaal	metallo	metal
		metallisch	métallique	metallique	metallica	metallic
		metallisiert	metallisé		metallizata	metallised
	AS	Asbest	amiante	asbest	amianto	asbestos
	PI	Papier	papier	papier	carta tessile	paper

(1) Die englischen Bezeichnungen sind nur vorläufig Übersetzungen bis zur Herausgabe des englischen Gesetzes.
(Die mit einem *) gekennzeichneten Faserbezeichnungen sollen aufgrund der Beitrittsverhandlungen mit England später durch Rechtsverordnung noch in den Faserkatalog aufgenommen werden.)

**) mit oder ohne Angabe der Tiergattung, z.B. „Roßhaar'.

Sonstige Bezeichnungen gemäß den Bestimmungen des neuen TKG

WV	'Schurwolle' gem. § 4 TKG	laine vierge / laine de tonte	scheerwol	lana virgine / lana di tosa	fleece wool / virgin wool
AF	'Sonstige Fasern' gem. § 5 (3) TKG	autres fibres	andere vezels	altre vezels	other fibres
anstelle von '100%' auch	rein, ganz gem. § 5 (4) TKG	pur, tout	zuiver, pur	puro tutto	
HL	'Halbleinen' gem. § 5 (5) TKG	métis	halflinnen	misto lino	cotton-linen union
TR	'Textilreste' o. 'Erzeugnisse unbekannter Zusammensetzung' gem. § 5 (6) TKG	'residus textiles' ou 'composition non déterminée'	'textilresten' of 'onbepaalde samenstelling'	'residui tessili' o 'composizione non determinata'	'textile residues' or 'unspecified composition'

Auszug aus

„Vereinbarung über den internationalen Handel mit Textilien" (Welt-Textilabkommen)

Artikel 1

(2) Als Grundziele sollen die Handelsausweitung, der Abbau der Handelshemmnisse und die schrittweise Liberalisierung des Welthandels bei Textilerzeugnissen erreicht werden, bei gleichzeitiger Gewährleistung einer ungestörten und gerechten Entwicklung des Handels mit diesen Erzeugnissen sowie unter Vermeidung von Auswirkungen, die zur Zerrüttung der Märkte und Produktionszweige sowohl in den Einfuhr- als auch in den Ausfuhrländern führen. . . .

(3) Bei der Anwendung dieser Vereinbarung wird eines der Hauptziele die Förderung der wirtschaftlichen und sozialen Entwicklung der Entwicklungsländer und die Sicherstellung einer wesentlichen Erhöhung ihrer Erlöse aus der Ausfuhr von Textilerzeugnissen sowie die Verschaffung der Möglichkeit sein, daß sie sich in größerem Ausmaß an dem Welthandel mit diesen Erzeugnissen beteiligen.

Artikel 3

(1) Sofern dies nicht auf Grund des GATT (einschließlich der Anhänge und Protokolle zu diesem Abkommen) gerechtfertigt ist, dürfen die Teilnehmerstaaten keine neuen Beschränkungen des Handels mit Textilerzeugnissen einführen, noch bestehende Beschränkungen verschärfen, es sei denn, derartige Maßnahmen sind auf Grund dieses Artikels gerechtfertigt.

(2) Die Teilnehmerstaaten kommen überein, von diesem Artikel sparsamen Gebrauch zu machen und seine Anwendung auf ganz bestimmte Erzeugnisse und auf die Länder zu begrenzen, deren Ausfuhren dieser Erzeugnisse eine Zerrüttung des Marktes im Sinne von Anhang A verursachen; hierbei wird den vereinbarten Grundsätzen und Zielen, die in dieser Vereinbarung festgelegt sind, voll Rechnung getragen und die Belange der Einfuhrländer wie auch der Ausfuhrländer werden uneingeschränkt berücksichtigt. Die Teilnehmerstaaten haben die Einfuhren aus allen Ländern zu berücksichtigen und sich um Beibehaltung gerechter Verhältnisse zu bemühen. Ohne Artikel 6 außer acht zu lassen, haben sie sich um Vermeidung diskriminierender Maßnahmen in den Fällen zu bemühen, in denen Einfuhren aus mehreren Teilnehmerstaaten die Ursache für die Marktzerrüttung sind und die Anwendung dieses Artikels unvermeidlich ist.

Artikel 4

(1) Bei ihrer Handelspolitik im Textilsektor haben sich die Teilnehmerstaaten stets vor Augen zu halten, daß sie sich mit Annahme dieser Vereinbarung oder ihrem Beitritt hierzu verpflichtet haben, Lösungen für Schwierigkeiten in diesem Bereich aus multilateraler Sicht anzustreben.

(2) Nach den grundlegenden Zielen und Grundsätzen dieser Vereinbarung können die Teilnehmerstaaten jedoch bilaterale Abkommen zu gegenseitig annehmbaren Bedingungen abschließen, um einmal echte Gefahren einer Zerrüttung des Marktes (im Sinne von Anhang A) der einführenden Staaten und einer Zerrüttung des Textilhandels der ausführenden Staaten abzuwenden und zum anderen die Expansion und planmäßige Entwicklung des Textilhandels sowie die gerechte Behandlung der Teilnehmerstaaten zu gewährleisten.

(3) Die gemäß diesem Artikel geltenden bilateralen Abkommen müssen insgesamt, auch hinsichtlich der Ausgangsniveaus und der Steigerungssätze, großzügiger sein als die Maßnahmen nach Artikel 3 dieser Vereinbarung. . . .

Artikel 6

(1) Auf Grund der Verpflichtung der Teilnehmerstaaten, den Bedürfnissen der Entwicklungsländer besondere Beachtung zu schenken, wird es als angemessen und mit den Billigkeitserfordernissen vereinbar angesehen, daß die Einfuhrstaaten, die auf Grund dieser Vereinbarung Beschränkungen anwenden, von denen der Handel von Entwicklungsländern betroffen wird, diesen Ländern hinsichtlich dieser Beschränkungen — dies betrifft auch die Höhe der Ausgangsniveaus und die Steigerungssätze — günstigere Bedingungen als den anderen Ländern einräumen.

Artikel 12

(1) Im Sinne dieser Vereinbarung umfaßt der Ausdruck „Textilien" nur Kammgarne, Garne, Gewebe, Fertigerzeugnisse, Konfektionsware und andere Textilfabrikwaren (also Erzeugnisse, deren Hauptmerkmale auf ihren Textilbestandteilen beruhen) aus Baumwolle, Wolle, Chemiefasern oder Gemischen der genannten Fasern, bei denen irgendeine dieser Fasern oder eine Mischung aller dieser Fasern wertmäßig den Hauptanteil der Fasern an dem Erzeugnis oder 50 Gewichtshundertteile oder mehr (oder 17 Gewichtshundertteile Wolle oder mehr) des Erzeugnisses ausmacht.

(3) Diese Vereinbarung gilt nicht für die aus Drittländern stammenden Ausfuhren von handgewebten Stoffen der Heimindustrie oder von aus handgewebten Stoffen der Heimindustrie gefertigten Erzeugnissen, noch für Ausfuhren von volkstümlichen Textilerzeugnissen der Heimindustrie, vorausgesetzt, daß für diese Erzeugnisse eine zwischen den betreffenden einführenden und ausführenden Teilnehmerstaaten vereinbarte Bescheinigung ausgestellt wird.

ANHANG A

I. Die Feststellung, daß eine „Marktzerrüttung" im Sinne dieser Vereinbarung vorliegt, basiert auf dem Vorhandensein eines schwerwiegenden Nachteils oder einer echten Gefahr eines schwerwiegenden Nachteils für die inländischen Produzenten. Dieser Nachteil muß eindeutig auf die im folgenden Absatz II aufgeführten Faktoren, nicht aber auf Faktoren wie technische Veränderungen oder Wandel im Verbrauchergeschmack, durch die zu gleichartigen und/oder unmittelbar konkurrierenden Erzeugnissen der gleichen Industrie übergegangen wird, oder auf ähnliche Faktoren zurückzuführen sein. Das Bestehen des Nachteils wird mittels Prüfung geeigneter Faktoren festgestellt, die sich auf die Entwicklung der Lage des betreffenden Industriezweigs auswirken, wie Umsatz, Marktanteil, Gewinn, Höhe der Ausfuhr, Beschäftigung, Umfang der Einfuhren, die die Zerrüttung bewirken, und der übrigen Einfuhren, Produktion, genutzte Kapazität, Produktivität und Investitionen. Keiner dieser einzeln in Betracht gezogenen Faktoren, nicht einmal mehrere dieser Faktoren, bilden zwangsläufig ein entscheidendes Kriterium.

II. Die eine Marktzerrüttung bewirkenden Faktoren, auf die sich Absatz I bezieht, und die in der Regel gemeinsam auftreten, sind folgende:

i) eine plötzliche und beträchtliche tatsächliche oder drohende Steigerung der Einfuhr bestimmter Waren aus bestimmten Herkunftsländern. Die drohende Steigerung muß meßbar sein, auf ihr Vorhandensein darf nicht auf Grund von Behauptungen, Vermutungen oder einer einfachen Möglichkeit, die sich beispielsweise durch vorhandene Produktionskapazität in den Ausfuhrstaaten ergibt, geschlossen werden;

ii) Angebot dieser Waren zu Preisen, die erheblich unter denen gleichartiger Waren vergleichbarer Qualität auf dem Markt des Einfuhrstaats liegen. Diese Preise werden sowohl mit dem Preis des inländischen Erzeugnisses auf einer vergleichbaren Stufe der Vermarktung als auch mit den allgemein angewandten Preisen für derartige Erzeugnisse, die im Wege normaler Handelsgeschäfte und bei uneingeschränktem Wettbewerb durch andere Ausfuhrstaaten in dem Einfuhrstaat verkauft werden, verglichen.

III. Bei Prüfung der Fragen im Zusammenhang mit „Marktzerrüttung" werden die Belange des Ausfuhrstaates berücksichtigt, insbesondere hinsichtlich Entwicklungsstand, volkswirtschaftlicher Bedeutung des Textilsektors, Beschäftigungslage, Gesamtbilanz des Textilhandels, Handelsbilanz gegenüber dem betreffenden Einfuhrstaat und globale Zahlungsbilanz.

Anmerkung des Verfassers:

Das Welt-Textilabkommen wurde im Jahre 1977 ab 1.1.78 um vier Jahre bis Ende 1981 durch ein Verlängerungsprotokoll verlängert, wobei diejenigen Staaten, die dieses Protokoll unterzeichneten, zugleich das sogenannte „Dreierpapier" billigten, das zwischen den USA, Japan und der EG als vorsorglicher Ersatz für den Fall des Scheiterns der Bemühungen um die Verlängerung zustandekam; dieses sogen. „trilaterale Protokoll" hatte die Stabilisierung bzw. Drosselung der Einfuhren bei bestimmten Textilgruppen und Ländern zum Ziel. Gleichzeitig mit der Bestätigung der Verlängerung des Abkommens wurden auch die seither ausgehandelten Selbstbeschränkungsvereinbarungen der EG mit insgesamt 33 Textil-Lieferländern anerkannt.

Zu den acht „hochsensiblen" Artikelgruppen, für die für die Jahre 1978 bis 1981 nur Steigerungsraten zwischen 0,5% und 4% erwartet werden, zählen Baumwollgarne, Baumwollgewebe, Gewebe aus synthetischen Fasern, T-Shirts, Pullover, Männer- und Frauenhosen, Blusen, Herrenhemden, mithin die beliebtesten Importerzeugnisse. Bei der „Lastverteilung" innerhalb der EG wurde darauf geachtet, denjenigen EG-Ländern geringere Einfuhr-Zuwachsraten „zuzumuten", die in der Vergangenheit schon relativ hohe Einfuhren hatten („Mehrimporteure") und den „Minderimporteuren" höhere Importsteigerungen anzulasten. Der Grundschlüssel sieht für die BRD ein Soll von 28,5% der Gesamteinfuhr der EG vor, die bei den einzelnen Artikelgruppen im Annäherungswege nach vielen Jahren erreicht sein werden.

Anmerkung des Verfassers

zu S. 461 ff
Einheitsbedingungen der Deutschen Textilwirtschaft

Die Einheitskonditionen werden durch das am 9.12.1976 verkündete Gesetz zur Regelung des Rechts der Allgemeinen Geschäftsbedingungen (AGB-Gesetz) nicht berührt, da die grundsätzliche Verpflichtung in § 2 AGB-Gesetz, die Klauseln im vollen Wortlaut in jeden konkreten Einzelvertrag einzubeziehen, auf den k a u f - m ä n n i s c h e n R e c h t s v e r k e h r nicht anzuwenden ist (§ 24 Abs. 1). Bei Anwendung der Einheitsbedingungen ist auch weder das Überraschungsmoment noch der Fall der unangemessenen Benachteiligung (§ 3 bzw. § 9) gegeben und somit § 24 Abs. 2 AGB-Gesetz für die Einheitsbedingungen gegenstandslos. Bei Zweifeln in der Auslegung ist allerdings für den Vertragspartner des Anwenders der Einheitsbedingungen die günstigere Auslegungsmöglichkeit zugrunde zu legen. (vgl. § 5 AGB-Gesetz).

Einheitsbedingungen der Deutschen Textilwirtschaft

§ 1 Erfüllungsort

Erfüllungsort für alle Leistungen aus dem Lieferungsvertrag ist der Ort der Handelsniederlassung des Verkäufers.

§ 2 Gerichtsstand

Gerichtsstand (auch für Wechsel- und Scheckklagen) ist der Ort der Handelsniederlassung des Klägers oder der Sitz seiner zuständigen Fach- oder Kartellorganisation. Das zuerst angerufene Gericht ist zuständig.

Durchführungsbestimmung der Deutschen Wirker- und Stricker-Konvention und der Konventionen der Deutschen Seidenstoff- und Samtfabrikanten, der Deutschen Futterstoffwebereien und der Deutschen Schirmstoffwebereien: Verkäufer, die die Ware vom Ausland aus berechnen, können am Ort ihrer inländischen Handelsniederlassung oder am Sitz ihrer zuständigen Fach- oder Kartellorganisation klagen.

§ 3 Vertragsinhalt

(1) Alle Verkäufe werden nur zu bestimmten Lieferungsterminen, Mengen, Artikeln und Qualitäten (und festen Preisen) abgeschlossen. Hieran sind beide Parteien gebunden.

(2) Blockaufträge sind jedoch zulässig. Diese können in Durchführungsbestimmungen geregelt werden.

(3) Umdispositionen im Rahmen des erteilten Auftrages sind nur in beiderseitigem Einverständnis zulässig. Das Nähere kann in Durchführungsbestimmungen geregelt werden. Darüber hinaus wird eine Streichung von Aufträgen nicht vorgenommen.

Zusätzlich gilt für die Pelzbekleidungsindustrie folgendes:

(4) Die Frist für die Rücksendung von bestellten Auswahl- oder Ansichtssendungen beträgt grundsätzlich 14 Tage, kann jedoch auf besondere Anforderungen bis zu 21 Tage ausgedehnt werden. Nach Ablauf dieser Frist kann Schadenersatz wegen Nichterfüllung verlangt werden. Auswahl- oder Ansichtssendungen, soweit diese im Schaufenster ausgestellt werden, gelten als verkauft. Bei bestellten Auswahl- oder Ansichtssendungen trägt der Besteller außer der Versand- und Lagergefahr auch die Versandkosten für die Hin- und Rücksendung. Plomben dürfen nicht entfernt werden.

(5) Bei der Lieferung eines oder mehrerer Pelzstücke werden keine Schnitte mitgeliefert. Die Überlassung von Schnitten bedarf besonderer Vereinbarung über die Abgeltung sowohl der modischen und geschmacklichen Entwicklungsarbeiten und der Schnittfertigungskosten als auch des gegebenenfalls damit verbundenen Urheber- und Vervielfältigungsrechts.

Zusatzbestimmung der Stoffdruck-Konvention:

Eine teilweise oder gänzliche Streichung von Aufträgen in Modemustern und gleichzeitiger Ersatz durch Umdisponierung durch den Käufer ist gestattet insoweit die Aufträge noch nicht gedruckt sind. Der Gesamtwert des Auftrages muß jedoch der gleiche bleiben.

Zusatzbestimmung der Deutschen Tuch- und Kleiderstoff-Konvention: Kostenfrei werden bei oder nach Vertragsabschluß geliefert:

a) zweimal in jeder Saison von jedem Muster und jeder Farbenstellung ein Musterabschnitt im Einheitsformat von 14 × 23 cm; in anderen Formaten werden Gratismuster nicht abgegeben. (Die Bestimmungen über Submissionen werden hierdurch nicht berührt.)

b) ein Gegenmuster in der Größe von 4 × 7 cm.

Außerordentliche Aufmachungen (d. h. andere Aufmachungen als zusammengeheftete Muster mit einfachen Schildchen) sowie die Abgabe von geschnittenen Kollektionen werden besonders berechnet.

Durchführungsbestimmung der Deutschen Tuch- und Kleiderstoff-Konvention: Blockaufträge sind zulässig und müssen bei Vertragsabschluß befristet werden. Die Abnahmefrist darf höchstens 12 Monate betragen. Die Frist zur Einleitung muß bei Vertragsabschluß vereinbart werden.

Durchführungsbestimmung der Deutschen Wirker- und Strickerkonvention und der Konvention der Deutschen Seidenstoff- und Samtfabrikanten, der Deutschen Futterstoffwebereien und der Deutschen Schirmstoffwebereien:

Ist die nähere Bestimmung über Farbe, Breite, Qualität oder ähnliche Verhältnisse dem Käufer vorbehalten, so muß die Frist für die Bestimmung bei Vertragsabschluß vereinbart werden.

§ 4 Lieferung

(1) Die Lieferung der Ware erfolgt ab Fabrik. Die Versandkosten trägt der Käufer.

(2) Bei Lieferung ab auswärtigem Lager wird die Fracht ab Fabrik berechnet; statt dessen kann ein pauschalierter Lagerzuschlag in Rechnung gestellt werden.

(3) Bei Bahnversand wird Rollgeld bzw. Flächenfracht von der Fabrik zum Stückgutbahnhof nicht berechnet. Käufer, die ihre Handelsniederlassungen am Ort des Verkäufers haben, bezahlen keine Transportkosten; ebensowenig werden die Transportkosten von einem Auslieferungslager zum Käufer am Ort des Auslieferungslagers in Rechnung gestellt.

(4) Verpackung wird nur berechnet, soweit der Versand in Kisten erfolgt oder eine Spezialverpackung vom Käufer gewünscht wird. Bei frachtfreier Zurücksendung der Kisten in brauchbarem Zustand innerhalb von zwei Monaten wird der für sie in Rechnung gestellte Wert wieder gutgeschrieben. Bei Verwendung von Leihbehältern trägt der Käufer die Frachtkosten, der Verkäufer die Mietkosten.

(5) Unsortierte Teilsendungen sind nur mit Zustimmung des Käufers statthaft.

(6) Die Ware ist unversichert zu versenden, wenn nichts anderes vereinbart ist.

(7) Wenn infolge des Verschuldens des Käufers die Abnahme nicht rechtzeitig erfolgt, so steht dem Verkäufer nach seiner Wahl das Recht zu, nach Setzung einer Nachfrist von 10 Tagen entweder eine Rückstandsrechnung auszustellen oder vom Vertrage zurückzutreten oder Schadenersatz zu verlangen.

Durchführungsbestimmungen der Konvention der Deutschen Seidenstoff- und Samtfabrikanten, der Deutschen Futterwebereien und der Deutschen Schirmstoffwebereien:

Bestellte Auswahl- und Ansichtssendungen gelten als angenommen, wenn sich nicht innerhalb 10 Tagen, vom Tage des Eintreffens beim Käufer an gerechnet, gebührenfrei abgesandt werden.

Zusatzbestimmung der Stoffdruck-Konvention:

Bei Lieferung bedruckter Ware sind unsortierte Teilsendungen ohne Zustimmung des Käufers nur insoweit zulässig, als die fehlende Sortierung technisch bedingt ist und die an einer vertragsgerechten Sortierung fehlende Ware nur einen verhältnismäßig unbedeutenden Teil ausmacht.

§ 4a Frankolieferung von Teppichwaren

Für die Lieferung von Teppichwaren gilt anstelle von § 4 Abs. 1, 2 und 3:

(1) Die Lieferung erfolgt ab Fabrik auf Gefahr des Käufers frei Stückgutbahnhof des Empfängers auf dem für den Verkäufer günstigsten Versandweg. Das Rollgeld bzw. die Flächenfracht Empfang ab Stückgutbahnhof des Empfängers zahlt der Käufer. Mehrkosten infolge besonderer Wünsche des Käufers (z. B. Eilversand, Vorschrift einer bestimmten Beförderungsart oder eines bestimmten Beförderungsweges, Teilzahlung usw.) sind von diesem zu tragen.

(2) Holt der Käufer die Ware ab oder wünscht er unfreie Lieferung ab Fabrik, so können ihm dafür höchstens die entsprechenden Frachtkosten nach den Gütertarifen der Deutschen Bundesbahn bis Stückgutbahnhof des Empfängers vergütet werden.

Für die Abholvergütung wird die tatsächlich erforderliche Wegstrecken zwischen der Lieferfabrik bzw. dem Auslieferungslager des Verkäufers und dem Ort der Haupt- bzw. eingetragenen Zweigniederlassung des Käufers zugrundegelegt, wenn diese der tatsächliche Bestimmungsort der Ware ist.

(3) Liefert der Verkäufer im sogenannten Streckengeschäft an den Abnehmer des Käufers, so trägt der Käufer die volle Fracht ab Fabrik bis zum Empfänger. Dies gilt nicht für den Rollenversand an Wiederverkäufer. Eine Frachtvergütung wird nicht gewährt. Zuschläge für besondere Kosten des Streckengeschäftes bleiben hiervon unberührt.

§ 5 Unterbrechung der Lieferung

(1) Bei höherer Gewalt, Arbeitskampfmaßnahmen, behördlichen Maßnahmen sowie solchen unverschuldeten Betriebsstörungen, die länger als 1 Woche gedauert haben oder voraussichtlich dauern, wird die Lieferungsfrist bzw. Abnahmefrist ohne weiteres um die Dauer der Behinderung, längstens jedoch um 5 Wochen zuzüglich Nachlieferungsfrist verlängert. Die Verlängerung tritt nicht ein, wenn der anderen Partei nicht unverzüglich Kenntnis von dem Grund der Behinderung gegeben wird, sobald zu übersehen ist, daß die vorgenannten Fristen nicht eingehalten werden können.

(2) Ist die Lieferung bzw. Abnahme nicht rechtzeitig erfolgt, so kann die andere Vertragspartei vom Vertrag zurücktreten. Sie muß dies jedoch mindestens 2 Wochen vor Ausübung des Rücktrittsrechts durch Einschreiben oder Fernschreiben ankündigen.

(3) Hat die Behinderung länger als 5 Wochen gedauert und wird der anderen Vertragspartei auf Anfrage nicht unverzüglich mitgeteilt, daß rechtzeitig geliefert bzw. abgenommen werde, dann kann die andere Vertragspartei sofort vom Vertrag zurücktreten.

(4) Schadensersatzansprüche sind in den vorgenannten Fällen ausgeschlossen.

§ 6 Nachlieferungsfrist

(1) Nach Ablauf der Lieferungsfrist wird ohne Erklärung eine Nachlieferungsfrist von der Dauer der Lieferungsfrist, längstens von 18 Tagen in Lauf gesetzt. Nach Ablauf der Nachlieferungsfrist gilt der Rücktritt vom Vertrag unter Ausschluß von Schadensersatzansprüchen als erfolgt, wenn nicht der Käufer innerhalb weiterer 14 Tage verlangt, daß der Vertrag erfüllt wird. Der Lieferant wird jedoch nach Ablauf der Nachlieferungsfrist von der Lieferverpflichtung frei, wenn er während der Nachlieferungsfrist oder nach deren Ablauf den Abnehmer zur Erklärung darüber auffordert, ob er Vertragserfüllung verlangt und dieser sich nicht unverzüglich äußert. Fixgeschäfte werden nicht getätigt.

(2) Will der Käufer Schadensersatz wegen Nichterfüllung beanspruchen oder vom Vertrage zurücktreten, so muß er dem Verkäufer eine Nachlieferungsfrist von 4 Wochen setzen mit der Androhung, daß er nach Ablauf der Frist die Erfüllung ablehne. Die Nachlieferungsfrist wird von dem Tage an gerechnet, an dem die Mitteilung des Käufers durch Einschreiben oder Fernschreiben abgeht. Diese Bestimmungen gelten auch für den Fall, daß der Käufer gemäß Abs. 1 Satz 2 Vertragserfüllung verlangt.

(3) Für versandfertige Lagerware beträgt die Nachlieferungsfrist längstens 5 Tage. Im übrigen gelten die Bestimmungen der Absätze 1 und 2.

(4) Vor Ablauf der Nachlieferungsfrist sind Ansprüche des Käufers wegen verspäteter Lieferung ausgeschlossen.

Zusatzbestimmung der Stoffdruck-Konvention:

Ist die Ware im eigenen Betrieb des Druckers als Fehlware angefallen und ist dem Verkäufer die termingerechte Neuherstellung der Ware nicht zuzumuten, hat der Verkäufer den Käufer unverzüglich zu unterrichten. Der Käufer hat sich binnen 10 Tagen nach Eingang der Nachricht dem Verkäufer gegenüber zu entscheiden, ob er die Fehlware unter entsprechendem Preisnachlaß abnehmen will.

Schadensersatzansprüche irgendwelcher Art wegen der Nichtlieferung oder wegen der Lieferung der Fehlware sind ausgeschlossen, es sei denn, daß die Parteien andere Vereinbarungen getroffen haben.

§ 7 Mängelrüge

(1) Beanstandungen sind spätestens innerhalb 2 Wochen nach Empfang der Ware an den Verkäufer abzusenden.

(2) Nach Zuschnitt oder sonst begonnener Verarbeitung der gelieferten Ware ist jede Beanstandung ausgeschlossen.

(3) Handelsübliche oder geringe, technisch nicht vermeidbare Abweichungen der Qualität, Farbe, Breite, des Gewichtes, der Ausrüstung oder des Dessins dürfen nicht beanstandet werden.

(4) Bei berechtigten Beanstandungen hat der Verkäufer das Recht auf Nachbesserung oder Lieferung mangelfreier Ersatzware innerhalb 10 Tagen nach Rückempfang der Ware.

(5) Nach Ablauf der in Ziffer (4) genannten Frist gelten die gesetzlichen Bestimmungen.

(6) Bei versteckten Mängeln gelten die gesetzlichen Bestimmungen.

Anstelle der Abs. 2, 3, 4 und 6 gilt für die Pelzbekleidungsindustrie folgendes:

(2) Bei vom Käufer abgeänderter oder umgearbeiteter Ware, die keine versteckten Mängel aufweist, sind Mängelrügen ausgeschlossen.

(3) Handelsübliche oder geringe technische nicht vermeidbare Abweichungen der Qualität und Farbe dürfen nicht beanstandet werden.

(4) Bei berechtigten Beanstandungen hat der Verkäufer das Recht auf einmalige Lieferung fehlerfreier Ersatzware gleicher Qualität innerhalb von 2 Wochen nach Rückempfang der Ware.

(6) Für versteckte Mängel gelten die gesetzlichen Bestimmungen. Nach Ablauf von 15 Monaten nach Lieferung können auch versteckte Mängel nicht mehr geltend gemacht werden.

§ 8 Zahlung

(1) Die Rechnung wird zum Tage der Lieferung bzw. der Bereitstellung der Ware ausgestellt. Eine Hinausschiebung des Rechnungsverfalls (Valutierung) ist grundsätzlich ausgeschlossen. Sofern eine vorzeitige Lieferung im Sinne der Vertragspartner gerechtfertigt ist, können die Durchführungsbestimmungen Ausnahmen von dieser Regel festsetzen.

(2) Rechnungen sind zahlbar:
1. Innerhalb 10 Tagen vom Tag der Ausstellung der Rechnung an mit 4% Eilskonto;
2. ab 11. bis 30. Tag vom Tag der Ausstellung der Rechnung an mit 2,5% Skonto;
3. ab 31. bis 60. Tag vom Tag der Ausstellung der Rechnung an netto

(3) Werden anstelle von barem Geld, Scheck oder Überweisung vom Verkäufer Wechsel angenommen, so wird bei einer Hereinnahme der Wechsel nach dem Nettoziel vom 61. Tage ab Rechnungsdatum ein Zuschlag von 1% der Wechselsumme berechnet.

(4) Bei Zahlung gemäß Abs. 2 Ziffer 2 werden außer dem Kassaskonto von 2,25% Vorzinsen in der Höhe der Verzugszinsen gewährt.

(5) Bei Zahlung gemäß Abs. 2 Ziffer 3 werden lediglich Vorzinsen in Höhe der Verzugszinsen vergütet.

(6) Neben dem Skonto von 4% werden Vorzinsen nicht vergütet.

(7) Statt der vorstehenden Regelung kann wie folgt reguliert werden, sofern sich der Käufer hieran mindestens 12 Monate bindet:

Tabelle

Rechnungen ab	zu begleichen mit 4% Skonto am	zu begleichen mit 2,25% Skonto am	zu begleichen netto am
1.–10. eines Monats	15. des gleichen Monats	5. des nächsten Monats	5. des übernächsten Mon.
11.–20. eines Monats	25. des gleichen Monats	15. des nächsten Monats	15. des übernächsten Mon.
21.–ultimo eines Monats	5. des nächsten Monats	25. des nächsten Monats	25. des übernächsten Mon.

Für diese Regulierungsart gelten die Absätze 1 bis 3 entsprechend. Vorzinsen werden in keinem Fall gewährt.

(8) Abänderungen der Regulierungsweise sind 3 Monate vorher anzukündigen.

(9) Zahlungen werden stets zur Begleichung der ältesten fälligen Schuldposten zuzüglich der darauf aufgelaufenen Verzugszinsen verwendet.

(10) Maßgebend für den Tag der Abfertigung der Zahlung ist in jedem Falle der Postabgangsstempel. Bei Banküberweisungen gilt der Vortrag der Gutschrift der Bank des Verkäufers als Tag der Abfertigung der Zahlung.

Für die Pelzbekleidungsindustrie gilt § 8 in der folgenden Fassung:
1. Die Rechnung wird zum Tage der Lieferung bzw. der Bereitstellung der Ware ausgestellt. Eine Hinausschiebung des Rechnungsverfalls (Valutierung) ist grundsätzlich ausgeschlossen. Sofern eine vorzeitige Lieferung im Sinne der Vertragspartner gerechtfertigt ist, bedürfen Ausnahmen von dieser Regelung einer besonderen Vereinbarung.
2. Rechnungen sind zahlbar:
   a) innerhalb 10 Tagen vom Tage der Ausstellung der Rechnung an mit 5,5% Eilskonto
   b) ab 11.-30. Tag vom Tage der Ausstellung der Rechnung an netto;
   c) innerhalb 10 Tagen durch spesenfreies Akzept oder Kundenakzept bis zu 90 Tagen Ziel, darüber hinaus übliche Diskontpesen.
3. Zahlungen werden stets zur Begleichung der ältesten fälligen Schuldposten zuzüglich der darauf aufgelaufenen Verzugsspesen verwendet.
4. Maßgebend für den Tag der Ablieferung der Zahlung ist in jedem Falle der Postabgangsstempel. Bei Banküberweisungen gilt der Vortrag der Gutschrift des Verkäufers als Tag der Ablieferung der Zahlung.
   Zusatzbestimmung der Stoffdruck-Konvention:
   Liefert der Verkäufer mit Zustimmung des Käufers modische Saisonware früher als vereinbart, so kann er seine Rechnung auf den ursprünglich vereinbarten Liefertermin ausstellen.
   Erfolgt die vorzeitige Lieferung auf Wunsch des Käufers, so ist die Rechnung auf den Liefertag auszustellen.

§ 9 Zahlungsverzug

(1) Bei Zahlung nach Fälligkeit werden Verzugszinsen in Höhe von 3% über Bundesbankdiskont berechnet.

(2) Vor völliger Zahlung fälliger Rechnungsbeträge einschließlich Verzugszinsen ist der Verkäufer zu keiner weiteren Lieferung aus irgendeinem laufenden Vertrag verpflichtet.

(3) Ist der Käufer mit einer fälligen Zahlung in Verzug oder tritt in seinen Vermögensverhältnissen eine wesentliche Verschlechterung ein, so kann der Verkäufer für noch ausstehende Lieferungen aus irgendeinem laufenden Vertrag unter Fortfall des Zahlungsziels bare Zahlung vor Ablieferung der Ware verlangen.

§ 10 Zahlungsweise

(1) Die Zahlung hat zu erfolgen in barem Geld, Scheck-, Bank-, Giro- oder Postscheküberweisung.

(2) Die Aufrechnung mit bestrittenen Gegenforderungen und die Zurückbehaltung fälliger Rechnungsbeträge sind unzulässig; dies gilt nicht im Falle der Zahlungseinstellung des Verkäufers. Sonstige Abzüge (z. B. Porto) sind unzulässig.

(3) Wechsel, soweit sie in Zahlung genommen werden, werden nur gegen Erstattung der Bank-, Diskont- und Einziehungsspesen angenommen. Wechsel und Akzepte mit einer Laufzeit von mehr als 3 Monaten werden nicht angenommen.
Anstelle von Abs. 3 gilt für die Pelzbekleidung folgendes:
Wechsel werden vorbehaltlich ihrer Diskontfähigkeit nur gegen Erstattung der Bank-, Diskont- und Einbeziehungsspesen angenommen, ausgenommen gem. § 8 Ziffer 2. c) hereinzunehmende Akzepte.

§ 11 Eigentumsvorbehalt

Die gelieferten Waren bleiben bis zu ihrer Bezahlung Eigentum des Verkäufers. Der Käufer kann jedoch die Waren im Rahmen eines ordnungsgemäßen Geschäftsbetriebes veräußern oder weiterverarbeiten. Jede Verpfändung oder Sicherungsübereignung dieser Waren zugunsten Dritter ist ohne Zustimmung des Verkäufers ausgeschlossen. Bei Pfändung dieser Ware durch Dritte muß der Käufer dem Verkäufer unverzüglich Anzeige machen.

§ 12 Regelung von Streitigkeiten

Streitigkeiten aus dem Vertrag werden durch das ordentliche Gericht oder ein vereinbartes Schiedsgericht entschieden. Wenn das Schiedsgericht nicht als ausschließlich zuständig vereinbart ist, ist das zuerst angerufene Gericht zuständig.

§ 13 Umgehungsverbot

Umgehungen der Zahlungs- und Lieferungsbedingungen, insbesondere auch durch Kommissionsgeschäfte, sind unzulässig.